# 장애의 정치학을 위하여

# 장애의 정치학을 위하여

1판1쇄 | 2023년 5월 22일

엮은이 | 바버라 아네일, 낸시 J. 허시먼
옮긴이 | 김도현

펴낸이 | 안중철, 정민용
편집 | 윤상훈, 이진실, 최미정

펴낸곳 | 후마니타스(주)
등록 | 2002년 2월 19일 제2002-000481호
주소 | 서울 마포구 신촌로14안길 17, 2층 (04057)
전화 | 편집_02.739.9929/9930 영업_02.722.9960 팩스_0505.333.9960

블로그 | blog.naver.com/humabook
트위터, 페이스북, 인스타그램 | @humanitasbook
이메일 | humanitasbooks@gmail.com

인쇄 | 천일문화사_031.955.8083 제본 | 일진제책사_031.908.1407

값 35,000원

ISBN 978-89-6437-433-7 93300

# 장애의 정치학을 위하여

바버라 아네일·낸시 J. 허시먼 엮음

김도현 옮김

후마니타스

# 책머리에

장애학은 역사학, 철학, 영문학, 사회학의 영역에서 지난 수십 년 동안 왕성하게 발전해 왔지만, 전반적으로 보자면 정치이론과 정치학은 이를 따라잡지 못하고 뒤처져 있었다. 이 개척적인 저작집은 장애와 관련된 쟁점들을 정치이론의 접근법에서 본격적으로 다룬 최초의 책이라 할 수 있다. 이 책을 엮은 바버라 아네일과 낸시 J. 허시먼은 정치이론 분야의 손꼽히는 학자들 가운데 상당수를 조직하여, 홉스에서부터 로크, 칸트, 롤스, 아렌트에 이르는 권위 있는 인물들의 저작을 통한 장애의 역사적 분석뿐만 아니라, 자유, 권력, 정의와 같은 핵심 개념들을 검토하고 있는 현대 정치이론에서의 장애에 대한 분석을 제시하고 있다. 『장애의 정치학을 위하여』*Disability and Political Theory*는 장애학에 새로운 학문적 틀을 도입하는 것과 동시에, 정치이론의 새로운 주제에 대한 광범위한 개론을 독자들에게 제공한다.

실천과 이론 모두에서 장애에 관해 너무나 많은 것을 가르쳐 주었던, 나의 옛 제자 카터 맥기건Carter McGuigan과 자스비르 어팔Jasbir Uppal 에게.

— 바버라 아네일


감사와 사랑의 마음을 담아, 낸시 하트삭Nancy Hartsock과 딕 플래스먼 Dick Flathman을 추모하며.

— 낸시 J. 허시먼

# 차례

# 글쓴이

**바버라 아네일**Barbara Arneil   캐나다 브리티시컬럼비아 대학교 정치학 교수이다. 정체성 정치와 정치사상의 역사에 관심이 있다. 『존 로크와 아메리카』*John Locke and America*(1996), 『페미니즘과 정치』*Feminism and Politics*(1999), 『다양한 공동체들: 사회적 자본의 문제점』*Diverse Communities: The Problem with Social Capital* (2006), 『국내 식민지: 내부로 시선을 돌리기』*Domestic Colonies: The Turn Inward to Colony*(2017) 등을 출간했고, 『성적 정의/문화적 정의』*Sexual Justice/Cultural Justice* (2006)를 공동 편집했으며, 정치이론에서 장애의 함의와 역할에 관해 여러 편의 논문을 썼다. 영국 정치연구학회Political Studies Association, PSA가 『정치 연구』 *Political Studies*에 게재된 최고의 논문에 수여하는 해리슨상Harrison Prize, C. B. 맥퍼슨상C. B. Macpherson Prize(최종 후보), 킬럼 연구·강의상Killam Research and Teaching Prizes 등을 받았다. 벨라지오센터의 록펠러 석학 회원Rockefeller Fellowship in Bellagio 이다.

**아일린 헌트 보팅**Eileen Hunt Botting   미국 노터데임 대학교 정치학 부교수이다. 최근 저서로 『울스턴크래프트, 밀, 여성의 인권』*Wollstonecraft, Mill, and Women's Human Rights*(2016)이 있다.

**수 도널드슨**Sue Donaldson　캐나다 퀸즈 대학교 전임 연구원으로, '철학·정치학·법률에서의 동물'Animals in Philosophy, Politics, Law and Ethics, APPLE 연구팀의 설립을 지원했다. 윌 킴리카와『동물폴리스: 동물권 정치이론』Zoopolis: A Political Theory of Animal Rights(2011)을 공저했으며, 정치이론에서 동물의 위상을 탐색하는 다수의 논문을 출간했다.

**캐시 E. 퍼거슨**Kathy E. Ferguson　미국 하와이 대학교에서 정치학과 여성학을 강의하고 있다. 주요 관심 분야는 현대 정치이론, 특히 페미니즘 정치이론과 아나키즘이며, 최근 저서로『엠마 골드만: 거리에서의 정치적 사유』Emma Goldman: Political Thinking in the Streets(2011)가 있다.

**낸시 J. 허시먼**Nancy J. Hirschmann　미국 펜실베이니아 대학교 정치학 교수이자 동 대학교 앨리스 폴 젠더·섹슈얼리티·여성 연구센터Alice Paul Center for Research on Gender, Sexuality and Women 소장이다.『자유의 주체: 자유에 대한 페미니즘 이론을 향하여』The Subject of Liberty: Toward a Feminist Theory of Freedom(2003)로 여성과 정치 분야 최고의 학술서에 수여하는 빅토리아 석상Victoria Schuck Award을 받았고,『근대 정치이론에서의 젠더, 계급, 자유』Gender, Class and Freedom in Modern Political Theory(2008),『시민적 장애: 시민권, 성원권, 소속』Civil Disabilities: Citizenship, Membership, and Belonging(2015, 베스 링커Beth Linker와 공동 편집)을 비롯해 페미니즘 이론과 장애 이론 분야에서 다수의 책과 논문을 출간했다. 프린스턴 고등연구소Institute for Advanced Study, 국립인문학기금National Endowment for the Humanities, NEH, 전미학회협의회American Council of Learned Societies, ACLS의 석학 회원이다.

**윌 킴리카**Will Kymlicka　퀸즈 대학교 정치철학 연구교수(캐나다 리서치 체어Canada Research Chairs 프로그램)이다. 주로 현대 정치학과 다문화 시민권 분야를 다룬 책을 써왔으며, 수 도널드슨과『동물폴리스: 동물권 정치이론』을 공저했다.

**로레인 크롤 맥크레이리**Lorraine Krall McCrary　미국 워배시 칼리지 정치학과 초빙교수이다. 가족과 정치 간의 관계, 페미니즘 돌봄 윤리와 장애학의 교차 지점에 대한 글을 써왔다. 메릴린 로빈슨Marilynne Robinson의 소설에서 나타나는 장애에 대한 접근법을 포함하여 주로 문학에 바탕을 둔 연구를 하고 있다.

**테리사 맨 링 리**Theresa Man Ling Lee　　캐나다 궬프 대학교 정치학 조교수이다. 대륙철학, 마르크스주의와 비판이론, 페미니즘, 탈근대주의, 사회과학 철학 philosophy of social science, 정신분석, 다문화주의, 인권, 근대 중국 정치사상, 비교 정치이론 등 현대 정치이론의 다양한 분야에 걸쳐 연구하며 광범위한 주제들에 대해 글을 써왔다. 저서로 『정치와 진실: 정치이론과 탈근대주의의 도전』 *Politics and Truth: Political Theory and the Postmodernist Challenge*(1997)이 있다.

**루커스 G. 핀헤이로**Lucas G. Pinheiro　　미국 시카고 대학교 정치학과 박사과정을 수료했다. 자본주의, 정치화된 정체성, 제국, 근대 정치사상에서 나타난 미학을 연구하고 있다. 이 책에 실린 글은 로크, 루소, 칸트, 니체의 정치이론과 장애를 다루는 더 포괄적인 프로젝트의 일부이다.

**스테이시 클리퍼드 심플리컨**Stacy Clifford Simplican　　미국 밴더빌트 대학교 여성과 젠더 연구 프로그램Women's and Gender Studies Program의 선임강사이다. 저서로 『능력 계약: 지적장애와 시민권의 문제』*The Capacity Contract: Intellectual Disability and the Question of Citizenship*(2015)가 있다.

**로저스 M. 스미스**Rogers M. Smith　　미국 펜실베이니아 대학교 정치학과 크리스토퍼 H. 브라운 석학교수Christopher H. Browne Distinguished Professor이자 사회과학부 부학부장이다. 다수의 논문과 책을 집필했으며, 최근 저서로 『정치적 민족의식: 가치, 이해관계, 정체성의 역할』*Political Peoplehood: The Roles of Values, Interests, and Identities*이 있다. 미국예술·과학아카데미American Academy of Arts and Sciences, 미국사회과학·정치학아카데미American Academy of Social and Political Science, 미국철학회American Philosophical Society 회원이다.

**데버라 스톤**Deborah Stone    미국 브랜다이스 대학교 헬러 스쿨Heller School for Social Policy and Management의 석학초빙교수Distinguished Visiting Professor이다. 동 대학 법률 및 사회정책 담당 학장Pokross Chair in Law and Social Policy을 역임했다. 『장애 국가』The Disabled State(1986)와 『정책의 역설: 정치적 의사 결정의 기예』Policy Paradox: The Art of Political Decision Making(1997)의 저자이며, 『정책의 역설』로 미국정치학회가 정책연구policy studies 분야에 장기적 기여를 한 저작에 수여하는 윌다브스키상Wildavsky Award을 받았다. 『아메리칸 프로스펙트』American Prospect, 『네이션』Nation, 『뉴 리퍼블릭』New Republic, 『보스턴 리뷰』Boston Review에 정기적으로 글을 써왔다. 구겐하임 재단Guggenheim Foundation, 하버드 대학교, 로버트 우드 존슨 재단Robert Wood Johnson Foundation, 저먼 마셜 기금German Marshall Fund, GMF의 석학 회원이다.

**조앤 트론토**Joan Tronto    미국 미네소타 대학교 정치학 교수이다. 돌봄, 돌봄 윤리, 민주주의 이론에 관해 다수의 논문을 썼으며, 저서로 『도덕의 경계들: 돌봄의 윤리를 위한 정치적 논변』Moral Boundaries: A Political Argument for an Ethic of Care(1993), 『위험 혹은 '돌봄'?』Le risque ou le "care"?(2012), 『돌봄 민주주의: 시장, 평등, 정의』Caring Democracy: Markets, Equality and Justice(2013)[국역본: 『돌봄 민주주의: 시장, 평등, 정의』, 김희강·나상원 옮김, 아포리아, 2014], 『누가 돌보는가?: 민주정치의 개조를 위한 방법』Who Cares? How to Reshape a Democratic Politics(2015)이 있다.

## 일러두기

- 본문에서 [ ]의 내용은 맥락 이해를 돕기 위해 옮긴이가 추가한 것이다. 인용문에서 [ ]의 내용은 대부분 인용자가 삽입한 것이며, 옮긴이가 삽입한 경우 '-옮긴이' 표시를 했다. 옮긴이의 주석에는 '[옮긴이]'라 표시했고, 그 외의 것은 원문의 주석이다.
- 드러냄표로 표기된 것은 원문에서 이탤릭체로 표기된 것이다.
- ( )의 내용은 저자의 것이며, 문장이 길어 가독성이 지나치게 떨어지거나 내용 전달에 큰 이점이 있다고 판단된 경우에 한해 옮긴이가 ( ) 표시를 한 곳도 있음을 밝혀 둔다.
- 장애와 관련한 용어들은 낙인과 비하를 피하기 위해 변화된 것이 많으나, 역사성을 살릴 필요가 있는 표현은 과거의 것을 그대로 사용했다. 예컨대 'mental retardation'은 '지적장애'로 순화하지 않고 '정신지체'로 옮겼다.
- 영화, 연극, 법률, 협약, 조약 등은 홑화살괄호(〈 〉)로 표기했다. 논문은 홑낫표(「 」), 단행본은 겹낫표(『 』)로 표기했다.
- 외국어 고유명사의 표기는 국립국어원 외래어표기법을 따랐으나, 굳어진 표현은 그대로 사용했다.
- 본문에서 인용된 문헌 가운데 국역본이 있는 경우 해당 쪽수를 병기했다. 다만 번역은 국역본을 참조하되, 옮긴이의 판단에 따라 부분적으로든 전반적으로든 새롭게 옮겼다.

# 서문

데버라 스톤

내가 성장기에 있던 1950년대에, 나는 뇌성마비를 지닌 한 소년을 알고 있었다. 로비Robbie는 휠체어를 이용하는 중증장애인이었다. 말을 할 수는 있었지만, 마치 강한 외국 억양처럼 느껴지는 말투였기에 익숙해지는 데 얼마간의 시간이 걸렸다. 그의 아버지는 전문 기술직에 종사하고 있었는데, 내가 아는 한 여유 시간은 모두 로비에게 사용했다. 그를 이동시켜 주는 데, 그리고 로비가 혼자 식사를 하거나 타자를 칠 수 있도록 우리가 현재 보조 기구adaptive device라고 부르는 것을 설계하는 데 말이다. 그의 어머니도 로비를 돌보고 우리가 현재 홈스쿨링이라고 부르는 방식으로 그를 가르치는 데 모든 시간을 바쳤다. 그녀는 자신이 그렇게 할 수밖에 없는 건, 어떤 학교도 로비를 받아 주지 않으려 했기 때문이라고 나 같은 이웃 아이들에게 말해 주었다. 사립학교는 물론이고, 공립학교도 그랬다.

나는 로비가 얼마나 고립되어 있는지를 보고 느낄 수 있었다. 로비는 아이들이 집에 놀러 오지 않으면 또래 친구들과 놀 수 없었다. 그는 자신의 어머니가 다이얼을 돌려 수화기를 대주지 않으면, 우리를 집으로 초대하기 위해 전화를 할 수도 없었다. 나는 로비에게 필요한 것을 제공해 주기 위해 그의 어머니의 삶이 어떤 식으로 사라졌는지를 보고 느낄 수 있었다. 우리 같은 또래 아이들의 경우 그것은 사회가 제공해 주는 것이었고, 우리가 당연하게 여기는 것이기도 했다. 나는 로비네 가족의 고립 또한 이해할 수 있었다. 왜냐하면 나는 어른들이 그들과 함께 있을 때마다 상당히 거북해한다는 걸, 그리고 부모들이 로비와 함께 시간을 보내는 우리를 짐짓 칭찬하면서도 정작 자신들은 좀처럼 그들과 가까이하려 하지 않는다는 걸 알아챘기 때문이다. 나는 어쨌든 우리가 그들이 배제되도록 방치하고 있음을 알았다. 나는 로비가 학교에서 배제되는 것이 부당하다고 느꼈다. 그렇지만 내가 보고 느꼈던 그 모든 것에도 불구하고, 그 당시의 내게 장애는 정치적인 문제가 아니었다. 그것은 단지 로비와 그 가족의 비극적인 팔자이자 불운이었고, 그들이 짊어져야 할 짐이었다.

바버라 아네일과 낸시 J. 허시먼이 내게 장애와 정치이론에 관한 책에 대해 처음 이야기했을 때, 나는 생각했다. '장애는 정치학에서 다뤄져야 할 너무나 분명한 논제 가운데 하나인데, 어떻게 정치학이 여태껏 이를 무시해 올 수 있었지?' 그러고 나서 나는 로비를 떠올렸으며, 장애를 정치적 이슈로 전혀 생각하지 못했던 일에 대해서도 다시 생각하게 되었다. 그때는 1950년대 냉전의 시대였고, 내가 배웠던 정치는 개인들이 겪는 곤란함이 아니라 선거와 전쟁에 관한 문제였다. 단지 지금에서야, 내가 공부한 학문과 장애권 disability rights의 렌즈를 통해 그때를 되돌아보면서, 나는 우리 모두가 공유하고 있던 문화적 무감각을 이해할 수 있었다.

나는 대학원 과정의 중간 정도에 이르러서야 장애를 하나의 정책적 범주로 처음 인지했다. 당시 나는 학위논문을 위해 독일의 국민건강보험을 연구하고 있었는데, 독일 보건 의료 비용의 수치 가운데 눈에 확 들어오는 것이 있었다. 건강보험 지출 총액의 절반이 질환이나 장애로 말미암아 일할 수 없는 사람들에게 (임금을 대신해 줄) 연금을 지급하는 데 쓰이고 있었던 것이다. 의사는 환자를 치료하는 사람일 뿐만 아니라, 이 막대한 경제적 재분배 시스템의 문지기이기도 했다. 그들은 환자가 일할 수 없음을 인증하는 권력을 보유하고 있었다. 독일에서 잘 사용되는 표현을 빌리자면, "사람이 아프다고 적는"것은 의사들의 권한이다. 이는 1970년대 초의 상황이었는데, 당시는 미국이 복지 수급자 명부를 주기적으로 크게 재조정했던 여러 시기 가운데 하나이기도 했다. 독일의 의사들이 미국만큼이나 방대한 현금 복지 시스템을 관장하고 있다는 것이 내게는 명확해 보였다. 그런데 결정권자가 사회복지사들이 아닌 의사들이며, 그들의 권한이 강화되고 있다는 건 내가 생각하기에 상당히 이상한 일이었다.

결국 나는 나 자신을 위해서 그 수수께끼를 풀기 위한 책을 썼다(Stone 1984). 『장애 국가』*The Disabled State*는 나의 종신 교수직이 달려 있는 책이었기 때문에, 나는 학과 교수들이 던지는 질문에 계속 시달려야 했다. "장애와 관련해 정치적인 게 도대체 뭐가 있는가? 장애에서 정치학이 적용되는 지점이 어디인가?" 그것은 종신 교수직 심사가 안겨 주는 통상적인 신경증을 벗어나기 위해서만이 아니라, 내 학문적 정체성을 명확히 하기 위해 답변해야 할 질문이기도 했다. 학위 과정을 마친 후 초창기 몇 년 동안, 나는 건강보험에 관한 논문으로 학계의 취업 시장에 진출했다. 나는 교원 채용을 위한 잡 토크job talk 후, 매번 다음과 같은 질문을 받았다. "보건의료와 관련해 정치적인 게 도대체 뭐가 있는가? 왜 정치학자가 그것을 연구하려 하는가?" 다행스럽게도, 레이건 대통령에 의해 복지 수급자 명부에서 장애인들을 제거하려는 기운이 감돌고 있었고 장애권 운동의 바람이 불고 있었기 때문에, 장애가 정치적인 것임을 입증하기는 어렵지 않았다.

자, 장애가 하나의 정책 이슈라는 것은 이제 자명해 보이지만, 그렇다면 정치이론 이슈로서는 어떠한가? 나는 존 스튜어트 밀의 『자유론』*On Liberty*을 여러 해 동안 학생들에게 가르쳤는데, 이는 그 책에 자유에 대한 권리에서 장애인을 배제할 수 있는 문구가 존재함을 알아채기 전의 일이었다. 밀은 잘 알려져 있다시피 고전적 자유주의와, 논쟁의 여지는 있지만, 현대 미국 자유지상주의의 지도적 교리를 제시했다. 그는 정부가 개인의 자유에 간섭하는 것은 타인에게 해를 끼치는 것을 예방하기 위한 경우를 제외하고는 결코 정당화될 수 없다고 주장했다. 그리고 계속해서 다음과 같이 말했다. "이 원칙이 성숙한 정신적 능력을 지닌 인간에게만 적용된다는 점을 굳이 부연할 필요는 없을 것이다. 우리는 아이들이나 청소년에 대해 말하고 있는 것이 아니다. …… 아직 타인에 의해 돌봄을 받을 필요가 있는 상태에 있는 이들은 외부적 상해뿐만 아니라 그들 자신의 행위에 대해서도 보호를 받아야만 한다." 이런 내용 모두가 내게는 꽤나 자연스럽고 특별할 게 없는 것처럼 보였다. 특히나 뒤이어 밀이 "그 사회에서 살아가는 인종 자체가 미성숙한 것으로 간주될 수 있는, 그런 낙후된 상태의 사회" 또한 [원칙 적용의] 예외로 두고 있다는 점에 비추어 보자면 말이다(Mill 1974[1859], 69[국역본, 37쪽], 강조는 인용자). 물론 공민권 시대의 아이들과 마찬가지로, 인종적 배제가 나의 관심을 끌기는 했다.

밀이 돌봄의 필요를 언급하면서 장애인을 염두에 둔 것인지 아닌지 나는 알지 못한다. 그러나 새롭게 형성된 나의 장애권 의식이라는 맥락 속에서, 그런 말들은 로비 같은 사람들을 떠올리게 한다. 그리고 1970년대 이후 형성된 나의 페미니즘 의식이라는 맥락 속에서, 그런 말들은 로비의 어머니 같은 여성들을 떠올리게 만든다. 장애인들과 그들의 돌봄 제공자들 — 급여를 받지 않는 친족이든, 낮은 급여를 받는 임금노동자이든 — 이 그들 자신의 삶의 목표를 세우고 이를 추구할 자유를, 또는 정치이론의 대가들이 정부의 목적이라고 여겼던 좋은 삶을 살아갈 자유를 누리고 있다고는 전혀 말할 수 없다. 나와 내 형제자매와 친구들이 어느 대학에 가고 장차 무엇을 하며 살지 고민하는 동안, 로비는 자신의 운명이라 생각했던 미래의 삶에 대한 두려움, 즉 자신의 부모가 더는 그를 돌볼 수 없게 되었을 때 시설로 보내질 것이라는 끊임없는 두려움 속에서 살았다.

이 책의 저자들이 보여 주고 있는 것처럼, 정치이론가들은 좀처럼 장애를 학문적 문제로 취급하지 않으면서 장애인을 배제해 왔다. 우리 모두는 자율적 존재라는 의식 — 비록 다소 기만적인 것이기는 하지만 — 에 장애인들이 흠집을 낼 수 없도록 이 사회가 그들을 수용 시설로 보내 버렸던 것과 같은 방식으로 말이다. 그렇지만 장애권 운동은 많은 결정적 승리를 만들어 왔고, 분명히 이 책 역시 또 다른 승리일 것이다. 이 책의 저자들은 가능한 모든 정당한 질문들을 제기하고 있으며, 도처에서 발견되는 비장애중심주의적 가정들이 지닌 가면을 벗겨 내고 있다. 정치이론가들은 이제 더 이상 장애인을 염두에 두지 않은 채 시민권, 정의, 평등, 자유와 같은 거대한 문제들을 고찰할 수 없을 것이다.

그렇지만 아직, 우리의 작업은 완수되지 않았다. 페미니스트들이 오랫동안 주장해 왔고 이 책의 저자들 또한 논하고 있는 것처럼, '돌봄을 좀 더 필요로 하는 사람들'이 별도의 범주로 다루어지지 않을 때, 그 밖의 모든 이들과 다르지 않은 것으로 여겨질 때, 실질적인 승리가 다가올 것이다. 우리는 어릴 때, 나이 들었을 때, 또는 상해나 질환에 의해 장애를 갖게 되었을 때만이 아니라, 모두가 그리고 언제나 도움을 필요로 한다. 이것이 바로 세계가 장애인과 '일시적 비장애인'the temporarily able-bodied으로 나뉘어져 있다고 보는 운동의 관념이 너무나 잘못된 이유이다. 우리는 항상 도움의 관계망 속에서 살아가고 있다. 어떤 사람들이 다른 사람보다 좀 더 도움을 필요로 할 수는 있지만, 우리가 행하는 모든 것에서 그리고 언제나, 그 누구도 타인의 도움을 받지 않고 살 수는 없다. 당신이 한 켤레의 신발을 신은 채 걷고, 책을 읽고, 컴퓨터를 사용하고, 친구에게 조언을 구하고, 차를 운전하고, 어떤 도구를 빌리고, 아침 식사로 따뜻한 오트밀을 만들고, 문자를 보내고, 은행 계좌를 사용하고, 선거에서 투표를 하는 모든 순간, 당신은 당신에게 그런 활동이 가능하도록 만들어 준 수천 명의 사람들 덕분에 그렇게 할 수 있는 것이다. 그들 가운데 일부는 더 이상 생존해 있지 않고, 그들 가운데 일부는 이 행성의 반대편에서 살아가고 있으며, 또 그들 가운데 일부는 아마 당신의 집에 초대하는 것을 상상조차 할 수 없는 이들일 것이다. 그들 모두가 당신을 돕고 있고, 당신은 그들 없이 삶을 영위할 수 없다. 로비가 부모의 도움 없이 그의 삶을 영위할 수 없었던 것과 마찬가지로 말이다.

이런 진실은 정치이론, 정치학, 공공 정책에 지속적인 도전 과제를 제기한다. 우리는 단순히 '의존의 보편성'을 이해하는 것을 넘어, 이 책이 강력하게 요청하고 있는 것처럼, 상호 돌봄과 도움이 우리 인간 존재에게 공기나 물과 같음을 인정하는 데까지 나아가야만 한다.

# 장애와 정치이론

바버라 아네일·낸시 J. 허시먼[*]

장애학은 중요한 변화들을 겪고 있으며 이 같은 변화는 모든 사회과학 분야에 영향을 미치고 있지만, 정치학자들은 상대적으로 이 주제에 거의 관심을 기울이지 않아 왔다(Hahn 1985).

정치학자이자 장애학자인 할런 한이 1985년에 위의 문장을 썼을 때, 그는 자신의 에세이에서 다뤘던 이슈들 가운데 많은 것들을 정치학이 선도해 주길 기대했던 듯하다. 하지만 그로부터 30년이 넘게 지난 지금, 정치학은 우리 사회에서 장애를 분석하고 있는 다른

[*] 우리는 바버라 아네일에게 본 연구에 대한 자금을 지원해 준 캐나다인문사회과학위원회Social Sciences and Humanities Research Council of Canada에 감사드린다. 두 익명의 논평가는 이 장의 초고를 검토한 후 우리에게 매우 도움이 되는 의견을 제시해 주었다. 줄리 젱킨스Julie Jenkins는 이 서장에 제시된 몇 가지 교차적 주제들과 핵심적인 생각들을 좀 더 분명히 표현할 수 있도록 도움을 주었다. 켈시 라이트슨Kelsey Wrightson과 세라 무나와르Sarah Munawar는 최종 편집을 도와주었으며, 재커리 윌리스Zachary Willis 역시 연구와 편집에 도움을 주었다. 이들 모두에게도 감사의 말을 전한다.

분과 학문들에 비해 뒤처져 있다. 정치이론이라는 하위 분야에서 이 문제는 한층 더 심각하다. 철학자들, 역사학자들, 사회학자들, 문학자들은 모두 그들의 학문적 탐구에서 장애의 중요성을 인정해 왔지만, 정치이론은 대부분 장애를 무시했다. 정치학 분야의 탁월한 저널인 『정치이론』*Political Theory*에는 지금까지 장애에 관한 논문이 (이 잡지의 편집인들 가운데 한 명에 의해서) 단 한 편만 게재되었을 뿐이다. 정치학 분야의 대표 저널인 『미국 정치학 평론』*American Political Science Review*에는 장애와 관련해 이론적 시각에서 쓰인 논문은 한 편도 게재된 적이 없다. 몇몇 정치이론가들이 젠더, 인종, 계급에 덧붙여 장애를 배제의 범주에 포함시키기는 하지만, 그들은 장애 그 자체에 대해서는 어떤 분석도 제시하지 않는다. 1990년 〈미국장애인법〉American with Disabilities Act, ADA, 2009년 〈개정 미국장애인법〉ADA Amendments Act, ADAAA, 2006년 유엔 총회에서 채택되고 (비록 미국은 비준하지 않았지만) 127개 나라가 비준한 〈유엔 장애인권리협약〉United Nations Convention on the Rights of Persons with Disabilities, UNCRPD 모두가 권리, 시민권citizenship, 자격부여entitlement, 정의 등의 이슈를 제기하고 있음에도, 이런 법들이나 협약은 정치이론 관련 저널들이나 저작들에서는 좀처럼 언급되지 않는다.

　누군가는 당연히 '정치이론가들이 왜 장애에 관심을 가져야 하는가?'라고 물을 수 있을 것이다. 첫 번째 이유는 인구통계학적인 것이다. 장애는 단지 소수의 집단에 한정된 현상이 아닌, 주요한 사회적 이슈이다. 최근 추산된 바에 의하면 〈미국장애인법〉의 정의에 따른 장애인의 수가 미국에서만 5120만 명에 이르는데, 이는 미국 전체 인구의 약 18퍼센트에 해당한다. 그리고 유엔은 약 10억 명의 사람들, 즉 전 세계 인구의 15퍼센트가 국제 기능·장애·건강 분류International Classification of Functioning, Disability and Health (ICF)[1]의 정의에 따른 장애인일 것으로 추산하고 있다(Steinmetz 2002).[2] 장애는 인종, 연령, 종교, 민족성, 국적, 계급, 젠더, 직업을 불문하고 전 세계의 모든 사람들에게 영향을 미친다. 간단히 말해, (정치이론가들도 비롯해!) 내 주변 사람들 대여섯 명 가운데 한 명은 장애인인 것이다. 우리가 장애인의 가족 구성원, 특히 손자나 조부모까지 포함시키고, 장애에 의해 밀접하게 영향을 받는 사람들까지 더하면, 장애와 관련된 사람들의 수는 더 늘어난다. 더욱이 전 세계적인 인구 고령화와 더불어 장애출현율 역시 증가하고 있으며, 그에 따라 장애는 직접적으로 이를 경험하지 않은 사람들에게도 영향을 미치는 하나의 사회문제가 되고 있다.

그러나 인구통계학적인 이유를 넘어, 정치이론가들이 그들의 분석 작업에서 장애를 주요 관심사로 삼아야 할 실질적인 이유들이 존재한다. 자유주의 또는 민주주의 이론에 관여하고 있는 이들은 '시민권'이나 '인격'personhood에 대한 자신들의 분석을 뒷받침하기 위해 대개 '이성'과 '능력' 같은 개념들에 의존하고 있는데,

---

1) [옮긴이] 유엔 산하의 세계보건기구World Health Organization, WHO에 의해 만들어진 최초의 장애에 대한 정의이자 분류 기준은 『국제 손상·장애·핸디캡 분류』International Classification of Impairments, Disabilities and Handicaps(ICIDH)이다. 세계보건기구는 1990년대 중반 ICIDH에 대한 개정 작업에 들어가 1997년에 ICIDH-2를 발표하는데, ICIDH-2는 공식적인 분류 기준이라기보다는 현장에서 적용해 보고 문제점을 파악하기 위해 만든 일종의 시험판이라고 할 수 있다. ICIDH-2는 2001년에 최종 버전이 마련되었으며, 세계보건기구총회World Health Assembly는 이를 국제적으로 통용될 수 있도록 공식 승인했는데 이것이 바로 ICF이다.

2) [옮긴이] 2021년 우리나라의 등록 장애인 수는 264만 4700명으로 전체 인구의 5.1퍼센트를 차지하는 것으로 나타나고 있다(한국장애인개발원, 『2022 장애통계연보』, 2022, 25쪽).

정의상 그런 개념들은 일정한 수의 장애인들을 해당 범주에서 배제하게 된다. 권위 있는 핵심 사상가들 가운데 몇몇이 그랬던 것처럼 명시적으로든, 아니면 현대 이론에서 좀 더 흔히 그런 것처럼 암시적으로든 말이다. 오늘날의 세계에서 자유주의 또는 민주주의 이론의 목표는 모든 인간을 온전히 포함하는 보편적 이론을 만들어 내는 것이겠지만, 이 책의 몇몇 장들에서 지적되고 있는 것처럼, 논의에 사용되는 용어들 — 현행의 정의를 따를 경우 — 자체가 이를 불가능하게 한다. 후기구조주의, 탈근대주의, 탈식민주의 분석틀을 사용하는 좀 더 비판적인 정치이론가들이 권력을 이론화하는 작업에 관여하고는 있지만, 그들 역시 장애를 무시해 왔으며 장애인에게 행사되는 권력 — 담론 권력을 비롯해서 — 은 전혀 다루지 않았다. 정치이론가들이 장애라는 주제를 다루지 않고 무시한다는 것은, 특히 우리가 정치이론이라는 하위 분야를 영문학, 역사학, 철학 분야의 동료들이 수행한 작업과 비교해 볼 경우 더 명백해진다.[3]

3) 이런 작업들의 목록을 온전히 나열하는 것은 불가능한 일이겠지만, 역사학 분야에서 좋은 개설서로는 Paul K. Longmore and Lauri Umansky eds., *The New Disability History: American Perspectives*, New York: New York University Press, 2001과 Catherine J. Kudlick, "Disability History: Why We Need Another 'Other'", *The American Historical Review* 108(3), 2003 참조. 철학 분야에서는 Martha Nussbaum, *Frontiers of Justice: Disability, Nationality, Species Membership*, Cambridge, MA: Harvard University Press, 2006과 존 데이John Deigh, 에바 키테이, 로런스 베커, 애니타 실버스, 데이비드 바서만, 제프 맥머핸 같은 저명한 철학자들의 논문들이 실린 『윤리학』*Ethics* 2005년 특별호(Symposium on Disability 16(1), October, 1-213) 참조. 영문학 분야에서 손꼽히는 두 권의 텍스트로는 Rosemarie Garland Thomson, *Extraordinary Bodies: Figuring Physical Disability and American*

특히 철학 분야의 동료들이 우리에게 보여 준 바 — 그리고 마사 누스바움이나 에바 키테이 같은 몇몇 철학자들을 정치이론가들이 광범위하게 인용하는 것에서 확인되는 바 — 와 같이, 장애는 정의, 권력, 자격부여, 돌봄, 자유 등과 같은 이론적 문제들을 수반한다. 장애라고 하는 것이 돌봄 제공을 위한 자원의 할당, 편의제공accommodation이나 의료적 치료, 공공장소에 대한 접근과 공적 참여를 가능하게 하기 위한 건조 환경built environment[자연 환경과 대비되는, 인간에 의해 구축된 환경]의 개조, 만인의 평등과 존엄에 부합하는 방식으로 돌봄을 제공하고 제공받는 것을 뒷받침하기 위한 공공 정책 및 입법적 의제와 관련될 수도 있고, 반드시 그렇지 않을 수도 있겠지만 말이다. 그리고 푸코주의적 철학자들이 보여 주었던 바와 같이, 장애는 대안적인 권력 이론을 통해서도 이론화될 수 있다(Tremain 2002). 이런 이슈들, 그리고 이 이슈들이 다루어지는 방식은 다시 장애인의 시민권상의 지위와 권능강화empowerment[4]에 영향을 미친다.

_Culture and Literature_, New York: Columbia University Press, 1997 [로즈메리 갈런드 톰슨,『보통이 아닌 몸: 미국 문화에서 장애는 어떻게 재현되었는가』, 손홍일 옮김, 그린비, 2015]과 Tobin Siebers, _Disability Theory_, Ann Arbor, MI: University of Michigan Press, 2008[토빈 시버스,『장애 이론』, 조한진 외 옮김, 학지사, 2019]이 있다. 독자들이 주목하게 될, 이 장 전반에 걸쳐 인용되고 있는 저작들 가운데 다수는 셸리 트레마인Shelley Tremain, 알래스데어 매킨타이어Alasdair MacIntyre, 조너선 울프Jonathan Wolff, 애니타 실버스, C. F. 구디C. F. Goodey, 마크 잭슨Mark Jackson, 제임스 트렌트James Trent, 레너드 데이비스 등을 포함한 철학, 역사학, 영문학 분야의 학자들이 쓴 것이다.

4) [옮긴이] 'empowerment'는 'power'라는 명사에 동사형 접두사 'em [en]-'이 붙고[en+large(큰): 크게 하다, en+joy(즐거움): 즐기다], 여기에 다시 명사형 접미사 '-ment'가 붙어 만들어진 단어다. 접두사와 접미사를

간단히 말하자면, 다수의 자유주의적·민주주의적 정치이론가
들이 자유에 대한 근대적인 기본 관념들과 모든 인간 존재의 기본
적인 도덕적 평등을 고수하는 한에서, 이런 문제들은, 그리고 장애
인이 실질적으로 어떻게 배제되는가를 드러내는 학문적 연구 —

빼고 나면 결국 'power'만 남게 되는데, 이 'power'라는 단어 자체가 상
당히 폭넓고 다양한 뉘앙스의 의미를 지니기 때문에 우리말로 깔끔하
게 번역하기가 쉽지 않은 개념이라 할 수 있다. 사회복지의 영역에서는
'역량강화'라는 번역어가 많이 쓰이고 한국의 장애인 자립 생활 운동 진
영에서도 이 용어가 다소 무비판적으로 수용되었는데, 그러다 보니 이 과
정에서 심각할 정도로 의미의 협소화가 발생하고 말았다. 즉 '임파워먼
트'가 장애인 개인의 부족한 문제 해결 능력이나 실무 역량, 혹은 자립 생
활 기술의 강화를 의미하는 것처럼 통용되고 있는 것이다. 자립 생활 센
터들에서 실시하는 소위 '역량강화 교육'도 대개 이런 종류의 것일 때가
많다. 하지만 사회운동에서 'empowerment'란 근본적으로 'power to the
people'(민중에게 권력을)과 상통하는 것으로 집단적인 정치적 힘의 강화
를 의미한다. 소수자(약세자弱勢者) 집단과 다수자(강세자強勢者) 집단 간의
불평등한 권력관계를 변화시키는 것이 핵심이며, 그렇기 때문에 정치학
등의 문헌에서는 '세력화'로 번역된다. 예컨대 '노동자·민중의 정치 세력
화'에서 그 '세력화'를 영어로 표현할 때 쓸 수 있는 단어가 바로 'em-
powerment'인 것이다. 이런 측면을 고려하면 '임파워먼트'를 우리말로
옮길 때는 'power'가 지닌 다양한 함의를 담을 수 있는 번역어가 필요한
데, 잠정적으로는 '권능강화'가 최선이 아닐까 생각한다. 국립국어원『표
준국어대사전』을 찾아보면, '권능'이라는 단어는 "권세와 능력을 아울러
이르는 말"이고, 다시 '권세'는 "권력과 세력을 아울러 이르는 말"이다.
따라서 '권능강화'는 '권력강화', '세력(강)화', '능력강화'라는 다양한 의
미를 직접적으로 포괄할 수 있다. 또한 '권능'에 대한 유의어로는 '권한',
'권리', '힘'이 제시되어 있다. 즉 '권+능'이라는 단어는 '권'權이라는 한자
로 시작되는 '권한'-'권리' 등의 의미 계열과 '능'能이라는 한자와 연결되
는 '능력'-'역량'-'힘' 등의 의미 계열을 동시에 연상시키면서, 이 양자가 스
피노자적인 의미에서 서로 결부되어 있음을[Jus(권) = Potentia (능)], 요컨
대 어떤 집단의 (법적) 권리는 그 집단의 사회적 힘을 기반으로 하며 그것
과 분리되어 있지 않음을 함축할 수도 있을 것이다.

젠더, 인종, 계급, 성적 지향을 둘러싼 분석이 기존의 이론에 도전했던 것처럼 — 는 정치이론과 관련된다. 정치이론가들은 흔히 다양한 형태의 주변화된 사람들에 대한 인정과 포함, 성원권membership과 시민권이라는 이슈에 주의를 기울이는데, 장애인들은 진정이 같은 연구들에 포함되어야 하며, 불평등 그리고/또는 억압의 교차적 본질을 이론화하는 작업들에 융합될 필요가 있다. 그런 연구와 이론화 작업에 그저 부가적으로 덧붙여지는 것이 아니라 말이다. 마찬가지로 탈근대주의 및 후기구조주의 정치이론가들도, 문학비평, 비판철학, 신역사주의new historicism 분야의 동료들이 우리에게 보여 주었던 것만큼이나 장애에 주의를 기울여야 할 많은 이유를 지니고 있다. 주체성과 정체성에 대한 '이성적' 정신과 몸의 관계라는 문제, 의료적·사회적 담론에 의해, 그리고 그런 담론을 통해 정신, 몸, 몸의 경험이 해석되는 방식, 하나의 개념이자 범주로서의 '장애'가 권력관계를 통해 생산되는 방식 모두가 정치이론에 중요한 문제인 것이다.

뒤에 이어질 이 책의 여러 장들이 잘 예증하고 있는 것처럼, 정치사상의 역사는 장애에 대한 비하적 정의와 시민권 및 권리에 대한 [장애인] 배제적 이해 사이에 밀접한 상관관계가 있음을 보여 준다. 장애 정체성은 시민권, 자유, 평등, 합리성을 정의하고 그 한계를 설정하는 데 전략적으로 사용되어 왔으며, 이는 다음과 같은 질문들을 제기한다. 우리는 장애인이 온전한 시민으로서 사회에 포함되는 것을 가능하게 하기 위해 장애인의 주체성을, 그리고 정치를 어떻게 재정의할 수 있는가? 진정, 자연적[천부적]natural 자유와 평등에 대한 계몽주의적 이상 아래에서 장애인이 온전한 인격체에 포함될 수 있는가? 그리고 이에 상응하여, 우리는 장애 정체성을 좀 더 잘 포함하기 위해 정치학 내의 기본 개념들과 시민권을 어떻게 재정의할 수 있는가? 몇 가지 유망한 답변들이, 장애에 대한 재정의뿐만 아니라 평등, 자유, 정의, 권리, 시민권과 같은 정치이론의 원리들에 대한 재정의를(Hirschmann and Linker 2015) 다루고 있는 이 저작집의 논문들 내에서 제시된다.

정치이론가들은 자신들만의 고유한 학문적 도구를 장애학 분야에 도입한다. 철학자들을 비롯해 다른 분과 학문에서 장애를 연구하는 학자들의 분석에는 권력의 작동과 정치에 대한 복합적 이해가 종종 누락되어 있다. 권력에 대한 연구는 정치이론이 특히 탁월함을 보여 주는 영역이며, 이것이 우리가 정치이론이 장애학 분야에 독특한 기여를 할 수 있다고 주장하는 핵심 이유이기도 하다. 정치이론은 주류 철학의 권력에 대한 연구를 넘어, 공공장소·공공 자원·공권력에 대한 주체의 관계가 표현되고, 타협되고, 가능해지고, 제한되는 다양한 방식에 대한 이해를 확장해 줄 수 있다. 이책의 각 저자들이 사용하고 있는 도구, 텍스트, 개념, 논변은 전반적으로 정치이론가들에게 친숙한 것들이다. 비록 각 저자들이 여타형태의 억압 및 차별과 대조되는 장애라는 특정 주제와 관련해, 그런 도구, 텍스트, 개념, 논변을 상이한 틀 내에서 다양한 형태로 사용하고 있기는 하지만 말이다.

그러므로 정치이론가들은 인구통계학적인 이유뿐만 아니라 보다 실질적인 이유에서도 장애 문제를 반드시 다뤄야 할 것이다. 그런데 이 특정한 역사적 시점에 이 책이 좀 더 중요해지는 건 지난 40년에 걸쳐 장애에 대한 정의에서 근본적 변화가 있었기 때문이다. 즉 장애는 개인의 의료적 결함에서, 전적으로든 부분적으로든 사회적·정치적 영역에 존재하는 어떤 것으로 전환되어 왔다. 장애학 내에서 '의료적 장애 모델'medical model of disability로 알려진 것은 장애를 흠이 있는 심신에서 기인하는 개인의 결함으로 간주하며, 이런 장애는 재생산 기술을 통해 '예방'되거나 수술과 약물 혹은 여타의 의료적 중재를 통해 '교정'되어야 한다고 본다. '사회적 장애 모델'social model of disability은 이 같은 의료적 장애 모델에 도전해 왔는데, 사회적 장애 모델에 따르면 맹聾이나 양하지 마비 같은 '손상' 내지 '건강 상태'health condition[5]는 단지 특정 종류의 언어적·물리적·정치적 사회제도들 때문에 '장애'가 된다. '정상' 내지 '비장애'라고 간주되는 일정한 종류의 신체적 속성을 지닌 이들에게는 유리하고 이와 다른 종류의 몸과 능력을 지닌 이들에게는 불리한, 또는 이들을 배제하는 사회제도들 때문에 말이다. 사회적 모델에서 장애는 단순히 생물학적·신체적 특징이나 몸과 관련된 것이 아니라 오히려 권력 및 정치와 관련된 것이다.

예컨대 내가 걸을 수 없기 때문에 사회 활동 — 수업을 받으러 건물에 들어가거나, 모임에 참석하거나, 일하러 가는 것 같은 — 에 참여할 수 없게 되었다는 것은 사실이 아니다. 그 건물에 경사로가 아닌 계단만 있거나, 엘리베이터가 오늘 가동되지 않고 있기 때문이라는 것이 사실이다. 마찬가지로 내가 들을 수 없기 때문에 일할 때 전화를 사용할 수 없다는 것은 사실이 아니다. 내가 다니는 회사가 농인용 전화단말장치Telecommunication Device for the Deaf, TDD의 설치를 거부했기 때문이라는 것이 사실이다. 이런 사회제도들은 권력과 함수관계에 있으며, 메어리언 코커Mairian Corker가 말한 것처럼 '사회적 억압의 한 형태'를 구성한다(Corker 1999, 631). 왜냐

---

5) [옮긴이] 'condition'이 몸과 관련하여 쓰일 때는 중립적인 의미에서의 건강 '상태'를 뜻하기도 하지만, 심신의 어떤 '이상'이나 질환을 의미하기도 한다. 이 책에서는 가급적 '상태'라는 번역어를 사용하되, 맥락에 따라 '이상'으로 옮긴 곳도 있음을 밝혀 둔다.

하면 누군가가 그/그녀 자신의 삶을 온전히 살아가거나 더 광범위한 사회에 완전히 참여할 수 없도록 만드는 것은 해당 개인이 지니고 있을 수 있는 손상이나 건강 상태가 아니라 이런 구조들이기 때문이다. 가시적인 장애에 대한 이 같은 두 가지 사례들 외에도, '비가시적인' 장애들의 출현은 손상에서 장애로의 전환을 한층 더 복잡하게 만드는 — 그런 장애에 요구되는 편의제공이 분명하지 않거나 외견상 필요해 보이지 않을 수도 있기 때문에 — 추가적인 일련의 권력관계와 사회구조를 생성해 낸다(Hirschmann 2015).

사회적 장애 모델의 도입은 장애가 정확히 정치의 영역에 자리 잡도록 한다. 사회 안에서의 권력관계라는 좀 더 폭넓은 관념과 관련해서뿐만 아니라, 장애인의 완전한 포함과 참여를 가로막는 장벽들을 제거하기 위해 필요한 편의를 국가가 제공하는 정도와 관련해서도 말이다. 결국 장애에 대한 정의는 개인들의 특정한 신체적 상태와 그들이 일상생활에서 다루어야만 하는 환경 사이의 상호작용이라는 이해로까지 진화해 왔고, 이는 정치이론가들이 이같은 새로운 논쟁과 관련해 배우고 또 기여해야 할 것이 많다는 사실을 분명하게 보여 준다.

지금까지 논의한 내용의 정치적 함의는 장애가 정치이론 내로 융합되어야 할 결정적으로 중요한 주제일 뿐만 아니라, 정치이론가들이 한편으로는 시민권, 자유, 평등, 권리의 의미를, 다른 한편으로는 권력의 구성을 이론화하는 데 중요하고도 구체적인 기여를 할 수 있다는 점이다. 이와 같은 이론화의 영역은 광범위하며, 여기에는 정치적 정체성의 범주이자 개념적 의미로서 장애의 [사회적] 구성, 장애에 대한 이해의 변화에 대응하는 사회적·정치적 영역에서의 공공재 및 자원의 분배와 구성 — 정치이론이 가능하게 하는 — 등이 포함된다. 그리고 이런 이론화 작업은 다시 민주주의 정치체 내에서의 '다양성'과 '차이'를 이론화하는, 현재에도 계속 진행 중인 정치적 프로젝트에 기여할 것이다. 인간 심신의 광범위한 다양성과 관련하여 좀 더 폭넓은 정치적 이론 및 실천의 생산을 촉진함으로써 말이다.

따라서 이 책은 우리가 이미 반세기 전부터 젠더, 인종, 민족성, 다문화주의, 토착성indigeneity, 식민주의, 성적 지향의 정치를 다루어 왔던 것처럼 장애를 근본적이고도 지속적인 방식으로 온전히 다루어야 한다는, 그리고 제대로 연구되지는 않았지만 결정적으로 중요한 장애 이슈를 시민권과 권력에 대한 연구의 주변부가 아닌 중심에 두어야 한다는, 정치학과 특히 정치이론이라는 하위 분야를 향한 강력한 요청이자 촉매라 할 수 있다. 우리는 이 책이 그런 역할을 잘해 낼 수 있기를 희망한다. 이런 목적에서 우리는 현재 정치이론 분야에서 활동 중인 손꼽히는 이론가들 가운데 일부에게 장애에 대한 그들 자신의 통찰을, 그리고 그들의 이론적·방법론적 시각에 뿌리박고 있는 정치이론을 소개하고 진전시켜 줄 것을 요청했다. 이와 더불어 새롭게 떠오르는 몇몇 정치이론 연구자들 — 이들 가운데 일부는 연구의 초점을 전적으로 장애에 맞추고 있는 좀 더 젊은 세대의 학자이다 — 에게도 이 책에 참여해 달라고 부탁했다. 이런 두 그룹의 참여를 통해, 우리는 이 책이 한 세대에 걸친 학자들을 아우르는 것뿐만 아니라 다채로운 시각들로부터 새로운 통찰을 가져올 수 있으리라 믿는다.

마지막으로 이 책의 공동 편저자들은 젠더와 정치이론 분야에서 저작을 출간해 온 페미니스트 학자이며, 우리는 우리 자신의 연구에서, 그리고 이 책을 진전시키면서, '개인적인 것이 정치적인 것이다'라는 제2세대 페미니즘의 금언이 젠더 정치에 적용되는 것만큼이나 장애 정치에도 적용된다는 사실을 절감했다. 자기 자신이나 가족 구성원의 장애에 대해 이야기하는 개인들과 전혀 만나본 적이 없는 사람은 아마도 장애를 주제로 한 학술 대회에 논문을 제출할 수도, 이어지는 질문과 대화에 참여할 수도 없을 것이다. 편저자 중 한 명에게 당뇨병과 이로 인한 여러 손상을 겪으며 살았던 경험은, 그리고 공정함, 완전한 참여, 개인의 건강을 보장하는 데 필요한 편의제공에 대한 관심은, 이 책을 추동해 내고 만들어 가는 과정에서 매우 큰 부분을 차지했다. 또 다른 편저자의 경우, 많은 이들이 그러하듯 자신의 아버지가 나이를 먹고 점점 더 장애를 — 주로 신체적인 것이었지만 결국에는 정신적으로도 — 갖게 되면서 맞이한 생의 마지막 몇 주는, 그녀에게 돌봄의 본질, 인간 존엄성, 병원과 호스피스 환경에서의 편의제공과 관련된 심오한 질문들을 제기했다. 이런 질문들은 때로는 장애인 공동체로부터 얻은 통찰을 강화해 주었으며, 어떤 경우에는 또 다른 질문을 제기하기도 했다. 여기서 요점은 장애란 정치적이기도 하고 개인적이기도 하다는 것이다. 그리고 우리는 일생 중 어떤 시점에 자기 자신이나 가족 가운데 누군가가 장애를 경험할 가능성이 크기 때문에, 장애는 매우 실질적인 의미에서 보편적인 것이기도 하다. 그러나 장애의 경험이 어떤 점에서는 보편적인 것일 수 있지만, 우리는 '우리를 제외하고는 우리에 관해 어떤 것도 하지 말라' nothing about us without us[6]라는 금언이 존재한다는 것 역시 잘 알고

---

6) 이 문구는 장애권 옹호자들과 활동가들이 자주 사용하는 것 중 하나이며, 장애인들을 대신해 발언해 왔던, 그리고 장애인들이 필요로 하고 원하는 것을 규정해 왔던 비장애인들의 오랜 역사와 관련된다. 좀 더 자세한 맥락은 James I. Charlton, *Nothing About Us Without Us: Disability Oppression and Empowerment*, Berkeley, CA: University of California Press, 2000 참조.

있다. 이런 사실은 또한 장애를 지닌 채 살아가는 이들의 목소리가 이 책에 포함되는 것이 결정적으로 중요함을 의미한다. 이런 취지에서, 이 책의 기고자들 가운데 몇몇은 장애인 당사자이거나 장애를 지닌 가족 구성원 — 특히 장애 아동 — 이 있는 이들로 섭외되었다.

이 책에 실려 있는 논문들은 비록 정치이론 분야에서 대체로 익숙하지 않은 장애라는 문제를 다루기는 하지만, 권위 있는 저자들의 텍스트에 대한 분석에서부터 현대 정치이론 및 그 논제들을 꼼꼼히 살피고, 현재의 정치 이슈에 이론적 개념들과 범주들을 적용하는 것에 이르기까지, 우리에게 매우 익숙한 접근법과 전략을 채택하고 있다. 우리는 사회계약과 시민권에서부터 장애인에 대한 돌봄, 주요 정치이론적 개념들의 의미, 장애인과 다른 집단 사이의 동맹 전략 등에 이르는 광범위한 주제들을 다루기 위해, 분석적인, 역사적인, 비판적인, 그리고/또는 자유주의적인 이론적 접근법을 활용하는 다양한 학자들을 망라하고자 했다. 물론 여기서 모든 주제를 망라했다고 할 수는 없다. 이는 분량상의 한계 때문이기도 하지만, 앞서 분명히 언급했듯, 장애라는 주제를 중요한 고려 대상으로 삼는 정치이론가들이 거의 없었기 때문이기도 하다. 특히 우리는 장애와 관련해 교차성intersectionality이라는 이슈를 다루는 것이 결정적으로 중요하다고 생각한다. 교차성 이슈가 이 책에도 다양한 지점에 포함되기는 했지만, 그것은 좀 더 많은 연구가 이루어지고 또 정교하게 다루어질 만한 가치가 있다. 그렇지만 장애 이슈를 다루는 데 있어 정치이론이 다른 분야들보다 뒤처져 있다는 바로 그 이유 때문에, 우리가 원했던 만큼의 다양성이 확보되지는 못한 듯하다. 그래서 우리는 이 책이 다른 학자들로 하여금 가능한 모든 관점에서 장애에 대한 연구를 시작하도록 초청하는 하나의 초대장 역할을 해주길 희망한다.

이어지는 글에서 우리는 이 책에 실린 논문들의 개요를 차례대로 제시할 것이다. 이 과정에서 우리는 정치이론으로 장애에 접근할 때 다룰 수 있는 폭넓고 다양한 주제들을, 독자들에게 어느 정도 익숙한 접근법을 통해 안내할 수 있기를 기대한다. 이 책의 전반부에 배치된 장들에서는 두 가지 주요 관심사가 드러난다. 첫번째는 근대 정치이론을 통해서 구축된 권리와 자선, 자립과 의존이라는 문제적인 이원론이다. '사회계약'의 서명자로 상정되는 시민은 정의, 자유, 평등의 원칙을 통해 권리를 보장받게 되지만, 이들은 장애를 지닌 의존자들과의 대조 속에서 구성된다. 그와 같은 의존자들은 계약의 외부에 있고, 타인들이 지원해 주어야 하는 필요needs를 지니고 있으며, 이런 필요는 자선 또는 복지의 원칙에 의해 결정된다. 이와 연동된 두 번째 관심사는 근대 정치사상에 강력히 자리 잡고 있는 이성 중심성과 그것이 장애인에게 미치는 영향이다. 앞부분의 몇몇 저자들이 주장하듯, 이성은 동의, 자유, 정의, 평등, 의지와 같은 정치이론의 중심 관념들에서 결정적으로 중요한데, 이 같은 관념들은 때로는 명시적으로 다른 경우에는 암시적으로 (그리고 어떤 경우에는 신체적 장애인 또한 포함해서) 사회 내 인지장애인과의 대조 속에서 구성된다.[7] 근대 정치이론의 고전들에 나오는 핵심 개념들이 모두 그 정의 자체에서 인지장애인들을 배제하는 비장애중심주의적 가정들 위에 구축된 것이라면, 정치이론가들은 장애를 포함할 수 있도록 그런 개념들을 근본적으로 재사유해야만 한다.

1장 「정치이론과 국제적 관행에서의 장애: 평등과 자유를 재정의하기」에서 바버라 아네일은 존 로크, 데이비드 흄, 존 롤스 등과 같은 핵심 사상가들에게서 발견되는 장애에 대한 정의를, 현대의 장애권 옹호자들에 의해 제안되고 최근의 국제 장애 문서들에서도 발견되는 장애에 대한 정의와 대비한다. 아네일은 서구 정치사상의 핵심적 정초자들이 정신적·신체적 장애인을 명시적으로 배제하는 시민권의 원칙을 발전시키고, 자유, 평등, 정의라는 핵심 개념에 대한 한계를 설정하는 데 이렇게 배제된 사람들을 활용했다고 논한다. 본질적으로 이 같은 배제는 이성적·신체적으로 자율적인 공적 시민과, 정신적 그리고/또는 신체적 장애를 지닌 의존자 사이의 이원론을 확립했다. 전자는 권리를 지닌 존재로서 자유, 평등, 정의의 원칙 아래 통치되지만, 이와 대조적인 거울상을 이루는 후자는 특별한 필요를 지닌 존재로서 자선의 원칙 아래 통치된다. 아네일은 이와 같은 이원론이 장애란 전前 정치적이고 개인적인 차원에서 자연적으로 발생한 심신의 부정적 결함일 뿐이라는, 장애에 대한 자연화된 관념에 뿌리박고 있으며, 이에 따라 (1) 장애를 개인을 둘러싼 환경 내에 위치시키는 사회적 모델, (2) 장애가 단지 인간 다양성의 한 요소일 뿐이라는 사실, (3) 장애인이 시민권과 권리를 행사할 수 있는 가능성 등을 배제한다고 논한다. 그리고 아네일은 정치이론에 의해 배제된 전제들이 오늘날 어떤 식으로 장애 관련 국제 문서

---

7) [옮긴이] 장애를 분류하는 범주 및 용어는 각 나라마다 얼마간 차이가 있다. 한국의 법률을 기준으로 하면, 장애는 가장 크게 '신체적 장애'와 '정신적 장애'로 분류되고, 정신적 장애가 다시 '지적장애', '자폐성장애', '정신장애'로 분류되며, 지적장애와 자폐성장애를 함께 묶어 '발달장애'로 지칭한다. 즉 신체적 장애와 정신적 장애는 대분류에 해당하는 용어이고, 정신질환이라고도 불리는 정신장애는 정신적 장애의 한 유형이다. 그리고 '인지장애'는 법적 용어가 아닌 일종의 학술 용어라 할 수 있는데, 이 개념은 발달장애뿐만 아니라 치매와 같이 (발달기가 아닌) 노년기에 발생하는 인지적 손상을 포괄한다.

들의 토대가 되고 있는지를 보여 주기 위해, 정치사상의 역사에서 장애의 소재지, 본질, 원인이 어떻게 상정되고 있는지를 현재 통용되고 있는 국제적 관행과 병치한다. 이는 현대 정치이론이 과거의 배제와 모순을 영구화하지 않고자 한다면, 장애를 다루는 국제적 관행에 더 많은 관심을 기울여야만 함을 시사한다.

루커스 핀헤이로는 2장 「비장애중심주의적 계약: 지적장애와 칸트의 정치사상에서 정의의 한계」에서, 정치사상의 역사에서 장애가 어떻게 다루어져 왔는가에 대한 아네일의 비판적 분석에 공명한다. 우선 핀헤이로는 계약론에 대한 비판적 개입이라는 틀 속에서 임마누엘 칸트의 『도덕형이상학』*Die Metaphysik der Sitten[Metaphysics of Morals]*이 지닌 배제의 논리를 비판한다. 핀헤이로는 캐럴 페이트먼의 성적 계약 및 찰스 W. 밀스Charles W. Mills의 인종적 계약의 전통을 따르면서, 사회계약 사상가들이 장애인이 지닌 손상을 이유로 그들의 정체성을 시민권에서 명시적으로 배제하는 '비장애중심주의적 계약론'을 일제히 구축했음을 논한다. 그리고 칸트에 초점을 맞추면서, 장애 정체성이 근대 정치이론에서 배제된 것은 단순한 누락이나 절차의 문제에 불과한 것이 아니라, 장애를 정의할 때, 의도적으로 그것이 시민권의 핵심 원칙에 대한 한계가 되게끔 설정한 결과라고 주장한다. 칸트는 장애 정체성을 이성의 '결여'와 도덕적 '불완전함'의 체현으로 부정적으로 설명하는 것에 기대어, 자유, 인격, 도덕성에 대한 그의 비전을 구성할 수 있었다. 둘째, 핀헤이로는 정치이론 내에 구축되어 있는 잘못된 이원론을 비판하는데, 그런 이원론은 의존성 및 자선은 자연의 영역에 위치하며, 이와 대조적으로 자율성 및 이성은 시민성의 영역에 위치한다는 관점을 견지한다. 셋째, 핀헤이로는 장애 정체성을 이렇게 사회계약 바깥에 있는 미확인의 자연 공간에 귀속시키는 것은 손상을 자연화하면서 사회적 장애 모델을 배제하게 된다고 주장한다. 칸트의 사회계약론은 만인을 위한 보편적 정의를 실현하지 못하는데, 이는 인격체에 대한 그의 정의가 장애 정체성의 배제에 입각해 있기 때문이며, 이 같은 배제는 다시 장애인들이 정치이론과 시민권의 가장자리에서 한층 더 주변화되고 비하 상태에 놓이도록 한다.

핀헤이로는 우리가 목욕물과 함께 아기까지 버려야 한다고, 즉 칸트주의 이론에서 사회계약을 모두 제거해야 한다고 결론 내리지는 않는다. 오히려 문제는 비장애중심주의적 사회계약을 어떻게 해체할 것인가이며, 그 해답은 시민을 구성하기 위해 장애 정체성을 자연화하는 것에 대한 도전에서 찾을 수 있는 것으로 보인다. 핀헤이로는 또한 칸트와 롤스의 계약론이 모두 장애인을 같은 방식으로 그리고 또 같은 이유로 배제했다고 주장하면서도, 그 둘을 명확히 구분한다. 그가 논하는 바에 따르면, 칸트는 장애인 주체에 대한 자신의 노골적인 정의를 통해서 장애 정체성을 명시적으로 배제하는 반면, 롤스는 절차상의 이유로 장애인을 배제한다.

이와 대조적으로 스테이시 클리퍼드 심플리컨은 3장 「롤스의 정의론에서 장애의 부인과 그의 비판가들」에서 장애에 대한 롤스주의적 배제가 절차적 차원의 문제라는 핀헤이로의 주장에 도전한다. 그리고 정의의 주체를 한정하기 위해서 롤스가 소위 '필수 능력'compulsory capacity에 의존함에 따라 필연적으로 롤스주의적인 '정상' 개념에 부합하지 않는 이들을 배제하게 된다고 주장한다. 클리퍼드는 롤스가 일차적으로 도덕적 행위 주체의 '정상적인' 지적 능력에 대한 한계를 설정하기 위해 장애를 소환한 후, 이차적으로 사회 성원권과 정의에 대한 요구권에서 장애인을 배제함을 논하는데, 이 같은 '이중적 부인'에 대한 그의 분석은 롤스가 의도적으로 장애 정체성을 누락시켰다는 점을 시사한다.

클리퍼드에 따르면, 사회계약에 포함될 수 있는 기반으로 필수적인 지적 능력을 소환하는 것은 장애 정체성을 낙인화한다. 그것은 또한 인간 능력에 대한 위계적 이해를 넘어, 개인들 사이에서 그리고 한 개인의 일생에 걸쳐 나타나는 다양성을 가치 있게 여기는 정치이론으로 나아가지 못하게 한다. 이 같은 이중적 부인의 유산은 롤스의 정치이론에 대한 비판적 개입, 특히 현대 젠더 이론가들과 인종 이론가들에 의한 비판적 개입과 나란히 존재해 왔지만, 여기에는 또 다른 비판의 차원이 더해질 수 있다. 클리퍼드도 그 자신의 분석 모델로서 롤스에 대한 페미니스트들의 비평과 비판적 인종 이론가들의 비평을 활용한다. 그러나 그녀는 그런 비평들도 이상화된 보편적인 지적 능력 — 다양성의 실재를 반영하지 않는 — 을 조건으로 하는 시민권 관념을 유지함에 따라, 비장애중심주의적 가정들에서 벗어나지 못한다고 다시 비판한다.

사회계약론을 완전히 기각해야 한다고 생각하지 않는 핀헤이로와 마찬가지로, 클리퍼드 역시 롤스의 정의론에 개선할 수 없는 결함이 있다고 결론 내리지는 않는다. 그러나 그녀는 롤스의 이론이 필수 능력에 대한 의존으로 말미암아 시민에 대한 허구적이고 이상적인[관념적인] 설명을 만들어 내고, 이런 설명이 의도적이면서도 효과적으로 소위 시민들이 계속해서 장애 정체성을 부인하도록, 그리하여 장애 정체성을 주변화하도록 허용한다고 주장한다. 따라서 필수 능력에 대한 롤스의 의존을 급진적으로 재사유하는 것이 요청된다. 시민권을 위한 비배제적inclusive[8] 토대는 이상론ideal theory에 기반을 둘 수 없으며, 인간 능력의 다양성과 의존의 보편성에 기초하게 될 것이다. 요컨대 핀헤이로와 클리퍼드는 롤스가 장애 정체성을 어떤 식으로 배제하는가에 관해서는 의견을 달리하지만, 둘 다 사회계약론이 구출될 수 있고 모든 시민을 위해 선용될 수 있다는 동일한 결론에 이른다. 자유와 평등이라는 근대적 개념이 장애를 배제하는 것이 아니라 온전히 포함하는 방식으로 달리 사고될 수만 있다면, 그 개념들이 구출될 수도 있으리라고 아네일이 논했던 것처럼 말이다.

낸시 J. 허시먼이 쓴 4장 「장애를 만들어 내는 장벽, 할 수 있게 만드는 자유」 또한 서구 정치사상의 고전들에서 너무나 중심적인 것이 되어 버린 자립적이고 자율적인 개인이라는 이상화된 관념을 무너뜨리고자 한다. 허시먼은 토머스 홉스에서 출발해 이사야 벌린과 리처드 플래스먼Richard E. Flathman을 경유하는 '소극적' 자유에 대한 표준적인 설명을 제시하는 것에서 시작해, 자유와 능력의 병치를 비판한다. 그리고 사회적 장애 모델이 계단과 같은 건조 환경뿐만 아니라 장애에 대한 비장애중심주의적 태도([그와 같은 계단을] 대다수 비장애인들이 '정상적'인 것으로 여기고, 장벽이라고는 전혀 생각하지 않는 태도)를 포괄하기 위해 '외부적 장벽'external barrier이라는 관념을 어떻게 확장했는지 고찰한다. 자유, 자유로운 주체, 자유에 대한 '방해물' 내지 '장벽'과 관련된 생각들을 개념화하는 과정에서 정치이론이 보여 준 근시안적 태도를 비판적으로 다루며, 근대주의적인 정신/몸 이원론의 핵심 요소인 '의지'will의 의미에

---

8) [옮긴이] 'exclusion'(배제)의 반대 개념인 'inclusion'은 '포함', '포괄', '포용' 등으로 옮겨져 왔는데, "남을 너그럽게 감싸 주거나 받아들임"이라는 사전적 의미를 지닌 '포용'이라는 단어는 다수자 집단의 중심성을 담지하고 있기에 정치적으로 적절치 않다고 할 수 있다. 그렇다면 'inclusive' 역시 '포함적'이나 '포괄적'으로 옮길 수 있겠으나, 이럴 경우 직관적으로 의미가 잘 전달되지 않는 경우가 많았다. 이로 인해 이 책 전반에서 명사 'inclusion'은 '포함'으로 옮기되, 형용사 'inclusive'는 '비배제적'이나 '배제하지 않는'으로 옮겼음을 밝혀 둔다.

대한 고찰로까지 나아간다. 허시먼은 홉스와 로크 모두 데카르트 주의적인 정신/몸 이원론을 유지하고 있다는 점을 비판한다. 왜냐하면 그런 이원론이 우리로 하여금 우리 몸의 의지를 기각하도록 하거나, 아니면 그것을 이성과 불화하는 것으로, 그리하여 또한 자유와도 불화하는 것으로 여기게 만들기 때문이다. 정신을 이성과, 몸을 비이성과 연결하는 근대주의적 관념연합association[9]은 장애가 있는 몸에 대해 자유를 부정하고, 그에 따라 장애 정체성을 더욱 주변화한다. 그렇지만 감정과 비이성적인 것을 가치 있게 여기는 페미니즘의 일반적인 접근법과는 대조적으로, 허시먼은 이성적 욕망과 생리적 욕망 양자 모두를 포함하는 방식으로 의지에 대한 정의 자체를 확장하며, 그렇게 함으로써 '정상적' 정체성과 '장애' 정체성 사이의 간극을 메운다.

이 책의 첫 번째 부분에 해당하는 이 장들은 모두, 근대 서구 정치이론 내에서 이루어진 장애에 대한 과거 및 현재의 정의들이 여러 가지 이유로 문제적임을 분명히 보여 준다. 더욱이 그런 문제적 정의들은 장애인의 정치적 권리 및 성원권과 관련해 대단히 심각한 결과로 이어진다. 그러나 이 책의 다른 장들은 장애가 '결함'defect을 넘어 어떤 긍정적 역량capability으로, 혹은 인간 다양성의 또 다른 측면으로 어떻게 재설정될 수 있는지를 보여 주는 작업에 착수한다. 아일린 헌트 보팅이 쓴 5장은 장애 담론에서 '불안'anxiety의 위상을 고찰하기 위해 홉스와 메리 울스턴크래프트에 의지한다. 불안은 하나의 보편적 상태임에도 여성과 남성에게 상이한 방식으로

---

9) [옮긴이] '연합' 혹은 '관념연합'이란 어떤 경험적 요소가 일정한 법칙에 따라 표상적 심상이나 관념과 연결되는 것, 혹은 그런 과정을 말한다.

그 틀이 설정된다. 보팅은 특히 불안에 대한 현대 의료계의 이해가 여성들이 불안의 생산적 잠재력을 인식하는 것을 가로막으면서 — 그에 따라 모두를 '환자'로 취급하면서 — 그녀들이 불안을 다루는 데 어떤 식으로 부정적 영향을 미쳤는지 고찰한다. 보팅은 의료계에 의해 전략적으로 사용되어 온 불안에 대한 부정적 정의들뿐만 아니라 오늘날의 지배적 내러티브 — 여성들 사이에서 급증하고 있는 불안이라는 '유행병'을 경고하는 — 를 무너뜨리며, 가부장제의 맥락 속에서 여성들의 불안이 전략적 의미를 지닌 정서적·정치적 역량으로, 그리고 가부장적 사회에서 여성들이 직면하는 도전들에 대한 합리적 반응으로 이해될 수 있음을 논한다.

불안을 이런 방식으로 이해하게 되면, 불안장애를 비롯한 여타의 장애들을 긍정적으로, 전략적인 것으로, 그리고 비우호적인 사회적 상황에 대한 합리적 반응으로 재평가할 수 있다. 보팅은 장애가 부정적인 체현된 경험일 수 있음을 인정하기는 한다. 그렇지만 그녀는 또한 체현된 경험이 오로지 비합리적이거나 병리적인 것으로만 이해되어서는 안 된다고, 그리고 체현된 경험은 개인의 경험에 달려 있는 것만큼이나 또한 그것을 규정하는 의료적·사회적 맥락에 달려 있다고 주장한다. 불안이 합리적 측면과 감정적 측면 양자 모두를 지닌 것으로 올바르게 인식된다면, 불안은 타인에 대한 돌봄과 불확실성에 대처할 수 있게 하는, 동시에 그런 불안이 생성되도록 조력하는 권력관계에 도전할 수 있도록 하는 도구로 사람들에 의해 활용되고 존중될 수 있다.

캐시 E. 퍼거슨은 6장 「난독증을 위한 선언」에서 난독증의 사례를 활용해, 장애가 지닌 상호작용적 본질과 장애를 긍정적인 것으로 재고할 수 있는 가능성에 대해 유사한 시각을 제시한다. 난독증을 손상이 있는 학습자의 실패라기보다는 교육기관의 실패로 이해한다면, 그것은 장애라기보다는 신경다양성neurodiversity의 한 양상으로 재설정될 수 있다. 즉 이 같은 이해 속에서 난독증은 그냥 다른 것일 뿐, 반드시 결함은 아니다. 난독증이 이처럼 인간 경험의 다양성 가운데 하나로 간주되고 나면, 그 해법도 바뀌게 된다. 우리는 의료적 모델이 조장해 왔던 것처럼 난독증을 반드시 '교정'하려 들어서는 안 되며, 오히려 보다 다양한 인구의 필요를 반영할 수 있도록 우리의 교육 기술과 기관을 '교정'해야만 한다. 퍼거슨의 '난독증을 위한 선언'이 [학습장애learning disabilities[10]로 지칭되는] 여타의 다양한 비표준적인 학습 양식에도 마찬가지로 적용될 수 있기 때문에, 우리는 그녀의 글을 통해 장애의 보편성에 다가서게 된다. 교육제도가 다양한 종류의 학습자들에게 접근하는 방식을 전반적으로 재사유할 수 있다면, 그리고 학습에서 발생하는 문제들이 개인의 뇌에 존재하는 기능적 문제로 간주되는 것만큼이나 제도적 장치들의 기능적 문제로 간주될 수 있다면, 그녀의 선언은 공교육에서 아이들에게 보편적으로 적용될 수 있을 것이다.

보팅과 퍼거슨이 불안장애와 학습장애에 대한 보다 긍정적인 이해를 분명히 표현할 때에도, 그녀들은 장애를 긍정적으로 재평가하는 것과 좀 더 넓은 지역사회에 참여할 수 있도록 하는 도구들을 개발하는 것 사이에 트레이드오프trade-off[11]가 존재할 수 있

10) [옮긴이] 학습장애는 뚜렷한 지적·정서적·신체적 결함이나 환경의 문제가 없음에도 언어의 이해 및 사용, 수리 개념 등의 기초적인 학습에 상당한 장애를 보이는 경우를 말한다. 난독증도 이런 학습장애의 한 형태로 이해될 수 있다.

11) [옮긴이] 두 개의 목표나 대상 가운데 어느 하나를 얻으려고 하면 다른 하나가 희생될 수밖에 없는 관계, 또는 그런 조건 속에서 어느 한쪽을 희생시키는 것을 말한다.

음을 인정한다. 퍼거슨은 장애에 대한 너무 강한 긍정적 재평가가
고립과 한층 더 심한 주변화로 이어질 수 있으며, 심지어 잠재적
으로는 장애인을 배제하려는 사회의 충동에 도전하는 것이 필요하
지 않다고 생각하는 것으로 이어질 수도 있다고 본다. 이런 의미와
맥락에서, 퍼거슨과 아네일의 장애에 대한 상호작용적 정의에는 재
활이나 특정 기술 — 개인들이 더 넓은 사회에 잘 참여할 수 있도록
해주는 — 에 대한 관념들과 관련해 일정한 경고가 수반되어 있다.
즉 장애를 단지 교육 기술이나 재활 기술을 통해서만 바라볼 경
우, 무심코 기존의 권력관계를 강화하는 경향이 나타날 수밖에 없
다는 경고 말이다. 아네일이 언급한 것처럼 "하나의 용어로서 '재
활'rehabilitation은 장애인의 일상생활을 지원하고 용이하게 해주는
도구로 이해된다면 문제적인 것은 아니"다. 그렇지만 그것이 "장애
인을 통치하는 독점적 패러다임으로 작동할 때 문제적인 것이 된
다." 퍼거슨의 사회적 모델도 난독증을 지닌 많은 사람들이 그들
의 장애 때문에 좌절과 실패를 체험할 수 있다는 점을 인정한다. 특
히 난독증을 차이로만 이해하는 것이 사회 내에서 그들을 주변화하
는 다양한 힘들에 도전할 수 있는 정치적 추동력을 약화하게 되는
경우라면 말이다.

7장 「비배제적 민주주의에서의 성원권과 참여를 다시 생각한다:
인지장애, 아동, 동물」에서 수 도널드슨과 윌 킴리카는 인지장애인
들이 그들의 무의식적인 또는 '비이성적인' 생리적 욕망을 통해 행
위 주체성을 발휘할 수도 있음을 지적함으로써, 퍼거슨, 보팅, 허시
먼의 통찰을 한층 더 진전시킨다. 그런 욕망들을 의지의 표현으로 인
정하는 것은 정치이론가들이 그 이전까지 주목하지 않았던 자리에
행위 주체성과 자유를 할당하며, 정치이론의 통합적 이해력을 확장
한다. 도널드슨과 킴리카가 장애 그 자체의 새로운 정의를 제안하

는 것은 아니지만, 그들은 전통적으로 온전한 사고 능력이 결여된 것으로 이해되어 왔던 정체성들을 포함하는 시민권 이론을 발전시키기 위해 장애학자들로부터 장애에 대한 정의를 가져오며, 이에 따라 자연스럽게 전통적인 장애 모델과 단절한다. 그와 같은 정체성들에는 아동, 장애인, 가축이 포함된다. 도널드슨과 킴리카는 모든 사회 구성원이 성원권과 참여권을 지니고 있음을 논하기 위해 자유권 모델을 채택한다. 이런 성원권은 주어진 사회의 모든 개체들 — 아동, 장애인, 가축을 포함해 — 이 타인과의 상호작용 및 신뢰의 복잡한 관계망 내에 존재한다는 사실에 입각해 있다. 요컨대 시민권상의 권리는 개별적 존재들의 보편적 역량이나 최소한의 사고 능력에 근거하는 것이 아니라, 오히려 "다른 개인들과의 신뢰, 의사소통, 협력의 관계망"에 입각해 있다. 그러므로 도널드슨과 킴리카는 사회 내에 단지 한 구성원으로 포함되는 것만으로는 충분치 않다고 여긴다. 장애인들은 또한 그들의 개인적 삶과 그가 속한 사회를 형성해 내는 결정들에 참여할 수 있는 권리를 지녀야 한다. 시민권을 이처럼 능동적이고 참여적인 것으로 정의하는 것은, 우리가 지적장애인을 이성적 능력의 결여에 근거해 배제하는 것이 아니라 사회 내의 완전한 참여자로 이해할 것을 요구한다. 장애인, 아동, 가축이라는 세 존재의 경우 모두에서 이와 같은 재고는 '이성'을 시민권의 요건으로 상정하는 일을 피하는 것에서 시작한다. 대신 시민권은 해당 개체들의 민주적 권리를(그리고 이에 상응하는 국가/사회의 의무를), 즉 그들의 사적이고 공적인 삶에 영향을 미치는 모든 결정에서 논의의 주체가 될 수 있는 권리를 수반한다.

도널드슨과 킴리카는 행위 주체성에 대해 두 부분으로 이루어진 개념화를 제시한다. 즉 그것은 '미시 행위 주체성'과 '거시 행위 주체성' 양자에 대한 권리인 것이다. 전자는 무엇을 입을지, 어떤 활동에 참여할지, 어디서 살 것인지와 같은 일상의 선택에 대한 의사 결정 권한을 말하며, 후자는 우리가 살고 있는 정치 세계의 구조와 규칙에 영향을 미칠 수 있는 권리를 말한다. 요컨대 이 책의 다른 몇몇 저자들이 논하고 있는 것처럼, 시민권이 후견주의적 자선 모델을 넘어 장애인들이 자신들의 삶을 형성하고 지역사회에서 자신들의 이해관계를 보호할 수 있는 정치적 권한을 갖는 모델로 나아가기 위해서는, 심각한severe [12] 인지장애를 지닌 사람들의 선호를 진지하게 받아들이는 것이 필요하다. 참여라고 하는 것은 그런 참여에 대한 장벽을 제거하고 각 개체들에게 적합한 방식으로 참여를 적극적으로 촉진하는 데 국가가 능동적으로 관여하는 것을 전제한다.

마찬가지로 로레인 크롤 맥크레이리는 8장에서 시민권에 대한 특정한 요건, 대개는 비장애중심주의적인 요건을 넘어서고자 한다. 그녀는 장애인들이 그들의 '권리들을 가질 권리'right to have rights를 확립하기 위한, 그리고 시민은 차치하고 우선 인간 존재로서 실존할 권리를 확립하기 위한 유용한 자격 획득의 수단으로 한나 아렌트의 '탄생성'natality에 대한 논변을 고찰한다. 맥크레이리는 장애에 대한 지배적인 이해 방식들 — 그것이 장애를 긍정적으

---

12) [옮긴이] 영어권에서는 장애의 정도를 표현할 때 단계별로 'mild', 'moderate', 'severe', 'profound'라는 표현이 사용되는데, 우리나라에서는 이를 보통 '경도'輕度, '중등도'中等度, '중도'重度, '최중도'最重度로 옮겨 왔다. 그러나 일상적인 용어법에서는 '정도가 심하다'는 의미로 '중도'라는 표현이 잘 사용되지 않을 뿐만 아니라 '중도 장애'라는 표현은 후천적 장애를 의미하는 '중도中途 장애'로 이해될 여지 또한 존재한다. 따라서 장애 정도를 나타내는 표현이 동시에 병렬적으로 쓰이는 경우를 제외하고는 'severe'를 대부분 '심각한'으로 옮겼다.

로 재현하기 위해 애쓰는 것일 때조차 — 은 최소한 암시적으로라
도 비장애중심주의적 시각에 영향을 받은 어떤 수준과 종류의 능력
을 상정하고 또 그에 좌우되기 때문에 미흡하다고 주장한다. 그녀
는 아렌트가 장애에 상당히 유용한, 좀 더 개방적이고 비배제적인
관념을 제공하고 있음을 논한다. 그렇지만 그녀는 아렌트 또한 정
치적 영역의 중요성을 지나치게 강조한다는 점에서는 미흡한 측면이
있다고 지적하는데, 왜냐하면 상당수 장애인들이 그들의 탄생성,
개성, 능력을 정치적이지 않은 활동들 — 그리고 아렌트가 고려하
지 않았던 활동들 — 을 통해 표현하기 때문이다. 더욱이 인간성의
핵심적 측면 가운데 하나로 노동이 강조되는 것과 더불어 아렌트
의 개념에 내재한 주지주의는 장애적 시각disability perspective에 복합
적인 문제들을 제기한다. 따라서 이 책의 논문들에서 활용되고 있
는 다른 권위 있는 사상가들과 마찬가지로, 아렌트가 정치체 내로
장애인을 포함시키는 문제에 대해 완벽한 해법을 제공하는 것은
아닐 수 있다. 그러나 맥크레이리는 아렌트의 이론이 역량 접근법
같은 다른 인기 있는 이론틀보다도 정치이론가들이 발전시킬 수
있는 보다 많은 잠재력을 보유하고 있음을 우리에게 보여 준다.

테리사 맨 링 리는 9장에서 맥크레이리와 마찬가지로 한나 아
렌트의 작업에 대한 고찰을 통해서, 그러나 프란츠 파농 및 카를
야스퍼스와의 대화 속에서 정신장애mental disorder와 정치 질서 사
이의 연관성을 탐구한다. 그녀가 개진하는 논변의 핵심에는 정신
건강과 정치 질서 양자를 유지하는 데 상호주관성intersubjectivity이
중심적이라는 통찰이 놓여 있다. 정치사상가이자 정신의학자인 파
농은 식민지 민중들이 그들의 동료 시민들과 접속할 수 있는 능력
및 조건을 부정당하게 되는 정치 혼란political disorder — 폭력, 고문,
무력 충돌 — 의 한 형태로서 식민지화에 초점을 맞춤으로써, 그

둘 사이의 직접적인 연관성을 제시하고 있다. 그렇지만 야스퍼스와 아렌트를 결합하게 되면, 좀 더 섬세하면서도 파농 못지않게 강력한 연관성이 제시될 수 있다. 정신의학에 대한 야스퍼스의 저술은 환자와 의사, 내러티브와 해석, 경험과 관찰 사이의 관계를 이해하는 데 있어 과학의 한계와 철학의 유의미성을 보여 준다. 그의 분석은 상호주관성을 '이해'에 대한 토대로 확립하는데, 이는 심리적 장애를 다루고, 돌보고, 최대한 치유하는 데 필수적이다. 야스퍼스는 정신이상에 대한 사회적 맥락과 상황성[위치 구속성]situatedness의 중요함을 설득력 있게 논하기는 했지만, 그것이 정치와 어떻게 연관되는지를 다루지는 않았다.

이런 결정적 연관성을 검토하기 위해 리는 야스퍼스의 제자였던 한나 아렌트에게로 돌아가는데, 아렌트의 저작은 그녀의 스승으로부터 이어받은 테마들을 드러내 보인다. 비록 아렌트가 스승이 그랬던 것처럼 정신병리학에 관해 직접 이야기했던 적은 없지만, 전체주의에 대한 그녀의 연구는 정신장애와 정치 혼란이 어떤 식으로 불가피하게 연관되어 있는지를 보여 준다. 아렌트는 전체주의 운동의 전형적인 추종자들을 '대중 인간'mass man으로, 즉 타인들로부터 완전히 고립된 상태에 있는 존재로 기술한다. 아렌트에게 '대중 인간'의 출현은 상호주관성의 와해를, 그에 따라 시민들 사이의 필수적인 토론 활동을 비롯한 '행위'로서의 정치가 불가능해지는 것을 표상한다. 전체주의는 결국 기만적인 유대감과 아렌트가 '이데올로기적 사유'ideological thinking라고 불렀던 것 — 인간 경험의 구체성에 대해서는 이야기하지 않는 자기 충족적인 사고 체계 — 을 통해 시민들을 서로 단절시킨다. 요컨대, 리에 따르면 세 명의 사상가들은 정치 질서가 정신 건강과 직접적인 관련성을 지닌다는 점을 지적하고 있다. 좀 더 신랄하게 말하자면, 정치 혼란은 우리를 서로로부터, 우리 자신으로부터, 그리고 우리의 인간성으로부터 단절시킨다.

　10장에서 조앤 트론토는 장애인에 대한 폭력이라는 결정적으로 중요한 이슈를 다루는데, 이는 사람들 사이에서 나타나는 또 다른 종류의 단절이라 할 수 있다. 트론토는 돌봄의 윤리에 대한 저작으로 잘 알려져 있는데, 그녀는 폭력이 돌봄의 결여를, 혹은 심지어 돌봄에 대한 적대를 보여 주는 한에서, 폭력을 돌봄의 이면으로 간주한다. 그리고 이런 점이 인간의 조건과 도덕적 정치이론에서 매우 중요하다고 본다. 시설에서 장애인을 대상으로 벌어지는 충격적인 폭력들은 우리에게 낯설지 않다. 예컨대 『뉴욕 타임스』*New York Times*는 오즈월드 D. 헤크 발달센터에 대한 고발 기사를 내보낸 바 있는데, 그 기사는 시설 직원들이 발달장애를 지닌 거주인들을 정기적으로 학대했으며, 결국 열세 살 난 소년을 살해하기까지 했음을 폭로했다(Hakim 2011). 윌로브룩Willowbrook의 악명 높았던 시설이나 휴로니아지역센터에서 정신적 장애인들을 대상으로 자행된 폭력에 가까운 치료와 같은, 20세기에 벌어진 또 다른 끔찍한 이야기들 역시 존재한다. 당시 상원의원이었던 로버트 케네디는 윌로브룩의 시설을 '스네이크 핏'snake-pit[13]에 비유했으며, 캐나다 온타리오주 지방정부는 휴로니아지역센터 거주인들이 견뎌야 했던 학대를 보상하기 위해 (2013년에) 3500만 달러의 합의금을 지급했다.

　그러나 트론토는 장애인에 대한 폭력이 이처럼 세간의 이목을 끄는 시설의 사례를 넘어, 적극적인 신체적 학대에서부터 유전 상담[14]과 선별적 낙태selective abortion, 적대적이고 경멸적인 태도와 언어에 이르기까지 다양한 형태를 띠고 있음을 지적한다. 더 나아가 그녀는 서로 구별되는 세 개의 장소를 폭력의 현장으로 확인한다. 시설은 단지 그중 가장 명백한 장소일 뿐이다. 또한 폭력은 공

적 영역뿐만 아니라 사적 영역, 즉 가정이나 가족 구성원 사이에
서도 발생한다. 장애인들과 거짓으로 친구가 되어 그들을 착취하
거나 피해를 입히는 소위 '메이트 범죄'mate crime에서부터, 무시에
서 기인하는 ─ 신체적 피해는 물론이고 ─ 심대한 심리적·정서적
학대, 그리고 노골적인 신체적 폭행에 이르기까지, 장애인의 피해
자화victimization는 그들을 잠재적 시민으로부터 기껏해야 동정의
대상으로, 최악의 경우에는 학대의 대상으로 전환시킨다.

자신의 몸까지도 자신에게 속하지 않는다는 감각의 생성은 자
아 및 사회로부터의 너무나 심대한 소외를 낳기 때문에, 성원권을
요구하는 것은커녕 그런 성원권을 상상할 수 있는 가능성마저 불
확실하게 만들어 버린다. 증오와 억압의 효과이자 징후로서 폭력이
가져오는 피해는 개별적인 폭력의 순간이나 사건에 한정되지 않으
며, 장애인이라는 것이 갖는 의미의 사회적 구성으로까지 필연적으
로 확대된다. 즉 그런 폭력은 장애인을 인간 이하의 존재, 실제로는
인격체가 아닌 존재, 시민이라 하기에는 당치 않은 존재로 구성해
낸다. 폭력의 원리는 '현실'에 대한 비장애중심주의적 비전의 구조
속에 이미 엮여 들어가 있으며, 이는 다양한 폭력의 관행을 무의식
적으로 혹은 암암리에 '정상적인' 것으로 수용하도록 한다. 장애인
이라고 하는 존재에 대한 인식과 대우라는 측면에서도 그렇지만, 그

---

13) [옮긴이] '스네이크 핏'은 축어적逐語的으로는 뱀을 넣어 두는 구덩이를
　　의미하지만, 비유적으로는 불결하고 열악한 환경에서 입소자들을 거칠
　　게 다루는 시설이나 정신병원을 지칭한다.
14) [옮긴이] 유전질환의 진단, 치료, 예후와 관련된 모든 상담을 말하며, 임
　　신부에 대한 산전 검사를 통해 태아의 유전질환 발병 가능성을 확인하고
　　출산 혹은 낙태를 선택하는 과정에서 이루어지는 상담도 중요한 부분을
　　차지한다.

존재의 역할과 관련해서는 더더욱 말이다. 트론토는 이런 지점을 '박탈당한 주체'the bereft subject라는 새로운 관념을 통해 포착해 내면서, 장애인에 대한 폭력을 다룰 때 생겨나는 난점들을 해결하고자 노력한다. 왜냐하면 이 같은 난점을 해결하기 위해서는 장애라는 관념 그 자체에 대한 혐오적이고 차별적인 — 그리고 폭력적이기까지 한 — 태도로부터의 심대한 전환이 필요하기 때문이다. 그녀는 다원주의에 대한 요청으로 자신의 글을 마무리하면서, 장애인이 인류 공동체에 비폭력적인 방식으로 복귀할 수 있는 진입점으로 차이에 대한 관용과 존중이라는 사고에 희망을 내비치고 있다.

이 책에 실린 논문들 다수는 긍정적인 견지에서만 장애에 대해 이야기하고 있는데, 비록 그것이 장애가 역사적으로 다루어져 왔던 매우 부정적인 방식에 대한 정당한 대응이라 하더라도, 여기에는 일정한 위험이 존재한다. 왜냐하면 장애가 인간의 조건과 관련해 긍정적이거나 중립적인 것으로서 지키고 보호해야 할 '그저 또 하나의 차이'가 되어 버릴 수 있기 때문이다. 그러나 장애는 다른 종류의 차이들과는 구별되는 뚜렷한 특질을 지니고 있다. 아무리 많은 편의제공으로도 극복할 수 없는, 특정한 손상을 지닌 사람들이 직면하게 되는 물질적 사실들이 흔히 존재한다는 점에서 말이다. 예컨대 하반신이 마비된 사람은 온전하게 움직일 수 있는 사람보다 작업복을 갈아입는 데 더 오랜 시간이 걸릴 것이다. 그것은 사소한 차이처럼 보일 수 있고, 기술이 개선됨에 따라 충분히 축소될 수 있는 차이이기도 하다. 그러나 사실 많은 장애인들은 단지 다르기만 한 것이 아니라, 많은 경우 추가적인 부담에 직면하거나 그들의 손상으로 인해 어려움을 겪는다. 사회제도의 변경으로는 다룰 수 없는 방식으로 말이다. 통증, 혹은 타인과의 관계를 조율하는 데 있어서의 어려움, 혹은 실금失禁이나 낮은 혈당이나 발작 같은 피할 수 없는 생물학적인 몸의 반응이 최상의 몸 상태에서도 발생하는 것이다.

그런 이유로, 이 책의 많은 장들이 장애를 단지 부정적이거나 비극적인 것으로만 여기는 이전의 정치이론 내에 존재했던 경향을 정당하게 정정하고자 했던 것만큼이나, 이 저작집의 마지막 11장은 (장애인의 삶에 상존하는 폭력의 실재를 다룬 트론토의 장과 마찬가지로) 장애가 단지 차이이기만 한 것은 아님을 우리에게 상기시키고자 한다. 낸시 J. 허시먼과 로저스 M. 스미스는 페미니스트 장애학자들도 최근 주장하는 것처럼, 우리가 장애인에 대한 사회적 장벽뿐만 아니라 장애의 체현된 본질을 진지하게 다루어야 함을 논한다.[15] 그런데 그들은 의료적 모델과 사회적 모델의 분기에 이의를 제기하고 양자의 모델을 결합하는 과정에서, '치료'cure/curing라는 관념을 재사유하는 상이한 접근법을 취한다. '치료'는 장애인 공동체 내에서 흔히 악마화되거나 최소한 의심의 눈초리로 대해지는 용어인데, 왜냐하면 그 용어가 의료화와 (비록 해롭지는 않다 하더라도 효과 없는) 길고 복잡한 치료 과정, 그리고 손상이란 열등함, 결함, 비인간성의 신호가 아니라 단지 차이이며 심지어 가치 있는 것일 수 있다는 가능성을 받아들이길 거부하는 것과 오랫동안 연관되어 있었기 때문이다.

따라서 '사회적 모델'의 시대에는 치료가 아닌 정당한 편의제

---

15) 예컨대 수전 웬델(Wendell 1996)은 "사회적 모델"이 사회적·물질적 구조에 초점을 맞추기 위해 이런 몸의 차이를 전적으로 부정하기보다는 오히려 "손상된 몸의 개인적 경험을 다시 통합"하는 것을 통하여 "절충안"을 찾아내는 것이 필요하다고 주장한다. 이와 관련해서는 또한 Jenny Morris, "Impairment and Disability: Constructing an Ethics of Care That Promotes Human Rights", *Hypatia* 16(4), 2001, pp. 1-16 참조.

공이 장애 운동가들의 주된 초점이 되어 왔다. 장애가 적대적인 건조 환경이나 사회적 태도에 의해 생성된 것이라면, 건축 구조, 기술, 태도를 변화시키는 것이 장애를 종식시킬 것이라는, 혹은 적어도 일정한 손상들을 덜 장애적인 것으로 만들어 낼 것이라는 전망을 기반으로 해서 말이다. 그러나 허시먼과 스미스는 최상의 지원이 제공되는 환경에서조차, 많은 장애인들에게는 다양한 손상의 신체적 효과들이 계속해서 남아 있게 될 것이라는 점을 지적한다. 물론 이런 효과들이 그것을 경험하는 해당 인격체의 가치를 감소시키는 것은 결코 아니다. 역사 전반에 걸쳐 너무나 흔하게 발견되는 어떤 태도 때문에, 장애인들이 그 효과들을 부정하거나 무시하는 데 과도하게 에너지를 쏟게 되기도 하지만 말이다. 그러나 허시먼과 스미스는 문제는 치료 그 자체의 추구가 아니라, 그런 치료의 추구가 (편의제공과 상호 보완적이어야 함에도) 상호 적대적인 방향으로 지나치게 정치화되는 방식에 존재한다고 논한다. 그들은 치료에 대한 다양한 찬성론과 반대론을 검토하면서, 특히 치료와 편의제공이 서로 대립적인 것으로 설정되는 방식들에 이의를 제기한다. 그리고 우리가 장애와 질환에 소비할 수 있는 자원의 양은 제한되어 있다는 비장애중심주의적인 관념을 거부해야 한다고 말한다. 이 같은 제한의 설정은 장애를 공적 담론에서 제외하거나, 혹은 열등한 지위에 할당한다. 허시먼과 스미스는 편의제공과 치료 사이의 관계에 대해 상이한 방식의 틀을 설정할 때, 이론적으로도 윤리적으로도 상이한 정치적 접근법이 취해질 수 있으며 지금보다 더 비배제적인 장애 이론 또한 가능하다고 주장한다.

정치이론 분야의 논문들이 대개 그런 것처럼, 이 책에 실린 논문들에도 많은 비판이 담겨 있다. 특정 이론가에 대한 비판이나 개념과 이론틀에 대한 비판뿐만 아니라, 정치이론이 백인, 서구인,

이성애 남성이 아닌 이들에 대한 사회적 배제를 종합적이고도 다양한 방식으로 비판해 왔던 것과 마찬가지로, 장애인에 대한 배제로 이어지는 사회적 범주와 가정에 대한 비판 역시 이루어지고 있다. 그러나 이 책에 실린 논문들에는 우리 정치이론가들이 현시점에서 구축해 볼 수 있는 대안적인 미래에 대한 긍정적 비전들 또한 담겨 있다. 여기에 제출된 논문들이 다양한 많은 주제를 다루고 있고 관심의 초점도 상이하지만, 그리고 표면적으로는 같은 듯 보일 수 있는 주제에서조차 일정한 차이가 존재하지만, 각 장들을 관통하는 몇 가지 중심적인 테마들이 나타난다.

첫 번째는 장애의 상호작용적 본질이다. 의료적 모델이 장애가 어떤 개인의 정신 그리고/또는 몸의 특정한 상태, 결함, 제약 내에 전적으로 존재한다고 여긴다면, 반대로 사회적 모델은 대개 장애가 전적으로 사회적 환경 내에 존재한다고 여긴다. 즉 참여와 포함에 대한 물리적·언어적·사회적·정치적·법률적 장벽들이 특정한 상태를 '장애'로 만들어 내는 유일한 원인이라고 보는 것이다. 그러나 이 책의 몇몇 장들이 말하고자 하는 바는, 우리가 〈유엔 장애인권리협약〉[16]뿐만 아니라 점점 더 다수의 장애학자들이 옹호하고 있는 장애에 대한 정의를 받아들일 필요가 있다는 것이다. 이런 정의에서 장애는 몸/정신과 사회적 맥락 사이의 상호작용으로 이해된다. 따라서 장애란 사회적 공간 내에서 살아가는 몸들의 상호

16) 그 협약의 전문은 "장애는 진화하고 있는 개념임을, 그리고 장애는 손상을 지닌 사람이 타인들과 동등한 기반 위에서 사회에 완전하고도 실질적으로 참여하는 것을 저해하는 태도 및 환경적 장벽들과 손상을 지닌 사람들 간의 상호작용으로부터 발생하는 것임을 인정하며"라고 진술하고 있다. UN CRPD, www.un.org/disabilities/convention/conventionfull.shtml, 전문, (e)절.

작용 과정들 내에 존재한다. 즉 개인들의 건강 상태와 사회가 장애인들에게 편의를 제공하(지 않)고 지원하(지 않)고 돌보(지 않)는 방식 사이에 말이다. 또는 특정 인격체들의 신체적·정신적 역량과 그 인격체들이 살아가는 세계 내에 존재하는 언어, 건축, 구조, 배치, 규칙, 관습, 가정, 기대 사이에 말이다. 그리고 장애가 몸의 상태와 광범위한 환경 사이의 상호작용 과정과 관련된 것이라면, 허시먼과 스미스가 논한 것처럼 장애는 편의제공과 치료 사이의 상호작용 관계 내에서 다시 숙고되어야 할 것이다.

두 번째 테마는 정치이론의 고전들에서 장애가 부정적이고 심지어 비극적인 것으로 이해되어 왔던 것으로부터, 그런 장애를 좀 더 긍정적인 것으로 여기는 방향으로의 전환이라고 할 수 있는데, 후자의 관점은 많은 경우 장애인의 정치 생활을 향상시킬 수 있다. 장애에 대한 체화된 경험이 어떤 개인들 그리고/또는 그들의 가족에게 좌절감을 주고, 고통스럽고, 심지어 비극적인 것일 수도 있음을 부정하지 않으면서도, 우리는 장애를 전적으로 부정적이고 비극적인 것으로 간주해 왔던 역사에 충분히 도전할 수 있다. 따라서 이 책의 모든 장들은 위에서 기술된 상호작용적 정의 내에서 사회적 모델에 대한 지속적인 가치 지향 및 신념commitment을 표현하고 있다. 장애인이 사회에 완전히 포함되는 데 존재하는 장벽을 가능한 한 최소화하도록 환경을 개조할 수 있는 기회에 대한 이론적 기반을 제공하기 위해서 말이다.

두 번째 테마와 연관된 세 번째 테마는 오늘날 우리가 장애를 이해하는 방식을 설정하는 데 있어 권위 있는 정치이론의 역할에 관한 것이다. 그런 이론의 설계자들은 단순히 장애 그 자체에 관한 글을 — 대개는 경멸적이고 제한적인 방식으로 — 써왔던 것이 아니라, 그들이 발전시킨 개념에 대한 제한 조건과 한도를 설정하기 위해 '배제된 타자'로서의 장애에 의지했다. 이는 하나의 학문 분야로서 정치이론이 결코 인정해 오지 않았던 사실이다. 아네일, 보팅, 클리퍼드, 허시먼, 맥크레이리, 핀헤이로는 모두 아리스토텔레스에서 롤스에 이르기까지 권위 있는 정치이론가들이 이론틀의 핵심적 기반을 장애가 있는 몸에 두면서도, 동시에 우리로 하여금 장애를 정치의 영역 바깥에 있는 어떤 것으로 사고하도록 만들어 온 방식들을 보여 주고 있다.

다시 이와 연관된 네 번째 테마는, 정치이론의 골간을 이루는 '본질적으로 경합적인 개념들' 그 자체가 어떤 식으로 장애와 밀접하게 결부되어 있는지, 그리고 장애를 명시적인 분석틀로 삼는 것이 어떻게 이런 지점을 드러내 줄 뿐만 아니라 또한 우리가 그런 개념들을 사고하는 방식을 변화시키는지에 관한 것이다. 도널드슨과 킴리카가 다루고 있는 시민권과 권리에서부터, 아네일이 다루는 자유와 평등이라는 용어, 허시먼이 다루는 자유, 트론토가 다루는 폭력, 클리퍼드와 핀헤이로가 다루는 사회계약, 퍼거슨이 다루는 적극적 의무, 책 전반에 걸쳐 엮여 들어가 있는 자율성, 상호 의존, 정의, 그리고 특히 합리성 개념까지, 이 저작집에 실려 있는 논문 모두는 우리가 이런 정치이론의 주요 개념들을 재사유하는 데 도움을 준다.

다섯 번째 마지막 테마는 정치에 대한 몸의 중심성이다. 퍼거슨, 보팅, 도널드슨과 킴리카, 허시먼과 스미스가 보여 주고 있는 것처럼, 장애는 말 그대로 '몸의 정치'body politic라는 관념을 현실화한다. 왜냐하면 장애가 몸의 차이를, 그리고 사회적 관계들과 제도들이 구조화되는 방식 때문에 장애인이 직면하는 불리함을 정치의 무대로 — 인정, 주목, 응답을 요구하면서 — 가져오기 때문이다. 마찬가지로, 허시먼이 이야기하는 의지 내에 자리한 몸, 트론토가 이야기하는 폭력의 과정 내에 자리한 몸에서 몸은 수용하는 동시에 생산하는 어떤 것인데, 이 모두는 신체적 경험과 제약들을 장애인의 체험 내에 위치시키며, 이런 신체적 체험이 몸에 대한 우리의 사회적 이해를 통해 해석되는 방식을 이론화해야 할 필요성을 강조한다.

조금 자만하는 듯 들릴 수 있는 위험을 무릅쓰고 말하자면, 우리는 이 저작집에 실린 논문들이 시민권과 권력에 관한 기존의 정치이론들에 대해 미묘하고도 정교화된 비판을 제공한다고, 그리고 이는 다시 장애 정체성에 대해 좀 더 비배제적이고 민감하게 반응하는 대안적인 정의들, 원칙들, 이론들을 제시한다고 믿는다. 아이러니하지만 이런 대안들은 그 차신이 비판했던 근대 정치이론의 언어 — 권리, 시민권, 평등, 자유 — 를 용도 변경해서 재사용한다. 대안들이 제시하는 논변들은 각기 다르고, 몇 가지 합의점과 더불어 의견이 일치하지 않는 지점도 존재하지만, 그 메시지는 간명하다. 근대 정치이론의 핵심 원칙들 — 특히 합리적이고 원자적인 개인이라는 이상화된 관념 — 은 장애를 배제하지 않는 정치이론에 길을 열어 주기 위해 폐기되어야 하지만, 만인에 대한 평등과 자유와 정의라는 원칙은 돌봄의 공동체 내에 뿌리내린 개인들이라는 이해 속에서 유지된다는 것이다. 공동체와 환경은 오랫동안 장애인에게 물리적·지적 장벽의 원천이 되어 왔지만, 이 책의 논문들은 장애인이 시민으로 포함될 수 있고, 공동체를 그들 자신의 삶에 대한 권능강화의 매개체로 용도 변경할 수 있다는 희망의 실현을 돕는다.

# 1장

# 정치이론과 국제적 관행에서의 장애

평등과 자유를 재정의하기

바버라 아네일

도덕철학, 법학, 사회학 분야에서 장애에 대한 문헌이 점점 더 늘어나고 있지만, 정치이론에서는 장애를 주제로 한 문헌이 거의 출간되지 않아 왔다.[1] 서구 정치이론의 핵심적인 학자들 대부분이 종종 장애인에 대해 언급했음에도 말이다.[2] 물론 그런 언급은 매우 간략하고, 또 단지 장애인들을 자유, 평등, 정의 같은 핵심 개념들에서 배제하기 위한 것이었음을 정확히 지적해 두어야 할 것이다 (Arneil 2009). 정치이론에서 장애에 대한 관심이 이처럼 결여되어 있는 것은, 동시대의 많은 장애학자들과 장애권 옹호자들이 정치이론

---

[1] 저명한 저널인 『정치이론』에는 장애에 관한 논문이 지금까지 단 한 편만 게재되었고, 『미국 정치학 평론』에는 장애와 관련해 이론적 시각에서 쓰인 논문은 한 편도 게재된 바가 없다(Hirschmann 2011).

[2] 장애학과 장애권 옹호 운동 내에서는 장애인을 지칭하는 적절한 용어가 무엇인지를 두고 무수한 논쟁이 이뤄져 왔다. 특히 '장애를 지닌 사람' people with disabilities과 '장애화된 사람'disabled persons 가운데 어느 것이 더 나은 용어인지를 두고 그러했다. 여기에는 장애에 대한 '공민권 모델' 대 '사회적 억압 모델' 가운데 어느 쪽을 따르는가의 정도를 비롯해, 여전히 논란이 되고 있는 중요한 고려 사항들이 존재한다. 그러나 이 장에서는 그 목적에 따라 양쪽 용어를 다 사용하기로 한다.

의 주요 요소라 할 수 있는 시민권과 권리를 자신의 분석틀로 활용하고 있음을 감안할 때 한층 더 의아한 일이라 할 수 있다. 이 장에서 나는 근대 정치이론에서 장애가 어떻게 정의되는지를 간략히 검토한 후, 『국제 기능·장애·건강 분류』ICF(2001), 〈유엔 장애인권리협약〉(2006), 『세계장애보고서』World Report on Disability(2011)[3]를 비롯한 현대 국제 문서들에 담겨 있는, 이와는 매우 다른 정의들을 분석한다.[4]

장애의 '소재지, 본질, 원인'where, what and why의 변화에 대한 분석에 기반하여, 나는 장애인을 시민으로 사회에 완전히 포함하는 문제와 관련해 장애에 대한 국제적 관행 — 장애학자들과 장애권 활동가들의 투쟁에 대한 응답으로 발전해 온 — 이 현행의 정치이론들보다 훨씬 더 선진적인 것임을 논한다. 그러므로 장애에 대한 국제적 관행은 장애를 자신의 정의론 및 시민권 이론에 융합하는 데 관심이 있는 정치이론가들에게 새롭게 나아갈 방향을 제시한다고 할 수 있다. 결론 부분에서 나는 정치이론가들이 장애를

3) [옮긴이] 세계보건기구, 『WHO 세계장애보고서』, 전지혜·박지영·양원태 옮김, 한국장애인재단, 2012를 아래의 한국장애인재단 누리집에서 무료로 갈무리할 수 있다(2022년 8월 16일 검색). https://www.herbnanum. org/download/WHO세계장애보고서(국문).pdf.

4) 나는 '새로운' 장애에 대한 정의를 분명하게 표현하기 위한 목적에서, 다음의 두 가지 사유로 인해 (〈미국장애인법〉 같은) 미국 내 문서들과 대조되는 국제 문서들을 활용한다. (1) 국제 문서들은 당연히 전 세계의 상이한 문화들로부터 다양한 시각들을 통합해 낸다. (2) 국제 문서들은 다수의 미국 내 문서들보다 더 최근에 작성되었기 때문에 (근래에 입지를 강화한) 사회적 장애 모델을 더 잘 반영하고 있으며, 그에 따라 상호작용적이고, 긍정적이며, 보편적인 정의의 가장 분명한 표현을 제공한다. 그런 장애에 대한 정의는 정치이론의 제한적이고, 부정적이며, 개인적인 정의와 매우 뚜렷한 대비를 이룬다.

자신들의 분석에 포함시키는 데 정말로 진지한 관심을 갖고 있다면, 자유주의 이론 내에서 정의되고 있는 평등이나 자유 같은 핵심 개념들을 재개념화하는 것이 필요하다고 논할 것이다. 그리고 근대 자유주의 이론의 대부분이 의지하고 있는 근원적인 이원론(특별한 필요를 지닌 의존적이고 '비이성적'이며 '무능한' 타자들, 그리고 이들과의 대조를 통해 정의되는 권리를 지닌 자율적이고 이성적인 시민들)이 기각되고, 장애에 대한 국제적 관행 속에서 입증되고 있는 보편적인 상호 의존의 원칙에 의해 대체되어야 함을 주장할 것이다.

## 근대 정치이론에서의 장애

내가 다른 곳에서 좀 더 심도 있게 논했던 것처럼(Arneil 2009), 근대 초기의 정치이론, 특히 자유주의 이론에서 '시민'은 전근대의 주체들에게 필요하지 않았던 이성을 필요로 했다. 이는 시민이 정치적 권위에 동의해야 하고, 다른 사람들과 협력해야 하며, 정치권력을 행사하기 위해서는 '법을 알아야' 하기 때문이다. 그렇지만 시민권의 기반을 개인들의 사고 능력에 두는 것은 장애인들에게, 특히 인지장애인들에게 커다란 영향을 미쳤다. 존 로크는 이성에 뿌리박은 정치이론을 분명하게 표현한 첫 번째 근대 철학자였으며, 정신적 상애나 질환을 지닌 사람들은 정치권력에 의해 통치되는 '자유인'이 아니며, 결코 자유인이 될 수 없다고 명시적으로 말했다.

만일 자연의 정상적인 경로에서 벗어나 발생한 결함을 지니게 되면, 어느 누구도 그처럼 성숙한 정도의 이성에는 도달할 수 없으며, 그런 이유로 그는 아마도 법을 알 수 없을 것이다. …… 그는 결코 자유인Free Man일 수 없으며, 결코 자신의 의지대로 처신하도록 허용될 수 없다. …… 그리고 그와 같은 정신이상차와 백치는 결코 부모의 통치로부터 자유로워질 수 없다(Locke 1960[1689], II, 60[국역본, 61쪽], 강조는 원저자).

자율적이고 이성적이며 근면한 시민 대 의존적이고 '비이성적인' 그리고/또는 '게으른' 타자라는 이원론은, 앞으로 밝혀지겠지만, 장애인에 관한 근대 초기 정치이론의 근본적 유산이 된다. 이런 이원론이 로크의 사상에서 비롯된 것일 수는 있지만, 그것은 그 이후 3세기 동안 자유주의 이론과 관행 속에서 지속되었다.

18세기 스코틀랜드의 철학자 데이비드 흄은 정치적 자유나 정치권력보다는 평등의 한계를 설정하는 데, 로크가 그랬던 것처럼, 심신 장애인을 활용했다.

> 인간과 뒤섞여 있는 생물 종이 존재하는데, 그들도 이성적이긴 하지만 신체와 정신 양쪽 모두에서 너무나 열등한 능력을 지니고 있어, 아무런 저항도 할 수 없고 아무리 심하게 도발해도 결코 우리로 하여금 자신들의 분노를 느끼게 할 수도 없다고 가정해 보자. 내가 생각하기에 그 필연적인 결과는, 우리가 인류의 법에 따라 이런 생물들에게도 관대한 대우를 제공해야 하겠지만, 정확히 말하자면 그들과 관련해서는 정의justice의 원칙에 의해 그 어떤 제한도 받아서는 안 되며, 그들 또한 이같이 마음대로 행동하는 주인의 존재를 배제하고는 그 어떤 권리나 재산도 소유할 수 없다는 것이다(Hume 1983[1751], 25[국역본, 49쪽], 강조는 인용자).

요컨대, 흄의 이론은 '관대한 대우'에 의해 통치되는 장애인과의 대조 속에서 정의된, 평등과 협력의 원칙에 의해 통치되는 '시민들'

에 뿌리박고 있다.

존 롤스는 그 자신이 설정한 원초 상태original position[5]에서 '자유롭고 평등한' 존재를 구성하기 위해 로크의 자유에 관한 이론과 흄의 평등 및 협력에 관한 이론을 융합했다. 영구적이고 심각한 '정신적 장애'와 신체적 장애를 지닌 이들은 이성이 결여되어 있고 '정상적'이지 않으며 협력할 수 없기 때문에, 그런 이들은 누구든 원초 상태에서 배제되어야만 함을 논하면서 말이다.

우리는 공정한 협력 시스템으로서의 사회라는 개념에서 시작하기를 원하기 때문에, 시민으로서의 인격체들은 정상적이고 충분히 협력적인 사회 구성원이 될 수 있는 모든 능력을 지닌다고 상정한다. ……
우리의 목적을 위해 여기서 나는, 통상적인 의미에서 볼 때 정상적이고 충분히 협력적인 사회 구성원이 될 수 없을 정도로 심각한, 영구적인 신체적 장애와 정신적 장애를 지닌 이들은 제쳐 둔다(Rawls 1985, 234[국역본, 120, 121쪽], 강조는 인용자).

롤스가 장애인을 원초 상태에서 배제하기 위해 '정상적임'being normal이라는 용어를 그 자신의 시각에서 표면상 중립적인 기준으로 활용하는 것은 매우 문제적이다. '노멀'normal이라는 단어가 애초

---

5) [옮긴이] 롤스가 정의의 원칙을 정립하기 위해 발전시킨 가설적 상황으로, 고전적 계약론자들이 설정한 자연 상태state of nature를 대체하는 것이라 할 수 있다. '원초적 입장'이라고도 옮겨지는 이 원초 상태에서 합의의 당사자들은 자신의 지위와 계층, 장점과 능력, 지능과 체력, 심리적 성향뿐만 아니라 해당 사회의 경제적·정치적·문화적 조건을 알지 못하기에 어떤 대안이 자신에게 유리하고 불리한지도 알 수 없는 '무지의 베일'에 싸여 있다고 가정된다.

(라틴어에서) '직각을 이룬'right-angled을 의미했을 때에는, 그리고 근대 초기 유럽에서 '규칙의 준수'conforming to rules라는 의미로 재정의되었을 때까지만 해도 그 단어는 중립적인 것이었다. 그러나 19세기 말이 되자 그것은 비정상의 반대나 일탈된 상태를 의미하는 것으로 다시 정의되었고(위에 인용된 롤스의 문장을 뒷받침하고 있는 정의), 이는 온갖 종류의 문제적인 가정들을 그 의미 내에 도입하게 되었다. (1883년에 '우생학'eugenics이라는 용어를 만들어 낸) 프랜시스 골턴은 통계학에서 '오차' 곡선error curve이라고 불렸던 것의 이름을 '정상'[정규] 분포 곡선normal curve으로 변경되도록 한 장본인이라 할 수 있다. 그는 인간 존재들에 대한 연구에서 '정상 이하의'sub-normal 존재와는 구별되는 '정상 이상의' 존재와 정상적인 존재를 강조하기 위해서 그렇게 했다.[6] 레너드 데이비스가 잘 논증했던 것처럼, '노멀'에 대한 이 같은 새로운 이해는 장애인을 부정적인 의미에서 비정상적인, 또는 '정상 이하의' 존재로 명확히 구성해 낸 정상 분포 곡선을 경유해 우생학자인 골턴에 의해 영어에 도입되었다.

보다 최근에 애니타 실버스는 '정상성'normalcy이라는 개념이 우생학을 넘어 '의료적 장애 모델'에서 계속해서 문제적인 방식으

---

6) 데이비스는 통계학적인 '표준'과 정상 분포 곡선의 등장이 어떻게 필연적으로 장애를 하나의 일탈로 구성해 냈는지 기술한다. "표준은 종형 곡선에서 아치의 범위 안에 들어가는 인구의 다수를 분명하게 특정한다. …… 모든 종형 곡선은 언제나 그 양 끝에 표준에서 일탈된 특성을 지닌 이들을 보유하고 있다. 그러므로 표준이라는 개념과 더불어 일탈 또는 극단이라는 개념이 자연스럽게 따라온다. 그렇다면 우리가 표준 개념이 작동하는 사회 속에서 인간의 몸을 사고할 경우, 장애인은 일탈자로 여겨지게 될 것이다"(Davis 1997, 10).

로 사용되고 있음을 논한 바 있는데, 의료적 모델은 "온전하고 손상되지 않은 신체적·정신적 상태가 의료 행위와 사회정책 양자에서 '정상성'의 기준이 된다고 상정한다." 1980년대와 1990년대에 장애학자들과 장애권 옹호자들이 "장애의 소재지를 변경할 수 없는 개인의 결점에서 개선 가능한 공공 정책의 문제로"(Silvers 1996, 210) 옮기기 위해 비판의 대상으로 삼았던 것이 바로 이런 의료적 모델과 의료적 모델의 정상성에 대한 이해이다. 요컨대 '정상적'이라는 단어는 역사적으로도 어원적으로도 롤스가 상정하고 있는 것처럼 중립적인 것이 아니며, 우생학 사상과 의료적 장애 모델 ─ 양자 모두 장애인들을 억압한다 ─ 의 구성 요소인 것이다.

## 장애의 의미들: 구래의 의미와 새로운 의미

그러므로 장애학자들과 장애권 옹호자들은 국제 문서들에 명확히 표현되어 있는 것과 같은 새로운 장애에 대한 정의를 제시하면서, 자유주의 이론에서 발견되는 정의들에 도전했다. 나는 정치이론에서 발견되는 '구래의' 정의들과 국제적 관행에서 나타나는 '새로운' 정의들을 대조하기 위해서, 장애에 대한 정의를 세 가지 하위 범주들 ─ 소재지, 본질, 원인 ─ 로 분해한 표를 하나 만들었다.

간단히 말하자면, 장애의 '소재지, 본질, 원인'은 소수의 인구가 경험하는 개인적이고, 부정적이며, 비극적인 정의(구래의 정의)에서, 모든 사람이 보편적으로 경험하는 상호작용적이고 근본적으로 사회적인 정의(새로운 정의)로 급진적으로 전환되었다. 이런 대조적인 정의들을 기반으로 해서, 〈표 1〉의 오른편 마지막 두 열은 장애학과 국제 문서에서 나타나는 장애의 역할과 견주어 각 정

# 표 1

| | 장애를 정의하기 | | | 이론 내에서 장애의 역할 | |
| | 장애는 어디에 존재하는가?<br>(개인인가 사회인가?) | 장애란 무엇인가?<br>(부정적인 것인가 긍정적인 것인가?) | 장애는 왜 존재하는가? | 장애의 종류와 그 의미 | 장애에 의해서 한계가 설정되는 핵심 개념 |
|---|---|---|---|---|---|
| 로크 | 개인의 정신과 몸 | 결함: '백치', '정신이상자', 노동할 수 없음 (부정적) | 신, 자연의 정상적인 경로 | 정신적 장애와 질환 = 사고할 수 없음, 원조를 받을 자격이 있는 빈민 = 노동할 수 없음 | 자유: 장애인은 사고할 수 없기 때문에 자유인이 아님 |
| 흄 | 개인의 정신과 몸 | '결함이 있음', '열등함' (부정적) | 신, 자연 | 정신적·신체적 장애 = 저항할 수 없음 | 평등: 장애인은 저항할 수 없기 때문에 평등하지 않음 |
| 롤스 | 개인의 정신과 몸 | '정상적'이지 않음, '협력할 수 없음' (부정적) | 불행, 불운 | (질환을 포함한) 신체적 장애와 정신적 장애 = 협력할 수 없음 | 원초 상태: 장애인은 정상적이지 않고 협력할 수 없기 때문에 배제됨 |
| 사회적 모델 | 사회적·환경적 장벽 | 사회 내의 장벽 (부정적) | 사회의 태도와 관행 | 장애는 인종과 같은 것: 사회적 억압의 범주 | 아무런 한계가 설정되지 않음: 평등한 권리를 지닌 완전한 시민 |
| UN/WHO 문서 | 건강과 환경 사이의 상호작용 과정 내에 소재 | 장벽과 인간 다양성 (부정적·중립적) | 사회의 태도와 관행, 자연 | 장애는 보편적인 것: 어떤 시점에는 모두가 장애를 갖게 됨 | 아무런 한계가 설정되지 않음: 평등한 권리를 지닌 완전한 시민 |

치이론 내에서 장애가 어떤 역할을 수행하는지 밝힌다. 내가 장애의 '소재지, 본질, 원인'에 더해 추가적으로 두 열을 표에 포함시킨 것은, 로크, 흄, 롤스 세 명의 사상가들이 그들의 핵심 개념들에서 장애인을 단지 소극적으로 배제한 것이 아니라, 그와 같은 개념들의 한계를 구성하기 위해 장애인을 적극적으로 활용한 것임을 강조하기 위해서이다. 로크는 자유의 한계를 구성하기 위해서 정신이상자와 백치를 활용한다. 흄은 '평등'의 한계를 정하기 위해서 '정신이나 몸이 열등한' 생물 종을 활용한다. 롤스는 원초 상태의

한도를 정하기 위해 정신적 장애인들과 신체적 장애인들을 활용한다. 따라서 우리는 단순히 기존 이론에 장애인을 추가할 수 없으며, 이 장의 마지막 절에서 서술되고 있는 바와 같이 그런 개념들 자체에 도전해야만 한다. 그렇지만 이 같은 작업에 앞서, 나는 먼저 장애의 소재지, 본질, 원인이라는 하위 영역에서 '구래의' 정의들에서 '새로운' 정의로의 전환을 상세하게 분석하고자 한다.

## 장애는 어디에 존재하는가?

국제기구들은 1970년대와 1980년대에 장애를 명시적으로 다루기 시작했으며, 처음에는 위에서 기술된 세 가지 정치이론과 마찬가지로 장애가 개인의 정신 그리고/또는 몸에 존재한다고 보았다. 그리하여 세계보건기구World Health Organization, WHO가 1980년에 발표한 그 유명한 『국제 손상·장애·핸디캡 분류』International Classification of Impairments, Disabilities and Handicaps(ICIDH)는 (1) 손상impairments을 개인의 구조나 기능에서의 상실 또는 비정상성으로, (2) 장애disabilities를 손상에 따른 개인의 신체적 또는 정신적 능력의 제한이나 결여로, (3) 핸디캡handicaps을 "손상 또는 장애로부터 연유하는 …… 불리함"으로 정의했다. 유엔은 다시 '유엔 장애인 10년[계획]' UN Decade of Disabled Persons(1983~92)에 이 세 가지 개념 모두를 ICIDH에서 정의된 대로 채택했다. 이런 초기 문서들의 기저에 놓여 있는 가정 속에서, 장애는 전적으로 개인의 정신이나 몸에서의 상실, 결함 그리고/또는 비정상성으로 자리매김했다.

거의 즉각적으로, 장애학자들과 장애권 옹호자들은 장애의 소재지가 근본적으로 재사유되어야만 한다고 주장했다. 이런 주장

을 한 최초의 단체 가운데 하나는 영국의 '분리에 저항하는 신체
장애인 연합'Union of the Physically Impaired Against Segregation, UPIAS이
었는데, 그 단체는 1970년대 이래로 장애의 '사회적 모델'을 옹호
하면서, "장애"는 개인이 아니라 "손상을 지닌 사람들에 대해 거
의 또는 아무런 고려도 하지 않음으로써, 그들을 주류 사회 활동
의 참여에서 배제하는 당대의 사회조직에 의해 야기된 불이익이
나 활동의 제한"으로 자리매김되어야 한다고 주장했다.[7] 다시 말
해서, 장애란 어떤 개인이 그/그녀의 몸이나 정신에서 경험하는
제약 — 해당 개인으로 하여금 근본적으로 무언가를 '할 수 없게
만드는' — 이 아니라, 사회 그 자체가 만들어 낸 완전한 평등과 포
함에 대한 장벽이라는 것이다. 마찬가지로 미국에서도 장애권 옹
호자들과 장애학자들은 '정상성'이라는 사회적으로 구성된 관념과
연동해 '장애인을 생물학적으로 열등한 것으로 개념화하는' 표준
적인 의료적 모델을 반박하고, 〈미국장애인법〉에 담겨 있는 사회적
장애 모델을 옹호했다. 애니타 실버스가 논했던 것처럼(Silvers 1996,
209, 210), "〈미국장애인법〉은 장애를 만들어 내는disabling 조건은 사
회 구성원들 가운데 소수자의 신체적 또는 정신적 상태가 아니라
사회의 상태 그 자체라는 이해를, 그리고 소수자를 불리하게 만드
는 것은 개인의 결함이 아니라 사회가 조직되는 방식이라는 이해
를 법률로 성문화했다."

　　많은 장애학자들이 이 같은 사회적 장애 모델을 그들 연구의
기반으로 삼았다(Finkelstein 1980; Barnes 1991; Oliver 1990; 1996). 장애

---

7) International Disability and Human Rights Network, 'The Origins
　of the Social Model'. 1976년에 발표된 UPIAS의 이런 정의는 1966년
　처음 발표된 폴 헌트Paul Hunt의 정의에 기반을 두고 있다.

권 옹호자들 또한 예방과 치료에만 초점을 맞추는 의료적 접근법에서 벗어나 접근성과 편의제공에 초점을 맞추고, 사회가 장애인들이 직면한 장벽을 제거해야 하는 권리 기반 접근법으로 나아가는 길을 제시하기 위해 사회적 모델을 적극적으로 받아들였다. 그렇지만 오래지 않아, 일부 장애학자, 장애권 옹호자, 장애 아동의 가족들은 장애가 오직 사회적 영역에만 자리매김되는 순수한 사회적 모델이 장애를 지닌 개인들과 그들의 가족 및 돌봄 제공자들이 경험하는 제약과 도전의 특수성을 지워 버릴 수 있다는 우려를 표명했다. 그러나 사회적 모델을 옹호하는 이들 ─ 특히 영국에서는 ─ 은 장애인들이 경험하는 사회적 억압에 계속 초점을 맞추기 위해서, 그들의 입장을 희석하려는 그 어떤 시도에 대해서도 단호히 맞서 싸웠다.

톰 셰익스피어와 니컬러스 왓슨이 논했던 것처럼(Shakespeare and Watson 1997, 11), 1990년대 후반이 되자 사회적 모델은 일정한 집단들 내에서는 거의 비판조차 할 수 없는 것, "함부로 도전할 수 없는" "신성불가침의 대상"이 되었다. 하지만 일부 장애권 옹호자들과 장애학자들은 사회적 모델에 도전했다. 특히 페미니스트 장애학자들은 순수한 사회적 모델이 장애인들로 하여금 "우리 자신의 신체적 차이와 제한이 전적으로 사회적으로 생성된 것이라고 강변하게 하면서, 우리 자신의 몸의 경험을 부정하게" 만든다고 주장했다(Morris 2001, 10; 또한 Wendell 1996; French 1993; Crow 1996; O'Brien 2005 참조). 장애의 '소재지'에 대한 이 같은 논쟁이 너무나 격렬하다 보니 많은 장애권 옹호 단체들은 아예 장애를 정의하려고 하지 않았다. 그리하여 '국제장애인연맹'Disabled Peoples' International, DPI도 그들의 웹사이트에 "여러 해 동안, 다른 많은 주요 국제 비정부기구와 마찬가지로 국제장애인연맹은 장애에 대한 정의를 채택하지 않아 왔다"고 진술한 바 있다(DPI Position Paper on the Definition of Disability). 이 같은 다소 기이한 진술은 장애 및 그 정의와 관련해 고유한 딜레마가 존재함을 보여 준다. 여러 해 동안 계속해서 정의하려고 하지 않은 어떤 문제에 대해 로비를 벌이는 국제기구를 생각하기란 쉽지 않기 때문이다. 요컨대 DPI와 여타의 장애인 단체들은 의료적 혹은 개별적 장애 모델을 거부하고자 하는 이들과 연대해 행동하기를 원했지만, 장애인들이 그들 자신의 심신에서 경험하는 제약들 또한 장애에 대한 정의 내에 통합되어야 한다고 주장하는 장애권 옹호자들과 장애인 가족들도 무시하기를 원치 않았던 것이다.

21세기로의 전환기가 되자, 장애권 옹호자들과 국제기구 양쪽 모두로부터 "사회적 모델"이 사회적 구조에만 초점을 맞추기 위해서 차이를 완전히 부인하는 것이 아니라 "손상된 몸에 대한 개인적 경험을 새롭게 다시 통합할" 수 있도록 하는 절충안을 찾아내려는 노력이 나타나게 되었다(Handley 2001, 114). 그리하여 장애 단체들뿐만 아니라 WHO 또한 (개인의 건강 상태와 그/그녀를 둘러싼 환경 양자를 포괄하는) 장애에 대한 상호작용적 이해를 통해 건강 문제와의 연관성을 놓치지 않은 채 장애의 사회적 측면을 장애에 대한 정의에 통합하고자 노력했다.

(장애 운동과 국제기구에서의) 이런 이중적 흐름은 2000년대 초에 결실을 맺게 되었다. WHO가 장애권 옹호자들과 장애학자들의 문제 제기에 직접 응답하며 절충안을 찾아내는 과정에서, ICIDH에 담겨 있던 원래의 의료적 장애 모델을 재검토하고 사실상 개정했기 때문이다. 2001년에 ICF가 ICIDH를 대체했고, 개인의 건강 상태와 환경적 장벽 양자를 포괄하는 새로운 정의가 탄생했다. 유럽연합 집행위원회European Commission는 ICF가 두 가지 핵심적인 측면에서 장애에 대한 정의를 변경했다고 결론 내렸다.

ICF의 장애에 대한 개념화의 중심에는 …… 두 가지 명제가 담아내고 있는 …… 중대한 패러다임의 전환이 존재한다. 1) 장애는 어떤 분리된 사회집단의 표지가 아니라 하나의 보편적인 현상이다. …… 2) 장애는 개인의 건강 상태 …… [와] 그 개인을 둘러싼 물리적·사회적·태도적 환경의 특징 간 상호작용의 결과이다(Measuring Health and Disability in Europe: Supporting Policy Development, MHADIE).

DPI는 이제 그들 자신의 장애에 대한 정의의 기반으로 ICF의 이같은 정의를 활용하고 있다. "손상을 지닌 개인과 그/그녀가 직면할 수 있는 환경적·태도적 장벽 간의 상호작용의 결과"라는 2005년도 정의에서 확인되는 것처럼 말이다. 〈유엔 장애인권리협약〉은 장애를 어떤 '결과'가 아닌 상호작용 그 자체에 위치시키는 또 다른 변경된 정의를 마련하면서 이런 전례를 따랐다. 즉 장애는 하나의 산물이라기보다는 (다음의 정의에서와 같이) 과정으로 여겨져야 한다는 것이다. 즉 "[장애는] 손상을 지닌 사람이 타인들과 동등한 기반 위에서 사회에 완전하고도 실질적으로 참여하는 것을 저해하는 태도 및 환경적 장벽들과 손상을 지닌 사람들 간의 상호작용[으로부터 발생하는 것 -옮긴이]이다"(Preamble (e)). 마지막으로 『세계장애보고서』(WHO 2011)는 장애가 지닌 보편적 성격을 지적하면서, "건강 상태와 개인 및 환경 양자의 맥락적 요인 간의 역동적 상호작용"이라는 하나의 역동적 과정으로서의 장애에 대한 정의를 채택했다. 장애의 소재지를 상호작용의 과정으로 봐야 한다는 합의가 점점 더 커지고 있음에도, 이런 세 개의 문서 모두는 또한 자신들의 정의가 언제나 개정될 수 있다고 언급하고 있다.

장애에 대한 정의는 여전히 잠정적일 수 있지만, 한 가지 명확한 것은 (서구의 정치이론과 초기의 국제 문서 양자에 반영되어 있는) 장애가 전적으로 개인의 정신 그리고/또는 몸 안에 있는 어떤 것이라고 오랫동안 상정해 온 정의는 이제 옹호될 수 없다는 점이다. 요컨대 나는 장애권 옹호 운동과 장애학에 그 뿌리를 두고 있는 국제적 관행이 정치이론보다 훨씬 앞서 있다고 주장할 것이다. 사실 위에서 기술된 장애에 대한 상호작용적 정의를 고려한다면, 정치이론가들에게 가장 중요한 문제는 정치이론 그 자체가 장애를 만들어 내는 언어적 환경의 일부로 작동하고 있다는 점 ― 부정적인 언어(결함 같은)의 사용과 장애에 대한 귀속적 원인(불운, 불행 같은)의 상정을 통해서 ― 이 아닐까? 정치이론 그 자체가 (장애인이 매일같이 협상해야 하는 환경과 장애인 간의 상호작용으로서 적절하게 이해된) 장애의 한 차원인 것 아닌가? 이런 질문에 답하기 위해 이제 나는 장애의 '소재지'라는 문제로부터 장애의 '본질' 및 '원인'이라는 영역에서의 변화에 대한 고찰로 방향을 돌리고자 한다.


## 장애란 무엇인가?


아마도 누군가가 과거 장애인을 기술하기 위해 사용되었던 용어들을 고찰해 본다면, 그는 ('불구의'crippled, '고통받는'afflicted, '모자란'deficient, '열등한'inferior, '결함이 있는'defective, '이상이 있는'disordered, '핸디캡을 지닌'handicapped, '정신박약의'feeble-minded, '백치'idiot, '치우'imbecile, '우둔'moron,[8] '절름발이의'lame, '정신지체'retard, '등신'spaz 같은) 압도적

---

8) [옮긴이] 과거에는 우리나라에서도 지적장애를 그 정도가 심한 것부터 약한 순으로 '백치'白痴, '치우'痴愚 '우둔'愚鈍이라는 용어로 불렀다.

으로 부정적인 언어와 한결같이 마주하게 될 것이다. 그리고 장애권 옹호 운동이 장애를 기술하는 데 점점 더 중립적이거나, 때로는 긍정적인 함의를 띤 다양성의 언어를 사용하는 방향으로 변화를 이끌어 내기는 했지만, 서구 사회 일반에서, 특히나 정치이론에서는 부정적인 함의들이 사라지지 않고 여전히 깊게 남아 있다. 그리하여 앞서 설명한 바대로 장애의 '소재지'에 대한 관점에서는 극적인 변화가 있었지만, 장애의 '본질'에 대해서는 그와 같은 정도의 변화가 이루어지지 않았고, 이것이 장애학자들에게 언어가 여전히 중심적인 문제로 남아 있는 이유라 할 수 있다. 제니 모리스 (Morris 2001, 2)가 말했듯 "장애학의 토대는 우리가 사용하는 언어가 우리의 경험을 해석하는 데 중심적이라는 인식에서 출발해야만 한다."

요컨대 현재는 위에서 열거된 용어들 가운데 상당수가 일상적인 언어 사용에서 배제되고 있음에도, 부정적인 함의들은 그 편재성으로 말미암아 비가시적인 형태로 계속 유지되고 있다. 그처럼 편재하지만 비가시적인 언어적 함의의 두 가지 중요한 사례는 다음과 같다. (1) 장애와 '결함'defect 사이의 깊고도 끈질긴, 거의 완전한 관념연합, (2) 장애[무능력]disability와 비장애[능력]ability라는 단어를 구분 짓는 접두사 'dys/dis'의 심대하게 부정적인 어원적 기원. 그렇다면 이 같은 언어적 함의가 정치이론과 관행 양쪽에서 각각 어떤 영향을 미치고 있는지 차례대로 살펴보자.

'결함'이나 '무능력'[~할 수 없음]incapacity이라는 단어는 정치이론에서 장애를 정의하는 데 오랫동안 사용되어 왔다. '법을 알 수 없음'(로크), '저항할 수 없음'(흄), '협력할 수 없음'(롤스)과 같이, 앞서 기술된 이론들에서도 명확히 드러나는 것처럼 말이다. 그것은 또한 1980년 ICIDH의 '손상'과 '장애'에 대한 정의(상실, 비정상성, 불리함)를 뒷받침하고 있다. 장애는 전적으로 '결함이 있는' 정신이나 몸에 위치한다는 가정을 포함하는 부정적인 언어 사용 그 자체를 넘어, 장애를 '결함'으로 구성해 내는 정치이론과 관행 내에는 적어도 세 가지 추가적인 함의가 존재한다. 즉 그런 결함은 예방되거나, 재활되거나, 그리고/또는 보상되어야만 한다는 함의가 그것이다. 그럼 이제 다시 이론과 관행 양쪽에서 이런 함의들(예방, 재활, 보상) 각각을 검토해 보기로 하자.

장애를 개인의 결함으로 간주하는 것은 거의 필연적으로 '예방'에 초점을 맞추는 것으로 이어진다. 병원이나 의원에서 새로 태어난 또는 태어날 예정인 장애 아동은 거의 언제나 '~로 고통받는', '선천성 결함', '선천적 비정상', '기형', '이상' 또는 '증후군'이라는 용어를 통해 기술된다. 그러나 그런 용어들의 역사적 기원에 대해 곰곰이 생각해 보는, 예컨대 '다운증후군을 지닌' 아동이 왜 단지 차이를 지닌 것이 아니라 '결함이 있는' 것으로 기술되어야 하는지에 대해 생각해 보는 의사는 거의 없으며, 그런 생각을 해보는 부모는 더더욱 드물다. 데이비스(Davis 2002, 20)는 '결함'이라는 용어가 '정상적'이라는 용어와 마찬가지로 우생학의 산물임을 논한다. 즉 우생주의자들이 시설 수용과 강제 불임수술을 통해 재생산을 예방해야 할 심신의 경계를 정하기 위해 '비정상적'이라는 용어와 더불어 '결함'이라는 용어를 사용한 것에서 나타나듯, "타고난 '결함'이라는 발상과 연루되어 있는 모델은 인간의 몸에 대한 우생학적 모델로부터 직접적으로 온 것이다." 하나의 목표로서 예방이란 20세기로의 전환기에 우생주의자들에 의해 창시된 것일 수는 있지만, 새로운 재생산 기술은 이제 인류에게서 그와 같은 '결함'을 '제거한다'는 목표를 한층 더 실행 가능한 것으로 만들었다. 실제로, 유럽과 북미에서는 오늘날 '다운증후군을 지닌' 태아의 90퍼센트가 낙태되고 있지만, 이 같은 보편적인 관행의 윤리 혹은 정치에 대해 주류 이론에서는 거의 논의가 이루어지고 있지 않다(Mansfield et al. 1999). 20세기 전환기에 살았던 우생주의자들은 '결함'의 '예방'과 관련해 그와 같은 '성공'을 단지 꿈꿀 수 있었을 뿐이었다.[9]

장애학자인 수전 웬델(Wendell 1996, 82[국역본, 161쪽])은 장애가 결함이 아니라 젠더나 인종과 마찬가지로 인간이 지닌 차이의 한 측면으로 간주된다면, 임신중절의 윤리는 매우 상이한 논법을 갖게 될 것이라고 말한다. "장애를 하나의 차이로 가치 있게 여기는 사

---

9) [옮긴이] 20세기 전환기에 출현한 우생학이 자신의 목표를 달성하기 위해 활용할 수 있었던 가장 일반적인 수단은 단종 수술을 통해 유전 질환 내지 유전적 장애를 지닌 자손의 재생산을 막는 것이었다. 유전 질환 가운데 하나의 유전자만이 관여하는 단일 유전자 질환에는 상염색체 우성 질환과 상염색체 열성 질환이 있다. 상㏊염색체란 성㏊염색체 이외의 모든 염색체를 말하는데, 암수가 동일하며 한 쌍을 이루고 있다. 상염색체 우성 질환은 질병 유전자(A)가 우성이기 때문에 AA뿐만 아니라 Aa와 같이 한 쌍의 대립유전자 중 한쪽만 이상이 있어도 발병하고 aa인 개체에서만 증상이 나타나지 않는다. 반면 상염색체 열성 질환은 질병 유전자(b)가 열성이기 때문에 bb와 같이 양쪽에 이상이 있는 개체에서만 발병하고 Bb나 BB인 경우에는 증상이 나타나지 않는다. 즉 상염색체 열성 질환의 경우에는 Bb인 개체(보인자)가 존재하기 때문에, 양쪽 부모가 모두 해당 유전 질환의 증상을 나타내지 않았다고 하더라도 후손에게서 다시 질환이 나타날 수 있다. Bb인 아버지와 Bb인 어머니가 만나 25퍼센트의 확률로 bb인 자녀를 낳을 수 있는 것이다. 더구나 유전 질환 가운데 많은 경우는 부모에게서 실제로 유전되는 것이 아니라 돌연변이가 그 원인이다. 예컨대 저신장 장애의 주된 원인인 연골 무형성증은 상염색체 우성으로 유전하지만 환자의 약 80퍼센트 이상은 새로운 돌연변이에 의해 발생한다. 또한 여러 유전자가 동시에 관여하는 다인자성 유전 질환도 존재하기 때문에, 유전 질환 환자에 대한 단종 수술을 통해 해당 질환을 제거한다는 것은 통상적인 유전 법칙에 근거한다고 해도 불가능하다고 할 수 있다.

람들에게 장애인의 출생 자체를 막음으로써 장애를 예방하려는 시도들은, 남아 선호 사상에 따라 남아의 출생을 보장하려는 것이나, 유전적 기술로 피부색의 차이를 없애려는 시도와 유사한 것으로 보일 수 있다." 그러므로 '다운증후군을 지닌' 사람이 (특정한 종류의 어려움이나 도전과 맞닥뜨릴 수 있음에도) 결함이 있는 것이 아니라 인간 다양성의 전체 스펙트럼 가운데 일부로 간주된다면, 더 많은 태아들이 세상에 받아들여져 우리와 더불어 살아가게 될 것이다. 이런 문제를 제기한다고 해서, 내가 여성과 그 파트너의 선택권에 이의를 제기하려는 것은 아니다. 그것이 아니라 나는 그들이 그런 선택을 하게 되는 언어적 환경에 이의를 제기하려는 것이다. 장애를 지닌 태아가 언제나 '결함이 있는' 것으로 [언어적으로] 구성된다면, 그에 따른 결과로 여성과 그 파트너가 임신중절이라는 선택을 하는 것은 전혀 놀라운 일이 아니다.[10]

장애를 결함으로 정의하는 것의 두 번째 함의는 장애인을 '치료'하거나 '재활'시켜서 가능한 한 '정상적'인 상태로 되돌려 놓는 일이 무엇보다 필요하다는 것이다. 재활이라는 말은 제1차 세계대전 당시, 전쟁터에서 장애를 갖고 돌아온 군인들의 사회 재통합

---

10) 국제적 수준에서 보자면, 재생산 기술 및 과학을 통해 장애를 '예방'하는 것과 관련된 일반적인 윤리적 이슈는 1998년 유엔 총회에서 채택된 〈인간게놈과 인권에 관한 국제 선언〉Universal Declaration on the Human Genome and Human Rights(www.unesco.org/new/en/social-and-human-sciences/themes/bioethics/human-genome-and-human-rights)을 통해 다루어져 왔다. 주로 장애권 옹호자들과 장애학자들에 의해 추동된 이 문서는 신유전학new science of genetics이라는 맥락에서 유전적 다양성과 인간 존엄성의 인정 및 보호를 추구한다. 그렇지만 위에서 인용된 '다운증후군을 지닌' 태아와 관련된 통계 수치를 고려한다면, 이 문서의 실제적인 적용은 매우 제한적이라 해야 할 것이다.

을 추구하는 과정에서 등장했다. 장애를 이해하는 지배적인 틀로
서 재활을 문제시한다고 해서, 이것이 모든 종류의 신체적·치료적·
직업적 재활의 효용성에 이의를 제기하는 것은 아니다. 재활은 전
쟁, 사고, 질병을 통해 상실된 능력과 기능을 장애인이 되찾을 수
있도록 해주는 중요한 도구가 되기도 한다. 요컨대 하나의 용어로
서 '재활'은 장애인의 일상생활을 지원하고 용이하게 해주는 도구
로 이해된다면 문제적인 것은 아니지만, 장애인을 통치하는 독점
적 패러다임으로 작동할 때 문제적인 것이 된다. 예컨대, 미국에서
1920년부터 1990년까지 장애인들은 일련의 연속적인 재활 관련
법률하에서(1920년 〈시민재활법〉Civilian Rehabilitation Act, 1954년 〈직업
재활법〉Vocational Rehabilitation Act, 1973년 〈재활법〉Rehabilitation Act) 통치
되었다.

앙리-자크 스티케Henri-Jacques Stiker가 『장애의 역사』*A History of
Disability*[*Corps infirmes et sociétés*]에서 논했던 것처럼, 이는 미국에
만 고유한 현상이 아니었다. 17세기와 18세기에 기독교적 '자선'
이 장애를 통치하는 패러다임이었던 것과 마찬가지로, 재활은 20
세기에 산업화된 국가들 전반에 걸쳐 장애를 통치하는 지배적 패
러다임이었다. 하나의 패러다임으로서 재활은 근본적으로 장애인
을 완전한 존재라기보다는 '잠재적인' 혹은 가정적인postulated 존
재로, 즉 "비장애인에게는 실제로 존재해 왔지만 …… 타자들에게
는 단지 가정일 뿐인 상황"에서(Stiker 2000, 122[국역본, 289쪽 참조]) 살아
가는 존재로 구성해 낸다. 이처럼 온전하게 만들어서 '정상적'인
상태로 되돌릴 필요가 있는 잠재적인 존재로 장애인을 개념화하
는 것은, 하버드 대학교 교수이자 롤스주의 이론가인 노먼 대니얼
스Norman Daniels나 찰스 테일러 같은 학자들을 고무했다. 즉 대니
얼스(Daniels 1987, 273; 1990, 290)는 "공정한 사회"에서는 장애인이 "정

상적으로 기능하도록 회복시켜" 주는 데 보건 의료 서비스의 우선순위를 둔다고 결론 내리며, 테일러(Taylor 1994, 65)는 "장애인"을 "정상적인 방법으로는 그들의 잠재력을 실현시킬 수 없는" 존재로 기술한다.

장애인을 통치하는 수단이었던 패러다임으로서 '재활'이 지닌 한계는 아마도 그것을 대체한 패러다임에 의해 가장 잘 입증되는 것 같다. 1990년에 〈미국장애인법〉은 1973년 〈재활법〉을 비롯해 그 이전까지의 모든 재활 관련 법률들을 대체했다. 미국의 정치적 관행에서 처음으로 〈미국장애인법〉은 장애인을 잠재적인 인격체 혹은 '치료'되거나 재활되어야 할 '환자'가 아니라, 권리를 지닌 시민으로 재개념화했다. 마찬가지로 국제적 수준에서도 장애인을 결함이 있는 사람으로 보았던 ICIDH의 재활 패러다임은 ICF, 〈유엔장애인권리협약〉, 『세계장애보고서』의 인권 패러다임으로 대체되었다.

장애를 '결함'으로 바라보는 정치이론 및 관행에 담겨 있는 세 번째 마지막 함의는 그런 결함이 보상받을 만하다는 것이다. 이는 장애의 원인을 불운으로 상정하는 것과 연관된다고 할 수 있는데, 왜냐하면 특히 운 평등주의luck egalitarianism 이론가들이 장애를 지닌 개인은 그/그녀의 '불운'에 대해 보상을 받아야 한다고 주장하기 때문이다. 이런 맥락에서 로널드 드워킨(Dworkin 2005, 192)은 장애를 가설적 보험제도hypothetical insurance scheme[11]를 통해 보상이 이루어져야 하는, 선택이 아닌 자연에 그 원인이 있는 불운한 결과의 핵심 사례로 활용한다. 즉 "나의 의견으로는, 사람들이 장애를 지니고 있거나 시장성 있는 재능을 결여하고 있는 경우라면, 어떤 형태의 보상을 받을 자격이 있다."

보상의 원칙은 실제로 자유주의 복지국가들에서 장애인들에게 더 높은 복지 급여가 제공됨을 뜻하게 되는데, 이는 존 로크의 『구빈법론』*Essay on the Poor Laws*에 그 뿌리를 두고 있다. 이 책에서 로크는 노동하지 않으려는 사람(원조를 받을 자격이 없는 빈민the un-worthy poor)과 노동할 수 없는 사람(원조를 받을 자격이 있는 빈민the worthy poor)을 구별하면서, 앞서 논의된 것처럼 전자에게는 아무것도 주어져서는 안 되는 반면, 후자의 필요는 타인들에 의해 돌봐져야만 한다고 이야기한다. 사회학자 테다 스카치폴(Skocpol 1992, 149)이 미국의 경우에 대해 다음과 같이 언급한 것처럼, 이 같은 분할은 20세기의 산업화된 복지국가에서 하나의 기본 원리가 되었다. 즉 "도덕적으로 '원조를 받을 자격이 있는' 사람과 그런 자격이 거의 없는 사람들 사이의 제도적·문화적 대비는 마치 단층선과도 같이 미국 사회복지 제공의 역사 전반에 걸쳐 지속되었다." 전자의 사람들이 "불운한 환경"에 처해 있다는 이유로 국가로부터 더 높은 복지 급여benefits/보상을 받으면서 말이다.

원조를 받을 자격이 있는 빈민에 대한 자선 및 보상과 원조를 받을 자격이 없는 빈민에 대한 징벌적 조치 사이의 분할은 궁극적

---

11) [옮긴이] 로널드 드워킨은 현실에서 보험에 들 수 없었던 사람들에게 보상을 해줄 때 그 보상 수준은 그들이 보험에 들었다고 가정했을 경우 받을 수 있는 정도는 되어야 한다고 생각한다. 물론 이는 정부의 재분배 정책을 통해 이루어져야 하겠지만, 재분배를 위한 세금이나 보상의 수준은 가설적인 평등한 보험 시장을 통해 정할 수 있다고 본다. 이에 따라 드워킨은 모두가 평등한 처지에서 장애에 대비한 보험을 들 수 있는 가설적인 보험 시장에서 모두가 보험에 들었다고 가정할 경우, 이를 통해 산정되는 보장 수준과 보험료를 기준으로 장애에 대한 보장 수준과 그 기금을 마련하기 위한 세금도 책정할 수 있다고 생각한다. 이런 가설적 보험 시장에 근거하여 재분배 제도를 설계하려는 방법을 '가설적 보험 접근법'hypothetical insurance approach이라고 부른다.

으로, 장애인들이 '일할 수 없는' 것으로 규정될 경우에만 추가적 보상을 받을 수 있다는 이론 및 관행상의 원칙으로 이어졌다.[12] 그렇지만 이런 요건은 자유주의 이론을 뒷받침하는 근원적인 이원론이 야기한 딜레마에 장애인들을 가두어 버렸다. 즉 그들은 고용될 수 없고 의존적이기 때문에 그렇게 더 높은 수준의 보상을 받을 정도로 결함이 있는 '자선'의 대상자이거나, 아니면 아무런 '결함'도 없고 고용될 수 있는 '자율적인' 존재로 상정되거나, 둘 중 어느 한쪽이어야만 했던 것이다. 그러다 보니 장애인들이 일자리를 가지려면, 그들은 그/그녀의 상대적으로 더 높은 복지 급여를 상실할 위험을 무릅써야 했다. 왜냐하면 그들은 더는 고용될 수 없는 것으로, 요컨대 보상을 받을 자격이 있는 것으로 더는 규정되지 않을 것이기 때문이다. 이는 노동을 회피하려는 왜곡된 유인을 만들어 내는데, 특히나 어떤 사람이 주기적으로 재발하는 형태의 장애를 갖고 있거나, 직장에서의 지원과 편의제공이 있으나 마나 한 정도에 그칠 경우 더욱 그러하다. 이는 자유주의적 복지국가들에서 나타나는 심대한 문제라고 할 수 있다. 장애 단체들은 장애와 고용의 상호 의존적이고 상호작용적인 성격이 인정될 수 있도록 오랜 기간 열심히 노력해 왔지만 제한적인 성공만을 거두었는데, 이는 위에서 논의된 자유주의 이론의 근원적인 이원론과 결함에 대

---

12) 미국 사회보장청Social Security Administration은 이에 대해 "사회보장 제도하에서의 장애란 당신의 노동 무능력에 기반을 둔다"(www.ssa.gov/dibplan/dqualify4.htm)고 간결하게 기술하고 있다. 마찬가지로 캐나다 인적 자원 및 기술개발청Human Resources and Skills Development Canada, HRSDC은 "캐나다 장애연금 제도Canada Pension Plan Disability, CPPD는 심각하고 장기간 지속되는 장애 때문에 노동을 할 수 없는 연금 납부자에게만 재정적 지원을 제공한다"고 언급하고 있다.

한 보상의 원칙이 그런 노력을 약화시켜 버리기 때문이다(OECD 2003; Barnes 2003).

곧이어 좀 더 심도 있게 논의되겠지만, 원조를 받을 자격이 있는 빈민에 대한 보상이라는 규정에 내재해 있는 것은 장애의 특정한 '원인'이다. 즉 장애의 원인이 그 정의상, '자연'적으로 발생한 비극, 불행 또는 불운이라고 이해되고 있는 것이다. 그리하여 '운평등주의자'인 드워킨은 잘못된 선택을 한 이들과는 대조적으로 장애인은 그들의 '불운'에 대한 책임이 없다고 주장한다. 이런 논리 속에서 드워킨은 그 유명한 '선천적[자연적] 불운'에 대한 가설적 보험 제도를 발전시키는데, 이는 그의 이론에서 평등의 본질이 무엇인지를 우리에게 알려 준다.

> 가능하다면 사람들은 어떤 불운이 발생하기 전에 그런 불운에 대한 보험에 가입하거나 대비할 수 있는 기회에서 평등해져야 한다. 만일 그것이 불가능하다면, 사람들은 그런 기회를 가졌더라면 보장받았을 것으로 예상되는 보상을 제공받을 수 있어야 한다(Dworkin 2005, 191).

다른 자유주의 이론가들과 마찬가지로, 드워킨에게 장애란 불운의 결과로 인해 개인의 정신/몸에 전적으로 존재하는 어떤 것으로 정의된다. 그리고 장애인은 불운으로 인해 평등하지 않은 전형적 사례이기 때문에, 흄의 이론에서와 마찬가지로 드워킨의 평등 개념에서도 일종의 경계가 된다.

제프리 커비(Kirby 2004)는 롤스의 원초 상태에 이론적 뿌리를 두고 있는 (재활을 강조한) 노먼 대니얼스와 (보상을 강조한) 로널드 드워킨의 영향력 있는 정치이론이, 국가로 하여금 장애인을 결함이 있고 특별한 필요를 지닌 소수에 대한 재분배적 자선의 틀을 통해서만 바라보게 했다고 최종적으로 결론 내린다. 커비는 이런 종류의 정의론들에서 보상이란 결함에 대한 '화폐화된' 교정책으로 정의될 수 있다고 말한다.

> 대다수 자유주의 이론가들과 주류 생명 윤리학자들은 …… 보건 의료 및 장애와 관련된 정의의 이슈를 다루는 주요 메커니즘으로 자원의 재분배를 옹호한다. 노먼 대니얼스는 장애를 '교정'하고 개인들에게 정상적인 인간 종의 기능을 회복시켜 주기 위한 자원의 할당을 요구하며, 로널드 드워킨은 장애인들에게 보험 형태의 보상을 제시하는데, 이들이 옹호하는 형태의 분배 모델은 장애인에게 조세와 연동하여 공적 자원을 재분배하는 것에 대한 이론적 기반을 제공해 왔다(Kirby 2004, 230).

장애권 옹호자들에게 이런 이론들의 문제점은 이중적이다. 즉 장애는 (부분적으로든 전적으로든 사회의 장벽/편의제공의 결여에 의해 구성되는 것이 아니라) 계속해서 불운에 의해 야기되는 개인의 결함으로 남아 있을 뿐만 아니라, 장애인은 권리를 지닌 시민이 아닌 특별한 필요를 지닌 의존적인 복지 클라이언트나 보건 의료상의 환자로 정의된다.

철학자이면서 장애권 옹호자이자 장애학자이기도 한 애니타 실버스는 자유주의적 재분배 모델과 운 평등주의가 그것이 해결하고자 하는 바로 그 상태 자체를 생성해 내고 있다고 결론 내린다.

> 특별한 자원을 장애인 계층에게 할당하는 제도는 …… 해당 계층의 구성원들을 돕는 것이 아니라 그들을 균일하게 특별한 필요를 지닌 존재로 구성할 뿐이다. …… 장애를 그처럼 구성하는 것은, 장애인

이 지닌 필요가 애초에 어떻게 구성되는지를 경고하고자 했던 것일
수는 있겠지만, 바로 그런 특별한 필요의 상태로 사람들을 고립시
키는 배제적 관행을 조장한다. …… 이런 이유로 나는 장애인을 공
정하게 대우하는 것이 장애를 이유로 한 특별한 분배를 수반한다는
것에 동의하지 않는다(Silvers 1993, 35).

내가 지배적 개념인 보상에 이의를 제기함으로써, 장애인이 그들
의 삶을 영위하는 데 (재활과 같이) 중요한 도구가 되는 재정적 지
원의 효용성을 부정하려는 것은 아니다. 그러나 재활과 마찬가지
로 보상이 단지 지원의 도구가 아닌 하나의 통치 패러다임이 될 때,
즉 그 개념을 통해서 자유주의 사상가들과 국가가 자율적인 존재와
의존적인 존재, 원조를 받을 자격이 있는 빈민과 원조를 받을 자
격이 없는 빈민, 온전한 존재와 결함이 있는 존재의 이원론 내에
장애인이 뿌리박고 있는 것으로 이해하려 들 때, 보상은 문제적인
것이 된다. 요컨대 재활과 더불어 보상은 근본적으로 장애인을 권
리를 지닌 시민이 아닌 '자선'의 대상자로, 보건 의료 제도 내의 환
자로, 복지 제도 내의 클라이언트로 구성해 낸다.
    '결함'이라는 말이 위에서 기술된 모든 실제적 함의(예방, 재활,
보상)를 간직한 채 여전히 현대 의학과 복지국가 정책들에 남아 있
기는 하지만, 장애를 소수가 지닌 결함이 아니라 모두에게 보편적
인 것으로 구성해 내려는 장애학과 장애권 옹호 활동의 결과로 몇
가지 국제적인 움직임이 나타난 바 있다. 예컨대 ICF와 『세계장애
보고서』의 내용은 '정상적인' 인구와 비교해 장애를 경험하는 사람
들은 단지 소수일 뿐이라는 (운 평등주의자들의) 가정에 도전하고 있
다. 여기서 사용되는 '건강 상태'라는 말은 장애를 모두에게 보편
적인 것으로 바라보게 만든다. ICF는 '건강'과 '장애'라는 관념에

대해 새로운 견해를 제시하고 있다. ICF는 모든 인간 존재가 건강에서 감퇴를 경험하며, 그에 따라 일정 정도의 장애를 경험할 수 있다는 점을 인정한다. 장애는 단지 소수의 사람들에게만 발생하는 어떤 것이 아니다. 요컨대 ICF는 장애라는 경험을 '주류화'하며, 그것을 보편적인 인간의 경험으로 인정하고 있다.

장애를 이런 방식으로 바라보는 것은 소수 인구에 존재하는 결함으로 장애를 이해하는 전통적인 모델들을 약화시킬 뿐만 아니라, 장애를 인종과 완전히 유사한 것으로 간주하는 — 이 같은 관점에서 소수자 집단은 다수자가 소수에게 가하는 억압을 극복한다 — 장애권 옹호자들에게도 이의를 제기한다. 장애를 보편적인 어떤 것으로 바라보는 관점은 아직 자유민주주의 사회에, 특히 병원과 의료 기관에 스며들지 못했고, 자유주의 이론 내에 융합되지도 않았다. 자유주의 이론은 여전히 장애를 '결함', 결손, 보상의 견지에서 정의하고 있다.

'장애'와 '결함' 사이의 관념연합을 능가하는 부정적인 언어적 함의의 두 번째 사례는 장애라는 단어 그 자체, 좀 더 정확히는 접두사 'dis'에서 발견된다. 장애권 옹호자, 장애학자, 국제 문서들은 모두 '핸디캡을 지닌', '정신적으로 모자란', '불구의' 같은 이전의 용어들보다 '장애'라는 단어를 선호하며 사용하고 있지만, 'dis'라는 접두사의 어원적 뿌리는 그 자체로 문제가 있다. 고대 그리스의 접두사 'dys'는 '나쁜'bad 그리고/또는 '기능부전의/손상된'malfunctioning/impaired으로 옮겨질 수 있으며, 이에 따라 '악한' 그리고/또는 '작동하지 않는' 어떤 것을 가리킨다. 그리하여 고대 로마 신화에서 'dis'는 지옥이나 악마의 이름으로 사용된다. 예컨대 베르길리우스의 서사시 『아이네이스』Aeneis 제6권에서, 아래에 기술된 것처럼 디스파테르Dispater는 지하 세계의 아버지이며 'Dis'는 지옥을 가리킨다.

입구 바로 앞 저승의 아가리 안에는
슬픔과 후회가 침상을 갖다 놓고 있었다.
그곳에는 창백한 병과 슬픈 노령과 공포와
죄를 짓도록 유혹하는 기아와 누추한 가난과
— 이들은 보기 끔찍한 모습들이다 — 죽음과 고통이 살고 있다.
다음에는 죽음과 동기간인 잠과 나쁜 쾌락들이 있고,
그들 맞은편 문턱 위에는 죽음을 가져다주는 전쟁이 있다.
그곳에는 또 자비로운 여신들의 무쇠 방들과
피 묻은 머리띠로 뱀 머리털을 묶고 있는 정신 나간 불화의 여신도
있다.[13]

이와 같은 기술에 기초해 단테 역시 『신곡』*Divine Comedy* 지옥편의
8~10곡에서, 지옥의 여섯 번째부터 아홉 번째 세계에 점령당한
도시의 이름으로 'Dis'를 사용한 바 있다.

이 같은 어원에 기반을 두고 생각해 본다면, 영어에서 'dys' 혹
은 'dis'를 접두사로 가지고 있는 그 많은 단어들이 몹시 부정적인
감정 그리고/또는 상황과 연관되어 있는 게 놀라운 일은 아닐 것이
다. 예컨대 '기능부전의', '이질'dysentery, '어지럽히다'disturb, '고통'
distress, '왜곡하다'distort, '심란한'distraught, '실망시키다'disappoint
같은 단어들을 떠올려 보라. 이는 그 접두사에 침윤되어 있는 온갖

---

13) Virgil, *The Aeneid*, Book VI (264-294)[베르길리우스, 『아이네이스』, 천병
희 옮김, 도서출판 숲, 2004, 251, 252쪽]. www.poetryintranslation.com/
PITBR/Latin/VirgilAeneidVI.htm.

부정적인 언어적 함의에도 불구하고, '장애'가 신체적 또는 인지적 제약을 지닌 사람을 기술하는 데 사용되어야 할 최선의 단어인지에 대해 진지한 의문을 불러일으킨다. 실제로 이런 어원적 분석은 UPIAS나 마이클 올리버 같은 장애학자들이 '장애'라는 단어를 개인들이 그들의 정신 그리고/또는 몸에서 경험하는 어떤 제약이 아니라 사회의 억압적 특질을 가리키는 데 사용하길 원했던 이유를 해명해 준다. 본질적으로 순수한 사회적 장애 모델은 접두사 'dis'와 관념연합을 이루는 모든 부정적 함의를 개인들로부터 분리해 사회적 억압으로 향하게 한다. 이는 또한 국제장애인연맹 같은 시민사회단체들이 왜 그렇게 장애에 대해 어떠한 정의도 내리기를 어려워했는지 해명하는 데 도움을 준다. 그런 단체들은 다른 부정적 용어들에 비해 '장애'라는 단어가 지닌 긍정적 함의를 받아들이기 위해 노력했지만, 'dis'와 연관되어 있는 심대하게 부정적인 함의를 피하는 일만은 거의 불가능해 보였던 것이다.

그렇다면 문제는 대다수 장애학자들 및 장애권 옹호자들과 국제 문서들이 주장하는 것처럼 이런 어원적 관념연합을 피하고 '장애'를 중립적인 또는 더 나아가 긍정적인 용어로까지 사용하는 것이 가능한지, 아니면 '장애'라는 용어가 일상에 편재함에도 그것이 지닌 지극히 부정적인 함의로 인해 결국 그 용어가 포기되어야만 하는지의 여부가 된다. 일부 장애권 옹호자들은 '다른 능력을 지닌' differently abled, '비범한'extraordinary, '특별한 필요'special needs와 같은 '장애'에 대한 대안적 용어들을 제안하기도 하지만, 수전 웬델이 논한 것처럼 그런 시도들에는 위험이 따른다.

'다른 능력을 지닌'[과 같은] 장애에 대한 새로운 …… 완곡한 표현의 도입은 …… 장애인이라는 것이 단지 다르다는 것 외에는 잘못된 것이 없음을 말하려는 듯하다. …… 하지만 누군가를 '다른 능력을 지닌 사람'이라고 부르는 것은 어떤 여성을 '다른 피부색을 지닌 사람'differently-coloured 혹은 '다른 성별을 지닌 사람'differently-gendered이라고 부르는 것과 다를 바 없다. 즉 그것은 '이 사람은 인류의 표준이나 전형이 아니다'라고 말하는 것이다. 그것은 오히려 장애인의 타자성을 증가시키고 …… 장애인들이 직면하는 특별한 어려움, 고투, 고통을 무시하게 만든다. 우리는 장애화되었다dis-abled. 우리는 부분적으로는 우리의 몸 그리고/또는 정신의 결과로 인해, 다른 한편으로는 우리 사회의 구조와 기대의 결과로 인해 특별한 사회적·신체적 고투struggle와 더불어 살아간다. 그러나 그것은 단지 우리와 같은 몸 그리고/또는 정신을 지닌 사람들만이 경험하는 고투이다(Wendell 1996, 80[국역본, 157, 158쪽]).

웬델은 장애인들의 실제 삶에는 '장애'라는 바로 그 단어를 사용해야 할 충분한 이유가 있다고 주장한다. 왜냐하면 그 단어가 어려움이나 고투라는 개념을 담지하고 있기 때문이다. 이는 결정적으로 중요한 지점이며, 우리로 하여금 장애를 지니고 살아가는 사람들뿐만 아니라 그들의 가족이나 돌봄 제공자 같은 관련 당사자들에게도 장애란 고통스럽고, 힘겹고, 매우 부정적인 것일 수 있음을, 그리고 그 이유가 단지 적대적인 환경 때문만은 아님을 상시시켜 준다.[14]

웬델이 제기한 쟁점, 즉 장애인들이 경험하는 제약을 어느 정

---

14) 나로 하여금 이 이슈에 주목하지 않을 수 없게 해준 노스캐롤라이나 대학교University of North Carolina 로스쿨 교수인 맥신 아이크너에게 감사드린다.

도나 부정적인 것으로 여겨야 하는가라는 문제는, 우리가 어떤 말을 사용하거나 또는 사용하지 말아야 하는가와 관련해 간단히 답할 수 없는 일련의 심오한 질문들을 풀어 놓는다. 그것은 또한 장애 일반 혹은 일정한 종류의 장애들이 본래적으로 '비극적'인지 아닌지를 두고 마사 누스바움과 에바 키테이 사이에서 벌어진 논쟁의 핵심에 놓여 있던 질문이기도 하다. 누스바움은 장애에 대한 그녀의 초기 분석에서 장애의 비극적 본질에 대해 썼다. 반면 키테이는 비장애인의 시각에서 어떤 장애인의 삶이, 비장애인과 단지 다르기만 한 것이 아니라, 필연적으로 비극적일 것이라고 상정하는 오류를 범하지 않도록 주의해야만 한다고 응수했다. 서구의 관행과 이론 곳곳에 편재해 있는 '비극적' 내러티브가 장애를 갖고 살아간다는 것이 무엇인지에 대한 유일하거나 지배적인 이해 방식이어서는 안 된다는 키테이의 의견이 중요한 것만큼이나, 웬델과 누스바움이 논한 것처럼 장애가 고통스럽고 심지어 비극적일 수 있다는 점을 인정하는 것 역시 마찬가지로 중요하다.

어떤 장애의 고통스러운 혹은 '비극적'인 본질을 둘러싸고 전개된 논쟁에, 나는 생의 말년에 신체적 그리고/또는 정신적 제약의 증대가 시작되는 것과 더불어 해당 개인과 그 가족이 경험하는 특정적이면서도 보편적인 비애감 및 상실감이라는 논점을 덧붙이고자 한다. 장애의 이런 보편적 차원은 ICF와 『세계장애보고서』 양자에서 분명하게 표명된 장애에 대한 정의, 즉 인생의 어떤 시점에 우리 모두에게 발생하는 어떤 것이라는 정의를 받아들일 경우 특히 적실성을 갖는다. 나 자신의 경험을 말하자면, 내 아버지가 죽기 전 정신적으로나 신체적으로 점점 더 '장애를 갖게' 되었을 때, 그가 자신의 정신과 몸에 빠른 속도로 증가하는 일련의 제약에 맞서 날마다 고투하는 모습을 지켜보면서 나는 깊은 비애감과 상실감을 느꼈다. 불치병이나 노령으로 인한 이와 같은 기능의 상실은 보편적이다. 그러나 이것이 강조되어야 하는 정확한 이유는, 삶의 말년에 겪는 심신의 제약과 관련된 슬픔 및 비극적 감정이 수많은 장애인들의 일생에 걸친 경험을 뒤덮어 버려서는 안 된다는 사실 때문이다. 장애인들은 그들 자신을 불운하거나 비극적인 것으로 간주하는 것이 아니라 단지 타인들과 다를 뿐인 것으로, 그리고 예방하거나 치료받아야 할 어떤 것이 아니라 보존하고 보호받아야 할 인간 다양성의 한 표현으로 여길 수 있다.

궁극적으로 장애는 언제나 부정적이거나 심지어 비극적인 것이 아니라, 긍정적인 차원과 부정적인 차원 양자 모두를 가지고 있는 것으로 간주되어야 한다. 특히 장애에 대한 부정적이고 비극적인 이미지가 비장애인의 시각으로부터 장애인에게로 투사된 것이라면 말이다. 기존의 정치이론에 대한 도전은 결국, 장애란 하나의 결함이며 본래적으로 그리고 언제나 부정적이거나 비극적인 것이라는 오랫동안 유지되어 온 관점 — 그것은 다시 자기 자신을 단지 인간 다양성의 한 차원으로 간주하길 원하는 장애인들에게 거대한 언어적·사회적 장벽을 생성해 낸다 — 을 대체할 수 있을 만큼 충분히 강력한 언어를 찾아내는 것이다. 누군가가 특정한 종류의 장애를 가지고 살아갈 때, 그 장애가 해당 개인과 그 가족들에게는 그들의 삶의 일정한 시점이나 생애 전반에 걸쳐 심대하게 부정적이거나 심지어 비극적일 수도 있음을 인정함과 동시에 말이다. 장애가 생애 전반의 관점에서는 보편적임을 받아들이는 것이 '우리를 제외하고는 우리에 관해 어떤 것도 하지 말라'는 원칙의 중심성을 바꿔 놓는 것은 아니다. 즉 어떤 특정 시점에 장애인인 이들은 장애의 의미와 언어와 패러다임 — 장애인을 통치하는 수단이 되는 — 에 대해 명확히 의견을 표명하는 장애권 옹호자로서 계속해서 존재해야만 한다.

접두사 'dys/dis'에 대한 지금까지의 분석은 위에서 기술되었던 부정적인 어원적 함의를 고려한다면 '장애'가 완벽한 용어는 아닐 수 있음을 시사하는 것처럼 보임과 동시에, 왜 장애권 옹호자들과 장애학자들이 그들의 작업을 위한 정박점으로 '장애'라는 단어를 선택하고 있으며 ICF, 〈유엔 장애인권리협약〉, 『세계장애보고서』 또한 왜 그렇게 하고 있는지를 설명해 주기도 한다. 그렇다면 '장애'가 여전히 장애인들이 선호하는 용어로 남아 있는 한, 그것은 또한 다른 모든 이들이 사용하는 용어가 되어야 한다. 그리고 웬델이 논한 것처럼, 일정한 종류의 장애를 지니고 살아가는 데에는 어떤 도전 과제와 어려움이 실제로 존재함을 우리에게 상기시켜 준다는 점에서 그 용어의 부정적인 함의조차 유용한 것일 수 있다. 그리고 부정적 함의를 가진 언어를 사용해 온 관행을 넘어서고자 하는 장애인들의 편에서 보자면, '핸디캡을 지닌'이나 '불구의/정신지체의'에 대한 대체물로서 '장애'라는 용어 자체는 훨씬 더 광범위한 정치적 과정을 반영하고 있다. 요컨대 퀴어학queer studies이 '퀴어'라는 용어를 단지 부정적인 것이 아닌 긍정적이고 중립적인 방식으로 새롭게 포착해서 재정의했던 것처럼, 장애인들은 긍정적이기도 하고, 중립적이기도 하고 그리고/또는 부정적일 수도 있는 그들의 실재를 반영하기 ─ 그 자체로 중요한 정치적 작업의 한 형태 ─ 위해서 ('dis'라는 접두사를 포함하는) '장애'라는 용어를 재정의하고 새로운 방식으로 사용했던 것이다.

# 장애는 왜 존재하는가? : 변화하는 원인들

앞서 제시된 〈표 1〉의 세 번째 열은 장애의 '원인'에 대해 말하고 있는데, 이런 원인은 물론 서구 정치이론 및 관행 속에 제시된 장애의 '소재지' 및 '본질'을 어떻게 파악하는가와 밀접하게 연관되어 있다. 장애의 원인으로 간주되는 것은 근대 시기에 걸쳐 일정한 변화를 겪어 왔는데, 위에서 기술된 세 이론가들이 활동했던 시기에, 그리고 한 세기에서 그다음 세기로 넘어가며 이루어진 정치이론상의 그런 변화들을 보면 어떤 요점이 분명히 드러난다. 17세기와 18세기에 장애는 자연에 의해 야기되는 어떤 것으로, 그러나 궁극적으로는 신의 의지에 따른 결과로 간주되었다. 따라서 장애인은 결함이 있는 것으로 간주되기는 했지만, 모든 인간 존재들을 자신의 이미지에 따라 창조한 신의 완벽함에 비추어 보자면 모든 인간 또한 그렇게 결함이 있는 것으로 여겨졌다. 이는 왜 이 시기에 장애에 대한 지배적 원칙이 로크와 흄의 정치이론에서 표명된 것과 같은 자선이었는지를 해명하는 데 도움을 준다.

19세기가 되면 새롭게 등장한 진화에 대한 생물학적 이론들과 통계학을 비롯한 과학의 영향력 아래에서, 자연이 혹은 좀 더 구체적으로 말하면 자연선택이 장애를 포함한 인간 변이human variation를 야기한다고 여겨졌다. 장애의 원인이 신에서 자연 혹은 자연선택으로 대체되면서, 장애인은 기본적으로 다른 인간 존재들과 동일하고 그 정도만 다를 뿐인 존재(왜냐하면 신과 비교하면 모두가 상대적으로 불완전한 존재이므로)에서 '정상적'인 인간 존재들과는 정반대인 존재, 요컨대 그들과는 종류가 다른 비정상적이고 결함이 있는 존재가 되었다. 그리하여 과학은, 특히 골턴의 통계학은 정상 분포 곡선에 근거해 결함의 정도를 측정했으며, 앞서 논의했던 것처럼 이것이 현대 이론에서는 롤스가 원초 상태의 한도를 정하기 위해 '정상적'이라는 용어를 사용하는 것에서 분명히 나타나고 있다.

제1차 세계대전 이후, 장애의 원인은 '신의 의지'나 '자연선택'이라기보다는 인간의 행동과 선택으로 바뀌게 되었다. 그리고 (이미 논의되었던 것과 같은 방식으로 장애의 '본질'을 바라보는 것과 너불어) 장애의 원인에 대한 이런 관점의 변화는 20세기 대부분 동안 재활이 장애인을 통치하는 원칙이 되는 것으로 이어졌다. 장애의 원인은 '핸디캡을 지닌'이라는 단어의 출현과 함께 20세기의 후반기에 다시 한번 전환이 이루어진다. 즉 장애의 원인이 불운 혹은 불행이 된 것이다('핸디캡'이라는 단어는 'hand in cap'으로 알려진, [모자 안에 손을 넣어 뽑은 제비의 내용에 따라] 운을 시험하는 게임에서 온 것이다[15]). 위에서 논의된 것처럼 드워킨을 비롯해 손꼽히는 현대의 이론가들, 특히 찰스 테일러는 '불운'과 부담이라는 양자의 원칙을 함의하기 위해 그들의 이론에서 '핸디캡을 지닌'이라는 용어를 사용한다. 요컨대, 테일러는 핸디캡을 지닌 사람은 "그들에게 닥친 환경"의 피해자라고 주장한다(Taylor 1994; Arneil 2009). 간단히 말하자면, 장애의 원인이 신에서 자연, 인간 행위, 불운으로 변해 감에 따라, 장애인을 통치하는 도구가 되는 지배적 원칙도 마찬가지로 자선에서 시설 수용, 재활, (핸디캡을 지닌 사람에 대한) 보상으로 변하게 된 것이다.

---

15) [옮긴이] '핸디캡'은 원래 일종의 제비뽑기 게임을 지칭하는 단어였다고 알려져 있다. 이 게임에서는 승자가 벌금을 냈고, 심판은 그 돈을 모자 속에 가려진 손hand in a cap에 보관했다고 한다(베네딕테 잉스타·수잔 레이놀스 휘테, 『우리가 아는 장애는 없다』, 김도현 옮김, 그린비, 2011, 24쪽).

장애학자들과 장애권 옹호자들은 장애의 '원인들'에 이의를 제기해 왔으며, 이는 위에서 기술된 것처럼 장애의 '소재지'와 '본질'을 재정의하는 것과 필연적으로 연결되어 있다. 장애의 '소재지'가 환경적 장벽과 관련되어 있는 것이라면, 이런 장벽을 야기한 것은 신, 자연, 불운 또는 불행이 아니라, 사회 그 자체일 수밖에 없다. ICF나 『세계장애보고서』 같은 국제 문서들은 장애의 원인이 '사회적' 또는 환경적 요인들을 포함해야 한다고 주장하는 것만이 아니라, 장애의 상호작용적 본질은 궁극적으로 장애의 정확한 원인을 식별하는 것이 그런 장애의 영향을 ─ 특히 건강 상태와 환경적 장벽 양자와 관련해 완전한 평등과 포함이 지지되고 촉진되는 정도를 ─ 확인하는 것만큼 중요한 것은 아님을 의미한다고 주장하는 데에까지 나아간다. "ICF는 …… 초점을 원인에서 영향으로 전환시킴으로써 …… 모든 건강 상태를 공통의 측정 기준 ─ 건강과 장애에 대한 통칙 ─ 을 사용해 비교할 수 있는 대등한 위치에 놓는다." 캐나다 통계청이 ICF의 사례를 따라 2001년 '참여와 활동 제약 실태 조사'Participation and Activity Limitations Survey, PALS에서 장애에 대한 정의를 "참여에 대한 영향과 제약"으로 변경한 것은 언급할 만한 가치가 있다. 이와 달리, 1991년 '건강과 활동 제약 실태 조사'Health and Activity Limitations Survey, HALS에서는 개별적인 제약과 그 원인을 측정한 바 있다.[16] 결국 장애의 '원인'이 최근의 국제 문서 전반에서 바뀌었다고 단순히 말할 수는 없지만, 이 문제는 장애의 영향을 확인하는 것과 비교했을 때, 그 원인을 식

16) Stats Canada 'A New Approach to Disability Data', 2001, www.sta tcan.gc.ca/pub/89-578-x/89-578-x2002001-eng.pdf, p. 17.

별하는 것이 정말로 중요한 일인지와 연동하여 새로운 방식으로 제기되고 있다.

## 장애에 대한 새로운 정의들: 정치이론에 대한 함의

앞선 분석을 통해 확인되었듯, 장애학 및 장애권 옹호 운동과 근래의 국제 문서들 전반에서 표명되고 있는 장애인 당사자들에 의해 구성된 장애에 대한 새로운 정의들을 고려해 보았을 때, 근대 자유주의 이론에서 확인되는 장애에 대한 정의의 세 가지 차원('소재지', '본질', '원인') — 로크와 흄과 롤스에 의해 사용된 것과 같은 — 이 현대 정치이론에서 옹호될 수 없다는 점은 명확하다. 이런 새로운 정의들이 제기하고 있는 도전은 단지 장애인들을 기존의 개념들(자유, 평등/협력, 정의) 내에 포함시키라는 것이 아니다. 앞서 기술된 것처럼, 각각의 개념이 직접적으로 장애가 있는 정신 그리고/또는 몸과의 대조 속에서 구성된 것이기 때문에, 그 개념들 자체가 재사유되어야만 한다는 것이다. 이 같은 문제의 핵심에 자리 잡고 있는 것은 구래의 정의들이 모두 그 기반으로 삼고 있는 근원적인 이원론이다. 특별한 필요를 지닌 의존적이고 결함이 있는 소수의 사람들과의 대조 속에서 구성된, 권리를 지닌 자율적이고 '정상적'이며 이성적인 시민이라는 이원론 말이다. 앞선 분석을 통해 분명해진 것은, 위에서 기술된 것과 같은 장애의 새로운 '소재지, 본질, 원인'이 정치이론 내에 완전히 융합되어야만 한다는 것이다. 이 마지막 절에서 나는 장애에 대한 이 같은 새로운 정의를 평등과 자유의 정치이론적 이해 속에 융합하는 데 필요한, 시민권 이론의 몇 가지 기본 요소들에 대한 윤곽을 보여 줄 수 있기를 희망한다.

장애의 '소재지'가 이제 단순히 개인의 결함이 아니라 건강 상태와 환경적 장벽 간의 상호작용 과정으로 이해되고 있음을 고려한다면, 위에서 기술된 것처럼 정치이론은 자신의 담론 내에 장애를 완전히 포함하지 못하게 만드는 언어적 장벽들을 제거해야 한다. 그것에서 시작하여 정치이론은 만인의 완전한 시민권을 보장하는 데 필요한 편의제공을 이론적으로 뒷받침해야 한다. 이를 위해서는 자유주의 이론에서 표명되고 있는 것보다 더 실질적이고 확고하게 평등을 정의할 필요가 있다. 앞서 논의된 바와 같이, 흄과 롤스는 장애인을 (저항하거나 협력할 수 없는 존재로) 정의의 영역 외부에 있는 존재로 규정함으로써 평등에 대한 형식적·절차적 정의를 전략적으로 사용한다. 장애가 단지 개인이 아닌 환경에 위치해 있는 것이라면, 진정한 평등이 장애인에게 실현되는 데 필요한 편의를 제공하고 사회적 장벽을 제거하는 것을 보장하기 위해 평등에 대한 실질적 정의가 필수적이다.

2011년의 브리티시컬럼비아주 대 무어 사건British Columbia v. Moore에서 캐나다장애인협의회Council of Canadians with Disabilities가 캐나다 대법원에 제출한 진술서를 통해 주장했던 것처럼,[17] '실질적 평등'은 사회가 단지 장애인을 차별하지 않거나 "그들을 다른 모든 이들과 동일하게 대해야" 할 소극적 의무가 아니라 장애인에게 편의를 제공해야 할 적극적 의무를 지닌다는 것을 의미한다. '편의를 제공할 의무'와 관련하여 법원이 형식적 평등과 만인

---

17) British Columbia(Ministry of Education) v. Moore(2010 BCAA 478). 무어 사건에 대한 캐나다장애인협의회의 진술서는 다음의 누리집에서 확인할 수 있다. www.ccdonline.ca/en/humanrights/litigation/moore-factum.

에 대한 '동일한 대우'라는 자유주의의 원칙만을 받아들인다면, 평등권은 장애인에게 무의미한 것이 되고 만다. 요컨대, 장애의 '소재지'에 대한 새로운 이해는 국가가 사회적 장벽, 편의제공, 지원 등과 같은 문제를 적극적으로 다룰 수 있도록 평등에 대한 실질적 재정의를 채택하는 것을 통해, 기존의 자선, 재활, 보상, 비차별을 넘어 나아갈 것을 요구한다.

장애의 '본질'과 '원인'에 대한 새로운 이해는 또한 정치이론이 (다양한 종류의 장애와 관련된 어떤 어려움과 도전 과제가 존재한다는 점을 계속해서 인정하고자 할 때에라도) 자신의 텍스트들에서 '열등함', '결함', '무능력', 불운, 불행같이 전반적으로 부정적인 언어들을 일소하고, 인간 다양성에 대한 사고를 수용할 것을 요구한다. (윌 킴리카나 찰스 테일러 같은) 다문화주의 이론가들이 (고전적 자유민주주의가 가정하는 보편성과 문화적 중립성에 도전하는 것을 통해) 민족적 다양성을 수용하는 방식으로 시민권을 이론화하는 데 비판적 관심을 기울였던 것과 마찬가지로, 장애 이론가들 또한 정치이론가들이 겉으로는 중립적인 듯 보이지만 실제로는 비장애중심주의적인 가정들에 의해 형성된 장애 배제적 세계를 재개념화할 것을 요구하고 있다. 결론적으로 양자의 경우 모두에서 국가는 표면적으로만 중립적일 뿐 실제로는 차이에 적대적인 틀을 통해 일정한 문화나 장애가 병리화되고 제거되는 것을 허용해서는 안 되며, 문화적 차이들과 (장애를 비롯한) 인간 다양성을 보호하고 보존해야 할 의무를 이행해야 한다.

특히 의료의 영역에서 '결함'의 예방에 계속해서 초점이 맞춰져 있는 현실은, 적어도 장애의 중립적이고 긍정적인 차원을 포함함으로써 선택의 지형을 바꿀 수 있는 이론을 필요로 한다. 장애가 현재처럼 부정적 결함이 아닌 인간 다양성의 한 차원으로 이론화된다면, 새로운 재생산 기술을 통해 탐지되는 '선천성 결함'은 언어적으로나 실질적으로 지금과는 다른 무엇이 될 것이다. 인간게놈과 관련된 인권 협약이 인간 다양성으로서의 장애를 뒷받침하는 정치이론을 발전시켜 나갈 좋은 출발점이기는 하지만, 인간 다양성에 대한 이 같은 통찰이 국가 전반으로 확장되고 공공 보건 의료 제도 내에서도 충분히 퍼져 나갈 필요가 있다. 여성과 그 파트너가 임신의 지속에 대해 어떤 선택을 하든, 그 선택이 특정한 장애가 지닌 의료적으로 부정적인 측면뿐만 아니라 해당 사회와 커플도 누리게 될 인류에 대한 혜택 — 여러 형태의 인간 다양성이 보호되고 보존되는 것 — 또한 고려해 이루어질 수 있도록 말이다.

장애의 '본질과 원인'에 대한 국제적 수준에서의 새로운 이해 또한 장애를 인간 경험의 일부로, 즉 인간이 보편적으로 경험하는 어떤 것으로 정치이론 내에 융합할 것을 요구하고 있다. 이는 불운으로 인해 결함을 지닌 소수의 사람에게만 발생하는 것으로 장애를 정의했던 로크, 흄, 롤스, 드워킨의 입장과는 대조적인 것이다. 장애에 대한 새로운 보편적 정의는 전통적인 자유주의 이론가들뿐만 아니라, 장애를 단지 억압당하는 다른 소수자들과 유사한 소수자 집단의 문제로만(영국의 사회적 모델), 그리고 또는 공민권·평등·반차별의 문제로만(미국과 캐나다의 공민권 모델) 규정하는 장애권 옹호자들에게도 이의를 제기한다. 모든 인간 존재들의 전체 생애로 볼 경우 장애가 보편성을 지닌다는 점을 인정하는 것도 중요하지만, 어떤 주어진 시기에는 단지 소수의 사람들만 — 일생 동안 장애를 지니고 살아가는 이들을 비롯해 — 이 장애를 경험한다는 점을 인정하는 것 역시 중요하다. 위에서 기술된 바와 같이 장애인을 그릇되게 인식해 온 비장애인의 역사를 고려한다면, 장애권 옹호자들과 장애학자들에 의해 채택된 '우리를 제외하고는 우리에 관해 어떤 것도 하지 말라'는 중심 원칙이 보편성에 대한 인정에 의해 희석되어서는 안 될 것이다. 대신 내가 주장하고자 하는 바는 장애의 '본질과 원인'에 대한 새로운 이해가, 어떤 주어진 시점에는 구체적인 집단에 특정적인 것(그러므로 '우리를 제외하고는 우리에 관해 어떤 것도 하지 말라'는 원칙이 핵심적인 것)임과 동시에 생애 전반에 걸쳐서는 우리 모두에게 보편적인 것(그러므로 우리 모두가 우리 자신의 정체성에서 중심적인 것으로 간주해야 할 것)으로 장애를 이론화할 것을 정치이론에 요구한다는 점이다.

마지막으로 대다수 자유주의 이론에서 의존에 대한 반대말로 정의되는 자유 또는 자율성은 지금과는 상당히 다른 이해에 의해 대체되어야만 한다. 여기서 자율성 또는 '자립 생활'이 많은 장애인들에게 중요한 원칙이 되어 왔음에 주목할 필요가 있는데, 이는 (일부 돌봄 이론가들이 논하는 것처럼) 자율성 개념이 무의미한 것이어서가 아니라, 오히려 자유와 의존 간의 이원론이 다른 어떤 것으로 대체될 필요가 있음을 말해 주기 때문에 그러하다. 다른 어떤 것이란 상호 의존interdependence일 터인데, 나는 상호 의존이 장애를 배제하지 않는 정치이론의 근원적인 지도 원칙이 될 것이라고 생각한다. 요컨대 장애의 '소재지'에 대한 새로운 이해가 우리를 평등에 대한 형식적 정의가 아닌 실질적 정의로 인도하는 것과 마찬가지로, 장애의 '본질'과 원인에 대한 새로운 이해는 우리로 하여금 자유주의 이론의 자율성/권리 대 의존성/필요의 이원론을 상호 의존의 원칙으로 대체하도록 이끌어 준다.

상호 의존의 원칙은 자유주의 이론이 상정하는 것처럼 의존성이 자율성이나 자유에 대한 반대말이 아니라, 그것의 전제 조건이며 상호 연관되어 있음을 의미한다. 장애학자 마이클 데이비드슨 (Davidson 2007, i, ii)이 "다수의 장애 운동가들은 …… 의존을 타인들의 돌봄에 행위 주체성을 넘겨주는 것이 아니라, 그 궁극적인 궤도가 자립인, 일단의 상호 관계로 여긴다"고 말했던 것처럼 말이다. 이런 방식의 이해에서 의존은 대다수 인간 존재들의 목표인 자립과 서로 얽혀 있게 된다. 또한 그런 이해는 정치이론가인 우리의 시야를 '의존성'의 장소로 상정된 장애와 '자율성'의 장소로 상정된 비장애로부터 전환시켜, 장애인을 비롯한 모든 사람들에게 어떤 일련의 사회적 관계가 의존을 뒷받침하는 동시에 자립을 촉진하는 데 반드시 필요한가를 질문하도록 만든다.

어떤 대안적인 척도에서 보자면, 우리 모두는 다양한 방식과 상이한 정도로 의존적이기도 하고 또 자립적이기도 하다. 우리가 생애 주기의 어떤 특정 단계에 있는가뿐만 아니라, 이 세계가 일부 인간의 변이에만 응답할 수 있도록 차별적으로 구조화되어 있는 정도에 따라서 말이다. 평등에 대한 실질적 정의와 더불어 상호 의존성이 장애의 전통적인 '소재지, 본질, 원인'을 뒷받침하는 이원론 — 대다수 자유주의 이론가들에게 그 책임이 있는 — 을 대체한다면, 정치이론은 평등과 자유라는 핵심 개념에 대한 재정의를 통해서, 시민권에 대한 그 자신의 이해 속으로 장애인을 완전히 포함하는 긴 여정을 시작할 수 있게 될 것이다.

## 2장

# 비장애중심주의적 계약

### 지적장애와 칸트의 정치사상에서 정의의 한계

루커스 G. 핀헤이로[*]

## 서론

캐럴 페이트먼(Pateman 1988, ix)은 『성적 계약』*The Sexual Contract* 서문에서 "1970년대 초 이래로 계약론에 대한 관심이 두드러지게 부활했으며, 이것이 약화될 그 어떤 직접적인 징후도 보이지 않는다"고 적절하게 언급한 바 있다. 페이트먼이 1980년대 말에 이 글을 쓴 이래로, 그녀가 추측한 것처럼 사회계약론에 대한 학문적 관심은 전혀 감소하지 않았다.[1] 1971년 존 롤스의 『정의론』*A Theory*

[*] 나는 이 장의 초고를 검토하고 통찰력 있는 비평을 해준 크리스토퍼 브룩, 낸시 허시먼, 바버라 아네일, 그리고 케임브리지 대학교 출판부의 익명의 논평자들에게 감사드리고 싶다. 이 논문은 2013년 미국정치학회 연례 학술회의에 처음 제출되었는데, 나는 이 책의 편집자들과 기고자들을 비롯해 그날 참석자들에게 받은 논평에 대해서도 감사드린다. 나는 또한 시카고 대학교 정치학과와 나의 학위논문 심사위원회 위원들 — 패첸 마르켈, 제니퍼 피츠, 생카르 무투 — 에게도 그들이 보내 준 지원과 지지에 감사를 표하고 싶다.

1) 1970년대 및 1980년대에 계약론의 부활을 이끈 세 명의 주요 인물은 존 롤스(Rawls 2003[1971]), 로버트 노직(Nozick 1974), 데이비드 고티에(Gau-

*of Justice*으로부터 시작된 '계약론의 르네상스' 이후, 영미 학계에서 사회계약의 지위는 "현대 정치철학에서 반복해서 등장하는 핵심적 주제"로 재정립되었다(Boucher and Kelly 1994, 1). 40년이 훨씬 넘는 기간 동안 정치이론가들은 사회계약을 이상적 이론의 모델로, 정의에 대한 규범적 접근을 위한 장치로, 역사 연구의 논쟁적인 주제로 끊임없이 호출해 왔다.[2]

사회계약론의 기원은 [플라톤의 형인] 글라우콘이 플라톤의 『국가』*The republic*에서 정의를 사람들 간의 협정의 산물이라고 규정했던 고대 그리스-로마 시대까지 거슬러 올라갈 수 있다. 그렇지만 근대 정치사상에서 사회계약론은 1651년에 토머스 홉스와 함께 시작되었다고 할 수 있는데, 그의 저서 『리바이어던』*Leviathan*은 17세기 및 18세기 유럽에서 가장 영향력 있는 정치사상의 일부였던

---

thier 1986)라고 할 수 있다.

2) 계약론의 재구축에 대해서는 Jean Hampton, "The Failure of Hobbes's Social Contract Argument", ed. Christopher W. Morris, *The Social Contract Theorists: Critical Essays on Hobbes, Locke, and Rousseau*, Oxford: Rowman & Littlefield, 1999, pp. 41-57; Gregory Kavka, "Hobbes's War of All Against All", ed. Morris, *The Social Contract Theorists: Critical Essays on Hobbes, Locke, and Rousseau*, pp. 1-22 참조. 지구적 정의라는 주제에 대한 계약론적 논변의 적용에 대해서는 Thomas Pogge, "Moral Universalism and Global Economic Justice", *Politics, Philosophy and Economics* 1(1), 2002, pp. 29-58; Charles Beitz, "Cosmopolitanism and Global Justice", *The Journal of Ethics* 9(1-2), 2005, pp. 11-27 참조. 역사적 분석과 관련해서는 Harro Höpfl and Martyn Thompson, "The History of Contract as a Motif in Political Thought", *The American Historical Review* 84(4), 1979, pp. 919-944; Deborah Baumgold, *Contract Theory in Historical Context: Essays on Grotius, Hobbes, and Locke*, Leiden: Brill Press, 2010 참조.

사회계약론에 대한 핵심적인 참조 문헌으로 광범위하게 인정되고 있다(Kymlicka 1993).[3] 근대 정의론들의 계약론적 특성은 여러모로 홉스가 만들어 낸 애초의 이론틀에서 연유한다. 공정하고, 자유롭고, 평등한 정치사회에 대한 이상적이고 보편적인 이론으로서 사회계약론이 남긴 유산은 지난 3세기 이상 서구 정치사상의 전개에 진정 근본적인 영향을 미쳤다.

그렇지만 계약론의 롤스주의적 재건 이후 얼마 지나지 않아, 그 이론이 주장하는 보편성이 페미니즘 진영의 철저한 검토 아래 놓이게 되면서 사회계약론은 엄중한 문제 제기를 받게 되었다. 수전 몰러 오킨의 『서구 정치사상에서의 여성』Women in Western Political Thought은 대개 롤스주의적 계약론의 르네상스에 대한 페미니즘적 비판을 개척한 저서로 여겨지며, 캐럴 페이트먼과 테레사 브레넌(Pateman and Brennan 1979, 198)의 「그저 국가에 대한 보조자일 뿐」 Mere Auxiliaries to the Commonwealth은 근대 정치사상의 가부장적 토

3) 해로 하플과 마틴 톰프슨이 주장한 것처럼(Höpfl and Thompson 1979, 920-925), 고전적 사회계약론의 지적 기원은 여전히 대부분 경합적인 채로 남아 있다. 『국가』 2권에서 발견되는 사회계약론에 대한 고대 그리스의 선구적 내용에 대해서는 Plato, *The Republic*(2nd edition), trans. Allan Bloom, New York: Basic Books, 1991, pp. 37[국역본, 89쪽] 참조. "한쪽[부정의]을 피할 수 없으면서 다른 한쪽[정의]을 택하려는 이들에게는, 부정의를 행하지도 않고 그 부정의를 겪지도 않기 위해서 그들 자신들 간에 협정을 맺는 것이 유익해 보이겠지요. 그것으로부터 그들은 그들 자신의 법과 또 다른 협정을 만들기 시작할 수 있으며, 그런 법이 명하는 것을 합법적이며 공정하다고 칭하기 시작할 수 있습니다. 그리고 이로부터 정의가 발생하고 존재합니다." 계약과 약속에 대한 홉스의 권위 있는 정식화에 대해서는 Thomas Hobbes, *Leviathan*, ed. C. B. Macpherson, New York: Penguin, 1985, chap. 14, 특히 pp. 192-194[국역본, 14장, 특히 181-184쪽]를 참조.

대에 대한 가장 통렬한 초기 비판 가운데 하나로 남아 있다.[4] 페이트먼과 브레넌은 여성의 종속이 홉스와 로크가 이야기한 자연적 자유와 평등이라는 전제를 무효화한다는 것을 논함으로써, 사회계약론적 전통에 대해 새롭고도 가차 없는 도전을 제기했다(Pateman 2007, 214). 이런 도전 — 결혼이라는 정치적 문제에서부터 제기된 — 은『성적 계약』에서 이루어지고 있는, 계약론에 대한 페이트먼(Pateman 1988)의 고전적 정정에서 중심적 주제다. 이 책에서 그녀는 여성의 가부장적 주변화가 사회계약론의 이론적·정치적 체계의 핵심에 스며들어 있으며, 그런 이론적 전통에 고질적이고 만연한 특징임을 드러낸다.

『성적 계약』에서 페이트먼이 '사회계약'이라는 바로 그 관념 자체를 신랄하게 비판한 것은 유명하다. 그녀가 보기에 사회계약론이 공언하고 있는 보편적 자유 및 정의는 단지 교묘한 술책, 즉 여성의 종속을 전제한 남성의 독점적 권리를 포장하는 허구적 겉치장에 지나지 않는다(Pateman 1988, 1-18). 페이트먼은 '성적 계약'에서는 정치적 권리에 대한 계약론적 관념의 보편적 특성이 완전하게 제거되고, 그런 관념은 '성적 권리'의 실재 — 즉 여성의 권리 부재 — 를 가리기 위해 전략적으로 활용된 가부장적 술책일 뿐임이 드러난다고 주장한다(Pateman 1988, 1-3, 105, 106). 이런 관점에서 볼 경우, 정치사회가 시작되는 행위인 계약은 여성에게 자연적인 평등한 자유를 "문명화된 지배와 종속으로" 변환해 놓는 것일 뿐이다(Pateman 1988, 76). 사회계약론은 인간들 사이의 정의, 자유,

---

4) 또한 Diana Coole, "Women, Gender and Contract: Feminist Interpretations", eds. David Boucher and Paul Kelly, *The Social Contract From Hobbes to Rawls*, New York: Routledge, 1994, p. 193 참조.

평등에 대해 이야기하고 있지만, 성적 계약은 (수 세기 동안 정의의 정당한 보편적 주체로서 남성만을 가부장적으로 정식화해 왔다는 사실로부터) 여성의 예속과 주변화의 역사를 들추어낸다(Pateman 1988, 2-10). 페이트먼의 비평에 직간접적 영향을 받은 찰스 W. 밀스(Mills 1997)는 약 10년 후 『인종적 계약』 *The Racial Contract*에서, 가부장제가 '성적 계약'에 표상되어 있는 것과 마찬가지로 백인 우월주의[백인의 패권] white supremacy는 '인종적 계약' 때문이었다고, 즉 인격 및 시민권의 정식화 과정에서 비백인 주체들을 도덕적·정치적으로 배제하는 것을 전제한 억압적 규범틀 때문이었다고 주장했다.[5] 페이트먼과 밀스는 환상에 불과한 보편주의에 가려져 있던 계약론적 전통의 배제적 구조를 드러내면서, 롤스주의에 의해 추동된 '계약론의 르네상스'에 의미심장하고도 영속적인 도전을 제기했다고 할 수 있다.

이 장에서 나는 페이트먼과 밀스가 제기한 비판에 기반을 두고, 그들의 정치적 프로젝트를 지적장애[6]의 영역으로 확장하는 작

---

[5] 밀스(Mills 1997, 9-13)는 자신의 저서에서 Racial Contract와 [따옴표 친] 'Racial Contract' 간에 의미론적 구별을 두고 있다[주지하다시피 'social contract'는 '사회계약' 자체를 가리키기도 하고, 그런 사회계약을 다루는 이론, 즉 '사회계약론'을 지칭하기도 한다. 따라서 밀스는 '(인종차별적인) 인종적 계약'이라는 의미로 'Racial Contract'를 사용할 때에는 따옴표를 사용하고, '인종적 계약을 다루는 (비판적) 이론'이라는 의미로 사용할 때는 따옴표를 사용하지 않아 양자를 구별해 주는 듯하다. 이런 점을 고려하여 이 책에서는 'racial contract'가 전자를 의미할 때는 '인종적 계약'으로, 후자의 의미로 사용될 때는 '인종적 계약론'으로 옮겼으며, 루커스 핀헤이로가 사용하는 'ableist contract'라는 용어 역시 맥락에 따라 '비장애중심주의적 계약'과 '비장애중심주의적 계약론' 두 가지로 옮겼음을 밝혀 둔다 -옮긴이].

[6] [옮긴이] 이 장의 마지막 부분에서 명시적으로 드러나는 것처럼, 핀헤이로는 '지적장애'intellectual disability를 '신체적 장애'에 대비되는 '정신적 장애'와 유사한 개념으로, 즉 좁은 의미의 지적장애뿐만 아니라 자폐

업을 시도한다. 그러므로 여기서의 목표는 내가 '비장애중심주의 적 계약'이라고 부르는 것을 통해 계약론적 배제의 세 번째 사례 를 드러내기 위한 예비적 모델의 개요를 제시하는 것이다. 비장애 중심주의적 계약은 한 가지 매우 중요한 점에서 성적 계약 및 인종 적 계약이라는 용어의 창시자들이 지닌 관점을 반영한다. 고전적 사회계약론은 사실 보편적 자유 및 포함에 대해 가정에 불과한 이 론을 제시했다고 볼 수 있다. 반면 성적·인종적·비장애중심주의 적 계약론은 베일에 가려져 있던 표적화된 종속의 역사적 실재를 드러낸다. 즉 정치화된 정체성들 — 그들의 특이성은 사회계약론 의 보편성에 대한 요구가 지닌 균질성을 위협한다고 간주된다 — 을 배제하기 위해 주변화를 목적으로 이루어졌던 실천들을 폭로 한다.[7] 페이트먼과 밀스가 여성과 비백인 인구의 정치적·도덕적 소외에 대한 책임이 있는 규범적 구조로서 가부장제와 인종주의를 언급했던 것과 마찬가지로 나는 '비장애중심주의'ableism라는 개념 을 사용할 것이다. 이 글에서 전개될 논변을 위해 나는 그 개념을 '명확하게 장애인을 겨냥하고 있는 주변화 및 억압의 양식, 메커 니즘, 기술'로 정의한다. 아래에서 논하는 것처럼, 표적화된 종속의

성장애와 더불어 정신장애까지 아우르는 포괄적 개념으로 사용하고 있 음에 주의할 필요가 있다.

[7] 밀스의 접근법과 페이트먼의 접근법에서 나타나는 가장 중요한 차이는 페이트먼의 계약 개념은 언제나 억압적이라는 데 있다. 페이트먼은 긍 정적인 목적을 가지고 사회계약론을 개선하려는 프로젝트에 대해 적대 적인 태도를 유지하는 반면, 밀스의 작업에서는 사회계약 내에서의 지 배가 좀 더 우연적이다. 따라서 밀스는 인종적 정의를 위해 롤스의 계 약론적 이론틀을 개선하는 것을, 그리고 그가 최근 "편협한 자유주의의 자유화"liberalization of illiberal liberalism라고 부르는 것을 지지하고 있 다(Mills 1997, 136n9, 137; 2007, 79, 80, 104, 105; 2012).

이런 도덕적·정치적 형태들은 임마누엘 칸트의 정의에 대한 논의 전반에 걸쳐 구체적이고 복잡한 방식으로 나타나는데, 그의 논의 는 권리, 의무, 공적 영역과 사적 영역, 자유, 시민사회[문명사회]civil society, 시민권, 인격, 인간 종human species에 대한 정식화들을 망라 한다.

이 장은 존 로크, 장-자크 루소, 프리드리히 니체를 중간에 함 께 검토하면서, 홉스로부터 롤스에 이르는 근대 정치사상의 역사 에서 장애라는 문제를 다루려는 좀 더 광범위한 프로젝트의 일부 이다(Pinheiro 2012a; 2012b; 2012c; 2014; 2015a; 2015b). 사회계약을 둘러 싸고 있는 것으로 '비장애중심주의적 계약'을 도입하는 나의 주된 목표는, 사회계약론에 잠재해 있는 능력 중심적인 배제의 양식을 전면에 부각함과 동시에, 이런 주변화의 형식들이 서구 정치사상 의 역사에서 정의에 대한 가장 권위 있는 관념들 가운데 상당 부 분에 어떤 식으로 영향을 미쳤는지 평가하는 것이다. 나는 사회계 약론의 장애에 대한 적대적 관계를 설명하는 데 있어 능력의 문제 가 하나의 규정적 요소임을 인정하지만, 그런 능력이라는 요소가 계약론이 장애인에 대한 자격부여를 구조적으로 꺼리고 있는 영 역과 그 정교한 이유를 충분히 해명해 주지는 못한다고 생각한다. 내가 다른 곳에서 논한 것처럼, 로크나 루소와 같은 사회계약론자 들은 그들의 이론에서 제시하는 기본적인 정치적 권리 가운데 많 은 것으로부터 지적장애인과 신체적 장애인 양자를 배제한다(Pinheiro 2012b, 2012c, 2015b). 로크와 루소 모두에게, 정신과 몸은 양도할 수 없고 상호 의존적인 것임과 동시에 끊임없는 유동의 상태로 존 재한다. 인격에 대한 이런 유물론적 설명에 따르자면, 정신에서 합 리성의 인지적 발달은 필연적으로 이에 선행하는 건강하고 장애가 없는 몸의 신체적 발달에 달려 있다. 그러므로 이성은 단지 얼마간 모호하고 우연적인 방식으로 몸과 연관되어 있는 것이 아니다. 장애가 없는 정신은 장애가 없는 몸에 절대적으로 의존한다. 그에 따라 로크와 루소는 신체적 장애인을 사회계약에서 배제하는 것을 정당화한다. 비장애인의 신체적 표준 바깥에 놓여 있는 그들의 '기형인', '불구의' 혹은 '부적절한' 몸들이 정신에서 이성적 사고의 발달에 필요한 신체적 능력을 산출하지 못한다는 이유로 말이다.

최근 학자들은 비판적인 장애적 시각에서 사회계약론을 추궁하기 시작했다. 이런 비판들은 주로 이성적 능력이라는 문제에 기반을 둔다. 이성이라는 계약의 문턱이 심각한 지적장애를 지닌 이들에게 극복할 수 없는 진입 장벽이 되고, 그에 따라 그들이 정의라는 계약의 영역으로부터 배제되는 방식에 대한 개요를 제시하면서 말이다. 그렇지만 내가 보기에, 능력이라는 문제에만 전적으로 기반을 두고 사회계약론을 비판하는 것 — 중요하고, 필요하며, 설득력이 있기는 하지만 — 은 그런 이론적 전통의 핵심에 자리 잡은 차별적인 비장애중심주의를 폐기하는 데 충분치 않다.[8] 이런 방식의 해석과 비판은 계약론적 틀에 대한 이론적 태만을 낳는다. 이와 동시에 (내가 아래에서 칸트에 대해 논하는 바와 같이) 장애인을 그들의 정치이론에 대한 체현된 적대자로 구성함으로써 장

8) 역량과 능력의 시각에서 이루어진 장애적 비평에 대해서는 각각 Martha Nussbaum, "Beyond the Social Contract: Capabilities and Global Justice", *Oxford Development Studies* 32(1), 2004, pp. 331-351; *Frontiers of Justice: Disability, Nationality, Species Membership*; "The Capabilities of People with Cognitive Disabilities", *Metaphilosophy* 40(3-4), 2009, pp. 331-351; Stacy Clifford, "The Capacity Contract: Locke, Disability, and the Political Exclusion of 'Idiots'", *Politics, Groups, and Identities* 2(1), 2014, pp. 90-103 참조.

애를 명시적으로 선별해 낸 근대 사상가들이 제시했던, 장애에 대한 경험론적 기술을 종종 간과한다. 이런 적대적 구성에 따라 장애인은 단지 이성적 능력이라는 계약론의 문턱에 의해서뿐만 아니라, 그런 문턱을 통과했더라도 사회계약에서 배제된다. 즉 장애인은 사회계약론의 능력 중심적인 진입 장벽과는 무관하게 의도적이고 배타적으로 정의의 비주체로 — 인격, 시민권, 그리고 때로는 인간 종의 경계 바깥에 있는 존재로 — 간주된다.

더욱이 신체적 장애인과 지적장애인 양자 모두가 고전적 계약론에서 배제된다면, 이 이론에서 장애인 주체들을 배제할 때의 분별 요인은 단지 이성적 사고를 할 수 없다고 추정된 장애인의 무능력만은 아니다. 해당 장애인에게 사고 능력이 있는지 여부와 상관없이, 사회계약론자들이 비장애중심주의에 따라 장애를 '일탈된', '기형인', '결여하고 있는' 그리고 전적으로 '열등한'으로 번역하고 있기 때문이기도 하다. 만일 로크와 루소의 경우처럼 이성적인 신체적 장애인이 사회계약론에서 배제될 수 있다면, 이와 같은 배제는 장애인 주체가 이성적으로 사고하는 데 무능력하다는 것만이 아니라, 장애를 예외적이고 해소할 수 없는 정치적·도덕적 열등함의 표지로서 비장애중심주의적으로 정식화한 것에 기반을 두고 있음이 분명하다. 요컨대 내가 위에서 정의한 '비장애중심주의'라는 개념은, 이성적 능력이라는 문제틀로 완전히 포착되지 않는 장애와 사회계약론의 정치적 관계를 파악하는 데 필수 불가결한 조건이다.

이런 이론적 고려 사항들을 염두에 두고, 이 장은 임마누엘 칸트의 정치적·윤리적·도덕적 사상에서 지적장애인 주체들이 점하고 있는 정치적·도덕적 공간을 탐색한다. 이를 위해서 나는 장애에 대한 칸트의 '경험론적' 소견이 정의, 자유, 시민권, 인격, 인간 종에 대한 그의 정치적 정식화에 근본적으로 영향을 미치는 방식에 특별히 강조점을 둔다. 칸트의 정의론에서 지적장애가 어떻게 해석되는가에 대한 나의 접근법은, 상대적으로 덜 알려져 있는 그의 인간학·자연지리학·자연사自然史 관련 저작에서 장애에 대한 실천적 정의를 면밀히 독해하는 것에서 시작한다. 그러고 나서 나는 이런 독해를 그의 정치적 사고들을 맥락화하는, 그리하여 『도덕형이상학』에서 그의 배제적 용어법이 지닌 의미와 정치적 중요성을 밝히는 원천으로 전략적으로 사용한다. 왜냐하면 그런 용어법이 그의 정의론에서 지적장애인 주체들에 대한 논의와 관련되기 때문이다. 나의 논변이 근대 정치사상의 역사 전반에 걸쳐 있는 권리, 자유, 시민사회, 정의에 대한 계약론적 사고들에 광범위하게 적용되기 때문에, 칸트의 정치철학 및 도덕철학의 맥락에서 내가 '계약'이라는 용어를 상징적으로 사용하고 있음을 유념하는 것이 중요하다. 그러므로 칸트와 관련해서 '계약'이라는 용어는 그의 도덕률, (사적이고 공적인) 권리와 의무에 대한 교의, 국가론, 진보의 척도, 시민사회의 정식화 등에 의해 만들어지는 그의 정치적 지반 전체에 대한 플레이스홀더placeholder[빠져 있는 다른 것을 대신하는 기호나 텍스트의 일부]로서 작동한다.

칸트의 정치사상이 실천철학과 초월철학[9]을 다룬 저술들에만 배타적으로 담겨 있지 않은 것과 마찬가지로, 그런 정치사상 —

---

9) [옮긴이] 칸트의 『형이상학 서설』 부록에 기술된 바에 따르면, '초월(론)적'transcendental[transzendental]이라는 것은 "모든 경험을 넘어가는 어떤 것을 의미하는 것이 아니라, 모든 경험에 선행하면서도(즉 선험적이면서도), 오직 경험인식을 가능하도록 하는 데에만 쓰이도록 정해져 있는 어떤 것을 의미한다"(백종현, 『칸트 이성철학 9서 5제』, 아카넷, 2012, 61쪽).

정의, 인격, 자유, 권리, 의무, 국가에 대한 그의 정의들을 포함하는 — 이 『도덕형이상학』에 한정되어 있지 않다는 것은 분명하다. 오히려 사실 칸트는 그의 엄격한 정치적 저술과 도덕철학의 영역을 넘어, 인상적일 정도로 다양한 분야와 장르에 걸쳐 흩어져 있는 광범위한 일련의 텍스트들을 통해서 자신의 정치이론을 표현했다.[10] 아마도 현대 정치이론의 독자들에게는 낯설 수 있겠지만, 칸트의 경험론적 저작들은 상세하고 풍부하면서도 복잡한 사회정치적 체계를 아우르고 있으며, 이는 칸트의 지적장애에 대한 명명學命名學[어떤 대상에 이미 부여된, 혹은 앞으로 부여할 고유한 명칭에 대한 연구]의 해석을 통해 내가 밝혀내고자 하는 그의 정치사상과 관련이 있다. 이후 논하게 될 것처럼, 장애에 대한 칸트의 이해는 실제로 그의 정의론에 구성적인 방식으로 영향을 미쳤는데, 이에 대한 지속적인 간과는 칸트의 정치사상에 대해 충분히 비판적이지도 않고 정확하지도 못한 해석을 야기했다. 칸트 이론에서의 장애에 대한 나의 해석은 좀 더 폭넓은 시각에서 칸트 이론의 정치적 취지에 대한 재구성을 추구한다. '엄격한' 정치적·철학적 저작들보다 사람들에게 덜 수용되고, 덜 철학적이며, 의심할 바 없이 동의가 덜 이루어지고 있기는 하지만, 그런 엄격한 저작들 못지않게 그의 사상에 정치적으로도 철학적으로도 중요성을 지닌 다른 종류의 칸트의 저술들이 존재한다. 나는 이런 저술들과 그 정치적 취지 사이

10) 칸트의 정치사상에 대한 핵심적인 텍스트들의 선집으로는 Immanuel Kant, *Toward Perpetual Peace and Other Writings on Politics, Peace, and History*, ed. Pauline Kleingeld, trans. David L. Colclasure, New Haven, CT: Yale University Press, 2006; *Practical Philosophy*, ed. & trans. Mary J. Gregor, Cambridge: Cambridge University Press, 1996 참조.

의 관계를 재기술할 것이다.

최근 다수의 장애학자들이 인격에 대한 칸트의 도덕이론에 소리 높여 이의를 제기해 왔다. 급증하고 있는 칸트와 장애에 대한 문헌들은 주로 제프 맥머핸(McMahan 1995; 1996; 2002; 2009)과 피터 싱어(Singer 1994; 2009)에 대한 비판적 대응들로 구성되어 있다. 이들 두 학자는 윤리적으로 방어 가능한 [인간] 종 내의intra-species 도덕적 영역 — 칸트가 언급한 [지적장애를 지닌] 인격체가 차지하는 영역과 유사한 — 안에 동물들의 육체적 실존을 위치 지음으로써, 비인간 존재가 지닌 도덕적 지위를 옹호한다. 맥머핸(McMahan 2009, 583, 584)은 자신의 저작에서 귀류적 논법의 전제로 인지장애를 소환하는데, 이 논법에서 심각한 정신적 장애를 지닌 이들에게는 도덕적 지위를 부여하는 반면 비슷한 정도의 인지 능력을 지닌 비인간 동물에게는 도덕적 지위를 부정하는 이론들의 논리적 모순을 드러내는 수사적 장치의 역할을 하는 존재가 바로 심각한 지적장애를 지닌 이들이다. 마찬가지로 싱어는 다수의 비인간 동물들이 종종 심각한 지적장애를 지닌 인간들과 동등하거나 그들보다 우월한 인지 능력을 소유하고 있기 때문에, 전자의 집단(동물들)에게는 도덕적 지위를 부정하면서 후자(장애인)에게는 그런 지위를 부여하는 것은 전혀 근거가 없고 정당화될 수 없는 것 — 즉 '종차별주의'speciesism적인 것 — 임을 논한다(Singer 1994; 2009, 567, 568).

[인간] 종 내에서의 도덕적 지위에 대한 철학적 논변을 구축함에 있어, 싱어와 맥머핸은 둘 다 지적 성향 및 인지 능력에 근거를 둔 육체 외적인extra-corporeal 도덕적 지위의 정식화를 뒷받침하는 수단으로 칸트의 인격과 동물성의 분할에 두드러지게 의존한다. 그러나 두 철학자는 인간의 동물성과 종성원권이 도덕적 삶을 결정하는 기준 역할을 해서는 안 된다고 여기는 한에 있어서는 칸트와

다른 길을 걷는다(Singer 2009, 572, 573; McMahan 2002, 148, 209-217).[11]
"도덕적 지위의 차이는 정신적 능력의 차이에 근거를 둔다"는 맥머핸(McMahan 2009, 604)의 생각은 "모든 인간의 평등한 가치라는 관념을 버리고" 그런 관념을 "도덕적 지위는 인지 능력의 어떤 측면들에 의존한다는 좀 더 등급화된 견해로" 대체하자는 싱어(Singer 2009, 575)의 제안을 앞서 보여 준다. 결과적으로 싱어와 맥머핸 양자 모두는 칸트주의적인 도덕적 문턱 — 인간의 동물성과 대조되는 인지 능력에 전적으로 뿌리박고 있는 — 에 미치지 못하는 인간들의 인격을 부정하는 것을 대가로, 비인간 동물들을 '인격체들'의 도덕적 공동체로 통합하는 것을 지지한다.

당연하게도 싱어와 맥머핸은 인격체들로 구성된 도덕적 공동체의 경계 내에 인지장애인을 포함시키거나 그들을 경계 안에 유지하고자 하는 학자들로부터 많은 비판을 받아 왔다. 내가 보기에 이런 비판에서 중심이 되고 정치적으로 가장 두드러지는 측면은, 싱어와 맥머핸이 그들의 프로젝트를 뒷받침하기 위해 동원하는 칸트주의적 담론 내에 존재한다. 철학자 에바 키테이(Kittay 2001; 2005a; 2005b; 2009a; 2009b)는 도덕적 지위에 대한 이성주의적 개념화를 반박하면서, 인간 존재들 사이의 평등한 도덕적 지위에 대한 기준으로는 종성원권 하나로 충분해야 한다고 주장한다. 리시아 칼슨(Carlson 2009; 2010)은 이성 중심적 도덕이론들에 대한 키테이의 비판을

---

11) 싱어(Singer 2009, 568-570)는 그가 보기에 못해도 인지장애를 지닌 주체들과 동등하고 잘하면 그들보다도 우월한, 비인간 동물들의 인지 능력을 열거한다. 또한 '종적 규준'species norm에 대한 맥머핸의 비판(Jeff Mc-Mahan, *The Ethics of Killing: Problems at the Margins of Life*, Oxford: Oxford University Press, 2002, p. 148)과 더불어 인간의 종성원권에 대한 그의 논평(McMahan, *The Ethics of Killing*, pp. 209-217)을 참조.

한층 더 진전시키면서, 인격에 대한 이 같은 관점들이 표명될 수 있게 했던 정치 담론들에 문제를 제기한다. 예컨대, 그녀는 인간을 동물로 간주하는 것이 "바로 가장 끔찍한 잔혹 행위를 정당화하는 기반이었음"을 상기시킨다(Carlson 2010, 160). 칼슨은 또한 싱어류의 종차별주의에 대한 비판들이 어떤 식으로 "비장애중심주의적 가정과 논변들에 의지하고" 있는지, 그 주요 방식들에 대한 개요를 서술한다(Carlson 2010, 157). 키테이와 칼슨이 도덕적 인격에 대한 칸트의 정식화를 직접 언급하지는 않지만, 실질적으로 그녀들은 인지 능력을 도덕적 삶을 결정하는 요소로 끌어올리는 방식과 이유 — 칸트의 인격 이론에서 흔히 발견되는 것과 같은 — 가 지적장애인들에게 심대하게 문제적인 영향을 미쳤다는 점을 강조했다.[12]

장애와 정치이론에 대한 글을 써온 다른 학자들 또한 칸트의 정언명령에 뿌리를 두고 있는 도덕적 인격에 대한 이성주의적 정식화에 매우 회의적인 입장을 표명해 왔다.[13] 장애의 관점에서 칸

---

12) 칼슨(Carlson 2010, 2)은 인격과 장애의 문제를 규명하기 위해 칸트의 도덕이론에까지 거슬러 올라간다.

13) 칸트의 도덕적 인격 이론에 존재하는 이성주의적 규범성을 장애적 시각에서 비판한 논평들로는 Allen Buchanan, "Justice as Reciprocity versus Subject-Centered Justice", *Philosophy & Public Affairs* 19(3), 1990, pp. 235-241; Cynthia Stark, "Respecting Human Dignity: Contract Versus Capabilities", *Metaphilosophy* 40(3-4), 2009, pp. 377, 378; Lawrence Becker, "Reciprocity, Justice and Disability", *Ethics* 116(1), 2005, pp. 9-39; Anita Silvers and Leslie P. Francis, "Thinking About the Good: Reconfiguring Liberal Metaphysics (or Not) for People with Cognitive Disabilities", *Metaphilosophy* 40(3-4), 2009, pp. 475-498; Nancy J. Hirschmann, "Stem Cells, Disability, and Abortion: A Feminist Approach to Equal Citizenship", eds. Linda McClain and Joanna L. Grossman, *Gender Equality: Dimensions of*

트주의적인 인격 개념에 주목할 만한 비판을 제기한 학자 가운데 한 명은 바버라 아네일인데, 칸트의 도덕이론에 대한 그녀의 핵심적인 비판 지점은 그가 이성적 자율성에 인간 존엄성의 토대라는 절대적 위상을 부여했다는 것이다(Arneil 2009, 224). 아네일은 칸트의 이론이 "타인들을 이성적인 자기 입법적 '인격체'로 상호 인정하는 것을 통해 인간 존엄성의 보호를" 추구했으며, 그 결과 그의 도덕이론은 "비이성적" 존재들을 "'자율적이지' 않고 엄밀히 말하자면 '인격체'가 아닌 것으로, 그러므로 '이성적 존재들'에게 부여되는 존엄성이 주어지기에는 적절치 않은 것으로" 여긴다고 말한다(Arneil 2009, 224, 225).[14] 더 나아가 아네일은 인격에 대한 칸트의 정식화가 존 롤스나 찰스 테일러 같은 이들의 선호 속에서 어떻게 정의에 대한 영향력 있는 정치이론의 배경으로 광범위하게 자리 잡게 되었는지를 드러낸다. 아네일의 주장에 따르면, 칸트는 인격이 인간의 사고 능력에 소재한다고 보았기 때문에, 그 결과 (테일러같이) 칸트에 의지하는 현대의 저자들은 "'이성적 사고'를 할 수 없는 이들을 인격의 '표준적인' 의미 바깥에 존재하는 것으로", 인간이 되기에는 미흡한 잠재력만을 소유하는 것으로 "정의할 수밖에 없었다"(Arneil 2009, 225, 228). 비판적 장애학자들의 이 같은 저작들을 함께 읽어 보면, 장애인을 정의의 소관 영역에서 단정적[범주적]으

*Women's Equal Citizenship*, Cambridge: Cambridge University Press, 2009, pp. 157-160 참조.

14) 아네일(Arneil 2009, 240n22)은 또한 칸트는 이성이 "모든 의지의 준칙[격률]maxim을 보편타당하게 입법하는 것으로 간주하면서, 그런 준칙을 모든 다른 의지에, 그리고 또한 자기 자신을 향한 모든 행위에도 준거시킨다"고 논한다.

로categorically 배제하는 정치 담론을 칸트의 도덕철학이 어떤 식으로 뒷받침해 왔는지가 분명히 드러난다.

종합적으로 볼 때, 칸트와 장애의 문제를 다룬 문헌으로부터 우리는 세 가지 중요한 결론을 이끌어 낼 수 있다. 첫째, 지적장애와 정치이론을 주제로 작업을 하는 학자들은 인격에 대한 칸트주의적 개념화가 지적장애인에게 내재하는 인간성을 어떤 식으로 부정하는지에 관한 설득력 있는 논변을 제공해 왔다. 둘째, 이런 학자들은 정의, 자유, 평등에 대한 정치적 관점에서 볼 때, 도덕적 지위의 이성 중심적 정식화 ─ 지적장애인에 대해 정신적 장애가 없는 이들을 특권화하는 ─ 에서 벗어나는 것이 왜 바람직한지를 설득력 있게 확인해 준다. 셋째, 이런 논평가들 가운데 다수는 결정적으로, 칸트의 도덕철학이 비록 간접적인 방식이기는 하지만 장애인의 정치적 주변화에 어떻게 개념적으로 연루되어 있는지에 대한 개요를 제시하고 있다.

그들의 이 같은 비판적 프로젝트가 여러 가치들을 지니고 있긴 하지만, 문제를 제기한 저자들은 칸트의 정치사상에 대한 비판을 그의 도덕철학 및 실천철학에, 혹은 칸트의 저작 가운데 흔히 '순수' 철학이라고 불려 왔던 부분에 한정했다. 예컨대, 토빈 시버스 (Siebers 2008, 89[국역본, 161쪽])의 다음과 같은 주장을 보자. "합리성에 대한 이론들은 …… 합리성 그 자체를 칸트가 이성적 존재라고 불렀던 행위 주체들의 객관적 속성과 식별적 특성identifying characteristics이라는 측면에서 구성해 내는데, 이런 식별적 특성들이 언제나 장애인의 포함을 허용하는 것은 아니다." 여기서 시버스의 주장은 장애적 시각에서 이루어져 왔던 칸트의 도덕철학에 대한 비판의 일반적인 흐름을 잘 보여 주는데, 이런 비판들에서 장애인에 대한 칸트의 경험론적 견해들은 계속해서 간과된다. 이와 같은 간과로 인해 칸트와 장애에 관한 논의는, 지적장애인에 대한 칸트 도덕이론의 불수용성에만 집중하는 사변적인 논변들에 한정되었다. 그러다 보니 인지장애에 대한 칸트의 광범위한 정의들과 장애인 주체들에 대한 생생한 형상화는 그의 도덕철학 및 실천철학과 아직까지 비교 검토되지 않았다. 그리고 전자와 관련된 저술들에 담긴 견해들이 (단지 잠재적으로가 아니라) 실질적으로 정의에 관한 그의 사상의 의미에 어떤 식으로 영향을 미칠 수 있는지, 그에 따라 그런 사상의 정치적·이론적 중요성을 어떻게 동요시킬 수 있는지를 평가하려는 노력 또한 부재했다. 내가 이 장 전반에서 논하게 될 것처럼, 장애에 대한 칸트의 경험론적 저술은 두 가지 이유로 이 같은 학문적 논쟁에서 결정적으로 중요하다. 첫째, 칸트가 지적장애인 주체들의 시민적·도덕적 지위와 관련된 문제에 응답한 것은 이런 경험론적 텍스트들 내에서이다. 둘째, 칸트의 경험론적 저작들은 그의 초월철학과 정치체계에 대한 우리의 이해, 특히 정언명령에 대한 이해에 필수적인데, 왜냐하면 칸트가 정의에 대한 정치적 권리로부터 배제되는 예외적이고 비이성적인 존재들의 정체성에 대한 개요를 제시하는 것이 바로 여기 — 그가 지적장애인을 구성하는 방식에서 — 이기 때문이다.

나는 정의에 대한 칸트의 접근법이 어떻게, 어디서, 그리고 왜 지적장애인과 관련해 실패하고 마는가에 주의를 기울임으로써, 내가 칸트 도덕철학의 난외闌外, margins라고 여기는 것을 조명하고, 그런 조명의 결과를 통해 정의에 대한 그의 정치이론이 지닌 한계를 기술하고자 한다. 지적장애인이 유폐되어 있는 이 난외의 공간은 우다이 메타(Mehta 1999)가 낯선 존재들의 명시적 배제 — 그 존재들의 "정서, 감정, 소재감sense of location, 삶의 형태"(Mehta 1999, 20, 21)의 삭제와 함께 이루어지는 — 라고 기술한 것의 전형적인 예가 된다. 그와 같은 오컬트적인[과학적으로 설명되지 않는 신비하고 초자연적인] 예외의 "공간"은 메타의 말을 따르자면 "계몽주의적 합리성이라는 격자판에 의해 식별될 때, 문명의 진보라는 척도상에서 단지 지도상의 한 지점이나 과거의 점들이 될 뿐, 사람들이 살아가면서 깊게 부여된 정체성을 지니게 되는 거처는 아닌 곳"이다(Mehta 1999, 21).[15) 나는 칸트의 정의론이 지닌 의미를 재구성하는 방향으로 나아가고자 하기 때문에, 그의 이론에서 장애가 차지하는 위상에 대한 나의 해석 작업은 정치사상의 역사와 현대의 정치화된 정체성에서 장애가 갖는 정치적·개념적 중요성을 재확인하고자 노력하게 될 것이다. 그리고 그와 같은 독해 속에서, 나는 나의 논변이 미치는 범위를 칸트에 대한 해석 너머로까지 확장하고자 한다. 이 장에서는 장애와 관련해 칸트의 정의관이 얼마나 문제적인지를 보여 줌으로써, 정의의 범위가 이성에 얽매여 있는 현대 정치이론들이 자유, 시민권, 인격에서 지적장애인을 사실상 배제하고 있는 것이 아닌지 심문한다.

이 장은 세 부분으로 구성되어 있다. 나는 칸트의 경험론적 저술이 그의 정치적 지반political constituency에서 지적장애인 주체들이 점하고 있는 자리를 밝히는 데 필수 불가결한 두 가지 이유를 제시하는 것으로 시작한다. 그러고 나서 나는 지적장애에 대한 칸트의 견해와 대결하기 위해 그의 경험 윤리학 — 인간학, 역사철학, 자연지리학, 응용 도덕철학에 관한 그의 저작들 곳곳에 흩어져 있는 — 을 탐색한다. 이 단계에서 나는 그의 경험론적 저작에

---

15) 메타(Mehta 1999, 21)는 다음과 같이 언급한다. "이는 프란츠 파농(Fanon 1967, 182, 183)이 좋게 말하자면 조금은 순진하게 '사람들이 거처하는 오컬트적인 불안정성의 지대'라고 불렀던 곳이다."

서 칸트가 정신적 '결함'을 자연적인 것과 사회적인 것으로 구별해 정의하고 있는 것이 지적장애인에 대한 통치에 영향을 미치고 있음을 논한다. 즉 그는 사회적으로 초래된 인지적 '질병'은 치료될 수 있고 따라서 시민 연합civil union[16]에의 소속이 보류되는 원인이 아닌 것으로 구성하고 있는 반면, '치우', '백치', '광기' 같은 자연적인 지적 '질환'은 단순한 동정을 넘어 시민사회 외부에서의 사적인 유폐를 초래하게 된다고 논한다. 나는 장애에 대한 칸트의 경험론적 입장이, 그가 도덕철학 및 실천철학에 관한 저술에서 제시하고 있는 정의에 대한 정치적·이론적 입장에 어떤 식으로 영향을 미치는지 이해하기 위해 이 같은 논변을 추적한다.

나는 이 장을 사회계약론의 전통에서 지적장애와 정의의 문제를 체계적으로 다룬 최초의 저작 가운데 하나인, 마사 누스바움의 『정의의 최전선: 장애, 국적, 종성원권』*Frontiers of Justice: Disability, Nationality, Species Membership*과 대결하는 것으로 끝맺는다. 칸트의 저작에서 언급되고 있는 지적장애에 대한 나의 독해를 기반으로, 장애인 주체가 고전적 사회계약론에서 의도적으로 배제되었다기보다는 '누락된' 것이라는 누스바움의 주장에 대한 교정책이 제시될 것이다. 누스바움에게 있어 사회계약론들에서 장애인의 자리와 관련된 중심적인 문제는, 성원권에 대한 문턱을 포함해 그런 계약의 조건들이 최초로 작성되는 [롤스의 원초 상태와 같은] 시초 상태에서 장애인이 배제된다는 점이다. 누스바움은 누락에 초점을 맞춤

---

16) [옮긴이] 참고로 여기서 'civil union'은 칸트의 'bürgerliche Verfassung' 개념과 무관하지 않을 것이다. 'bürgerliche Verfassung'은 영어에서는 통상 'civil constitution'으로, 우리말에서는 '시민 정체' 내지 '시민 헌정'으로 옮겨진다.

으로써 계약과 장애의 관계를 우연적이고 부차적인 문제로 해석한다. 따라서 누스바움은 배제의 문제를 사회계약론자들의 사상 탓으로 돌리지 않는다. 그보다는 계약론적 전통의 중심에 자리 잡고 있는 정의에 대한 절차적 접근법을 감안하여, 장애인에게 편의를 제공하고 자격을 부여하는 데 실패한 것의 책임은 사회계약 그 자체 — 그것의 메커니즘과 절차 — 에 있다는 입장을 견지한다. 이와 대조적으로 나는 존 롤스의 절차적 계약론과는 달리 근대 정치사상가들 — 그중에서도 특히 로크, 루소, 칸트 — 은 이성, 자율성, 도덕적 행위 주체성, 자유 등이 결여된 자연적 생명 형태를 예증하기 위해 명시적으로 장애 정체성을 끌어들였다고 논한다. 롤스와는 달리 칸트에게 장애는 이론의 절차적 메커니즘에서 다루어지는 문제가 아니다. 대신 칸트는 경험론적 저작의 구체적인 지점에서, 지적 장애인 주체들이 자신의 이론에서 점하는 정치적·도덕적 지위의 개요를 명시적으로 제시한다.

## 칸트의 경험 윤리학의 정치

칸트의 저작에서 경험적 지식과 순수한 지식 간의 분할은 철학적 탐구 일반과 관련해서만이 아니라 특히 사유 행위와 관련해서도 반복적으로 나타나는 개념적 구별이다. 그는 "모든 인식은 그것이 감각을 전제로 하는 한 경험적이거나, 인식의 기반으로서 아무런 감각을 갖지 않는 한 순수한 인식이거나 둘 중 하나다"라고 파악한다(Kant 2005, 103, 3956n). 칸트가 '오성悟性의 순수한 개념'[선험적으로 오성에 구비된 개념]이라고 불렀던 후자의 인식 형태는 오성 그 자체에서 비롯되는 반면, 전자는 감각에서 생겨난다(Kant 2005, 98,

3930n; 1997, 13, §400). 다시 말해서 '순수한 개념'은 그 본질에 있어 이론적이고 추상적이기 때문에, 칸트는 그런 개념들을 대부분 그의 초월철학에서 다룬다. 반면 본래 경험적이고 구체적인 '비순수 개념'은 대개 그의 경험론적 저작에서 따로 다루어진다.

이 같은 칸트의 구별을 기반으로, 로버트 라우든(Louden 2000, 5)은 칸트의 도덕철학을 그것의 경험론적 지반, 즉 칸트의 '비순수[경험] impure 윤리학'에 의거하지 않고 평가하는 것은 그의 사상을 선별적으로 잘못 전달하는 결과를 초래하게 된다고 말한다. 칸트의 윤리학에 관한 저술 전체의 장단점을 재평가하기 위해서, 라우든은 경험 윤리학을 "[칸트의] 실천철학 내에 존재하는 그것의 정당한 자리에" 재도입함으로써 칸트의 철학에 대한 체계적인 재해석을 추구한다(Louden 2000, viii, Chapter 1). 그렇게 하는 가운데 라우든은, 비록 지금까지 극도로 경시되어 오긴 했지만, 칸트의 경험론적 저작, 초월론적 저작, 정치적 저작 사이의 중요한 관계를 해명한다.

여기서 라우든의 저작에 의지해 달성하고자 하는 나의 목표는 이중적이다. 첫째, 나는 지적장애에 관한 칸트의 견해에 대한 나의 분석을, 그의 순수한 저작과 비순수[경험적] 저작 — 칸트의 정치사상에서 서로 구별되지만 상호 구성적인 측면들이라 할 수 있는 — 전반에 엮여 들어가 있는 개념적 요소들에 근거 짓기를 희망한다. 둘째, 나는 칸트의 경험론적 논변들이 일단 제대로 고려되기만 하면, 칸트의 철학에서 정치적 배제의 체계와 관련된 파편적 기술들이 그의 정치이론에서 얼마나 핵심적이고 중대한 것이 되는지 강조할 것이다.[17]

칸트는 그의 순수 윤리학에서 "도덕의 근본적인 선험적a priori 원리를 찾아내고 정당화하는" 일에 착수하기는 했지만, 그가 "도덕을 인간의 삶에 보다 효과적인 것으로 만들기 위해 그의 선험적 원리를 어떻게, 언제, 어디서 인간 존재들에게 적용할 것인가"를 경험론적으로 밝히는 과업을 수행한 것은 자신의 비순수[경험] 윤리학에서였다(Louden 2000, 180). 라우든은 칸트 사상의 지배적 체계를 파악하려면 그의 경험 윤리학이 필요하다는 점을 분명히 하면서, 동시에 또한 칸트 자신이 윤리학을 인간에게 보다 유용한 수단으로 만들기 위한 방법으로서 인간 본성에 대한 윤리 이론과 경험적 지식을 통합하는 것에 동조했음을 드러낸다(Louden 2000, 170).[18]

토머스 매카시(McCarthy 2010, 47)는 라우든의 견해에 공명하면서, 칸트의 윤리 사상은 일단 "실천 이성의 사상으로부터 나오는 순수한 빛들이 …… 인간 본성, 문화, 역사라는 좀 더 밀도 높은 매개를 통해 굴절되고" 나서야 인간의 삶을 조명할 수 있다고 주장한다(McCarthy 2010, 47). 그리고 매카시는 칸트의 순수 철학적인 주장들을 굴절시키는 좀 더 밀도 높은 매개는 편견에 의해 오염되어

---

17) 젠더와 관련된 비판으로는 Sally Sedgwick, "Can Kant's Ethics Survive the Feminist Critique?", ed. Robin May Schott, *Feminist Interpretations of Immanuel Kant*, University Park, PA: The Pennsylvania State University Press, 1997, pp. 77-100; Pauline Kleingeld, "The Problematic Status of Gender-Neutral Language in the History of Philosophy: The Case of Kant", *The Philosophical Forum* 25(2), 1993, pp. 134-150 참조. 그리고 인종과 관련된 비판으로는 Charles W. Mills, "Kant's Untermenschen", ed. Andrew Walls, *Race and Racism in Modern Philosophy*, Ithaca, NY: Cornell University Press, 2005, pp. 169-193; Emmanuel Chukwudi Eze, "The Color of Reason: The Idea of 'Race' in Kant's Anthropology", ed. Katherine Faull, *Anthropology and the German Enlightenment*, Lewisburg, PA: Bucknell University Press, 1995, pp. 200-241 참조.

18) 이에 대한 상호 보완적인 입장에 대해서는 Allen Wood, *Kant's Ethical Thought*, Cambridge: Cambridge University Press, 1999, pp. 10, 11, Chapter 6, pp. 193-225 참조.

있기 때문에, 경험론적 스펙트럼의 이면에서 나오는 철학적 입장
들은 정치적 배제들로 가득 차있다고 덧붙인다.

칸트는 그의 응용 윤리학에서조차, 순수 도덕이론의 선험적 가
정의 견지에서 인간 존재의 도덕성을 이해하고자 노력하면서, 개인
의 수준이 아닌 종의 수준에서 인간의 도덕성을 탐색한다(Louden
2010, 176). 라우든은 칸트가 가장 "정력적이고 일반적으로 행하는
발언들"은 "인간 종 전체의 도덕적 운명과 관련된다"라고 지적하
고, 그런 발언들은 "강력한 목적론적 가정에 의해 추동되"면서,
"그의 사상에서 선험적이고 비경험적인 — 즉 비순수하지 않고 순
수한" 진술들을 구성하는 생각들과 관련된다고 말한다(Louden 2000,
176). 그러므로 칸트의 순수 철학적 공리가 경험론적 저작에 기반
을 두고 있는 것이 아니라, 반대로 경험론적 저작이 순수 철학적
공리에 기반을 두고 있는데, 이는 그의 윤리 사상이 어떤 순서로
발전했는지를 드러내 준다. 그리고 이런 기반 관계에 의해, 도덕
적 공리가 그의 경험론적 소견들을 예고하고 그 윤곽을 제시한
다.[19] 이 때문에 칸트의 철학은 경험론적으로 결정된 체계라기보
다는, 경험론적으로 영향을 받은 체계로 더 잘 묘사될 수 있다.

칸트와 장애를 주제로 작업을 해온 학자들은 칸트의 정언명령
이 지닌 [지적장애인에 대한] 불수용성에만 배타적으로 초점을 맞춤
으로써, 정신적 장애인에 대한 그의 경험론적 견해들을 대부분 간

---

19) [옮긴이] 잘 알려져 있듯 미셸 푸코는 자신의 국가 박사 학위 부논문으
로 칸트의 대표적인 경험론적 저작 『실용적 관점에서의 인간학』을 프랑
스어로 번역하고 128쪽에 이르는 긴 서설을 첨부하여 제출했는데, 이 서
설에서 그는 "『(실용적 관점에서의) 인간학』은 세월을 거친 『(순수이성)비
판』에 준거하여 '체계적으로 계획'된 것이다"라고 말한다(미셸 푸코, 『칸트
의 인간학에 관하여』, 김광철 옮김, 문학과지성사, 2012, 164쪽).

과하며, 이런 경험론적 입장들이 그의 실천철학에 대해 갖는 정치적 효과 또한 놓치게 된다. 이런 간과는 마치 어떤 '분석적 공백'이 칸트의 저술 전체를 두 개의 분리된 층으로 나누고 있기라도 한 것처럼 보면서, 그의 경험론적 판단을 일괄적으로 둘로 나누어 다루려는 광범위한 해석적 경향의 일부분이다. 즉 '비순수하고', 무의미하며, 사소하고, 경험적인 한 부분과, '순수하고', 유의미하며, 중요하고, 철학적인 다른 한 부분으로 말이다.

이와 대조적으로 나는 칸트의 경험 윤리학과 실천철학 사이의 연관성에 초점을 맞춘다. 이는 칸트의 도덕이론 및 정치이론을 인간 본성에 대한 그의 경험론적 판단에 비추어 철저히 검토하는 것으로 이어지며, 그 결과 장애에 대한 칸트의 분류법은 그의 도덕이론의 경험론적 투사인 동시에 후자가 전자의 이론적 표현이라는 것이 뚜렷해지게 된다. 이런 목적을 위해 나는 인간 본성에 대한 칸트의 제도적 정식화를 지적장애에 대한 그의 경험론적 입장의 해석적 분석과 짝지을 것이다. 칸트의 정언명령에 존재하는 합리성이라는 문턱이 장애에 대한 그의 경험론적 해석 — 장애는 인격, 시민권, 인간 종의 정식화에 있어 정치적·철학적으로 중요한 예외다 — 을 확증하는 방식을 드러내기 위해서 말이다.

본질적으로 인간 본성에 대한 칸트의 전반적인 관점은 주체가 사회화를 통해 야만 상태에서 도덕 상태로 이행하는 것에 기반을 두고 있다. 칸트는 자신의 경험 윤리학에서 인간의 도덕성 발달이 공동체의 관계들에 의존함을 인정한다(Louden 2000, 173). 그렇지만 도덕성 발달에 대한 칸트의 제도적 규정들은 또한 정치적 배제를 위한 수단으로 작용한다. 즉 칸트에게서 사회화 과정과 공동체는, 공적 영역에서 이성의 사용을 통해 시민성 발달에 대한 잠재력을 적절히 표출할 수 있는 인간 주체들에게만 진보의 해방적 수단이다. 칸트는 비이성적 존재를 도덕성 발달에 대한 예외로 지명하기 때문에, 그가 말하는 사회화 제도들은 지적장애인을 추방하는 제도가 된다. 즉 지적장애인들은 그들이 지닌 장애로 인해, 인류의 야만적 본성을 도덕화하는 과업이 부여된 기구들로부터 추방된다. 라우든이 경험론의 영향이 가미된 이론을 "보다 유용한 윤리이론"으로 여기는 것은, 그것이 정언명령상의 추상적인 이성적 존재의 배후에 있는 구체적인 도덕적 인간 주체를 드러내 주기 때문이다 (Louden 2000, 171).

칸트의 도덕이론에서 사회화 제도들에 포함되기 위한 필수적인 전제 조건은 인간 종에 대한 성원권이다. 즉 사회화 제도들에 포함되기에 앞서 이 같은 성원권이 먼저 부여되어 있어야만 한다. 인간 종에 대한 성원권이라는 선험적 요건이 없다면, 자연의 영역에서 도덕의 영역으로 이행하는 것은 불가능하다. 라우든의 설명에서, 칸트의 순수 윤리학은 이성적 존재 일반에게 적용되고, 그의 비순수[경험] 윤리학은 특별히 인간 존재에게 적용된다. 그렇기 때문에, 모든 인격체는 목적 그 자체라는 칸트(Kant 1997)의 자주 인용되는 주장은 그의 순수 철학에서 두드러진 특징을 이룬다. 그렇지만 칸트가 그의 이론의 이성적 주체를 "인간"이라고 한정함에 따라, 그는 결과적으로 "인간 존재들의 종 특정적인 특징"에 생명력을 불어넣었고, 이는 다시 "인간의 도덕적 특성을 만들어 내고 형성하는 데 있어 교육적·시민적·법적·예술적·과학적·종교적 제도들이 수행하는 다양한 역할을 활용하게" 했다(Kant 1997, 36, §428). 따라서 라우든에게는 미안한 얘기지만, 나는 칸트가 그의 경험론적 저술에서 정의의 주체를 이성적 존재에서 인간 존재로 전환한 것은, 칸트의 인간 존재에 대한 정의의 한도에 비추어볼 때 그의 이론의 적용 범위를 좁히는 효과가 있다고 주장한다. 하지만 라우든은 칸트의 진보 이론에서 제도들이 수행하는 역할을 최종적으로 평가할 때, 인종, 젠더, 민족성에 대한 칸트의 경험론적 견해가 그의 윤리이론 및 도덕이론에 철학적으로 유의미한 영향을 미친다는 점을 부정한다.

찰스 W. 밀스(Mills 2005b, 175-179)와 폴린 클라인겔드(Kleingeld 1993, 142, 143)에 따르면, 칸트의 경험론적 저작에서 인간 주체가 각각 [백인 중심적이고 남성 중심적으로] 인종화되고 젠더화되어 있는 것은 그의 도덕철학의 보편성에 심각한 의구심을 제기한다. 매카시(McCarthy 2010, 47)는 인간 본성에 대한 칸트의 입장은 "여러 가지 의미에서 '순수하지 않다'"고 언급함으로써 이 같은 긴장을 적절히 표현한 바 있다. 반면 라우든(Louden 2000, 81)은 인종과 젠더에 대한 칸트의 논의 — 그는 그것을 "납득하기 어려운" 것이라고 살짝 조롱한다 — 를 칸트주의 철학 체계에서 좀 더 하위의 인식론적 질서 내에 위치하는 것으로 분류하면서, 결론적으로는 우연적이고 철학적으로 중요치 않은 것이라고 일축해 버린다(Louden 2000, 177, 178). 그렇지만 밀스와 클라인겔드가 분명히 한 것처럼, 인간 존재에 대한 칸트의 경험론적 정의는 그의 실천철학이 담지한 가상의 보편주의에 구체적인 수정을 가한다. 나는 밀스, 클라인겔드, 매카시의 편에 서면서, 칸트의 경험론적 텍스트들에서 여성, 비백인, 장애인의 주변화가 그의 실천철학의 철학적 논변을 어떤 식으로 뒷받침하는지에 주의를 기울이는 것에 의해서만, 칸트의 사상에 담긴 배제의 진의가 드러날 수 있다고 주장한다.

# 칸트 이론에서의 자연, 사회, 장애

칸트(Kant 2007[1764a], 69)는 1764년에 발표한 「정신의 질병들에 대한 시론」Essay on the Maladies of the Head[Versuch über die Krankheiten des Kopfes]에서 정신착란에 대한 경험론적 어휘 목록을 처음 정립하는데, 이 목록에서 그는 "정신의 박약"이 발현될 수 있는 두 가지 경우를 식별한다. 하나는 사회적인 것으로 이는 경멸을 야기하며, 다른 하나는 자연적인 것으로 이는 동정을 야기한다. 이런 이상들이 정신을 마모시킨다고 알려져 있는 정도[즉 회복 가능한 정도인지의 여부]가 어떤 질병이 사적인 것인지 공적인 것인지에 대한 칸트의 판단에 영향을 미친다. 다시 말해서, 질병의 기원 및 원인과 관련해 그가 설정한 '자연적/사회적'이라는 스펙트럼은 치료 및 재활과 관련해서는 '사적/공적' 분할과 연결된다. 칸트에 따르면, 동정을 야기하는 자연적인 정신착란은 시민 공동체에 속하는 것의 보류와 사적 영역에서의 유폐에 대한 이유가 된다. 그러므로 경멸을 받는 사회적으로 야기된 ("우매함"이나 "어리석음" 같은) 정신의 박약은 "시민 공동체에 속하는 것을 보류시키지는 않는" 반면, 동정을 받는 자연적 질병은 "공식적인 돌봄 제공"official care provision[20]에 대한 이유가 된다(Kant 2007[1764a], 69). 즉 [자연적 질병을 지닌 이들은] 공적 영역 외부의 "정신이상자 수용소"lunatic asylum(Kant 2007[1798], 288, 320[국역본, 199, 255쪽])와 "광인의 집"madhouse(Kant 2007[1798], 309 [국역본, 236쪽])에서 사적 유폐의 상태에 놓이게 된다. 다시 말해서,

---

20) [옮긴이] 영역본의 'official care provision'에 대한 독일어 원문의 표현은 'obrigkeitliche Vorsorge'인데, 이런 독일어 표현에 좀 더 충실하자면 '당국의 예방적 조처'로 그 의미를 새길 수 있다.

자연적인 정신의 질병이 사회적인 정신의 박약과 구별되는 점은 전자가 외부의 (정신의학적이고 의료적인) 중재를, 그리고 시설 수용이라는 형태로 정치적 영역에서의 강제 추방을 필요로 한다는 사실이다. 칸트는 그가 시민사회에 참여하는 데 선천적으로 부적합하다고 지명한 이들에 대해 이런 의료화된 사적 공간을 할당해 둔다.

비록 "정신혼란자"와 "치우" 양자 모두가 "시민 공동체에 속하는 것을 보류시키는" 정신질환을 지니고 있지만, 오직 치우만이 치료가 불가능하다. 그러므로 각각의 집단에 베풀어지는 "공식적인 돌봄 제공"의 상이한 유형은 정반대의 목적에 이바지한다. 정신혼란자 내지 정신착란자는 일반적으로 재활을 이유로 의학적 치료를 받는 반면, 치우들은 영구적인 구금이라는 형태로 "돌봄"을 받는다(Kant 2007[1764a], 69). 칸트가 인지장애를 사회적인 것 아니면 자연적인 것으로 분류하고 있는 것은 무엇보다도 후천적 질병과 선천적 질병 사이의 근원적인 구별에 전적으로 의존하고 있으며, 이런 분류는 감각적·신체적·지적장애에 대한 그의 묘사에서도 일관되게 유지된다. 칸트는 선천적인 지적 결함을 치료 불가능한 자연의 산물 — 탁월한 정치사회의 불가능성을 나타내는 — 로 정의한다. 이런 정의는 그의 진보 이론이 지닌 기본적 교의, 즉 모든 이성적 인간 존재는 "자신의 이성에 의해, 인간 존재들과 함께 사회에서 살아가도록, 그리고 그 사회에서 예술과 학문을 통해 스스로를 계발하고, 문명화하고, 도덕화하도록 운명 지어져 있다"는 생각과도 부합한다(Kant 2007[1798], 420[국역본, 418쪽]).

칸트는 『실용적 관점에서의 인간학』*Anthropology from a Pragmatic Point of View*(*Anthropologie in Pragmatischer Hinsicht*)에서 농에 대해 묘사하면서, "청각 혹은 시각의 결여 내지 상실 중, 어느 쪽이 더 심각한 것인가?"라는 질문을 던진다. 그리고 이에 대해 "감각의 결여가 타고난 것일 경우, 전자[청각 결여]는 다른 모든 감각으로도 거의 대체될 수 없다"고 답변함으로써, 타고난 장애와 후천적 장애 간의 구별을 발전시킨다(Kant 2007[1798], 271[국역본, 169쪽], 강조는 인용자). 칸트는 예컨대 식탁 앞에서 농인은 일반적으로 "짜증을 내고, 의심을 하며, 만족하지 못하고 …… 고립된 상태에 빠질 수밖에 없다"고 묘사한다(Kant 2007[1798], 271[국역본, 169쪽]). 농에 대한 칸트의 묘사는 그가 선천적인, 타고난, 자연적인 장애를 사회화에 대한 방해물로 이해한다는 사실과 공명한다. 사실 칸트가 농과 백치를 정의하는 방식 사이에 존재하는 유사점들은, 일정한 장애에 대한 그의 선별적인 자연화 — 돌이킬 수 없는 생물학적 결함으로의 — 가 시민 공동체 소속의 보류를 야기하는 장애 유형의 식별에 대한 병리학적 방편으로 어떻게 작동하는지 잘 보여 준다. 칸트에 따르면 유전적인, 선천적인, 타고난 인지장애는 시민의[문명의] 영역 내에 존재할 수 없는데, 왜냐하면 그런 장애를 지닌 이들은 영구적으로 그들의 질병적 본성하에 놓이게 되고 사적인 생활 속에 유폐될 수밖에 없기 때문이다.

칸트(Kant 2007[1764a])에게 자연인의 동물적인 본능은 사회적으로 야기되는 정신의 질병에 걸리는 것을 불가능하게 하는 일종의 은신처이다. 왜냐하면 그는 "결코 그 자신의 판단으로까지 나아가야 할 동인을 지닐 수 없고", 결코 그에게 치매가 발생할 수 없으며, 정신이상이라고 하는 것 자체가 "전적으로 그리고 완전히 그의 수용력 너머에" 있기 때문이다. 그러므로 자연인이 지닌 야만적 오성의 단순성이 본성의 단순한 요구들에 화답한다. 그런 자연 상태의 정신에는 거의 아무런 기지wit[21])도 나타날 수 없기 때문에, 자연인들은 사실상 "모든 광기에 대해 잘 보호되어" 있다(Kant 2007[1764a], 75). 이와 대조적으로, 우매함이나 치매 같은 정신의 질병들은 오직 시민[문명인]의 좀 더 내재적이고 개발된 오성에만 정신착란을 발생시킬 수 있다. 이와 같은 이유로 우매함이나 치매 같은 질병들은 사회적으로 야기된 지적 결함이라 할 수 있다.

이런 질병은 자연적 질병과 달리 문명 상태에서 치료될 수 있다. 칸트의 말을 빌리자면, "유전적인 것만 아니라면, [그것들은] 운 좋게 회복될 수도 있다는 희망을 허용한다"(Kant 2007[1764a], 77). 그리고 칸트는 농의 경우와 마찬가지로, 다시 한번 타고난 정신착란과 후천적 정신착란을 구별한다. 그 각각에 자연적 토대와 사회적 토대가 있다고 간주함으로써 말이다. 실제로 칸트는 정신혼란에 대한 자신의 정의에서, 사회적으로 야기된 정신의 박약을 의학적으로 치료될 수 있는 정신질환의 특별한 한 종류로, 즉 "그들의 질환을 없앨 수는 없다고 하더라도, 최소한 완화할 수는 있는" 것으로 기술한다(Kant 2007[1764a], 76).

칸트의 경험론적 결론은, 비록 시민사회가 정신혼란의 과정을 악화시키거나 유지시킨다 할지라도, 그 기원은 유전적이라는 것이다. 그는 눈에 띄지 않는 무언가를 몸에서 진전시키는 어떤 근원으로부터 인지적 질환들이 비롯되며, "아직 정신혼란이 발생했다는 느낌을 주지는 않는 …… 모호한 전도轉倒 상태"가 그 무언가에 뒤따르게 된다고 언급한다(Kant 2007[1764a], 76). "해당 질병이 발발하고, 직접적으로 선행하는 정신 상태에서 그 질병의 이유를 발견할 수 있게 되는" 것은 단지 어느 정도 시간이 흘렀을 때이다(Kant

---

21) [옮긴이] 칸트는 영어의 'wit'에 해당하는 'Witz'를 상이한 것들 사이에서 공통성을 찾아내는 능력, 즉 '특수한 것에서 보편적인 것을 생각해 내는 능력'으로 정의한다. 이런 기지는 그가 말하는 '특수한 것을 보편적인 것 아래 포함된 것으로 생각하는 능력'인 판단력과 대비된다.

2007[1764a], 76, 77). 칸트의 설명에서 완전히 자연적이고 또한 치료될 수 없는 정신의 "비정상 상태"는 광기, 백치, 치우뿐이다.

정신의 결함에 대한 칸트의 '자연적/사회적'이라는 구분은 문명 상태에서 다시 그의 이성 중심적인 '사적/공적' 분할로 이어진다. 이와 같은 구분은 자연 상태에 고유한 정신의 질병들은 곧 유전적이고 선천적이라는, 즉 시민사회에서 점진적으로 진전되는 것이 아니라 "자연적"인 것이라는 생각에 뿌리를 두고 있다. 이런 질병들 가운데 우리가 칸트에게서 확인할 수 있는 것이 "광기", "백치", 그리고 백치와 유사한 "치우"이며, 이 모두는 오성의 결여를 나타낸다. 이런 세 가지의 자연적이고 타고난 이상들(광기, 치우, 백치)을 예외로 하면, 칸트는 다른 모든 정신의 질병들을 시민들의 착란된 공적 이성의 표현으로 간주하면서 그 원인을 정치사회에서 찾아낸다. 그가 논하는 바에 따르면 "자연 상태에서의 인간 존재는 …… 단지 극히 적은 유형의 우매함에만 노출될 수 있고 그 어떤 어리석음에 빠지는 것도 거의 불가능"한데, 이는 "정신혼란이 이런 단순함의 상태에서는 좀처럼 야기될 수 없기" 때문이다(Kant 2007[1764a], 75).

칸트는 자연인이 "정신의 질병에 걸린다면, 그는 백치이거나 광인 둘 중 하나일 것이다"라고 말한다(Kant 2007[1764a], 75). 치우와 거의 마찬가지로, 백치와 광기는 칸트(Kant 1996[1793])가 말하는 "정치-문명 상태"에 대한 자연적 장벽이다. 그 능력에 있어 비정치적 주체인 치우, 광인, 백치는 공적 영역에서 물리적으로 제거되어 "외부의 (야만적) 자유" 상태로 돌려보내져야 하는데, 이는 그들이 그들 자신의 이성에 의해 인도될 가망을 보여 줄 수 없다면, 그들은 또한 그 본성상 결코 자율적이고 자유로운 존재가 될 수 없기 때문이다(Kant 1996[1793], 132).

# 치우, 미성숙, 진보

칸트(Kant 2007[1764a], 69)의 의료-심리학적 어휘 목록에서 이루어지고 있는 또 하나의 중요한 구별은 "불능"impotency[Ohnmacht] 및 "전도"reversal[Verkehrtheit]에 대한 정의와 관련된다. 전자는 "치우imbecility[Blödsinnigkeit]라는 일반적인 명칭" 아래에 포함되어 있고, 후자는 "정신혼란자the disturbed mind[Gemüt]라는 명칭 아래에" 포함되어 있다. 중요한 것은 치우가 "기억, 사고, 그리고 일반적으로는 감각에서의 커다란 불능"을 말한다는 것이다. 그것은 오성 기관의 폐색閉塞에 의해 야기되는 정신의 마비 상태, 즉 "불운한 해당 인격체가 아동기 상태에서 떠나는 것을 결코 허용하지 않는" 정신의 박약함이다(Kant 2007[1764a], 70). 치우를 영구적인 유아기 상태에 유폐되어 있는 것으로 간주하는 것은 칸트의 진보 이론에 광범위한 영향을 미친다.[22] 앨런 우드(Wood 1999, 292, 293)가 논한 것처럼, 칸트에게 자연[본성]은 "인간 존재들을 위한 지침의 역할을 결코 할 수 없는데, 왜냐하면 완전한 인간이라는 것은 성숙 혹은 계몽의 상태에 이르는 것이기 때문이다."

칸트는『실용적 관점에서의 인간학』에서 자연적일 뿐만 아니라 영구적이기도 한, 예외적인 미성숙의 경우를 소개하는 수단으로 치우의 문제를 다시 다룬다. 칸트는 어떤 사람이 "법적으로 성

---

22) 야만 상태에서 완전한 상태로의 이행으로 표현되는 인간의 진보라는 테마는 칸트의 경험론적 저작 두 편에서 두드러진다. 하나는「세계시민적 목표에 따른 보편적 역사에 대한 구상」Idea for a Universal History with a Cosmopolitan Aim(Kant 2007[1784])이고, 다른 하나는「교육학 강의」Lectures on Pedagogy(Kant 2007[1803])이다.

년에 진입하고 난 후 재산의 관리와 관련하여 오성의 박약함을 보인다면, 그것이 그를 아동 혹은 치우로 묘사하게 만든다면, 그는 국가이성에 의해 시민적 미성숙의 단계로 되돌려질" 수도 있음을 경고한다(Kant 2007[1798], 316[국역본, 247쪽]). 칸트는 시민적 미성숙과 자연적 미성숙 간의 차이를 전달하기 위해, 여성과 아동의 이미지를 각각 끌어들인다. 여성들은 "연령과 상관없이 …… 시민적 문제들에서 미성숙한 것으로 선언되는"반면(Kant 2007[1798], 315[국역본, 246쪽]), 아동들은 이성의 연령에 이를 때까지만 일시적으로 미성숙한 것이다.[23] 여성과 아동의 미성숙이 구별되는 가운데, 칸트가 말하는 치우는 미성숙의 세 번째 사례를, 즉 자연적인 동시에 영구적인 미성숙의 사례를 잘 보여 준다. 요컨대, 여성이 모든 연령에서의 시민적 미성숙을 표상하고, 아동이 일정한 연령까지의 자연적 미성숙을 표상한다면, 치우는 모든 연령에서의 자연적 미성숙을 상징한다.

(백치뿐만 아니라) 치우를 영구적인 유아기와 동일시한 것은 비록 이전부터 있어 왔던 일이지만, 칸트가 지적장애를 영구적이고 자연적인 미성숙의 화신으로 정식화한 것은 그의 발달 등급에서 지적장애가 어떤 예외적인 상태 — 자연적 정체로 가장 잘 기술될 수 있는 — 에 속한다는 것을 시사하며, 치우에 대한 그의 기술 — 그런 정신의 박약함은 "아동기 상태에서 떠나는 것을 결코 허용하지 않는다"(Kant 2007[1764a], 70) — 속에서 강력하게 전달되고 있

---

23) [반면] 칸트(Kant 2007[1764b], 41)는 자신의 유명한 에세이 「미美와 숭고의 감정에 대한 소견」Observations on the Feeling of the Beautiful and the Sublime에서는 여성들이 [그 종류는 다를지라도] "남성 못지않은 오성을" 지녔다고 말하기도 한다.

는 어떤 이례적인 것임을 뜻한다.[24] 칸트(Kant 2007[1786])의 진보 이론에 따르면, 인간의 역사는 "단지 동물에 지나지 않는 야만 상태에서 인간성으로, 본능에 의지해 나아가는 것go-cart[Gänglewagen] of instinct에서 이성의 인도를 받는 것으로, 한마디로 자연의 후견 상태 guardianship[Unmündigkeit] of nature에서 자유의 상태로 이행해 가는 것일 뿐이다"(Kant 2007[1786], 168).[25] 이 같은 도식의 맥락에서 칸트가 말하는 치우는 "자연의 시대"로부터 "자유의 시대"로 역사를 움직여 가는 진보의 수레바퀴에서 어떤 예외적인 속박을 상징한다.[26]

## 광기와 시민권

칸트는 인지발달과 시민 공동체 사이의 관계를 다루면서, 백치 및

---

24) 지적장애와 유아기의 동일시는 비록 19세기 — 에두아르 세갱의 '백치 교육을 위한 생리학적 시스템'이 프랑스, 영국, 미국에서 광범위하게 채택되었던 때 — 에 익숙해진 것이기는 하지만, 루소 또한 18세기에 그와 같은 동일시를 활용했다. 리시아 칼슨(Carlson 2010, 28-33)은 이런 문제를 세갱, 루소(Rousseau 1979, 61), 푸코(Foucault 2008, 207-209) 등을 참조해 논한 바 있다.

25) 앨런 우드는 'Gänglewagen'에 대한 자신의 번역어 'go-cart'를 "자전거에서 사용되는 보조 바퀴와 같은 방식으로 몸을 지탱해 줌으로써, 아동에게 걷기를 가르치기 위해 18세기에 사용되었던 이륜 수레"라고 설명한다. 그는 또한 'Unmündigkeit'에 대한 자신의 번역어 'guardianship'은 "다른 이의 인도 없이 자신의 오성을 사용하는 것에서의 무능력'이라고 설명하면서, 칸트는 "계몽"Aufklärung을 "스스로 자초한 후견 상태에서 빠져나오는 것"이라고 정의했으며, 오성의 결여 때문이 아니라 "스스로 사고하려는 용기와 결단력의 결여"로 인해 후견 상태를 "자초하는" 것으로 여겼다는 점을 언급한다(Kant 2007[1786], 168n).

26) 칸트가 행한 "자연의 시대"와 "자유의 시대" 사이의 구별에 대한 분석으로는 Wood, *Kant's Ethical Thought*, p. 296 참조.

치우와 거의 유사하게 치료나 사회화에 대한 그 어떤 희망도 좌절시키는 선천적 결함 가운데 하나로 광기라는 개념을 도입한다. 그는 "광기의 배아"는 "생식의 배아와 동시에 생겨나며, 따라서 이 또한 유전적인 것이다"라고 주장한다(Kant 2007[1798], 322[국역본, 258쪽]). 또한 "이런 질환의 우연적 원인들"이 인간에게 알려져 있지 않다는 이유로 "마치 불운한 그 자신이 해당 질환에 대한 책임이 있기라도 한 것처럼" 그것을 "유전적인 것이 아니라 후천적인 것으로" 규정하는 것은 잘못된 일이라고 말한다(Kant 2007[1798], 322[국역본, 259쪽]). 그렇기 때문에 광기는 비록 특발성 질환[원인이 뚜렷하지 않은 질환]이기는 하지만, 명백히 "자연에 그 원인이 있는 …… 인간성의 가장 심대한 저하"이다(Kant 2007[1798], 320[국역본, 255쪽], 강조는 인용자). 이런 심대한 인간성의 저하는 그 "미친"mad[toll] 사람이 견뎌 내는 수밖에 없으며, 그런 사람에 대해 "'정신착란을 지닌'이라는 말은 단지 완곡한 표현"일 뿐이다. 요컨대 광기는 치료에 대한 그 어떤 가망도 완전히 헛되게 만들어 버리는 "치료될 수 없는 이상"인 것이다(Kant 2007[1798], 319, 320[국역본, 253, 254쪽]). 그러나 광기가 자연에서 비롯됨에도, 칸트는 광인이 백치처럼 영혼이 결여되어 있지는 않다는 점을 고려해 광기를 백치 및 치우와 구별한다. 그러므로 광기는 인간성을 저하시키기는 하지만, 그것은 백치와 달리 인간 종의 성원권에 대한 어떤 방해물은 아니다.

사회적·자연적 시적 질병들에 대한 칸트의 이성 중심적인 '공적/사적' 분할에 따라, 광기 — 치우 및 백치와 마찬가지로 — 는 "감방"(Kant 2007[1798], 310[국역본, 237쪽]), "광인의 집"(Kant 2007[1798], 309[국역본, 236쪽]), "정신이상자 수용소"(Kant 2007[1798], 288, 320[국역본, 199, 255쪽])로의 사적 유폐를 통해 시민 연합 소속이 보류되어야만 한다. 칸트는 광인이 다른 누군가의 이성에 의해 인도되어야 한다고 주장하는데, 왜냐하면 그들은 시민권에 필수적으로 요구되는 성숙함이 결여되어 있으며, 그런 결여가 불가피하게 그들을 공적 영역에서 배제되도록 하기 때문이다. 정신 요양 시설에 거주하는 광인과 달리, "단순한 자, 경솔한 자, 어리석은 자, 젠체하는 자, 바보, 어릿광대" 같은 "정신적으로 모자란" 이들은 정신적 질환을 지니고 있기는 하지만 그 정도에서뿐만 아니라

> 정신적 부조不調, discord의 질에서도 구별되며, 그들의 질병 때문에 광인의 집에 소속되지는 않는다. 즉 인간 존재들이 연령의 성숙함과 힘에도 불구하고, 아주 사소한 일상의 문제와 관련해서도 여전히 다른 누군가의 이성에 의해 통제되어야만 하는 곳에 말이다(Kant 2007 [1798], 309[국역본, 236쪽]).

실제로 오성의 한 양식으로서의 '은둔'privacy은 칸트의 경험 윤리학에서 광기의 규정적 속성으로 부각된다. 그는 "광기의 유일한 보편적 특성은 …… 공통 감각[상식]common sense(sensus communis)이 상실되고 그것이 논리적 사적 감각logical private sense(sensus privatus)으로 대체되는 것이다"라고 파악한다(Kant 2007[1798], 324[국역본, 261쪽]). 사적 감각에 대한 칸트의 정의는 시민 연합이라는 그의 개념에 대한 반정립을 구현하는데, 왜냐하면 그것이 사회정치적 계층화에 대한 그의 생각과 완전히 대조를 이루기 때문이다. 그런 정의가 공통 감각과 대립되는 한, 사적 감각은 진보의 자연적 흐름에 대한 모순이라는 형태를 띠면서 공적 숙의와 정치 참여를 불가능하게 한다.

칸트는 광기에 대한 자신의 정의를 기반으로 해서, 망념妄念, versania으로 알려진 정신질환에서 나타나는 공통 감각적 특성의 부

족은 시민권에 대한 자연적 제약이 된다고 언급한다. 망념 속에서 정신착란을 지닌 주체는 "삶의 통일성에 요구되는 공통 감각에서 벗어난다. …… [그리고] 스스로가 동떨어진 곳으로 이동해 있는 것으로 여긴다(여기에서 '정신착란'이라는 단어가 나온다)." 망념은 이 탈된 이성이며, 칸트가 "적극적 비이성"positive unreason이라고 부른 것이다. 즉 그것은 "착란된 이성이라는 병이다"(Kant 2007[1798], 321 [국역본, 256, 257쪽]). 본능적인 정신 상태에 있음으로 인해 격리가 요구되는 주체들 중에서도, 망념을 지닌 광인은 그의 "자기 유폐적인 사색", 즉 "완전한 자족"과 신체 내의 사적인 은신 상태로 인해 "발광으로부터 가장 멀리 떨어져 있다"(Kant 2007[1798], 321[국역본, 256쪽]). 이런 의미에서 광기는 사적 영역에서의 사적 감각이라는 형태를 띠는, 은둔의 정신적 현시인 것만큼이나 은둔의 신체적 현시이기도 하다. 정신적으로, 광인의 인식은 그의 사적 감각에 얽매여 있다. 물질적으로, 그의 체현된 경험은 결코 세계 밖으로 투사되지 않는다. 광인이 정신 요양 시설의 감방에 신체적으로 격리되어 있다는 점뿐만 아니라, 그의 사고와 감각적 인식이 해당 인격체의 경계 내에 유폐되어 있다는 점을 강조함으로써, 칸트는 사적 자아와 사적 영역이라는 두 가지 측면에서 은둔의 전형이라는 광기의 강력한 이미지를 이끌어 낸다.

칸트에 따르면, "우리 자신의 오성을 가지고 스스로를 고립시키거나 우리의 사적인 표상을 가지고 공적으로 판단하는 대신, 타인들의 오성으로써" 우리의 오성을 제한하는 것이 진정 "일반적으로 우리가 내리는 판단의 올바름에 대한, 따라서 또한 우리 오성의 건전함에 대한 주관적으로 필수적인 시금석이다"(Kant 2007[1798], 324 [국역본, 261쪽]). 이론적 견해에 대한 검열이 "인간성을 해치는"것은 바로 이런 이유 때문이다. 즉 그런 검열은 "자신의 사고가 타인들의 오성과 합치하는지 알아보기 위해 이를 공중 앞에 제시했기 [때문에] 주어지는, [우리] 자신의 사고를 바로잡을 수 있는 가장 중대하고 유용한 수단을" 박탈하게 된다(Kant 2007[1798], 324[국역본, 261쪽]). 광인에게는 "공적 감각과는 동떨어진 혹은 심지어 그와 반대되는 사적 감각이 이미 타당하기" 때문에, 그런 광인은 공통의 세계가 아니라 (마치 꿈속에서와 같은) 자기 자신만의 세계에서 보고, 행위하고, 판단하도록 하는 사고의 실행에 내맡겨진다(Kant 2007[1798], 324[국역본, 262쪽]). 그러므로 광기의 경우에는 사적 유폐의 정도가 그 극한에 이르게 되며, 이는 공적으로 사고하고, 감각하고, 행위하는 것의 자연적 불가능성을, 즉 사회 세계를 경험하는 것의 실패를 나타낸다. 요컨대 광인 주체의 체현된 "자기 유폐" 상태 및 시설에의 유폐와 더불어 그 주체의 인식이 사적 감각 내에 제한되는 것은, 이처럼 전적인 은둔의 특별한 비사회적 상태에 대한 반영이다.[27)]

게다가 칸트는 광인이 오성에 대한 통제력을 결여하고 있다는 이유로 그들을 사회적·정치적·시민적 권리와 의무로부터 차단한다. 칸트는 광인들의 자연적이고 영구적인 미성숙 상태를 고려한다면, 그들은 이성의 보충적 원천prosthetic source으로서 타인들에게 필연적으로 의존할 수밖에 없다고 규정한다. 지적장애는 자율성과 자유의 대립물이라는 자신의 해석을 다시 한번 강조하면서 말이다. 칸트는 "잠들지 않고 열띤 상태에 있는 사람의 섬망성 발광delirious raving(delirium)은 …… 일종의 신체적 질환이며 의학적 치

---

27) 킴 홀(Hall 1997, 258)이 논한 것처럼, 칸트의 '공통 감각'이라는 관념은 제3비판(『판단력 비판』)에서 그의 미학 이론의 기본을 이루는데, 그녀는 그런 공통 감각이 "우리의 바로 그 인간성에 의해 명령된 계약"이라고 주장한다.

료를 필요로 한다"라고 말한다. 그러나 "의사가 그런 병리적 문제의 발생을 감지하지 못하는데도 섬망 상태에 있는 사람만이 광인이라고 불린다"(Kant 2007[1798], 319[국역본, 253쪽]). 그러므로 치우 및 백치의 장애는 그들을 인간 종에서 배제하는 반면, 광인의 장애는 그에게 시민권을 허용하지 않는다.

칸트는 『도덕형이상학』에서 직접적인 사법적 용어로, 비주체들을 시민사회로부터 배제하는 도덕-사법적 사유와 그에 따른 정치적 귀결에 대해 설명한다. 오직 국가의 시민들cives, 즉 "법의 부여를 위해 연합한 그런 사회의 구성원들societas civilis"만이 권리를 갖는데, 칸트는 그 같은 권리를 "(시민으로서의) 본질과 분리될 수 없는, 시민의 속성"으로 정의한다(Kant 1996[1797], 457[국역본, 267쪽]).[28] 칸트의 정의의 원칙이 지닌 사법적·정치적 내용 — 광인은 배제되는 — 에는 "합법적 자유", "시민적 평등", "시민적 자립"이 포함된다(Kant 1996[1797], 457, 458[국역본, 267쪽]). 칸트에게 시민적 자립은 시민적 인성의 원천으로서 특히 중요한데, 그것이 시민에게 "권리와 관련된 문제에서 다른 이들에 의해 대리될 필요가 없다는 속성"을 부여한다(Kant 1996[1797], 458[국역본, 267쪽]). 누스바움(Nussbaum 2006, 127-140)이 언급한 것처럼, 시민권에 대해 칸트가 설정한 문턱은 그가 능동적 시민과 수동적 시민을 병치하고 있는 것에 의해 표현된다.[29] 수동적 시민들은 "그들 존재의 보존(생계와 방호)이 그 자신의

---

28) 칸트(Kant 1996[1797], 484[국역본, 311쪽])는 또한 시민들이 "(단지 수단이 아니라 목적 그 자체인) 국가의 공동 입법자들로 [여겨져야 하며], 그러므로 그들의 대표를 통해 자유로운 동의를 표해야만 한다"고 규정한다.

29) 칸트가 여성을 수동적 시민으로 해석하는 것, 그리고 그 결과 여성이 시민성의 영역에서 배제되는 것에 대한 유익한 분석으로는 Kleingeld,

관리가 아니라 …… 다른 이들의 합의에 의존한다"(Kant 1996 [1797], 458[국역본, 268쪽]). 이와 같은 이유로 칸트(Kant 1996[1797], 458[국역본, 268쪽])는 이런 비주체들에게 "코먼웰스[국가]의 수하underling[Hand-langer]"라는 지위를 부여한다. 수동적 시민들은 시민적 인성을 갖추고 있지는 않지만, 칸트(Kant 1996[1797], 458[국역본, 268, 269쪽])가 천명하는 바에 따르면, 비시민으로 그들의 의존 및 불평등은 "함께 국민을 이루는 인간 존재로서 그들의 자유 및 평등과 조금도 배치되지 않는다."

이런 관점에서 보면, 시민적 수동성이 칸트가 말하는 지적장애인 범주를 흡수한다고 이해하는 한에 있어서도, 시민 공동체 소속의 보류로서 정치적으로 표현되는 장애들과 그런 시민적 수동성이 양립할 수 없다는 점은 분명하다. 즉 칸트가 정식화한 수동적 시민권은 그 정의상 백치를 아우를 수 없다. 아래에서 다시 언급되겠지만, 백치가 지닌 장애는 그들을 인간 종에서 완전히 배제하며, 사적[수동적] 시민권과 능동적 시민권이라는 칸트의 구분에 선행하는 [인간 종인지 여부를 구분하는] 과정 자체로부터 배제한다. 그 결과 칸트의 정치적 지반에서는 시민성의 결핍에 대한 세 가지 불연속적인 등급화가 두드러지게 되는데, 그 모두는 인지발달의 정도, 그리고 그가 자신의 경험론적 저작에서 각각의 장애 정체성에 대한 원인으로 지목하고 있는 정신착란의 기원에 의해 결정된다. 그런 주변화의 첫 번째 단계는 칸트가 비인간과 비시민을 분별함에 따라 발생한다. 비이성에 대한 칸트의 명명학에서 나타나는 모

"The Problematic Status of Gender-Neutral Language in the History of Philosophy: The Case of Kant", pp. 138, 139 참조.

든 분류 중에서, [아래 절에서 설명되는 것처럼] 오직 백치만이 인간 종에 대한 성원권에서 배제된다. 다시 말해서, 영혼이 결여된 이들 외에는 그 어떤 다른 주체들에게도 비인간이라는 이름이 부여되지 않는다. 그러므로 백치는 칸트가 말하는 '수동적 시민' 계층 아래에 존재한다.[30]

수동적 시민권에 대한 칸트의 정의 내에 존재하는 미묘한 차이로부터 부각되는 시민성이 결핍된 두 번째 계층은, 인지적 결함에 대한 그의 분류법에서 '자연적/사회적'이라는 분할과 연결되는 어떤 것이다. 칸트(Kant 1996[1797], 458, 459)가 논한 것처럼 수동적 시민들에게는 자연적 자유와 평등이 주어지며, 그것은 그들의 인간성이 남겨 준 것이다. 이 자연적인 인간학적 최소치는 "누구나 노력해서 이런 수동적 상태로부터 능동적 상태로 나아갈 수 있다"는 것을 의미한다(Kant 1996[1797], 459[국역본, 269쪽]). 칸트는 여기서 "나무꾼", "인도의 대장장이", "소작농" 같은 수동적 시민들을 언급하기는 하지만, 그의 언급은 또한 미성숙한 시민성을 지닌 수동적 시민들에게도 적용된다. 시민성의 미성숙이 (결국에는 사라질 수도 있는) 치료 가능한 정신적 질병으로부터 기인하는 한에서는 말이다.

30) 칸트는 또한 가장 낮은 등급의 비시민이 지닌 사법적 지위인 "노예"[Lei-beigener](servus in sensu strictu)에 대해 논한다. 칸트(Kant 1996[1797], 471 [국역본, 290쪽])가 썼던 바에 따르면, "어떠한 존엄성도 지니지 않은 채 국가에서 살아가는 인간 존재는 있을 수 없는데, 왜냐하면 그는 최소한 시민의 존엄성을 지니고 있기 때문이다. 이에 대한 예외는 그 자신의 범죄로 인해 그런 존엄성을 상실한 이들인데, 이에 따라 그는 비록 살아 있다 하더라도 단지 다른 이들(국가 혹은 다른 시민들 중 어느 한쪽)의 선택의 도구가 된다." 그렇지만 내가 이미 논한 것처럼, 노예가 인간 존재의 타고난 존엄성에 대한 유일한 예외는 아니다.

그렇지만 이와 대조적으로 광인들의 경우에는 치료 불가능한 자연적 장애를 지니고 있기 때문에, 그들은 시민적 수동성에서 시민적 능동성으로 나아갈 수 없다. 반면 치료 가능한 정신적 질병을 지닌 이들은 그들의 정신질환이 지속되는 동안 이어지는 수동성의 상태가 극복 가능하다는 것을 알게 된다.[31] 결국 지적장애에 대한 칸트의 견해가 그의 시민권에 대한 스펙트럼과 어떻게 교차하는지를 고찰하고 나면, 우리는 칸트의 '수동성/능동성'이라는 이원론이 지적장애인 주체에 대한 그의 논의와 (이전에 알려져 있던 것보다 훨씬 더 심대하고 복잡하게) 관계를 맺고 있는 방식을 올바로 인식할 수 있게 된다(Nussbaum 2006, 52). 실제로 이런 관계의 중요성은, 그것이 드러내 주는 자연적·정치적 비하 상태의 불연속적인 정도에 존재하며, 지적장애 정체성들에 대한 칸트의 구체적인 구별이 그의 정치에서 배제의 특정한 형태들에 어떤 식으로 영향을 미치는가에 존재한다.

### 백치와 종성원권

칸트(Kant 2007[1764a])는 1764년 발표한 「정신의 질병들에 대한 시론」의 마지막 부분에서, 사회적으로 야기된 정신질환과 자연적인 지적장애의 구별에 관해 최종적이고 결정적인 경험론적 소견을 제

---

31) 이는 태생적 시민에 대한 칸트(Kant 1996[1797], 478[국역본, 301쪽])의 생각과 모순된다. "그 거주자들이 권리를 확립하기 위해 어떤 특별한 행위를 수행해야만 하는 의무 없이도 단지 해당 국가의 헌법상 시민이게 되는 (그리고 출생에 의해 시민이게 되는) 국가country(territorium)는 고국native land이라고 불린다. 이런 조건에서 벗어나, 그들이 시민이 아니게 되는 국가는 외국foreign country이라고 불린다."

시한다. 즉 자연적인 지적장애는 절대적이고 완전한 이성의 부재 상태라는 견해를 말이다. 칸트는 그의 분류법상에서 모든 정신이상들 가운데 가장 예외적인 것으로 "백치"idiocy[Dummköpfigkeit]를 해석하면서 이와 같은 생각을 전개한다. 칸트는 예컨대 "우둔"dull head[der stumpfe Kopf]은 "기지가 결여되어" 있는 반면, "백치"idiot [Dummkopf]는 "오성이 결여되어 있다"고 언급한다(Kant 2007[1764a], 66). 칸트(Kant 2012, 94)는 1775, 76년의 『인간학 강의』Lectures on Anthropology에서 자기 준거적 실존과 세계 내 자신의 존재에 대한 비인식이라는 측면에서 백치를 정의한다. 즉 "세계 내 자신의 상태를 인지하지 못하는 자가 백치이다." 칸트(Kant 2012, 415)는 그의 1784, 85년 강의에서 다시 한번 백치를, 사회적 맥락 내의 타인들과 자신을 관련지음으로써 공적 영역 내에 자신의 실존을 근거 짓는 데에서의 무능력이라는 측면에서 정의한다. 그는 "백치와 단순 무지함"이란 "오성의 결여 상태"라고, 즉 "자신의 판단을 타인들에 비추어" 점검하는 것, "시금석이 되는 것과 자신의 생각이 같은지 아닌지"를 살피는 데에서의 무능력이라고 적고 있다. 양자의 강의에서 칸트는 백치를 "정신의 박약"이라고 확인함으로써, 다른 종류의 정신혼란자 내지 정신착란자와 백치를 주의 깊게 구별한다. 칸트는 정신혼란자는 "규칙에 반하여 행동"하지만, 그의 이상은 "정신력의 결여가 아니라 [그런 정신력의] 부정확한 사용과 관련된다"고 파악한다(Kant 2012, 415). 반면 백치는 "정신의 불구 상태이고, 그는 자신의 정신력을 거의 사용할 수 없으며, 타고난 어리석음을 지니고 있다"(Kant 2012, 415). 이성의 상태에서 야기되는 심리적·인지적 박약과는 대조적으로, 칸트는 백치를 자연적 사고로, 백치를 지닌 이들의 정신의 형성은 이성의 형성에 선행하며 그런 이성을 배제하는 것으로 정의한다.

1798년이 되면 칸트(Kant 2007[1798])는 『실용적 관점에서의 인간학』에서 1764년, 1775, 76년, 1784, 85년에 이루어졌던 백치에 대한 그의 초기 정식화를 재검토한다. 이런 재검토의 결과, 그의 새로운 정의는 체현된 영혼의 부재라는 추상적 관념을 전달하기 위해 매우 부정적인 방식으로 [이전의 정의에] 강력한 동물적 이미지를 덧붙인다.

> (발레주[스위스 서남부의 주 -옮긴이]의 천치Cretins에 속하는 이들처럼) 그 생명력을 동물적으로 사용하는 데에도 충분치 않거나, 혹은 단지 동물 전반이 할 수 있는 외면적 행위(썰기, 땅파기 등)를 기계적으로 모방하는 데에만 충분한, 완전한 정신의 결함이 백치라고 불린다. 그것은 사실상 영혼의 병이라고 불릴 수도 없다. 그것은 오히려 영혼의 부재다(Kant 2007[1798], 317[국역본, 250, 251쪽]).

이 같은 칸트의 정의에서 백치는 어떤 종류의 체현된 장애 정체성에도 미달하는 인지적 이상 내지 상태로 기술되고 있다. 즉 "이성과 더불어 발생"하기에 자연적 비이성의 상태에서는 존재할 수 없는 지적장애들과 백치는 단정적[범주적]으로 구별되며, 칸트가 백치를 위치시키는 곳은 바로 정확히 이런 자연적 비이성의 상태이다. 게다가 비이성의 체현이라는 칸트의 백치에 대한 새로운 정의는, 그런 백치가 영혼 없는 몸 내지 주체성이 결여된 주체 — 도덕성이 부재한, 오직 신체적인 자연 생명체 — 라는 추상적 관념을 구체적으로 예증하는 한에서는, 어떤 "비정체성"non-identity의 상태를 나타낸다.

칸트의 명명학에서 심리적·인지적 질환의 다른 모든 범주들과 달리, 백치는 그가 오성의 착란된 상태로 간주하지 않는 유일한 정신이상인데, 왜냐하면 백치는 변질될 영혼을 지니고 있지 않기 때문이다.[32] 치우를 기술하기 위해 도입된 착란과 전도 간의 구별은 더 이상 백치의 표지로 활용될 수 없는데, 왜냐하면 백치는 이성의 전도도 아니고 착란도 아니며, 그런 이성의 심연 — 그 끝을 알 수 없는 깊은 구렁으로서의 인간 정신 — 이기 때문이다. 백치와 이성의 관계는 "야만"과 서구 문명의 관계와 같다. 즉 야만은 "문명화된 (백인) 인류[가] 그 자신[을 정의하는 것]에 대한 부정적 대립물"(Mills 2005b, 190)이다. 밀스에게 있어 비백인의 야만과 문명화된 백인 인류와 같이 "서로 맞물린 개념적 관계"는 문명화에 대한 칸트의 생각을, 즉 누가who "자연을 극복하게" 될 것이고 무엇이what 그러지 못하게 될 것인지를 설명해 준다(Mills 2005b, 190). 칸트처럼 문명의 진보 및 인간 발달의 표지로서 이성에 중요성이 부여되어 있는 경우, 정신의 공백 상태라는 백치에 대한 그의 해석은 정언명령으로부터 우리가 유일하게 공표할 수 있는 것이 무엇인지를, 즉 이성이 결여된 어떠한 존재도 인간 종의 일부로 간주될 수 없다는 것을 잘 보여 준다.

칸트에게 있어 인간의 특성은 도덕적인 것만큼이나 신체적인 것이기도 하다.[33] 그는 "한편으로는 일정한 인간 존재가 이러처러

32) 칸트(Kant 2007[1798])는 정신질환의 두 가지 종류를 식별한다. 우울증(심기증)melancholia(hypochondria)과 정신착란(조광증)mental derangement(mania)이 그것인데, 이 양자는 모두 이성의 완전한 결여가 아니라 이성의 오류에 의해 특징지어진다. "인지 능력의 결함은 정신의 결함mental deficiency이거나 정신질환mental illness이거나 둘 중 하나이다"(Kant 2007[1798], 309[국역본, 235쪽]).
33) 칸트는 인간 존재의 도덕적 특성과 신체적 특성을 나누고 있는데, 이에 대한 엄격한 분석적 해석에 관해서는 Eze, "The Color of Reason: The

한 (신체적) 특성을 지니고 있다고 말해진다. 다른 한편으로는 그가 그냥 어떤 특성(도덕적 특성)을 지니고 있다고 말해지는데, 이 특성은 존재하거나 전무하거나 둘 중 하나일 수 있을 뿐이다"라고 제시한다(Kant 2007[1798], 384[국역본, 359쪽]). 칸트는 오직 선천적으로 이성적이고, 자율적이며, 자유로운 존재만이 인류의 신체적 특성과 도덕적 특성을 함께 소유한다는 점을 분명히 한다. 신체적 특성이 "감각적 혹은 자연적 존재로서 인간 존재의 특징적인 표지"인 반면, 도덕적 특성은 "자유를 타고난 이성적 존재로서 인간 존재의 특징적인 표지"를 나타낸다(Kant 2007[1798], 384[국역본, 359쪽]).[34]

그러므로 인간 종의 성원권에 칸트가 부여하고 있는 문턱은 그가 백치로 정의한 이들에게는 도달 불가능한 것이다. 그들은 분명히 자연적이고 신체적인 존재이기는 하지만, 그들의 실존이 비인간 동물의 신체적 감각력sensibility과 유의미하게 구별되는 방식으로 [세계를] "감각할 수 있는" 것은 아니다. 오히려 백치가 동물성에 개념적으로 근접해 있음에 따라, 그의 신체적 특성은 짐승 같은 삶의 야만적인 육체적 실존을 환기한다. 도덕적 특성과 관련되는 한, 칸트의 판단은 명확하다. 백치는 영혼도 도덕적 특성도

Idea of 'Race' in Kant's Anthropology", pp. 105, 107, 113 참조.
34) 인간 본성에 대한 칸트의 정의에서 이성과 자유가 교차하는 방식에 대한 해석에 관해서는 Henry Allison, *Kant's Theory of Freedom*, Cambridge: Cambridge University Press, 1990, pp. 85-99; Paul Guyer, *Kant on Freedom, Law, and Happiness*, Cambridge: Cambridge University Press, 2000, pp. 129-171 참조. 칸트의 자유 이론에 대한 페미니즘적 해석에 대해서는 Nancy J. Hirschmann, *Gender, Class, and Freedom in Modern Political Theory*, Princeton, NJ: Princeton University Press 2008, pp. 195-207 참조.

지니고 있지 않다. 즉 인간 도덕성의 두 가지 특징적인 표지 — 이성과 자유 — 가운데 백치는 그 어느 쪽도 소유하고 있지 않은 것이다.[35) 여기서 칸트가 나아가는 방향은 『도덕형이상학』에서 이루어진 타고난 권리에 대한 그의 정식화를 확증하는데, 그 저서에서 그는 자유를 "인간성에 의해 모든 인간이 소유하게 되는 유일하게 원초적인 권리"로 개념화하고 있다(Kant 1996[1797], 393[국역본, 162쪽]). 칸트는 1784년의 윤리학 강의들 가운데 하나에서 "아무런 자유도 갖고 있지 않은 것들은 누군가 마음대로 처분할 수 있겠지만, 그 자신이 자유로운 선택권을 지니고 있는 존재는 그렇게 할 수 없다"는 점을 상기시키고 있는데(Kant 1997, 127), 이를 통해 확인되는 것처럼 자연적 자유가 그의 도덕철학에서 결정적 측면임은 의심의 여지가 없다.

더욱이 칸트는 그가 백치를 정의하는 데 사용했던 것과 동일한 기술적記述的 방법에 의거해서 인간 존재를 정의한다. 그가 『판단력 비판』*Critique of the Power of Judgment*(*Kritik der Urteilskraft*)에서 다음과 같이 쓰고 있는 것처럼 말이다.

그러므로 유기적 존재는 단지 기계에 불과한 것이 아니다. 기계는 단지 원동력motive power만을 지니지만 유기적 존재는 그 자체로 형성력formative power을 지니며, 실제로 그 형성력이 물체에 전달되는

---

35) 칸트(Kant 2007[1798], 369[국역본, 335쪽])는 또한 자연적 자유를 "만인에게 존재하는 가장 격렬한 성향"으로, 신생아에게조차 존재하는 어떤 추상적인 개념으로 기술하기도 한다. 칸트(Kant 2005, 187, 4759n)에게 있어 "오성을 지닌 존재"는 "타인들과의 교감 속에서 …… 감각력에 의해 영향을 받게" 되며 "초월적으로 자유롭다."

것이고, 물체는 그런 힘을 갖고 있지 않기(그런 힘이 물체를 조직한다) 때문이다. 요컨대 유기적 존재는 스스로 증식하는 형성력을 지니며, 그 힘은 단지 움직이는 능력(즉 기계적 과정mechanism)을 통해서만은 설명될 수 없다(Kant 2000[1790], 246[국역본, 429쪽], 강조는 원저자).

칸트는 "인간"human을 "인간 존재"human being라는 범주 내에 위치시키기 위해 일련의 유비적 용어들을 전략적으로 사용한다. 그가 백치를 인간 존재라는 범주 바깥에 위치시킬 때 그랬던 것처럼 말이다. "백치"는 "동물 전반이 할 수 있는 외면적 행위의 기계적 모방" 외에는 아무것도 할 수 없다(Kant 2007[1798], 317[국역본, 250쪽], 강조는 인용자). "단지 움직이는 능력"은 형성력이 아니라, 백치의 한정적인 "기계적 모방"에 대한 능력과 유사한 기계적 과정일 뿐이다.[36]

　백치가 오로지 신체적 특성만을 갖는다고 간주되는 것은 칸트의 정치이론 전반에, 특히 그가 이야기하는 '자신과 타인에 대한 의무의 원칙'과 관련하여 심대한 영향을 미친다. 칸트의 자신에 대한 의무라는 관념은 두 부분으로 나뉜다. "동물적 존재로서의 자신에 대한 인간의 의무"와 "순전히 도덕적 존재로서의 자신에 대한 인간의 의무"가 그것이다(Kant 1996[1797], 546-559[국역본, 515-539쪽]). 요컨대 우리는 동물성과 도덕성이라는 두 가지 영역에서, 자신에 대한 의무와 타인에 대한 의무를 지닌다. 더욱이 "의무를 질 뿐만 아니라 또한 지우기도 하는 주체는 언제나 오직 인간 존재뿐이다" (Kant 1996[1797], 544[국역본, 511쪽], 강조는 원저자).[37] 우리가 몸과 영혼

---

36) 여기서 나는 언어적 유사성을 이야기하고 있는 것이기 때문에, 나의 해석을 더 확실히 뒷받침해 주는 라우든(Lauden 2011, xviii)의 2차 번역에 의지했다.

이 개념적으로 구분된다고 생각할 수는 있겠지만, 칸트를 따라 "몸에 대한 의무와 영혼에 대한 의무의 분할을 정당화하기 위해서" 그런 몸과 영혼을 "[인간 존재에게] 의무를 지우는 상이한 실체"(Kant 1996[1797], 544[국역본, 511쪽], 강조는 원저자)로 여길 수는 없을 것이다. 이처럼 의무를 분할하기 때문에, 칸트는 "인간의 몸에 대해서조차, (의무를 부과하는 주체로서의) [인간 존재가] 몸에 대한 의무를 지녀야 한다고 생각하는 것은 불가능하다"고 여긴다(Kant 1996[1797], 544[국역본, 512쪽], 강조는 원저자). 그러므로 우리가 백치의 몸을 인간적인 것 이라고 받아들인다 하더라도, 그런 몸은 여전히 인간 주체에게 아무런 의무도 부과하지 않는다.

인간의 사적 의무와 공적 의무에 대한 칸트의 이해에 기반을 둘 경우, "백치들"은 그들 자신에 대해 아무런 의무가 없고, 타인들도 그들에 대해 아무런 의무가 없는데, 왜냐하면 그들은 단지 신체적인 존재이기 때문이다. 이런 정식화는 칸트 도덕이론의 두 가지 교의와 부합한다. 첫째, 인간 존재는 의무를 지우는 동시에 의무를 지는 유일한 주체라는 교의. 칸트 도덕이론의 맥락에서, 인간은 비인간인 백치에 대해 아무런 의무를 지니고 있지 않으며, 백치 또한 그 누구에 대해서도 의무를 지니고 있지 않다. 둘째, 인간성과 백치가 대립된다는 점은 자기완성의 의무에 대한 칸트의 견해를 확고히 해주는데, 그런 자기완성의 의무는 인간 존재에게 "자기

---

37) 칸트(Kant 1997, 140)는 여기서 우리에게 도덕철학에 대한 그의 1784년 강의 가운데 하나를 떠올리게 만든다. "건강한 몸에 건강한 영혼이 깃들도록 하는 것은 자기 존중의 의무들 가운데 하나이다. 정신력의 완성이 인간성의 본질적 목적과 밀접하게 관련되는 한, 정신력의 증진은 우리의 자기 존중의 의무들 가운데 하나인 것이다."

자신을 그가 지닌 본성의 야만 상태로부터, 그리고 그의 동물성으로부터, 점점 더 인간성을 향해 고양시켜야 할 의무를" 부여하며, "이런 고양에 의해서 그는 단독으로 자기 자신을 목적으로 설정할 수 있다"(Kant 1996[1797], 518[국역본, 468쪽]). 백치를 인간성의 경계 바깥에 있는 존재로 구성하는 것은 칸트의 인간 진보 이론에 광범위한 영향을 미친다. 그의 1784년 에세이, 「세계 시민적 관점에서 본 보편사의 이념」Idea for a Universal History with a Cosmopolitan Aim[Idee zu einer allgemeinen Geschichte in weltbürgerlicher Absicht]에서 표현되고 있는 것처럼 말이다. 이 에세이에서 "생명체의 모든 자연적 성질은 언젠가는 완전하게, 그리고 목적에 맞게 발현되도록 정해져 있다"(Kant 2007[1784], 109[국역본, 25, 26쪽], 강조는 원저자)는 그의 첫 번째 명제는 자연의 목적론적 교의에 대한 칸트의 지지를 확고히 한다.

'자연적/선천적' 대 '사회적/후천적' 지적장애 사이의 구별은 백치에 대한 칸트의 정식화에서 단지 지속되기만 하는 것은 아니다. 이런 정의는 또한 [이성의] 결여와 오류에 대한 그의 변별에 의해 변환된다. 백치는 영혼이 결여되어 있기 때문에, 그런 백치의 실존은 비정치적이고, 비사회적이며, 도덕성과 무관하다. 인지력이 전무하고 오직 기계적 모방에 대한 동물적 본능만을 지니고 있기 때문에, 백치는 인간 이하의 동물성이라는 등급으로 끌어내려지면서 완전히 비인간화된다. 그에 따라 칸트에게서 지적장애인 주체들은 결과적으로 자연적·야만적 상태로 강등되고, 도덕성이 부재한 비정치적 실존 내에 영구히 유폐되는데, 그곳에서 그들은 그들이 결여하고 있는 바로 그 오성을 결코 필요로 하지 않는다.

## 장애와 계약: 누스바움의 『정의의 최전선』을 재사유하기

『정의의 최전선』에서 마사 누스바움(Nussbaum 2006, 11)은 사회계약론의 전통이 "평등한 인격체들 간의 정의에 대해 사유하는 선명하고, 엄격하며, 계몽적인 방식"이라고 기술한다. 사회계약론적 전통의 유산에 대한 이런 찬사에도 불구하고, 그녀는 장애인에 대한 논의를 비롯한 많은 지점들에서 사회계약론에 비판적이다. 누스바움에게 이런 지점들은 해결책이 요구되는 문제들인데, 왜냐하면 그녀가 말한 것처럼 "이전의 이론들이 간과했던 지점을 바로잡는다는 것은 단지 동일한 구래의 이론들을 새로운 문제들에 적용하기만 하면 되는 일"이 아니라 "이론의 구조를 바로 세우는" 일이기 때문이다(Nussbaum 2006, 14, 강조는 인용자).[38] 페이트먼은 사회계약론을 그 자체로 완고하게 억압적인 구조에 기반한 정의의 모델로 파악하면서 이를 폐기하는데, 이런 페이트먼과 달리 누스바움은 정의에 대한 자신의 '역량 접근법'에 뿌리를 두고 고전적 모델에 대한 정교한 이론적 재구축을 통해 계약론의 구조적 실패를 완화하는 작업에 착수한다.

---

38) 누스바움의 대안적 해결책이 실제로 이런 목표를 달성했는지는 전적으로 또 다른 문제이다. 그녀의 역량 접근법에 대한 장애적 시각에서의 비판적 분석으로는 Silvers and Francis, "Thinking About the Good: Reconfiguring Liberal Metaphysics (or Not) for People with Cognitive Disabilities"; Michael Bérubé, "Equality, Freedom, and/or Justice for All: A Response to Martha Nussbaum", *Metaphilosophy* 40 (3-4), 2009, pp. 353-365 참조. 이 두 논문은 누스바움의 결론과 처방에 대해서는 이의를 제기하지만, 그녀의 절차와 방법론 자체를 비판하지는 않는다.

누스바움의 작업은 사회계약과 관련된 문헌에 대한 인상적이고도 매우 귀중한 기여이다. 나는 그녀의 통찰력에 갈채를 보내며, 사회계약론이 장애를 배제하고 있는 것을 정의의 근본 문제로 다루면서 그녀가 이 지점을 엄격히 심문하는 것에 강력한 지지를 보낸다. 하지만 그녀의 책이 지닌 중요한 장점에도 불구하고, 앞서 언급된 칸트 이론에서의 장애에 대한 나의 독해는 누스바움의 주장 가운데 두 가지에 대해 문제를 제기한다. 첫째, 그녀는 내가 장애인 주체의 의도적 배제라고 논했던 것을 '간과'와 '누락'이라는 형태로 축소한다. 둘째, 그녀는 장애인의 배제에서 나타나는 '간과'를 사회계약론의 정의에 대한 절차적 접근법의 탓으로 돌린다. 이런 문제점들은 사회계약론에서 나타나는 단정적[범주적] 주변화로서의 배제의 문제를 역사적 우연성의 문제로 축소해 버리고, 그 결과 그녀의 비판이 갖는 정치적 취지에도 영향을 미치기 때문에 쉽사리 일축될 수 없다.

## 배제 대 누락

누스바움(Nussbaum 2006, 4)은 고전적 계약이론가들이 "그들의 계약 행위자들을 그 능력에 있어 대략적으로 평등하고, 생산적인 경제활동을 할 수 있는 것으로 상정했다"는 점을 언급하면서 시작한다. 그리고 계속해서 그녀는 이 같은 최초의 상정은 신체적·정신적 차이로 인해 비생산적인 존재로 설정된 이들은 결과적으로 협상자의 위치에서 누락됨을 의미했다고 말한다(Nussbaum 2006, 33). 이 때문에, 장애인들은 "기본적인 정치적 원칙을 선정하는 이들의 집단"에 속하는 당사자가 아니라는 사실이, 원초적인 계약자의 위치에서 그들이 배제되는 이유를 설명한다(Nussbaum 2006, 14-16). 게다가 누스바움은 설령 우리가 "그런 누락이 그 이론들에서 심각한 문제가 아닌 것으로 상정"하려 한다 할지라도, 그럼에도 장애인들은 "계약자 집단 내에 존재하지 않으며" 결과적으로 "정의의 원칙에 대한 틀이 설정되는 대상인 시민들의 집단 내에 존재하지 않는다"고 주장한다(Nussbaum 2006, 33, 강조는 인용자).

결과적으로 누스바움은 계약론이 장애인을 배제한 것을, 정의의 원칙 — 자유, 평등, 권리, 의무 등 — 이 처음으로 선정되고 시민들에게 할당된다고 여겨지는 시초 단계, 즉 [정의의 원칙을] "선정하는 상황에서 누락"된 것으로 다룬다(Nussbaum 2006, 15). 배제를 누락으로 해석하면서, 궁극적으로 누스바움은 정의에 대한 계약론적 설명에서 지적장애 정체성이 실제로 얼마나 결정적인가를 축소해 말한다. 그녀의 분석은 장애인들이 그 자신의 야만적 본성을 결코 초월할 수 없는 비시민, 비인격체, 비인간으로 형상화되는 가운데 사회계약론의 지배적 주체들이 생명력을 부여받게 되는 방식들을 간과하고 있다. 그렇기 때문에 누스바움의 독해는 정의의 한계를 구체적으로 설정하는 수단으로서의 장애 정체성에 사회계약론이 근본적으로 의존하고 있다는 점에 주의를 기울이지 않는다. 예컨대 광기, 치우, 백치에 대한 칸트의 정식화가 그런 "비이성적 타자"를 (정치적·시민적·인간적 주체로 구성되는) 이성적 시민이나 도덕적 인격체와 반대되는 것으로 묘사하는 한, 결과적으로 칸트의 장애 개념은 누가 계약의 주체로서 자격이 있고 누가 자격이 없는지를 — 그 세부 사항의 두드러지는 정도까지도 — 규정하면서, 그의 정치이론에서 정의의 범위를 설정하게 된다.

누스바움이 문제를 "계약의 상황에서 손상과 장애를 지닌 사람들의 누락"으로 파악하는 것은 다음과 같이 한층 더 해로운 결과를 가져온다. 누스바움은 "일단 우리가 모든 사회계약론들의 두

드러진 구조적 특징을 고려하면"이라고 단언하면서, 두 가지 구별되는 문제, 즉 "누구에 의해서 사회의 기본적 원칙들이 설계되는가"의 문제와 "누구를 대상으로 사회의 기본적 원칙들이 설계되는가"의 문제를 뒤섞어 버린다(Nussbaum 2006, 15, 16, 강조는 인용자). 달리 말하자면, 정신적 장애가 없고 신체적 장애도 없는 백인 남성들이 아마도 그런 사회계약론을 고안했을 것이기 때문에, 그에 따라 그들은 그들 자신 및 그들이 동질화할 수 있는 이들을 계약의 일차적인 정의의 주체로 상상했을 것이라고 누스바움은 결론 내린다. 결과적으로 이 같은 논변이 나아가는 방향은 지적장애인들이 불가피하게 누락되었다는 것이다. 계약론이 상정하는 성원권에 대한 실질적인 문턱을 넘을 수 없는 여타의 주변화된 주체들과 함께 말이다. 누스바움에 따르면 고전적 계약론의 한도 — 정의의 원칙들을 포함해 — 는 정의의 일차적인 주체들에 의해서, 그리고 그런 주체들을 대상으로 그 윤곽이 그려진다. 그렇기 때문에 계약론적 전통이 "원칙을 선정하는 절차에 참여하기 위한 전제 조건으로 일정한 능력들(합리성, 언어, 대략적으로 평등한 신체적·정신적 능력)"을 강조하는 것은 불가피하게도 "그렇게 만들어진 사회에서, 정의의 수취인 또는 주체로서의 손상과 장애를 지닌 사람들에 대한 대우에 커다란 영향을 미칠" 것이다(Nussbaum 2006, 16). 결론적으로 누스바움은 "사회계약론들을 특징짓는 구조로 인해 …… 기본적인 정치적 원칙들을 최초로 선정하는 상황에서 장애인들이 누락되는 것은, 그들의 평등한 시민권에 커다란 영향을 미친다"고 진술한다(Nussbaum 2006, 17, 18, 강조는 인용자). 본질적으로 누스바움(Nussbaum 2004)은 계약론에서 장애인이 무시되는 원인을 그 이론의 정의의 원칙들이 설계될 때 그 설계자이자(누구에 의해서) 대상이 되는(누구에 대해서) 집단에서 장애인이 누락된 것에서 찾아낸다. 그녀는 최초의 누락이 근대 초기 유럽에서 장애인들이 역사적으로 비가시화된 결과라고 주장한다. 즉 그들이 사회로부터 역사적으로 배제되었기 때문에, 계약론의 정의의 원칙을 설계하는 책임이 부여된 집단에서 불가피하게 누락된다는 것이다. 요컨대 누스바움은 명시적 차별, 혹은 내가 말했던 것처럼 장애가 있는 몸과 정신 — 칸트 정치사상의 경우에는 경험론적으로 그 윤곽이 그려지는 — 을 겨냥한 체계적인 배제 전략의 결과가 아니라, 사회계약론이 지닌 설계상의 결함으로 장애 문제에 대한 틀을 설정한다.[39]

누스바움에 따르면, 장애인들은 사회계약론에 의해서 결코 명시적으로 비시민, 비인격체, 비인간으로 구성되는 것은 아니다. 그런 것이 아니라, 그들은 계약론이 상정하는 성원권에 대한 선험적 능력의 문턱으로 인해 진입이 거부되는 것일 뿐이다. 이와 대조적으로 나는 시민, 인격체, 인간으로 기술되고 구분되는 정의의 지배적 주체는 대부분, 지적장애인이 비시민, 비인격체, 비인간으로서 명시적이고 선험적으로 구성되는 것의 결과 — 밀스(Mills 1997, 43[국

---

39) 애니타 실버스(Silvers 2005)는 사회계약론이 장애를 일종의 "국외자 문제" outlier problem로 취급한다고 보는 누스바움의 해석에 이의를 제기한다. 누스바움은 사회계약론에 의해 가장 큰 혜택을 누리는 것은 그 이론의 정의의 원칙을 설계한 이들일 수밖에 없으며, 사회계약론에서 장애인이 무시된 것은 17세기 및 18세기 유럽에서 계약론적 정의론들이 구상되었던 시점에 그들이 사회에서 역사적으로 배제되어 있었던 결과라고 주장한다. 다시 말하자면, 장애인들이 사회에서 역사적으로 누락되었기(즉 비가시화되었기) 때문에 그 결과 그들은 계약론의 설계에서도 누락되었고, 이런 이유로 계약론의 정의의 원칙들로부터 이득을 누릴 수 없게 되었다는 것이다(Silvers 2005, 50-52). 그러나 장애에 대한 칸트의 저술이 증언하는 것처럼, 장애인들은 홉스, 로크, 루소 같은 핵심적인 유럽 정치사상가들의 저작 내에서 등장하는 것만큼이나 근대 유럽 사회들에서도 가시화되어 있었다.

역본, 80쪽])가 "어떤 이가 무엇이 아니라는 것에 준거하여 자기 자신을 특징짓기"라고 불렸던 것[40] — 라고 받아들인다. 칸트와 같은 근대 정치사상가들은 명시적으로 지적장애인 주체들을 이성, 영혼, 자유, 자율성이 선천적이고 영구적으로 결여되어 있다는 점을 통해서 정의한다. 그리고 다시 사회계약론에서 설정되는 정상성의 추상적 문턱을, 그리고 시민권 및 인격과 보다 중요하게는 인간 종에 대한 이성의 요건을 구체화하는 것은 지적장애인들의 자연적인 부족함이다. 칸트는 장애를 자신의 정의의 원칙에서 단순히 누락한 것이 아니다. 그는 (시민권의 공적·시민적 영역과 관련하여) 완전한 정치적 결핍의 상태와 (인격의 사적 영역과 관련하여) 도덕성이 부재한 비인간적 삶의 체현으로서 지적장애 정체성을 소환한다. 이처럼 정의에 대한 칸트의 정치이론은 우다이 메타(Mehta 1990)가 "배제의 전략"이라고 불렸던 것에 확고히 뿌리박고 있다. 요컨대 칸트의 정치사상에서 장애인이 진정으로 주변화되어 있다는 점에 우리가 동의한다면, 그의 경험 윤리학에서 장애 정체성에 대해 칸트가 제시하고 있는 해석은 이 같은 주변화가 단지 우연적이거나 정의에 대한 절차적 접근법이 지닌 구조적 단점 — 누스바움이 말하고 있는 것처럼 — 은 아님을 보여 준다고 할 수 있다.

실제로 누스바움이 칸트에게까지 거슬러 올라가 추적하고 있는 정의에 대한 사회계약론의 절차적 접근법은, 이런 이론들이 왜 장애인에게 자격을 부여하지 않는가와 관련된 그녀의 설명 가운데 많은 부분을 차지한다(Nussbaum 2006, 270, 276). 누스바움에게 있

40) 여기서 밀스는 헤이든 화이트(White 1972, 5)의 야만인에 대한 분석에 의지하고 있다.

어 누락이라는 문제는 대부분 '절차주의'procedualism — 정의란 공정한 결과를 성취하는 데 요구되는 필수적인 원칙들로 구성된 계약론적 장치에서 발생한다는 생각 — 에서 비롯되는 것이다. 이런 이유 때문에 '절차주의'는 사회계약론 모델의 기본 메커니즘이라고 할 수 있다. (사회계약론이 애초부터 누락하고 있는 집단들도 그 이론에 스며들어 갈 수 있도록 만들기 위해) 누스바움(Nussbaum 2006, 4)이 재구축하고자 시도하는 구조와 틀의 핵심적인 특징 역시 바로 그런 절차주의다. 누스바움에 따르면 이런 절차의 최종적인 결과가 모든 인간에게 보편적으로 적용될 수 있는지 아닌지의 문제는, 계약론의 정의 메커니즘을 설계하는 이들이 사회계약론을 창시한 당사자들과는 상이한 정체성과 능력을 지닌 주체들을 계약의 당사자 집단에 포함시킬 수 있는지 여부에 달려 있다.

### 절차적 정의와 사회계약

큰 틀에서 볼 때, 누스바움이 간과 내지 절차주의의 산물로서 누락을 강조하는 것은 사회계약론의 배제 전략 내에 존재하는 차별적 의도들을 가리게 된다. 그녀가 논하는 바에 따르면 "정신적 손상을 지닌 사람들은 …… 사회의 기본적인 제도들이 구조화될 때, 그 제도의 대상이 되고 제도 내에서 상호작용을 하는 이들 가운데 속해 있지 않다"(Nussbaum 2006, 98). 달리 말하자면, 계약이론가들은 다른 이들에 대한 그 누구의 지배도 전제적이며 정당화될 수 없는 것으로 만들기 위해, 인간 존재들 간의 도덕적·신체적·인지적 평등이라는 자연 상태를 입증하려는 작업에 나섰던 것이다.[41] 이로부터 다음과 같은 결론이 뒤따르게 된다. 자연적 평등에 뿌리박고 있으며 자유와 정의라는 이름 아래 만들어진 고전적 계약론의 논변들이 신체적 장애가 없고 정신적 장애도 없는 백인 남성들과는 자연적으로 평등하지 않은 존재들 — 즉 신체적 장애인들과 인지 장애인들 — 을 포함하게 된다면, 사회계약론의 반전제주의적 논리는 훼손되고 말 것이다. 이 같은 견지에서, 누스바움은 사회계약 사상가들의 "평등의 상정"은 그들에게 "몇몇 중요한 정의의 이슈들, 특히 심각한 정신적 손상을 지닌 사람들에 대한 정의라는 이슈를 보류할 것을 요구한다"고 결론 내린다(Nussbaum 2006, 31, 32).[42]

누스바움의 주장과는 반대로, 칸트의 경험론적 저술들에 대한 나의 분석은 장애 정체성들이 명시적으로 소환되고 있을 뿐만 아니라 그런 정체성들이 또한 특정한 목적을 위해 선정된 것임을 보여 주는데, 이는 칸트의 정치이론에, 즉 그가 정의의 주체들을 정식화하는 데 전적으로 필수 불가결한 것이다. 따라서 칸트가 "명시적으로 이런 범주[장애인]를 언급하고 있는 것이 아니"라 "지원을 받기 위해서 타인들이 만들어 놓은 제도들에 …… 의존해야만 하는 누군가를 일반적으로" 언급하고 있는 것이라는 누스바움의 주장은 충분히 정확하지 않다(Nussbaum 2006, 420, 37n). 나는 장애 정체성들이 칸트에 의해서 누락된 것이라거나, 혹은 그런 정체성들의 배제가 그의 도덕이론에 존재하는 이성주의적 문턱에서 비롯된 것이라고 주장하지 않을 것이다. 오히려 나는 지적장애에 대한 칸트

---

41) 페이트먼(Pateman 1988, 39)도 성적 차이와 관련하여 유사한 주장을 한 바 있다.
42) 페이트먼과 브레넌(Pateman and Brennan 1979, 52)은 C. B. 맥퍼슨의 작업을 기반으로 계약론의 평등의 상정에 대한 대안적 해석을 제시한다. 그들은 "자본가 집단, 시장경제, 자유 입헌국가의 출현"에 기대어 사회계약론자들이 "평등의 상정"에 의지하는 이유를 설명한다.

의 특정한 견해들이, 장애인들 — 하나의 추상적 범주로서의 장애와는 대조되는 — 이 그의 정치적 지반으로부터 정확히 어떤 지점에서 어떤 방식으로 배제되는지를 이미 예정하고 있다고 주장한다.

더욱이 칸트의 경험론적 저작에 대한 나의 텍스트 분석 및 해석은, 그가 자신의 인간학에서 장애를 시민권 및 인간 종의 하위 범주로 활용하는 것이 그의 초월철학 내에 존재하는 '능동적/수동적' 및 '공적/사적' 분할과 근본적으로 연관되어 있음을 드러내 준다. 누스바움에 따르면 칸트의 능동적 시민과 수동적 시민 사이의 구별은, 의존적인 비계약자들에게는 시민적 인성이 결여되어 있다는 그의 견해로부터 발생하는 것이다(Nussbaum 2006, 52). 그녀는 자연적·전前 사회적 형태의 평등에 대한 칸트의 정의를 그의 이층적 시민권 모델에 대한 토대로 이해하는데, 그런 시민권 모델을 그녀는 점진적 등급이라기보다는 능동적 존재와 수동적 존재 간의 이원론이라는 일종의 이원론으로 해석한다. 누스바움은 능동적 시민들은 칸트의 정치이론에서 틀을 설정하는 자이자 주체로 등장하는 반면, 수동적 비시민들은 공적 삶의 정치적·시민적·경제적 영역에서 누락된다고 주장한다.

누스바움은 일부 수동적 비시민들은 그들이 처한 사적인 지위로부터 빠져나올 수 있기는 하지만, "여성과 장애인은 영구적으로 수동적이라는 범주 내에 존재한다"고 쓰고 있다(Nussbaum 2006, 52). 그녀의 말에서 암시되고 있는 것처럼, 칸트의 정의론에 대한 누스바움의 독해는 대부분 『도덕형이상학』에 기반을 두고 있기 때문에, 그녀는 칸트의 수동적 시민권이라는 범주가 장애인과 관련된다는 추론만을 할 수 있을 뿐이다. 이에 따라 누스바움은 칸트의 철학적 규정과 경험론적 성찰 사이에 존재하는 중요한 연결 고리를 간과한다. 칸트의 경험론적 저작을 그의 도덕이론과 정치이론의 지반으로 독해하는 것에 의해서만, 우리는 수동적 시민권과 능동적 시민권에 대한 그의 정식화가 어떻게 경험 윤리학에서 이루어지고 있는 자연적이고 선천적이며 영구적인 "정신의 박약"과 사회적이고 후천적이며 치료 가능한 "정신의 박약" 사이의 구별을 반영하는 동시에 확증하는지를 이해할 수 있게 된다.

칸트가 수동적 비시민을 시민적·공적·정치적 영역에서 배제한 것을 인간 본성에 대한 그의 경험론적 견해를 배경으로 해석한다는 것은 무엇인가? 그것은 '수동적 시민권'에 대한 칸트의 이해를 그가 자연적이고 영구적으로 수동적이라고 간주하는 — 어떤 경험론적 소견의 문제로서 — 정체성의 유형들에 따라 맥락화하는 하나의 방식이다. 내가 평가하기에 칸트의 수동성이라는 범주는 추상적이고 느슨하게 정의된 비이성적 주체의 배제를 시사하기 위한 의도로 사용된 발견법적heuristic 비유 이상의 것이다. 오히려 치우의 자연적이고 영구적인 수동성에 대한 칸트의 정식화는 특정한 장애 정체성들을 겨냥한 배제의 정치적 전략이다. 칸트의 분류법에 따르면 자연적인 장애를 지닌 주체는 치료되거나 재활될 수 없기에, 그는 총체적인 이상, 영구적인 수동성, 사적인 유폐의 상태에 있게 된다. 그러나 어떤 인지장애가 타고난 것이 아니라 사회적 관계의 결과로 시민사회에서 발생된 경우, 그 장애인 주체는 일단 치료가 이루어지고 나면 그의 수동적 상태를 초월할 수도 있다.

칸트의 수동성에 대한 이해는 그것이 영구적 수동성에 대한 그의 정식화 내에 있을 때조차 매우 복잡하고 범위가 넓은 것이어서, 우리는 지적장애에 대한 그의 명명학에서 정치적 중요성을 발생시키는, 주변화에 대한 미묘한 등급의 체계를 확인할 수 있다. 예컨대 광기는 공적 영역에서의 배제를 정당화하는 반면, 백치는 인간 종으로부터의 완전한 배제를 정당화한다. 장애에 대한 칸트의 경험론적 견해에 주의를 기울임으로써 우리가 취하게 될 요점은 다음과 같다. 우리는 수동적 시민권과 능동적 시민권이라는 관념과 같은 그의 도덕철학 및 정치철학의 핵심적 교의에 대해 더 정확하고 설득력 있는 해석을 만들어 낼 수 있는데, 내가 논했던 것처럼 그런 해석은 인지장애에 대한 그의 명명학에 존재하는 통약 가능한 구별을 입증해 주고 또 뒷받침해 준다. 요컨대 여기서 나의 해석적 텍스트 접근법 — 칸트의 초월철학 및 정치이론을 그의 경험 윤리학을 배경으로 독해하는 것에 의해 특징지어지는 — 은 지적장애에 대한 칸트의 저술들을 그의 정의론의 성격 및 그 이론이 지닌 난외와 한계가 무엇인지를 드러내주는 핵심적인 하위 텍스트로 등록시킨다. 한마디로 말해서, 장애의 실재에 대한 칸트의 설명은 그의 정치이론에 존재하는 정의의 원칙들이 무엇을 의도하고 있는가를 우리가 이해할 수 있게 해주는 결정적인 보충물이다. 칸트에게서 정의란 도덕성이 부재하고 영혼도 없는 백치라는 존재가 사라지는 지점에서 시작된다. 누스바움에게는 미안한 얘기지만, 칸트에게서 정의의 한계는 단지 그의 이론의 절차적 구조에 따른 결과에 불과한 것이 아니다. 즉 이성적 능력에 기반을 둔 문턱이나 지적장애의 누락의 산물로서 그런 정의의 한계가 발생하는 것이 아니다. 정의에 대한 칸트의 접근법에 존재하는 난외를 드러내기 위해서는, 그의 이론에서 나타나는 이론적 추상화나 [이성적] 능력의 문턱 너머로까지 비판을 밀고 나가는 것이 필요하다. 사회계약론의 정의에 대한 절차적 접근법은 밀스(Mills 1997, 10[국역본, 28쪽])가 "공정한 '기본 구조'가 되는 것을 확립하는 과정에서 벌어지는 …… 순전히 가설적인 활동"이라고 불렀던 것의 일부분이다. 내가 이 장 전반에서 논한 것처럼, 지적장애인에 대한 칸트의 명시

적 배제가 순전히 추상적이고 가설적인 활동의 우연적 결과로 잘
못 해석되지 않도록 하기 위해서는, 정의에 대한 칸트의 사상을 평
가할 때 그의 경험론적 저작들이 갖는 의미를 해명하는 것이 중요
하다. 실제로, 칸트의 배제의 전략이 광인, 치우, 백치에 대한 구체
적인 부정의의 형태로서 정치적으로 가장 적나라하게 표출되는 것
은 그가 장애인을 비인격체로, 비시민으로, 비인간으로 구성하는
것 내에서이며, 여기서 광인, 치우, 백치 들은 모두 그의 이론의 난
외 지대를, 그의 윤리학에서 "철학적으로 중요하지 않은" 페이지들
의 어딘가를 배회하고 있다.

더욱이 칸트의 장애관이 지닌 유의미성을 분석함으로써 우리
는 인격에 대한 칸트의 이성주의적 정식화가 그의 정언명령의 중
심적 도덕률과 모순된다는 누스바움의 주장을 재평가할 수 있게
되는데, 그의 정언명령은 인간 존재를 목적 그 자체로 정의한다. 내
가 위에서 언급한 것처럼, 누스바움은 "동물들에게 적용되는" 것
은 "도덕적이고 분별 있는 추론을 위한 복합적 능력이 결여된 모든
존재들에게도 적용될 수밖에 없다"고 상정한다(Nussbaum 2006, 130,
131, 강조는 인용자). 칸트의 경험론적 저술들에 의거하지 않은 채, 누
스바움은 칸트가 말하는 도덕적 인격이 "그의 도덕이론의 중심적
통찰, 즉 각 인격체는 타인의 목적에 대한 수단이 아니라 목적 그
자체로 대해져야만 한다는 것과 심대하게 불화한다"고 주장한다
(Nussbaum 2006, 220, 221). 비록 겉으로는 모순적인 듯 보이지만, 칸
트 철학의 이런 두 측면은 사실 상호 보완적이다. 즉 칸트가 자신
의 경험론적 저작들에서 시민, 인격체, 인간의 범주로부터 지적장
애인을 명시적으로 배제하지 않았다면, 그의 도덕이론은 허물어
지고 말았을 것이다. 달리 말하자면, 이론상으로 유지되고 있는 것
(즉 그의 정언명령)과 칸트가 실제로 경험적 관찰을 통해 입증될 수

있다고 간주하는 것(즉 그의 경험 윤리학) 사이의 모순은, 오히려 칸트가 자신의 경험론적 저작들에서 지적장애인을 인간 존재로 구성했을 경우에만 발생한다.

칸트의 『실용적 관점에서의 인간학』을 그의 『도덕형이상학』에서 이루어지고 있는 인격의 이성주의적 정식화에 대한 경험론적 보충물로 받아들임으로써, 우리는 칸트가 백치를 비이성의 비인간적 체현으로 구성해 내는 것이 (백치가 처음부터 인간 종에 속하지 않는다는 단순한 이유로 인해) 그의 도덕이론과 정언명령이 충돌하는 것을 방지해 준다는 사실을 올바로 인식할 수 있게 된다(Kant 2007[1798], 317). 그러니까 실제로는, 도덕적 인격에 대한 칸트의 이론이 이성적 행위 주체성에 뿌리박고 있지 않을 경우 어떤 모순이 지속되는 것이다. 사실이 이러하다면, 칸트가 백치를 배제하는 것이 그의 도덕이론과 불화하게 되는 것은, 백치를 목적 그 자체에서 배제하는 것에 대한 어떤 종합적인 선험적 정당화도 존재하지 않기 때문이라고 할 수 있다. 사실 칸트의 정언명령상의 중심적 공리가 유지되는 것은 바로 합리성이 인격에 대한 지고의 조건으로 작동하기 때문이다. 다시 말해서, (이성이 완전히 결여되어 있기에) 목적으로 대해지지 않는 존재들은 인격체도 아니고 인간도 아니라는 바로 그 이유 때문에 모든 각 인격체는 목적으로 대해진다. 이런 의미에서, 장애와 관련된 칸트의 진정한 문제는 그의 이론이 "정신적 장애와 관련해 어떤 …… 난관에 봉착한다"(Nussbaum 2006, 133)는 데 있는 것이 아니라, 칸트 그 자신이 그의 이론에서 장애와 장애 정체성들을 정의의 범위를 보여 주는 실례로 사용한다는 데 있다. 엄격한 분석적 독해가 이루어질 경우, 만일 칸트가 자신의 경험론적 저술에서 인간 존재로 설정되는 사람들의 집단에 대한 개요를 서술하지 않았다면, 그의 이론이 난관에 봉착했을 것이라는 점을 우리는 알 수 있게 된다.

마지막으로, 칸트의 경험 윤리학에 대해 내가 앞서 제시한 독해는, 칸트가 지적장애를 비인간화하는 것에 대한 해결책으로 합리성 대신 인간의 동물성에 존엄성의 근거를 두려는 누스바움의 처방이 지닌 중심적 문제를 드러내고자 했다. 누스바움은 칸트의 인격과 동물성의 분할이 "동물성이 그 자체로 존엄성을 지닐 수 있다는 것"을, 그리고 인간 존엄성은 "일정한 종류의 동물이 지닌 존엄성이라는 것"을 "부당하게 부정하기" 때문에 "심히 문제적"이라고 여긴다(Nussbaum 2006, 132). 이 문제에 대한 그녀의 해결책은 이성적 능력이 아닌 인간의 동물성에 칸트가 말한 도덕적 존엄성의 근거를 두는 것이다. 이는 칸트의 도덕적 존엄성으로부터의 이탈로서 그 자체로 그럴듯한 해결책일 수는 있지만, 내가 앞서 논했던 것처럼 칸트는 또한 인간 동물human animal에 대한 정의에서도 지적장애인을 배제하고 있기 때문에, 그런 해결책은 칸트의 철학적 체계와 부합하지 않는다. 칸트에게 백치의 동물성은 인간의 동물성과 같은 것이 아니다. 이에 비추어 보면, 지적장애인들의 동물성 자체가 비인간적인 것으로 간주되는 한, 칸트가 말한 존엄성을 (합리성이 아닌) 인간의 동물성 내에 재설정함으로써 그런 존엄성을 재정식화하려는 프로젝트가 필연적으로 지적장애를 지닌 개인들에게까지 존엄성을 확장하게 되는 것은 아니다. 따라서 비판적 장애 이론의 목표 가운데 하나가 종성원권에 존엄성의 기반을 둠으로써 지적장애인에게 존엄성을 부여하는 것이라면, 그 첫 번째 단계는 논의되고 있는 도덕이론의 핵심인 인간의 동물성의 정의 내에 지적장애인을 포함시키는 일이 될 것이다. 칸트의 경우에 있어, 인간 존엄성을 이미 장애인이 배제되어 있는 인간의 동물성이라는 관념으로까지 확장하는 것은 그의 도덕이론을 보다 비배제적인 것으로 만들어 줄 수 있는 해결책이 아니다.

칸트의 규범적 틀에서 벗어나 이를 재구축하는 조치로서 인간의 동물성에 존엄성의 근거를 두자는 누스바움의 처방을 수용하기 위해서는, 인간 동물이라는 범주에서 장애인 주체가 배제되고 있음을 인정하는 것과 동시에 이런 상황을 해결하는 것 양자 모두가 필요하다. 더욱이 백치의 동물화는 칸트의 사상에만 배타적으로 존재하는 것이 아니며, 서구 정치사상의 역사에서 되풀이해 나타나는 구조적인 문제이다(Carlson 2010, 151-164). 예컨대 로크는 이성적인 인간 부모에게서 태어난 지적장애 아동을 정의하기 위해 '체인질링'[바꿔치기된 아이]changeling[43]이라는 용어를 사용한다. 체인질링의 완전한 사고 무능력 — 칸트가 말하는 백치의 경우와 거의 같은 — 은 그를 "인간과 짐승 사이"의 어딘가에 위치시키면서, 그의 몸에 존재하는 비인간의 요소를 인간의 동물성과 무관한 것으로 만든다(Locke 1975[1690], 4.4.14[국역본 2014a, 240쪽]).[44] 로크와 거의 마찬가지로 칸트가 명시적으로 백치의 동물성을 비인간의 문제로 구성해 내고 있는 것은, 인간의 동물성에 존엄성의 근거를 두는 것이 심각한 인지장애를 지닌 사람들 — 역사적으로 그 몸이 비인간의

---

43) [옮긴이] 유럽의 설화에서 요정이나 마녀에 의해 원래의 인간의 아기와 바꿔치기된 마성의 아이를 말하며, 이형異形, 발육 정지, 이상한 식욕이나 울음소리 등을 그 특징으로 한다.

44) 정치사상의 역사에서 등장하는 백치의 동물화에 대한 설명으로는 C. F. Goodey and Tim Stainton, "Intellectual Disability and the Myth of the Changeling Myth", *Journal of the History of the Behavioral Sciences* 37(3), 2001, pp. 234-237; C. F. Goodey, "John Locke's Idiots in the Natural History of Mind", *History of Psychiatry* 5(18), 1994, pp. 215-250 참조.

동물성과 결부되어 온 — 에게 필연적으로 존엄성을 부여하게 되는 것은 아님을 의미한다. 그렇다면 설령 우리가 칸트에게서 나타나는 백치의 비인간적 동물화라는 문제를 다루기 위해 누스바움의 처방을 받아들인다 하더라도, 이런 해법이 (서구 정치사상에서 순전히 개념적이거나 분석적인 문제라기보다는 오히려 역사적이고 정치적인 문제인) 지적장애의 비인간화를 해결하지는 못할 것이다.

이 장 전반에 걸쳐, 나는 칸트의 사상에서 지적장애 정체성들이 정치적·도덕적 결핍의 고유한 위치를 점하고 있음을 논했다. 칸트가 지적장애 정체성들을 소환하는 것은 시민적·도덕적 실존의 경계라는 문제를 그의 정의론의 전면에 부각시킨다. 도덕성이 부재한 비인간 존재임과 동시에 자연적이고 영구적으로 비이성적인 존재로서 명시적으로 구성되는 것에 더하여, 시민권과 인격을 위한 합리성이라는 문턱에도 이르지 못하면서, 지적장애인들 — 광인, 치우, 백치 — 은 칸트 정치이론에서 어떤 존재를 가장 자유롭고 존엄하게 만들어 주는 자격의 인정으로부터 선천적으로 배제된다.

이 장의 도입부에서 약술했던 것처럼, 나의 논변은 페이트먼과 밀스가 진행한 각각의 프로젝트를 지적장애 영역에 도입하고자 시도하면서, 계약론의 보편성에 대한 그들의 비판에 직접적으로 기반을 두었다. 나의 분석은 그 시작에서부터 성적 계약 및 인종적 계약에 의해 뒷받침되었으며, 그것은 다시 칸트 이론에서의 장애에 대한 나의 텍스트 분석 및 해석을 산출할 수 있는 비판적 개념 틀을 제공해 주었다. 나의 프로젝트를 페이트먼과 밀스의 작업에 대한 응답이자 연장선으로 틀을 설정함으로써, 나는 세 번째 배제의 범주가 장애인 주체의 잠재적 억압에 전제를 둔 세 번째 주변화된 계약 — 내가 '비장애중심주의적 계약'이라고 부르는 것 — 을 낮게 됨을 논했다. 그렇기 때문에, 비장애중심주의적 계약론은 모든 인간 존재들의 보편적인 도덕적 인격, 자유, 정의라는 고전적 계약론의 허구적 주장에 대한 인종적 계약론의 폭로를 이어 감과 동시에, 근대 정치이론가들에 의해 그 개요가 제시된 '시민적[문명적]/자연적' 이원론에 대한 성적 계약론의 집요한 비판을 내포하고 있다.

칸트에 대한 나의 독해는 인지장애인 주체들에 대한 뚜렷하고도 특별한 비하를 강조했는데, 칸트는 그의 사상의 난외에서 이 같은 비하를 정교화하고 있다. 장애인들을 식별하고 주변화하는 칸트의 전략은, 그가 지적장애를 인격, 시민권, 인간 종의 자격에서 배제하는 직접적이고 명시적인 수단을 분명히 보여 준다. 비장애중심주의적 계약은 시민사회의 이성적이고, 능동적이며, 도덕적이고, 인간적인 시민인 정의의 주체들에게 적용되는 '보편적인' 정치적 권리와 자유를 장애인들에게는 부정하는 것에 의해서만, 보편적 정의라는 사회계약론의 환상에 불과한 명령을 유지할 수 있을 뿐이다. 요컨대 시민사회 프로젝트의 기저에서 이어지고 있는 정치이론은 지적장애를 이유로 장애인들을 정치, 자유, 정의로부터 은밀히 배제하고 있음을 무심코 드러낼 수밖에 없는 표적화된 종속의 체계로 이루어져 있는 것이다.

# 3장

# 롤스의 정의론에서 장애의 부인과 그의 비판가들[*]

스테이시 클리퍼드 심플리컨

장애학 학자들은 개인들이 장애와 관련된 사회적 비용을 부담하는데 동의하게 하는 불안anxiety이란 주로 자신도 장애를 갖게 될지 모른다는 종류의 것이라고, 즉 '우리'(비장애인)가 장애인이 되거나(McRuer 2006), 혹은 '우리'(장애인)가 더 중증의 장애인이 될지(Kafer 2013) 모른다는 두려움이라고 말한다. 장애 이슈를 다루는 정치이론가들 역시 이에 동의한다. 예컨대, 낸시 J. 허시먼은 "장애에 대한 두려움이 개인들로 하여금 (아무런 경고 없이, 그리고 자신이 누구이고 어떤 사람이었는지에 대한 기존의 자아관을 무너뜨리면서) 몸이 변화되거나 한층 더 심하게 변화될 수 있는 방식과 맞서 싸우도록 만든다"고 설명하면서(Hirschmann 2012, 400), 장애가 자유주의에서 상정하는 주권적 자아를 약화시킨다고 논한다. 이런 통찰들이 중요하기는 하지만, 나는 자신이 장애인이 되는 것에 대한 두려움에 초점을 맞추는 비장애중심주의에 대한 이론적 진단이, 이 세계에서

---

[*] 나는 이 글을 내 어머니, 페기 클리퍼드Peggy Clifford에게 바친다. 어머니는 2016년 11월 8일, 염증성 유방암으로 갑작스럽게 세상을 떠났다.

장애인과 함께 살아간다는 것으로부터 유래하는 마찬가지로 명백한 불안들은 간과한다고 주장한다. 이런 후자와 같은 유형의 불안을 보여 주기 위해, 나는 존 롤스가 그의 정의론에서 어떤 식으로 장애를 제거하고 있는지 검토한다. 롤스에 의한 사회계약론의 부활은 일련의 능력 계약capacity contract[1]을 드러내는데, 그런 능력 계약의 조건은 현저한 장애를 지닌 이들의 정치적 성원권을 사전에 배제한다. 장애를 갖게 되는 것에 대한 불안이 인간 주체들의 예측 불가능성과 취약성을 드러낸다고 했을 때, 롤스의 능력 계약은 합리성이 자기 자신과 세계에 대한 (허구적) 통제를 회복하는 것을 목표로 한다.[2]

롤스가 장애를 다루는 방식을 재검토하는 것은 페미니즘의 논의에 대한 어떤 기시감을 촉발할지 모르겠다. 때로는 롤스주의에 대한 어떤 뚜렷한 형태의 피로감까지도 말이다. 실제로 모든 혹은 대다수 장애인을 포함하고자 의도했던 페미니스트 철학자들은 롤스의 평등(Kittay 1999), 신뢰(Silvers and Fancis 2005), 시민권(Wong 2009), 협력(Hartley 2011), 자유(Hirschmann 2013b)를 재정의하기 위해 롤스의 저작들을 검토했다. 이런 페미니즘 비평들은 극히 중요하기는 하지만, 얼마간 불충분한 것으로 판명될 수도 있다. 많은 장애학자들과 페미니즘 이론가들이 『정치적 자유주의』Political Liberalism에서

---

1) [옮긴이] 롤스가 상정한 원초 상태에서 합의의 당사자들은 자신의 능력을 알지 못하는 무지의 베일에 싸인 상태로 계약을 하게 된다. '능력 계약'이란 이 원초적 계약 '아래' 이루어지는, 자신의 능력을 아는 상태에서의 계약을 말한다. 클리퍼드가 사용하는 또 다른 핵심 용어인 (한편이 우위에 있는) '하위 계약' 역시 같은 맥락에서 그 의미를 새길 수 있다.

2) 계약의 이런 이중적 의미를 내게 지적해 준 바버라 아네일에게 감사드린다.

이루어지고 있는 롤스의 장애에 대한 부인에서 시작하기 때문에, 그들은 장애가 어떤 식으로 이미 그의 사회계약론의 토대에 깊이 배어들어 있는지를 경시한다.

이 장 전반부에서 나는 롤스가 『정의론』(1971년)을 출간하기 이전에 발전시켰던 능력 계약의 세 가지 판본을 제시할 것이다. 이와 같은 능력 계약은 이후 이런 계약의 새로운 판본들이 장애가 실제로 수행하고 있는 역할을 부인할 때조차, 롤스가 자신의 핵심 개념들을 정의하기 위해 장애를 어떻게 사용했는지를 드러낸다. 이 장 후반부에서 나는 비판적 인종 연구, 페미니즘, 장애학 학자들의 저작들 또한 어떤 식으로 인지장애인을 주변화하고 있는지 보여 주기 위해 그런 저작들을 검토할 것이다. 좀 더 구체적으로 말하자면, 자유주의에서 페미니즘에 이르기까지 다양한 철학적 기술들은 앎에 대한 인간의 능력을 민주주의적 진보의 핵심으로 이상화하며, 그에 따라 지적장애에 대한 평가절하를 공고히 한다.

## 존 롤스와 장애의 부인

롤스의 저작은 장애에 대한 논의에 생산적인 출발점을 제공한다. 부분적으로 이는 장애에 대한 많은 철학적 기술들이 그의 저작을 발판으로 삼고 있기 때문이기도 하지만, 또한 그의 이론이 모든 인격체의 완전한 포함을 촉진하는 데 적합한 두 가지 기본적인 특징을 지니고 있기 때문이기도 하다. 첫째, 롤스는 정의론이란 "사회의 각 구성원에게 …… 정의에 기반을 둔 불가침성"을 제공해야만 하며, "다른 모든 이들의 복지조차도 이 불가침성에 우선할 수 없다"고 주장한다(Rawls 1999[1967], 131). 이런 기본적인 가치 지향 및 신념은 장애인들을 보호하게 된다. 둘째, 우리가 지닌 기존의 사고방식을 잠재적으로 약화시키는 데 활용되는 상상의 장치로서 롤스가 구성해 낸 원초 상태는 비장애중심주의적 규준에 도전할 수 있는 길을 제공한다. 롤스의 저술들에서 이 두 가지 기본적인 요소 — 보편적 평등에 대한 그의 실질적인 가치 지향 및 신념과 편견을 무너뜨리는 그의 방법론적 도구 — 는 장애라는 영역을 적절히 다루기 위해 공들여 제작된 것처럼 보이기도 한다. 그렇다면 무엇이 잘못된 것일까?

롤스의 저작에 친숙한 독자들은 그가 『정치적 자유주의』에서 심각한 정신적 장애를 지닌 사람들을 사회에 협력할 수 없고 정의의 주요 문제에 있어 중요하지 않다는 이유로 '제쳐 두고' 있다는 사실을 떠올릴 것이다. 롤스가 "장애는 …… 제쳐 둔다"나 "그런 경우가 검토될 수 있을 때까지 기다린다"는 말을 사용할 때(Rawls 2005, 20, 21[국역본, 24, 26쪽]), 그는 자신의 정의론에서 장애가 아무런 역할도 하지 않음을 시사한다고 할 수 있다. 그러나 그의 초기 저작이 핵심 개념들을 정의하고 규범적 영역을 한정하기 위해 장애에 의지하는 것에서 드러나는 바처럼, 장애는 롤스의 기획 내에 깊이 배어들어 있다. 롤스가 이상적[관념적] 이론에 의지하고 있는 것 — 그는 부정의의 체계적인 패턴에 대한 연구에 의거하지 않은 채 주요 테마들을 개념화한다 — 은 장애가 그의 저작 전반에 걸쳐 어떤 식으로 기능하고 있는지를 가려 버린다.

이상적 이론 내에서, 인격체와 정의에 대한 개념화는 겉으로 보기에 부정의의 체계적 패턴들에 대한 연구에 의거하지 않은 채 형성된다. 롤스의 사회계약론이 지닌 이상적 차원은 그로 하여금 장애를 이중적으로 부인하도록 한다. 이런 이중적 부인과 관련해, 나는 장애에 대한 롤스의 논의가 어떤 식으로 두 단계에 걸쳐 이루어지는지를 참조한다.[3] 첫 번째 단계에서, 롤스는 인격, 원초 상태, 보상의 원칙을 비롯한 여러 핵심 개념들을 정의하기 위해 인지장애에 의지한다. 이 단계에서 장애인은 한정된 국가 자원을 고갈시킬 위험이 있는 불쌍한 비정상적 존재로 특징지어지며, 장애가 낙인화된다. 그렇지만 롤스가 이런 식으로 장애에 의존하는 것은 단지 문제의 한 부분이다. 두 번째 단계에서, 롤스는 명시적으로 장애를 이론적 고려에서 제거한다. 예컨대 『정치적 자유주의』에서 그는 현저한 장애를 지닌 사람들을 시민권이나 보건 의료적 관심사의 범위에서 제거한다. 이와 같은 명시적 제거는 장애가 이미 수행하고 있는 역할을 부인한다. 두 단계에 걸친 이런 부인의 양상 — 처음에는 핵심 개념들을 정의하기 위해 장애를 활용하고, 그리고 나서 장애가 수행한 이전의 이론적 역할을 부인하는 것 — 은 롤스의 원초 상태, 한편이 우위에 있는 하위 계약, 보상에 대한 논의에서 명백히 드러난다. 우리는 특히 이런 세 가지 사례를 일종의 능력 계약으로 간주할 수 있다. 즉 그 각각의 사례는 공정함이라는 규칙을 사실상 배척하는 것과 동시에 또한 필수 능력의 임계 수준을 정상화[표준화]한다.

필수 능력이라는 개념은 인간의 완전성에 대한 자유주의의 약속을 장애인에 대한 낙인화와 연결하는 학자들의 작업에 크게 의존하고 있다. 로버트 맥루어(McRuer 2006, 10)에게 장애라는 "문제"

---

3) 장애와 정치이론에 대한 여타의 논의들 또한 이런 부인이라는 테마를 다룬다. Amber Knight, "Disability as Vulnerability: Redistributing Precariousness in Democratic Ways", *The Journal of Politics* 76, 2014, pp. 15-26; Alison Kafer, *Feminist, Queer, Crip*, Bloomington: Indiana University Press, 2013 참조.

는 곧 "비장애 정체성 — 설령 그 정체성이 강제된다 하더라도 — 의 필연적인 불가능성"이다. 아리스토텔레스 이래로 정치철학자들은 인지 능력을 통해 인간을 정의해 왔지만, 롤스가 처한 20세기라는 시대적 조건은 이상적 능력이 정상적[표준적]normal 능력으로 대체되던 시기라고 할 수 있다. '이상적인 것'의 '정상'으로의 이 같은 대체는 필수 능력에 대한 허구적 설명을 자연화한다. 장애 이론가인 레너드 데이비스에게 20세기는 "인간의 몸이 어떤 것이어야 하는가에 대한 지배적이고 패권적인 비전을 창조하기 위해, 정상[표준]이라는 명령에 의해 작동되고 진보 및 인간의 완전성이라는 관념과 일탈의 제거에 의해 보충되는, 등급화된 질서의 새로운 이상을" 촉진했다(Davis 1995, 8). 데이비드 미첼과 샤론 스나이더(Mitchell and Snyder 2003, 861)는 "결함이 있는 몸에 의해 오염되지 않은 미래 세계에 대한, 근대 특유의 유토피아적 판타지"에 관해 기술한다. 이 같은 근대의 유토피아적 판타지를 공유하는 롤스의 능력 계약은 그의 저술 이력 전반에 걸쳐 진화해 오기는 했지만, 대부분 그의 중대 저작인 『정의론』이 1971년 출간되기 전에 발전되었다. 롤스의 저작에 대한 나의 개입은 대부분 장애를 명시적으로 배제하고 있는 『정치적 자유주의』가 아니라, 우리가 보기에 롤스가 필수 능력에 대한 자신의 가치 지향 및 신념을 발전시키고 나서 이를 가려 버리는, 1951년에서 1971년 사이의 그의 저작에서 시작한다.

## 능력의 정상 범위를 정의하기

우리는 롤스의 원초 상태에서 두 단계에 걸친 장애의 부인을 본다. 그는 정상적 기능 수행이 가능한 도덕적 행위 주체의 범위를 정의

[한정]하기 위해 장애에 의지하는 것과 동시에 장애를 둘러싼 이 슈들을 고려 사항에서 배제한다. 원초 상태에서 행위 주체들은 그 들의 정확한 지능을 알지 못하지만, 그들은 자신들의 인지 능력이 "정상적인 범위" 내에 들어간다는 것은 알고 있다(Rawls 2003[1971], 83[국역본, 147, 148쪽]). 롤스(Rawls 2003[1971], 83, 84[국역본, 148쪽])는 정상 적인 범위에 대해 다음과 같이 명시한다. "정의의 기본 문제는 완 전하고 능동적으로 사회에 참여하는 이들 사이의 관계에 관한 것 이기 때문에, …… 모든 사람이 어떤 정상적인 범위 내에 있는 신 체적 필요와 정신적 능력을 지니고 있다고 상정하는 것이 합리적 이다." 그렇지만 이 설명은 무엇이 그런 정상적인 범위를 구성하는 지 전달하지 않는다. 오히려 롤스는 그와 그의 독자들이 이미 "완 전하고 능동적으로 사회에 참여하는 이들"이라고 하는 것이 무엇 을 의미하는가에 대해 동일한 생각을 공유하고 있다고 상정한다.

롤스가 비록 정상적인 범위가 무엇인지를 상술하지는 않았지 만, 도덕적 추론 능력의 정상적인 범위를 정의하기 위해 지능 검사 에 의지하고 있는 한 논문에서 얼마간의 실마리를 우리에게 제시 한다. 1951년 출간된 이 논문에서 롤스(Rawls 1999[1951], 2)는 도덕적 통찰은 "일정 정도의 필수적인 지능을" 요하는데, "그것은 지능 검 사를 통해 측정하고자 하는 바로 그 능력으로 간주될 수 있을 것이 다"라고 주장한다. 우리는 지능 검사를 통해 누군가가 '정상적인' 기능을 수행할 수 있는지 여부를 파악할 수 있다고 제안하면서, 롤 스는 정상의 창조와 새로운 이상화를 촉진하는 통계적 검사의 규 범적 정당성을 활용한다. 데이비스가 기술하고 있는 것처럼, 미국 의 심리학자들은 인간을 최상의 지능을 지닌 (그리고 날 때부터 우월 한) 이들에서부터 정신적 결함자까지 등급화하는 방법으로 IQ 검 사를 활성화했다. 지능 검사는 정상을 새로운 이상으로 변환했으며,

정상 이하라는 실존의 범주 — 대개 인지장애인으로 상징되는 — 를 창조했다. 전문가들은 장애인, 아프리카계 미국인, 이주민들의 열등함을 입증하기 위해 IQ 검사를 활용했다(McWhorter 2009). 그러므로 지능 검사는 인간 능력의 순수한 측정이 아니며, 오히려 20세기 초 북미에 활기를 불어넣었던 인종화된, 젠더화된, 계급적인, 비장애중심주의적인 시민권의 구성에 의존하고 있다.

데이비스가 보기에 등급화된 질서라는 이상은 일탈을 제거하고자 하는 욕망을 동반하고 있었으며, 우리는 롤스가 원초 상태로부터 장애를 제거하는 것에서 이런 욕망을 확인할 수 있다. '정신적 결함자'에 대해 기술하면서 롤스는 다음과 같이 주장한다. "이런 난감한 사례를 고려하는 것은 우리로 하여금 정의론의 범위를 넘어서게 만들지 모를 문제를 성급하게 도입하게 할 뿐만 아니라, 동정과 불안을 불러일으키는 운명을 지닌, 우리와는 동떨어진 사람들에 대해 생각하게 함으로써 우리의 도덕적 인식을 흐트러뜨릴 수 있다"(Rawls 1999[1967], 259; 2003[1971], 84[국역본, 148쪽]). 이 진술에는 몇 가지 문제적인 가정이 깊이 배어들어 있다. 첫째, 롤스는 도덕적 행위 주체의 인식이 불안과 동정에 오염될 경우 제대로 기능하지 않을 것이라고 말한다. 롤스는 이성의 평정과 감정적 초연함 양자를 필수적인 것으로 만든다. 롤스가 걱정하는 것은 도덕적 행위 주체가 갖게 될 장애가 아니라, 오히려 그런 주체를 둘러싸게 될 불안이다. 요컨대 이성과 불안은 서로 대립되며, 롤스는 [이성적] 판단을 보호하기 위해서 원초 상태를 청정하게 만들어야 — 즉 장애와 불안 양자를 제거해야 — 만 한다고 느끼는 것이다.

추가적으로, 이상적 이론의 규칙에 따르자면, 원초 상태에서 도덕적 행위 주체들은 현실 세계에서 인지장애인이 처해 있는 사회적 상황을 알지 못한다. 그러므로 그들은 장애인들이 겪는 사회적 편견, 건조 환경에서의 장벽, 장기 요양의 부족, 공간적 격리에 대해 인식하지 못한다. 요컨대 도덕적 행위 주체들이 정신적 결함 자와 직면할 경우 경험하게 될지도 모를 불안과 동정은, 그들이 어떤 형태의 탈맥락화된 세계에 있든, 전적으로 장애라는 사실 그 자체에 의해 추동된다.

롤스는 "정신적 결함자"를 "우리와는 동떨어진" 존재로 묘사함으로써 인간의 차이를 넘어설 수 없는 어떤 것으로 자연화한다. 장애가 생애 전체에서 보자면 인간의 기능 수행 측면에서 충분히 나타날 수 있는 예측 가능한 한 양상이 아니라, 마치 상상할 수도 없을 정도로 너무나 비정상적인 것이라도 되는 양 말이다. 롤스가 [정신적 결함자라는] "난감한 사례"를 정의론의 범위를 이미 "넘어서" 있는 것으로 간주하는 것은 건강과 생명력의 허구적 영구성을 그의 "정상적인" 기능 수행에 대한 묘사 내로 도입하며, 그리하여 "정상"을 [사회 공동체의] 소속에 필수적인 것으로 만든다. 롤스는 "정의의 문제는 일상적으로 완전하고 능동적으로 사회에 참여하는 이들 사이의 관계에 관한 것이다"라고 덧붙인다(Rawls 2003[1971], 84[국역본, 148쪽]). '정상'이나 '기본적'이라는 말과 마찬가지로, 롤스가 구성해 내는 '일상'에서 장애인과의 대면은 설령 일어난다고 해도 드물게만 발생한다고 상정되며, 그리하여 20세기에 이루어진 장애인 강제 격리를 탈정치화한다.

마지막으로, 롤스가 정신적 결함자의 존재는 정의의 주요 문제들에 집중하지 못하도록 우리의 주의를 흐트러뜨린다고 주장할 때, 그는 무엇을 이야기하고 있는 것인가? [장애인들에게 중요한] 보건의료, 교육, 접근성과 같은 이슈들은 직접적으로 정치의 범위 내에 있는 것인데, 왜 이에 대한 고려가 우리로 하여금 정의론의 범위를 훨씬 넘어서게 만든다는 것인가? 나는 롤스가 우리의 주의를 너무나 흐트러뜨린다고 여기는 것은 정치적 문제들의 내용이 아니라, 장애의 불안 산출 효과라고 주장한다.

원초 상태에서의 도덕적 행위 주체를 정상적인 존재로 묘사하는 것과 동시에 정의의 기본적인 주요 문제들을 또한 강조함으로써, 롤스는 인지장애인을 정의의 문제에서는 주변적인 존재로, 인간의 기능 수행에서는 비정상적인 존재로 구성해 낸다. 그가 행위 주체를 이상적인 존재로도 정상적인 존재로도 기술하면서 오락가락하는 것은 가상적이기도 하고 의무적인 성격을 띠기도 하는 필수 능력을 강화한다. 롤스가 장애를 원초 상태에서 배제했다는 사실은 이미 너무나 잘 알려져 있는 듯 보이지만 — 페미니스트들도 그들의 비판에서 이런 배제의 문제를 중심에 둔다 — , 그것은 단지 필수 능력에 대한 예시화instantiation가 아니다. 여기에는 사실 숨겨져 있는 다른 능력 계약이 존재한다.

## 최소 능력자와의 계약

원초 상태가 능력에서의 차이들을 감추도록 설계된 것과는 달리, 롤스는 최대 수혜자와 최소 수혜자 간에 형성되는 하위 계약 — 관련 당사자인 개인들이 "그들의 재능과 능력을 알고 있는"(Rawls 1999[1963], 81) 하위 계약이 이루어지는 경우 — 의 다양한 판본들을 제시한다. 실제로 롤스는 이런 계약에 대해 다루는 절과 그다음 절에서, 제도들이 다양한 능력을 지닌 사람들 사이에 자원을 공정하게 나눌 수 있는 방식을 밝히고자 시도하고 있다. 이처럼 능력 계약에 대한 초기의 판본들은 롤스가 '자연적 다양성'을 무시하는 순수한 자원론자resourcist는 전혀 아니라는 점을 보여 준다(롤스에 대한 자원론적 접근에 대해서는, Pogge 2002a 참조).[4] 오히려 최대 능력자와 최소 능력자 간의 하위 계약에 대한 롤스의 최초 판본은 정확히 차등적인 능력과 관련되어 있다. 한편이 우위에 있는 계약은 1963년의 논문 「헌법상의 자유와 정의 개념」Constitutional Liberty and the Concept of Justice에서 처음 나타나며, 그다음에는 1968년의 논문 「분배적 정의: 몇 가지 추가 사항」Distributive Justice: Some Addenda에서, 다시 『정의론』(1971)에서, 그리고 마지막으로 『공정으로서의 정의: 재서술』Justice as Fairness: A Restatement(2001)에서 나타난다. 롤스가 거의 40년의 기간에 걸쳐 하위 계약이 이루어지는 경우를 반복해서 다루고 있기 때문에, 우리는 그것이 그의 광범위한 프로젝트에서 상당히 중요한 것이라고 추정할 수 있다. 이런 능력 계약의 진화는 롤스의 장애에 대한 이중적 부인의 또 다른 예시화를 드러낸다. 즉 롤스가 시초 계약을 설계할 때는 도덕적 행위 주체들에게 상이한 수준의 능력을 허용하지 않는 것이 핵심 요소이지만, 이후 시간이 지남에 따라 그는 인간의 능력 차이가 자신의 계약에서 수행하는 역할을 점차 모호하게 만든다.

롤스가 최대 수혜자와 최소 수혜자 간의 계약을 최초로 정식화했을 때, 그는 행위 주체가 지닌 인간 능력의 범위를 제한하지 않았다. 1963년 논문에서 기술된 한편이 우위에 있는 계약에서, 롤스는 우리에게 "한 명은 상위 능력 범위에 있는 자를, 그리고 한 명은 하위 능력 범위에 있는 자를 대표하는 두 명의 대표자에게 주의를 집중"할 것을 지시한다(Rawls 1999[1963], 82). 이 기술에 기반을 둘 경우, 지적장애인은 최소 수혜자 계층의 자리를 점하게 될 것

---

4) [옮긴이] 자원론resourcism은 자원을 재화와 서비스의 생산을 위한 수단이나 상품으로만, 즉 경제적 효용의 측면에서만 바라보는 자원에 대한 공리주의적 관점을 말한다.

이다. 실제로 롤스가 그런 두 명의 사람을 각각 "능력이 더 큰" 그리고 "능력이 더 작은" 존재로 기술할 때, 그는 능력에서의 차이를 소환하고 있다(Rawls 1999[1963], 82). 이런 하위 계약이 이루어질 때, 각각의 사람은 계서제 사회caste society 혹은 롤스의 차등의 원칙에 의해 규제되는 사회 가운데 선택을 해야만 한다.

차등의 원칙은 롤스 이론의 주된 요지를 구성하는 정의의 두 원칙 가운데 제2원칙의 일부분이다. 원초 상태에서, 도덕적 행위 주체들은 정치의 형성을 안내해 주는 이 두 원칙을 선택한다. 제1원칙에 제2원칙보다 우선성이 부여되는데, 제1원칙은 모든 사회 구성원에게 언론, 종교, 결사의 자유를 포함해서 동일한 양의 '기본적 자유'를 제공한다. 제2원칙은 사회적·경제적 불평등이 공정하도록 보장하는 것을 목표로 한다. 즉 첫째, 모든 사람은 지위와 직책에 대해 평등한 기회를 가지며, 둘째, 모든 불평등은 그 사회의 최소 수혜자에게 이득이 되는 경우에만 정당화된다. 이 두 번째 구성 요소가 바로 차등의 원칙이다.

따라서 경제적 불평등은 그 불평등이 최소 수혜자에게 이득이 되는 경우에만 공정한 것이다. 한편이 우위에 있는 하위 계약은 롤스가 차등의 원칙이 지닌 공정함을 방어할 수 있도록 돕는다. 일단 여기서 중요한 것은 그런 하위 계약의 정당성을 확정하는 것이 최소 재능자라는 점이다. 그리고 최대 재능자 또한 언제나 [계서제 사회가 아니라] 차등의 원칙에 의해 규제되는 사회를 선택할 것이다. 최대 재능자는 자신의 신뢰할 만한 재능과 능력을 도구 삼아, (어느 정도의) 사회적·경제적 불평등을 특징으로 하는 사회에서 자신의 성공을 충분히 상정할 수 있다. 이와 대조적으로 계서제 사회는 최대 재능자에게 종속의 위험을 상징한다. 그가 하층계급으로 태어난다면, 그의 우월한 능력은 아무런 의미가 없기 때문이다.

최소 능력자의 관점에서 볼 때, 그런 선택의 함의는 전혀 다르다. 그는 '하위 능력 범위'에 있기 때문에, 자신이 롤스의 실력 중심 경제에서 최소 수혜자가 될 것임을 안다. 그는 최대 능력자와 동일한 양의 기본적 권리와 자유를 갖게 되는 반면, 필시 더 적은 재산을 갖고 더 작은 위신을 누리게 될 것이다. 이와 대조적으로 계서제 사회는 그에게 이익[이점]advantage의 가능성을 제공한다. 그가 상층 계급으로 태어날 가능성은 그의 보잘것없는 능력이 해줄 수 없는 것을 보장해 줄 수도 있다. 그렇지만 롤스는 최소 수혜자에게 발생하는 어떤 이익도 최소 재능자의 삶 또한 개선할 수밖에 없기 때문에, 능력이 더 작은 사람도 정의의 두 원칙을 지닌 사회에서 더 부유한 삶을 누린다고 주장한다. 계서제 사회에서는 정반대의 상황이 상정된다. 즉 최대 수혜자는 더 불운한 사람의 삶을 개선할 아무런 유인誘因을 갖지 않는다. 요컨대 최소 능력자는 사회적·경제적 특권이라는 희박한 가능성에 모험을 거는 것을 피하고, 대신 평등한 자유를 보장받으면서 경제적·사회적 불평등을 감수하는 쪽을 택할 것이다.

롤스의 하위 계약은 불평등의 자연화에 관한 혼란스러운 가정들을 드러내지만, 그것은 또한 특권의 분배를 결정하는 하나의 방법을 우리에게 제시한다. 한편으로, 우리는 롤스의 '원초적' 하위 계약에서 기존에 이미 작동하고 있는, 장애[사회적 장벽과 불리함]를 만들어 내는 일정한 가정들을 볼 수 있다. 그런 가정들 가운데 가장 중요하게 봐야 할 지점은, 최소 수혜자 계층이 최소 능력자 집단과 완벽하게 겹친다는 것이다. 롤스는 장애와 비장애라는 범주를 서로 다른 사회경제적 상태에 고정하며, '궁핍함'을 손상의 명백한 결과로 자연화한다. 이런 이해는 장애를 개인의 결함으로 묘사하는 의료적 장애 모델을 반영하며, 그리하여 몸, 환경, 낙인이 어떤 식으로 상호작용하여 장애를 만들어 내는지 무시한다. 다른 한편, 하위 계약은 최대 수혜자에 대한 어떤 이득도 '하위 능력 범위'에 있는 사람들의 삶이 개선되도록 보장하기 때문에, 그런 하위 계약은 장애인과 비장애인의 사회적 관계에 대해 중요한 질문을 제기할 가능성을 갖는다. 예컨대 우리는 비장애인에게 발생하는 모든 이익이 마찬가지로 장애인의 삶도 향상시키는 세계를 과연 어떻게 설계할 수 있는가? 하위 계약은 원초 상태와는 다른 방식으로 인간의 상호 의존성에 대해 생각할 수 있는 하나의 길을 제공한다. 최대 능력자와 최소 능력자 간의 관계를 이론화할 때, 롤스의 하위 계약은 연대성engagement을 교묘하게 다룬다. 그리고 그 과정에서 비장애중심주의적 불안과 장벽을 드러내는데, 기실 그의 하위 계약 자체가 이런 불안과 장벽이 지속되도록 돕는다.

그러나 이런 연대성은 롤스가 하위 계약이라는 용어의 내용을 개정하면서, 그리고 점차 '최소 수혜자' 계층을 이상화[관념화]하면서 증발해 버린다. 롤스는 1968년의 「분배적 정의: 몇 가지 추가 사항」에서 "최소 수혜자는 전형적인 미숙련 노동자에 의해 대표된다"고 주장한다(Rawls 1999[1968], 163). 1971년에 『정의론』의 출간과 더불어 롤스는 최소 수혜자를 "미숙련 노동자"로, 혹은 그 수입이 최소 숙련자에 견줄 수 있는 이들로 한정한다(Rawls 2003[1971], 84[국역본, 148쪽]). 롤스는 불평등이 성 및 인종과 같은 "자연적[선천적] 특성"이나 문화의 결과일 수 있음을, 그리고 더욱이 이런 종류의 불평등이 "수혜를 덜 받는 사람에게 이익이 되는 일은 설령 있다고 하더라도 극히 드물다"는 점까지도 인정한다(Rawls 2003[1971], 85[국역본, 149쪽]). 그러나 그는 더 이상 능력을 언급하지 않는다. 실제로 롤스는 최소 수혜자를 '하위 능력 범위'에 있는 '능력이 더 작은' 사람으로 기술했던 것을 모두 삭제해 버린다. 그는 의도적으로 그리고 조용히, 도덕적으로 임의적인 이익/불이익을 가져오는 특성으로서 능력이 수행했던 역할을 박탈해 버린 것처럼 보인다. 하지만 하위 계약에 대한 롤스의 초기 기술에서는 미숙련 노동자가 그의 더 작은 능력 때문에 미숙련 노동자가 되었다고 상정하는, 좀 더 새로운 예시화마저 나타난다.

능력에서의 차이를 제거해 버림으로써, 롤스는 또한 최대 재능자에게 합의라는 용어가 갖는 내용 또한 변경한다. 최대 능력자는 경제적으로 가장 큰 특권을 갖게 될 것이라고 상정하기 때문에, 자신이 누구와 계약을 맺게 되는지가 중요하다. 차등의 원칙에 따르면, 최대 능력자는 공정함을 유지하기 위해서 자신이 가진 부 가운데 일부를 재분배하는 데 동의해야만 한다. 재분배라는 용어의 내용은 현재 해당 당사자가 어떤 능력의 범위에 있는가에 따라 변하게 될 것이다. 예컨대 아마르티아 센은 장애인이 비장애 시민과 동일한 수준의 역량을 발휘하는 데 더 많은 양의 자원을 필요로 할 수도 있음을 명백히 한다. 어떤 장애인들에게는 이동의 자유와 동등한 참여에 들어가는 비용이 더 높을 수 있는 것이다(Sen 1983; 1990). 그러므로 광범위한 인간 다양성을 고려한다면, 우리는 좀 더 강력한 부의 재분배를 필요로 하게 될 것이다. 하위 계약에서 근본적인 능력의 차이를 제거함으로써, 롤스는 단지 일부 사회 구성원들 사이에서만 경제적·사회적 불평등의 재분배가 일어나도록 최대 능력자의 합의를 제한한다. 장애를 배제함으로써, 장애인에 대한 경제적 재분배는 탈정치화되고 자선 또는 선행의 영역으로 구성되고 만다. 요컨대 장애는 시야에서 사라지고, 마음에서 사라지며, 정치에서도 사라지게 된다.

아마도 한편이 우위에 있는 하위 계약에서 장애[즉 무능력]를 제거하려는 한 가지 이유는, 장애가 최대 수혜자와 최소 수혜자 사이의 수직적 관계를 자연화한다는 생각 때문일 것이다. 이것이 바로 토머스 포기가 역량 접근법을 비판하고 롤스주의적인 자원론적 관점을 옹호할 때 취하는 논변이다. 포기(Pogge 2002a, 204, 205)가 보기에 역량 접근법은 "인간의 자연적 다양성을 수직적 견지에서" 평가하고, "인간을 더 좋은 능력을 부여받은 자 혹은 더 나쁜 능력을 부여받은 자로" 간주한다는 점에서 문제가 있다. 롤스가 상정했던 한편이 우위에 있는 원초적 하위 계약은 최소 능력자의 능력에 전적으로 달려 있는데, 여기서 최소 능력자는 그 자신을 최대 능력자보다 수직적으로 열등하다고 여긴다. 포기는 이런 수직적 위치를 설정하지 않고 차이를 수평적으로 이해하면 "예컨대 눈의 색과 관련하여, 녹색 눈을 지닌 것이 갈색 눈을 지닌 것보다 더 좋거나 나쁘다고 여기지 않고, 인격체들을 서로 다를 뿐이라고 간주"하게 될 것이라고 주장한다(Pogge 2002a, 205). '최소 능력자'라는 용어를 '최소 수혜자'라는 용어로 변경하면서, 롤스의 하위 계약은 이익과 능력이 분리됨에 따라 포기가 말하는 차이의 수평적 이해와 좀 더 같은 방향에 놓이게 된다.

하지만 롤스가 제시하는 하위 계약이 어떻게 진화하는지 잘 살펴보면, 장애에 대한 이중적 부인이 분명해진다. 즉 우리는 그가 능력과의 관계에서 불이익[불리함]disadvantage을 정의한 다음, 그리고 나서 최소 능력자를 정치적 고려에서 제거한다는 것을 알 수 있다. 롤스의 하위 계약은 장애에 대해 사고하게 하는, 즉 사회적 구조가 어떤 식으로 불이익을 발생시키는지를 이해하게 하는 잠재적 도구다. 그러나 롤스의 하위 계약의 진화는 능력에서의 차이를 불이익과 무관한 것으로 만들어 낸다. 우리는 또한 장애를 [부인하지 않고] 남겨 두는 것이 왜 그토록 골칫거리가 되는지를 알 수 있다. 즉 이익의 분배에 동의한 개인들은 오직 임계 수준의 능력 범위 내에 있는 이들이기 때문에, 능력의 범위를 확대하는 것은 합의의 조건을 대폭 변경한다. 따라서 이런 능력 계약은, 광범위한 능력의 차이를 지닌 사람들과 더불어 사회에서 살아간다는 것을 이론적으로 사유하는 것의 중요성을 잘 보여 준다. 이는 수직적 다양성이 아닌 수평적 다양성을 강조하는 포기의 입장에 잘 대처하기 위해서도 중요하다. 하위 계약의 조건은 그런 계약이 상이한 눈색깔을 지닌 사람들 사이에서 맺어지느냐 상이한 능력을 지닌 사람들 사이에서 맺어지느냐에 따라 다를 것이다. 인간 능력의 범위를 제한함으로써, 롤스는 능력에서의 차이가 유의미하지만 비가시화되는 인위적 사회를 구성한다.

## 보상과 결함자

원초 상태나 한편이 우위에 있는 계약과 마찬가지로, 보상에 대한 롤스의 논의 — 1968년의 논문에서 처음으로, 그리고 1971년의 저서에서 다시 이루어진 — 는 지적장애인의 평등에 대한 요구를 상상할 수 있는 급진적 방식을 우리에게 제공하는 듯하다. 평등의 보장을 꾀하는 모든 사회는 능력의 불평등이 정치적 불평등으로 연결되는 방식과 그 위험성에 관심을 두지 않을 수 없기 때문에, 실제로 롤스는 보상이라는 문제를 설명하고 정당화하기 위해서 인간 능력에서의 차이를 활용한다. 그렇지만 주의 깊게 검토해 보면, 그런 급진화는 존재하지 않는다는 것을 알 수 있다. 그 대신, 단지 일정 수준 이상의 인간 능력을 지닌 개인들만이 롤스가 말하는 보상의 범위에 들어가게 되며, 이로 인해 장애인에 대한 사회적 책임은 탈정치화된다.

롤스에게 보상은 인간 불평등을 교정하기 위한 정치적 개입을 필요로 하며, 그는 이런 보상이 모든 정의론에 필수적인 것임을 논한다. 롤스에게 있어 "타고난 선천적 자질에서의 불평등은 당연한 것이 아니기 때문에", 그리고 "이런 불평등은 어떻게든 보상이 이루어져야만 하기" 때문에, 표면적으로 지적장애는 보상의 고려 대상이 될 수 있는 자격을 갖는 것처럼 보인다. 롤스는 계속해서 다음과 같이 말한다.

> 모든 인격체들을 평등하게 대하기 위해서, 사회는 타고난 장점이 더 적은 이들과 덜 유리한 사회적 지위에서 태어난 이들에게 더 많은 주의를 기울여야만 한다. …… 이런 원칙을 추구하려면 적어도 삶의 일정한 시기 동안, 즉 학령기 초기에는, 지능이 높은 사람보다 지능이 낮은 사람에게 더 많은 자원이 사용되어야 할 것이다(Rawls 2003[1971], 86[국역본, 151쪽]).

이어서 롤스는 지능의 수준은 "단지 자연적 사실이다. 공정하거나 부당한 것은 제도들이 이런 사실을 다루는 방식이다"라고 주장한다(Rawls 2003[1971], 87[국역본, 153쪽]). 롤스의 이와 같은 기술은 장애 정치에 있어 일정한 제약과 가능성 양자 모두를 시사한다.

한편으로, 롤스가 "타고난 장점이 더 적은" 사람들과 그들의 능력에서의 차이를 "단지 자연적 사실"이라고 기술한 것에는 여러 문제가 있다. 이 양자의 기술은 장애라고 하는 것이 어떤 몸들을 낙인화하는 차별과 불평등의 패턴들을 통해 생성되는 문화적 현상이 아니라, 몸에서 자연적으로 생겨난 것으로 이해하는 의료적 장애 모델을 따르고 있다. 장애학자 레너드 데이비스가 기술했던 것처럼, 정상적 지능이라는 개념과 지능 측정의 방법은 논란의 여지가 매우 많다. 그리고 "타고난 장점"이란 대체 무엇일까? 롤스는 우리가 생물학적 능력과 이런 능력을 생산해 내는 사회적 실재를 쉽사리 구분할 수 있다고 말하는 것처럼 보인다.[5]

다른 한편으로, "제도들이 이런 사실을 다루는" 방식에 초점을 맞춤으로써, 롤스는 능력에서의 차이가 지닌 의미를 사회적 관계들로 전환시킨다. 모든 순간마다, 우리가 제도를 설계하고 인간 능력에서의 차이에 대응하는 방식이 정의의 기본 문제를 구성한다. 비록 롤스가 의료적 장애 모델을 따르고 있기는 하지만, 그가 제도들에 초점을 맞추고 있는 것은 독자들로 하여금 장애를 만들어 내는 제도들의 결과와 체계적 편견에 초점을 맞추는 사회적 장애 모델을 채택하도록 요청한다.

그러나 롤스가 "타고난 장점이 더 적은 이들"을 언급할 때, 그가 염두에 두고 있는 것은 무엇인가? 나는 롤스가 보상을 다루는 절에서 달아 놓은 주석들을 분석함으로써 그의 장애관을 좀 더 종합적으로 파악할 수 있다고 제안한다. 그는 "당연하지 않은 불평등은 보상을 필요로 한다"고 진술하는 부분의 각주에서, 저자들이 보상과 연관된 의미와 의무를 수정하기 위해 장애인을 활용하고 있는 두 개의 논문을 논거로 인용한다. 롤스가 각주에서 저작을 인용하는 경우는 매우 드물기 때문에, 그리고 이런 인용이 그 이후에도 그의 논변을 개선할 때 반복해서 등장하기 때문에, 우리는 롤스가 이 참고 문헌에 상당한 중요성을 부여하고 있다고 추론해 볼 수 있

---

[5] 생물학적 결정론에 대해 비판에 대해서는 David Moore, "A Very Little Bit of Knowledge: Re-Evaluating the Meaning of the Heritability of IQ", *Human Development* 49(6), 2007, pp. 347-353; Richard Lerner, "Another Nine-Inch Nail for Behavioral Genetics!" *Human Development* 49(6), 2007, pp. 336-342 참조.

다. 그 두 개의 논문은 허버트 슈피겔베르크가 1994년에 발표한 「인간 평등의 옹호」A Defense of Human Equality와 데이비드 데이치스 래피얼David Daiches Raphael이 1950년에 발표한 「정의와 자유」Justice and Liberty다. 래피얼과 슈피겔베르크는 장애인을 어떻게 대우해야 하는가의 문제와 관련해 의견이 일치하지는 않는다. 즉 래피얼은 장애인들의 복리를 보장하기 위해서는 그들에게 차등적 대우가 제공되어야 한다고 보는 반면, 슈피겔베르크는 핸디캡을 균등화하는 것이 최대 특권자들의 재능을 둔화시킬 위험성을 우려한다. 하지만 이 저자들은 장애에 대한 이미지를 보다 완전하게 종합해 낼 수 있도록 돕는다. 즉 그들은 정상으로부터 결함자를 분리하면서 장애의 비참함에 관한 지배적인 가정을 그대로 상정한다.

롤스는 1968년의 논문과 1971년의 저서에서 보상에 대해 논의하면서 래피얼을 인용한다. "당연하지 않은 불평등은 보상을 필요로 한다"(Rawls 2003[1971], 86[국역본, 151쪽])고 진술한 직후에 말이다. 래피얼에 따르면,

> 우리는 정신적 또는 신체적 박약함 같은 자연적 장애로 인해서 특별한 필요를 갖게 된 이들에게는 특별한 복지를 제공하는 것이 옳다고 생각한다. …… 우리는 우리가 할 수 있는 한 자연적 불평등을 교정하고자 시도한다. …… 불균등한 대우는 기존의 불평등을 감축하기 위한, 특별한 필요를 지닌 사람이 정상적인 이들과 동일한 수준의 이익을 갖는 데까지 끌어올리기 위한 시도이다(Raphael 1950, 187, 188).

래피얼은 반복해서 '특별한 필요를 지닌' 자와 '정상적인' 자를 구별한다. 래피얼은 '우리'(비장애인/정상적인 자)는 '그들'(장애인/특별한 필요를 지닌 자)을 평등하게 만들 수는 없지만, '우리'는 '그들'을

돌볼 의무가 있다고 주장한다. 래피얼은 장애인을 가련한 삶을 살아가는, 그의 독자층 외부에 있는 존재 — 단지 수동적인 주체들 — 로 다음과 같이 묘사한다. "'특별한' 필요를 우리가 인정한다는 것은 어떤 사람들이 그 본성이나 사고로 인해서, 필요의 정상적인 충족 수준, 대다수 사람들이 향유하는 수준, 우리가 품위 있는 생활을 하는 데 필수적라고 여기는 수준에 미치지 못한다는 점을 인정하는 것이다"(Raphael 1950, 189). 래피얼의 장애에 대한 해석과 롤스가 정신적 결함자를 도덕적 행위 주체들에게 동정을 불러일으키는 존재로 묘사하는 것은 서로 보조를 같이하는 것처럼 보인다. 래피얼은 보상의 범위를 확대하기 위해 장애를 활용하지만, 그것은 장애인들이 결코 '우리'가 될 수 없다는 조건, 그들의 삶은 언제나 비참할 것이라는 조건 아래에서이다. 그리고 이것은 우리가 받아들이기 어려운 조건들이다.

이와 대조적으로, 슈피겔베르크는 보상의 한계를 설정하기 위해 장애를 활용하는데, 중요한 것은 롤스 또한 이에 동의한다는 점이다. 롤스는 "우리는 [보상을] 평균적인 삶의 수준의 개선, 혹은 공공선의 증진이라는 원칙과 잘 견주어 보아야만 한다"(Rawls 2003[1971], 86[국역본, 152쪽]; 1999[1968], 166)고 말한다. 롤스는 이 진술을 두 번 반복 — 1968년에 처음, 그리고 1971년에 다시 한번 — 하는데, 양쪽 모두에 슈피겔베르크의 저작이 각주로 달려 있다. 인용된 구절에서 슈피겔베르크는 보상이 지닌 위험성을 다룬다. 너무 과할 경우, 보상은 최대 특권자에게 불이익을 가져올 위험이 있다. 슈피겔베르크(Spiegelberg 1944, 120)가 보기에 "타고난 이점의 파괴는 더 나은 능력을 갖춘 개인에게 쉽사리 무자비한 부정의가 될 수 있음을 고려해야만 한다." 장애는 슈피겔베르크가 이런 형태의 무자비한 부정의를 해명할 수 있도록 돕는다. 동시에 "정신적 장애인의 경우, 이는 그에게 추가적인 훈련의 고통을 가하는 것과 마찬가지의 일이 될 것이다. 분명히 매우 미심쩍은 성공의 가능성만을 지니며, 심지어 그의 확실한 욕망에도 반할 개연성마저 아주 높은 그런 훈련의 고통을 말이다"(Spiegelberg 1944, 119; 또한 Pogge 2002a, 193 참조).[6] 슈피겔베르크에게 있어 장애인의 복리를 향상시키고자 하는 것 — 기껏해야 최소한의 성공만을 거둘 뿐인 목표 — 은 과도한 자원 낭비를 초래하기 때문에, 장애인의 삶의 개선은 결국 공공선을 위협한다. 롤스도 이에 동의하는 것처럼 보이는데, 그는 차등의 원칙이 "마치 모두가 공정한 기반 위에서 동일한 경주를 완주하기라도 해야 하는 것처럼, 그렇게 핸디캡을 균등하게 나누도록 노력할 것을 사회에 요구하지는 않는다"고 주장한다(Rawls 2003[1971], 86 [국역본, 152쪽]). 롤스는 핸디캡 가운데 어떤 것이 사회적 영역에 속하고 어떤 것이 자연의 영역에 속하는지를 분명히 하지 않는다. 롤스의 능력 계약은 정치적 고려의 대상이 되는 인간 능력의 범위를

---

6) [옮긴이] 슈피겔베르크는 많은 특권을 누리는 자the overprivileged와 혜택을 누리지 못하는 자the underprivileged 간에 '똑같은 평등'equality in kind을 달성하는 데에는 논리적으로 세 가지 방법이 있다고 말한다. 첫째는 전자가 누리는 혜택의 일부를 후자에게 이전하여 균형을 맞추는 것이다. 이는 물질적 재화의 경우에는 가능하지만 정신적 이점 내지 재능의 경우에는 불가능하다. 둘째는 전자가 현재 누리는 혜택을 그대로 유지하면서, 후자가 전자와 같은 수준의 혜택을 누리도록 정신적 이점 내지 재능을 향상시키는 것이다. 슈피겔베르크는 이것이 정신적 장애인에게는 그 자신도 원치 않는 "추가적인 훈련의 고통을 가하는" 것이 된다고 말한다. 그리고 셋째는 전자가 누리는 혜택을 후자와 같은 수준까지 끌어내려 하향 평준화하는 것이다. 이 경우 정신적 차이의 평등화는 전자에 대한 정상적인 교육을 보류하거나 그들의 타고난 이점을 파괴하는 조치를 수반하기에, "더 나은 능력을 지닌 개인에게 쉽사리 무자비한 부정의가" 될 수 있다.

좁게 설정하며, 이런 능력 계약은 손상의 심각한 정도에 비례해 인간 능력을 탈정치화하는 것처럼 보인다. 래피얼의 입장이 장애는 동정을 불러일으킨다는 롤스의 가정을 이해할 수 있도록 돕는다면, 슈피겔베르크의 입장은 롤스가 왜 장애를 그처럼 불안을 야기하는 것으로 간주했는지에 대해 말해 준다. 즉 장애인은 부족한 자원을 고갈시키고 최대 재능자의 발전을 억제할 위험이 있다고 보는 것이다.

보상에 대해 다루는 절을 결론지으면서 롤스는 자신이 "우생학이라는 문제는 고려하지 않을 것이다"라고 진술한다. 하지만 우생학 논리와의 친연성은 롤스가 우생학적 사고로부터 빠져나오지 못했음을 보여 준다. 우생학을 고려하지 않을 것이라고 말한 직후, 롤스는 평등한 자유에 대한 약속을 인간 능력의 개선과 결부시킨다. 롤스에 따르면, "한 사회는 언제나 적어도 일반적 수준의 자연적 능력을 보존하고 심각한 결함의 확산을 예방하기 위한 조치를 취해야만 한다." 따라서 "다소간 명시적인 우생학 정책을 채택하는 것이 가능"한데, 왜냐하면 "더 큰 자연적 장점을 지니는 것은 그들 각각에게도 이익이 되기" 때문이다(Rawls 2003[1971], 92[국역본, 160쪽]). 롤스는 자신의 정의론이 첫째, 일부 사람들의 더 큰 능력을 생물학적으로 주어진 것처럼 다룸으로써, 둘째, 손상을 지닌 사람들에 대한 그들의 책임을 제한함으로써, 그런 일부 사람들을 특권화하는 방식을 문제시하지 않는다. 롤스는 계속해서 다음과 같이 말한다. "궁극적으로, 능력에 어떤 상한선이 존재한다면, 해당 사회 구성원들이 최대의 평등한 재능을 향유하는, 최대의 평등한 자유가 존재하는 사회에 우리가 결국 도달할 수 있으리라 추측할 수 있을 것이다"(Rawls 2003[1971], 92, 93[국역본, 160쪽]). 롤스는 필수 능력을 갖추는 것을 더 큰 자유와 명백히 동일시하며, 그렇게 함으로써 장애를 자유주의적 진보에 대한 본질적인 위협으로 특징짓는다.

정신적 결함자의 이미지를 재구축하기 위해서 슈피겔베르크와 래피얼의 저작을 활용하는 것은, 보상에 대한 롤스의 논의에 내재하는 이중적 부인의 또 다른 사례를 드러낸다. 여기서 우리는 롤스가 보상의 정당화를 뒷받침하기 위해 인간 능력에서의 차이를 소환하지만, 그러고 나서 어떤 형태의 인간의 차이들은 정치적 고려에서 배제하는 것을 다시 한번 보게 된다. 슈피겔베르크와 래피얼의 저작은 또한 롤스가 상정한 원초 상태에서의 도덕적 행위 주체를 위협하는, 강력하고 널리 퍼져 있는 불안을 우리가 이해할 수 있도록 돕는다. 그런 불안은 실은 행위 주체들이 장애를 갖고 있거나 혹은 후천적으로 갖게 될지도 모른다는 데서 오는 불안이 아니다. 실제로, 롤스는 이미 도덕적 행위 주체들의 이런 두려움을 누그러뜨렸다고 할 수 있는데, 왜냐하면 그들은 자신들의 능력이 '정상적' 범위에 든다는 것을 알고 있기 때문이다. 그러므로 도덕적 행위 주체들을 위협하는 것은 그런 불안이 아니라, 보다 널리 퍼져 있는 어떤 종류의 불안이다. 즉 장애인과 함께 세계에 실존한다는 데서 오는 불안인 것이다. 세 명의 각 이론가에게 있어 장애란, 장애가 없는 개인들과 자유주의 사회의 복리를 좀먹는, 인간의 기능 수행의 비정상적인 불완전함이다.


## 비판적·페미니즘적 능력 계약

비판적·페미니즘적 이론가들은 롤스가 장애를 배제하는 것을 비판하기는 하지만, 그들 또한 민주주의적 진보를 고착화하는 이상화된 인지적 주체로 되돌아가며, 그리하여 롤스의 능력 계약에 의

도치 않게 서명한 사람들이 된다. 즉 비판적 능력 계약도 롤스의 저작에서 장애가 수행하고 있는 기능을 온전히 이해하는 데 실패함으로써, 또는 그의 정의론에 깊게 착근되어 있는 이론적 배제의 결과를 교정하기 위해 시민들의 인지 능력에 의존함으로써, 결과적으로 계속해서 장애를 부인하고 만다. 내 목적은 이런 이론가들을 위선적인 존재로 낙인찍는 것이 아니다. 필수 능력이라는 개념에 대한 문제적이고도 끈질긴 가치 지향 및 신념이 정치이론 영역에 존재함을 드러내기 위해서다.

## 장애를 계약에 추가하기

롤스 이론에서의 장애라는 이슈를 다루는 논자들은 때때로 문제의 핵심이 배제라고 상정하며, 그로 인해 장애가 이미 롤스의 정의론에 깊이 배어들어 있다는 점을 간과한다. 예컨대 마사 누스바움이 장애에 대한 롤스의 논의를 비판할 때, 그녀는 사회계약론자들이 그들의 이론에서 장애를 누락했다고 상정한다. 그녀가 기술하듯 장애와 관련된 "이런 문제들은 …… 그것이 단지 소수의 사람들에게 영향을 미친다는 이유로 무시되거나 뒤로 미뤄질 수 없다" (Nussbaum 2006, 100). 롤스 이론에서의 문제가 단지 장애를 뒤로 미뤄 둔 것이라고 기술하는 누스바움의 관점은 장애가 그의 규범적 이론틀에 얼마나 깊게 스며들어 있는지를 파악하지 못한다. 이런 입장은 두 번째 단계에서의 장애의 부인을 수긍하게 될 뿐이며, 그리하여 첫 번째 단계에서 이루어지는, 정의의 주체를 한정하는 중요한 작업을 놓치고 만다.

누스바움의 논의가 시사하는 것처럼, 이런 종류의 접근법은 사회계약론에 장애가 부재하다고 상정한다. 크리스티 하틀리(Hartley

2011) 및 리시아 칼슨과 에바 키테이(Carlson and Kittay 2009)도 마찬가지로 정치사상에서 장애인이 전적으로 부재하거나 주변적인 존재에 지나지 않았다는 점을 언급한다. 나는 지적장애인이 단지 최근에야 정치사상에서 하나의 억압당하는 범주로 등장하고 있다는 사실에는 동의하지만, 그들이 정치이론의 고전들에서 전혀 등장하지 않는다고 상정하는 건 잘못된 것이다. 비판적 장애학자들은 장애인이 문학에서 죽음, 불길한 예감, 악의적 본성을 상징하기 위해 활용되면서, 종종 내러티브상의 비유로 등장함을 논한다(Mitchell and Snyder 2000). 마찬가지로, 나는 우리가 정치사상의 역사를 좀 더 광범위하게 검토한다면, 장애가 중요한 이론적 임무를 수행하고 있음을 알게 될 것이라고 생각한다(Arneil 2009; Clifford 2014).

### 계약과 능력을 보다 비배제적으로 만들기

다른 철학자들 — 소피아 이사코 웡, 크리스티 하틀리, 토머스 포기, 애니타 실버스와 레슬리 피커링 프랜시스 같은 이들 — 은 롤스의 이론틀 내에서 모든 혹은 대다수의 장애인을 포함하기 위한 작업을 수행하는 것을 통해, 롤스가 제시한 평등주의의 약속을 복원하는 것을 목표로 한다. 이런 개입의 목표는 롤스의 배제를 정정하는 것이지만, 많은 이들이 이미 정의가 가장 심각한 장애를 지닌 사람들까지 아우를 수는 없다는 롤스의 체념을 공유하고 있다. 그렇기 때문에 이런 능력 계약은 롤스 이론에 내재한 등급화된 능력의 질서를 제거하지 못하며, 근원적인 비장애중심주의적 편견과 온전히 맞붙어 싸우지 못한다.

웡(Wong 2009)은 롤스가 말하는 시민의 두 가지 도덕적 능력[7]을 잠재적 능력으로 이해해야 한다고 주장하는데, 이 같은 잠재적 능력은 교육, 관계, 인간 간의 상호작용과 같은 일정한 실행 가능 조건enabling condition을 필요로 한다. 우리는 어떤 인간 존재가 이런 능력을 발전시키게 될지 확인할 수 없기 때문에, 일련의 실행 가능 조건을 모든 개인들에게 충분히 보장해야만 한다. 웡은 시설에 버려졌지만, 나중에는 중요한 인지 기능 — 롤스가 말한 도덕적 능력의 발휘를 가능하게 하는 — 을 획득한 지적장애인을 증거로 활용한다. 웡이 우리에게 지적장애인의 역사에 대한 본질적 통찰을 제공하기는 하지만, 나는 그녀의 접근법이 롤스의 시민관을 과도하게 수긍하고 있는 것이 아닌지 우려한다. 즉 웡은 시민이 두 가지 도덕적 능력을 필요로 한다는 관점을 유지함으로써, 최중도의 지적 손상을 지닌 사람들이 필수 능력을 결여하고 있다 할지라도, 그들 또한 사회에 기여할 수 있는 방식이 있음을 경시한다. 더욱이, 등급화된 질서에 대한 데이비스의 생각을 되돌아본다면, 웡이 롤스의 두 가지 도덕적 능력을 유지하는 것은 개인들을 그들의 능력에 따라 등급화하는 비장애중심주의적 규준을 조금도 건드리지 않고 그대로 남겨 두게 된다.

하틀리는 "사회에 상호 존중에 기반한 협력적 기여를 할 수 있는" 사람은 그 누구라도 "정의에 대한 자격을 지닌 사회 구성원으로 간주되어야만 한다"고 주장하면서, 대다수의 지적장애인을 포함할 수 있도록 롤스의 사회계약론을 재해석한다(Hartley 2009, 28, 강조는 원저자). 설령 일부 지적장애인이 롤스가 말하는 두 가지 도덕적 능력을 결여하고 있다 할지라도, 그들 가운데 다수는 여전히 노

---

7) [옮긴이] 이런 두 가지 도덕적 능력이란 '정의감에 대한 능력'capacity for a sense of justice과 '가치관에 대한 능력'capacity for a conception of the good을 말하며, 이는 이성, 사고, 판단의 능력에 의해 뒷받침된다.

동시장에 참여하고, "상호 지원적인 관계를 맺으며", 다른 이들이 겸손이나 친절함과 같은 중요한 인간적 가치를 발전시키는 것을 도울 수도 있다(Hartley 2009, 28, 29). 이와 같이 하틀리는 우리에게 최소한의 능력만이 요구되는 능력 계약을 제시한다. 그렇지만 여기서 협력은 장애인들과 관계를 맺고자 하는 — 즉 장애인들과 상호 지원적인 관계를 형성하려 하거나, 그들과의 경험을 통해서 친절함이라는 중요한 가치를 배우고자 하는 — 비장애인의 의향에 전적으로 달려 있다. 그렇지만 비장애중심주의적 태도들에 대한 심리학 연구는 이런 가정을 뒤흔든다(Ostapczuk and Musch 2011). 비장애중심주의적 편견에 직면해, 심각한 지적장애를 지닌 사람들은 아마도 그들과 기꺼이 관계를 맺고, 그리하여 그들의 협력적 잠재력을 입증할 수 있게 해주는 이들이 거의 없음을 깨닫게 될 것이다. 게다가 하틀리는 심각한 장애를 지닌 일부 사람들은 협력할 수 없다는 것을 인정하면서, 롤스와 마찬가지로 정의의 외부에 있는 다른 원칙들이 이런 드문 사례들을 관장하게 될 것이라고 말한다(Hartley 2009, 30, 31).

따라서 하틀리와 웡의 접근법은 롤스의 능력 계약이 지닌 배제적 힘의 기반을 약화시키기에는 불충분하며, 그들의 접근법은 누스바움의 역량 접근법과 어떤 핵심적인 지점을 공유한다. 누스바움은 사회계약론 내의 비장애중심주의적 가정들을 제거하고자 시도하기는 하지만, "(과거) 인간(이었던) 존재의 영구적인 식물 상태는 …… 어떤 의미 있는 방식으로도 전혀 인간 생명이라고 할 수는 없다"고 결론 내린다(Nussbaum 2006, 181). 그리고 "사회의 목표는 시민들을 이런 역량의 임계점 이상으로 끌어올리는 것의 견지에서 이해되어야만 한다"는 주장에서, 누스바움은 자신의 접근법의 토대에 있는 필수 능력을 강화하고 있다.

포기는 좀 더 많은 장애인을 롤스주의적인 자원론적 틀 내에 포함시키기 위해 대안적 접근법을 도입한다. 이미 언급된 것처럼 포기는 역량 접근법을 거부한다. 그 접근법이 비장애중심주의적 낙인을 강화하는, 개인의 능력을 측정하는 제도들을 피할 수 없게 만든다고 보기 때문이다. 대신 포기는 모든 사람이 동등한 몫의 자원을 분배받아야 마땅하며, 오직 사회적으로 야기된 장애를 지닌 사람들만이 보상을 통해 제공되는 추가적 자원에 대한 청구권을 갖는다고 주장한다. 그는 이 접근법이 대다수의 장애인을 아우르게 될 것이라고 말한다. 유전 변이, 잘못된 선택, 또는 불운으로 인해 발생한 장애를 지닌 사람들은 정의의 범위하에서 추가적인 자원을 제공받을 자격이 없으며, 따라서 그들의 기본적 필요를 충족시키기 위해서는 자선이나 인간의 연대와 같은 대안적 원칙들이 필요하다(Pogge 2002a, 188). 그러나 린다 바클레이(Barclay 2010, 159)가 논한 것처럼, 이런 대응은 공정함에 관한 우리의 생각에도 직관적으로 반할 뿐만 아니라, 또한 자연적 다양성의 수직적 평가에 대한 포기 자신의 비판과도 상충된다. 바클레이(Barclay 2010, 65)가 보기에 [보상에 대한 포기의 주장과 접근법을 따를 경우] "나의 이전 직장에서 산업 안전이 결여된 탓에 야기된 청력 손실에 대한 보상으로 추가적인 자원이 제공되는 것은 명백히 나에게 모욕감을 주지 않는 것이 된다. 그러나 나의 청력 손실을 야기한 유전적 장애에 대해 표준적인 수준을 넘어선 추가적 자원이 제공되는 것은 나에게 모욕감을 주는 것이 된다." 포기에 대한 바클레이의 비판은 그의 자원론적 관점이 능력 평가의 수직적 측면을 피해 가지 못할 뿐만 아니라, 오히려 상당수 장애인들을 정의의 영역에서 이루어지는 보상에 아무런 의지도 할 수 없도록 방치해 둔다는 것을 잘 보여 준다.

사회계약론을 "교섭 회의bargaining session보다는 신뢰 형성 프로젝트와 좀 더 유사한"것으로 개정하려는 실버스와 프랜시스의 시도는 가장 유망한 개입인 듯 보인다(Silvers and Francis 2005, 43). 그들은 대다수의 지적장애인들이 신뢰를 주거나 주지 않을 수 있다고 주장한다. 그렇게 할 수 없는 이들의 경우에도, 그들의 사회적 현존과 사회적 대우는 모든 참여자들에게 신뢰를 북돋울 수 있다. "왜냐하면 한 사회가 실제로 정의를 이해하고 그런 정의에 헌신하는가에 대한 사람들의 신뢰는, 장애인과 '국외자'outlier에 대한 열등한 대우가 금지되는지 허용되는지 여부에 영향을 받기 때문이다"(Silvers and Francis 2005, 74). 실버스와 프랜시스는 사회계약론의 요건으로 개인의 능력이라는 요소를 제거하기는 하지만, 비장애인들이 심각한 장애를 지닌 사람들에 대한 대우의 질에 높은 수준의 관심을 갖고 있다고 추정하는 듯하다. 하지만 이는 공고화된 비장애 중심주의적 편견에 의해 약화될 수밖에 없는 가정이다.

　이런 접근법들 각각은 시민의 능력을 정치적 평가에 대한 출발점으로 전면에 내세운다. 더욱이 그들은 사회계약론 내에서 협소한 일련의 이론적 선택지들만을 우리에게 제공한다. 예컨대 [칸트로부터 유래하는] 계약주의contractualism와 [홉스로부터 유래하는] 계약지상주의contractarianism 사이에서 이루어지고 있는 하틀리의 유형학은 찰스 W. 밀스에 의해 추동된 비판적 계약론이라는 제3의 선택지를 경시하는데, 그의 이론은 필수 능력의 지배라는 상황을 타개하는 데 필요한 요소를 가장 잘 갖추고 있는 것처럼 보인다.

## 능력의 개발, 그리고 부인

인종과 사회계약론에 대한 찰스 W. 밀스의 논의는 장애에 관한 프로젝트에도 유익한 진입로를 제공해 주는데, 이는 그가 특히 롤스의 이론이 이성적 능력을 탈정치적으로 구성하는 것을 비판의 표적으로 삼기 때문이다. 밀스(Mills 2009, 162)가 보기에, 롤스는 이상적[관념적] 이론에 의지함에 따라 인종 억압을 "체계적으로 누락"하고 계속해서 이를 "회피"한다. 밀스는 이상적 이론이 인지 능력을 이상화한다고 논한다.

그 이론에서 상상되고 있는 인간 행위 주체들은 또한 대개 그들에게 귀속된 전적으로 비현실적인 능력을 지니게 될 것이다. 이런 능력의 상정은, 다양한 방식으로 경시되는 이들은 말할 것도 없고 특권을 지닌 소수에게 있어서조차 비현실적이다. 그리고 그처럼 경시되는 이들은 자신의 능력을 개발할 평등한 기회를 가져 본 적이 없었을 것이며, 여러 결정적인 측면에서 기실 전형적으로 장애인들이라고 할 수 있을 것이다(Mills 2005b, 169).

이상적 이론은 이상화된 능력과 관련해, 두 가지 분명한 허구를 조장한다. 그것은 우선 인지 능력에서의 불평등 — 이 불평등이 부정의에 의해 야기된 것이든 혹은 손상에 의해 야기된 것이든 — 을 경시한다. 그리고 그것은 단지 비장애인 계층만이 아니라 월등한 능력을 지닌 행위 주체를 구성해 내면서, 특권을 지닌 이들의 능력을 과장한다. 그렇지만 밀스에게 있어 장애화된 능력은 체계적인 부정의의 결과다. 롤스가 장애인을 어떤 식으로 배제하는지를 그가 직접 다루지는 않지만 말이다.

밀스(Mills 1997, 18[국역본, 40쪽])는 인종주의가 무지의 인식론을 야기한다고, 이런 인식론 내에서 백인들은 [사회적 실재 및] "자기에 대한 명료한 이해를 불가능하게 하는 인식 모델" 속에서 살아가기 때문에 "인식의 기능 부전"으로 말미암아 [자신들이 만든 세계를] "이해할 수 없는" 상태에 있다고 주장한다. 요컨대 밀스는 인종적 계약이 (대다수) 백인들 사이에서 무지의 인식론을 조장하는 것으로, 그리고 그런 인식론 내에서 백인들은 그들 자신이 인종주의에 공모하고 있다는 사실을 모르는 것으로 기술하고 있다. 여러 가지 측면에서 우리는 인종적 계약의 효과에 관한 밀스의 기술을 장애에 관한 롤스의 논의 내로 도입할 수 있다. 예컨대 밀스에게 있어 백인/비장애인의 "정서 및 공감 패턴의 구축은 …… 비백인의[/장애인의] 고통에 거의 영향을 받지 않는다"(Mills 1997, 95[국역본, 159쪽]). 더욱이 인종적 계약에서는 비백인/장애인이 겪는 "현실들이 비가시화됨에" 따라 "회피와 자기기만이 인식론적 규범이 된다"(Mills 1997, 97, 92[국역본, 161, 154쪽]).

밀스가 보기에 문제가 무지에 있는 것이라면, 그 해법은 백인들과 비백인들 양쪽 모두가 더 잘 아는 일이 될 것이다. 백인들이 자신들만의 "인종적인 공상의 나라"에서 살아가고 있는 것이라면, 비백인들은 인종주의를 전복하기 위한 인식의 여정에 나서야만 한다(Mills 1997, 18[국역본, 40쪽]). "비백인은 자신의 인식 능력을 신뢰하는 법을, 자기 자신의 개념, 통찰, 설명 양식, 지배적인 이론을 발전시키기는 법을, 그리고 부분적으로는 그 같은 문제들의 탐구를 좌절시키고 억압하기 위해 고안된 개념틀의 인식적 헤게모니에 대항하는 법을 배워야만 한다. 비백인은 자연스럽게 여겨지는 것에 반하여 사고해야만 한다"(Mills 1997, 119[국역본, 194, 195쪽], 강조는 원저자). 마찬가지로 리시아 칼슨(Carlson 2009)도 만일 우리가 장애인과 그들의 역사에 대해 더 잘 알았다면 더 나은 이론을 만들 수 있었을 것이라고 말하면서, 장애를 다루는 철학자들 사이에 퍼져 있는 무지의 인식론에 대해 언급한 바 있다.

밀스가 해방의 정치를 향한 첫걸음으로 인식 영역에서의 자의

식 고양을 제안한 최초의 인물은 아니다. 그러나 인지장애의 렌즈를 통해 판단해 보면, 권능강화를 향한 이런 익숙한 노선은 상당히 곤란한 것이기도 하다. 밀스는 다소 이상한 형태로 양쪽에 다리를 걸치고 있다. 그는 롤스가 이상적인 인지 능력을 불평등의 원천으로 구성해 내는 것을 비판하지만, 그러고 나서 불평등과 맞서 싸우기 위해 인지 기능의 강화를 촉구한다.

무지의 인식론이 지배의 많은 요소들을 포착해 내기는 하지만, '무지한/알고 있는'ignorant/cognizant이라는 익숙한 계몽주의적 범주가 도덕적으로 '그른/옳은'wrong/right이라는 범주와 연결되어 버리는 방식 때문에, '무지'라는 말은 지적장애를 중심으로 한 해방의 프로젝트에서는 문제의 소지가 있어 보인다. 밀스에게 있어 무지[즉 인식적으로 열등한 상태]는 도덕적으로 열등한 상태를 가리는 반면, 인식적으로 우월한 것은 도덕적으로도 또한 우월하다.

롤스에 대한 또 다른 비판적 접근법은 아이리스 메리언 영에 의해 제시되고 있는데, 그녀의 접근법은 인격에 대한 롤스의 개념화가 (일탈적 존재에게 대안적인 세계-내-존재 방식들을 부여함으로써) 어떤 특정 종류의 정체성을 어떻게 정상화하는지 보여 주기 위해 퀴어 이론을 [자신의 정치이론에] 통합해 낸다. 영(Young 2006, 95)에게 있어 "장애인이 처해 있는 상황은 정상화normalization의 문제들을 가장 극명하게 보여 준다." 그녀는 "특정한 신체적 혹은 정신적 기능의 결여는 자동적으로 그런 기능을 지니고 있는 이들보다 어떤 사람을 덜 유능한 존재로 만든다"고 상정하는 철학자들을 비판한다 (Young 2006, 95). 영은 휠체어를 탄 사람을 사례로 제시하면서, 물리적 환경에 존재하는 장벽을 제거하면 장애인들이 공공에 기여할 수 있는 잠재력도 달라진다고 주장한다. 비배제적 태도 및 접근 가능한 공간과 더불어 장애는 사라진다는 것이다.

영의 비판은 본질적이기는 하지만 불완전하다. 그녀는 정상화가 장애인에게 어떤 식으로 영향을 미치는지 인식하고는 있지만, 그녀 자신이 제시하는 휠체어 이용자라는 사례는 지적장애인이 주변화될 위험성을 강화할 수도 있다. 물리적 방해물이 제거되기만 하면, 휠체어 이용자는 롤스가 말하는 '통상적인 의미'에서의 인간 행동을 수행하면서 사회에 기여할 수 있을 것이다. 비록 영이 사회가 장애를 생성해 내는 방식에 우리가 관심을 갖도록 하기는 하지만, 그녀는 또한 생산성과 이동성을 중심으로 상호 의존적 관계가 형성되는 통상적인 방식을 재확인하며, 그럼으로써 최중도의 장애를 지닌 사람들에 대한 낙인을 지속시킨다.

무지라는 말을 버려야 할 또 다른 이유는 비장애중심주의와 인종주의의 배후에서 다소 상이한 종류의 억압들이 작동하고 있기 때문이다. 무지는 비가시성을 조장한다. 롤스에 대한 밀스(Mills 2009)의 비판이 폭로하는 것처럼, 인종과 관련된 이슈는 좀처럼 표면화되지 않는다. 백인의 특권적 위치는 철학자들로 하여금 계속해서 인종과 관련된 이슈를 회피하게 만든다(Mills 2005a). 그에 반해서 부인은 단순히 드러나지 않는 차원을 넘어선다. 영이 정상화의 역설적 특성에 대해 기술할 때, 그녀는 이 지점을 이해하고 있었다. 즉 일탈자 집단은 비가시화되는 동시에 과잉 가시화된다. 우리는 이를 롤스의 정치사상에서 확인할 수 있는데, 그의 사상에서 장애라는 위협은 인종과는 달리 언제나 순환되고 있다. 장애는 존재하지만 망각되고, 명백하지만 비가시화되며, 되풀이하여 나타나지만 일탈되어 있다. 심리학적 통찰이 제공해 주는 편견에 대한 다층적 설명은 철학 내에서 장애가 차지하고 있는 복잡한 위치를 이해할 수 있도록 돕는다. 즉 우리가 장애를 배제하거나 포함하는 것 가운데 그 어느 쪽을 명시적인 목표로 삼든, 장애에 대한 암시적인 부정적 가정은 사라지지 않고 지속된다.

이와 같은 비판적·페미니즘적 접근법들은 결국 우리가 어떤 식으로 계속해서 일부 장애들의 심각함을 부인하고 있었는지를 스스로 드러낸다. 마치 우리가 사회구조를 조작함으로써, 공고화된 편견을 드러냄으로써, 혹은 지식을 증대시킴으로써, 지적장애를 완전히 근절할 수 있다고 확신하고 있기라도 한 것처럼 말이다. 이런 여러 접근법들에서, 주류 철학의 장애 논의에 대한 비판적 개입들도 필수 능력의 이상을 강화하고, 인지적 차이의 가능성을 감지하자마자 그 차이를 최소화하려 한다.

롤스에 대한 비판가들이 무지와 앎에 대해 주장할 때, 그들은 혹시나 하고 스스로를 의심하는 것보다도 더 많이 롤스의 인식론을 공유하고 있다. 원초 상태와 무지의 인식론은 둘 다 우리에게 이성적으로 충분히 인식 가능한 정치적 변환을 약속하는 지적 어젠다를 제시한다. 우리가 무지의 장막 뒤편에서 도출되는 정치적 원칙들을 선택하든, 아니면 편견을 뒤집기 위한 철저한 교육의 과정에 착수하든, 이런 방향들은 식자들을 목적의식적이고 도덕적으로 옳은 어젠다로 둘러싼다. 여기서 우리는 언제나 확신에 차있는, 인식적으로 이상적인 자아를 언뜻 보게 된다. 즉 그런 자아는 문제를 완전히 이해하고 있으며, 그 해결책을 알고 있다. 그런 자아의 인식론이 약속했던 것처럼 정치적 변환이 일어나지 않는다면, 그 잘못은 해방의 정치를 인식하지 못한, 혹은 해방의 정치에 헌신하지 않은 무지자의 책임이다. 이에 반해서 부인의 인식론은 인식적으로 이상적인 공상의 나라가 불가능함을 시사한다. 설령 우리가 장애에 관한 지식을 증대시킨다 할지라도, 우리의 편견은 은연중에 계속해서 작동할 것이다. 실제로 더 많은 교육을 받고 더 높은 소득을 올렸던 사람이 장애보다는 오히려 죽음을 택할 가능성이 더 크다(White 2008). 인식적 요구들에 의해 규정되는 직업에서, 식자들은 우리의 이론적 규준에 스며들어 있는 인지적 무능력에 대해 깊은 불안을 느낄 것이다.

## 결론: 부인의 인식론

장애인들이 직면해 있는 빈곤, 실업, 학대, 불평등 같은 정치적 방해물 가운데 왜 유독 불안에 그처럼 많은 주의를 기울이는가? 왜 암묵적 태도보다 시스템의 변화에 초점을 맞추지 않는가? 대다수 학자들이 건물에 경사로를 설치하는 일의 이득이 무엇인지, 경사로가 어떻게 모든 사람들의 접근성을 증대시키는지, 그리고 그 경사로가 비장애인 혹은 장애인이라는 것이 의미하는 바를 급진적으로 뒤집어 놓을 수 있는 길을 어떻게 제공하는지 열거했을 때, 그들은 이런 구조적 변화를 강조했다고 할 수 있다. 경사로는 일단 설치되고 나면, 모두의 접근성을 증진시키며, 자신의 두 발로 걷는 사람들에게 거의 아무런 행동의 수정도 요구하지 않는다. 그렇지만 불안이라는 문제에 맞서는 것은 우리로 하여금 능력에서의 근본적인 차이를 가로질러 관계를 맺는 (혹은 관계를 맺는 데 실패하는) 방식들을 재사유하도록 만든다.

무지가 앎의 뒷면이라면, 부인에 대항하는 것은 불안과 직면하고 그런 불안의 한가운데에서 연대성을 구축하는 것을 필요로 한다. 연구자들은 장애인들과의 접촉이 지적장애인을 향한 긍정적 태도의 가장 신뢰할 만한 예측 변수라는 것을 반복적으로 확인하게 된다. 나도 장애인들과의 접촉이 효과적이라고 생각한다. 왜냐하면 그런 접촉이 우리에게 우리 자신의 암묵적인 편견을 드러내 주고 우리의 부정적 태도를 스스로 더 이상 부인할 수 없게 만듦에 따라, 장애의 부인이 더 이상 옹호될 수 없도록 만들기 때문이다. 대인간 접촉은 또한 인식적 특권이 어떻게 타인을 불리하게 만들고 배제하는 규준을 강화하는지 질문하도록 하면서, 우리의 상호작용 방식을 재사유할 것을 요구한다. 우리의 철학적 작업이 이런 민주적 접촉 방식을 정확히 포착해 낼 수만 있다면, 우리는 [배제에 반대되는 것으로서의] 포함을 더 잘 이루어 낼 수 있을 것이다. 예컨대 에바 키테이와 소피아 웡이 지적장애인들의 내러티브, 역사, 사진 내에 자신들의 철학을 담아낼 때, 그녀들은 둘 다 철학적으로 잘 조율된 접촉의 사례를 우리에게 제공한다.

게다가 키테이나 칼슨과 같은 페미니스트 철학자들은 철학의 프로젝트를 알고 있음에 대한 프로젝트로부터 모르고 있음에 대한 프로젝트로 뒤집어 놓는다. 예컨대 키테이(Kittay 2009b)는 철학자들에게 두 가지 새로운 규칙을 제출한다. '인식의 책임성'과 '인식론적 겸손'epistemic modesty이 그것이다. 첫째, 만일 철학자들이 장애라는 이슈를 고찰하고자 한다면, 그들에게는 장애인들의 실제 삶을 검토하고 알아야 할 책임이 있다. 만일 그들이 그렇게 하지 않는다면, 그들은 자신이 인식론적으로 겸손해야 함을 인정하거나, 혹은 키테이의 말처럼 "당신이 무엇을 모르는지를 알아야" 한다(Kittay 2009b, 617). 키테이는 철학자들의 제한된 인식[인지] 능력을 강조함으로써 지적장애인에 대한 철학자들의 관계를 전도시킨다. 마찬가지로 칼슨(Carlson 2009, 563)은 "하나의 체험으로서 지적장애가 지닌 복잡성은 지적장애인으로 정의되지 않은 이들에게 있어 앎에 대한 어떤 장벽들이, 일시적일 수도 있지만 아마도 영구적으로, 극복될 수 없을 것임을 시사한다"고 주장한다. 여기서 칼슨과 키테이는 앎의 한계들을 인정하는 것이 장애인에 대한 정의를 확장하는 데 필수적임을 논하고 있다.

이것이 아마도 철학이 지적장애인의 완전한 포함에 그토록 반대하고 저항하는 또 하나의 이유일 것이다. 왜냐하면 철학 사상의 추구를 위해 우리가 머물고 있는 아카데미와 같은 물리적 공간은 인지 능력을 기반으로 차별이 이루어지며, 민주주의에 대한 우리의 철학적 해결책은 지적장애인들을 얼마나 더 배제하느냐에 전적으로 달려 있기 때문이다. 아카데미의 배제적 풍경에 우리 자신들이 공모하고 있음을 고려했을 때, 적어도 우리는 반드시 이루어질 필요가 있는 변환의 한 측면이 무엇인지 감지할 수 있을 것이다. 그것은 인지적 비장애인과 지적장애인 사이의 경계를, 개념적 세계와 물리적 세계 양자 모두에서 약화시키는 것이다. 근본적인 인지적 차이들을 회피하지 않고 직면했을 때, 우리가 어떤 식으로 되풀이해서 우리의 정체성, 우리의 자리, 우리의 미래를 필수 능력에 단단하게 결부시켜 왔는지 고찰하는 일을 시작할 수 있을 것이다. 우리가 앎을 가지고 장애에 대한 우리의 불안을 제거할 수 있다고 상정할 때, 우리는 인지적으로 이상적인 세계라는 공상의 나라를 거듭 단언하게 된다. 우리의 정신을 통제할 수 있는 세계, 우리가 사고하는 방식을 택할 뿐만 아니라, 요구만 있다면 우리는 느끼는 방식도 재조정하기로 결정할 수 있는 세계를 말이다. 이런 판타지는 또다시 (친숙하지만 공상적인) 인지적으로 이상적인 자아 — 언제나 곤란하지만, 언제나 유혹적인 — 를 뒷받침하기 때문에, 시초부터 장애를 부인하게 된다.

# 4장
# 장애를 만들어 내는 장벽, 할 수 있게 만드는 자유

낸시 J. 허시먼

(많은 정치이론가들은 모를 수도 있겠지만) 모든 장애학자들이 알고 있는 것처럼, 장애를 이해하기 위한 두 가지 '모델'이 존재한다. '의료적 장애 모델'은 적어도 계몽주의 시대, 즉 과학 및 의료의 진보에 따라 질병의 극복을 위해 인간이 몸에 개입할 수 있다는 자각이 생성되었던 시대 이래로 장애에 대한 지배적 관점이 되어 왔다(Stiker 2000).[1] 이 모델에서 장애는 결함이 있는 몸으로부터 발생한 개인의 이상으로 여겨지며, 이 같은 이상은 '교정'되거나 '치료'되어야 할 문제를 야기한다. 그 문제는 몸에 내재하며, 몸은 기존 환경에 적응해야만 한다. 장애는 해당 인격체가 피하고 싶어 함에 틀

---

1) 분명히 그 시점은 훨씬 더 이른 시기로 거슬러 올라갈 수 있을 것이다. '기형의' 유아들이 '치료'되거나 '교정'될 수 없다는 이유로 유기되어 죽어 갔던 고대로까지 말이다. 그렇지만 이 장에서 나는 자유에 대한 근대적 개념화에 관심을 두고 있으며, 따라서 계몽주의 과학이 몸을 바라보는 새로운 방식들에 주목할 필요가 있다. 반면 누군가는 고대에는 몸도 환경도 인간이 개입할 수 있는 영역 내에 있는 것으로 간주되지 않았으며, 근대에 들어와 몸이 그처럼 변경 가능한 영역의 하나로 간주된 것이라 주장할 수도 있을 것이다.

림없는 손실, 혹은 심지어 하나의 비극으로 간주되며, 그에 대한 적절한 반응은 동정이다. 덜 적절하지만 좀 더 통상적인 반응은 거부감이라고 할 수 있다. 이런 관점이 관습, 관행, 태도뿐만 아니라 법, 정치, 제도에도 영향을 미치면서, 장애에 대한 대중적이고 공식적인 이해를 지배해 왔다. 그리고 그것은 이 책의 다른 논문들이 입증하고 있는 것처럼, 정치이론가들에게도 또한 영향을 미쳤다.

이와 대조적으로 '사회적 장애 모델'은 장애가 몸의 차이로부터 내재적으로 기인하지 않으며, 오히려 '다른' 몸을 지닌 사람들에 대한 태도, 믿음, 관련 법률뿐만 아니라 물리적 환경이 구축되는 방식을 비롯한 사회적 맥락에 의해 야기된다고 주장한다. 이런 후자의 관점에서는, 내가 걷는 데 어려움이 있고 휠체어를 이용한다는 사실 그 자체가 '장애'를 구성하지 않는다. 오히려 대다수 건물에 경사로가 아닌 계단만 있고, 엘리베이터와 자동문이 존재하지 않는다는 사실이 나의 몸이 다양한 건물들에 접근을 '할 수 없게 만든다'[즉 장애를 만들어 낸다]. 이 모델에서 장애란 강한 의미에서 사회적 구성물이다. 사회적 관계, 건조 환경, 법률, 관행 등이 구조화되고 조직되는 방식들로 인해, 일정한 몸들은 방해를 받고 무언가를 할 수 없게 되는 반면, 다른 몸들은 지원을 받고 그 무언가를 쉽게 할 수 있게 된다.

현재 대다수 장애학자들은 의료적 모델이 끼쳐 온 역사적 폐해에도 불구하고, 장애에 대한 올바른 이해는 이런 양쪽 모델로부터 도출되어야만 함을 인정한다(Shakespeare 2013). 인류의 역사 내내 의료적 모델에 대한 과도한 강조는 시설에 수용되고 불임수술을 당하고 배척받아 온 장애인들에게(Schweik 2009; Burch and Joyner 2015), 고문과도 같은 '치료적' 처치를 경험해야만 했던 장애인들에게(이 책의 11장 참조), 정치 참여와 작업장에서 배제당해 온 장애인들에게 (O'Brien 2001) 크나큰 해를 끼쳤다. 사회적 모델은 그와 같은 부당한 대우를 교정하기 위한 정치적·인식론적 전략에서 중요한 진전을 가져왔다. 의료적 접근법이 상정하고 있는 [장애의] 결과가 바로 그 의료적 접근법 자체에 의해 생산되고 있는 방식들에 주의를 기울이도록 함으로써, 그리고 예컨대 맨홀 뚜껑 주변에 가설 방벽 같은 것을 설치하는 작은 변화들이(tenBroek 1966b) 어떤 식으로 장애인의 삶의 전망을 크게 증대시키는지 보여 줌으로써 말이다. 의료적 모델에서는 장애가 해당 인격체를 덜 가치 있게 만들고 그의 능력과 선택권을 제약하는 '결함'으로 간주되는 반면, 사회적 모델에서 장애는 적대적인 물질적·사회적·경제적·법률적 힘[2]에 의해서 불이익으로 변환되는 '차이'로 간주된다.

그러나 사회적 모델이 극단화 — 장애는 오직 그리고 언제나 차별적 대우의 산물이다 — 될 때, 몸은, 그리고 통증 같은 신체적 경험의 어떤 측면들은 아이러니하게도 관심의 중심에서 멀어지고 심지어 무시된다(Wendell 2001; Siebers 2001). 이제는 상당수의 사람들이 장애가 특정한 유형의 몸과 특정한 종류의 물리적·물질적 공간 및 사회적 관행, 태도, 가정, 믿음, 편견의 상호작용에 의해 생산된다는 점을 자각하고 있다.

비록 사회적 모델이 장애에 대한 완벽한 이야기를 풀어내는 것은 아니지만, 그럼에도 불구하고 그것은 장애에 대한 이야기 가운데 극히 중요한 부분에 대해 말하고 있다. 특히 자유와 관련해서

---

2) 여기서 '신체적 힘[물리력]'physical forces이 아닌 '물질적 힘'material forces 이라는 표현을 사용한 것은, 독자들이 내가 이를테면 계단이 아닌 몸에 대해 논하고 있다고 생각할 가능성을 피하기 위해서이다.

말이다. 페미니스트들은 여성들이 선천적으로 법률가, 의사, 철학자, 권투 선수, 소방관이 될 수 없다는 역사적 주장들을 거부하고, 그녀들이 규범, 법률, 관행, 관습, 규정 — 그녀들의 정신과 몸으로 하여금 그런 것이 없었다면 성취할 수 있는 것을 '할 수 없게 만드는' — 에 의해서 이런 직업들에 종사하는 것이 가로막히고 제지당해 왔음을 주장했다. 이런 페미니스트들의 주장을 따르면서, 장애학자들은 우리가 시각을 바로잡을 수 있도록 도왔다. 예컨대 휠체어를 이용하는 사람이 어떤 건물에 계단 외에는 다른 접근 수단이 없어서 들어갈 수 없다면, 그 건물의 건축술은 그 사람의 자유에 대한 장벽으로 간주될 수 있다. 장애를 지닌 몸들이 매일같이 직면하는 여러 사회적 힘들 — 제도와 태도와 건조 환경 — 은 장애인들이 원하는 대로 그들의 삶을 살아가는 데 장벽과 제약을 야기할 수 있고, 실제로도 대개 그러하다. 그 모든 것들이 비장애인의 시각에서는 아무런 문제가 없는 것처럼 보일 수 있지만 말이다. 많은 장애인들이 자신의 몸을 변화시키길 원하지 않는다. 그들은 장벽을 변화시키길 원하며, 비장애인들이 세계의 이런 측면들을 불가피하거나 자연적인 것이 아니라 장벽으로 여겨 주길 원한다.

그러므로 비록 내가 일정한 손상에 의해 생성되는 신체적 제약들을 무시하는 사회적 모델의 극단화된 관념을 고수하지는 않지만, 이 장에서 나는 자유의 기본 구성 요소들인 욕망, 능력, 의지, 행위 간의 관계에 비판적으로 관여하기 위해서, 몸들을 특정한 종류의 물리적·사회적 공간 내에 맥락적으로 위치시키는 사회적 모델의 기본적인 인식론적 틀에 의지하고자 한다. 사회적 모델은 우리로 하여금 비장애인들에게는 보이지 않는 것, 혹은 '통상[정상]적인 배경 조건'처럼 보이는 것이 장애적 시각에서는 매우 상이하게 보일 수 있다는 점을, 그리고 왜 그런 조건들이 변경될 수 없는지 아무런 논리적 이유도 존재하지 않는 많은 경우들이 있다는 점을 망각하지 않도록 해준다.

그런데 내가 말하는 '자유'란 무엇을 의미하는가? 확실히, 20세기 말과 21세기 초에는 프리드리히 하이에크(Hayek 1978)와 밀턴 프리드먼(Friedman 1962)의 강력한 개인주의적 개념화에서부터 비지배(Pettit 2001)나 역량의 표현(Sen 1999)으로서의 자유에 대한 논변에 이르기까지 자유에 대한 광범위하고도 다양한 이론들이 등장했다. 20세기 중반 이래로 그와 관련된 토론의 대부분은 이사야 벌린의 「자유의 두 개념」Two Concepts of Liberty(Berlin 1971)을 따르고 있는데, 이 에세이에서 그는 외부적 방해물의 부재로서의 '소극적' 자유, 그리고 내부적 방해물의 부재, 사람들이 소극적 자유를 이용할 수 있도록 돕는 실질적인 자원의 제공, 우리에게 다소간 중요한 것으로서 선호와 욕망에 대한 평가까지도 포함하는 '적극적' 자유라는 개념을 확립했다(Hirschmann 2003). 그러나 이런 차이들을 가로지르는, '주류' 자유 이론의 기본적인 세 가지 특징이 존재한다. 자유에 대한 '장벽'의 정의, 자유와 능력 사이의 관계, 욕망과 의지의 본질이 그것이다. 이 세 가지는 모두 해당 이론이 다루는 주제 선정의 사회적 구성과 다양한 방식으로 연루되어 있다. 그리고 비록 복잡성이 증대하기는 하지만, 그것들은 또한 사회적 장애 모델과 의료적 장애 모델의 관계에서 나타나는 다양한 측면들을 포함한다. 나는 이어지는 절들에서 이 세 가지 문제 각각을 다시 고찰할 것이다.

## 장애를 만들어 내는 장벽

자유에 대한 서구적 개념화의 핵심 요소는 무엇을 자유에 대한 '장벽'으로 간주하는가에 대한 관념과 관련되어 있다. 지배적 또는 주류 자유 이론들은 대개 이사야 벌린의 '소극적 자유' 개념 ― 자유란 당신이 하길 원하는 것을 타인에 의해 제한당하지 않음을 의미한다(Berlin 1971; Hirschmann 2003) ― 을 따르고 있으며, 따라서 그 이론들은 통상적으로 자유에 대한 장벽이란 자신의 외부로부터 오는 것이어야만 한다고 상정한다. 최소한 홉스와 함께 시작된다고 할 수 있는, 자신에게 외부적인 것으로서의 장벽이라는 관념은 자유의 의미에 있어 핵심적이다. 그래서 홉스는 다음과 같이 말한다.

> 자유는, 그 단어의 정확한 의미를 따르자면, 외부적 방해물의 부재로 이해된다. 그런 방해물들은 대개 자신이 하고자 하는 것을 할 수 있는 인간 능력의 일부를 앗아 간다. …… 자유, 혹은 자유로운 상태란 (정확히 말하자면) 방해의 부재를 의미한다(내가 말하는 방해란, 행동에 대한 외부적 방해물을 의미한다)(Hobbes 1985, 189, 261[국역본, 176, 279쪽]).

홉스에게, 그리고 그를 따르는 많은 이론가들에게, 방해물이란 자신의 외부에 놓여 있어야만 하는 것이다. 즉 자유에 대한 방해물은 '외부적'이다. 예컨대, 당신이 나를 어떤 방에 가두어 둔다면, 그 방의 잠긴 문이 내가 방에서 나갈 자유에 대한 장벽이 된다는 것을 많은 이들이 별다른 이의 없이 받아들일 것이다. 그러나 문제가 언제나 그렇게 간단한 것은 아니다. 만일 내가 열쇠를 가지고 있다면 어떻게 되는가? 혹은 그 방에서 나갈 수 있는 또 다른 손쉬운 출구가 있다면 어떻게 되는가? 이런 경우들에서, 그 잠긴

문이 장벽이라는 위상을 갖는가의 문제는 최소한 좀 더 복잡해지게 된다. 어떤 이들은 그것이 여전히 하나의 장벽이지만 근본적인 것은 아니라고 주장할 수 있을 것이고, 또 다른 이들은 장벽이 전혀 존재하지 않는다고 말할 수도 있을 것이다. 그러나 자유에 대한 장벽의 '외부성'이라는 문제 역시 좀 더 복잡해질 수 있다. 만일 내가 열쇠 대신 자물쇠를 따는 장비를 가지고 있고 그것의 사용법을 안다면 어떻게 되는가? 모두가 자물쇠를 따는 방법을 아는 건 아닐 것이고, 따라서 그 장비를 가지고 있다는 것 자체가 잠긴 문에 대한 해법이 되는 건 아닐 것이므로, 여기서 문제는 그 장비의 사용법을 알고 실제로 그 장비를 사용할 수 있는(이를테면, 내 손이 통제되지 않을 정도로 떨리지 않아야 한다) 나의 내부적 능력에 달려 있게 될 것이다.

이런 의미에서 보자면, 사회적 장애 모델에서 자유 개념의 적용은 상당히 직접적으로 이사야 벌린의 '소극적 자유' 개념을 따르고 있는 듯 보인다. 그 모델은 단지 '외부적 장벽'이 정의되는 방식에만 문제를 제기하면서 무엇이 장벽으로 간주되는가에 대한 우리의 개념[관점]을 넓혀 왔다. 내가 이미 언급했던 것처럼, 사회적 모델은 우리로 하여금 사람들이 당연한 것으로 여기는 건조 환경, 사회생활, 법률의 여러 측면들이 장애인들의 자유에 대한 외부적 장벽으로 간주될 수 있음을 이해할 수 있게 한다.

그러나 자유에 대한 다른 해석들에서는 심리적 상태 역시 자유에 대한 장벽으로 간주될 수 있으며, 이는 무엇이 홉스가 말한 '외부적 방해물'로 간주될 수 있는가에 대한 우리의 관념을 더 복잡하게 만든다. 예컨대 그 문이 잠겨 있지 않고 단지 닫혀 있을 뿐이지만, 내가 그 방을 나가려 했을 때 남편이 내게 위협을 가한 적이 있다면 어떻게 되는가? 내가 그 방을 나가지 않는 한, 나는 그가 실제로 그런 위협적 행위를 할 것인지 여부를 알 수 없다. 때때로 그는 그렇게 하지만, 때로는 그렇게 하지 않는다. 그러나 그가 그렇게 했을 때, 나는 극도로 심하게 구타를 당한다. 따라서 나는 당연하게도 공포를 느낀다. 여기서 나의 공포는 장벽으로 간주될 수 있는가? 홉스라면 다시 한번, 아니라고 말할 것이다. 공포는 단지 나에게 어떤 선택이 아니라 그와 다른 선택을 하게 만드는 이유를 제공할 뿐이다. 그러므로 예컨대 내가 전장에서 나의 생명을 살려 준 적군의 노예라는 새로운 역할과 새로운 군주의 권위에 '동의'하는 대신, 그냥 죽음을 무릅쓰고 저항하는 선택을 하는 경우도 있을 수 있는 것이다. 그러나 많은 다른 사람들은 강도가 당신의 머리에 총을 겨누고 "돈을 내놓거나, 목숨을 내놓아라"라고 말해서 금품을 건넸을 때, 당신이 설득당한 것이 아니라 지갑과 보석을 강탈당한 것으로 여길 것이다(Feinberg 1986).

그렇지만 이런 예들은 또한 사회적 장애 모델의 중요한 통찰들을 표상하는데, 그 모델은 우리가 취할 수 있는 선택들 사이의 연관 관계와도, 그리고 우리가 형성해 내는 욕망 및 선호들과도 관련이 있기 때문이다. 만일 사회적 관계들이 X를 성취하는 것이 불가능하도록 구조화되어 있다면, X에 대한 욕망의 위상은 극적으로 변하게 된다. 예컨대, 내가 지진이 야기한 구조적 파손 때문에 어떤 건물에 들어갈 수 없다면, 우리는 나의 자유가 방해받았다고 말하지는 않을 것이다. 그러나 누군가 내가 들어오지 못하도록 문을 잠가 버렸기 때문에 내가 그 건물에 들어갈 수 없다면, 우리는 나의 자유가 방해받았다고 주장하게 될 것이다. 요컨대 우리는 불가능한 일을 욕망할 수 없었다는 이유만으로 자유가 방해받았다고 말하지는 않는다. 욕망을 실현할 수 있는 나의 자유가 제한된 것으로 여겨지려면, 확인 가능하고 변경될 수 있는 원천으로부터 그 불가능성이 나온 것으로 간주될 수 있어야만 한다. 이런 관점에서 자유롭지 못하다고 여겨지기 위해서는, 누군가 — 어떤 행위 주체 — 가 내가 원하는 것을 하지 못하도록 가로막아야 (또는 내가 원하지 않는 것을 하도록 강요해야) 하며, 그 행위 주체가 어떤 목적을 가지고 의도적으로 그런 행위를 해야만 한다. 그와 같은 목적의식적이고 의도적인 제한이 누락되어 있다면 우리는 내가 '자유롭지 못하다' 고 말할 수 없는데, 왜냐하면 자유라는 개념이 그 적실성을 잃어버리기 때문이다. 그러므로 우리 집 뜰에 있는 나무가 번개를 맞고 죽었다면, 나의 재산을 원하는 대로 유지할 나의 자유가 제한되었다고 말할 수는 없다. 이와 대조적으로, 내 이웃이 자신의 잔디밭에 유독성 화학물질을 사용했는데, 그것이 직접적으로 나의 뜰까지 흘러들어 와 그 나무를 죽였다면, 이때는 얘기가 달라진다. 우리는 내 재산을 유지할 나의 자유를 간섭한 것에 대하여 이웃에게 책임을 물을 것이다. 소극적 자유의 관점에서는 장벽, 제한 혹은 간섭이라고 하는 것은 외부의 다른 곳에서 와야 할 뿐만 아니라, 그것이 또한 목적의식적이고 의도적인 것이어야 한다(Benn 1988; Flathman 1984; Gray 1980; 이 문헌들에 대한 비평으로는 Hirschmann 2003, 3-30 참조).

그러나 심리적 요인들은 다시 한번, 이런 관념을 더 복잡하게 만든다. 예컨대 나의 욕망이 환각에 기반을 둔 근거 없는 공포에서 온 것이라면, 우리는 그 장벽이 자신의 외부가 아닌 내부로부터 온 것이라고 말하게 될 것이다. 잠긴 문에 대한 앞의 예로 되돌아가서, 예컨대 문이 잠겨 있는 것이 아니라 그 문에 커다란 붉은색의 X가 달려 있고, 내가 붉은 색의 X에 대해 공포를 갖고 있다고 가정해 보자. 벌린과 다른 소극적 자유론자들은 자유에 대한 장벽의 존재라는 문제에서 그와 같은 공포를 고려하지 않을 것이다. 그런 내부적 요인들은 고려의 대상이 될 수 없는 예외들이며, 어떤 의미에서 자유는 그 요인들의 주변을 단지 맴돌고 있을 뿐이다. 그렇지만 장애학자들은 이런 요인들을 한층 더 복잡하게 다루는데, 왜냐하면 자폐증에서부터 정신지체라고 불렸던 것에 이르는 광범위한 인지장애들이 대부분 하나의 장벽으로 전혀 간주되지 않고, 단지 해당 인격체가 자유롭게 발전시키고 추구해야 할 일련의 능력을 한정하는 것으로만 여겨지기 때문이다(Nussbaum 2006).

## 무/능력과 자유

이 마지막 논점은 지배적인 자유 이론들 대다수가 지닌 두 번째 특징, 즉 자유와 능력의 관계와 연결된다. 대부분의 주류 자유 이론에서, 통상적으로 자유는 능력을 전제한다는 공리가 받아들여지고 있다. 즉 리처드 플래스먼이 지적한 것처럼, 내가 "아무런 도움도 받지 않고 지구 표면으로부터 7.5미터를 수직으로 뛰어오를 수" 없다거나 "폐 대신 혹은 폐에 더해서 아가미를 발달시킬 수" 없다고 말하는 것은 어리석고 무의미한 일이다(Flathman 1984, 139). 인간이 할 수 있는 것이 자유 자체는 물론이고 자유에 관한 사유에도 일정한 맥락을 설정한다. 유사하게 (그러나 덜 공상적으로) 크리스틴 스완턴Christine Swanton은, 내가 백만장자이기를 욕망할 경우, 우리는 내가 돈이 없다는 사실을 나의 자유에 대한 '장벽'이라고 명명할 수는 없지만, 내가 백만장자가 되고자 노력하기 위해서 열심히 일하려고 했는데 이것이 가로막혔다면, 그 경우에는 나의 자유가 제한당한 것이라고 말한다(Swanton 1992, 48). 조지프 라즈(Raz 1986), 데이비드 밀러(Miller 1983), 존 그레이(Gray 1980), 조엘 파인버그(Feinberg 1986), 스탠리 벤(Benn 1988) 같은 다른 많은 동시대의 자유

이론가들 모두 그들의 이론 내에 이런 가정을 포함하고 있다. 나는 내가 할 수 없는 어떤 것을 하는 데 자유롭지 못하다고 말할 수 없다. 자유는 능력[할 수 있음]을 전제한다.

실제로 벌린 자신도 그의 유명한 에세이 「자유의 두 개념」에서 이런 견해를 분명하게 표명하고 있다.

> 내가 공중으로 3미터 이상 뛰어오를 수 없거나, 맹인이어서 책을 읽을 수 없거나, 헤겔 책의 난해한 페이지들을 이해할 수 없다고 하더라도, 그렇기 때문에 내가 노예 같은 상태에 있다거나 강제를 당했다고 말하는 건 괴이한 일이 될 것이다. 강제는 내가 그것이 없었다면 할 수 있었을 행위의 영역에서 다른 사람의 고의적 간섭이 있었음을 의미한다(Berlin 1971, 122[국역본, 344쪽]).

그는 또한 「희망과 공포에서의 해방」From Hope and Fear Set Free이라는 에세이에서는 이와 관련해 다음과 같이 언급한다.

> 내가 나의 권리에 대해 무지하다면, 혹은 신경증이 너무 심해서 (또는 너무 가난해서) 나의 권리로부터 이득을 얻을 수 없다면, 나에게 권리란 쓸모없는 것이 되고 만다. 하지만 그런 사실이 나의 권리를 존재하지 않는 것으로 만드는 건 아니다. 열려 있는 다른 문들로 가는 길목에서 어떤 문이 닫힌 것뿐이다. 자유에 대한 조건(지식, 돈)의 파괴나 결여가 자유 그 자체를 파괴하는 건 아니다. 왜냐하면 자유의 본질은 그 접근성에 존재하는 게 아니기 때문이다. 자유의 가치는 그렇겠지만 말이다. 사람들이 진입할 수 있는 길이 더 많을수록 …… 사람들은 더 자유롭다(Berlin 1979, 192[국역본, 517쪽]).

장애적 시각에 볼 때 위에 인용된 절들에는 주목해야만 할 다수의 지점이 존재한다. 첫 번째는 그가 맹을 개념화하면서 '의료적 모델'을 따르고 있다는 점이다. 비록 그가 시각 손상을 지닌 사람들이 현재 활용할 수 있는 다양한 보조 기구를 예상치 못했을 수는 있지만, 분명히 점자는 벌린이 이 에세이를 쓰기 오래전부터 사용되고 있었다. 그리고 맹이 시각의 완전한 부재라는 그의 환원주의적 관념은 시각 손상을 지닌 사람들 사이에 존재하는 상당한 차이들과도 당연히 부합하지 않는다(Kleege 1999). 두 번째는 그가 인지적 (혹은 심리적) 장애를 무지 및 빈곤과 동일시한다는 점이다. 한편으로 보자면, 이 세 가지 모두는 사회적으로 생산되는 것임을 논할수 있다. 학자들은 빈곤이 특정한 경제 형태들의 구성물이자 자유에 대한 장벽임을 주장해 왔으며, 또 다른 학자들은 교육이 부와 빈곤에 영향을 미치는 가장 중요한 단일 요인임이 확인되어 왔다고, 빈곤이 무지를 낳고 역으로 무지 또한 빈곤을 낳는다고 주장해 왔다(Cohen 1979; Sen 1999). 그러나 다른 한편, 빈곤과 무지의 제거가 자유에 필수적인 만큼 이를 제거하는 것은 하나의 목표가 되는 반면, 장애학자들은 다양한 인지장애의 제거가 아니라 그런 차이들의 수용 및 편의제공 — 인지장애인들을 사회생활의 참여로 이끄는 — 을 옹호한다. 요컨대 벌린의 설명은 사회적 모델에서 발견되는 사유를 전적으로 외면하고 있기 때문에, 그 출발점에서부터 장애와 관련해서는 전도유망한 것으로 보이지 않는다.

주목해야 할 세 번째 특징은 개방되어 있는 문이라는 이미지그 자체인데, 그것은 휠체어 이용자들에게 특별한 의미를 지닌다. 설령 문이 개방되어 있다고 하더라도, 어쨌든 그 문틀이 너무 협소하다면 — 접근성을 염두에 두지 않고 만들어져 온 대다수의 문틀이 그런 것처럼 — , 나는 그 문을 통과할 수 없다. 그렇다면 문제는 협소한 문틀 — 결국 그 문이 개방되어 있게 된 이후에 — 이 나의 자유에 대한 장벽인지, 아니면 그것은 (마치 내가 더 높이 뛰어오르기 위해 극복하는 법을 알아내야만 하는 중력이 하나의 사실인 것처럼) 나의 몸이 헤쳐 나가는 법을 알아내야만 할 환경에 관한 하나의 '사실'일 뿐인지의 문제라고 할 수 있다. 왜냐하면 벌린은 하나의 길이 '접근할 수 없는' 것은 자유의 '본질'이 아니라 단지 그 '가치'에만 영향을 준다고 단언하기 때문이다. 존 롤스가 "자유" 그 자체와 "자유의 가치"를 구별하는 것과 마찬가지로 말이다(Rawls 2003[1971], 179[국역본, 278쪽]). 그러나 자유가 "사람들이 진입할 수 있는 길"의 수에 의해서 정의된다면, 결정적으로 여기서 쓰인 '~할 수 있는'can 이라는 표현이 자유는 능력을 전제한다는 표준적인 관념을 내포하고 있음으로 인해, 어떤 모순이 존재할 수밖에 없는 것처럼 보인다. 요컨대 어떤 길이 접근할 수 없는 상태라면, 그런 상태와 내가 그 길에 진입'할 수 있다'고 말하는 것은 모순된다. 어떤 길이 '개방되어 있다'는 것과 그 길에 '접근할 수 있다'는 것 사이에 놓여 있는 이 같은 차이는 벌린의 시각에 존재하는 좀 더 심대하면서도 혼란스러운 가정을 드러내 준다. 즉 그의 가정은 단지 그 길에 접근할 수 있는 이들의 시각에서만 — 내가 앞서 들었던 구체적 사례에서는, 비장애인 보행자의 시각에서만 — 모순되지 않는 것이다.

물론 벌린의 에세이는 장애에 대한 인식이 널리 확산되기 전에, 또한 사회적 장애 모델이 등장하기 훨씬 이전에 쓰였기 때문에, 우리는 이런 특정한 결함을 너그러이 보아 넘길 수 있을지도 모른다. 그러나 자유에 대한 벌린의 개념화는 자유 개념에 대한 근현대사의 본질적인 일부분이며, 그의 에세이는 현대 자유 이론에 상당한 영향을 미쳤다. 특히 '자유롭지 못하다'는 것과 '할 수 없다'는 것 사이의 구별은 무엇이 '장벽' 또는 '제한'으로 간주되어야 하는가에 대한 현대 이론가들의 고찰에서 핵심에 자리하고 있는데, 장벽 내지 제한은 그 정의상 나의 자유를 제약하는 것인 반면, '무능'은 나 자신 혹은 세계에 내재적인 어떤 것, 자연의 일부분 내지 자연적인 원인에 의한 것으로 간주된다. 벌린은 그 둘을 계속해서 뚜렷이 구분하길 원하며, 이런 구분을 염두에 두고 자유를 개념화한다.

그런데 다시 한번, 이와 같은 구별은 토머스 홉스에게로 거슬러 올라갈 수 있다. 홉스는 "자유의 정확한 의미"를 정의하면서, "그가 자유인이라면 그런 사실에 내재해 있는 것은, 그의 힘과 이지력理智力에 의해서 자신이 의지하는 바를 방해받지 않고 할 수 있다는 것이다"라고 언급한다(Hobbes 1985, 262[국역본, 280쪽]). 홉스에 대해 글을 쓰는 대다수 현대 이론가들이 "방해" 혹은 "움직임에 대한 외부적 방해물"에 의해 야기되는 제한에 초점을 맞추기는 하지만, 앞서 논의된 바와 같이 홉스의 정의에서 마찬가지로 중요한 차원은 능력이다. 즉 "그의 힘과 이지력에 의해서, 그가 할 수 있다는 것"이다. 그의 정의에서 이 후자의 측면은 장애에 있어 더 큰 도전 과제라고 할 수 있는데, 왜냐하면 그것이 현대 자유 이론에서 너무나 중요한 가정이 되다 보니, 결과적으로 거의 아무런 주의도 기울여지지 않고 있기 때문이다.

홉스에게는 이런 능력의 기준이 자유의 중심에 놓여 있다. 그러므로 "병 때문에 침상에서 꼼짝 못 하고 있는 …… 사람"은 "정지한 상태로 놓여 있는 돌멩이"와 다를 바 없이 자유롭지 못한데, 왜냐하면 양쪽 다 움직일 수 있는 능력이 결여되어 있기 때문이다. 돌멩이가 그 자신의 동력으로는 움직일 수 없는 것과, 악성 독감에 걸린 — 혹은 말기 암 단계에 있는, 혹은 어떤 형태의 마비를 지니고 있는 — 누군가가 병상에서 일어날 수 없는 것은 다르지 않다. 여기서 그들을 움직이지 못하도록 가로막는 요인은 그들 자신 내부에 놓여 있는데, 자유란 오로지 외부적 방해물의 현존 또는 부재와만 관련된다(Hobbes 1985, 262[국역본, 279쪽]). 장애인들이 역사 전반에 걸쳐 동물이나 인간이 아닌 존재에 비유되어 왔던 방식들을 고려한다면, 장애인이나 환자가 '돌멩이'에까지 비유되는 것은 아마도 장애 이론가들에게 얄궂게 느껴질 것이다.[3]

그러나 장애인의 자유에 이 구절이 갖는 함의가 나의 주된 초점이며, 장애가 자유의 제한 조건으로 제시되는 방식은 이론적으로 중요하다. 능력이 자유에 대한 출발점이라는 것 ― 우리는 우리가 달리 할 수도 없는 어떤 것을 하는 데 방해를 받았다고 말할 수는 없다는 것 ― 을 밝히면서, 홉스는 현대 자유 이론을 지배하는 자유주의적인 상식적 관점의 출발을 알렸다. 사실 '병'은 바이러스가 몸에 침범했다고 우리가 생각하는 경우에서처럼 "행동에 대한 외부적 방해물"로 해석될 수 있다(Hobbes 1985, 261[국역본, 279쪽]).[4] 실제로 홉스는 1647년에 생명을 위협하고 심각할 정도로 운신할 수 없게 만드는 질환을 겪었기 때문에, 그리고 그로 인해 6개월 동안이나 『리바이어던』 ― 퀜틴 스키너에 따르면 홉스 자유

---

[3] 21세기의 학자들은 또한 질환과 장애라는 두 가지 범주를 내가 한데 묶어 다루고 있다는 점에 주목할 수도 있을 것이다. 그러나 이는 장애를 발생시키는 구체적 이상들에 관한 지식이 17세기에는 심대하게 결여되어 있었다는 사실에 의해 어느 정도 정당화될 수 있을 것이라 생각된다. 이와 관련해서는 다음을 참조. Henri-Jacques Stiker, *A History of Disability*, Trans. William Sayers, Ann Arbor, MI: University of Michigan Press, 2000.

[4] 홉스의 관점에서 질환이 하나의 외부적 방해물로 해석될 수도 있는 가능성을 내게 지적해 준 퀜틴 스키너에게 감사드린다.

이론의 정점에 있는 저작(Skinner 1996, 122) — 의 집필 작업을 중단해야 했기 때문에, 그가 이런 견해에 매우 동조적이었을 것이라고 충분히 생각해 볼 수 있다. 분명히 이 문제는 질환을 바라보는 홉스의 관점에 대한 좀 더 완전한 이해를 필요로 한다. 우리는 그런 이해를 갖고 있지는 않지만, 질병에 대한 그와 같은 견해는 병자와 돌멩이의 비교를 무용한 것으로 만들어 버리게 된다. 그리고 또한 병자와 돌멩이에 결여되어 있는 것은 능력이 아니라 의지라고 말할 수도 있을 것이다. 즉 그 사람은 병상에서 일어나고 싶어 하지 않을 정도로 너무나 아픈 것이고, 돌멩이는 전혀 아무런 의지도 갖고 있지 않은 것이라고 말이다. 그렇지만 의지에 대한 홉스의 두드러진 해석은 이와 반대된다. 그에 따르면, 첫째, 우리는 우리가 행하게 될 것 자체를 통제할 수는 없으며, 단지 우리가 행하는 방식만을 통제할 수 있을 뿐이다. 여기서 의지란 실상 욕망과 같은 것이 된다. 즉 나의 '의지'란 내가 지닌 최종적 욕망이며, 나를 [최종적인] 행위로 이끈 어떤 것이다. 만일 병자가 일어나기를 원치 않았다면, 그가 침상에 누워 있을 때 그는 자신이 하길 원한 것을 하고 있는 것이다. 그러나 그가 너무 허약하고 지쳐 있어서 아무리 애써 노력해도 일어날 수가 없었다면, 그를 가로막은 것은 능력의 결여다. 그러나 홉스에게 이런 상태는 그의 몸이 그의 의지를 저지하고 있음을 의미하지는 않는다. 그것은 다만 그가 지금 있는 상태로 머물고자 하는 욕망이 일어나고자 하는 욕망보다 더 크다는 것을 의미한다. 그러므로 그것이 그의 의지이다. 왜냐하면 그것이 우세한 욕망이기 때문이다. 이런 논변은 나로 하여금 다음과 같은 결론에 이르게 한다. 홉스가 병자를 돌멩이에 비유할 때, 그는 의지가 아니라 능력에 대해 이야기를 하고 있다는 결론에 말이다. 왜냐하면 홉스는 "누군가가 행하는 데 진정 자유로울 수는 있다. 그렇지만 욕망하는 데 자유로울 수는 없다"고 언급하기 때문이다(Hobbes 1991, ch. 11, sect. 3, 46).

게다가 홉스의 비유로부터 얻게 되는 요점은 다음과 같다. 그의 순전히 기술적인 설명에서, 자유가 능력ability을 전제한다면, [장애disability를 지니고 있는] 장애인들은 그들의 상태로 말미암아 자유롭지 못하다. 단지 그들의 상태가 그들의 자유에 대한 제한 조건을 규정한다. 즉 자유와 관련된 모든 쟁점이 완전히 논외의 대상이 된다. 내가 이미 X, Y 또는 Z를 할 수 없다면, 내가 그런 것들을 하는 데 자유로운가의 문제는 완전히 무의미해지기 때문이다. 자유를 논하는 것 자체가 요점을 벗어난 얘기인 것이다. 홉스의 논리에서는, 만일 내가 나의 다리를 움직일 수 없게 된다면, 신체적으로 나는 방을 가로질러 걸어갈 수가 없다. 따라서 그렇게 하고자 하는 나의 욕망은 플래스먼이 얘기한 "아가미를 발달시키는 것"의 사례와 거의 마찬가지로, 자유와 관련된 것으로 사고되지 않는다. 내가 나의 몸을 질질 끌어 그 방을 가로질러 갈 수도 있을 것이다. 그러나 걸어 다닐 수 있는 사람에게 있어 그런 노력을 기울이는 건 그 방을 가로질러 걸어가는 것보다 더 어렵고, 심지어 아마도 더 위험할 것이기 때문에, 후자가 전자보다 본질적으로 더 자유로운 것이라고 생각될 수도 있다. 그러나 홉스는 이에 동의하지 않을 것이다. 그 방을 가로질러 이동하는 것이 그렇게 어렵고 힘들어서 내가 나의 몸을 질질 끌고 갈 가치가 없다고 결정한다면, 홉스의 말을 따를 경우, 이는 내가 그것을 하길 원하지 않음을 증명하는 것이다. 따라서 내가 있는 곳에 그냥 있고자 하는 나의 결정이 자유로운 것이다.

자유와 능력 사이의 이와 같은 관계는 인지 능력에도 또한 적용되는데, 홉스의 '광기' 개념을 이런 견지에서 고찰해 보는 것은 흥미로운 일이 될 것이다. 왜냐하면 광기는 흔히 내가 진정으로 원하는 것에 대해 분명하게 사고하는 것을 가로막기 때문이다. 광기는 정념passion의 과잉인데, 그것은 (격분한 경우에서처럼) 일시적일 수도 있고 혹은 (착란으로 이어지면서) 오래 지속될 수도 있다. 그러나 그것은 모든 사람들이 겪을 수 있는 상태이며, 기실 누군가는 광기가 [우리에게는 청교도혁명으로 더 잘 알려져 있는] 영국내전English Civil War의 주요 원인이었다고 주장할 수도 있을 것이다. 홉스의 사회계약론에서는 이런 광기와 정념의 과잉을 억제하는 것이 인간들이 자연적 자유를 절대군주에게 넘겨주는 목적인데, 왜냐하면 그들은 그들 자신을 통제할 수 없기 때문이다.

확실히 홉스는 욕구를 따르는 것이 자유의 유일하게 가능한 의미라고 여긴다. 하지만 그와 같은 자유는 우리를 곤경에 빠뜨리고 특히 우리의 생명을 위협하기 때문에 통제될 필요가 있다. 정념은 흔히 자신에게 최선의 이익이 되는 것을 택하는 우리의 능력을 저해한다. 이것이 바로 "이성을 사용하지 못하는 아동, 바보, 광인이 후견인이나 관리자에 의해 인격화될 수"(Hobbes 1985, 219[국역본, 220쪽]) 있는 이유이며, 사회계약에 대한 홉스의 사고를 인도하고 있는 철학이기도 하다. 우리가 이성적 존재이고 그래서 우리의 생존에 대해 이성적으로 사고한다면, 법률을 만들어 내고 그 법률을 어긴 이들 — 우리 자신을 포함해 — 을 처벌하는 절대적 권위를 지닌 주권 권력의 확립에 동의할 것이다. 이것이 자연 상태에서 우리가 할 수 있는 유일하게 가능한 합리적 선택이기 때문에, 그런 사회계약에 동의하지 않은 이들도 실상 그것에 동의하고자 했던 것임에 틀림없다. 그들이 이를 자각하든 자각하지 못하든 말이다. 왜냐하면 그 자신의 이익을 침해하기로 결정한 어떤 이가 있다고 해서, "마치 그가 실제로 그것을 의도한 것처럼 이해될 수는 없기" 때문이다(Hobbes 1985, 192[국역본, 181쪽]).[5] 분명히, 자기보존의 합리적 욕망을 넘어설 정도로 강한 정념을 지닌 이들의 경우는 이에 해당할 것이다. 허영심("나는 다른 어떤 이의 권위에도 동의하지 않을 것이다. 내가 군주가 될 것이다!")이나 격분("나는 다수가 그를 택했다고 생각하지 않는다. 그것은 무도한 짓이며, 나는 결단코 그에 동의하지 않을 것이다!") 등은 광기의 예로 간주될 수 있으며, 그런 정념에 따라 행동하는 사람들을 대신해 타인이 발언하는 것을 정당화하게 될 것이다. 그러므로 모든 이들은 그들이 계약에 동의하기를 원하는지 원하지 않는지와 (혹은 원한다고 생각하는지 원하지 않는다고 생각하는지와) 무관하게 그런 계약을 따를 의무가 있는데, 왜냐하면 "그 계약에 찬성표를 던진 이뿐만 아니라 반대표를 던진 이 또한 마찬가지로, 군주 또는 사람들의 집합의 모든 행위와 판단에, 그들이 마치 자기 자신이기라도 한 것처럼, 권위를 부여해야만 하기" 때문이다(Hobbes 1985, 229[국역본, 235쪽]). 우리가 질투심에 의해 격분하거나, '허영심' 때문에 격앙된 상태에 있거나, '욕정에 눈이 먼' 경우에서처럼, 우리 가운데 그 누구라도 쉽사리 일시적으로나마 광기에 빠질 수 있다는 점을 고려한다면, 홉스가 우리 모두는 — 혹은 적어도 우리 가운데 대다수는 — 장애인이라고 말하고 있는 것으로 이해될 수도 있을 것이며, 이것이 우리 자신으로부터 우리를 보호해 줄 수 있는 권위 있는 절대군주를 필요로 하는 이유이다.

자유와 능력 간의 이런 구별 — 그리고 자유는 능력을 전제로 하며, 그러므로 X를 하는 데 있어서의 무능력은 자유에 대한 고려

---

5) 공포, 의지, 자유 간의 관계에 대해서는 또한 Quentin Skinner, *Reason and Rhetoric in the Philosophy of Hobbes*, New York: Cambridge University Press, 1996, p. 136 참조.

로부터 X를 완전히 제거한다는 주장 — 은 현대에 이르기까지도 자유에 대한 많은 이론들에서 하나의 기본 구성 요소가 된다. 특히 소극적 자유의 핵심에 놓인 개인주의를 소중히 여기는 자유주의 이론가들 사이에서 말이다. 내가 이미 플래스먼이나 스완턴이 이야기했던 몇 가지 사례들을 제시하기는 했지만, 크리스티안 크리스티안손(Kristjánsson 1992, 297)은 다음과 같이 장애와 직접적으로 관련된 유의미한 예를 제시한다. 부러진 다리 때문에 휠체어를 이용해야만 하는 사람이 있다. 그런데 그가 나는 달리는 데 '자유롭다', 그러나 달리기를 '할 수는 없다'고 말한다. 즉 이 경우 누구도 그가 달리는 것을 가로막고 있지 않으며, 그는 단지 달리는 능력이 결여되어 있을 뿐인 것이다.

다리가 부러진 어떤 이가 달리는 데 '자유롭다'고 말하는 것 — 우리들 가운데 단지 분석철학에 익숙한 사람만이 이해할 수 있을 그 단어의 용법 — 은 명백한 역설이며, 이런 역설은 휠체어를 이용하는 뇌성마비 학생이 학교 건물에 엘리베이터가 없어서 내 수업에 참석할 수 없는 경우를 고려했을 경우 더욱 심화된다. 크리스티안손이 예를 들어 설명하고 있는 자유에 대한 주류적 관점에서는, 뇌성마비 학생 또한 내 수업에 참석하는 데 '자유롭다', 그러나 참석을 '할 수는 없다'. 이런 관점에서는 아무도 그 학생의 자유를 간섭하지 않은 것이다. 어쨌든 그 건물의 계단은 휠체어 이용자들이 들어오지 못하게 할 의도로 만들어지지 않았고, 그 대학의 교무처는 장애 학생의 입학을 금지하지도 않았다. 지배적 관점에서 보자면, 그 학생의 장애는 자유와 전혀 관련이 없다. 왜냐하면 문제는 그의 몸에 존재하기 때문이다.

이것이 바로 장애 이론의 '사회적 모델'이 도전하고 있는 관점이다. 크리스티안손의 접근법은 대부분의 주류 정치이론 및 정치철학과 마찬가지로, 비록 명시적이지는 않을지라도 적어도 암묵적으로는, 의료적 장애 모델을 채택하고 있다. 뇌성마비 학생의 무능력은 자신의 몸에 존재하는 자연적 제약에 의해 야기된 것, 즉 그 학생에게 특유한 것이다. 문제는 건조 환경이 아니라 그 학생의 결함 있는 — 혹은 심지어 '고장 난'broken — 몸인 것으로 간주된다. 이것이 통상적으로 공유되어 있는 관점이다. 예컨대 많은 사람들이 그와 같은 사람들을 '휠체어를 이용하는' 것으로 (좀 더 중립적으로) 묘사하기보다는, 흔히 '휠체어에 갇혀 있는'confined to a wheelchair 것으로 묘사한다는 사실을 고려해 보라. 그 휠체어는 그 학생의 이동의 자유를 위한 수단이 아니라, 그를 제한하고 있는 것으로 해석된다. 그리고 그 학생은 계단, 좁은 출입구, 도로 경계석 같은 건조 환경들로 인해 휠체어의 이용에 제약을 받는 것이 아니라 그의 몸에 존재하는 제약으로 인해 휠체어에 '갇혀 있는' 것으로 간주되기 때문에, 그 학생의 부자유는 환경적 장벽이 아니라 그의 몸에서 찾아지게 된다.[6] 휠체어 이용자들을 묘사하는 데 통상적으로 사용되는 그런 개념적 언어는 크리스티안손이 설명하고 있는 자유와 관련해 의료적 모델을 대단히 전략적으로 활용하고 있는 셈이다.

더욱이 크리스티안손이 들고 있는 구체적 사례에서 그가 어떤 영구적 손상이 아닌 부러진 다리를 언급할 때, 무의식적으로 그는 자신의 논변에 대한 동의를 위해 독자들의 공감에 호소한다. 우리

---

6) [옮긴이] 이와 관련하여 한국 사회의 과거 법률에서 지체장애인을 지칭하는 데 '지체부자유자'라는 표현이 일반적으로 사용되었고, 지금도 이 같은 표현이 언론에서 심심치 않게 쓰인다는 점을 상기해 볼 수 있을 것이다.

가 생각하기에, 다리가 부러지는 것은 많은 사람들이 경험할 수 있는 불편한 상태이기는 하지만 일시적인 것이며, 따라서 이런 상태에 대규모의 건축적 혹은 사회적 변화나 지출을 예상하는 것은 비합리적인 일이다. 그런 사람들은 단지 환자일 따름이다. 이런 논변들에는 어떤 상식에 기댄 독선이 존재한다. 즉 아가미를 발달시키거나 공중으로 7.5미터를 뛰어오르거나 부러진 다리로 달리는 것 ─ 그 누구도 할 수 없는 것 ─ 과 같은 욕망을 상정함으로써, 철학자들은 우리의 비장애중심주의적 직관은 전혀 손상시키지 않으면서도 쉽게 기각할 수 있는 터무니없는 가설을 세우고 있는 것이다. 그러나 장애 학생의 시각에서 이런 장면을 사고해 보면 우리의 관점은 바뀔 수 있다.

첫째, 그 장애 학생은 단지 달리기 같은 특정 행위만 가로막힌 것이 아니다(이 사례에서, 그는 건물에 들어와 내 수업에 참석하는 것이 가로막혔다). 수업에 참석하는 것은 오히려, 롤스의 용어를 빌리자면 (Rawls 2003[1971], 92[국역본, 160쪽]) "인생 계획" 전체 ─ 대학에 다니는 것, 그가 선호하는 전공 수업을 이수하는 것, 학위를 취득하는 것, 사회생활을 시작하는 것, 생계를 꾸리는 것 ─ 와 결부되어 있다. 수업 참석은 하나의 구성 요소이지만, 그의 더 큰 인생 계획의 한 부분이며, 수업에 참석하지 못하면 그는 그 계획을 추구하지 못하게 된다. 더욱이 이 학생의 인생 계획은 유별나거나 이행하기 어려운 어떤 것이 아니라, 오히려 대다수 사람들이 일상적으로 추구하는 것이다. 물론 롤스가 지적한 것처럼 우리는 어떤 계획과 관련된 '타고난 재능'이 결여되어 있을 수 있기 때문에, 모든 인생 계획을 실현할 수 있는 건 아니다. 예컨대 노래를 그다지 잘 부르지 못하는 누군가가 유명한 오페라 가수가 되기를 꿈꾼다면, 사회는 그 꿈이 실현되도록 도울 의무가 있는 것일까? 우리가 일반적으로 그 사람이 노래를 못한다는 것에 근거해서 그의 요구를 기각한다는 점은, 장애인의 요구를 기각하는 것으로 이어지게 되는 바로 그런 종류의 사고를 보여 주는 것인지도 모른다. 그러나 그 사례 — 유명한 오페라 가수가 되는 것 — 의 맥락은 이미 노래를 뛰어나게 잘하는 매우 소수의 사람들에게 제한되어 있으며, 따라서 매우 실력 없는 가수인 그 사람에게 초점을 맞추는 것은 우리로 하여금 요점을 벗어나게 만든다.[7]

그러나 일반적으로 인정되는 바는, 이 학생이 직면한 방해물은 공중으로 7.5미터를 뛰어오르는 데 중력이 방해가 되는 것과 같

---

[7] 하지만 플로렌스 포스터 젱킨스라는 한 부유한 '음치' 여성은 오히려 형편없는 가수였기 때문에 유명했으며, 그녀가 죽기 한 달 전 카네기홀에서 연 콘서트는 매진되기까지 했다. 그녀는 자신의 공연에서 청중들이 크게 웃을 거라는 사실에도 신경을 쓰지 않는 듯 보였다(MacIntyre 2004). 메릴 스트리프Meryl Streep가 주연을 맡은 그녀에 관한 영화가 2016년 개봉한 덕분에 플로렌스는 이제 현 세대에게도 유명해졌는데, 나는 2009년 방송되었던 전미공영라디오National Public Radio, NPR의 한 쇼 덕분에 그녀를 처음 알게 되었다. 그녀가 부른 오페라 〈마술피리〉The Magic Flute 중 '밤의 여왕의 아리아'Queen of Night Aria 오디오 클립은 www.npr.org/templates/story/story.php?storyId=114075281에서 찾아 들을 수 있다. 이는 스완턴이 얘기했던, 백만장자가 되고자 하는 사람의 자유에 대한 구체적 사례라 할 수 있을 것이다. 젱킨스는 카네기홀을 빌리는 것을 제지당하지 않았으며, 노래하기 좋은 음성이 그녀에게 결여되어 있다는 점이 유명 여가수가 되고자 노력할 그녀의 자유에 대한 방해물로 간주될 수는 없다. 누군가는 스완턴의 설명으로부터, 장애인도 마찬가지로 그들의 장애 때문에 자유롭지 못한 것으로 간주될 수는 없음을, 그들이 자신의 목표를 달성하고자 노력하는 것이 타인에 의해 가로막혔을 때에만 자유롭지 못한 것으로 간주될 수 있다고 추론할 것이다. 그렇지만 건조 환경 그 자체가 그런 노력에 대한 장벽을 부과한다는 (사회적 모델에 의해 촉진된) 관점을 고려한다면, 우리는 사람들이 그들의 목표를 추구할 수 있는 상태를 만들어 내고자 할 때 어디까지가 사회의 책임인지를 스완턴의 논변으로부터 확정할 수는 없다.

은 종류의 어떤 보편적인 것은 아니라는 점이다. 단지 일정한 종류의 몸들 — 일정한 형상의 성대를 지닌 — 만이 위대한 오페라 가수가 되는 것만큼이나, 계단이 방해물이 되는 것은 단지 일정한 종류의 몸들이다. 따라서 이는 의료적 모델이 옳음을, 즉 여기서 장벽은 계단이 아니라 그 학생의 몸에 자리 잡고 있음을 보여 주는 것이 아닐까? 하지만 이와 같은 생각은 자유 이론에 대한 표준적 접근법의 중심에 놓여 있는 몇 가지 그릇된 가정에 의존하고 있으며, 장애적 시각은 바로 이 그릇된 가정이 드러나도록 도울 수 있다. 첫 번째 그릇된 가정은 '우리가 알고 있는 세계'를 행위 주체성과 선택의 산물이 아닌 '자연적인' 것으로 간주하는 데서 비롯된다. 예컨대, 계단이 건물에서 층간 이동의 지배적 양식이 된 것은 자연적이거나 불가피한 일이 아니다. 즉 건물들은 그 둘레에 경사로를 설치해 지어질 수도 있다. 그러나 지배적 관점은 인류의 건축 관행에서 계단이 '자연적 진화'의 일부분이라고 상정한다. 따라서 사람들은 휠체어가 지금처럼 흔해지기 이전 축조된 계단에 대해 인류에게 책임을 지워서는 안 된다고 여긴다. 접근 불가능한 오래된 수많은 건물들의 개조를 면제해 주는 데에는 과도한 비용이 정당화의 주된 이유가 되고는 있지만, 이런 정당화의 기저에 놓여 있는 암묵적인 도덕적 논거이자 두 번째 가정은 아무도 그런 건축 설계를 통해 장애인들에게 해를 끼치거나 그들의 접근을 막고자 의도하지 않았다는 것이다. 이것이 바로 그처럼 많은 자유 이론가들이 무언가가 자유에 대한 장벽으로 간주되기 위해서는 의도적이고 목적의식적으로 설치된 것이어야만 한다고 주장하면서 벌린을 따르는 이유이다. 예컨대, 어떤 담배 회사가 소비자들에게 피해를 끼치고자 의도한 것이 명백하다고 밝혀졌을 때, 혹은 적어도 그 피해에 대해 알고 있었으면서도 신경을 쓰지 않았음이 밝혀졌을 때, 그런 사실은 해당 회사를 도덕적으로 비난받을 만한 대상으로 만들며, 그에 따라 커다란 액수의 돈을 배상해야만 한다(비용이 달리 감당할 수 없을 정도로 높은 것처럼 보일 때 의도라는 것은 현실적인 의미가 있다). 그러나 우리는 어느 누구도 휠체어 이용자들을 들어오지 못하게 할 의도를 가지고 건물을 짓지는 않는다고 생각하는 경향이 있다. 물론 대다수의 경우 휠체어 이용자가 그 건물을 지은 사람의 마음 속으로까지 들어가 볼 수는 없다.

그러나 장애적 시각에서 보자면 그것이 바로 문제의 핵심이다. 자신의 비서에 대한 원치 않는 성적 접근은 그녀에게 관심을 주는 것이 아니라 억압하는 것임을 우리가 인식하기 위해 성희롱이 식별되고 명명되어야만 했던 것과 마찬가지로, 장애학자들은 장애적 시각에서 사람들이 건조 환경에 대해 사고하고 바라보는 방식을 변화시키고자 한다. 몸들은 다 다르다. 그러나 어떤 종류의 몸들만이 사회적 선호의 대상이 되어 왔다. 백인의 몸이 유색인종의 몸보다 선호된다. 남성의 몸이 여성의 몸보다 선호된다. 걸을 수 있고 특정한 비율과 외양의 상지上肢를 지닌 것으로 보이는 몸이 그런 묘사에 들어맞지 않는 몸보다 또한 선호된다. 이런 면에서 장애는 인종 및 젠더와 상당히 유사하며, 그와 같은 몸을 지닌 사람들이 사회생활 — 예컨대 대학 교육을 받는 것과 같은 — 에 참여하는 데 직면하는 장벽들은 임의적인 동시에 차별적이다. 따라서 그 장벽들은 자유를 제한한다고 말할 수 있다. 페미니즘과 마찬가지로 장애 이론은, 우리 사회 세계의 대부분이 전혀 과장되지 않은 의미에서 사회적으로 구성된 것이라는 이해를 증진하도록 도울 수 있다. 그것은 인간 종이라는 모집단 가운데 특정한 부분집단의 경험, 시각, 이해관계를 반영해 온, 일련의 선택과 행위에 의해 만들어지고 생산된 것이다. 그들은 보편적 필요가 아니라 그들의 특정한 필요에 부응하는 방식으로 이 세계를 말 그대로 '구성했다'. 그들이 설령 자신들이 설계한 세계에서 일정한 종류의 사람들을 배제하기로 의식적으로 결정하지는 않았다 할지라도 말이다.

## 장애, 욕망, 의지

요컨대 장애는 주류 자유 이론의 기본적인 두 가지 가정 모두에 이의를 제기한다. 능력과 자유의 관계에 대한 이의 제기는 자연스럽게 외부적 장벽이라는 관념에 대한 이의 제기로 이어지게 된다. 이는 우리가 자유에 대한 장벽 — 일반적으로 '정상적'이라고 여겨지는 사회적·물리적 풍경의 다양한 측면을 포함해 — 으로 간주하는 것이 무엇인지를 더 상세히 말해 주는 것과 더불어, 내부적 장벽과 외부적 장벽 간의 경계를 복잡하게 만드는 동시에 또한 흐릿하게 만든다. 그러나 이는 다시 자유 이론의 세 번째 측면, 즉 욕망과 의지의 장소 및 의미에 대한 이의 제기로 이어진다. 나는 『자유의 주체』The Subject of Liberty라는 저서를 통해, 비록 근대 자유 이론이 구조화되는 방식에서 — 특히 누가 '자유로운 주체'로 존재하는가의 문제에서 — 젠더가 대개 숨겨진 하위 텍스트이기는 하지만, 바로 그 젠더가 가장 기본적인 요소임을 논한 바 있다. 그리고 나는 여기서 장애 역시 젠더와 유사하게 그와 같은 기본 요소임을 입증하고자 한다. 페미니즘이 내부적 장벽과 외부적 장벽 사이의 대조는 그 자체로 그릇된 것임을 제시하면서 가부장제가 여성의 욕망을 형성해 내는 방식을 인식했던 것과 마찬가지로, 자유에 대한 장애 이론은 손상된 몸과 외부적 환경 사이의 상호작용이 어떤

230

식으로 [주류 자유 이론이 상정하는] '선택하는 주체'를 창조해 내는지에 주의를 기울여야만 한다.

주체성의 문제를 고찰하는 데 있어 사회적 모델의 통찰을 고수하는 것은 정치적으로나 인식론적으로 중요한데, 왜냐하면 장애인들은 여전히 비장애인들이 견지하고 있는 다음과 같은 가정들, 예컨대 장애인들은 그들의 삶을 가치 있게 여기지 않는다, 그들은 필시 죽고 싶은 심정일 것이다, 심지어 그들은 '정상적인' 욕망을 지닐 수 없다는 따위의 가정들과 맞서 싸워야만 하기 때문이다. 더욱이 [근대 철학에서] 지적·신체적 장애의 격하格下는 모든 장애인들에게 합리성이 결여되어 있다는 가정으로 이어진다. 동시에 인지장애인들이 욕망과 선호를 형성하고 그들 자신에 대한 인생 계획을 그리는 지적 능력은 대개 심각하게 과소평가된다(Clifford 2012). 이와 같은 비장애중심주의적 가정들 모두가 자유에 대한 장애 이론에 영향을 미쳤으며, 사회적 모델은 그런 영향들의 실체를 장애학자들에게 드러내 주었다.

그러나 급진적인 사회적 모델을 거부하고, 장애를 특정한 몸들(의 손상)과 특정한 물리적 환경 간 상호작용의 결과로 바라보는 좀 더 복잡한 관점을 공유하는 장애학자들에게도, 신체적인 것과 사회적인 것 간의 구별은 인식론적으로나 정치적으로 여전히 중요하다. 사회적 모델과 의료적 모델은 설령 연관되어 있다 하더라도 서로 구별되며, 계단을 마주한 휠체어 이용자를 자유롭지 못하게 만들어 왔던 것은 그의 휠체어가 아니라 경사로와 엘리베이터같이 편의를 제공해 주는 구조물의 결여나 계단임을 주장할 수 있게 해주는 비판적 담론틀을 유지하는 것은 중요하다. 그가 샤워를 하거나 옷을 입는 것 같은 일정한 활동을 할 때 운동성의 손상이 없는 사람보다 좀 더 어려움을 느끼거나 시간이 소요됨을 우리가 인정하는 바로 그 순간에도 말이다. 다른 한편, 우리가 이전의 의료적 모델 그 자체로, 그리고 장애인에 대한 학대와 비인간화가 자행되었던 과거로 회귀하기를 원하는 건 당연히 아니지만, 장애의 신체적 측면들은 인정되어야 한다. 우리는 '의료적 모델'이 사용해 온 용어들과의 부정적인 관념연합을 피하기 위해서, 이런 측면들을 설명할 수 있는 다른 용어를 필요로 할 수도 있을 것이다.

장애가 욕망을 사회적으로 구성해 내는 방식을 이해하기 위한 노력은 일정한 역설들과 맞닥뜨리게 되는데, 그런 역설은 비판적 장애 담론을 그보다 앞서 존재했던 비판적 젠더 담론과 비교하는 것에 의해 명백해질 수 있다. 예컨대, 페미니즘의 역사는 '여성들'을 (결혼, 아이, 남성과의 섹스 같은) 일정한 것들을 원해야만 하고 (교육, 직장 생활, 여성과의 성관계 같은) 또 다른 일정한 것들은 원할 수 없는 존재로 구성해 내는 가부장제적 힘과의 투쟁을 두드러지게 수반해 왔다. 반면 장애의 역사는 장애인들이 원하는 것의 대부분이 비장애인들이 원하는 것과 별반 다르지 않음에 대한 인정 투쟁 struggle for recognition을 두드러지게 수반해 왔다. 그런데 그것은 많은 경우 정확히 정상화된 젠더 범주 — 페미니스트들이 문제화하기 위해 싸워 왔던 — 에 적합해지려는 것일 수 있다. 예를 들어, 장애는 '약함'과 '의존성'을 생산하는 것으로 여겨지기 때문에 장애 남성들은 때때로 '여성적'이라고 간주되며, 그로 인해 어떤 이들은 의수족을 달고 위험한 곡예를 벌이는 슈퍼불구자supercrip가 되거나 혹은 전문적인 '머더볼'murderball[격렬한 몸싸움이 허용되는 휠체어 럭비] 선수가 되는 것에 의해 그들의 남성성을 증명하고자 욕망할 수도 있다(Emens 2012, 230; *Murderball* 2005). 반면 어떤 장애 여성들은 '뒤틀어진' 몸 때문에, 혹은 재생산에 적합하지 않거나 자신의 아이를 기를 수 없다고 여겨지기 때문에 비여성적인 것으로 간주되며, 그로 인해 전통적인 여성적 규범을 충족시키고자 하는 강력한 욕망을 발전시키게 될 수도 있다.

그러나 이런 젠더화된 범주들 너머에는 좀 더 기본적인 어떤 것이 있다. 제이커버스 텐브룩Jacobus tenBroek은 '세계에서 살아갈 권리'라는 개념을 통해 장애인들이 생계를 꾸리고, 휴가를 가고, 가족을 갖고, 쇼핑을 하고, 버스를 타고, 여타의 일상적인 활동을 하면서, 단지 그들의 삶을 살아갈 수 있기를 원하는 방식들을 분명히 표현한 바 있다. 실제로 장애권 운동의 대부분은 어떤 거창한 목표를 위한 것이 아니라 그저 생계 소득을 확보하고, 생존을 유지하기 위한 투쟁과 관련된다(tenBroek 1966b; 또한 tenBroek 1966a). 그러므로 '욕망의 사회적 구성'이라는 시각의 채택을 꺼리는 것은 이해할 만한 일이다. 그것은 단지 다른 모든 이들과 마찬가지로 대우받고자 하는, '평범한[정상적인]'normal 존재가 되고자 하는 장애인들의 열망을 의문에 부치는 위험을 무릅써야 하기 때문이다.

'평범한' 삶을 살고자 하는 욕망은 한편으로는 이해할 만하고 명백히 아무 잘못이 없는 것이다. 예컨대 우리 모두는 생활비가 있어야만 한다. 페미니스트들과 좌파들이 자본주의를 비판하면서 〈미국장애인법〉마저도 신보수주의적 사회정책을 용이하게 하는 '복지개혁[개악] 법안'이라고 비판함에도, 임금을 받는 것은 대부분의 사람들이 생활비를 마련하는 기본적인 방식이다(Bagenstos 2003, 954; Hirschmann 2016). 사생활 또한 대부분의 사람들에게 중요하며, 자기 자신의 가정을 갖는 것은 사생활의 향유를 용이하게 하는 중요한 수단이다. 그러나 미셸 푸코(Foucault 1988)가 주장했던 것처럼, '정상성'에 대한 강조는 그 자체로 식민지화 효과colonizing effect를 갖는다. 비록 그 방식은 상이할지라도, 욕망이란 비장애인 주체에게 그런 것과 마찬가지로 장애인 주체들에게도 사회적으로 형성되고 생산되는 것이다.

내가 앞서 언급한 예들에서, 장애라는 '차이'는 피해야 할 어떤 것이기도 하고 [인생 계획을 성공적으로 실현한 이들에게는] 성취의 표지이기도 하다. 그리고 의지와 욕망이라는 '내부적' 영역은 언제나 동시에 사회적 맥락과 환경이라는 '외부적' 영역 및 몸에 의해서 영향을 받는다. 자유란 단지 우리의 의지와 욕망에 따라 행동할 수 있는 능력에 관한 것만은 아니며, 페미니스트들이 잘 보여주었던 것처럼 애초에 그런 욕망과 의지를 형성하고 갖는 것에 관한 것이기도 하다(Hirschmann 2003; Cornell 1998). 그러나 장애는 또한 장애인뿐만 아니라 우리 모두에게 진실인 어떤 것을 사람들이 상기할 수 있도록 돕는데, 그것은 욕망과 의지는 어떤 사람의 몸이 지닌 특수성들에 의해 형성된다는 점이다. 우리가 몸에 대해 사고하는 방식은 언제나 우리가 자유에 대해 사고하는 방식을 조형하게 된다. 우리가 하고자 원할 수 있는 것이 무엇인지, 그리고 행하는 데 자유롭다고 생각하는 것이 무엇인지뿐만 아니라, 자유라는 개념 그 자체가 개념화되는 방식까지도 말이다.

우리가 근대 자유 이론의 '비장애중심주의'라고 부를 수 있는 것은 장애인의 실제적 권리, 자격부여, 자유에 차별적 결과를 가져온다는 점에서만 문제적인 것은 아니다. 그것은 또한 개념적으로도 문제적이라고 할 수 있는데, 왜냐하면 몸 — 더 정확히 말하자면, 우리가 몸을 이해하는 방식 — 이 우리가 자유를 이해하는 데 중심적인 것이기 때문이다. 근대 정치이론의 고전들에서, 특히나 일단 18세기로 진입하게 되면, 우리는 자유가 정신과 의지의 속성으로 사고되는 경향을 확인할 수 있다. 몸은 단지 그 부재에 의해서만, 혹은 기껏해야 의지와 자유를 실행하는 도구로서만 두드러질 뿐이다. 칸트는 흔히 그런 관점의 주요 제안자로 여겨지는데,

그는 행위의 자유를 '현상적' 영역 — 의지가 깃들어 있는, 보다 가치 있는 '본체적' 영역과는 대조되는 — 에 속하는 것으로 평가절하했다. 비록 칸트가 인간이 감각적인 생명체임을 인정하기는 했지만, 인간은 또한 지성적인 생명체이며, 그래서 자유로운 존재이기 위해서는 가능한 한 본체적 영역 내에 존재하도록 노력해야만 한다는 것이다. 자유는 정언명령에 대한 이성적인 선험적 추론에 의해 정의되며, 행위의 결과가 아니라("결과는 두고 보아야" 한다) 의지와 의도 내에 존재한다. 물론 여성들은 이성적 사고가 결여되어 있기 때문에 자유의 적절한 주체가 아니다. 여성들의 사고는 관능성과 신체성에 의해 제약되어 있기에, 그들은 단지 현상적 세계에 거주할 수 있을 뿐이다. 비록 칸트에게 이것이 여성들의 본성 때문인지 아니면 사회적 설계로 인한 것인지는 얼마간의 논란이 있는 문제이긴 하지만 말이다.[8]

마찬가지로 루소 역시 섹슈얼리티와 관능성에 대한 그 자신의 악명 높은 주목에도 불구하고 지고의 자유란 "도덕적 자유"라고 규정하는데, 이와 같은 자유는 우리가 우리 자신에게 명한 법률의 준수에 존재한다(Rousseau 1991, bk. 1, ch. 8). 그는 자유를 "욕구의 충동"과 대조시키면서, 충동을 "노예적인 것"으로 간주한다.[9] 몸은 의

---

8) 나는 『근대 정치이론에서의 젠더, 계급, 자유』*Gender, Class, and Freedom in Modern Political Theory*(2008)에서, 칸트의 텍스트들 내에 여성은 선천적으로 이성적 사고를 할 수 없다는 주장과 그렇게 할 수는 있지만 이성적 능력을 개발해서는 안 된다는 주장 사이에 어떤 갈등이 존재함을 논한 바 있다.

9) 마찬가지로 아우구스티누스Augustine도 몸의 욕망은 의지와 반대되는 것이라고 생각했다. 몸의 욕망은 불행을 생산하는데, 아무도 불행해지기를 '선택하지' 않는다는 점에서 말이다. 그러나 그는 또한 사람들은 그

지에 의해서 억제되고 통제되어야만 하며, 그런 의지는 정신에 존재한다. 루소는 특히 (그리고 반복해서) 스스로를 자신이 여성에게 느끼는 정념에 의해 "노예화된" 것으로 기술했으며, 정념은 자유와 반대되는 것이라고 선언했다(Rousseau 1953; 1997a).[10] 요컨대 남성이 공적 영역에서 일반의지라는 도덕적 자유를 추구할 수 있도록 해주기 위해 여성이 사적 영역에 제한되어야만 하는 것은, 여성이 정념을 자극한다는 바로 그 사실 때문인 것이다. 루소가 『에밀』 *Emile*이라는 저명한 저서의 곳곳에서 주장한 바에 따르면, 여성들은 주로 그들의 정신이 아니라 몸에 의해서 정의된다. 그리고 비록 여성이 남성들로 하여금 자신이 바라는 것을 행하도록 조종하는 데 능숙한 약삭빠른 이해타산가이기는 하지만, 그런 행위들은 결코 자유에 이르지 못하며 남성을 노예화하는 도구에 그칠 뿐이다. 여성들은 언제나 성적 관심이 강하며 항상 섹스를 원하기 때문에, 그들의 몸은 남성들의 경우보다 훨씬 더 심대하게 그들을 제한한다. 이와 대조적으로 남성은 의지를 행사하고 논리적으로 사고해

들의 욕망에 응하고, 그리하여 역설적으로 그들 자신의 불행을 선택한다고 여겼다. 요컨대 루소는 내가 기술하고 있는 욕망과 의지의 분기分岐에 관해 좀 더 분명한 설명을 제공한다. 그리고 나는 특별히 그런 욕망과 의지의 근대적 개념화와 관련된 부분에 관심을 두고 있다. 이에 대해서는 Augustine, *On Free Choice of the Will*, Trans. Anna Benjamin and L. H. Hackstaff, New York: Bobbs-Merrill, 1964, Book I 참조.

10) 루소 이론의 이런 측면에 대한 논의로는 Hirschmann, *Gender, Class, and Freedom in Modern Political Theory*; Elizabeth Wingrove, *Rousseau's Republican Romance*, Princeton, NJ: Princeton University Press, 2000; Linda Zerilli, *Signifying Woman: Culture and Chaos in Rousseau, Burke, and Mill*, Ithaca, NY: Cornell University Press, 1994 참조.

지고의 자유인 도덕적 자유를 성취할 수 있다. 비록 여성도 덕 있는 존재가 되는 것 — 덕 있는 아내는 덕 있는 시민이 필수적으로 갖추어야 할 장구裝具이다 — 을 통해 이런 프로젝트에 기여할 수는 있지만, 욕망과 의지, 몸과 정신(또는 영혼) 사이의 갈등은 대개 공적/사적 분할을 통해, 그리고 젠더들을 이처럼 구별되는 두 영역과의 주된 연관성에 따라 나누는 것을 통해 해결된다.

페미니스트들은 자유에 대한 이와 같은 이해에 대해, 그리고 여성들을 신체적 존재와 사적 영역에 제한함으로써 여성의 자유를 체계적으로 부정한 것에 대해, 칸트와 루소를 혹독하게 비판했다 (Schott 1997; Lange 2002). 그러나 존 스튜어트 밀이나 존 로크 같은 자유주의자들도 욕망의 신뢰할 만한 원천으로서 몸을 거부하는 경향을 나타낸다. 밀은 자신의 효용의 위계에서 정신적 즐거움과 신체적 즐거움을 구별하면서, 더 고차원적인 (정신적이고 지적인) 즐거움의 추구가 개인의 자유를 향상시켜 준다고 말한다. 로크 또한 합리성의 역할을 강조하면서, 자유는 자기 스스로 선택하는 것 이상을 필요로 한다고 말한다. 즉 자유는 올바른 선택을 필요로 하며, 그가 특히 『교육론』Some Thoughts Concerning Education이라는 에세이에서 논증했던 것처럼, 이런 올바른 선택이란 대개 감각적인 즐거움을 피하고 몸에 대한 통제력을 획득하는 것과 관련된다. 그에 따라 로크는 "건전한 몸에 건전한 정신"이라는 원칙 — 칸트도 이후 자신의 교육 관련 논문에서 이 원칙을 따랐다 — 을 따르면서, 그 에세이의 거의 3분의 2가량을 신체적 훈련과 아동의 건강에 할당하고 있다. 식습관, 운동, 규칙적인 배변을 위한 처방과 더불어, 아동들이 차갑고 젖은 발로 자유롭게 뛰어놀도록 하는 것이 건강에 미치는 긍정적인 효과를 설명하면서 말이다. 그렇지만 몸을 중심에 둔 그런 조기 교육의 목적은 아동의 의지를 통제하는 것, 그리

고 부모가 그 아동의 의지를 주조하고 형성할 수 있도록 하는 것
이다. 올바른 이성의 명령에 따라 아동이 원해야만 하는 것을 그
아동이 실제로 원하게 되도록 말이다. 몸은 의지, 합리성, 자유의
잠재적 방해물로 간주된다. 그가 전통적 의미에서의 교육적 지도
라는 주제들을 다루는 것은 단지 『교육론』의 마지막 3분의 1 부분
에서인데, 이는 그 주제들이 올바른 이성의 전략적 사용과 응용에
필요하기 때문일 것이다. 그러나 로크 저작의 요점은 아동이 몸을
그 자신의 의지에 종속시키는 방법을 배우고자 한다면, 아동의 몸
이 다른 이 — 부모 — 의 의지에 종속되어야만 한다는 것이다.[11]

그러나 실상 몸은 자유에 대한 다수의 근대주의적 개념화에서
중심적 위치를 차지한다. 비록 그것이 일반적으로 인정되지 않거
나, 또는 의지에 종속적인 것으로 간주된다 할지라도 말이다. 예
컨대 로크가 자유에서 합리성이 중요함을 강조했음에도, 그의 이
론에서 자유는 단지 정신에만 존재하는 것이 아니다. 오히려, 몸이
자신의 선호에 따라 움직여질 수도 있고 움직여질 수 없기도 한 것
인 한, 자유는 몸과 관련된 이슈가 된다. 로크는 "자유는 의욕Voli-
tion에 속하는 관념이 아니다"라고 말하는데, 왜냐하면 무언가를

11) 이 에세이뿐만 아니라 로크의 다른 저작들에서도 소녀 및 여성과 이성
reason 간의 관계에는 모호함이 존재하기 때문에 나는 남성 대명사 'his'
를 사용하고 있다. 로크는 자신의 에세이가 일차적으로 소년을 "신사"로
변모시키는 방법과 관련되며, 자신의 계율이 "딸들의 교육에는 그렇게
완벽히 들어맞지는 않을 것"이라고 명시적으로 언급한다(Locke 1996, 117
[국역본, 28쪽]). 그러나 『교육론』에서 여성들의 몸의 위상에 대한 냉정한
설명으로는 Uday Mehta, *The Anxiety of Freedom: Imagination and
Individuality in Locke's Political Thought, Ithaca*, NY: Cornell Uni-
versity Press, 1992 참조. 그리고 또한 Hirschmann, *Gender, Class, and
Freedom in Modern Political Theory*, ch. 2 참조.

바란다는 것과 의지에 따라 행동한다는 것은 다르기 때문이다. 그러므로 "중풍[마비]"이 있어서 내가 원할 때 내 두 다리로 방을 가로질러 움직일 수 없다면, "자유는 결여되어 있다"(Locke 1975[1690], 2. 21.10, 11[국역본 2014a, 354, 355쪽]). 내가 나의 의지를 실행하는 것을 내 다리가 가로막을 수 있기 때문이다. 의지는 자유가 존재하는 데 필요조건일 수는 있지만, 충분조건은 아닌 것이다. 실제로 로크는 "생각이 없고, 의욕이 없고, 의지가 없는 경우에 자유는 있을 수 없다. 그러나 자유가 없는 경우에도 생각은 있을 수 있고, 의지는 있을 수 있으며, 의욕은 있을 수 있다"고 말한다(Locke 1975[1690], 2. 21.8[국역본 2014a, 353쪽]). 따라서 "어떤 중풍 환자가 자리를 옮기는 것보다 가만히 앉아 있는 것을 선호하는 경우, 그렇게 앉아 있는 것은 진정 자발적인 행동이겠지만, 자유는 결여되어 있다"(Locke 1975 [1690], 2.21.11[국역본 2014a, 355쪽]). 즉 몸은 자유의 소재지이다. 『교육론』에서도 그 에세이 내용의 대부분이 몸을 통제하는 데 할당되고 있다는 사실은, 한편으로는 몸이 정신과 의지에 종속되어 있고, 종속될 것이며, 종속되어야만 한다는 것을 시사하기도 하지만, 다른 한편으로는 그럼에도 불구하고 몸이 [자유의 실행에서] 어떤 결정적인 역할을 한다는 점을 드러낸다. 칸트주의적인 견지에서도, 비록 우리가 본체적 영역에서 살아가기 위해 분투해야 하겠지만, 불가피하게 우리는 현상적 생명체이다.

아마도 홉스는 자유와 관련해 몸의 위상을 올바르게 인식했던 가장 두드러진 정치철학자로 간주될 수도 있을 것이다. 왜냐하면 내가 다른 글에서 이미 언급했던 것처럼, 그에게 자유란 움직이고 싶은 대로 움직일 수 있는 몸의 능력에 관한 것이기 때문이다. 의지와 욕망은 몸이 움직이도록 동기를 부여하는 것과 관련된다. 의지는 몸을 움직이는 어떤 것이지만 "숙고의 행위" 그 자체는 아니다. 오히려 의지는 숙고의 결과, 즉 "어떤 행위를 하거나 그런 행위를 하지 않음에 직접적으로 들러붙어 있는 최종적 욕구 또는 혐오"다(Hobbes 1985, 127[국역본, 89쪽]). 그러므로 로크가 후기에 논했던 것처럼, 의지는 자유의 적절한 소재지가 아니다. 홉스에 따르면, 우리는 욕구와 혐오에 의해 추동되며, 이는 우리의 통제 바깥에 놓여 있는 것이다. 우리의 통제 내에 있는 것은 단지 욕구와 혐오에 반응하는 방식일 뿐이다. 그리하여 홉스는 다음과 같이 말한다.

어떤 사람도 그 자신의 의지 자체를 정할 수는 없다. 왜냐하면 의지는 욕구이기 때문이다. 또한 어떤 사람도 욕구의 범위 너머에서 그의 의지를 정할 수는 없다. 즉 언제 배가 고플 것이고 언제 배가 고프지 않을 것인지 정할 수는 없다. 어떤 사람이 배가 고플 때, 먹을 것인지 먹지 않을 것인지는 그의 선택 내에 있다. 이것은 그 사람의 자유이다. 그러나 배가 고플 것인지 배가 고프지 않을 것인지 — 이는 필요로부터 비롯되는 것이라고 나는 단언한다 — 는 그의 선택 내에 있지 않다(Hobbes 1999, 72).

의지는 욕망의 기능이며, 욕망은 그냥 우리에게 오는 것이지 선택할 수 있는 어떤 것이 아니다. 나는 나의 욕망을 충족할 것인지(혹은 부인할 것인지) 여부와 어떻게 충족할 것인지(혹은 어떻게 부인할 것인지)를 선택할 수 있을 뿐, 그런 욕망을 가질 것인지 여부를 선택할 수 없다. 즉 "누군가가 참으로 행하는 데 자유로울 수는 있다. 그렇지만 욕망하는 데 자유로울 수는 없다"(Hobbes 1991, 11.3). 이는 자유가 나의 의지와 상충될 수는 없음을 의미한다. 내 몸이 결국 하게 되는 것이 무엇이든 그리고 내가 선택하는 것이 무엇이든, 그것은 내 의지를, 즉 나의 최종적 숙고를 반영한다. 그러므로 자유는 의지가 아니라 몸에 존재한다고 볼 수 있을 것이다. 그러나 홉스에게 의지는 이 글에서 언급되고 있는 다른 어떤 이론가들보다도 한층 더 직접적으로 몸과 연결되어 있다. 기계로서의 몸에 대한 홉스의 상세한 기술에는 그런 기계의 일부로서의, 즉 몸의 일부로서의 정신에 대한 내용 또한 포함되어 있다.

장애적 시각은 칸트나 루소의 접근법보다는 홉스나 로크의 접근법을 따르는 편이 좀 더 유용하다고 할 수 있다. 왜냐하면 몸이 의지에 종속된 것으로 보는 전자의 접근법에 후자가 이의를 제기하기 때문이다. 그러나 홉스와 로크조차도 몸과 의지의 분기에, 특히 위에서 설명했던 것처럼 장애의 이미지에 의존하고 있으며, 이는 자유에 대한 그들의 개념화에 영향을 미친다. 그리고 확실히 로크는 의지를 정신에 위치시키면서 의지와 자유를 분리하는데, 여기서 정신은 몸에 의해 방해를 받을 수도 있는 것으로 본다. 루소가 몸이 의지의 배반이라는 위협을 지속적으로 부과하는 것으로 묘사하는 것과 유사하게 말이다. 설령 장애적 시각이 홉스와는 달리 욕망과 의지 사이의 구별을 유지하길 원한다 하더라도, 그것은 홉스가 지지했던 것으로 보이는 관념을, 즉 의지가 전적으로 몸에 위치해 있는 것은 아닐지라도 몸과 밀접하게 연결되어 있다고 보는 관념을 좀 더 밀고 나가는 쪽을 추구해야 한다.


## 몸을 통하여 의지를 재사유하기


이런 생각을 좀 더 잘 소통하기 위해서, 나는 장애에 고유한 것은 아닌 하나의 사례를 제시해 보고자 한다. 당신이 한 컨퍼런스에 참석했다고 생각해 보자. 점심을 먹고 난 후, 우리는 잠을 쫓으려 종일 다량의 커피를 마셨고 거기에 더해 수분 유지를 위해 물도 마셨으며, 그렇게 마신 것들이 몸에 축적되어 갔다. 당신은 화장실에 가야만 하겠다고 느낀 지가 이제 꽤 되었다. 그러나 당신은 참석 중인 패널 토론의 흥미진진하고도 지적 자극을 주는 논의를 놓치지 않기 위해 좀 참았다가 가기로 결정했다. 실제로 두 명의 권위자들은 지금까지 상당한 시간 동안 그들 간의 차이를 둘러싸고 멋진 비판과 응수를 주고받았고, 학문의 역사에 기록될 만한 순간의 하나로 치달아 가고 있는 시점이었으며, 당신은 그것을 놓치고 싶지 않았다. 그러나 당신은 더는 참을 수 없는 한계점에 이르렀다. 당신은 화장실에 가야만 한다. 바로 지금.

이 사례에서 무엇이 당신의 '욕망'인가. 화장실에 가는 것인가, 아니면 (흥미로운 질문과 대화가 하나 더 남아 있으므로) 화장실에 가는 것을 좀 더 연기하는 것인가? 다시 말해서, 원하고 바라는 것을 행하는 '당신'이란 대체 어느 쪽인가? 이 딜레마를 개념화하는 전형적인 방식이란 '자유로운 주체는 몸에 존재하는가, 아니면 정신에 존재하는가?'라는 질문을 던지는 것이다. 정치이론에서 그런 갈등은 대개 정신과 몸 사이의 투쟁으로 간주되고, 정신의 욕망(자리에 머물러서 그 패널 토론을 듣는 것)이 몸의 욕망(노폐물을 배출하는 것)보다 우월한 것으로 평가되며, 따라서 당신의 몸은 당신의 의지와 상충되는 욕망을 표출한 것으로 간주된다. 루소의 견지에서, '당신'은 바로 당신의 정신이며, 몸은 당신으로 하여금 당신의 의지에 반하는 어떤 것을 하도록 강제하면서 당신을 노예화하고 있는 것이다. 칸트에게 의지는 자유를 가능하게 하는 유일한 방식이다. 다시말해서, 현상적 세계, 몸과 욕망의 세계는 우리를 '한정한다'.

그러나 장애 이론은 이런 이해 방식을 역전시키면서, 몸이 욕망과 상반되는 의지를 지닐 수 있다고 말한다. 당신이 진짜로 자리에 머물러 있기를 원한다면, 어쨌든 그렇게 머무는 것이 당신의 선호이다. 당신이 '실금'失禁을 겪게 될 바로 그 순간에 자리를 떠나지만 않는다면 말이다. '당신'이 원하는 것에도 불구하고 몸은 그 자신의 선호를 주장할 것이다. 그리고 이런 의미에서 몸은 욕망보다도 우선하는 어떤 의지를 지닌다고 할 수 있다. 실제로 신경과학 분야의 최근 연구들은 의지가 전적으로 몸에 소재한다고, '당신'이 '자유롭게 선택한다'는 생각은 환상일 뿐이라고 주장한다. 왜냐하면 우리가 선택을 내린다고 의식하는 순간보다 약 7초나 앞서 우리의 "뇌는 이미 결정을 내린다. …… 어떤 결정에 대한 의식은 한 사람의 행위에 전혀 아무런 영향도 미치지 않는, 단지 생화학의 사후적 보충물에 지나지 않을 수 있다"는 점이 확인되었기 때문이다 (Smith 2011, 24).

설령 새로운 신경과학 연구가 자유의지에 대한 철학을 지나치게 단순화하고 있다 — 나 역시 그렇게 생각하는데 — 고 할지라도, 그 연구는 적어도 많은 정치이론가들이 인정하고 있는 것보다 의지와 욕망이 몸과 훨씬 더 밀접하게 연결되어 있음을 시사한다. 분명한 것은, 아무리 최소한도로 생각한다 하더라도, 뇌는 몸의 다른 부분들을 지휘하고 통제하기까지 하는 몸의 기관이라는 점이다. 즉 뇌는 몸과 분리된 별개의 독립체가 아니며, 또한 그것은 몸/욕망과 정신/의지라는 단순한 이원성으로 설명될 수 있는 대상이 아니다. 그러므로 [이런 통찰에 기반을 둔] 장애 이론은 적어도 우리로 하여금 다음과 같이 말할 수 있게 해준다. 몸의 요구가 얼마나 불쾌하게 느껴지는가와 무관하게, 그리고 그것이 아무리 특정한 욕망과 상충된다고 하더라도, 그것은 '당신'의 일부이며 따라서 당신의 '의지'라고 말이다.

장애는 이런 종류의 사례를 다수 제공한다. 투렛증후군Tourette

syndrome에서 나타나는 '틱'tic[12]에서부터, 뇌전증 환자의 발작, 당뇨병 환자의 저혈당 쇼크에 이르기까지 말이다. 이는 몸이 자신의 필요를 뇌에 혹은 의식에 전달하고, 정신에게 특정한 행위를 취하도록 명령하는 순간들이라고 할 수 있다. 몸과 정신은 상보적인 것이라기보다는 오히려 동일한 실체의 일부분이다. 우리가 철학을 통해 그것들에 부여하고 있는 이원성 내지 분기는 양자의 관계에 대한 우리의 이해를 왜곡해 왔다. 물론 페미니스트들은 몸과 정신의 이원성을 오래전부터 비판해 왔지만, 나는 장애가 이런 비판을 한층 더 진전시키고 있음을 말하고자 한다.

그러나 의지가 몸에 위치해 있다고 말하는 것이 대체 무슨 소용이 있을까? 그것은 불가피하게도 몸이 우리에게 제기하는 요구와 우리가 그 요구들에 어떻게 대응할 것인가라는 문제의 중대한 구별을 혼란스럽게 만들지 않는가? 우리가 적어도 몸의 요구 가운데 일부에 대해서는 진정 견뎌 낼 수 있는 능력을 지니고 있음을 인식하는 일이 중요한 것 아닌가? 여기서 나의 요점은 무언가를 선택하고 그에 따라 행동할 수 있는 인간의 능력을 부정하는 것이 아니다. 또한 뉴런이 몸 전반을 어떤 식으로 관통하며 뇌가 어떻게 작동하는지에 관한 전문적인 신경과학적 논의를 하고자 하는 것도 아니고, 이성적 숙고를 자율신경계의 반응으로 해소해 버리려는 것도 아니다. 오히려 내가 말하고자 하는 바는 이론과 철학 내에서 의지에 대해 이야기하고 사고하는 이들이 위에서 논의되었던 장애학의 통찰에 어떤 식으로 주의를 기울여야만 하는지에 관한 것

---

12) [옮긴이] 스스로 조절하기 힘든, 갑작스럽고 단순하며 반복적인 동작(운동틱)이나 소리(음성틱)를 내는 현상을 말한다.

인데, 그런 장애학의 통찰은 페미니즘의 통찰을 심화하고 확장할 수 있다. 우리의 선택은 몸의 제약 내에 있을 수밖에 없고 그 제약 내에서 이루어진다는, 몸이 우리의 선택을 형성하며 때때로 어떤 선택을 명령하기까지도 한다는, 그와 같은 명령을 보다 우월한 '의지'에 의해 통제될 수 있는 '욕망'이라고 단순히 격하함으로써 묵살해 버리는 것은 선택이 필연적으로 수반하는 것을 왜곡하는 일이라는 통찰을 말이다. 우리는 의지라고 하는 바로 그 관념이 인간의 이해에 따른 구성물임을 잊어서는 안 된다. 즉 그것은 인간이 수 세기, 수천 년에 걸쳐 창조해 내고 정의해 온 하나의 개념이다. 그러므로 내가 여기서 옹호하고자 하는 바는 단지 의지라고 하는 관념에 대한, 우리가 의지를 어떻게 개념화할 것인가에 대한 상이한 이해 및 사고방식일 뿐이다.

어쨌든 여기서 제시된 나의 가설적 시나리오에서, 배설과 같은 신체적 기능의 표현은 '단지' 혹은 '순전히' 생물학적이거나 자율신경계에 의한 것이 아니다. 그것은 사회적으로 구성된다. 예컨대 배뇨나 배변이 창피한 것으로 여겨지지 않는 문화에서 산다고 상상해 보자. '나 화장실에 좀 가야겠어'라고 말하는 것이 미소로써 응대되고 '좋은 시간 즐겨'라는 말까지 들을 것으로 기대될 수 있는 문화를 말이다. 아마도 그런 사회에서는 변기와 소변기가 특별히 마련된 곳에 숨겨지는 대신 (컨퍼런스룸 같은) 생활공간 내에 통합될 것이고, 당신은 그 패널 토론을 단 1분도 놓치지 않아도 될 것이다. 실제로 고대 터키의 에페수스Ephesus에서는, 공중화장실이 바로 그런 방식으로 학욕탕學浴湯, Scolastica Baths의 일부로 건설되었다. 남성들이 용변을 보면서 그날의 일들을 토론할 수 있도록 말이다.[13] 우리가 배설을 혐오스럽고 창피하게 여기는 것은 하나의 문화적 구성물이다. 그것은 경사로보다 계단이 자연적이 아닌 것과 마찬가지로 반드시 자연적인 것은 아니다. 우리가 배설에 관해 생각하고, 표현하고, 그것을 다루는 방식은 몸의 자연적 기능이 아니라 담론을 통해 사회적으로 구성된다. 수전 보르도가 주장한 것처럼 "몸은 …… 문화의 매체이다"(Bordo 1993, 165). 이런 측면은 우리의 선택, 우리의 욕망, 그리고 우리가 신체적 충동과 관련해 의지를 이해하는 방식에 영향을 미친다. 주디스 버틀러는 『의미를 체현하는 육체』Bodies that Matter에서 다음과 같이 언급한다.

생물학, 해부학, 생리학, 호르몬 및 화학 성분, 질환, 나이, 몸무게, 신진대사, 삶, 죽음의 영역들이 나타내는, 몸과 관련된 '물질성들' [이 부정될 수 없다 하더라도 -옮긴이] …… 이런 '물질성들'의 부정 불가능성은 물질성들을 긍정한다는 것이 구체적으로 무엇을 의미하는지까지는 결코 함축하지 않는다. …… 몸의 물질성을 '지시하는' 것으로 이해되는 언어의 범주들 자체가, 주어진 기의記意를 통해 결코 완전히 또는 영구히 해소하거나 품을 수 없는 그 지시 대상에 의해 곤란을 겪는다(Butler 1993, 66, 67[국역본, 134-136쪽]).

물질성(예컨대 여기서는 물리적인 몸)과 담론은 반대되거나 갈등적이라기보다는 오히려 상호 구성적이다. 물질성은 언어 없이는 의미를 가질 수 없으며, 언어는 물질적 실재를 생산해 낸다. "이는 누군가가 물질성 그 자체를 파악하기 위한 목적으로 언어를 이해할 수는 없다는 것이 아니다. 오히려 물질성을 지시하고자 하는 모든

---

13) 내게 이런 사실을 알려 준 바버라 아네일에게 감사드린다. 이런 공중화장실의 유적 사진은 다음 누리집에서 볼 수 있다. www.ephesus.ws/ephesus-latrines-public-toilets.html.

활동이, 그 현상성에 있어, 항상 이미 물질적인 의미화 과정을 통해 이루어진다"(Butler 1993, 68[국역본, 137쪽]). 그러므로 "몸의 고정성, 윤곽, 움직임을 구성하는 것은 온전히 물질적인 것일 테지만, 물질성은 권력의 효과로, 권력의 가장 생산적인 영향으로 재사유될 수 있을 것이다"(Butler 1993, 2[국역본, 23쪽]). 몸은 언어의 외부에서 존재할 수도 존재하지 않을 수도 있겠지만, 우리는 결코 그런 '외부'를 알 수 없다. 왜냐하면 몸을 '알고자' 혹은 '파악하고자' 혹은 '이해하고자', 심지어 '경험하고자' 하는 바로 그 시도 자체가 우리를 담론으로 끌어들이기 때문이다. 사라 아메드(Ahmed 2008)가 주장했듯, 이는 몸이 언어로 해소된다거나 혹은 물질성이 '중요하지' 않음을 의미하는 것이 전혀 아니다. '우리가 말하는' 몸이란 결코 완전히 무매개된 형태로 존재할 수 없으며, 언제나 우리가 그런 몸에 관해 생각하고 그것을 다루는 방식에 의해 구성된다는 것이다.

몸의 사회적 구성에 대한 인정, 이런 인정의 필요성, 이것이 주는 자극은 자유 이론들 내에서 상정되고 있는 몸과 의지의 관례적인 분기를 복잡화할 수 있도록 돕는다. 그리고 그것은 우리가 의지를, 적어도 부분적으로는, 몸 그 자체 내에 위치해 있는 것으로 여길 수 있도록 돕는다. 아서 프랭크가 언급한 것처럼, 우리는 종종 "몸의 의지에 따른다." 그는 우리가 병들거나 손상을 통한 변화를 경험할 때 "몸은 정신에게 …… 내게 무슨 일이 일어나고 있는 거지? …… 라는 질문을 할 수밖에 없도록 만든다"고 주장한다(Frank 1991, 8[국역본, 21쪽]). 프랭크는 고환암으로 인한 통증이 그로 하여금 의사를 만날 수밖에 없도록 만들었던 방식을, 그리고 그 통증이 그의 삶에서 (이해하기 위해 애써야 했던) '비일관성'을 생성해 내면서 수면 패턴을 어떤 식으로 무너뜨렸는지를 기록하고 있다. 그의 몸은 그에게 무언가를 요구했다. 그의 의식적인 정신이 선호하지 않는 행위와 결정을 그가 할 수밖에 없도록 하면서, 그의 정신에 몸 자신의 의지 — 그의 의지 — 를 부과하면서 말이다. 다시 한번 우리는 이런 상황을 정신에 소재하는 '진정한 자아'와는 다른 '이질적인' 몸의 필요로 여기고 싶은 유혹을 느끼겠지만, 프랭크는 이런 유혹을 거부한다. 그가 보기에 몸은 의지의 원천이며, 또한 몸은 우리가 그것을 통해 살아가는, 우리가 "그것의 통제를 인정"해야만 하는 실체이기 때문이다. 우리는 몸을 "나" 혹은 정신에 소재하는 "본질적 나임me-ness"의 연장extension으로 간주하기보다는, 오히려 "정신이 내 몸의 연장"이라고 여겨야 한다(Frank 1991, 59[국역본, 96, 97쪽]).

프랭크는 의식의 위상을, 그리고 전통적으로 의지로 이해되어 온 것을 부정하지는 않는다. 어쨌든 우리는 많은 경우 몸의 요구에 어떻게 응답할 것인지를 선택하기 때문이다. 그는 "나라는 존재는 신체적 과정이지만, 또한 의식이기도 하다"고, 그러나 "신체적 과정과 의식은 서로 대립되지 않는다"고 언급한다. 그리고 다음과 같이 말한다.

질환이 가르쳐 주는 것은 양자의 통일성이다. 정신은 몸에서 일어난 일에 의미를 부여하지만, 정신은 또한 몸의 일부이며 몸을 통해 사유한다. 정신은 암을 지닌 몸 내에서 스스로를 관조하기만 하는 것이 아니다. 암이 그런 몸을 재형성함에 따라, 정신도 질병의 영향에 반응하여 변화한다. 통증은 나에게 사유를 형성하는 몸의 힘을 가르쳐 주었다. 그러나 사유가 통증에 의해서 형성되고 있는 바로 그 순간에 또한 나의 사유는 통증을 형성하고 있었다. 그런 순환은 중단되지 않는다. …… 우리는 암이나 종양과 맞서 싸울 수 없다. 우리는 단지 몸의 의지를 믿고, 우리가 할 수 있는 만큼 의료적 도움을 받을 수 있을 뿐이다. 우리는 다년간의 의식적인 행위를 통해 몸의 의지를 형성하지만, 결국 최종적으로 일어날 일은 일어난다(Frank 1991, 87, 88[국역본, 140, 141쪽]).

비록 대개의 경우 우리는 '몸의 의지'라는 관념을 인정하지 않지만, 사실 이런 관념은 주류 정치이론이나 철학에서도 그렇게 생소한 것이 아니다. 어쨌든 데카르트 자신도 "정신은 신체 기관의 온도와 기질에 너무나 많이 의존한다"고 언급했던 바 있으며, 그랜트 덩컨은 "정신과 몸은 각각 다른, 그러나 결합되어 있는 실체라는 그의 전반적인 논지에서 통증은 증거의 역할을 한다"고 주장한다(Duncan 2000, 489). 그러므로 덩컨의 독해에 따르면, 비록 데카르트라는 철학자가 때때로 정신/몸 이원론의 핵심적인 주창자로 여겨지기는 하지만, 그에게도 정신과 몸은 상당 정도 통합적인 것이어서, 몸 내에 의지가 위치한다는 것 자체는 아마도 그다지 이상한 발상이 아닐 것이다.

페미니스트들은 특히 생리, 젖의 분비, 분만 같은 재생산의 문제와 관련해 유사한 사례들을 제시해 왔는데, 그 모든 몸의 현상들은 프랭크가 논했던 것과 같은 방식으로 '명령을 내린다'. 그렇지만 장애적 시각을 취할 경우, 우리는 정치이론과 좀 더 날카로운 대립 지점을 형성할 수 있다. 철학과 정치이론이 남성들에 의해 지배되어 왔던 한에서 여성들의 몸의 경험은 인정되는 것과 동시에 묵살될 수 있었던 반면, 남성이건 여성이건 상관없이 어떤 철학자라도 장애를 경험할 수 있기 때문이다. 그것은 대다수의 사람들이 두려워하는 어떤 것이다. 예컨대 눈이 멀거나 몸이 마비되느니 '차라리 죽고 싶다'는 흔한 감정은 장애가 결여, 상실, 비극이라는, 사람들이 매우 일반적으로 지니고 있는 어떤 믿음을 표현한다.

그러므로 사람들은 자신이 장애를 갖게 된다는 것에 대해 생각하고 싶어 하지 않는다. 그런 일이 어느 순간에든 우리에게 일어날 수 있음에도 불구하고 말이다(Silvers 1995, 35, 36; Libel et al. 2003; Hirschmann 2013c 참조). 그러나 많은 장애인들은 그들의 몸의 차이 혹은 장애를 기꺼이 받아들이며, 그것을 생경하거나 적대적인 것으로 경험하지 않는다. 이런 사건들을 몸에 의해서 이루어지는 자아에 대한 생경한 공격이나 자아 통제 상실의 순간으로 간주하는 대신, 장애적 시각에서 몸이 자신의 필요를 소통하고 있는 것으로 여긴다. 그리고 '자아'가 그런 몸의 차이나 장애를 제외하고는 개념화될 수 없는 것으로 이해한다. 우리가 그것들을 분리하고자, 그리고 몸의 요구를 무시하고자 애쓴다면, 몸은 자신의 요구를 맹렬히 주장할 것이다. 페미니즘과 장애 양자의 교훈에 주의를 기울이는 자유 이론은 몸의 이 같은 기본적인 역할을 의지와 욕망을 정의하는 데 통합하도록 도울 수 있다. 그리고 그것은 자유에 대한 인간의 경험과 열망을 보다 정확하게 포착해 내는 이론이 될 것이다.

5장

# 울스턴크래프트, 홉스,
# 그리고 여성들의 불안에 존재하는 합리성

아일린 헌트 보팅

장애학과 페미니스트 정치이론 양자에서 여성들의 불안은 평가하기 어려운 난제라고 할 수 있는데, 이는 21세기의 법률과 의학 분야에서 불안을 개념화하는 방식에 서로 길항적인 두 가지 경향이 공존하기 때문이다. 한편으로, 임상적 불안 — 다양한 형태의 불안, 함구증, 공포증, 공황장애로 이해되는 — 은 다음과 같은 보편적 용어들로, 즉 정신의학에서는 정신질환mental illness으로, 법률에서는 정신장애mental disability로 개념화되고 있다.[1] 임상적 불안은 종

---

1) 미국정신의학회American Psychiatric Association, APA의 『정신장애 진단 및 통계 편람 제5판』Diagnostic and Statistical Manual of Mental Disorder [5th](DSM-5)은 다음의 아홉 가지 임상적 불안장애에 대한 의학적 정의를 제공한다. (1) 분리불안separation anxiety, (2) 선택적 함구증selective mutism, (3) 특정공포증specific phobia, (4) 사회공포증social phobia, (5) 공황장애panic disorder, (6) 광장공포증agoraphobia, (7) 범불안장애generalized anxiety disorder, (8) 물질유발성 또는 약물유발성 불안장애substance-induced or medication-induced anxiety disorder, (9) 일반적인 의학적 이상으로 인한 불안장애anxiety disorder due to a general medical condition(APA 2013, 189, 190)[국역본, 199-201쪽]. "주요 일상 활동들 중 하나 이상을 상당히 제약

종 사회에서 요구되는 기능을 잘 수행할 수 있는 사람들의 능력을 손상시키며, 그러므로 그들에게 장애를 발생시킨다. 광장공포증이 너무 심해서 일하러 집 밖으로 나가지 못하고, 심지어 식료품을 사러 가지도 못하는 성인이 전형적인 사례일 것이다. 임상적 불안은 신체적·인지적·정서적 기능과 사회적 기능 수행에 심각한 손상을 야기하기 때문에, 1990년 〈미국장애인법〉(2009년에 개정)은 임상적 불안을 지닌 사람들은 그들의 이상으로 인해 발생하는 장애에 대해 공식적으로 편의를 제공받을 수 있는 권리를 지닌다고 규정하고 있다. 장애를 사유로 한 고용, 대중교통, 공공시설, 통신에서의 차별로부터 자유를 보장함으로써 말이다. 이런 〈미국장애인법〉의 패러다임 아래서, 임상적 불안은 다른 모든 장애들과 같은 방식으로 다루어져야만 한다. 즉 계급, 인종, 젠더뿐만 아니라 추가적인 다른 장애 등의 상태와 상관없이, 그들이 장애(들)를 지닌 채 사회에서 요구되는 기능을 잘 수행할 수 있도록 법률적으로 보장된 권리와 편의를 제공받을 수 있어야 한다.[2]

하는 정신적 손상" 또는 "그런 손상의 기록" 또는 "그런 손상을 지닌 것으로 간주됨"으로서의 정신장애에 대한 법률적 정의에 대해서는 〈미국장애인법〉을 참조(ADA 2009, Sec. 12102).

2) '키 브리지 재단'Key Bridge Foundation은 법무부와의 협약 아래, 법원 외부에서 어떤 이의 요구가 중재될 수 있도록 함으로써 〈미국장애인법〉의 시행을 돕는다. 2006년에 그 재단은 버지니아주의 한 치과의사가 아스퍼거 증후군Asperger's syndrome과 불안장애를 지닌 소녀에 대해 차별적인 비용을 책정해 왔던 관행을 중단하도록, 그리고 그 소녀의 부모에게 과거 과도하게 청구되었던 비용을 되돌려 주도록 성공적인 중재가 이루어졌다고 보고했다(US Department of Justice, Civil Rights Division, Disability Rights Section 2006, 9). 법원으로 갔던 한 사건에서는, 우울증과 불안장애를 지니고 있던 한 퇴역 군인이 〈미국장애인법〉하에서 자신이 콘도에서 서비스견service dog을 데리고 있을 수 있는 권리가 있음을 확인해 달라고 유타

다른 한편, 임상적 불안이 오늘날 소녀들과 여성들 사이에서 하나의 '유행병'이 되었다는 이야기가 여전히 자주 반복된다(Angell 2011; Scientific American Mind 2013). 21세기의 정신의학에서도 공황 발작, 범불안장애, 광장공포증, 특정공포증이 나타날 가능성은 여성이 남성보다 두 배 높다고 가르친다(Hollander and Simeon 2008). 그에 따라 불안은 주로 여성에게 영향을 미치는 젠더 특정적인 정신장애로 널리 이해되고 있다. 일부 의사들과 보건 정책 입안자들 사이에서는 이 같은 이상에 대한 과잉 진단이 이루어지고 있다는, 특히 사춘기 소녀들을 대상으로 그러하다는 우려가 존재한다(Abrams 2012; APA 2013, 224). 19세기에 정신의학이 시작된 이래로, 아마도 지그문트 프로이트의 작업이 가장 잘 알려져 있겠지만, 의료계는 불안을 여성과 부정적으로 결부시키면서 그것을 여성의 생리학적 특성 탓으로 돌리는 경향을 보여 왔다(Showalter 1987, 160, 200). 현대 정신의학은 프로이트의 정신분석 이론과 그것이 지닌 젠더 고정관념 가운데 많은 것을 넘어서기는 했지만, 정신 건강 및 의료와 관련해 오랫동안 지속되어 온 여성에 대한 성차별의 문제를 극복하지는 못했다(Busfield 1989; Rowley 2013).

임상적 불안에 대한 법률적·의학적 이해에 존재하는 이 두 가지 길항적인 경향 ─ 하나는 보편적이고, 다른 하나는 젠더 특정적인 ─ 은 장애학과 페미니스트 정치이론 양자에 일련의 상호 연관된 질문들을 제기한다. 임상적 불안이 〈미국장애인법〉에서 하나의 진정한 장애로 다루어져야 한다면, 모든 형태의 불안이 잠재적으

주 지방법원에 소송을 제기하여 승소했다. 그는 장애를 사유로 한 과거의 차별에 대해 위자료로 2만 달러를 지급받았다(US Department of Justice, Civil Rights Division 2012).

로 장애를 발생시키는가? 불안이 반드시 장애를 발생시키는 것은
아니라면, 우리는 장애를 발생시키지 않는 불안과 장애를 발생시
키는 불안의 관계를 어떻게 이해해야만 하는가? 여성이 임상적으
로 불안을 겪을 가능성이 남성보다 두 배 더 높다면, 여성들 사이
에서 나타나는 정신장애의 이 같은 '유행'을 어떻게 설명해야 하는
가? 인간 역학에서 이 두드러진 차이의 근원에 놓여 있는 것은 여
성의 생리학적 특성인가, 아니면 여성에 대한 젠더 차별인가? 마지
막으로 이런 불안 성향에 근거해 우리는 그 궁극적 원인이 무엇이
든 여성을 남성과 다르게 대해야만 하는가?

　이런 질문들과 관련된 페미니스트 정치이론 및 장애학의 통찰
을 가져오기 위해, 나는 [기존 문헌에서 사용되어 온] 몇몇 핵심적인
용어와 정의를 버려야만 할 것 같다. 소녀들과 여성들에게서 진단
이 이루어지는 전술한 일련의 정신장애에 대해 '여성 불안'female
anxiety이라는 용어가 통상적으로 쓰이지만, 나는 그 용어가 성차별
주의적이고 본질주의적인 함의를 지니고 있기 때문에 사용을 피할
것이다. 나는 이런 일련의 정신장애가 과학 관련 매체 및 대중매체
들에서 논의되는 통상적인 방식들에 대해 말할 때에만 '여성 불
안'이라는 용어를 사용한다. 이 장의 핵심이 과거의 그런 언어적 용
법을 바꾸는 것에 대한 도덕적·정치적 정당성을 입증하는 것이기
때문이다. 내가 '여성'female 혹은 '여성들'women이라는 용어를 쓸
때, 그것은 '소녀들과 여성들'girls and women에 대한 동의어로 사용
하는 것이다. 마찬가지로 '남성'male이라는 용어는 '남성들'men 및
'소년들과 남성들'boys and men에 대한 동의어로 사용된다. 그러므
로 '여성들의 불안'women's anxiety이란 일생 동안 소녀들과 여성들
이 겪는 다양한 불안의 경험을 의미한다. 또한 나는 '정신장애'라
는 좀 더 넓은 개념을 다양한 인지적 그리고/또는 정서적 장애를

기술하기 위해 사용한다. 나는 임상적 불안장애를 인지적 능력과 정서적 능력 양자 모두에, 특히 이성과 공포에 영향을 미치는 일종의 정신장애로 이해한다. 페미니스트 철학자이자 장애 이론가인 에바 키테이를 따라, 나는 정신장애가 반드시 "생리학적 손상에서 기인한다"거나 순전히 "일정한 능력들에만 선택적으로 편의를 제공하도록 만들어진 환경의 결과"라고 상정하지 않는다(Kittay 2002, 264, 265). 나는 생리학적 기반을 지닐 수도 있고 사회적 기반을 지닐 수도 있는, 그리고 양자가 결합되어 있을 가능성이 가장 큰 종류의 정신장애로 불안을 개념화한다. 마지막으로 나는 임상적 불안과 덜 심각한 형태의 불안을 구별하지만, 전자를 후자에 대해 배타적인 것으로 다루지 않는다. 오히려 양 종류의 불안이 사회적 환경에 대한 공포에 근거함과 동시에 대개 합리적인 반응의 연속체 가운데 일부라고 여긴다. 어떤 불안에 대해 임상적 진단이 이루어지건 그렇지 않건, 그것은 주어진 사회적 맥락 내에서 해당 인격체에게 (반드시 그런 것은 아니지만) 장애를 발생시킬 수 있다. 불안이 장애를 발생시키는 경우라면, 그런 사회적 맥락에서 해당 인격체가 기능을 잘 수행할 수 있도록 공식적인 편의제공이 수반될 수 있을 것이다.[3]

3) 장애를 발생시키는 불안이 〈미국장애인법〉하에서 법률적으로 인정받기 위해서는 대다수의 경우 임상적 진단이 이루어져야 하는데, 왜냐하면 〈미국장애인법〉이 현행의 또는 과거의 장애에 대한 증거가 그 법의 보호 아래서 권리를 취득하는 데 충분해야 한다고 명시하고 있기 때문이다. 장애를 발생시키는 불안을 지닌 어떤 사람이 "그런 손상을 지닌 것으로 간주됨"이라는 정의를 기반으로 그/그녀가 차별을 받았음을 입증할 수 있다면, 애초에 의학적 진단을 받는 것이 반드시 필요한 것은 아닐지도 모른다. 그러나 결국 차별 소송에서 승리하기 위해서는 아마도 그런 진단

정치이론은 인간 공동체 내에서 나타나는 불안의 정의 및 의미를 비롯해 심리학의 문제들에 오랫동안 관심을 기울여 왔다. 지그문트 프로이트와 쇠렌 키르케고르가 좀 더 흔히 인용되곤 하지만, 어쩌면 토머스 홉스(1588~1679)가 불안에 대한 가장 중요한 철학자일지도 모른다. 왜냐하면 그에게는 공포가 인간 행동의 일차적 동인이라는 일반적 전제가 존재하며, 그가 자신의 인간 본성론에서 불안의 경험을 구체적으로 다루고 있기 때문이다.[4] 홉스는 불안이라고 하는 것을 이성과 공포감 양자를 전향적이고 삶-긍정적인 life-affirming 일종의 문제 해결 기술로 융합해 내는 인간의 기본적인 인지적·정서적 능력으로 여긴다.[5] 메리 울스턴크래프트(1759~97)

이 필요할 것이다(이 장 각주 1; ADA 2009, Sec. 12102 참조). 이 장 각주 2에서 인용된 장애 차별 소송에서, 정신장애의 하나로서 불안에 대한 법률적 정의는 임상적 불안장애에 대한 의학적 정의를 반영하고 있으며, 이는 장애를 발생시키는 불안을 지닌 사람으로 법률적 인정을 받기 위해서는 임상적 진단이 필요함을 의미한다. 임상적 불안장애의 목록을 (2000년 DSM-IV-TR의) 12개에서 (2013년에) 9개로 간소화하고자 했던 최근의 DSM-5는, 장애를 발생시키는 불안을 지닌 사람들은 그들이 지닌 이상에 대하여 다양하게 개정된 형태의 의학적·법률적 정의의 적용을 받을 수도 있다고 명시하고 있다(이 장 각주 1; APA 2013, 189, 190 참조).

4) Søren Kierkegaard, *The Concept of Anxiety* (1844); Sigmund Freud, "Fear and Anxiety", *A General Introduction to Psychoanalysis*, part III, section 25 (1920). 불안에 대한 이 두 학자의 이론을 현세적인 페미니즘 사회이론 및 정치이론에 적용할 수 있는 가능성은 다음의 두 가지 점에서 제한적이라고 할 수 있다. (1) 키르케고르의 경우 불안의 근원으로 원죄라는 기독교적 개념에 초점을 맞추고 있다는 점. (2) 프로이트 경우 여성에 대한 성차별주의적 편견이 존재하며, 이것이 불안을 '여성 질병'으로 보는 통설에 기여했다는 점.

5) 이 글 전반에 걸쳐, 나는 홉스가 자유에 대한 자신의 정의에 '능력' 개념을 녹여 냈다는 낸시 허시먼의 의견을 기반으로 삼고 있다. 사람은 자신이 가진 욕망의 달성을 방해하는 외부적 장벽이 부재함으로 인해 그 욕

는 존 로크와 특히 장-자크 루소에 대한 주의 깊은 독해를 통해 홉
스의 정치사상을 간접적으로 채택하면서, 페미니즘적인 정치적 관
심사 — 가부장제가 여성들에게 부과하는 사회적 문제들에 대한 해
결책을 개발하고자 불안이라는 합리적 느낌을 활용하는 능력과 같
은 — 를 명시적으로 다루기 위해 홉스와 유사한 불안 개념을 사
용한다.[6]

울스턴크래프트나 그녀 이전의 홉스 같은 정치이론가들은 남
성들과 비교해 불평등한 여성들의 사회적 상황은 생물학적인 성적
차이에 뿌리박고 있는 것이 아니며, 일차적으로 사회와 법률의 산
물이라고 오랫동안 주장해 왔다. 장애 이론가들 역시 특히 신체적
장애와 관련해 유사한 주장을 해왔다. 전형적인 사례는 경사로가
없어 건물에 들어갈 수 없는 휠체어 이용자일 것이다(Kittay 2002, 264,
265). 그 사람은 심각한 신체적 손상을 지니고 있겠지만, 그녀의 장
애는 손상이 아니라 그녀의 핸디캡에 대한 사회적 편의제공의 결
여에 의해 야기되는 것이다. 여성과 휠체어 이용자 양자의 경우 모
두에서, 성 그리고/또는 장애 차별이 없었다면, 사회는 모든 시민

망에 따라 행동할 수 있을 때 자유롭다. 자유에 대한 이런 정의는 장애
학에서 상당히 놀라울 정도로 긍정적인 함의를 갖는데, 왜냐하면 그것이
우리로 하여금 인간의 자유에 대한 경험과 그것을 가능하게 하는 능력들
을 다양한 방식으로 개념화할 수 있도록 해주기 때문이다(Hirschmann 2013a,
170-175).

6) 울스턴크래프트는 『여성의 권리 옹호』*A Vindication of the Rights of Wo-man*(1792)의 한 각주에서 홉스와 여타의 유물론자들을 간접적이고 비
판적으로 참조한다고 할 수 있다(Wollstonecraft 1989, 185). 그녀가 결코 홉
스를 직접 인용하고 있지는 않지만, 루소와 로크에 대한 그녀의 주의
깊은 독해는 그녀가 의심할 바 없이 '홉스주의' 학파의 다양한 지류들
을 인식하고 있었음을 시사한다.

의 평등한 권리를 보장함으로써 부당한 불평등의 경험을 바로잡을 수 있었을 것이다. 불평등의 사회적 구성에 대한 이와 같은 양 학파의 입장을 결합하면서, 나는 (임상적인 것이든 그렇지 않든) 불안이 좀 더 광범위한 젠더 불평등 시스템에 의해서 부분적으로는 사회적으로 구성된다고 주장한다. 이런 주장은 불안이 실재하지 않는다거나, 여성을 비롯해 그것을 경험하는 사람들의 상상에 불과함을 의미하지 않으며, 불안이 진정한 장애일 수 없음을 의미하지도 않는다. 그런 것이 아니라, 성별에 상관없이 불안은 누군가에게 장애일 수 있지만, 젠더에 기반을 둔 부정의라는 좀 더 광범위한 조건으로 말미암아 불안이 대체로 여성들에게 영향을 미치게 된다는 것을 의미한다.

불안의 이와 같은 젠더적·사회적 기반은 불안이 사회적 비판과 변환에 어떤 영향도 받지 않는 영구적인 여성의 생물학적 특징이 아니며, 오히려 여성들과 사회 전반에 의해서 재평가될 수 있고 또한 재평가되어야 함을 의미한다. 여성들은 대개 비우호적인 사회적 상황에 대한 타당한 반응으로 불안을 느끼기 때문에, 그들은 젠더적으로 굴절된 삶의 어려움들을 예견하고, 비판적으로 평가하고, 헤쳐 나가기 위한 수단으로 불안을 이해하고 채택하는 법을 습득했을 수 있다. 예컨대 자신의 외모에 대한 심각한 불안으로 수업을 빼먹을 정도의 사회공포증을 지닌 소녀들은, 자아상에 존재하는 이런 소위 '약점'이나 '취약성'이 실제로는 그들의 정신에서 잠재적인 강점이 됨을 배웠을 수도 있는 것이다. 여성의 아름다움에 대한 성차별주의적인 재현이 지닌 문제를 인식하고 있는 소녀들은, 그들을 둘러싼 사회적 환경에 대한 비판적 시각을 얻기 위해 이성을 사용해 왔다. 이런 비판적 시각은 그들이 환경에 의해 제기되는 문제들에 얽매이지 않고 오히려 그 문제들을 헤쳐 나가는 법을 습득하도록 도울 수 있다. 사회복지사인 브레네 브라운Brene Brown이 주장했듯, 취약성은 실제로 강점의 한 형태로 타당하게 이해될 수 있다. 왜냐하면 그것이 사람들을 "불확실성, 위험, 감정의 노출"에 익숙해지도록 만들어 주기 때문이다(Brown 2012, 33). 그런 취약성은 여성들이 극심한 공포에 직면해 용감해지는 법을 습득할 수 있게 해줄 뿐만 아니라, 일상생활에서 마주하는 도전에 합리적이고 긍정적으로 대응하는 수단으로 그들의 불안을 활용할 수 있게 해준다. 이 장에서 나는 불안을 그처럼 긍정적으로 재개념화하는 데 있어, 홉스와 울스턴크래프트의 정치이론이 어떤 식으로 우리를 도울 수 있는지 보여 주는 것을 목표로 한다. 단지 불안 그 자체가 아닌, 젠더적으로 불평등한 사회 전반에 의해 장애화되는 여성들을 위해서 말이다.

## 여성들의 불안에 대한 사회적 모델의 구축을 위해 울스턴크래프트와 홉스의 이론을 활용하기

홉스와 울스턴크래프트는 특정한 사회적 맥락 내에서 불안의 경험이 구성되거나 형성되는 방식들을 강조하는, 여성들의 불안에 대한 새로운 사회적 모델에 영감을 제공할 수 있다. 이는 그들이 젠더 불평등의 사회적 구성에 선구적으로 철학적 관심을 기울였으며, 인간의 불안 경험에서 나타나는 이성과 감정 간의 협력 관계에 대해 획기적인 심리학적 설명을 제시했기 때문이다. 홉스와 울스턴크래프트는 여성들의 불안을 재개념화할 때 특히 중요한 자원이 되는데, 왜냐하면 두 철학자 모두가 양성 간의 평등을, 남성과 여성이 공유함과 동시에 그들의 본질적 의미를 규정하는 인간의 충동, 기능, 능력 — 이성, 욕망, 사랑, 자유, 자기보존과 같은 —
이라는 견지에서 이론화할 필요성을 역설했기 때문이다. 홉스와
울스턴크래프트에 대한 이와 같은 페미니즘적 독해에 따르면, 불
안은 확고하게 젠더 특정적인 '여성의' 정신장애도 아니고, 여성
의 본질적인 비합리적 성향도 아니다. 오히려 사람(남성과 여성)들
은 사회적으로 구성된 지배라는 좀 더 광범위한 상황 내에서, 현
행의 혹은 앞으로 예견되는 문제들에 직면해 그것을 해결하기 위
한 (감정적인 동시에 이성적인) 노련한 능력으로서 불안의 경험을 습
득할 수 있다. 그러므로 여성들 사이에서 불안이 유행하는 이유는,
그들이 남성들보다 지배에 더 많이 종속되고, 다양한 형태의 자의
적인 성차별을 훨씬 더 많이 겪는다는 사실에서 찾아야 한다.

　홉스와 울스턴크래프트를 따라, 나는 최적이 아닌 사회적 상황
에 여성들이 적응하는 것은 종종 그들에게 해롭거나 심지어 치명
적일 수 있음에도, 이것은 또한 그들(과 그들에게 의존하는 이들)의
안녕에 대한 방해물을 헤쳐 나가기 위해 이성과 감정을 활용하는
그들의 강력한 역량을 반영하는 것일 수 있음을 강조하고 싶다. 그
리고 홉스와 울스턴크래프트의 통찰을 현대 장애 이론과 연결하
면서, 인간이 어떻게 이성적·감정적 능력을 타인들에 대한 의존성
에 의해 제한되는 방식으로 행사하는지도 강조하고자 한다. 우선
타인들은 감정과 이성에 대한 능력의 발달을 가능하게 하는 사회
적 자극과 관계를 제공한다. 에바 키테이 저작의 핵심에 놓여 있
는, 인간의 조건에 필요 불가결한 일부로서의 의존성에 대한 이런
설명은 장애의 윤리적·정치적 재평가에 대한 길을 열어 놓는다(Kit-
tay 2002, 257, 276). 인간은 근본적으로 타인에게 의존하는 존재지만
그와 동시에 바로 이 의존성에 의해 그들의 발달과 안녕이 가능해
지기 때문에, 우리는 (이성이나 감정 같은) 인간의 정신적 역량 또한

(다양한 임상적 불안장애 같은) 인간이 지닌 장애와 마찬가지의 방식으로 바라볼 수 있다. 정신적 역량과 정신적 장애 양자 모두는 (역사적으로 위치 지어진) 특정한 공동체 내에서의 의존성과 발달에 대한 인간의 경험을 그 공통적 원천으로 지니고 있기 때문이다.

여성들의 불안에 대한 사회적 모델을 발전시킴으로써, 나는 불안의 의학적 정의에 전형적으로 내장되어 있는 편파적인 이원론들을 넘어 나아가고자 한다. 의료적 모델은 불안과 장애 일반에 대해 그것을 지닌 환자를 치료한다는 견지에서, 혹은 최소한 그것이 환자에게 야기하는 손상을 최소화한다는 견지에서 그 틀을 설정한다. 이와 대조적으로 사회적 모델은 불안과 장애 일반에 대해 사회적으로 구성되는 보다 폭넓은 현상 — 의학적인 의미에서 장애를 치료하는 것과 관련된 장애인의 경험 및 의사의 경험을 포함하지만, 결코 그것으로 환원될 수 없는 — 으로 그 틀을 설정한다. 사회적 모델은 장애에 대해 비판적·규범적 시각을 취하면서, "장애인들은 그들을 불리하게 만드는 사회의 구조적 장벽에 의해 주로 억압을 받는다"고 상정한다(Malhotra 2006, 72).

불안은 인간 과학의 몇몇 분야들과 의학에서 상당히 폭넓은 범주로, 따라서 논란 역시 많은 진단 범주로 존재해 왔다. 2008년 『임상종양간호저널』*Clinical Journal of Oncology Nursing*에 게재된, 미국정신의학회의 『정신장애 진단 및 통계 편람』*Diagnostic and Statistical Manual of Mental Disorder* (DSM)을 기반으로 작성된 한 논문은 불안을 "알려진 혹은 알려지지 않은 원인들에 대한 감정적 혹은 생리적 반응으로, 이는 정상적인 반응에서부터 (불안장애를 나타내는) 심각한 기능부전에까지 걸쳐 있고, 의사 결정을 하거나 문제를 일관성 있게 다루는 데 영향을 줄 수 있으며, 사회적 기능 수행을 손상시키거나 삶의 질에도 영향을 줄 수 있다"고 간결하게 정의했다

(Sheldon et al. 2008). 불안에 대한 이 정의는 간결하고 명확하기는 하지만 문제가 있는 몇 가지 이원론들에 입각해 있다. 어떤 생리적 반응을 느끼는 것과 누군가가 그런 반응에 응답하는 방식 사이의 분할, 감정이 의사 결정을 향상시키기보다는 방해한다는 사고, 손상과 삶의 질 간에는 반비례 관계가 존재하는 가정, 기능부전과 정상성 간의 완전한 대립 등에 말이다. 마이클 베루베와 에바 키테이는 그런 편파적인 이원론들에 반대하면서, 정신적 장애인의 능력에 대해 두 가지 영향력 있는 재평가를 제시한 바 있다(Bérubé 1996, 179, 180; Kittay 1999; 2002, 265-268). 비판적 장애 이론가들은 이 같은 이원론들이 지닌 도덕적·정치적 문제를 폭로해 왔는데, 왜냐하면 그것들이 장애의 낙인화에 기여하는 사회적 힘들을 평가하고 다루지 못하며, 애초부터 장애와 관련된 고정관념을 강화하기 때문이다.[7]

이 같은 이원론들의 윤리적 함의는 전반적으로 사람들에게 해로우며, 불안을 지닌 여성들에게는 특히 더 그러하다. 여성이 남성보다 임상적 불안장애로 진단받을 가능성이 두 배 더 크다는 널리 알려진 통계와 이런 상징적 이원론들이 결합할 때, 그 이원론들은 유해한 젠더 고정관념을 강화하는 데 기여한다. 특히 불안이 '여성 질병'이라는 오래된 고정관념은 여성이 (특히 극심한 공포, 두려움, 걱정을 지닌 여성들이) 이성적이기보다 감정적이라는, 자제력과 의사

---

7) 장애 이론가들은 장애가 어떤 식으로 사회와 부정적 연관성을 지니게 되는지 — 이는 장애인의 안녕에 해로운 방식으로 문화 내에 일반화된다 — 를 기술하는 데 '낙인화된'stigmatized이라는 용어와 '정형화된'stereotyped이라는 용어를 종종 호환적으로 사용한다(Brown 2013, 152; Frazee et al. 2006). 비판적 장애 이론가인 캐서린 프레이지 등은 장애 여성에게 해로운 고정관념을 생산하는 이원론을 해체하는 것에 더하여, 장애 여성들이 보통 불안을 느끼는 존재로 정형화된다는 점에 주목한다(Frazee et al. 2006, 227).

결정 능력이 떨어진다는, 그리고 최악의 경우 불안과 우려에 의해 깊은 불행의 늪에 빠질 정도로 기능이 손상되거나 기능부전 상태에 놓이게 된다는 일반화된 고정관념을 더욱 심화한다(Showalter 1987, 160, 200). 그 결과 불안은 그것이 실제로 장애를 발생시키는가와 무관하게 하나의 장애로 간주될 뿐만 아니라, 여타의 장애를 지닌 여성들은 더 많은 불안을 느끼는 것으로 여겨진다. 젠더와 장애를 가로지르는 이런 고정관념은 불안을 지닌 소년들과 남성들이 '계집애 같은' 장애를 지닌 것으로 낙인화되는 한에서는 남성들에게도 또한 영향을 미친다.

내 목표는 불안에 대한 의료적 모델을 폐기하는 것은 아니다. 불안은 여성들에게 (그리고 다른 사람들에게) 생명을 위협하는 문제 — 의료적 중재를 필요로 할 수도 있는 — 를 실제로 만들어 낼 수 있기 때문이다. 오히려 내 목표는 걱정에서부터 범불안장애에까지 걸쳐 있는 불안 스펙트럼의 잠재적인 권능강화의 차원들을 인식할 수 있도록, 여성들과 보다 광범위한 사회에 새로운 방향을 제시하는 상보적인 사회적 모델을 제시하는 것이다. 여성의 불안에 대한 상보적인 사회적 모델은 지금 여기에서 소녀들과 여성들을 돕기 위해 과학 및 의학과 협력할 수 있으며, 동시에 사회가 소녀들과 여성들을 대하는 방식을 바꾸는 (좀 더 속도가 느린) 사회복지에도 기여할 수 있다. 사회에서 여성들이 여성이라는 젠더의 홀대받는 지위에 반응해 심리적으로나 신체적으로 해로운 불안을 덜 경험하게 되는 것은, 오직 여성들에 대한 사회적 대우를 변화시키는 것에 의해서만 가능하다. 더욱 중요한 것은, 여성들의 대우에 대한 광범위한 변화가 성차별주의와 가부장제 — 애초부터 여성들의 불리한 지위로 이어질 수밖에 없는 — 의 심층적 구조들을 그 뿌리부터 변화시킬 수 있는 단 하나의 확실한 경로라는 점이다.

여성들의 불안에 대한 페미니즘 이론은 철학적 견지에서 장애를 개인적·집단적 권능강화를 위한 '상이한' 능력으로 재생시키고자 하는 광범위한 문화적 경향을 분명히 표현하고 있다. 내 이론은 여성들과 인류 전체를 위해 불안을 재사유하는 데 이성을 사용하고자 하는 다른 여성들의 시도를 반영하는 동시에, 또한 그런 시도들과의 연대를 목표로 한다. 사회복지사이자 블로거인 '불안 소녀' Anxiety Girl가 신랄한 위트를 담아 말한 것처럼, 그녀는 (불안을 지닌 모든 여성들이 그런 것처럼) "공포에 직면하여 슈퍼히어로의 용기를 내기 위해 분투하고" 있다(Kristin 2015). 나는 홉스와 울스턴크래프트에게서 영감을 받았을 뿐만 아니라, 또한 내가 가르치고 자문했던 불안을 지닌 많은 여대생들의 이야기에 의지해서 여성 불안에 대해 이와 같은 철학적 재평가를 수행하고 있다. 임상적 불안장애의 심각함을 일축하거나 축소하기 위해서가 아니라, (임상적 진단이 이루어졌건 그렇지 않건 간에) 다양한 종류의 불안에 대처하고 있는 모든 여성들에 대한 나의 연대를 표명하기 위해서, 그리고 우리들 사이에서 자기 돌봄 및 개인적 권능강화의 문화를 광범위하게 촉진하기 위해서 말이다. 그러므로 이 장의 진정한 목적은 현대의 '매드 프라이드' Mad Pride 운동과 같은 맥락에 있다고 할 수 있는데, 그 운동은 '매드'[미친]라는 용어를 그것이 지닌 경멸적인 사회적 함의로부터 재생시켜 내는 것을 추구한다. 다양한 형태의 정형화된 정신질환에 대처하고 있는 사람들이 '커밍아웃'을 하고 공적 영역에서 그들의 시각을 표현할 수 있는 힘을 부여하기 위해서 말이다 (Lewis 2013, 115-131). 불안이 언제나 '광기'로 정형화되는 것은 아니지만, 불안의 의미를 재사유하기 위해서 우리는 유사한 형태의 대중운동으로부터 도움을 받을 수 있다. 불안이 종종 여성들에게 심각한 장애일 수 있음을 부인하지 않으면서, 그리고 그 장애는 주로 그녀들의 통제 너머에 있는 사회적 힘들에 의해 은밀하게 형성됨을 확인하면서, 나는 불안이 (그녀들 자신과 다른 사람들에게 변환을 가져옴과 동시에 힘을 부여하는 방식으로) 부당한 상황에 이성적·감정적으로 적응하는 인지적·정서적 능력으로 여성들에 의해 재평가될 수 있고 재평가되어야만 함을 주장할 것이다. 이런 논변의 중심에 놓여 있는 심리학적·정치학적 역설을 간단히 표현할 수도 있겠지만, 그것을 온전히 이해하기 위해서는 철학적 성찰이 필요하다. 비록 많은 여성들에게 불안이라고 하는 것이 여성으로서 겪는 억압을 나타내는 하나의 장애일 수는 있지만, 이런 '다양한 능력' 혹은 '무/능력'은 여성들에게 가부장적 억압의 상태 — 여성 전체에게 해를 끼치는 — 를 극복하는 작업을 수행할 수 있도록 힘을 부여하기도 한다(Hirschmann 2013a).

## 홉스 및 울스턴크래프트와 함께 불안을 재사유하기
### : 이성과 감정 간의 협력 관계에 대한 이해

여성들의 불안에 대해 철학적이면서도 정치적으로 유용한 재사유를 제시하기 위해, 나는 이성과 감정 간의 협력 관계에 대한 홉스와 울스턴크래프트의 혁신적인 관점에 의지하고자 그들에게서 다시 시작한다. 불안은 인지적 역량 및 정서적 역량 양자와 관련된 복합적인 심리 현상이기 때문에, 그것은 이성과 감정(특히 공포) 사이의 보다 폭넓은 관계에 대한 고찰 없이는 철학적으로 정의될 수 없다. 홉스와 울스턴크래프트 등을 비롯한 17, 18세기 서구 유럽의 철학자들에게 감정 혹은 느낌은 일반적으로 정념으로 범주화된다. 『리바이어던』(1651) 6장에서 홉스는 인간의 행동을 추동하는 '정

념'이 욕구와 혐오라는 두 가지 범주 아래 놓여 있는 것으로 정의
한다. 혐오의 정념은 "정신의 문제"를 야기하며, 다소간의 "불쾌감
과 감정의 상함"을 야기한다. 그리고 단순한 혐오의 정념은 보다
복합적인 "공포" — 혐오를 일으키는 "그 대상으로부터의 피해"에
대한 예상으로서의 — 의 정념을 유발한다(Hobbes 2010a, 35, 36[국역
본, 80-82쪽]). 이어 『리바이어던』 12장에서 홉스는 알려지지 않거나
비가시적인 것에 대한 일종의 공포로 '불안'을 정의한다. 홉스에
게 불안은 단지 감정이나 느낌이 아니라, 누군가가 비우호적인 상
황에 대해, 특히 알려지지는 않았지만 있을 수도 있는 위협이나 피
해에 대해 나타내는 합리적 반응일 수 있다. 유사한 맥락에서 울
스턴크래프트 역시 불안을 반드시 비합리적인 감정으로 개념화하
지 않는다. 오히려 여성들을 비롯한 인간들이 자신이 처한 사회적
상황에서 겪는 곤경을 전략적으로 헤쳐 나가기 위해 활용할 수 있
는, 잠재적으로는 합리적인 느낌이라고 본다.

홉스와 울스턴크래프트에게 이성과 감정은 반드시 대립적이거
나 양립할 수 없는 것이 아니다. 이는 (인간 존재에 대한 그들의 이론이
지닌 논리 내에서) 추상적으로도 (인간 존재들이 실제로 행동하는 방식에
대한 그들의 경험적 관찰 내에서) 구체적으로도 그러하다. 『리바이어
던』 8장에서 홉스는 정념들이 이성에 의해 "안내되지 않는"다면
"대부분 단지 광기에 지나지 않는다"고 주장한다(Hobbes 2010a, 49[국
역본, 109쪽]). 인간이 단지 정념에 의해서만 추동되는 행동을, 혹은 심
지어 정신병적일 수도 있는 행동을 피하기 위해서는 이성이 정념
을 안내해야만 한다(Gert 2001, 224, 225). 여기서 홉스는 이성과 광기
간의 어떤 이원론을 채택하고 있지만, 그것이 이성과 감정 간의 근
본적인 대립을 전제로 하지는 않는다. 이성/광기 이원론에 홉스가
의지하고 있는 것은, 진정한 정신질환을 지닌 사람들은 이성이 전

반적으로 결여되어 있다는 그 함의로 인해 문제적이라고 할 수 있다. 그렇지만 홉스는 인간 본성에서 이성과 정념의 양립 불가능성에 대한 더 강한 주장을 제기하는 것을 삼간다. 게다가 인간 본성에 대한 그의 이론은 정념 — 욕구와 혐오로 분류될 수 있는 — 을 숙고, 의지, 행동의 배후에 놓여 있는 일차적 동인으로 상정한다. 인간 본성에 대한 그의 이론에서 정념이 지닌 이런 일차적 위상은 그가 이성을 정념에 대한 '안내자'로 개념화하는 것을 가능하게 하며, 이성과 정념 사이에 존재하는 안내자의 관계는 어떤 인격체의 특정한 장애나 능력과는 무관하게 유지되는 것임을 시사하기까지 한다. 따라서 마치 내전으로 큰 혼란을 겪은 국민이 그들 사이에 평화를 가져다줄 수 있는 절대군주를 선택하도록 안내될 수 있는 것처럼, '광기'를 지니고 있는 사람조차도 이성에 의해 사회적 행동으로 안내될 수 있을 것이다(Hirschmann 2013a, 174). 이런 견해를 뒷받침하는 것은, 홉스가 불가해한 주체들에 관한 그릇된 전제로부터 추론을 행했던 신학적인 "스콜라철학자들"의 "광기"와, 단순히 이성적 능력에 대한 도야가 결여되어 있는 "백치들"을 구분하고 있다는 사실이다(Hobbes 2010a, 51[국역본, 116, 117쪽]). 여기서 그 어느 쪽도 가망이 없는 것은 아닌데, 왜냐하면 터무니없는 생각을 하는 스콜라철학자와 그저 백치일 뿐인 사람 모두 정념에 대한 안내자로 이성을 사용할 수 있도록 교육받을 수 있기 때문이다. '안내자'라는 홉스의 은유는 이성이 합리적 의사 결정에 이르는 길을 알려 주면서 정념의 곁에서 나란히 걷고 있는 이미지를 연상시킨다. 그러나 이 합리적 결론 내지 결과는 정념 없이 도출되는 것이 아니라, 오히려 정념에 의해 추동되는 것이다. 이런 협력 관계 내에서 정념이 좀 더 능동적인 역할을 하며, 이성은 좀 더 수동적이지만 그럼에도 강력한 역할을 한다. 홉스주의적인 이성이란 길을 알려

주지만 정념이 운전을 하도록 놓아두는 일종의 "척후병"斥候兵인 것이다(Hobbes 2010a, 47[국역본, 105쪽]).

철학자인 버나드 거트가 설명했던 것처럼, 정념에 대한 안내자라는 이 같은 이성 개념은 "도저히 도구적 이성일 수는 없을 터인데, 왜냐하면 도구적 이성은 정념의 목적에 그 어떤 제한도 두지 않으며, 그것이 하는 역할은 이떤 인격체가 지닌 전반적인 목적의 체계를 가장 잘 만족시킬 수 있는 방식으로 행동하도록 결정하는 것뿐이기 때문이다"(Gert 2001, 245). 홉스의 이성 개념은 단지 도구적이지 않으며 또한 규범적이기도 하다. 그는 일정한 결과를 추동해 내는 정념에 대해 이성이 만족스러운 안내자였는가의 여부에 따라, 사람들이 더 좋은 혹은 더 나쁜 결과에 이르게 된다고 상정한다. 이 점을 분명히 보여 주기 위해 거트가 들고 있는 사례는, 불안뿐만 아니라 임상적으로 규정되는 여타의 정신 건강 이슈들에 대해 비판적 장애학의 시각을 발전시키는 데에도 도움이 된다. 거트에 따르면, 홉스는 자살이 정신장애를 지닌 사람들이 추구하는 합리적 결과일 것이라고 결코 결론짓지 않는다. 설령 자살이 그들이 지닌 일정한 '목적의 체계'나 현재적 욕망들의 집합 내에서 그들의 선호를 완전히 만족시킨다고 할지라도 말이다. 오히려 이성과 정념 간의 협력 관계에 대한 홉스의 규범적 이론은 정념에 대한 전적인 복종은 그 어떤 인간 존재의 신[좋음]을 위해서도 지지될 수 없다는 것을 의미한다.[8]

---

8) 이성의 사용에 의해 충족되는 목적의 내용을 고려하지 않는, 이성에 대한 순전히 형식적인 (그리고 특히 도구적인) 해석의 옹호자라는 홉스에 관한 시각을 해체하는 것에 더하여, 거트(Gert 2001, 244)는 또한 홉스가 성인들은 단지 이기심에 의해서만 추동된다고 상정하는 심리학적 에고이스

울스턴크래프트는 이성과 정념 사이의 협력 관계에 대해 대체로 홉스와 유사한 견해를 공유한다. 그녀는 (그 내용과 상관없이 주어진 모든 욕망을 실현하는 데 있어서가 아니라) 일련의 한정된 인간적 선을 실현하는 데 있어 이성의 역할에 대한 규범적 해석을 지지하면서, 홉스와 마찬가지로 이성을 순전히 형식적이거나 단지 도구적인 것으로 바라보는 해석을 거부한다. 그녀의 첫 번째 정치적 저작인 『인간의 권리 옹호』*A Vindication of the Rights of Men*(1790)에서 울스턴크래프트는 "자기보존은 말 그대로 제1의 자연법이다. …… 신체를 지속시키고 보호하는 데 필요한 돌봄은 정신을 펼쳐 나가기 위한 첫 단계이다. …… 정념은 이성의 필요 불가결한 보조자이다. 현재의 어떤 충동이 우리를 앞으로 나아가게 하며, 우리가 그 게임이 추구할 만한 것이 아니었음을 깨달았을 때, 우리는 우리가 훨씬 더 많은 근거들을, 단지 습득된 새로운 많은 생각들뿐만 아니라 사고의 습관 자체를 검토했다는 것을 알게 된다"고 썼다(Wollstonecraft 1989, vol. 5, 16).[9] 울스턴크래프트는 홉스가 『리바이어던』 14장에서 기술한 것과 마찬가지로 자기보존이 "제1의 자연법"이라고 상정한다(Hobbes 2010a, 80[국역본, 177쪽]). 홉스는 이와 같은 자기보존에 대한 기본적 '충동'을 '자연권'이라고 불렀다. 그리고 이런 가정으로부터 '제1의 자연법' — 혹은 인간 도덕성의 제1법칙

트가 아니라는 점을 분명히 지적하고 있다.

9) 수전 킨 조는 이 구절이 아마도 울스턴크래프트가 루소의 저작을, 특히 『사회계약론』을 주의 깊게 읽었음을 반영한다고 지적한다(Zaw 1998, 98, 99). 그것은 또한 이성과 정념 간의 관계에 대한 루소와 울스턴크래프트 양자 모두의 해석에는 홉스주의적 배경이 존재한다는 점에 우리가 주목해야 함을 분명히 해준다.

— 의 두 항을 이끌어 낸다. (1) "평화를 추구하고, 이를 따르는 것" 그리고 (2) "가능한 모든 수단을 통해 자기 자신을 지키는 것." 홉스는 '제1의 자연법'의 이 두 번째 항이 '자연권'임을 명시적으로 확인한다(Hobbes 2010a, 80[국역본, 177쪽]). 따라서 홉스가 '자연권'이라고 부른 것을 기술하기 위해서 울스턴크래프트가 '제1의 자연법'이라는 용어를 사용한다는 점은, 인간 본성에 관한 홉스의 기본적인 주장으로부터 논리적으로 뒤따르게 되는 것이 무엇인지를 언어적으로 명확히 해준다. 요컨대 자기보존에 대한 기본권은 인간 도덕성의 제1법칙, 즉 타인들과의 평화를 추구하는 것이 자신의 생명을 보존케 하는 한 그런 평화의 추구를 정당화하는 전제인 것이다.

울스턴크래프트가 기독교 신학적인 가치 지향 및 신념을 이성적으로 반대하는 것은 때때로 그녀의 목소리가 홉스보다는 로크와 더 가까운 것처럼 들리게 만들기도 하지만, 『인간의 권리 옹호』에서 인용된 위의 구절은 그녀가 자기보존의 법칙이 인간의 조건에 있어 기본적인 것이라고 생각했음을 나타낸다. 홉스나 루소와 마찬가지로, 그러나 로크와는 달리, 그녀는 자기보존을 신에 대한 특정하고도 절대적인 의무가 아니라 인간의 내재적 권리로 상정했다(Botting 2016). 그렇지만 다른 한편 그녀는 로크와 마찬가지로 모든 권리를 의무의 파생물로, 그리고 모든 의무를 신의 이성적 도덕률의 명령으로 그 틀을 설정한다. 울스턴크래프트에게 있어 제1의 자연법을 따르는 것은 간접적으로 신의 법칙을 따르는 것이다. 누군가는 홉스에 대해서도 마찬가지로 말할 수 있을 것이다. 자연법이 그에게는 평화의 증진을 위한, 합리적으로 추론될 수 있고 실제적인 격률이라는 의미에서는 말이다. 그러나 그런 격률은 근본적으로 인간의 이해를 넘어서 있는 신의 법칙과 기껏해야 비슷해질 수 있을 뿐 같아질 수는 없는 것이다(Hobbes 2010a, 79-98).

『인간의 권리 옹호』에서 인용된 위의 구절에서, 울스턴크래프트는 (다른 무엇보다도 자기보존을 포함하여) 정념을 '이성의 필요 불가결한 보조자'로 기술하는 것으로 나아간다. 여기서 '보조자', 즉 'auxiliary'는 18세기 영어에서 '조력자'helper 혹은 '지원자'assist-ant를 의미했다(때때로 군사적 지원을 가리킬 때도 있었지만, 원래는 물리학에 대한 수학의 생산적 역할과 같은 지적인 관계를 나타냈다).[10] 요컨대 정념은, 특히 자기보존에 대한 일차적 '충동'은, 인간 이성의 적절한 발달을 위한 조력자 내지 지원자다(Wollstonecraft 1989, vol. 5, 16). 홉스에게 그런 것과 마찬가지로 울스턴크래프트에게도 인간 이성의 발달이란 무제한적이거나 도덕적으로 중립적인 것이 아니라, 일련의 한정된 인간적 선들의 실현을 향해 맞춰져 있는 것이다. 정념이 그처럼 이성의 발달을 돕기에, 성인들은 정념에 대한 그들의 이성적 '투쟁'의 가치가 선 — 그들의 삶이 살아가고 보존할 만한 가치가 있는 것임을 명백히 해주는 — 을 구성하는 요소라는 점을 이해하게 된다(Wollstonecraft 1989, vol. 5, 180[국역본, 212쪽]). 그래서 그녀가 인생의 '게임'이라고 부른 것을 수행하기가 설령 어렵다 하더라도 — 부분적으로는 정념의 충동 때문에 — , 어떤 인격체가 그 게임을 하는 과정으로부터 가장 중요한 (그리고 종종 예상치 못한) 도덕적 교훈을 파악할 수 있는 것이다(Wollstonecraft 1989, vol. 5, 16).

철학자 수전 킨 조가 지적한 것처럼, 부정의에 노출된 사람들에게 이성이 잠재적으로 해방적 힘이 될 수 있음을 울스턴크래프트가 이해하게 된 것은 그녀 자신이 계급과 젠더에 기반을 둔 극심

---

10) "Auxiliary, adj. and noun", Oxford English Dictionary online, www.oed.com.

한 억압을 경험했기 때문이었다. 그들을 부당하게 대우하는 시스템을 유효하게 비판하기 위해 이성은 정념과 협력할 수 있다. 다른 한편, 홉스도 울스턴크래프트와 유사하게 어떤 곤경에 맞서야 했다. 자기보존과 평화 양자에 대한 그의 관심을 추동했던 임박한 내전이라는 상황 속에서, 홉스는 인간 생명의 지속 자체를 약화시키는 문제들을 해결하고자 이성과 정념이 협력할 때 그것들이 지닐 수 있는 해방적 힘을 이론화했다(Gert 2001, 243).

그렇지만 정념의 본질과 관련해 홉스와 울스턴크래프트 사이에는 중요한 차이가 존재한다. 『리바이어던』 6장에서 홉스는 정념이 기본적인 욕구 — 즐거움과 삶에 대한 — 와 혐오 — 고통과 죽음에 대한 — 로부터 비롯되는 것이라고 주장한다. 이런 정념은 교육, 종교, 경제, 그리고 여타의 사회적 길들임의 시스템 — 다른 무엇보다도, 국가에 의해서 강제되는 것들 — 을 통해서 '관습'으로, 즉 평화로운 행동들로 정련된다. 그에 반해서 울스턴크래프트는 욕구와 정념을 좀 더 분명하게 구별한다. 그녀는 정념을 이성과 감정의 상보적인 상호작용의 산물로 파악한다. 이성이 정념의 구성 내지 형성을 돕는다고 보기에, 정념을 단순한 욕구와 실질적으로 구별한다. 조(Zaw 1998, 100)가 통찰력 있게 지적한 것처럼, 울스턴크래프트는 이성이 정념을 강화하는 것으로, 그리고 정념이 원래 생겨난 지점으로부터 욕구로 이전해 가는 것을 방지하는 것으로 이해했다. 정념의 형성에 이성이 깊숙이 관여된 것으로 보는 이런 해석은 홉스주의적인 논리에 대한 생산적인 변형이라고 할 수 있다. 왜냐하면 그것이 울스턴크래프트가 불안과 같은 감정들을, 확고하고 분명한 생리적 욕구의 비이성적이거나 비합리적인 표현으로 단순히 환원될 수 없는, 잠재적으로는 합리적인 느낌으로 이론화할 수 있게 해주기 때문이다.

## 울스턴크래프트 및 홉스와 함께
## 불안을 합리적 느낌으로 이론화하기

홉스와 울스턴크래프트 양자에게, 불안이란 충분히 합리적인 느낌일 수 있는 공포의 감정이다. 『리바이어던』 11장에서 홉스는 "미래에 대한 불안은 사람들에게 사태의 원인을 탐구하려는 마음을 불러일으킨다. 왜냐하면 사태에 대한 앎이 그들로 하여금 가장 유리한 방향으로 현재를 더 잘 관리할 수 있도록 해주기 때문이다"(Hobbes 2010a, 65[국역본, 146쪽]). 정치이론가인 필립 페팃이 말한 것처럼, 이와 같은 '불안감을 느낄 수 있는 능력'은 언어 능력 및 사고 능력과 결합해 사람들로 하여금 "다양한 위험들에 대한 예방 조치를 취할 수" 있게 해준다. "그것이 미래의 일련의 가능성들에 대해 사람들이 걱정할 수 있도록 해준다"(Pettit 2009, 149). 사람들이 평화라는 목적을 달성하기 위해 어느 정도 협력하느냐에 따라, 그런 불안은 결국 자기보존이나 자기 파괴 가운데 어느 하나로 이어질 수 있다. 그렇지만 알려지지 않은 미래에 대해 불안을 느끼는 것은 기본적으로 합리적인 일인데, 왜냐하면 그처럼 알려지지 않은 것은 누군가의 생명이나 지복至福에 위협이 될 수도 있기 때문이다. 홉스에게 있어 이처럼 합리적인 느낌으로서의 불안은 또한 합리적 사고를 촉진한다. 즉 불안을 느끼는 사람들은 사태의 원인을 밝힐 수 있는 그들의 이성적 능력을 사용하고자 분투하게 된다. 그런 원인이 낳는 결과를 더 잘 예측하기 위해서 말이다. 그리고 더 나은 예측은 자신의 안녕을 촉진하기 위한 선택 앞에서 더 나은 판단을 할 수 있게 해준다.

울스턴크래프트는 그녀의 첫 소설 『메리』*Mary, a Fiction*(1788)에서 '불안'이라는 용어의 유사한 용법을 제공한다. 그 소설은 한

젊은 여성에 대한 이야기인데, 그녀는 자신이 혐오하는 한 남성과 결혼하기로 정해져 있었지만, 병든 친구를 돌보기 위해서 포르투갈로 여행을 떠나는 것을 통해 그 관계로부터 도피를 추구하게 된다. 여기서 작품명과 동일한 이름의 (그리고 부분적으로는 자전적인) 여주인공 메리는 첫째, 합리적인 느낌으로서, 둘째, 보다 합리적인 사고에 대한 동력으로서 불안을 겪는다. 그녀의 가장 친한 친구인 앤Ann이 죽어 가고 있을 때, "그녀는 마음이 너무 불안해져서, 다시 한번 의사의 도움을 구하기로 결정했다"(Wollstonecraft 1989, vol. 1, 31[국역본 2018, 49쪽]). 앤의 질환에 대한 메리의 불안은 합리적이라고 할 수 있는데, 그녀의 죽음은 아직 발생하지는 않았지만 일어날 가능성이 큰 (그녀가 지닌 현재의 의료적 이상과 돌봄의 상태에 따른) 나쁜 결과이기 때문이다. 불안이라는 그녀의 합리적 느낌은 또한 문제의 해결을 가능하게 하는 합리적 사고를 자극한다고 할 수 있다. 메리는 친구의 고통을 경감하고 때 이른 죽음을 막기 위해 앤이 겪는 통증의 원인을 알아내고자 분투한다.

그렇지만 모든 불안의 느낌이 합리적인 것은 아니다. 불안은 알려지지 않은 것에 대한 원인을 알아내려는 추동력이지만, 이성과 정념의 이런 결합이 가져오는 결과는 비합리적일 수도 있다. 우리가 이미 확인한 것처럼, 홉스에게 불안은 미래에 대한 불확실성에 직면해 느끼게 되는 합리적인 감정일 수 있는데, 왜냐하면 알려지지 않은 것은 우리의 자기보존이나 안녕에 위협을 가할 수도 있기 때문이다. 이런 논지의 부정적인 귀결로서, 그는 어떤 사람이 공포에 가득 차 절대로 알 수 없는 것을 알아내고자 한다면, 불안은 비합리적인 느낌일 수 있다고 상정한다. 그가 그런 비합리적 불안으로 들고 있는 고전적 사례는 『리바이어던』 12장 「종교에 대하여」에서 볼 수 있다. 홉스는 사람들이 "사태의 진정한 원인"을 확인할 수 없을 때 개인적인 "상상"이나 외부적인 "다른 사람들의 권위"에 따라 원인을 "추정하게" 된다고 말한다(Hobbes 2010a, 66, 67[국역본, 148, 149쪽]). 이런 추정에는 결코 알 수 없는 사태의 제1원인(즉 세계 그 자체의 원인)에 대한 주장만 있지 증거는 결여되어 있기 때문에 단순한 추측일 수밖에 없다. 옹호될 수 없는 추측이기 때문에, 이런 추정은 전향적이고 문제를 해결하려는 사고 과정이 아닌, 퇴영적이고 근거 없는 믿음을 만들어 내는 사고 과정을 촉진한다. 홉스가 종교를 그런 비합리적 불안의 가장 명백한 결과라고 생각한다는 점은 그의 재기 넘치는 기술을 통해 분명해진다(Hirschmann and Wright 2013, 22). 그는 각각의 종교들이 서로에게 얼마나 "터무니없게" 보이는지를, 그러나 사람들은 그들 자신의 신앙의 근원에 놓여 있는 절대로 알 수 없는 "보이지 않는 힘들"에 관한 주장을 결코 합리적으로 평가하지 않는다는 점을 무미건조하게 말한다(Hobbes 2010a, 69 [국역본, 153, 154쪽]).[11] 이런 어리석음의 한 예는 악령에 홀린 경우를 식별해 내려는 종교인들이다. 홉스의 냉철한 시각에서 보았을 때, 악령에 홀린 이들이란 실제로는 '광인'이다. 그들은 '광기'에 대한 경험이 단지 일시적으로만 그것을 겪는 대다수 사람들보다 훨씬 더 심각할 정도로 정념이 이성보다 우위에 서있는 사람들이다. 홉스주의적인 의미에서의 '광인'은 스스로를 통제하는 능력, 혹은 다른 사람들과 평화롭게 지내는 능력까지도 상실할 수 있으며, 따라서 이성에 의해 안내되지 않을 경우 정념이 초래할 수 있는 해로운 결과들 가운데 다루기 어려운 사례에 해당한다. 다른 한편, 홉스가

---

11) 그 신랄한 풍자에도 불구하고, 제1원인의 앎에 관한 홉스의 회의주의가 반드시 그의 (혹은 어떤 이의) 입장에서 철학적 무신론을 수반하는 것은 아니다.

보기에 진정한 '광인'은 드물지만, '보이지 않는 힘'에 대한 '터무니없는' 주장을 하는 종교인들은 흔하다. 이에 따라 그는 자신의 통렬한 비판의 방향을 후자의 범주, 즉 비합리적 불안에 의해 추동되는 종교인들에게 맞춘다. 비판적 장애학의 관점에서 보자면, 홉스의 견해는 '광인'이어서 박해받는 사람들에게 동정을 표한 것으로 해석될 수도 있을 터인데, 왜냐하면 그들이 비합리적인 종교인들의 관점에서는 악령에 홀린 것으로 받아들여지고 그로 인해 박해를 받기 때문이다. 홉스가 광인들이 벌여야 했던 정념과의 내부적 투쟁, 그리고 17세기의 종교가 그들에게 부과했던 위험한 고정관념과의 외부적 투쟁 양자에 대해 동정심을 지니고 있었다고 추론하는 것이 결코 확대해석은 아닐 것이다(Hobbes 2010a, 243).[12]

울스턴크래프트는 교육에 관해 쓴 초기의 저술에서, 불안이 그것을 느끼는 사람들에게 어떤 식으로 해로울 수 있는지를 보여 줌으로써 홉스와 마찬가지로 불안에 대한 자신의 견해를 복잡화한다. 울스턴크래프트의 첫 번째 책인『딸들의 교육에 관한 사색』*Thoughts on the Education of Daughters*(1787)에서, 그녀는 어떤 종류의 불안이든 그것을 드러내지 못하고 '감추게' 될 경우 소녀들의 기질을 '손상시킬' 수도 있음을 경고한다(Wollstonecraft 1989, vol. 4, 25). 그녀의 교육론에 담긴 이런 실제적인 우려는, 소녀들이 자신들의 불안을 억누르거나 숨기기보다는 그것을 표출하고 소통하는 것이 생리학적으로 최선임을 시사한다. 예컨대 그녀가 1788년에 쓴 아동도서『원래의 이야기들』*Original Stories*에 제시한 모델에서처럼, 소

---

12) 15세기 이래로 마녀에 대한 박해는 가톨릭교회가 제기한 "악령에 홀렸다는 혐의"와 결부되어 있었다(Levack 2013, 307, note 66).

녀들은 그들의 공통적인 도덕적 문제에 대한 답을 함께 도출해 냄으로써 불안의 느낌을 건강한 방식으로 공유할 수도 있을 것이다. 후자의 저작은 또한 불안이 소녀들에게 '부절적한' 수면과 여타의 건강 문제를 야기할 수 있다고 말한다(Wollstonecraft 1989, vol. 4, 385). '감춰진' 그리고 '부적절한' 형태의 불안 경험이 수반하는 생리학적 병리 상태에 대한 이런 양자의 사례는 불안을 억누르는 것의 위험성을 시사한다. 소녀들은 불안이 나쁘고, 수치스럽고, 비합리적인 정념이라고 들어 왔기 때문에 불안을 억누르지만, 불안의 억압은 그것이 지닌 합리적 문제 해결의 긍정적 역량을 소녀들이 이용할 수 없도록 가로막는다. 그런 억압은 실제로 누군가의 건강에 있어 비합리적이고 나쁜 반면, 불안의 합리적이고 숨김없는 표출은 (도덕적 건강까지는 아니라 하더라도) 적어도 신체적 건강은 증진시킬 수 있을 것이다.

이런 견해들은 울스턴크래프트가 나쁜 교육의 관행이 특히 소녀들을 비합리적인 불안의 느낌 — 그녀들의 인간으로서의 자아 발달에 해로운 영향을 끼치는 — 에 영향을 받기 쉽도록 만든다고 생각했음을 시사한다. 울스턴크래프트의 전반적인 정치이론에서, 특히 『여성의 권리 옹호』*A Vindication of the Rights of Woman*(1792)에서, 그녀는 이런 경향의 원인을 18세기 사회의 임시방편적이고 대부분 유해한 젠더 및 계급 규범들 내에서 찾아낸다. 소녀들은 합리적인 방식으로 불안을 느끼도록 가르쳐져야 한다. 왜냐하면 그들이 불안을 느끼는 것은 선천적으로 무언가를 할 수 없기 때문이 아니라, 여성들이 합리성에 대한 인간의 기본적인 능력을 자유롭고 완전하게 발달시키는 것을 가로막는 규범을 사회가 그들에게 조장하고 있기 때문이다. 그처럼 여성들을 무력화하는 젠더 규범의 영속화에 대해 울스턴크래프트는 부분적으로 여성들 자신의 '불안'을 탓하는데, 왜냐하면 그것이 사회의 피상적인 관습을 그들의 아이들에게 주입시키도록 만들기 때문이다. 요컨대 "대다수 어머니들에 의해 표출되는 불안은, 관습을 이유로 …… 그들의 아이들이 태어날 때부터 인간의 장점[덕]virtue[13]을 억압한다"(Wollstonecraft 1989, vol. 5, 230[국역본 2014, 293쪽]). 이런 형태의 불안은 비합리적인데, 왜냐하면 실제로 그것이 젠더와 계급에 기반을 둔 인위적인 '관습'을 지지하게 하면서 자라나는 세대 내에서 보편적이고 합리적인 도덕적 '장점'의 성장을 억압함으로써, 사람들에게 도움이 되기보다는 오히려 해를 끼치기 때문이다.

울스턴크래프트에게 비합리적 불안과 합리적 불안 간의 차이를 이해하는 것은 그녀가 "여성적 관습에서의 혁명"이라고 부른 것 내지 보다 평등주의적인 젠더 규범을 촉진하도록 교육과정을 재구조화할 수 있는 열쇠였다(Wollstonecraft 1989, vol. 5, 114[국역본 2014, 98쪽]). 비합리적 불안은 자기 파괴적이라고 할 수 있는데, 왜냐하면 그것이 잠재적 혹은 실제적인 문제의 해결을 향하는 것이 아니라, 그 소녀의 마음에 존재하는 문제들이 공포의 감정을 자양분 삼아 더 커지도록 놓아둘 뿐이기 때문이다. 반면 합리적 불안은 삶을 향상시키는데, 왜냐하면 그것은 소녀들과 여성들로 하여금 그들이 처한 사회적 곤경에 대해 충분히 생각할 수 있도록 해줄 뿐만 아니라, 그들 자신과 타인들에게 더 큰 신체적 건강 및 도덕적 건강에 이르는 길을 찾아낼 수 있도록 해주기 때문이다. 예컨대 앤의 기침

---

13) [옮긴이] 여기서 '장점[덕]'으로 옮긴 'virtue'는 그리스어 'aretê'를 영어로 옮길 때 사용되는 단어이기도 한데, 'aretê'는 모든 종류의 '탁월성' excellence을 뜻하는 용어로 이 장에서 계속해서 언급되는 '능력/역량'과 밀접한 연관성을 지닌다.

에 대한 메리의 "불안"은 "그녀로 하여금 약학을 공부하도록 이끌었다"(Wollstonecraft 1989, vol. 1, 22[국역본 2018, 33쪽]). 이런 의료적 지식은 그녀가 죽어 가고 있는 친구의 통증을 경감할 수 있도록 해주었으며, 그 결과 그 시대 메리가 속한 계급의 여성들에게 할당된 미미한 젠더 역할을 넘어 다른 이들에게 그녀 자신이 도움이 된다는 느낌을 증대시켰다. 비록 앤은 죽었지만, 메리는 재설정된 도덕적·사회적 목적에 대한 감각을 지닌 채 살아가게 된다. 평등주의적인 방향에서 교육의 대폭적인 개혁이 이루어진다면 훨씬 더 많은 여성들이 다른 이들과 인류 전체에게 그들이 도움이 된다는 감각을 합리적으로 재설정할 수 있게 될 것이다.

홉스와 울스턴크래프트 둘 다 (합리적이든 비합리적이든) 불안의 느낌이 (남성이건 여성이건) 사람들의 마음을 빼앗는 경향이 있음을 인정한다. 그러나 그들은 또한 불안이 (1) 합리적 느낌일 경우 (2) 공포에 대한 합리적인 반응을 생산할 수 있다고 주장한다. 이 양자를 충족하는 조건하에서, 불안은 일련의 주어진 상황 내에서 이성과 감정을 (1) 서로 협력적으로 (2) 적절하게 활용하는 일종의 노련한 능력으로 기능할 수 있다. 둘의 설명에 의하면, 누군가의 안녕에 실제적 혹은 잠재적으로 해를 끼치는 내부적·외부적 상황을 합리적으로 평가하는 개인의 역량에 불안이 기여하는 경우, 그것은 노련한 능력이라 할 수 있다.[14] 홉스에 따르면 이는 근본적으로 평등한 역량이다. 그가 자연 상태에서는 (성이나 여타의 속성과 무관하게)

---

14) (한 명의 반反아리스토텔레스주의적 유물론자인) 홉스에게는 안녕well-being이 단순히 신체적인 것일 수 있는 반면, (아리스토텔레스의 '덕[장점]'에 대하여 기독교적 설명을 채택하는 한 명의 종교적 페미니스트인) 울스턴크래프트에게 그것은 도덕적 요소와 신체적 요소 양자를 지닌다.

모든 인간 존재가 분별 있는 (혹은 합리적 내지 삶-긍정적) 사고에 대한 "능력의 평등함"을 지닌다고 가정하는 것에서 나타나듯 말이다 (Hobbes 2010a, 76[국역본, 169쪽]). 울스턴크래프트 소설의 여주인공 메리는 그녀의 연인 헨리Henry — 메리는 자신의 친구 앤의 병간호를 하는 동안 포르투갈에서 그를 만났다 — 가 폐렴으로 사망할 가능성이 높다는 것을 깨달았을 때 그와 같은 노련한 능력을 발휘했다. "강렬한 불안에 휩싸여 그녀는 외쳤다. 어떻게 하지! 이러다 오늘을 넘기지 못하고 죽겠어요. 그런데 나는 함께 죽지도 못하고!" (Wollstonecraft 1989, vol. 1, 66[국역본 2018, 107쪽]). 한편으로 이는 굉장히 암울한 — 자살 욕구의 언저리에 있는 — 생각이며, 그런 생각 속에서 그녀는 자신의 연인이 없는 황량하고 절망적인 삶을 계속해서 떠올리긴 하지만, 메리는 어떤 자기 파괴적인 충동에 굴하지 않는다. 대신 그녀는 헨리의 임박한 죽음 및 그 죽음이 그녀에게 가져올 깊은 상실감이라는 사실과 이성적으로 대면한다. 메리의 '강렬한 불안'은 처음에는 그녀를 자살에 대한 생각으로 몰고 가지만, 그녀는 삶의 비극으로부터의 이 같은 도피를 거부한다. 오히려 그녀가 지닌 불안의 강렬함은 그가 부재한 상태에서 살아가야 할 그녀 자신의 삶의 가치를 긍정하도록 이끄는데, 그렇지만 이것이 그들의 필멸성이라는 쓰라린 현실을 부인하는 방식으로 이루어지지는 않는다. 따라서 우리는 울스턴크래프트의 첫 번째 소설을 통해 페미니즘 이론과 비판적 장애학 양쪽 모두에서 단지 불안만이 아니라 이성 그 자체가 재평가되어야 할 이유를 보게 된다. 서구 철학은 흔히 이성을 남성적인 것으로 개념화해 왔으며, 또한 그것을 정신적 장애가 없는 이들의 본질적 속성으로 취급해 왔다. 그러나 이런 가부장적이고 비장애중심주의적인 편견은 역사적으로 [필연적인 것이 아니라는 의미에서] 우연적인 것이며, 따라서 문화적으로 타파될 수 있는 것이다. 홉스의 근본적으로 인문주의적이고 평등주의적인 불안 개념을 기반으로 해서, 울스턴크래프트 소설의 주인공 메리는 당대의 많은 감상적 소설의 비유와 고정관념에서 탈피한다. 이 자전적인, 따라서 상당히 현실적인 그녀의 소설은 독자들에게 불안 — 합리적 느낌으로 이해될 수 있고 또 그렇게 작동하는 — 이 광범위한 사회 및 정치체제가 그들에게 부과하는 도전 과제를 여성들과 장애인들이 다룰 수 있게 해준다고 말한다.

홉스와 울스턴크래프트에게 불안은 어떤 여성을 둘러싼 상황이 그녀에게 부과하는 문제를 적어도 단기적으로는 해결할 수 있는 힘을 부여한다면, 성공적인 전략으로 기능할 수 있다. 홉스의 자연 상태는 형식적인 수준에서, 혹은 추상적으로 합리적인 수준에서 전략적인 불안이 어떻게 성공적으로 기능하는지를 해명한다. 『리바이어던』 13장에서 그는 실정법과 정부가 없는 곳에서 이루어지는 인간의 삶에 대한 가설적 개념으로 자연 상태를 설정한다. 이 가설적 시나리오는 다음과 같은 질문들을 제기한다. 인간들이 이런 방식으로 살았다면 어찌 되었을까? 어쨌든 서로 상호작용을 한다고 하면, 그들은 어떤 식으로 그런 상호작용을 하게 될 것인가? 홉스의 답변은 그와 같은 무정부적 상황에서는 모든 사람에게 있어 능력의 동등함에 대한 걱정과 불안이 합리적일 뿐만 아니라 성공적인 전략일 수 있음을 보여 준다. 이론적으로, 모든 사람은 서로의 안녕이라는 상태를 해칠 수 있는 힘을 지니고 있다. 그런 위협에 동일하게 직면한다면, 사람들은 "만인의 만인에 대한 투쟁"이 수반하게 될 생명의 상실이라는 위험을 무릅쓰기보다는, 그들 모두를 통치할 수 있는 한 사람의 절대군주에게 그들의 집단적 권력을 양도함으로써 서로 간의 평화 추구를 합리적으로 선택할 것이다 (Hobbes 2010a, 79[국역본, 174쪽]). 이런 결과는 (절대적 통치자의 지배 아래

완전한 자유를 완전한 평화와 맞바꾼다는 점에서) 전략적일 뿐만 아니라 (자유와 평화의 계약적 교환을 통해 모두의 생명을 보존한다는 점에서) 성공적인 것이기도 하다.

개인적인 수준에서, 울스턴크래프트는 그녀의 저서『스웨덴, 노르웨이, 덴마크에서의 짧은 체류 기간에 쓴 서한』*Letters Written during a Short Residence in Sweden, Norway, and Denmark*(1796)에서 생존과 평화에 대해 유사한 논리를 개진한다. 원래는 정식 결혼 없이 동침함으로써 맺어진 그녀의 관습법상 남편 길버트 임레이Gilbert Imlay에게 쓴, 감정적으로 다듬어지지 않았지만 대단히 문학적인 이 서한 모음집에서, 그녀는 이혼 문제와 정면으로 마주하고, 숙고하고, 결국 받아들이게 된다. 한때 더없이 행복했던 그들의 관계가 끝났다는 암울한 사실을 그녀가 심리적으로 수용하는 단계로 점점 더 나아감에 따라, 그녀는 "당신 쪽의 일들이 어떻게 마무리되는지 전해들을 때까지, 나는 어느 정도의 불안을 지닌 채 기다리겠습니다"라고 썼다(Wollstonecraft 1989, vol. 6, 425). 당시로서는 알려지지 않은 그의 (따라서 그녀의) 사무적인 일들의 결과에 대한 스칸디나비아에서의 이와 같은 전향적인 우려에는 "어느 정도의 불안"이 배어 있지만, 그녀는 그를 만나러 다시 영국으로 돌아가게 되면 이런 불안한 느낌이 해소될 것이라고 (그에 대해, 그러나 무엇보다도 그녀 자신에 대해) 침착하게 판단을 내렸다. 그들의 전쟁과도 같은 상태와 사무적인 일들의 최종적인 해결이 무엇일지를 예견하면서, 그녀는 설령 그들 사이에서까지는 아니라 하더라도 그녀 자신과의 화해 및 평화의 가능성을 내비친다.

홉스와 울스턴크래프트의 도덕 및 심리 이론에 따르면, 남성들과 여성들은 그들이 처한 특정한 곤경의 합리적이고 문제 해결 지향적인 분석을 위해 불안이라는 그들의 노련한 능력을 발휘할 수 있다. 그렇지만 울스턴크래프트에게 있어, 한 사회 내에서 이런 역량은 소녀들과 여성들에게서 한층 더 두드러지는데, 이는 자의적이고 인위적인 젠더/성 차별적 규범의 결과로 말미암아 그들이 부당한 상황에 직면해 있기 때문이다. 인위적으로 강등된 존재로서의 여성들에 대한 울스턴크래프트의 견해는 홉스의 자연 상태와 같은 가설적인 원초 상태로부터 나오는 것이 아니라, "그녀[울스턴크래프트의 딸 - 옮긴이]의 성의 억압된 상태"에 대한 역사적 관찰로부터 도출된다(Wollstonecraft 1989, vol. 6, 269). 울스턴크래프트는 이런 경험적 접근법을 가지고 당대의 전형적인 상류계급 여성의 도덕적·육체적 타락과, 자유로운 실외 환경에서 길러진 몇몇 '야생 소녀들'의 사례 — 종종 사고나 유기에 의한 — 를 대비시킨다(Wollstonecraft 1989, vol. 5, 112[국역본 2014, 95쪽]). 그리고 일종의 전향적인 가정을 정식화한다. 요컨대 만일 소녀들이 이런 야생 아동들과 비슷하게 대부분 자유로운 환경에서 길러진다면, 그들도 이전에는 단지 남성들하고만 연관되었던 인간의 장점들을 모든 범위에 걸쳐 충분히 발달시키는 데 필요한 정신력과 체력을 기를 수 있지 않을까 질문해 보는 것이다. 소녀들과 여성들은 자유롭게 길러지지 않았기 때문에, 그들은 인간으로서의 역량을 발달시키는 데 최적이 아닌 조건에 대처해야만 한다. 이처럼 사회적으로 구성된 곤경에 대해 여성들이 불안감을 느끼는 것은 그런 상황에 적합한 해결책을 합리적으로 평가하기 위한 첫걸음이다. 울스턴크래프트가 이야기하는 사회에서 여성들이, 특히나 타인들에 대한 '걱정과 불안'을 그들의 '자매들'이 겪는 문제를 해결하기 위한 노력으로 한데 모아 낼 수 있다면, 불안이 지닌 힘을 그들의 전략적 이익을 위해 활용할 수 있을 것이다(Wollstonecraft 1989, vol. 5, 200[국역본 2014, 245쪽]). 울스턴크래프트가 『스웨덴, 노르웨이, 덴마크에서의 짧은 체류

기간에 쓴 서한』에서 "나는 의존자인 딸과 그녀의 성의 억압된 상
태에 대해 성찰할 때, 어머니로서의 애정과 불안 이상의 감정을 느
낀다"(Wollstonecraft 1989, vol. 6, 269)고 썼던 것에서 확인되듯, 그녀의
딸 패니Fanny에 대한 '걱정과 불안'의 경험은 전체 여성의 투쟁에
대한 그녀의 연대감을 촉진하는 데 도움을 주었다. 가족 구성원에
대한 걱정은 개별적 수준과 집단적 수준 양자에서 여성들 (그리고
인간) 전체의 안녕에 대한 염려로 확장될 수 있다. 울스턴크래프트
는 그녀의 마지막 저작『마리아』Maria, or the Wrongs of Woman에서,
그런 일련의 "애정 어린 불안"이 의존자와 취약한 이들에 대한 합
리적 걱정의 느낌을 통해서 어떻게 다시 여성들을 하나로 연결해
내는지 이론화했다(Wollstonecraft 1989, vol. 1, 123[국역본 2018, 200쪽]). 그
렇다면 여성들의 불안은 합리적이고, 협력적이며, 평화적이고, 여
성 친화적인 사회 개혁에 대한 광범위하고도 강력한 동력이 될 수
도 있을 것이다.

　『마리아』에서 울스턴크래프트는 여성들을 위한 여성들에 의한
해방 이론을 발전시키기 위해 정치 소설이라는 문학적 형식을 활
용했다. 그 소설의 무대가 되는 고딕 양식의 정신이상자 수용소는
여성들의 정신장애가 어떻게 사회적으로 구성되는지에 대한 가상
적 은유다. 소설의 주인공 마리아는 그녀를 학대하는 남편에 의해
서 자신의 의지에 반해 수용소에 감금되는데, 이는 그녀가 젖먹이
딸이나 그녀 자신조차 돌볼 수 없었기 때문이 아니라, 그녀를 매
춘부로 팔아넘기려는 남편의 시도에 저항했기 때문이었다. 비판적
장애학의 시각에서 보자면, 그 소설에서 인상적인 것은 여성들을
위한 여성들에 의한 정의의 실현을 향해 나아가는 한 걸음으로 여
성들 간의 연대라는 정치적 처방을 제시하고 있다는 점이다. 고립
되고 두려운 상태에서는, 그들 자신이나 다른 이들에 대한 변화에

영향을 미치기 위해 여성들이 할 수 있는 일이란 거의 없다. 그러나 마리아가 자신의 간수 제미마Jemima와 가부장적 억압에 대한 그들의 개인적 경험을 계기로 유대를 형성함으로써 그랬던 것처럼 여성들이 함께 뭉친다면, 그들은 서로의 곤경에 대해 '애정 어린 불안'을 느낄 수 있고, 잠긴 문을 열 수 있으며, 가부장제의 수용소에서 함께 탈출할 수 있다.

홉스는 모든 사람이 불안을 느끼는 것은 당연하다고 생각했는데, 왜냐하면 알려지지 않은 것은 우리의 생명과 안녕에 위협을 가할 수 있기 때문이다. 울스턴크래프트는 이런 일반적 논지를 특별히 소녀들과 여성들에게 적용했다. 가부장제 사회가 만들어 내는 젠더에 기반을 둔 특정한 문제들을 고려한다면, 그들은 불안을 느낄 만한 충분한 이유가 있기 때문이다. 그런 불안이 비합리적인 것이 아니라 합리적인 것임을 자각하는 것은 치유적인 자기 돌봄의 도덕 심리학으로 나아가기 위한 첫걸음이다(Ure 2008, 67). 불안이 그들의 개인적이고 집단적인 행복에 대한 방해물을 헤쳐 나가도록 해주는 노련한 능력일 수 있다는 발상을 통해 힘을 받게 된다면, 소녀들과 여성들은 이런 심리적 성향을 더 이상 전적으로 장애를 발생시키는 것이라거나, 본질적으로 여성적인 것이라거나, 혹은 반드시 비합리적인 것으로만 여기지 않게 될 것이다.


## 여성들의 불안에 존재하는 합리성을 인정하는 정치이론을 향하여

여성들의 불안에 존재하는 합리성을 인정하는 이론의 정치적 함의는 이중적이다. 즉 부정적 측면과 긍정적 측면을 동시에 지닌다.

우선 그 이론은 사회체제에 의해 부과되는 방해물을 단기적이면서도 합리적으로 돌파하기 위한 개별적인 여성적 역량을 가치화하는 방식을 취함으로써, 아이러니하게도 가부장적 지배 상태를 강화할 위험이 있다. (울스턴크래프트 그녀 자신과 같은) '모범적인' 여성들이 그들의 영특함을 통해 억압의 덫을 용케 빠져나오는 한, 비록 몇몇 여성들이 외견상 성공을 거두는 것처럼 보일지라도 사회, 경제, 정치체제 전반이 실제로는 여성들의 발전에 불리하게 작용한다는 그녀의 가장 중요한 이론을 일축하는 것은 더 용이해질지 모른다. 그러나 페미니스트 정치이론과 장애학 양자의 관점에서 보자면, 이 같은 이의 제기는 피상적이라고 할 수 있다. 울스턴크래프트가 그녀 자신의 힘겨운 삶 속에서 그랬던 것처럼 몇몇 사람들이 방해물을 극복했다고 해서, 모든 이들이 그와 동일한 역량을 발휘할 수 있는 건 아니다. 예외적인 것이 규칙을 증명하지는 않는다. 더욱이 가부장제라는 수용소의 탈출구를 알아내기 위해 합리적 불안의 명령을 활용하는 울스턴크래프트(혹은 그녀의 소설 속 등장인물인 제미마와 마리아)와 같은 여성은, 다름 아닌 현존하는 성차별주의적 사회체제에 대한 대응으로 그와 같은 행위를 하고 있는 것이다. 그녀와 다른 모든 여성들이 남성들에 비해 체계적으로 불리함을 겪고 있다는 바로 그 이유 때문에 그녀는 그녀의 불리함에 대한 합리적 불안을 활용하는 법을 습득하게 된다.

긍정적 측면에서 보자면, 가부장적 지배 상태를 강화할지도 모른다는 앞서 언급된 위험은, 여성들의 불안에 존재하는 합리성을 인정하는 규범적 모델이 보건 의료 공동체에 대해 갖는 가치 — 환자 집단과 의사 집단 양쪽에 마찬가지로 — 를 강조하는 것에 의해 사실상 최소화될 수 있을 것이다. 여성 환자들과 그들의 돌봄 제공자들이 실제로 불안을 일종의 전략적 역량이자 비우호적인 사회적 상황에 대한 합리적이고 적합한 반응으로 여기도록 고무된다면, 그 이슈에 대한 전 인구적인 '게슈탈트 전환'gestalt switch[15]의 실천적 가능성은 현실이 될 것이다(Kuhn 1996, 111-135[국역본, 165-195쪽]).[16] 그런 전환이 이루어진다면, 여성들의 불안은 더 이상 치료되어야 할 '유행병'이 아니라 사회 내에서 그들이 지닌 역사적 취약성으로부터 배태된 잠재적 강점으로 여겨질 것이다. 보건 의료 내에서 여성들의 불안에 대한 긍정적 개념의 실체화는 다시 세대를 가로질러 폭넓은 인구 집단 내에서 그런 견해를 형성해 낼 수 있다. 그리고 결과적으로 젠더 및 장애에 대한 상당수의 고정관념들이 폐기될 수 있다. 여성의 불안은 비합리적이고 여성의 본성에 본질적인 것이라는 더 오래된 관념과 모성 불안이 부정적으로 연관되지도 않게 될 것이다(Showalter 1987, 70). 또한 울스턴크래프트가 아이들에 대한 '애정 어린 불안'이라고 불렀던 것도 특별히 여성들하고만 결부되는 것이 아니라, 인도적인 사람들 전체와 결부될 것이다(Kittay 1999, 162-181[국역본 283-312쪽]; Held 2006, 16).

그런 의료적·문화적·심리학적 '패러다임 전환'은 불안을 느끼는 소년들과 남성들, 그리고 불안을 느끼지 않는 사람들 같은 다른 집단들 사이에서도 합리적 불안의 상황적이고 전략적인 가치를 인정하도록 하는 파급효과를 지닐 것이다(Kuhn 1996, 111-135[국역본, 165-195쪽]). 그리고 시간이 지남에 따라, 남성 지배에 직면해 여성

15) [옮긴이] 지각 대상의 형태가 전혀 변하지 않고 있음에도 보는 이의 시각에 따라 하나에서 다른 하나로 전환되는 것을 말한다.
16) 다른 많은 인문학자들과 마찬가지로, 나는 세계관에서의 '게슈탈트 전환' 내지 '패러다임 전환'이라는 토머스 쿤의 개념을 빌려와서 그것을 자연과학 외부의 규범적 영역에 적용한다.

들이 느끼는 불안에 대한 재평가를 통하여, 공고화된 가부장적 가치들에 맞설 수 있게 될 것이다. 결국 인구의 광범위한 부분에서 자신과 타인에 대한 '애정 어린 불안'의 세심한 실천이 이루어진다면, 이는 단순히 그런 증상들에 선별적으로 대응 — 걱정거리, 착취, 불행에 대한 개별 여성들의 투쟁 — 하는 것을 넘어, 그 문제의 근본 원인 — 여성들의 삶과 돌봄 노동을 평가절하하는 가부장제 — 을 성공적으로 다루는 것으로 이어질 수 있다.

홉스와 울스턴크래프트는 알려지지 않은 것에 대해 불안을 느끼는 것은 합리적이라는 데 동의하지만, 알 수 없는 것을 설명하려고 하거나 그에 대한 원인을 상정하는 것은 비합리적이라고 생각했다. 홉스에게 종교는 알 수 없는 것을 설명하려고 하는 그런 비합리적인 시도의 전형적인 예이다(예컨대, 세상의 기원을 완벽하게 시간 순서에 따라 상술해 놓은 창세기와 같은 견해)(Hobbes 2010a, 67). 울스턴크래프트에게 있어서는 가부장제가 알려지지 않은 기원을 지녔는데, 사람들이 그 기원에 대해 비합리적으로 원인들을 억측하는 현상이 바로 그런 비합리적 시도의 전형적인 예라고 할 수 있다(예컨대, 이브는 아담의 갈비뼈로 만들어졌으며, 그리하여 여성이 남성에게 종속된다는 것과 같은 견해)(Wollstonecraft 1989, vol. 5, 95).

알 수 없는 것에 대한 그와 같은 퇴영적인 설명들은 비합리적이지만, 자기 자신(과 자신이 돌보는 다른 이들)에 대한 잠재적 피해의 전향적인 분석을 시도하는 것은 합리적이다. 홉스와 울스턴크래프트 양자에 따르면, 아직 알려지지 않았지만 있을 수 있는 피해를 방지하기 위해서 역량 — "미래의 명백한 선을 획득하기 위한, 현재적 수단" — 을 추구하는 것은 합리적이다(Hobbes 2010a, 53 [국역본, 121쪽]). 전향적이고, 문제 해결 지향적인 불안은 그런 종류의 역량이 되는 반면, 퇴영적인 불안은 근거 없는 믿음을 만들어 내고, 문제를 키우는 종류의 사고 과정이다. 홉스와 울스턴크래프트의 정치이론을 따라 여성들의 불안이 재개념화될 때, 그것은 본질적으로 장애를 발생시키는 비합리적 성향으로서가 아니라, 직관적 감정과 예지적 이성이 결합된 잠재적인 문제 해결 능력으로 보다 잘 이해될 수 있다. 이와 같은 도덕적 입장에서 보면, 여성의 불안이라는 현대의 '유행병'을 두려워할 필요는 없을 것이다. 오히려 사람들이 이런 여성들을 걱정할 정도로 충분한 관심을 기울인다면, 그것은 어쩌면 역설적이게도 전체 인류의 향후 권능강화에 좋은 징조가 될 수도 있을 것이다. 진정, 여성들의 불안에 존재하는 역설은 궁극적으로 정치적인 것이다. 불안이 주로 여성들에게 영향을 미쳐 왔지만 잠재적으로는 모든 사람들에게 힘을 부여하는 (무)능력임을 더 많은 이들이 인식하게 될수록, 우리는 만인을 위한 구조적 불평등의 극복이라는 도전 과제를 받아안을 준비가 더 충분히 되어 있을 것이다.

# 6장
# 난독증을 위한 선언

캐시 E. 퍼거슨

내가 수업 자료들을 모으고 있는 동안, 식탁 너머 엘란Elan의 모습은 다소 엄숙해 보인다. 그는 수업이 시작되기를 기다리고 있다. 내가 카드, 종이, 연필, 자석, 책 등을 가지고 가자 그는 내게 자신이 주말을 어떻게 보냈는지 이야기한다. 그의 눈은 내가 가져온 이 물건들을 기대 어린 눈빛으로 바라보며, 즐거운 활동을 할 것임을 알려 주는 형형색색의 큐브나 물건을 찾고 있지만, 그래도 내가 내주는 과제는 그것이 무엇이든 기꺼이 수행할 것이다. 설령 그것이 어렵거나 반복적인 활동일지라도 말이다. 엘란은 읽고 쓰는 법을 배우길 원하고 있으니까.

엘란은 글자를 순서대로 연결하는 데 문제가 있다. 선형적 순서라는 요건을 충족시키는 데 곤란을 겪는다. 그는 연이어서 소리를 내거나 말하고, 그것을 유지하는 데 어려움이 있다. 그는 많은 재능들 — 호기심, 유머 감각, 깊은 사고력 — 덕분에 언어적 의사 교환을 할 수는 있다. 그러나 읽고 쓰기 위해서는 순서에 맞게 차례대로 소리들을 기호들과 결부시킬 수 있어야 한다. 필요한 어떤 글자도 빠뜨리지 않고, 불필요한 어떤 글자도 끼워 넣지 않고, 또한 한 글자를 다른 글자로 대체하지 않고 말이다. 물론 숙련된 읽기가 선형적 과정에 한정되는 것은 아니다. 그것은 상호작용적인 피드백 회로, 병렬적 처리 과정, 재활성화 과정 또한 필요로 한다. 그럼에도 불구하고 읽기에는 어떤 기본적인 측면이 존재하며, 이는 텍스트의 각 부분들 전반에 걸쳐 순서에 따라 나아가는 과정을 요구한다. 엘란에게 있어 단어나 문장은 두 부분으로 나뉜다. 첫 번째 것과 그 나머지 부분. 'Cats like to drink milk'라는 문장에서 첫 번째 단어는 'cats'이며, 엘란은 이것을 손쉽게 알아차릴 수 있지만 나머지 부분은 그에게 뒤죽박죽 뒤섞여 버린다. 'magnify'라는 단어의 첫 번째 음절이 'mag'인 것은 분명히 인식하지만, 다른 두 음절의 순서는 그에게 불가사의한 것이다. 다른 아이들은 자신에게 명백해 보이는 그 순서를 파악하지 못하는 엘란을 놀리곤 한다. "제게는 때때로 글자들이 반대 순서로 다가와요"라고 그는 내게 말한 적이 있다. 엘란에게는 모든 것이 첫 번째 것과 첫 번째가 아닌 것으로 나뉜다. 그러나 그런 식으로는 읽기와 쓰기가 되지 않는다. 글자가 순서대로 명확히 연결되지 않으면서, 'bold'라는 단어가 쉽사리 'blood'가 되고, 'drip'은 'dirt'가 되고, 'fern'은 'friend'가 되어 버린다. 글자를 순서대로 정확히 연결하는 것은 읽고 쓰는 능력에서 결정적으로 중요하다.

또 다른 어느 날, 같은 식탁 앞에 앉아 있는 캐런Karen은 곧 시작될 수업을 준비하고 있다. 캐런은 글자와 숫자를 순서에 맞게 말할 수 있다. 그러니까 순서대로 글자를 연결하는 것은 그녀에게 주요한 문제가 아니다. 최소한 그것이 문제가 되는지는 직접적으로 명백하지 않다. 나와 캐런의 첫 번째 수업에서, 그녀는 한 동화책의 긴 구절을 해독(개개의 단어들을 단순히 읽어 내는 것)의 오류가 거의 없이 소리 내어 읽었다. 놀랍게도 그녀는 텍스트가 거꾸로 뒤집혀 있을 때도 그것이 똑바로 있을 때와 마찬가지로 유창하게 읽는다.

그러나 해당 페이지에서 눈을 떼면, 그녀가 기억하고 있는 내용은 아무것도 없었다. 그녀는 그 이야기의 가장 기본적인 요소들 — 그 것은 두 아이들에 관한 이야기였는데, 바다 쪽 곶(串에는 한 명의 신 비스러운 남자가 있고, 그 아이들은 숲에 있었다 — 조차 조금도 기 억해 내지 못했다. 그녀의 눈에는 눈물이 그렁그렁했고, 희망이 없 다는 듯이 어깨를 살짝 으쓱해 보였다. [기억을] "못 하겠어요······" 라고 그녀는 작은 목소리로 말했다.

오턴-질링엄Orton-Gillingham 분석에서 말하는 바에 따르자면, 엘란은 음운 인식에 문제가 있는 반면, 캐런은 독해력이 떨어진다. 이 두 아이들은 난독증이 있다. 그들은 문자 기호의 세계에서 일 정한 기능을 수행하는 데 많은 어려움이 있다. 그들과 교습에 착수 했을 때, 엘란은 이제 막 유치원 과정을 마쳤고, 캐런은 5학년 과 정을 절반쯤 다닌 상태였다. 오턴-질링엄O-G은 난독증을 지닌 사 람들에게 읽기, 쓰기, 철자법을 가르치는 데 가장 효과적인 언어 치 료법의 명칭이다. 신경과학자인 새뮤얼 오턴과 교육자인 애나 질링 엄의 이름을 따서 명명된 이 O-G 접근법은 구조화된 다감각 언어 교육의 토대를 이룬다. 거의 20년 동안 나는 내 아들들로부터 시 작해서 난독증을 지닌 아동과 성인을 가르치는 데 O-G 접근법을 사용해 왔다.[1] O-G 교수법이 없었다면, 내 아들들 중 그 누구도 읽고 쓰는 법을 배우지 못했을 것이라고 나는 확신한다. 이 효과적 인 O-G 접근법이 학교에서 널리 활용되었다면, 4학년 학생들 가 운데[2] 글을 읽을 때 유창성과 독해력을 충분히 발휘하지 못하는

[1] 나에게 이 접근법을 가르쳐 준 '오턴-질링엄 교육자 및 치료사 협회'의 회원인 론 요시모토와 수 보이트에게 감사드린다.
[2] [옮긴이] 미국에서는 국가학업성취도평가가 4학년, 8학년을 대상으로

이들의 막대한 비율 — 현재 전국적으로 38퍼센트에 이를 것으로 추정되는 — 은 상당히 줄었을 것이다(Moats 2010, 6; Wolf 2007, 135).

이런 경험에 대한 성찰은 (글을 읽기 위해 분투하는 아이들을 보며 허둥댔던 부모로서가 아니라, 언어의 정치학에 주의를 기울이는 정치이론가로서) 나로 하여금 O-G 접근법을 일종의 삶정치biopolitics[3]로, 즉 일련의 잘 조직된 기술을 통해 차이를 다룰 수 있도록 해주는 하나의 장치apparatus로 사고하게끔 이끌었다. 빈틈없는 일련의 시각적·청각적 훈련, 구조화된 다감각적 반복 연습, 오류에 대한 상세한 분석을 통해서, 그리고 패턴과 예외에 대한 주목, 계산된 실행을 통해서, O-G 접근법은 언어의 흐트러지기 쉬운 배치assemblage에 엄격한 질서를 부여한다. 우리는 아동에게 해당 단어를, 그 단어 전체를, [다른 단어와 뒤섞지 않고] 오직 그 단어만을 보도록 가르친다. 그것은 실제로 작동한다. 그래서 우리는 대다수 사람들에게 소리들, 기호들, 의미들 간의 관계를 이해하도록 가르칠 수 있고, 그에 따라 학습자는 그것들을 올바른 순서대로 파악하고 다시 만들어 낼 수도 있게 된다. 우리는 대다수 사람들에게 읽고 쓰는 것을 가르칠 수 있다. 그러나 대부분의 학교들은 읽기와 쓰기에서 이 접근법을 사용

2년마다 실시된다.

3) [옮긴이] 주지하다시피 'biopower'와 'biopolitics'라는 개념 쌍은 미셸 푸코와 안토니오 네그리Antonio Negri에게 상당히 다른 함의를 갖는다. 푸코에게 있어서는 규율권력과 구분되는 근대 '생명권력'biopower이 작동함으로써 이루어지는 정치 자체가 '생명정치'biopolitics다. 그러나 네그리에게 있어서는 인민을 자기 체제 내에서 벗어나지 못하도록 삶을 생산해 내는 배치/장치가 '삶권력'biopower인 반면, 그런 삶권력에 대항하여 인민들이 새롭게 만들어 내는 지식과 삶의 배치/장치가 '삶정치'biopower다. 요컨대 푸코에게는 생명권력과 생명정치가 하나의 짝이라면, 네그리에게 있어 삶권력과 삶정치 양자는 일종의 대립 항인 것이다.

하지 않는다. 거의 한 세기 동안 그것을 사용할 수 있었음에도, 또한 그것을 사용하지 않음으로 인해 난독증을 지닌 개인과 그 가족들과 사회 전체가 큰 비용을 치러야 했음에도 말이다. 이 장은 난독증 및 이에 대한 O-G 중재의 삶정치와 더불어, 읽고 쓰기에 대한 현재의 접근법과 대안적 접근법이 지닌 정치적 함의를 검토한다.

## 난독증의 삶정치

신경과학과 교육학의 영역 외부에서는 단지 소수의 학자들만이(Philpott 1998; Connolly 2002; Campbell 2011) 난독증에 관심이 있다. 난독증의 정치적 측면에 주목하는 이들은 학습장애를 지닌 사람들이 학교나 직장에서 적절한 치료 교육이나 편의를 제공받을 수 있는 권리에 초점을 맞추는 경향이 있다. 그 문제들은 물론 중요하지만, 나는 다른 탐구의 노선을 통해 이런 정치적 측면에 접근해 보고자 한다. 나는 우리가 함께 생각하고 함께 살아가는 방식에 영향을 미치는 몸-뇌-문화의 순환 회로에 개입하는, 일종의 신경 정치로서의 O-G 훈련법을 검토한다. 윌리엄 코널리(Connolly 2002, xiii)는 신경 정치를 "몸/뇌 정보처리 과정의 구성에 문화적 삶이 혼합될 때 그 매개가 되는 정치"라고 정의한다. 우리가 난독증을 지닌 학습자에게 어떻게 성공적으로 읽고 쓰는 것을 가르칠 수 있는지를 검토하는 것은 "사고의 층화된 특성들"과 "사고, 윤리, 정치에서 기술의 결정적 중요성"에 대한 코널리(Connolly 2002, xiii)의 탐구에 한층 더 진전된 통찰을 제공한다.

난독증을 의미하는 'dyslexia'라는 단어는 그리스어 'dys'(difficulty[어려움])와 'lex'(words[단어])의 결합형에서 유래한다. 즉 단어를 다루는 데 어려움이 있다는 의미다. 난독증은 단일한 어떤 것이 아니라 여러 특성들의 짜임 관계이다. 그것은 가벼운 것에서부터 심한 것에 이르기까지 차등적인 형태로 발생한다. '국제난독증협회'(International Dyslexia Association 2002)와 국립보건연구소National Institute of Health는 난독증에 대해 다음과 같은 정의를 채택하고 있다.

난독증은 신경학적 문제에서 기원하는 특정학습장애다. 그것은 정확한 그리고/또는 유창한 단어 인식에서의 어려움과 철자 및 해독 능력의 부족을 특징으로 한다. 이 어려움들은 일반적으로 언어의 음운부 결손에서 기인하는데, 그런 결손은 다른 인지 능력들과의 관계나 효과적인 교실 수업 제공과의 관계에서 볼 때 대개 뜻밖의 것이라 할 수 있다. 그 이차적인 결과는 어휘와 배경 지식의 성장을 가로막는, 독해력에서의 문제와 읽기 경험의 축소를 포함할 수 있다.

난독증은 다른 많은 이름을 지니고 있다. 특정학습장애specific learning disability, 언어학습장애language learning disability, 읽기발달장애developmental reading disorder, 시각적 그리고/또는 청지각적 핸디캡visual and/or auditory-perceptual handicap, 거울상지각장애strephosymbolia, 거울상 읽기mirror reading, 미세뇌기능부전minimal brain dysfunction, 특수학습상애special learning disability, 지각운동핸디캡perceptual-motor handicap 등이 그것이다(Rome and Osman 2000, 1). 19세기 후반에 난독증을 발견하고 거기에 이름을 붙였던 영국 연구자들은 이를 직설적으로 선천적 어맹증語盲症, word blindness이라고 불렀다. 그것은 눈이나 귀의 기능부전이 아니라 뇌의 시각 및 청각 정보처리 과정에 존재하는 '미세한 결함'이다(Shaywitz 2003, 82). 그것은 유전되는 경우가 많다. 흔히 난독증을 지닌 성인은 글을 읽기 위해 분투하는 자녀를 도울 방안을 찾으면서 그 자신의 문제가 많았던 학업 이력이 무엇 때문이었는지를 처음으로 이해하게 된다.

장애인 공동체들 내에서도 난독증은 다소 특이한 것이다. 그것은 질병이 아니다. 그것은 치료법이 없다. 난독증을 지닌 사람은 '아프지' — 그 용어의 관례적인 의미에서 — 않다. 그것은 정신이나 몸의 어떤 외상에 의해 야기되지 않는다. 그것은 보이지 않는다. 그것은 가변적이기도 해서, 다른 때는 그럭저럭 괜찮다가 어떤 때는 더 심하게 '증상이 나타난다'(Ryan 1994, 7). 대다수의 다른 장애들보다 훨씬 더 명확한 측면은, 문자 언어가 없는 사회들에서는 난독증 자체가 존재하지 않는다는 점에서, 그것이 강한 의미에서 사회적으로 구성된 것이라는 사실이다. 난독증을 지닌 사람은 높은 공간 인식 능력이나 말보다는 심상으로 사고하는 능력을 요하는 영역에서 재능을 나타내기도 한다. 미술, 스포츠, 공학, 건축, 연설, 컴퓨터, 게임, 역학, 연기 등을 포함한 여러 영역에서 말이다. 난독증을 지닌 사람은 자신의 난독증을 종종 '패싱'[4] 할 수 있으며, 그들이 지닌 어려움을 위장하거나 보완하는 데 능숙해질 수도 있을 것이다. 그러나 패싱은 그 자체로 문제를 발생시킨다. 교사들과 부모는 뚜렷한 이유 없이 읽고, 쓰고, 철자하는 데 서툴지만 그 외에는 영리하고 유능한 아이를 보게 되며, 아이가 노력하지 않는다고 결론 내리게 될 수도 있다. 그 아이는 자신이 실제로는 노력하고 — 대개 다른 아이

---

4) [옮긴이] '패싱'passing은 사회적으로 낙인이 부여된 차이나 정체성을 타인들이 인식하지 못하고 지나치도록 숨기는 것을 말하며, 어빙 고프먼이 자신의 저서 『스티그마』(1964)에서 처음 사용했다. 자신의 차이와 정체성을 숨기지는 않지만, 주류 문화에 적응하기 위해 그런 정체성의 표현을 자제하는 것을 '커버링'covering이라고 한다.

들보다 더 열심히 — 있지만, 무작위적인 소리들과 기호들의 바다에서 허우적거리고 있다는 것을 알고 있다. 그/그녀는 암호를 풀 수가 없다. 다른 이들이라면 힘들이지 않고 찾아낼 수 있는 그 질서가 난독증을 지닌 학생에게는 좀처럼 이해되지 않는 것이다. 난독증을 지닌 한 아동이 울면서 말했던 것처럼 "나는 그 말이 뭔지 알 수가 없어요. 그 책이 하는 얘기를 이해할 수 없다고요"(Lavoi 2003). 더 열심히 노력하라고 재촉하는 것은 자신이 아둔하다는 그 아동의 확신을 더 악화시킬 뿐이다. 난독증을 지닌 아동은 자라서 난독증이 있는 성인이 된다. 대부분 학교생활 실패의 유산 — 기능적으로 읽고 쓸 수 없다는 점과 더불어 우울증, 불안, 분노, 수치심 등 — 을 고등교육, 직장, 결혼, 양육의 영역으로 옮겨 놓으면서 말이다.

1998년 당시 워릭 대학교Warwick University의 철학과 대학원생이었던 매슈 필포트는 "세계와 우리 자신들 사이에 존재하는 상호 관계의 영속적인 전개"를 개념화하기 위해 모리스 메를로-퐁티의 현상학으로부터 가져온 통찰을 활용하면서, 자신의 난독증을 특유의 통찰력 있는 방식으로 묘사한 바 있다(Philpott 1998, 2, 강조는 원문). 그의 철학적 자산은 그로 하여금 문자 텍스트와의 분투 과정을 탐구할 수 있게 해주었는데, 그보다 어리고 덜 복잡한 난독증을 지닌 학습자들도 마찬가지의 분투를 하고 있지만 그런 분투의 과정에 대해 대개 잘 이해하지는 못한다. 엘란과 마찬가지로 필포트도 순서에 맞게 소리와 음절과 말을 내뱉는 데 어려움이 있는데, 그는 "내가 말하기라는 작업의 속도가 느린 것은 내게 주어진 그 과업의 지속적인 중단, 재연결, 재시작에 명백히 그 근원을 두고 있으며, 이런 언어적 결손을 내가 자꾸만 의식하는 것은 다른 학생들에게 뒤지지 않도록 노력해야 한다는 외부적 압력을 강화할 뿐이다"(Philpott 1998, 3)라고 말한다. 난독증을 지닌 아동들은 교사가 단어 중 어떤 부분을 '소리 내 말해'보라고 재촉하면 대개 당혹스러워한다. 왜냐하면 매리언 울프(Wolf 2007, 174[국역본, 238, 239쪽])가 설명한 것처럼, 그들은 "통상적 방식으로 글을 읽는 아이들과 같은 식으로 개개의 음절들과 음소들을 지각하고, 분할해, 처리하지 않기" 때문이다. 이런 아동들에게는 소리들과 기호들 간의 관계를 직접 가르쳐 주어야만 한다. 필포트가 자신이 직면했던 도전 과제들에도 불구하고 성공적으로 학업을 수행한 것은 순서에 따른 글자 연결에서 그가 지닌 문제들을 파악하고 해결할 수 있는 어떤 체계를 익혔거나 어떤 식으로든 그 체계를 스스로 고안해 냈음을 말해 준다. 그러나 그것이 아무런 비용도 들지 않는 조정의 과정은 아니었다. 해당 단어나 문장의 시작점으로 되돌아가는 과정은 난독증을 지닌 독서자가 그 단어와 문장의 모든 부분을 눈여겨보는 것을 필요로 함과 동시에, 그런 과정을 계속해서 반복하는 것은 집중력을 흐트러뜨린다. 그것은 독서자의 활동을 느리게 만들고, 텍스트의 흐름을 끊기게 하며, 독서자의 노력이 독해가 아닌 문자의 해독에 투여되도록 한다.

엘란과 마찬가지로 필포트 또한 글을 읽을 때 소리와 음절을 빠뜨린다. 그는 단어나 문장 선체를 읽지 못하고 "앞서 나간다." 그는 그것을 "무리한 예측 때문에 발생하는 누수"라고 부른다.

나는 어떤 문장을 읽고 있을 때, 내가 그 문장의 단어들을 허겁지겁 처리하거나, 때로는 너무 앞서 나가고 있는 것 같다는 느낌을 종종 받는다. 이런 앞서 나가기는 단순히 그 문장이 취하는 일반적인 방향을 예측하고자 노력하는 것이 아니다. 오히려 그 문장이 실제로 의미하는 바를 무리하게 예측하면서 너무 급하게 앞서 나가는 것 같다. 그 문장 전체를 읽는 대신, 그리고 전체적인 해석으로부터 의미를 도출해 내는 대신, 나는 그 문장의 의미에 접근할 수 있는 단초를 제공해 줄 단 하나의 단어를 필사적으로 찾는다(Philpott 1998, 18).

숙련된 독서자들 또한 글을 읽을 때 내용을 예측해 가며 읽는다. 울프(Wolf 2007, 148[국역본, 206, 207쪽])가 설명한 것처럼 "우리의 눈은 지속적으로 도약 안구 운동saccade[5]이라고 불리는 미세한 운동을 하"며, 이런 운동에는 (주시注視라고 불리는) 매우 짧은 멈춤이, 그리고 때로는 과거의 정보를 취하기 위해 이전의 텍스트로 되돌아가는 과정이 뒤따른다. 울프는 계속해서 다음과 같이 말한다.

> 우리 눈의 한 가지 뛰어난 설계상의 특징이 우리로 하여금 부중심와副中心窩 영역[6]을, 그리고 텍스트의 열을 따라 그 주변 영역까지도 '앞서' 보는 것을 가능하게 해준다. 영어로 된 글을 읽을 때 우리는 실제로 고정된 초점의 오른쪽에 있는 약 14, 15개의 글자를 보며, 히브리어로 된 글을 읽는 경우라면 왼쪽에 있는 그만큼의 글자를 본다는 것을 우리는 이제 알고 있다(Wolf 2007, 148[국역본, 207쪽]).

숙련된 독서자들은 이런 앞서 보기를 적절히 잘 활용한다고 할 수 있는데, 왜냐하면 그들의 두뇌는 해당 시각 정보를 빠르게 처리하고, 글자들이 인식 가능한 단어를 형성하는지 여부를 판단하며, 그

---

5) [옮긴이] 사람의 안구는 1초에 약 4, 5회 정도 한 응시점에서 다른 응시점으로 신속하게 이동하는 운동을 하는데, 이를 도약 안구 운동이라고 한다. 이런 도약 운동은 우리가 글이나 그림을 지각하는 데 매우 중요한 역할을 한다.

6) [옮긴이] 망막에서 중심와(눈의 황반 부분, 시각으로 약 5.2° 정도)의 외곽 영역을 말한다.

들이 보는 것을 바로 이해할 수 있는지 아니면 이전의 텍스트로 되돌아가서 단서를 찾을 필요가 있는지를 판단하기 때문이다. 나의 예감으로 말하자면, 엘란과 매슈 필포트는 다른 사람들과는 매우 상이한 언어 활용의 수준에서이기는 하지만, 양자 모두 그들이 인식하는 철자법의 패턴을 찾고 있으며 그것을 발견하는 데 어려움을 겪고 있을 것이다.

엘란이나 캐런과 마찬가지로, 필포트의 작업 기억working memory ― 어떤 정보를 가지고 일정한 작업을 할 수 있을 정도로 충분히 오랫동안 정보에 대한 기억을 유지하는 능력 ― 은 제한적이다. 필포트(Philpott 1998, 17)는 그것을 "반추 능력의 상실 때문에 발생하는 누수"라고 부른다. 울프는 이런 누수를 일시적인 버벅거림으로, 생각하고 느끼는 데 필요한 짧지만 결정적으로 중요한 시간의 상실로 설명한다. 필포트(Philpott 1998, 17, 18)는 "해당 텍스트의 의미성"이 갑자기 축소되고 "내 읽기 활동의 리듬이 완전히 무너진다"고 말한다.

나는 어떤 문장에 속한 한 줄의 텍스트를 충분히 읽어 낼 수 있다. 그때 내가 접하는 단어들이 술술 읽히기는 하지만, 나는 마지막에 읽은 몇 개의 단어들이 내 머릿속에 거의 들어오지 않았다는 사실을, 그리고 나의 읽기가 사실상 중단되었다는 사실을 …… 갑자기 의식하게 된다. 내 읽기 과정의 어떤 지점들에서, 단지 몇 초 전에 접했던 단어들의 의미를 반추하는 능력이 감소되는 듯하다. 이런 반추 능력의 상실로 인해, 내가 현재 읽고 있는 단어들의 의미는 빠르게 축소되고, 전체 문장이 전달하는 의미의 통일성은 혼란스럽게 되고 만다(Philpott 1998, 18).

자신의 사례에 대한 필포트의 분석은 우리가 캐런이 겪는 어려움을 이해하는 데에도 도움을 준다. 그녀 또한 지나치게 많은 양의 시간과 노력을 문자 해독에 투여해야 하기 때문에 "단어들의 의미를 반추하는 능력"을 상실하게 된다. 엘란의 경우에는 그가 부자연스럽고 종종 부정확한 해독을 하기 때문에 이런 측면이 분명히 드러난다. 반면 캐런의 해독은 비교적 유창하고 정확하기 때문에, 그녀의 해독을 듣는 사람은 효율적으로 읽기가 이루어지고 있다는 잘못된 결론에 이를 수 있다. 그렇지만 그녀의 해독에는 "시간을 독해에 할당하기 위해" 반드시 필요한 자동성이 결여되어 있다(Wolf 2007, 177[국역본, 242쪽]). 숙련된 독서자의 경우에는 대체로 어떤 단어를 읽는 데 0.5초 정도가 걸린다. 그 0.5초 동안 [자동적으로] 대단히 많은 일들이 일어난다. 즉 "인지적·언어적·정서적 정보처리 과정들의 거의 동시적인 융합, 여러 대뇌 영역들의 작동, 도합 수십억 개에 달하는 뉴런들이 읽기 활동에 투입되는 것" 등이 말이다 (Wolf 2007, 145[국역본, 203쪽]). 숙련된 읽기 뇌reading brain에서 나타나는 "생각할 수 있는 시간의 은밀한 부여"가 없다면, 독서자들은 페이지 위에 쓰여 있는 단어들을 해독은 하겠지만, 그 단어들에 국한되지 않고 생각하는 능력은 쉽사리 발달시킬 수 없을 것이다.


### 오턴-질링엄 접근법의 삶정치


오턴-질링엄 교습 서비스를 찾는 아동들, 십대들, 성인들은 대체로 읽기와 쓰기를 향상시키고자 하는 동기가 매우 높지만, (매우 어린 경우를 제외한다면) 이전의 실패로 인한 상처를 안고 있기도 하다. 그들은 자신의 뇌를 변화시키기 위해서 나를, 혹은 나와 비슷한 누군가를 찾는다(Richard and Berninger 2008). 울프의 적절한 문구를 빌리자면, "통상적 방식으로 글을 읽는"사람들은 일반적으로 영어가 사용되는 환경에 적당히 노출되고 나면 그 언어의 작동 방식을 그냥 이해한다. 그래서 그들은 영어의 패턴과 예외 사항들을 직접적으로 그리고 체계적으로 배울 필요가 없다. 반면 난독증을 지닌 학습자들은 일반적으로 그런 패턴을 자력으로 직관해 낼 수 없다. 반복적인 노출에도 불구하고, 그들은 이해할 수 없는 다양한 소리들 및 기호들 — 그 관계들에 아무런 내재적 논리도 존재하지 않는 — 과 조우한다. O-G 접근법은 새로운 일련의 반응을 조직하기 위해, 그리고 뇌의 언어 처리 과정을 정상화하고 내면화할 수 있도록, 문화/몸/뇌 동역학의 층화된 네트워크에 개입한다.

자크 랑시에르(Rancière 2004, 3)는 『말의 육체: 쓰기의 정치학』 The Flesh of Words: The Politics of Writing[La Chair des mots: politiques de l'écriture (1998)]에서 난독증이 없는 독자들을 향해 다음과 같이 쓰고 있다. "플라톤과 그의 책『크라틸로스』Cratylus 이래로, 말과 그것이 의미하는 것 사이에는 유사성이 존재하지 않는다는 점이 이해되어 왔다. 그것은 사고하기 위해 치르는 대가일 뿐이다. 그 어떤 유사성에도 저항해야만 한다."고투를 벌이고 있는 난독증 독서자에게는 기호와 소리 사이에 사전적이고 견고한 유사성이 존재하지 않으며, 그렇기 때문에 [사후적으로] 저항할 수 있는 것이 없다. 오히려 그들에게는 [기호와 소리를 애써 연결하려는 과정에서] 저항이 먼저 온다. 랑시에르(Rancière 2004, 3)는 생각의 창조적인 움직임이 지닌 잠재력을 환기한다. "문제는 유사성이 충실하지 않다는 것이 아니라, 오히려 너무나 충실하다는 점, 그래서 그것이 계속해서 말해진 것에 국한된다는 점이다. 그것이 이미 다른 곳에, 말해진 것의 의미가 소리를 내야만 하는 그 부근 어딘가에 있어야 할 때조차 말이다." 그러나 난독증 독서자에게는 '말해진 것'에 대한 어떤 사전적이고 확고한 말들의 정박점도 존재하지 않는다. 난독증 독서자는 애초부터 '다른 곳'에 존재하고 있다. 그들은 랑시에르가 한탄하는 국한을 성취하기 위해, 말을 이미 말해진 것 주변에 정박시키기 위해 분투한다.[7)]

교사로서, 부모로서, 고용주로서, 하나의 문화 공동체로서 우리가 할 수 있는 것은? 우리는 그들을 이런 분투에서 벗어나게 할 수 있는가? 그들은 스스로 벗어날 수 있는가? 우리는 그들이 애초부터 지닌, 로고스[말]의 국한으로부터 비켜나 있는 '행운'을 활용하도록 독려할 수 있는가? 이것이 가능하려면 적어도 우리는 규율이 존재하지 않는 온갖 형태의 철자법, 문법, 구두법, 글자 구성, 띄어쓰기, 대문자 사용, 문형, 생각의 편제를 받아들여야 한다. 영어의 26개 글자는 서로 결합되어 대략 44개의 음소(음의 단위)를 만들어 내며, 이 음소들은 글에서 수백 개의 문자소(문자와 문자 조합)로 표상된다(Moats 2010, 30). 예컨대 /ā/라는 음은 'ai', 'ay', 'a-자음 -e', '개음절[모음으로 끝나는 음절]'에서의 a', 'eigh', 'ea', 'ei', 'ey' 등 여덟 가지 다른 방식으로 철자될 수 있다. 음소 및 문자소에서의 패턴들을 직관해 내지 못하는 이들이 이를 변별하는 법을 배우기 위해서는, 각 문자소의 구성, 위치, 빈도를 좌우하는 규칙들에 대한 정확한 설명이 필요하다. 예컨대 어떤 단어의 끝에서 /ā/라

---

7) 언어 철학자들 중 난독증을 고려한 이는 거의 없다. 장 폴 사르트르(Sartre 1981) 정도가 프랑스의 소설가 귀스타브 플로베르에 관한 자신의 저서에서 난독증을 지닌 학습자의 생활 세계에 대해 다루었을 뿐이다. 나는 2008년의 한 논문에서 사르트르의 분석을 간략히 논한 바 있다(Ferguson 2008b). 나는 나의 동료 마이클 J. 샤피로(Shapiro 1988)가 자신의 책뿐만 아니라 많은 대화를 통해 플로베르에 관해 토의해 준 것에 감사드린다.

는 음은 'ay'로 철자된다. 반면 어떤 단어 및 음절의 시작이나 중간에서는 'ai'로 철자된다. 그러나 'a-자음-e'에서의 /ā/도 또한 단어의 중간에 놓여 있다. 따라서 학생들은 즉각 불만을 토로할 수 있다. 왜 동일한 위치에서의 동일한 음이 'Jane'에서는 이런 방식으로 쓰여 있고 'rain'에서는 저런 방식으로 쓰여 있는가? 이 지점에서 그와 같은 패턴을 기술할 수 있는 어떤 견고한 일반화된 규칙은 존재하지 않는다. 따라서 우리는 각 패턴에 속하는 단어들을 한데 분류하고 반복된 관념연합을 통해 익숙함을 생성하는 것에 의지할 수밖에 없다. 난독증을 지닌 학습자는 수없이 많은 반복을 한 후에야 "It just looks right"라고 말할 수 있게 되는데, 왜냐하면 그처럼 악의 없어 보이는 규칙의 준수는 지속적인 다감각적 연습을 기반으로 하기 때문이다. 랑시에르(Rancière 2004, 5)는 문학예술은 "끊임없이 작동을 함으로써 육화incarnation를 비켜 가는 것에 의해서만 살아남는다"고 말한다. 그러나 난독증을 지닌 독서자에게 있어서는, 육화가 이미 독서자를 비켜 가고 있다. 그런 사전적 질서가 작동하기도 전에 이런 비켜남이 애초부터 존재함을 받아들이는 것 — 축하할 것까지는 아니겠지만 — 이 고착되지 않은 사고라 할 수 있다.

이 장의 마지막 절에서 나는 표상의 국한에 대한 잠재적 저항의 정치와 난독증을 지닌 학습자들에 대한 교육권 박탈에 대해 고찰할 것이다. 그러나 나는 먼저 O-G 접근법의 삶정치적 기술을 탐색해 보고자 한다. 랑시에르(Rancière 2004, 3)는 이와 관련해 다음과 같은 도발적인 직유를 제시한다. "문자란 그 자신의 몸에 움직임들을 함유하고 있는 소리 없는 그림과 같으며, 그 움직임들이 로고스에 생기를 불어넣고 로고스를 그것의 목적지로 데려다준다." 여기서 랑시에르는 O-G 접근법을 잘 훈련된 미술 감상의 한 형태로 여길 수 있게 해주는 놀라운 기회를 제공한다. 글자들을 '볼 줄' 아는 사람에게 그런 글자들은 순서, 다른 글자들과의 조합, 단어와 문장에서의 위치, 크기[대소문자], 구두점과의 근접성 등에서 그들의 몸에 기록된 일정한 쓰임새와 패턴을 지니고 있다. 읽기를 배우도록 하기 위해, O-G 접근법은 난독증을 지닌 학습자에게 '소리 없는 그림'을 해석하는 법을 가르친다. 약동하는 움직임들을 탐지하고, 그것이 향하는 곳으로 따라갈 수 있도록 말이다. 쓰기를 배우도록 하기 위해, O-G 접근법은 또한 학생들에게 그/그녀 자신의 소리 없는 그림을 생성하도록 가르친다. 요구되는 약동을 재생산해 냄으로써, 다른 독서자들이 그것을 따라갈 수 있도록 말이다. 위에서 제시되었던 /ā/라는 음의 철자법에 대한 예를 마무리해 보도록 하자. ('eight'에서와 같이) 'eigh'에는 보통 't'가 뒤따른다. ('baby'에서와 같이) '개음절에서의 a'는 언제나 해당 음절의 끝에 위치한다. 해당 음절을 끝내고 모음을 단모음으로 만들어 주는 후속 자음 없이 말이다. ('vein'에서와 같이) 'ei'와 ('break'에서와 같이) 'ea'는 언제나 해당 단어의 중간에 위치하는 반면, ('prey'에서와 같이) 'ey'는 언제나 끝에 위치한다. 마지막 세 가지는 기억하기에는 너무나 드문 경우에 해당한다. 각각의 소리 없는 그림은 공들여 분석되고, 설명되고, 연습되어야 한다. 난독증을 지닌 학생들에게 읽기와 쓰기 양자는, 소리 없는 그림들을 해석하고 재생산할 수 있도록 단어들을 마음의 눈으로 시각화하는 법을 배울 것을 요구한다.

O-G 교수법의 첫 번째 원칙은 학습 활동이 다감각적이어야 한다는 것이다.[8] 학습이 이루어지는 모든 경로들 — 시각적인 것, 청각적인 것, 운동 감각적인 것, 촉각적인 것 — 이 서로를 강화할 수 있도록 통합적으로 조율되어야 한다. O-G 접근법을 적용하는 교사들은 코널리(Connolly 2002, 1)가 사고의 구성적 차원이라고 불렀던

것, 즉 "사고가 뇌 연결망, 신체적 기질, 습관, 감각력을 형성하고 강화하는 것을 돕는 방식"을 직접적으로 다룬다. 우리는 학생들이 그들의 인지 능력을 활용해서 언어 처리 과정들과 패턴들을 직접적으로 설명하고 상연할 수 있도록 가르친다. 읽기 및 쓰기와 관련해 이용할 수 있는 모든 감각을 동시에 동원하는 능력은 새로운 뇌 연결망과 새로운 형태의 체현된 언어 습관을 생성해 낸다. O-G 접근법은 새로운 연결망과 피드백 회로를 활성화하고 뇌가 스스로를 변화시키도록 가르치면서, 사고라는 복합적이고, 층화된, 신경문화적인neurocultural 활동에 개입한다. 코널리(Connolly 2002, 2)가 언급한 것처럼 "어떤 새로운 사고 패턴이 스며듦에 따라, 사고 그 자체는 때때로 몸/뇌 정보처리 과정의 미시 구성을 수정할 수 있다." 해당 언어를 좌우하는 음, 음절, 규칙, 일반화, 예외를 공들여 가르치는 것에 의해, O-G 접근법이 촉진하는 새로운 사고 패턴은 언어에 질서를 부여한다. 난독증을 지닌 학생들이 무작위적인 음들 및 기호들의 미로와 맞닥뜨리곤 하는 지점에서, 우리는 그들에게 규칙성을 찾아내고 활용하는 법을 가르친다. 이런 모든 질서 만들기 order-making의 목적은 처음에는 그 어떤 유의미한 패턴도 보지 못하는 학습자들에게 언어를 '의미가 통하도록' 만드는 것이다. 궁극적으로 우리는 사고의 구성적 차원에 투여된 노력이 창조적 차원들에도 또한 반영되길 희망한다. 코널리(Connolly 2002, 1)가 "새로운 생각들, 개념들, 판단들이 활성화되어 구체화되는 것을 매개하는 불

---

8) O-G 교수법의 핵심 요소에 대한 전체 목록은 다음과 같다. ① 다감각적, ② 알파벳 중심적-발음 중심적, ③ 종합적-분석적, ④ 구조화된, ⑤ 순차적, ⑥ 누적적, ⑦ 반복적, ⑧ 인지적, ⑨ 진단적, ⑩ 규범적prescriptive(Rome and Osman 2000, 9).

투명한 과정"이라고 부른 것을 촉진하면서 말이다.

우리는 이미지, 음, 제스처, 감각과 관련되어 있는, 일련의 축적된 자기에 대한 기술technique of the self을 [학습자의 상태와 특성에 따라] 적절히 조합함으로써 이 모든 것을 한다. 우선 이미지와 관련해, 난독증을 지닌 학습자들은 취약한 시각적 심상을 지니고 있기 쉽다. 즉 그들은 (눈으로 보는 능력이 아니라) 눈이 시각적 이미지들을 받아들인 후 뇌에서 그 이미지들을 처리하는 능력이 손상되어 있다. 초기의 연구자들은 취약한 시각적 심상의 극단적인 형태에 대해 '어맹증'이라는 적절한 이름을 붙였는데, 이는 시각적 정보처리 스펙트럼상에서 직관적(사진적) 기억의 정반대 끝에 위치한다. 대다수 사람들은 그 중간의 어디쯤에 위치한다. 음과 관련해, 난독증을 지닌 학습자들은 취약한 청각적 정보처리 능력을 지니고 있기 쉽다. (청력이 좋지 않은 것이 아니라) 일단 귀가 소리 자극을 받아들인 후 뇌에서 그런 자극을 처리하는 능력이 손상되어 있다. 극단적인 경우 그들은 '어롱증'語聾症, word deaf의 상태에 있는데, 이는 청각적 정보처리 스펙트럼상에서 (폴라 D. 롬과 진 S. 오스먼이 '테이프 녹음기' 기억이라고 불렀던) 탁월한 청각 기억 및 지각, 연결, 유지와 정반대 끝에 위치한다. 여기서도 또한 대다수 사람들은 그 중간의 어디쯤에 위치한다. 난독증을 지닌 이들 가운데, 시각적 정보처리에 문제를 지닌 사람들의 약 60퍼센트는 또한 청각적 정보처리에도 어려움을 지니고 있다(Rome and Osman 2000, 4). 제스처와 관련해, 인구 내에는 통합적 조정력의 극단적인 결여(통합운동장애dyspraxia)에서부터 매우 우월한 통합적 조정력에 이르는 운동감각적/촉각적 능력의 분포가 존재한다. 여기서도 마찬가지로 대다수의 사람들은 두 극단 사이의 어디쯤에 위치한다. 소근육 운동 기능에 손상이 있는 사람들은 알아볼 수 있도록 필기하거나 쓰기 과제를 지속하는 데 곤란을 겪을 수 있다(난필증dysgraphia). 시각 및 청각적 정보처리에 어려움이 있는 사람들에게 촉각적·운동감각적 경로들은 결정적으로 중요하다. 손과 팔, 입술과 혀와 목구멍, 표면에서의 손가락 끝 움직임 등은 꼭 필요한 학습의 원천들이다. 이 경로들 가운데 그 어떤 것도 홀로 작동하지 않는다. 즉 그것들은 고립되어 있는 통로가 아니라, 혼합되면서 더 많은 경로들을 생성해 내는 산출적 과정들인 것이다. 그런 통로들은 "서로에게 세심한 주의를 기울이는" 법을 익혀야만 한다(Rome and Osman 2000, 13).

O-G 접근법은 보고, 듣고, 만지고, 느낀 자원들을 통합적으로 조정해서 문자 언어의 코드를 해독할 수 있게 한다. O-G 수업은 두 가지 훈련으로 시작된다. 먼저 시각적 훈련이 이루어지고, 그다음 청각적 훈련을 하는데, 그 각각은 두 부분으로 구성된다. 시각적 훈련에서, 학생은 글로 쓰인 어떤 음을 보고 그것을 발음한다(이 과정에서 그것의 쓰임새와 관련하여 일정한 관련 규칙들을 부여하기도 하면서). 그리고 나서, 그 음이 포함되어 있는 단어들을 보고 그것들을 발음한다. 이것은 보고-말하기 훈련이다. 청각적 훈련에서, 학생은 어떤 음을 듣고 난 다음 그것을 복창하고 쓴다. 그리고 나서, 그 음이 사용된 단어들을 듣고 그것들을 복창하고 쓰는데, 쓰면서 그 요소들을 가늠해 본다. 이것은 듣고-쓰기 훈련이다. 첫 번째 훈련이 시각 기호에서 음으로 나아간다면, 두 번째 훈련은 음에서 시각 기호로 나아간다. 예컨대 나는 (각 카드에 하나씩) '-ck', '-dge', '-tch'라고 쓰여 있는 세 개의 카드를 제시한다. 엘란은 그 카드들을 보고 이에 대응하는 음들을, 즉 /k/, /ǧ/, /ch/를 발음한다. 그는 내게 그것들이 1음절 단어의 끝에서 단모음에 뒤이어 발견된다고 말한다. 나는 그때 그에게 그 음들이 포함되어 있는 단어들의 목록 — 'speck', 'dodge', 'witch' — 을 제시하고 그는 각각의 단어들을

해독한다(읽는다). 그러고 나서 우리는 그 방향을 반대로 뒤집는다. 나는 음들을 발음하고, 그는 그것들을 복창하고 쓴다. 나는 그 음들이 사용된 단어들(동일하지 않은 단어들)을 구술하고, 그는 그것들을 복창하고 쓴다. 그러고 나서 각각의 단어들을 읽는다.

오류를 바로잡기 위해 고안된 복잡하고 정교한 시스템은 강렬한 촉각석·운동감각적 차원을 도입한다. 시각적 훈련에서, 개런은 (뚜렷하게 결이 드러난 나무, 펠트 천, 카펫류, 모래 같은) 거친 표면에 글을 쓰는 손의 검지와 중지를 가지고 어려운 음들에 대한 따라 쓰기를 수행한다. 그 음을 발음하면서, 그 음을 그리는 자신의 손을 보면서, 그 음을 또렷하게 발음하는 자신의 목구멍과 이와 입술과 혀를 느끼면서, 요구되는 동작을 만들어 내는 자신의 팔의 움직임을 느끼면서, 그 음을 내는 자신의 목소리를 들으면서 말이다. 따라 쓰기는 해당 학생의 손가락들을 필기구로 바꿔 내고, 음운 기억과 근육 기억을 활용하는 강력한 도구다.[9] 청각적 훈련에서, 개런은 문제가 있는 단어들을 손가락으로 철자한다. 그녀는 마치 피아노를 칠 때처럼 손가락을 살짝 동그랗게 말아 쥐고서 글을 쓰지 않는 손을 테이블 위에 올려놓는다. (영어의 문자 텍스트 방향과 마찬가지로 왼쪽에서 오른쪽으로 나아갈 수 있도록) 맨 왼쪽 손가락으로부터 시작해서, 그녀는 단어의 각 음을 출력한다. 그 음들을 발음하면서, 자신의 입이 그 음들을 형성해 내는 것을 느끼면서, 그녀 자신이 그 음들을 발음하는 것을 들으면서, 자신의 손가락들이 단어의 각 음을 하나씩 표면에 출력하는 것을 느끼면서 말이다(좀 더 긴 단

9) 나는 오턴-질링엄 접근법의 절차에 대한 이런 통찰 및 그 밖의 여러 통찰을 제공해 준 신디 카슨에게 감사드린다.

어의 경우, 그녀의 손가락들은 음들보다는 음절의 수를 확인한다). 손가락으로 철자하기는 단어들을 그 구성 음들로 분할하고, 각 음을 들을 수 있도록 뇌를 재훈련하는 강력한 도구다. 난독증을 지닌 학습자들은 흔히 단어를 그 구성 부분들로서가 아니라 단일한 음의 파열처럼 듣기 때문에, 손가락으로 철자하기는 듣기, 보기와 더불어 단어의 각 구성 요소를 쓸 수 있는 능력을 강화한다. 그 훈련에서는 해당 학생의 연령과 필요에 맞춰 조정이 이루어지기는 하지만, 감각들의 기본적인 통합이 여전히 근원적인 것이라 할 수 있다.

## 난독증이 있는 감각 중추

O-G 접근법의 기술들은 감각 경로들을 통합적으로 활용한다. 즉 감각 경로들을 분리된 별개의 통로가 아닌, 일정 부분 겹쳐져 있고 서로 영향을 주고받는 과정으로 다룬다.

### 청각

청각적 정보처리 과정은 "사람의 뇌가 주변의 음들을 인지하고 해석할 때 일어나는 것"이다(Tridas 2007, 43). 뇌는 어휘, 구문(어떤 문장에서 단어들의 질서), 이야기 순서, 비유적 표현, 어조, 음량, 의미를 포함해서 발화된 음들과 말들에 대한 정보를 처리한다(Tridas 2007, 5). 월터 J. 옹(Ong 1982, 6, 8[국역본, 34, 37쪽])은 언어가 처음부터 "음에 둥지를 틀고" 있었다는 의미에서 음을 "언어의 자연 서식지"라고 부른다. 그렇지만 음은 "사물과 같은 속성이 거의 없기" 때문에 문어文語 문화에서 대다수 독서자들은 구두 표현에 전적으로 의존하는 것을 불편해한다고 옹은 논한다(Ong 1982, 11[국역본, 42쪽]). 음은 아무런 형적形跡을 남기지 않으며, 옹(Ong 1982, 32[국역본, 71쪽])이 논한 것처럼 "음을 멈췄다가 다시 취하는 방법은 존재하지 않는다." "음에는 스틸 숏still shot에 상당하는 것이 존재하지 않기 때문에" 구어 문화에서 말은 사물이라기보다는 사건이다(Ong 1982, 32[국역본, 71쪽]). 옹(Ong 1982, 59, 60[국역본, 114쪽])은 글이 "유의미하게 구별되는 항목으로서의 개별적인 말에 대한 감각"을 촉진했음을 논한다. 그러나 난독증을 지닌 이들 가운데 다수는 오히려 정반대라고 할 수 있다. 구별되는 항목으로서 말과 말의 일부분들을 이해하는 것이 글쓰기를 촉진하기 위한 필수적 단계인 것이다.

난독증을 지닌 학생들에게 모음은 특히 결정적으로 중요하면서도 문제적인 음들이다. 첫째, 대다수 자음은 단지 한 가지 음만을 지니는 반면, 모음은 하나 이상의 음을 지닌다.[10] 둘째, 부드럽게 발음되는 모음들은 서로 상당히 비슷하고, 그래서 예컨대 /ĭ/와 /ē/를, 또는 /ă/와 /ŏ/를 혼동하기 쉽다. 셋째, 모음의 발음은 지역에 따라 다르다. 넷째, 모음은 'r'과 결합해서 'r-통제음'r-controlled sound이라고 불리는 전혀 다른 음을 만들어 낸다. 다섯째, 모음들은 서로 결합하거나 'w'와 결합해서 'oy', 'oa', 또는 'aw' 같은 고유한 음을 만들어 낸다. 여섯째, 모음은 중성모음으로, 즉 다른 어떤 모음자하고도 함께 철자될 수 있는 희미한 /ŭ/음으로('e'

---

10) 네 개의 자음은 복수의 음을 지닌다. 'c'와 'g'는 ('cat', 'goat'에서와 같은) 경음硬音과 ('cell', 'gym'에서와 같은) 연음軟音 양자를 지니고 있다. 's'는 /s/와 /z/ 양자로 발음될 수 있다. 'y'는 자음으로서 /yh/로 발음될 수 있지만, 하나의 모음일 때는 /ē/, /ī/, /ĭ/로 발음될 수 있다. 자음에서의 변화들은 대개 모음에 의해 제어된다. 'c'와 'g'는 'e', 'i'나 'y'가 뒤이어 올 때 연음이 된다. 's'는 두 모음 사이에서 /z/로 발음된다.

가 뒤집어지고 좌우가 반대로 된 음성기호 /ə/로 표기되는) 변형될 수 있다. 일곱째, 모음은 모든 단어와 모든 음절에 필수적이다. 음절의 정의 자체가 발음되는 모음을 지닌 말의 덩어리이다. 모음의 발명이 인류의 발달에서 하나의 전환점을 이룬다고 옹이 여기는 것은 충분히 그럴 만한 일이다. 원래의 셈어족 알파벳은 자음과 '반모음'만으로 구성되어 있었지만, 모음이 생겨나면서 "음이라는 붙잡기 어려운 세계에 대한 새로운 수준의 추상적·분석적·시각적 부호화"가 가능해졌다(Ong 1982, 28[국역본, 66쪽]). 계통발생론적 수준에서, 모음은 하나의 진전이었다. 반면 개체 발생의 수준에서, 난독증을 지닌 이들은 대개 모음자들과 그 음들의 변화하는 관계 앞에서 더 듬거리고 실수를 하게 된다.

## 시각

읽기 및 쓰기와 관련해, 롬과 오스먼(Rome and Osman 2000, 3)은 시각적 정보처리 과정의 최우선성을 주장한다. "시각적 경로가 문자 언어 기술의 습득과 관련된 가장 중요한 경로"라는 것이다. 에릭 Q. 트라이더스는 이에 대해 다음과 같이 동의한다.

> 시각적 정보처리 과정은 공간, 패턴, 형태를 해석한다. 어떤 사람이 지도와 기호를 이해하고, 시각적 패턴(예컨대, 어원)이나 모양을 알아보고, 암산을 수행하고, 기하학적인 개념을 이해할 수 있게 해주는 것은 이런 시각적 과정이다. 시각적 시스템은 어떤 사람이 유창한 독서자가 될 수 있도록 해주는 말의 자동 인식에서 중요한 도구라 할 수 있다. 그것은 쓰기뿐만 아니라 수학과 같은 여타의 과목들에서도 필수적인 요소다. 게다가 그것은 뇌가 공간 구성 감각을 발달

시킬 수 있도록 돕는다(Tridas 2007, 5, 6).

학습자들은 글자들의 시각적 기호에서 그 글자들의 이름 및 음(들)을 연상해야만 한다. 하지만 난독증을 지닌 학습자들은 그들의 시각 기억에 의지할 수가 없다. 그들은 음들과 기호들의 관계를 일반화할 수 있도록 해주는 패턴을 직관해 내지 않기 때문에, 난독증이 없는 이들이 익숙하지 않은 말을 해독하고(읽고) 부호화하는(쓰는) 데 사용하는 손쉬운 경로를 발달시키지 않는다. 난독증을 지닌 학습자들은 대개 각각의 단어를 하나의 고유한 실체인 것처럼 외우는데, 이것이 처음에는 어느 정도 작동할 수 있지만 대략 3학년쯤 — 학생들이 읽기 학습을 어느 정도 끝마치고, 이제 배운 것을 읽을 수 있으리라 예상되는 때 — 에 이르면 실패할 수밖에 없는 전략이다.

옹(Ong 1982, 11[국역본, 42쪽])이 설명한 것처럼 문어 문화에서 말은 대다수의 사람들에게 사물로서 나타나는데, 왜냐하면 "우리는 텍스트와 책에 그처럼 쓰여 있는 '말'을 보고 만질 수 있기" 때문이다. 읽고 쓸 줄 아는 사람들이 어떤 말에 대해 사고할 것을 요구받을 때, 그들은 일반적으로 쓰여 있는 것을 떠올린다. 그들이 "쓰여 있는 어떤 것이 아니라 단지 그 음에만 주의를 기울이"면서 어떤 말에 대해 생각하는 것은 어려운 일이다(Ong 1982, 12[국역본, 43쪽], 강조는 원문). 통상적인 방식으로 글을 읽는 사람들은 시각 기억을 자연스럽게 사용하지만, 난독증을 지닌 이들 가운데 다수는 말을 시각화하는 능력이 제한되어 있다.

## 촉각과 느낌

발화시 사용되는 근육계의 움직임에 주의를 기울이는 것은 난독증을 지닌 학생들이 "언어음言語音을 생산하고 이 음들을 철자법에 따라 순서대로 연결하는 데" 도움을 준다(Rome and Osman 2000, 17). 코널리(Connolly 2002, xiii, xiv)가 지적한 바처럼, 손짓은 단지 발화에 수반되는 것이 아니다. 그것은 발화의 생산을 돕는다. 글을 쓰는 손과 팔의 움직임들은 입이 만들어 내고 있는, 그리고 귀가 듣고 있는 음들을 강화한다. 따라 쓰기가 강력한 도구가 되는 것은, 그것이 운동 기억motor memory을 활용할 수 있고, 음과 기호 간의 연결 — 자동화되어 있지는 않지만 회상에 이용 가능한 — 을 촉발시킬 수 있기 때문이다. 루스 레이즈(Leys 1993, 389)는 조지 허버트 미드 George Herbert Mead의 사회심리학에 대한 자신의 연구에서 우리의 손이 '내적 표상'을 가능하게 만든다고 결론 내린다. 『심리학 평론』Psychological Review에 게재된 1907년의 한 논문에서 미드(Mead 1907, 389)는 "지각에서 인간의 손이 지닌 커다란 중요성은, 생명의 생리적 과정이 구성되는 시점에서부터 그것이 해당 유기체 내에서 본질적으로 매개체적 성격을 지닌다는 사실에 놓여 있다"고 쓴 바 있다. 미드는 물리적 자연과의 연결에 대한 매개체로서의 손을 강조한다. O-G 접근법 또한 손이 사람과 기호의 영역을 매개한다는 것을 증명한다. 내 학생들은 대체로 그들의 손을 이용해서 음들 간의 차이를, 그리고 문자 기호들과 음들의 관계를 자각하게 된다.

옹은 발화가 아무런 형적을, 다시 "찾아볼" 수 있는 그 어떤 것도 남기지 않는다는 점을 지적한다. 문자 언어가 "평면 위 '거기에' 드러나' 있는" 사물인 반면, 구어는 "일어남, 사건"이다(Ong 1982, 31, 32[국역본, 70-72쪽]). 손가락으로 철자하기는 글을 쓰지 않는 손이 문자 언어를 실연하기 때문에 문자 언어를 물건보다는 사건에 더 가깝게 만든다. 손가락을 가지고 음들을 출력하는 것은 그 말을 공간적으로뿐만 아니라 시간적으로도 연장시킨다. 옹(Ong 1982, 73[국역본, 134쪽)은 문자 언어에 "사물과 같은 정지 상태"의 속성이 있다고 생각하지만, O-G 접근법은 개별적인 음들을 소환해 촉감을 가지고 그것들을 표시해 봄으로써, 쓰여 있는 것에 존재하는 고정성을 무너뜨린다.

내 수업 자료를 단순화하고 학생들이 그것을 다룰 수 있도록 만들기 위해, 나는 시각, 청각, 촉각을 분리해서 생각해 왔다. 마치 그것들이 대기하고 있는 뇌로 정보가 흘러들어 갈 때 거쳐 가는 자율적이고 독자적인 통로들인 것처럼 말이다. 그러나 O-G 접근법의 감각 훈련에서 나타나는 동시성은 실상이 그렇지 않다는 것을 시사한다. 따라 쓰기를 하는 손가락은 그 말을 '듣고' '본다'. 그리고 음을 출력하는 손가락은 그 음들과 '접촉한다'.[11] 대다수의 사람들은 그들의 일상적 경험으로부터 후각과 미각이 연결되어 있음을 인식할 수 있다. 또한 우리는 음식 냄새를 맡을 수 없다면 그 맛을 느끼기가 어렵다는 것도 안다. 그러나 시각, 청각, 촉각 사이의 연계는 직관적으로 덜 명백한데, 이는 그 감각들이 서로 연결되는 통로가 없는 전혀 다른 기관들의 산물처럼 보이기 때문이다. 그렇지만 O-G 접근법의 성공은 그렇지 않다는 것을 시사한다. 즉 시각, 청각, 촉각의 동시적인 조직화는 단지 별개의 정보 통로들을 하나로 모으는 것이 아니라, 해당 기관들, 감각들, 지각된 자료[음소 및 문자소]를 혼합한다. 예컨대 엘란은 'flick'이라는 단어를 철자하기 위해 노력을 기울였는데, 이런 작업은 많은 분투를 요한다. 그는 음소와 혼성음 간의 차이를 이해해야만 한다. 음소는 음

---

11) 나는 일련의 분리된 통로들이라기보다는 감각들의 다채롭고 층화된 보삽補揷으로서 감각 중추를 이해할 수 있도록 도움을 준 다비데 파나기아(Panagia 2009)에게 감사드린다.

의 단위인데, 이는 하나 이상의 글자로 이루어질 수 있다. 반면 혼성음은 두 가지 별개의 음들이 밀접히 연결된 것이다. 'flick'에서 'ck'는 음소인데, 왜냐하면 'c'와 'k'가 따로따로 발음될 수 없고, 그래서 혼합될 수도 없기 때문이다. 같은 단어에서 'fl'은 혼성음인데, 왜냐하면 발화자가 'f'와 'l' 양자를 발음하고 들을 수 있기 때문이다. 그 글자들은 발음의 용이성을 위해 함께 혼합되지만, 여전히 각각 감지될 수 있다. 이런 차이는 엘란에게 중요하다. 왜냐하면 그가 해당 단어의 각 음을 올바른 순서대로 듣기 위해, 그리고 그 단어를 해독하거나(읽거나) 부호화할(쓸) 때 각 음들을 일련의 순서에 따라 재생산하기 위해 분투하고 있기 때문이다. 엘란이 첫 혼성음의 구성 요소들을 놓친다면, 그는 'flick'을 'fick'으로 발음하고 쓸 가능성이 크다. 그가 마지막 /k/음을 좌우하는 규칙(1음절 단어의 끝에서, 단일 단모음에 뒤이어 올 때 /k/는 'ck'로 쓰인다)을 잊는다면, 그는 'flick'을 'flik'이라고 쓰거나 혹은 어떤 글자를 삽입해서 'flink'라고 쓸지도 모른다. 그가 모음자의 음들을 혼동한다면, 'flick'을 'fleck'이라고 쓸 수도 있다. 그가 이 세 가지 오류를 동시에 범한다면, 'flick'을 'fek'이라고 쓸 가능성마저 있다. O-G 접근법 훈련을 받지 않은 교사라면 이 지점에서 절망해 포기하는 것도 무리가 아닐 텐데, 왜냐하면 그가 실제로 쓴 단어와 쓰고자 노력하고 있는 단어 간에 유사성이 거의 없기 때문이다. 그렇지만 그의 오류는 무작위적인 것이 아니며, 하나하나씩 분석되고 충분히 다루어질 수 있는 것들이다.

음들을 외부화할 수 있는 다중 전략을 갖는 것, 그리고 그 음들의 실연을 보는 것은 엘란에게 커다란 도움이 된다. 위에서 설명한 손가락으로 철자하기는 그 한 가지 방법이다. 그것은 음이 적힌 타일 조각을 뽑는 과정을 중심으로 구성되며, 다음과 같은 순서로 진행된다. 나는 자성을 지닌 일단의 조그만 타일 조각들을 준비하는데, 각각의 조각에는 하나의 음소가 쓰여 있다. 'flick'을 철자하는 경우라면, 각 타일 조각에는 'f', 'l', 'i', 'ck'라는 글자가 쓰여 있을 것이다. 나는 타일 조각들을 자석 칠판의 위쪽에 붙여 둔다. 엘란은 한 음 한 음씩 그 조각들을 뽑아 칠판 중간에 옮겨 붙여 단어를 조합해 내면서, 각각의 음을 발음한다. 나는 처음에는 뽑는 동작의 온전한 효력을 이해하지 못했으며, 그에게 단지 각각의 타일 조각을 만져 보라고 요청했다. 칠판 위쪽에 붙어 있는 그 타일 조각들은 평평하고 매끄러우며 어떤 특징적인 감촉이나 모양을 지니고 있지 않아서, 각각의 타일 조각을 만져 보는 것은 별달리 인상적이지 않은 촉각적 경험이었을 것이다. 그러나 해당 음을 발음하면서 (확고하지만 약간은 곡선을 그리는 듯한 동작으로) 각 타일 조각을 뽑아 칠판 중간으로 이동시키는 것은, 타일에 쓰여 있는 글자를 눈으로 살피고, 그의 손이 그 음을 자신 쪽으로 당겨 오는 것을 느끼고, 그의 입이 그 음을 형성하는 것을 느끼고, 그의 목소리로 그 음을 발음하는 것을 듣는 과정을 수반한다. 이런 조합은 정신에 변화를 주는 과정이었다. 그것은 마치 그의 손이 그 음을 집어 들어 자신의 내부로 가져와서는 자기 것으로 만드는 것처럼 보였다. 나는 엘란이 일어나고 있는 일을 보고, 듣고, 느끼면서 "오!"라고 낮고 작은 목소리로 경탄하는 것을 들었다. 'f'와 'l'의 관계, 'i'라는 음, 'ck'의 역할, 그것들은 이제 그의 것이 되었다. 엘란의 작은 깨달음이 이루어진 과정을 별개의 감각 통로들로 깔끔하게 구분하는 것은 거의 불가능하다. 그는 손으로 보고 듣고 있는 것이 아닐까? 그는 귀로 보고, 눈으로 듣는 것이 아닐까? 롬과 오스먼이 설명한 것처럼, O-G 접근법은 감각들 간의 차이와 구별이 흐려지는 과정에서 서로에게 세심한 주의를 기울이도록 가르친다.

## 정치적 문제로서의 난독증

나의 첫 번째 탐구 노선이 엘란과 캐런을 비롯한 난독증을 지닌 학습자들을 따라 그들의 뇌가 O-G 접근법상에서 작동하는 세계를 살펴보는 것이었다면, 두 번째 탐구에서는 일련의 질문을 통해 학교 제도 내에서[의 수업 관행과] 불화하는 학습자들을 살펴본다. 몇몇 예외는 있겠지만, 난독증을 지닌 이들에게 현재의 학교 제도는 거의 도움이 되지 않는다. 우리는 난독증을 지닌 학생들을 성공적으로 가르치는 방법을 알고 있으며, 그렇게 가르치지 않는 것이 가져오는 높은 재정적 손실과 개인적 손실도 알고 있다. 우리는 글을 읽는 데 실패할 위험이 있는 아동들 대다수를 확인할 수 있는 방법을 알고 있으며, 학교에서 초기의 실패가 초래하는 치명적인 결과들을 예방하거나 경감할 수 있는 중재 방법을 알고 있다(Wolf 2007, 167). 우리는 또한 우리 사회의 감옥과 청소년 시설이 난독증을 지닌 학습자들, 즉 필요한 교육을 받지 못하고 그에 따른 학업 실패의 이력에 의한 상흔을 안고 있는 이들로 가득 차있다는 것도 알고 있다. 미국 전체 인구 가운데 10~15퍼센트가 난독증을 지니고 있으며, 심각한 약물과 알코올 문제를 지닌 아동 및 십대의 절반 또한 읽기에 현저한 문제가 있다(Lyon 2003, 17). 난독증을 지닌 십대들은 난독증이 없는 동료들보다 학교를 중퇴하고, 사회적 관계에서 이탈하고, 자살을 시도할 가능성이 더 크다(Gorman 2003, 55). 청소년 교정 시설에 있는 이들 가운데 약 30퍼센트가 학습장애를 지니고 있으며, 이들 가운데에는 난독증이 가장 흔하다(National Council on Disability 2003; Raskind 2005).[12] 하지만 우리 사회의 학교들은 대부분 난독증을 지닌 아이들을 교육하는 데 있어 여전히 참담한 수준을 벗어나지 못하고 있다. 왜? 확실히 학교의 자원은 한정되

어 있고, 교사는 대부분 과중한 업무에 시달릴 뿐만 아니라 그들을
교육할 준비가 되어 있지 않으며, 주정부의 교육부와 대학의 사범
대학 내에 존재하는 관료주의 체제는 느리게 움직이고 변화에 저
항한다. 그러나 이는 원인에 대한 해명이 아니라, 단지 우리 사회
에서 그들의 교육이 악의적으로 방치되고 있는 사태에 대한 기술
일 뿐이다. 미국 국립보건원 아동발달 및 행동 연구과Child Develop-
ment and Behavior Branch at the National Institutes of Health 전임 과장이
었던 G. 리드 라이언(Lyon 2004)에 따르면, 그처럼 열악한 제도적 한
계 속에서, 글을 읽는 데 실패하는 사람들이 미국 사회에 존재하는
가장 큰 두 가지 원인은 빈곤과 (개선되지 않은) 난독증이다. 우리는
O-G 교수법이 난독증을 지닌 이들이든 그렇지 않은 이들이든 글
을 읽기 위해 분투하는 독서자들에게 도움이 된다는 것을 알고 있
다. 즉 우리는 이 문제를 해결해 나갈 방법을 알고 있지만, 그것을
해결하지 않는다. 이런 상황은 우리가 그 문제 자체에 어떤 이해관
계를 지니고 있는 것은 아닐까라는 정치이론적 질문에 이르게 한
다. 읽고 쓸 줄 아는 많은 사람들에게 있어, 그리고 좀 더 광범위하
게는 권위라고 하는 것이 읽고 쓰는 능력과 절대적으로 겹쳐져 있
는 사회 전반에 있어, 난독증을 지닌 이들이 꼭 필요한 타자가 아

12) 이런 정보들에 관한 좀 더 자세한 개관에 대해서는 Kathy E. Ferguson,
*A Resource Guide about Dyslexia for People in Hawai'i*, Honolulu:
HIDA, 2008a, p. 16 외 여러 곳을 참조. 이 소책자는 신청하면 무료로
받아 볼 수 있다. 그 정보들 중 일부가 하와이주에 한정된 것이기는 하지
만, 그 대부분은 대체로 난독증을 지닌 사람들과 그들의 가족들 및 교사
들에 관한 것이다. 책자를 신청하려면 '국제난독증협회 하와이지부'Ha-
wai'i Branch of the International Dyslexia Association, HIDA(www.interdys.
org)로 연락하면 된다.

닐까 나는 생각해 본다. 그들은 [정규분포를 나타내는] 종형 곡선상에서 극단에 위치하며, 표준을 가능하게 해주는 비정상적인 존재이다. 그들은 미개하고, 구순성口脣性에 고착되어 있다. 우리는 진보되어 있고, 읽고 쓸 줄 아는 더 뛰어난 존재다. 그들은 더 열심히 노력하기만 한다면 우리와 같아질 수 있으며, 따라서 그들은 게으르거나 그렇지 않다면 멍청한 것이다. 그들이 학교생활에 실패하는 것, 그들의 높은 실업률과 교정 시설 입소율, 그들에게 어울리지 않는 특이한 재능까지도 우리의 정상성을 나타내 주는 확실한 표지일 뿐이다. 자본주의가 빈민을 생산해 낼 뿐만 아니라 또한 필요로 하기도 한다고 말하는 것은 새로울 것이 없는 반면, 학교 제도가 학습장애를 생산해 낼 뿐만 아니라 또한 필요로 하기도 한다고 말하는 것은 얼마간 놀라운 얘기로 들릴 것이다. 내가 제기하고 있는 의혹이 부분적으로나마 옳다면, 만일 그렇다면, 난독증을 지닌 학습자들의 삶이 달라지기 위해서는 우리 가운데 난독증을 지니지 않은 이들의 삶 또한 반드시 달라져야만 한다.

## 무엇을 할 것인가

우리는 읽고 쓰는 능력에 접근하는 방식을 바꿔야 한다. 이런 선언은 읽고 쓰는 능력에 대한 우리의 현재적 접근법을 당연시하지 않을 것을 요구한다. 읽고 쓸 줄 안다는 것의 부정적인 면을 인정하면서, 신경다양성을 가치 있게 여기는 법을 배우면서, 기존의 학교에 다양한 접근 방식의 교수법을 도입하는 것뿐만 아니라 다양한 종류의 학교들을 제도화하면서 말이다. 이런 변화들에 대한 개요를 제시하기에 앞서, 우선 내가 제시하는 프로젝트에 존재할 수 있는 몇 가지 잠재적 난점들을 인정할 필요가 있을 것 같다.

첫째, [난독증을 지닌 학습자라는] 우리 사회의 또 다른 외집단out-group을 받아들이기 위해서 타자성이라는 익숙하고 잘 다져진 길을 다시 택하는 것에는 일정한 위험이 존재한다. 장애 이론가인 엘런 진 새뮤얼스(Samuels 2002, 63)는 우리에게 "신체적으로 일탈된 몸을 있는 그대로의 몸 그 자체로서가 아니라 하나의 비유로서" 받아들이는 것을 피해야 한다고 경고한다. 그녀는 구성적 타자성이라는 유혹을 피하고, 그 "실재적 복잡성" 속에서 장애와 마주할 것을 독려한다(Samuels 2002, 73). 하지만 실재적 복잡성에서 '실재'란 그 자체로 문제적인 것이다. 난독증을 지닌 이들은 19세기 후반 이래로 계속 정상이 아닌 존재에 대한 비유와 모델 양자로 활용되어 왔기에, 그 같은 상황은 난독증이 있는 삶에서 실재의 일부라 할 수 있다. 나는 우리가 장애인을 그들이 지닌 장애로, 혹은 장애에 대한 우리 사회의 해석으로 환원해서는 안 된다는 점에 대해 새뮤얼스에게 동의한다. 장애 혹은 그에 대한 우리 사회의 해석은 장애를 지닌 해당 인격체나 장애인 공동체의 전부가 아니다. 그러나 그것은 그 일부이다. 그리고 아웃사이더의 담론적·물질적 구성을 간과하는 것은 '실재적 복잡성'을 존중하려는 노력에 도움이 되지 않는다.

둘째, 신경과학의 위상 및 정치와의 관련성을 두고 분분한 논쟁이 존재해 왔다. 글을 읽을 때 우리가 뇌를 사용하는 방식에 대한 기능적 자기공명영상functional magnetic resonance imaging, fMRI 기반 연구가 최근 폭발적으로 증가하면서, 난독증과 O-G 접근법에 대한 과학적 정보도 빠르게 증가하고 있다. 신경과학 분야의 최근 연구들은 난독증을 지닌 사람의 몸-뇌-언어 연결망이 난독증이 없는 사람의 그것과 뚜렷이 구별됨을 보여 준다(Temple et al. 2001). fMRI 기계에 의해 포착된 밝은 빛깔의 얼룩들은 산소가 차등적으로 사용되는 정도를 나타내며, 이는 다양한 학습자들의 뇌에서 그 부위가 특정한 과제를 수행하는 동안 보다 활성화되어 있음을 보여 준다. 그러나 이것이 정치적 분석을 위한 모종의 증거가 되는가? 몇몇 비판자들은 신경과학이 부주의한 방식으로 대중화되는 것을 '블라볼로지'blobology['blob'(얼룩, 색깔로 표시된 부분)에 대한 학문이라는 뜻 -옮긴이]라고 경멸조로 말하는데, 왜냐하면 스캔된 영상은 그런 활성화가 뇌를 모니터링당한 사람에게 (혹은 우리에게) 무엇을 의미하는지 알려 줄 수 없다고 보기 때문이다(Satel and Lilienfield 2013). 또 다른 이들은 "인지 및 발달 신경과학 연구가 커다란 잠재력을 지니고 있기는 하지만, 아직은 형성적 단계에 있을 뿐이다"라고 말한다(Hruby and Hind 2006, 550).[13] 얀 드 보스는 한발 더 나아가, 신경과학 연구의 현재적 유용성뿐만 아니라 그 연구의 보다 근본적인 정치적·인식론적 틀을 문제 삼는다. 드 보스는 코널리가 신경과학을 "정치이론에 대한 중립적이고 직접적인 원천으로" 잘못 받아들인 것을 크게 비난한다(De Vos 2013, 4). 그러나 나는 그가 코널리의 작업에서 신경과학 연구의 위상을 오판하고 있다고 생각한다. 드 보스의 비난과는 반대로, 누군가가 신경과학을 이용하기 위해서 그 학문에 대한 "신봉자"가 될 필요는 없다(De Vos 2013, 5, 강조는 원저자). 그것을 단지 여러 가능한 정보의 원천들 가운데 하나로 여기기만 하면 된다. 내가 여기서 제시하고 있는 O-G 접근법에

---

13) 조지 G. 흐루비와 조지 W. 하인드는 "읽기 두뇌에 대한 모델들은 기본적으로 시각화된 기술적記述的 비유일 뿐"이라는 점을 우리에게 유효하게 상기시키기는 하지만(Hruby and Hind 2006, 550), 샐리 셰이위츠의 중요한 저서 『난독증의 극복』Overcoming Dyslexia[Sally Shaywitz, M.D., 『난독증의 진단과 치료』, 정재석·제소영·이은경 옮김, 하나의학사, 2011]에 대한 그들의 경멸적 비평은 온당치 않다 해야 할 것이다.

대한 분석은 초월적 지식에 대한 어떤 주장에 의지하고 있지 않다. 그것은 난독증이 있는 학습자들을 위해 작동하거나 혹은 제대로 작동하지 않는 교수 전략에 대한 관찰에 의지하고 있다. 읽고 쓰는 능력을 생산해 내기도 하고 저해하기도 하는 몸-뇌-문화 시스템들에 대한 신경과학 연구는 새뮤얼 오턴의 뛰어난 통찰을, 그리고 애나 질링엄과 그녀의 동료들이 1920년내와 1930년대에 이루어 낸 교수법의 창안을 크게 뒷받침한다. fMRI 기반 연구들이 의심의 여지 없는 전거인 것은 아니지만, 그 연구들은 거의 한 세기나 앞서 만들어진 성공적인 교수법을 강력하게 뒷받침한다. 신경과학은 개인의 내러티브나 교육적 성과와 마찬가지로 절대적 진리가 아니라, 설명을 제공하기 위해 우리가 수집할 수 있는 자료 가운데 하나라는 위상을 지니는 것이다.

셋째, 이 사안에서 내가 지닌 권위에는 다루기 쉽지 않은 정치적 문제가 존재한다. 나는 난독증을 지니고 있지 않다. 나는 난독증의 세계 — 그 세계는 다양한 참여자들에 따라 서로 다르고, 다양한 해석의 가능성이 존재하는 주제이기도 하다 — 를 엿보았지만, 그 세계를 언제든 떠날 수 있다. 그러나 엘란과 캐런은 그렇지 않다. 내 아들들도 그렇지 않다. 게다가 나는 그들을 변화시키는 데 집중하는, 즉 그들이 문자 기호의 세계에서 더 잘 기능을 수행할 수 있도록 그들의 정보처리 방식을 재조직화하는 네 열중하는 교사로서 그 세계에 들어갔다. 읽고 쓰는 능력의 성취를 향해 가는 엘란과 캐런의 불안정한 여정에 대한 나의 학문적 개입은 그들의 이야기를 크게 확대해 활용하고, 색다른 사고를 보다 온전히 이해하고, 교육 시스템의 현상 유지에 도전하는 것뿐만 아니라, 그들의 체험에 존재하는 특수성과 다양성에 경의를 표하는 것일 수밖에 없다.

이런 잠재적 한계들을 인정하기는 하지만, 나는 다음과 같은 변화들이 반드시 필요하다고 믿는다.

## 읽고 쓰는 능력을 당연시하지 않기

우리 가운데 문자 기호의 세계에 순조롭게 진입한 이들은 우리가 이전에 그것을 읽고 쓰는 것을 배웠다는 사실을 망각하는 것 같다. 그런 사실은 아마도 명시적인 기억의 범위 아래에 있는, 잠재적 수준에 자리하고 있는 듯하다. 우리가 읽고 쓰기를 이미 내면화했기 때문에, 어쩌면 그처럼 읽고 쓰기를 '당연한' 것으로마저 생각할지도 모르겠다. 즉 누구나 그것을 할 수 있어야 하는 것으로 말이다. 그렇게 되면, 읽고 쓸 줄 모르는 사람들은 이해할 수 없는 존재로, 우리와는 전혀 다른 존재로 보이게 된다. 이에 대해 코널리는 앙리 베르그손의 다음과 같은 말을 적절하게 인용한다. "일단 암기된 교본의 과課, lesson는, 그 자신의 기원을 드러내고 자신을 과거에 속하는 것으로 분류하는 어떤 표지도 겉으로 지니고 있지 않다. 내가 습관적으로 걷거나 쓰는 것과 마찬가지로 그것은 내 현재의 일부이다. 그것은 재현된다기보다는, 라이브로 상연된다. 나는 그것을 타고난 것으로 여길지도 모른다"(Bergson 1911, 91[국역본, 141, 142쪽], Connolly 2002, 28에서 재인용). 읽고 쓰는 능력을 당연시하지 않는 것은 누군가의 읽고 쓸 줄 아는 현재에 역사성을 부여하면서, 우리로 하여금 그것을 언제나 있어 왔던 것으로 상정하는 것이 아니라, 어떻게 그렇게 되었는지를 이해할 수 있도록 해준다.

## 읽고 쓰는 능력의 한계를 인식하기

우리는 읽고 쓰는 능력이라고 하는 것이 모호한 성취임을 인식할 필요가 있다. O-G 접근법을 따르는 집단 내에서도 읽고 쓰는 것의 가치에 의문을 제기하는 것은 이단에 가깝다. 그러나 우리보다 앞서 그렇게 했던 이들이 있으며, 그와 같은 의문을 제기하는 것은 불가능한 일이 아니다.[14] 코널리(Connolly 2008, 301)는 한 명의 주체로서 근대적 자아가 생산되는 과정을 사고하기 위해 '모호한 성취' ambiguous achievement라는 갈등적 개념을 발전시켰는데, 여기서 주체란 민주적 자기 통치를 할 수 있지만, 동시에 그런 개인들을 생산해 낼 수 있는 특정한 권력 및 지식 체제에 종속되어 있는 존재이다. 마이클 J. 샤피로(Shapiro 2012, 200)는 프랑스 작가 귀스타브 플로베르에 대해 성찰하면서, 우리로 하여금 "언어 능력(유창성)을 하나의 모호한 성취"로 바라볼 것을, 그것이 의사소통을 향상시키지만 또한 "비판적 사고를 방해하기"도 한다는 점을 인식할 것을 독려한다. 샤피로(Shapiro 2012, 200)의 이런 견해는 플로베르가 보여준 창의적인 천재성이 "늦은 언어 습득"에 의해서 가능했다는 장폴 사르트르의 인식을 기반으로 하고 있다. 플로베르는 그의 아홉 번째 생일이 지난 후까지도 읽기를 배우지 않았다. 샤피로(Shapiro 2012, 200)는 "그 결과, 그는 자신의 타고난 시적 능력을 어릴 때 박탈당하지 않았다"고 결론짓는다.

토착민 교육자들 사이에서는 읽고 쓰는 능력이 가져온 대가를 비판적으로 평가했던 상당한 역사가 존재한다. 예컨내 하와이 원주민 교육자인 노엘라니 굿이어-카오푸아(Goodyear-Ka'ōpua 2013, 54)

---

14) 다른 학문 분야들 내에서도 읽고 쓰는 능력의 위상과 바람직함에 대한 논쟁은 확산되고 있다. 예컨대 Allan Luke, *The Social Construction of Literacy in the Primary School*, South Melbourne: Palgrave Macmillan Australia, 1994 참조.

는 그 지역 고유의 교육이 지닌 귀중한 실천들을 표현할 수 있는 "다중적인 형태의 읽고 쓰는 능력들"을 요청한 바 있다. 즉 "인간의 언어적·사회적 실천들을 포함하지만 그에 한정되지 않는, 비판적으로 채택된 다양한 관찰, 해석, 표현 기술들"을 말이다. 제임스 C. 스콧(Scott 2009, 228[국역본, 392쪽])은 읽고 쓰는 능력이 흔히 국가와 정복자들의 이해관계에 기여하기 때문에, 동남아시아 고지대 사람들은 "권능강화를 위한 길이 되는 것만큼이나 쉽사리 권능박탈을 향한 길이 될 수 있는" 읽고 쓰는 능력을 대개 기피하고 있음을 논한다. 우리가 읽고 쓴다는 것을 절대적 선이 아닌 모호한 성취로 위치시킨다면, 우리는 그들 자신의 창의성 및 우수성의 형식들을 담지하고 있는 다른 종류의 의사소통 실천들을 인식하는 것을 향해 한 걸음 나아갈 뿐만 아니라, 어쩌면 그런 실천들을 소중히 여길 수도 있게 될 것이다.

## 신경다양성을 가치 있게 여기기

우리는 (읽고 쓸 줄 모르거나 혹은 아직은 읽고 쓸 줄 모르는) 타인들과의 관계에 존재하는 (읽고 쓰는 능력의) 상호 의존성을 인식할 필요가 있다. 읽고 쓸 줄 모르는 이들은 우리의 낮은 버전이 아니다. 그들은 우리가 알지 못하거나 하지 못하는 것을 알거나 하기도 한다. 난독증을 지닌 이들에게서 나타나는 많은 재능들은 그들이 지닌 어려움의 이면이다. 예컨대 난독증을 지닌 이들의 상당수가 보여 주는 말이 아닌 심상으로 사고하는 능력, 고도의 공간적 상상력, 미술·공예·과학기술 분야에서의 창의성, 설득적으로 말하고 효과적으로 대화를 이끌어 가는 능력 등은 그들의 난독증이라는 특성과 분리된 측면들이 아니다. 난독증의 강점과 약점은 하나로 연결되어 있기 때문에, 난독증을 유전자 요법을 통해 '치료하려는' 시도는 위험하다. 우리와 같은 교사들이 분투하는 학습자들을 독려하고자 생산해 낸, 난독증을 지니고도 성공한 사람들의 긴 목록은 난독증이 있는 이들에게 대부분 별다른 감명을 주지 못한다. 예컨대 토머스 에디슨, 우드로 윌슨, 넬슨 록펠러, 귀스타브 플로베르, 브루스 제너, 에린 브로코비치, 애거사 크리스티, 에마 골드먼, 존 드 랜시, 톰 크루즈, 우피 골드버그 같은 이들의 목록 말이다. 그 목록은 계속 이어질 수 있겠지만, 난독증을 지닌 사람들은 이런 유명한 인물들과 동질감을 느끼는 데 어려움을 겪는다(그들의 부모는 그 목록에서 안도감을 느낄지 모르겠지만 말이다). 난독증을 지닌 학습자들에게서 나타나는 읽고 쓰는 능력에서의 불확실성은, 재능 있는 유명 인사를 동원한 훈계로 다룰 수 있는 것이 아니다. 그보다 훨씬 더 심층적이며 그들의 가상 메모리에 깊게 새겨져 있는 것이다. 그러나 우리는 그들에게 주의를 기울일 수 있고, 난독증을 지닌 학습자들이 체현하고 있는 신경다양성을 가치 있게 여기는 법을 배울 수 있으며, 아동들이 그들 자신을 대변하도록 힘을 부여할 수 있다. 난독증은 재난이 아니다. 그것은 재능일 수 있다.[15] 재난은 다름 아닌 우리의 학교 제도인 것이다.

### 다르게 교육하기

나로서는 이런 재난에 도전할 수 있는 선택지를 세 가지 정도 생각

---

15) 장애와 관련된 비극과 재난의 내러티브에 대한 훌륭한 비판으로는 Barbara Arneil, "Disability, Self Image, and Modern Political Theory", *Political Theory* 37(2), 2009, pp. 218-242 참조.

해 볼 수 있을 것 같다. 첫째는 해당 언어를 좌우하는 지배적인 규칙에 저항하는 것이고, 둘째는 지금과는 근본적으로 다른 종류의 학교를 만드는 것이며, 셋째는 O-G 접근법을 기존 교육제도 내에 도입하는 것이다. 이 선택지들은 상호 배타적인 것이 아니며, 실상 다양한 방식으로 결합될 수 있다.

내가 생각하는 언어의 탈통제화란 유효한 문자적 의사소통에서 요구되는 철자법, 문법, 구문 등을 편의에 따라 바꾸고 확장하면서, 올바른 영어가 요구하는 질서로부터 서서히 물러나는 일을 수반하게 될 것이다. 언어는 끊임없이 변하기 때문에, 문법과 문형의 표준화란 언제나 어느 정도 경합적일 수밖에 없다. 디지털 미디어는 현재 우리에게 친숙한 압축적인 철자 및 글쓰기 방식을 채택하면서 우리로 하여금 이런 노선을 따르도록 독려하고 있다. 예컨대 이메일에서는 전통적인 편지에서 요구되었던 서두 및 마무리의 형식적인 인사말이 대부분 생략된다. 트위터에서는 트윗 작성 시 140자의 글자 수 제한에 맞추기 위해 압축된 철자법이('for'에 대해서 '4'가, 'you'에 대해서 'u'가) 활용된다. 그 밖에도 여러 사례를 들 수 있을 것이다. 우리 사회는 존중받을 만한 문자 텍스트의 생산에 있어 질서의 지배력을 완화하면서 이와 같은 선례를 따를 수도 있을 것이다.

영어 애호자들은 소중히 여겨져야 할 언어의 관습에 대한 이런 도전에 당혹스러워할 것 같다. 과학자, 은행가, 군인을 비롯해 정보의 분명한 기록과 소통을 필요로 하는 이들은 그런 악몽과도 같은 철자법을 비난할 것이다. 울프가 "통상적 방식으로 글을 읽는" 사람들이라고 불렀던 많은 언어 이용자들은 그전처럼 그냥 의사소통할 수 있기를 원하며, 표준화되지 않은 철자 및 쓰기를 이해하는 데 요구되는 추가적인 노동에 반대할 것이다. 그러나 난독증을 지닌 학습자들이 올바른 영어의 규칙은 거의 고려하지 않은 채

'소리 나는 대로' 단어를 철자하고 문장을 구성할 것을 주장하면서 '위대한 거부'Great Refusal[단테의 『신곡』 지옥편에 나오는 문구]에 참여하는 것을 상상하는 일이 불가능한 것은 아니다. 어쩌면 그것이 유행할지도 모른다. 특히 격식을 따지지 않는 상황에서, 특히 젊은 이들 사이에서라면 말이다. 그러나 나의 예감을 말하자면, 음과 기호의 관계를 탈통제화하기에는 너무 늦어 버린 게 아닌가 싶다. 난독증이 있는 학습자들은 그런 저항에 대한 커다란 대가를 치르게 될 것이다. 즉 제대로 읽고 쓸 수 없다는 것과 아둔함을 전적으로 또 일관되게 혼동하는 문화에서, 많은 기회의 문들이 큰소리를 내며 쾅 닫혀 버릴 것이다. 내가 생각하기에, 이보다는 용이하게 접근할 수 있는 다른 저항의 지점들이, 난독증을 지닌 학습자들을 위한 보다 확장된 공간을 확보하기 위해 교육적 기대와 실천에 압력을 가할 수 있는 다른 장소들이 존재한다.

지금과 근본적으로 다른 학교를 만드는 것은 도전적인 과제이기는 하지만 이미 시도된 바 있다는 이점이 있는 선택지이며, 따라서 선행 모델들을 우리에게 적합한 방식으로 개조하는 데 활용할 수 있다. 20세기 전반기에 ["꽃으로도 아이를 때리지 말라"는 말로 잘 알려져 있는 프란시스코 페레Francisco Ferrer 등의] 아나키스트들에 의해 설립되었던 모던 스쿨Modern School은 주목하지 않을 수 없는 하나의 사례이다. 여러 중요한 지점들에서 차이가 있기는 하지만, 동시대의 하와이어 차터 스쿨[16] 또한 유력한 모델이다.[17] 이런 학교들에서는 두뇌를 활용하는 학습과 손을 활용하는 학습이 함께 결합되며 동등하게 존중된다. 학생들의 호기심과 참여, 그리고 여기서 영감을 받은 공유된 프로젝트들이 교육과정으로 이어진다. 시끄러운 소리들이 환영받는다. 학생들은 자유롭게 움직이고 돌아다닌다. 건조 환경과 자연 환경이 분리되지 않고 겹쳐진다. 교사와 학생은 협력해서 공동으로 수업을 이끌어 가며, 수업을 만들어 가는 사람author이라는 의미에서의 권위authority도 공유된다.

일반적인 학교에서 난독증을 지닌 학생들은 대부분 조기에 실패를 경험하는데, 왜냐하면 그들이 발달시키는 데 어려움을 겪는 바로 그 기술들이 학교에 입학한 후 처음 몇 년 동안 요구되는 것인 반면, 그들이 잘 발달시킬 수 있는 기술들은 (설령 요구된다고 하더라도) 대개 뒤늦게 요구되기 때문이다. 만일 좀 더 균형 잡힌 교육과정이 존재한다면 어떨까? 요컨대 초등학교에서 미술, 음악, 목공예, 기계 제작 및 수리, 재봉, 요리, 댄스, 연극, 스포츠가 읽기 및 쓰기만큼 중요하게 다루어진다면, 동물 잘 다루기, 유창하게 말하기, 깊게 생각하기, 농작물 잘 기르기, 타인들과 효과적으로 상호작용하기 같은 활동이 인정을 받고 보상이 이루어진다면, 종이와 연필로 산수를 하는 데 필요한 것보다 수학의 개념적 측면이 선행된다면 말이다. 그렇게 된다면, 난독증을 지닌 학생들도 그들의 약점으로 인한 결과가 상당한 피해를 발생시키기에 앞서 그들의 재능을 발견할 가능성이 더 높을 것이다. 또한 학생들이 자신이 알고 있는 것을 문자의 형태뿐만 아니라 구두나 손으로도 제시할 수 있다면, 우리가 학생들이 읽는 것을 통해서만 배울 것이라 생각하지 않고 아이들이 그들 자신의 속도로 읽고 쓰게 되도록 내버려 둔다면, 우리가 모든 아이들을 그들에게 적합한 방식으로 가르친다면, 난독증을 지닌 대다수의 학생들은, 아니 기실 그냥 대다

16) [옮긴이] 차터 스쿨charter school은 교사, 부모, 지역단체 등이 주체가 되어 운영하는 대안 학교의 성격을 지닌 공립학교를 말한다.
17) 나는 아나키즘적 교육과 화와이 토착민 교육 간의 유사점을 지적해 준 리앤 찰리Lianne Charlie에게 감사드린다.

수의 학생들은 실패를 경험하지 않을 것이다.

지금과 같은 교실들에서도 우리가 강구해 볼 수 있는 생산적인 방안들이 있다. 모든 교사들이 O-G 접근법의 기술을 배워서 그들이 교수법 전략들을 꺼내 쓸 수 있는 보다 확장된 도구 상자를 갖게 된다면, 많은 학생들이 '특수교육'에 맡겨지거나 실제로는 도움도 되지 않는 종류의 수업을 받는 이들이 생겨나지는 않을 것이다. 우리가 올바른 종류의 평가를 수행한다면, 예컨대 아이들의 학습 활동에 대한 간결하면서도 비침해적인 스냅숏snapshot을 자주 확보해서, 그/그녀의 교사들로 하여금 위험 부담이 높은 시험을 공들여 실행하기보다는 어느 지점에서 그/그녀가 곤경에 처하는지 알 수 있게 한다면, 교사들은 아이들을 도울 수 있는 유용한 정보들을 갖게 될 것이다(Burns 2010). 우리가 시간이 정해진 시험을 최소화하고 시험에 아이들이 필요한 만큼 시간을 부여한다면, 모든 것을 두 번 읽어야 — 처음에는 해독을 위해서, 두 번째에는 독해를 위해서 — 하는 캐런 같은 학생들도 그들이 알고 있는 것을 보여 줄 수 있을 것이다. 그 밖의 다른 편의제공도 변화를 만들어 낼 수 있다. 종종 학교의 작문 연습실writing labs을 통해서 쓰기와 교정하기에 도움이 되는 방법을 찾아 주는 것도 쓰기 작업을 위해 분투하는 이들에게 기여할 수 있다. 쓰기에 의존해서 모든 과제를 수행토록 하는 것이 아니라, 그들이 알고 있는 것을 구두로 제시할 수 있게 하는 것도 결정적인 도움이 될 수 있을 것이다. 나는 교사들과 교수들이 다른 학생들보다 난독증을 지닌 학생들에게는 기대를 덜 해야 한다고 말하고 있는 것이 아니다. 모든 학생들의 학습은 그들이 성공을 경험할 수 있도록 구조화되어야 함을 요구하고 있는 것이다.

O-G 접근법을 사용해 온 교사로서의 경험은 나에게 신경문화적인 순환 회로에 대한 개입이 새로운 가능성들을 만들어 낸다는

코널리의 주장이 옳다는 확신을 갖게 해주었다. O-G 접근법은 (읽고 쓸 줄 아는 사람이라는) 새로운 정체성, (읽기를 두려워하거나 이에 무관심한 것이 아니라 그것을 열망하는) "생각으로 충만한 성향", (읽고 쓰는) 새로운 능력을 계발해 줄 수 있다(Connolly 2002, 1). 1년간의 교습이 이루어진 후, 엘란은 더 이상 더듬거리며 읽지 않았다. 2년째의 교습이 이루어진 후, 그는 학급에서 최고의 독서자에게 주는 상을 받았다. 캐런은 이제 텍스트를 두 번 읽을 시간이 주어지기만 하면 자신이 속한 학년 수준의 이해력을 보여 준다. 이제 청소년이 된 그녀는 자신이 과제를 두 번 읽어야 할 필요가 있다는 점을 기꺼이 받아들인다. 그것이 자신에게 요구되는 과업임을 알고 있기 때문이다. 코널리(Connolly 2002, 97)의 말을 따르자면, O-G 접근법은 "새로운 사고가 습관화될 때 몸과 뇌에 매핑mapping된 새로운 경로들에 의해서" 사고의 구성적 배치를 조직한다. 한 명의 교사로서, 나는 나의 행위들이 O-G 접근법을 '실행하는' 것으로 여기는 경향이 있지만, 나의 학생들 또한 O-G 접근법을 '실행한다'. 즉 그들은 단지 내게 반응하고 있는 것이 아니라 그들 자신에 대해 작용하며, 결국 우리 양자 모두가 변하게 된다. 코널리(Connolly 2002, 104)는 이어서 "생각한다는 것은 곧 무언가를 바꾸는 것이다. 그리고 몸/뇌 연결망의 패턴을 수정하는 것은 어떤 습관, 판단에 대한 성향, 행위의 능력을 이끌어 내는 것을 돕는다"고 말한다. 여기서 행위의 능력이란 'flick'에서 'f'와 'l'을 순서대로 듣고 쓰는 능력, 모음을 식별하는 능력, 1음절 단어에서 단모음에 뒤이어 오는 /k/음을 올바른 방식으로 쓰는 능력일 수 있다. 새로운 습관이란 한 번은 해독을 위해서, 두 번째는 의미의 이해를 위해서, 같은 글을 두 번 읽어야 할 필요를 받아들이는 것일 수 있다. 그리고 판단에 대한 새로운 성향이란 끊임없이 스스로를 판단하는 내면의 목소리 — '나는 왜 그렇게 아둔할 걸까?' — 가 완화되고, 이것이 보다 자신감 있고 관대한 자기 평가로 대체되는 것일 수 있다.

나의 난독증을 위한 선언에서 마지막 요구는, 아마도 예상 밖이긴 하겠지만, 나 자신과 같은 O-G 접근법의 열렬한 옹호자들을 향한 경고에 관한 것이다. 이 접근법을 통해 가르칠 때, 나는 내 학생들의 뇌 연결망의 구성configuration of brain을 변화시킨다. 좀 더 정확히 말하자면, 나는 그들이 그들의 뇌를 변화시키도록 가르치며, 그들은 일반적으로 열심히 따른다. 그러나 우리가 그들의 뇌를 자유롭게 내버려 두었다면, 그들은 무엇을 성취했을까? 몸-뇌-문화의 구성적 차원을 변화시키는 것은 또한 창의성의 측면에도 영향을 미친다. 다시 코널리(Connolly 2002, 75)의 말을 빌리자면, "새로운 사고들이 느낌과 지적 관심의 역치 바로 밑에서 작동하면서, 가상[잠재적] 레지스터virtual register로부터 강하게 거품처럼 일고, 흘러나오고, 급증하는" 영역에도 말이다. O-G 접근법은 뇌의 문자 기호 및 구어 기호 처리 과정을 정상화하기 위해 일련의 상이한 반응을 조직해 내면서, 그 가상 레지스터에 간섭한다. 울프가 옳다면, 그런 간섭은 창의성이 발생할 수 있는 '시간의 부여'로 이어질 수 있다. 그러나 이전에 존재했을 수 있는 창의성 자체에는 무슨 일이 발생하는가? 이에 대해서는 알 방법이 없고, O-G 접근법에 의해 영향을 받아 온 뇌와 비교할 수 있는 '본래 그대로의' 뇌란 것도 존재하지 않는다. 즉 뇌에 대한 '무간섭주의'hands-off 정책은 하나의 선택지가 아닌 것이다. 울프는 숙련된 읽기는 "초월적 사고의 시간이라는 신비하고 보이지 않는 선물"을 제공함으로써 그 자체의 창의성을 생산해 냄을 설득력 있게 논한다(Wolf 2007, 229[국역본, 309쪽], 강조는 원저자). 그녀는 이를 "읽기 뇌의 가장 위대한 성취"라고 부른다(Wolf 2007, 229[국역본, 309쪽]). 나는 나의 학생들에게서 이런 창의성을 보았고 그에 고무되기도 했다. 그렇지만 O-G 접근법 교습에서 이루어지는 과업의 정교한 조직화와 엄격한 반복은 [테일러주의에 의해 촉진된] 시간 동작 연구time-and-motion study의 교육학적 버전인 것처럼 느껴지기도 한다. 프레더릭 윈즐로 테일러Frederick Winslow Taylor는 이 기술을 상이한 용도로 쓰기는 했지만, 그럼에도 이런 점을 즉각 인식했을 것이다. 나와 나의 학생들은 (그리고 확실히 그들의 부모들은) 읽고 쓰는 능력의 손상으로 인해 초래되는 결과가 O-G 접근법의 적용 그 자체로 인한 결과보다 더 나쁘다고 생각한다. 그럼에도 불구하고, 우리가 잃게 될 수도 있는 무언가에 대해 생각하는 것은 우리를 망설이게 하고 진지하게 성찰하도록 만든다.

우리 사회의 난독증 수용에 대한 불미스러운 역사를 생각할 경우 이런 성찰에 대한 명령은 보다 긴급한 것이 된다. 톰 캠벨(Campbell 2011, 452)은 국가들이 "수치적 관점에서 인구를 표현하기" 위해 통계 기술을 발전시켰던 19세기에 난독증이 정부, 교육자, 의사에게 알려지고 주목받게 되었음을 설득력 있게 주장한다. 표준은 어느 영역에서나 생성될 수 있는 종형 곡선에 입각해 분명하게 표현될 수 있었으며, 이는 학습자들을 오직 통계적 모델링 과정을 통해서만 가시화되는 등급과 비교하여 평가하는 것을 가능하게 했다. 캠벨(Campbell 2011, 452)은 "표준은 여타 기계장치들과의 배치 속에서만 작동하는 권력의 기술이다. 그것은 권력이 어떤 개인이나 인구의 신체로 흘러들어 가는 것을 가능하게 하면서, 대개 하나의 증폭기로 기능했다"고 쓰고 있다. 국가와 고용주들은 읽고 쓸 줄 아는 인구를 필요로 했다. 난독증을 지닌 개인들은 읽고 쓸 줄 모르는 사람들이라는 더 큰 인구 집단으로부터 '구출될' 수 있었다. 즉 초기의 연구자들은 그들의 학업적 결손뿐만 아니라 재능 또한 인정하는 것을 통해서, 그리고 난독증을 학습자의 '잘못'이 아닌 것으로 확립하는 것을 통해서 '정신박약'으로부터 '어맹증'을 구별해 낼수 있었고, 현재 난독증은 '지원받을 자격이 있는 결함'으로 간주된다(Campbell 2011, 460).

나는 난독증에 대한 국가 및 기업의 이해관계가 20세기와 21세기에 다른 방향으로 전환된 것이 아닐까 추측해 본다. 국가, 기업, 학교는 여전히 읽고 쓸 수 없다는 것은 문제적인 것이고, 읽고쓰는 능력은 이로운 것으로 여기는 것처럼 주장한다. 그 주제에 대한 공개적인 견해는 만장일치를 이루며 대개 독실해 보인다. 즉 읽고 쓸 수 없으면 우리 아이들의 미래가 위태로워질 수 있고, 어떤아이도 뒤에 남겨져서는 안 된다는 것이다. 그러나 우리는 무엇을해야 하는지 알고 있음에도, 아이들을 가르치는 방식을 바꾸지 않고 이전에 해왔던 것만을 계속해서 하고 있다. 그렇다면 혹시 4학년 학생들의 38퍼센트가 제대로 읽고 쓸 수 없다는 것이 권력 당국에게는 편리한 것이 아닐까? 그런 아이들의 권능박탈 — 높은학교 중퇴율, 실업, 약물 사용, 교정 시설 입소에서 확인되는 — 이국가와 기업에 도움이 되는 것 아닐까? 그들의 교육적 권능강화가 어떤 위협이 되는 게 아닐까? 오늘날의 우리 사회에서 읽고 쓸수 없다는 것은 권능을 박탈한다. 읽고 쓰는 능력은 권능을 강화할 수 있다. 읽고 쓰는 능력 및 신경다양성의 문화적 재사유와 보충적 중재 양사를 통해 학입의 실패와 수치심을 극복해 내면서, 난독증을 지닌 이들의 시민권 운동을 구상해 보는 것은 터무니없는 일이 아니다. 계속해서 나는 학생들의 뇌를 정상화하는 데 내가 일조하고 있는 게 아닌지 주기적으로 우려를 표하고 기존 학교의 근본적 변환을 옹호할 것이지만, 또한 계속해서 나는 학생들에게 읽고쓰는 것을 가르치기 위해 O-G 접근법의 고도로 집중적인 삶정치적 기술을 사용할 것이다.

7장

# 비배제적 민주주의에서의
# 성원권과 참여를 다시 생각한다

인지장애, 아동, 동물

수 도널드슨·윌 킴리카[*]

최근 수십 년간의 시민권 투쟁에서 가장 중요한 투쟁 가운데 하나
는 인지장애인의 권리 보장에 관한 것이었다고 할 수 있다. 권리 옹
호자들은 기껏해야 일정한 피해로부터의 후견주의적 보호와 객관
적으로 규정된 기본적 필요들에 대한 복지만을 제공하면서, 인지

[*] 이 논문의 여러 버전들은 '가정과 그 너머' 컨퍼런스'Domesticity and Be-
yond' conference(킹스턴Kingston 퀸스 대학교Queen's University), 동물 시민권에 관
한 몬트리올 대학교 윤리연구센터 워크숍CRÉUM[Le Centre de Recherche
en éthique de l'Université de Montréal] Workshop on Animal Citizenship,
다트머스 대학교, 듀크 대학교 케난윤리연구소Kenan Institute for Ethics at
Duke University, 캘리포니아 주립대학교 프레즈노 캠퍼스Cal State Fresno,
루뱅 가톨릭대학교KU Leuven, 유럽대학연구소European University Insti-
tute, 암스테르담 대학교University of Amsterdam, 존스홉킨스 대학교Johns
Hopkins University, 델리 마인딩 애니멀스 인터내셔널 컨퍼런스Minding
Animals International conference in Delhi 등에 제출된 바 있다. 우리를 초
청해 준 주최자들과 좋은 질문을 던져 준 참여자 여러분에게 감사드린
다. 특히 논문 초고를 읽고 세심하고 유익한 논평을 해준 바버라 아네
일, 낸시 허시먼, 크리스틴 포크트Kristin Voigt, 디네시 와디웰Dinesh Wa-
diwel에게 감사의 말을 전하고 싶다.

장애인을 일종의 2등 시민 내지 피후견 상태로 강등하는 시민권에 대한 배제적 개념화에 저항해 왔다. (자기 권리 옹호자들[1]을 비롯한) 권리 옹호자들은 인지장애인들이 자신들의 삶에 영향을 미치는 핵심적인 결정에 참여할 수 있는 능력을, 그리고 우리가 함께 살아가는 사회의 공동 창조자가 될 수 있는 능력을 가능한 한 발휘할 수 있도록 하면서, 사회가 또한 인지장애인의 행위 주체성을 인정하고 지원해야 한다고 주장해 왔다. 요컨대 사회는 그들의 시민권을 인정하고 보장해야만 한다.

이와 같은 비배제적 시민권의 새로운 비전을 구체화하기 위해서는 아직 해야 할 것이 많이 남아 있지만, 그런 비전은 이미 전 세계적으로 다양한 법과 정책들을 형성해 내고 있다. "완전하고 실질적인 사회 참여 및 포함"을 요구하는 〈유엔 장애인권리협약〉(2006)도 그중 하나라 할 수 있다. 이 협약은 인지장애인들이 그들의 인권을 완전히 인정받을 자격이 있음을 확인하고, 그들의 행위 주체성과 개인적·집단적 자기 결정에 참여할 권리를 강조한다.[2] 참여

1) [옮긴이] '자기 권리 옹호'self-advocacy는 사회적 소수자의 권리를 타인이 대변하는 것이 아니라, 자기 스스로 주장하고 옹호하는 것을 말한다. 장애인 운동 일반에 적용되는 개념이기도 하지만, 특히 발달장애인들의 자기 권리 옹호 운동을 가리킬 때 이 용어가 많이 사용된다.

2) 이 협약을 모니터링하는 유엔장애인권리위원회는 최근 한 유용한 문서에서 이 권리의 의미를 정교화했다[UN Committee on the Rights of Persons with Disabilities, *General Comment on Article 12: Equal Recognition Before the Law* (Eleventh session, March 30~April 11, 2014, CRPD/C/11/4)]. 이 논평은 인지장애인이 혼자서 일정한 결정을 내릴 수 없는 경우, 그 대안이 (객관적인 최선의 이익이라는 기준을 활용하는) "의사 결정 대리"substituted decision-making가 아니라 "해당 인격체의 자율성, 의지, 선호를 존중하는 의사 결정 조력supported decision-making"임을 분명히 했다(22절). 〈유엔 장애인권리협약〉에 대한 논의로는 이 책의 1장을 참조.

에 대한 이런 새로운 강조와 더불어 우리는 "조직화의 핵심적인 원리이자 기준인 시민권"을 중심으로 장애권 운동의 방향이 의식적으로 전화하고 있는 모습을 목도하고 있다(Prince 2009, 3; cf. Carey 2009).

우리는 장애권 운동 내에서 출현하고 있는 시민권의 새로운 실천이 심대한 중요성을 지니며, 그 중요성은 인지장애를 지닌 시민들에게 한정되지 않는다고 생각한다. 그들은 시민권의 의미와 목적에 대한 이해의 확장을, 그리고 시민권의 기본적인 실천 및 그 실천이 이루어지는 공간과 장소의 재사유를 요구하고 있다. 그들은 또한 시민권 이론을, 그리고 진정한 민주주의 이론을 근본에서 부터 다시 재사유할 것을 요구하고 있다.

이 장에서 우리는 인지장애인들의 시민권 투쟁을 비배제적 시민권의 다른 두 가지 도전 과제들과 연결하면서, 이 투쟁이 지닌 광범위한 함의들을 도출해 내고자 한다. 다른 두 가지 도전 과제란 아동(특히 어린아이)의 시민권과 동물(특히 우리가 인간 사회로 끌어들인 가축들)의 시민권을 말한다. 우리는 인지장애인의 시민권을 둘러싼 발전이 다른 두 사례를 조명해 주며, 그 반대의 경우도 마찬가지임을 논할 것이다. 이 두 사례를 함께 검토하는 것은 비배제적 시민권의 해방적 잠재력에 대한 우리의 이해를 풍부하게 할 수 있으며, 또한 우리가 직면하고 있는 수많은 도전 과제들에 대한 이해를 선명하게 할 수 있다.

## 시민권을 재사유하기

인지장애인의 [배제가 아닌] 포함은 시민권 관념에서 역사적 전환을 나타낸다. 단지 누가 완전한 시민으로 여겨질 수 있는가라는 관점이 아닌, 시민권 그 자체를 어떻게 사고할 것인가라는 관점으로의 전환을 말이다. 전통적 정치이론에서 시민이란 공적 이성이나, 로고스나, 칸트주의적 자율성이나, 이성적 성찰과 숙의에 대한 능력 — 우리가 (게리 스타이너를 따라) '언어적 행위 주체성'이라 부르고자 하는, 언어적으로 매개된 복합적 능력 — 을 지닌 인격체로 여겨져 왔다(Steiner 2013, 196). 언어적 행위 주체성은 단지 이상으로서가 아니라 일종의 임계 능력threshold capacity으로 작동해 왔다. 이런 능력이 결여된 것으로 간주된 이들은 평등한 권리를 지닌 동료 시민이 아니라 사회가 돌봄의 의무를 지닌 수동적 피후견인으로 위치 지어지면서, 정치 공동체의 주변부로 강등되어 왔다.

인지장애인을 위한 최근의 시민권 투쟁들은 시민권의 기반과 목적에 대해 매우 상이한 개념화를 제공한다. 언어적 행위 주체성의 보유가 아니라, 평등한 사회에서의 성원권과 참여권에 기반을 둔 개념화를 말이다. 시민권은 언어적 행위 주체들만을 위한 선별적 사교 단체가 아니다. 그것은 사회의 모든 구성원들을 포함하고 그들에게 자격을 부여하겠다는 약속이다. 다양성의 스펙트럼 전반을 가로질러, 그런 다양한 존재들 자신의 고유한 방식에 따라 말이다.[3] 인지장애인은 (단지) 보호와 복지를 제공받아야 할 특별한 필요를 지닌 취약한 개인으로서가 아니라, 다른 개인들과의 신뢰, 의사소통, 협력의 관계망에 연루되어 있는 사회의 구성원으로 인

---

[3] "차이를 존중하는 것과 인간 다양성 및 인류의 일부로서 장애인을 수용하는 것은 …… 동화주의적 기반 위에서 법적 능력을 부여하는 것과 양립할 수 없다"(UN Committee on the Rights of Persons with Disabilities, *General Comment on Article 12: Equal Recognition Before the Law*, paragraph 29).

정되어야 한다. 그렇기 때문에 그들은 사회적 규범을 형성하는 데 참여할 권리뿐만 아니라 그 사회적 규범을 따라야 할 책임 양자를 지니는 것이다. 시민권은 바로 이 성원권과 참여권을 확인하는 수단이자, 국가에게 시민들의 법적·정치적 행위 주체성을 지원할 의무를 부여하는 수단이다.

이와 같은 시민권에 대한 새로운 개념화는 단지 인지장애라는 맥락에서만 출현한 것은 아니다. 우리는 유사한 발상을 1989년 〈유엔 아동권리협약〉UN Convention on the Rights of the Child, UNCRC에 의해 고취된 아동 시민권의 분야에서도 부분적으로 볼 수 있다. 〈유엔 아동권리협약〉은 언어적 행위 주체성이 결여되어 있는 아주 어린 아이에게조차도 단지 보호protection와 복지 제공provision만이 아니라 참여participation의 권리 또한 부여되어야 함을 확인하는 모델을, 흔히 '3P 모델'이라고 불리는 것을 받아들였다.[4]

시민권에 대한 이 같은 수정된 개념화는 언어적 행위 주체성에 얽매여 있던 전통적인 이해와 비교했을 때 다양한 이득을 지닌다. 시민의 자격을 얻기 위해서는 사회생활에 참여하고 사회적 규범에 호응하는 것만으로는 충분치 않고, 이런 규범과 관련된 명제들을 이성적으로 성찰하고 평가하고 분명히 설명할 수 있어야 한다고 말한다면, 우리는 이내 매우 배제적인 시민권에 대한 이해로 빠져들게 될 것이다. 모두가 이런 능력을 지니고 있는 것은 아니며, 누구도 자신의 삶의 모든 사항들에 대해 그 같은 능력을 지닐 수도

---

[4] 〈유엔 아동권리협약〉은 (《유엔 장애인권리협약》과 달리) 아동에 대한 완전한 법적·정치적 권리를 확인하고 있지는 않지만, 그들의 견해를 자유롭게 표명할 권리는 확인하고 있다. 그들의 견해에는 "해당 아동의 연령과 성숙에 따라 정당한 중요성이 부여되어"야만 한다(제12조).

없다. 이런 방식으로 시민권을 규정하는 것은 우리 모두에게 기껏 해야 매우 허약한 조건부의 시민권 지위를 부여하게 될 것이다.

그것은 단지 배제적이기만 한 것이 아니라, 시민권의 핵심을 놓치는 것이기도 하다. 시민권의 핵심은 우리가 공유하고 있는 사회에서의 성원권을 인정하고 확인하는 것이다. 시민권이란 누군가가 여기에 소속된다는 것을, 누군가가 그 자신의 이름으로 해당 국가가 통치하는 국민의 구성원이 된다는 것을, 누군가의 주관적 선[좋음]이 공익을 결정하고 사회적 규범 — 우리의 협력 관계를 구조화하는 — 을 형성할 때 고려되어야만 함을 인정하는 것이다.[5]

이런 식으로 보게 되면, 민주적 시민권의 근본적인 기반은 언어적 행위 주체성이 아니라, 상호주관적 관계들 내에서의 규범 반응성 norm responsiveness에 대한 능력, 즉 다른 개인의 자아와 관련된 문제에 맞닥뜨렸을 때 내면화된 규범에 따라 적절한 행동을 할 수 있는 능력이다(Krause 2011, 299). 근래의 장애 이론가들은 행위 주체성에 대한 능력과 시민권은 이성적 성찰과 공적 숙의에 대한 개별적인 임계 능력 내에 위치해 있는 것이 아니라, 반응적이고 성찰적이며 상호 의존적인 자아들 사이에서 지속되는 사회적 관계에 착근되어 있는 것임을 논한다. 인지장애는 규범에 따라 도덕적으로 가치 있는 실천들에 참여하고, 그런 실천들에 기여할 자격을 개인들로부터 박탈하지 않는다(Arneil 2009; Clifford 2012; Silvers and Francis 2005).

5) 성원권의 의미를 추적하면서 시민권의 이런 이해를 옹호하는 논의에 대해서는 Sue Donaldson and Will Kymlicka, *Zoopolis: A Political Theory of Animal Rights*, Oxford: Oxford University Press, 2011, pp. 55-61 참조.

이런 접근법은 시민권에 요구되는 소위 능력이라고 하는 것에 대한 전통적인 관념뿐만 아니라, 시민권을 규정하는 장소와 실천에 대한 전통적인 관념에도 이의를 제기한다. 비언어적 행위 주체들과 관련해 시민권상의 권리와 책임을 부여하는 것은, 이런 동료 시민들의 주체성과 관계를 맺고, 명제들을 분명히 설명하거나 이해하는 능력에 덜 초점을 맞추고, 그들이 "행위하고, 말하고, 존재하는 다채로운 양식들"에 주의를 기울이는 새로운 방식을 발전시킬 것을 요구한다(Neale 2004, 15).[6] 우리는 [누구나] 시민권을 행사할 수 있는 새로운 메커니즘을 만들어 낼 필요가 있는데, 이를 위해서는 성원권, 참여, 의사 결정이 관련 당사자들에게 유의미한 장소와 공간으로 시민권을 가져와야 한다.

예컨대 아동들이 그들에게 "영향을 미치는 모든 문제들"에 대해 "어떤 견해를 형성하고 표명"할 수 있게 — 〈유엔 아동권리협약〉이 요구하는 것처럼 — 해주고자 한다면, 우리에게는 "아동에게 걸맞은"child-sized 시민권의 공간이 필요하다(Jans 2004). 마찬가지로

6) 개인들의 주관적 선을 이해하고 그들을 협력적 규범을 중심으로 구축되는 신뢰 관계 내로 사회화해 내는 핵심으로서 신체적 표현, 제스처, 소리에 주의를 기울이는 것의 중요성에 대해서는, 아동과 관련해서는 Priscilla Alderson, *Young Children's Rights: Exploring Beliefs, Principles and Practice* (2nd edition), London: Jessica Kingsley Publishers, 2008을, 인지장애인과 관련해서는 L. P. Francis and Anita Silvers, "Liberalism and Individually Scripted Ideas of the Good: Meeting the Challenge of Dependent Agency", *Social Theory and Practice* 33(2), 2007, pp. 311-334; Sophia Isako Wong, "Duties of Justice to Citizens with Cognitive Disabilities", *Metaphilosophy* 40(3-4), 2009, pp. 382-401; Eva Kittay, "When Care Is Just and Justice is Caring: The Case of the Care for the Mentally Retarded", *Public Culture* 13 (3), 2001, pp. 557-579 참조.

인지장애인과 관련해, 우리는 공공 광장에서 공적 이성에 관여하고 생각을 분명히 표현하는 자율적인 행위 주체라는 이상형에서 그들이 얼마나 벗어나 있는지가 아니라, 그들이 어디서, 어떻게, 누구와 함께 살아가고 있으며, 그런 장소들과 공간들에서 권한 부여와 의사 결정이 어떤 식으로 이루어지는지에 초점을 맞출 필요가 있다.

이는 우리가 시민권의 실천에 대해 사고하는 방식에 영향을 미친다. 마사 누스바움은 인지장애인의 정치적 권리를 논하는 글에서, 투표를 하고 배심원으로 참여할 수 있는 평등한 역량이 부여되지 않는다면 인지장애인은 "시민권상의 가장 필수적인 역할들을 수행할 자격을 잃게" 된다고 말한다(Nussbaum 2009, 347).[7] 그러나 이는 시민권을 잘못 이해한 것이다. '시민권상의 필수적인 역할들'이라는 관념[의 내용] 그 자체가 비배제적 시민권을 위한 우리의 투쟁에 달려 있다. 문제는 (단지) 사회가 이미 '시민권상의 필수적인 역할들'로 간주해 왔던 실천에 인지장애인이 어떻게 참여할 수 있게 하는지가 아니다. 우리는 또한 반드시 시민권의 규범을 창조하는 데 인지장애인이 어떻게 참여할 수 있는가를 질문해야만 한다. '진정한' 시민권의 보증 표시로서 배심원의 의무나 투표와 같은 일정한 실천들에 집착하는 대신, 우리는 인지장애인에게 의미 있는, 그리고 그들이 우리와 공동의 사회생활을 형성할 수 있게끔 하는, 시민권의 새로운 장소와 공간을 고려할 필요가 있다. 이는 투표

7) [옮긴이] 마사 누스바움의 역량 접근법에서 역량이란 일반적인 의미에서는 능력과는 다소 차이를 지니며, "구체적인 정치적·사회적·경제적 환경에서 선택하고 행동할 수 있는 기회의 총합"을 의미한다는 점에 유의할 필요가 있다(마사 누스바움, 『역량의 창조』, 한상연 옮김, 돌베개, 2015, 86쪽).

를 하거나 배심원으로 참여하는 것을 포함할 수도 있고 포함하지
않을 수도 있다.[8] 새로운 방식을 찾기 위해서, 우리는 신경전형적
인neurotypical[9] 성인들에 의해 그리고 그들을 위해 창조된 시민권
상의 역할들이 유일하게 타당한 것이라고 무비판적으로 상정하기
보다는, 그처럼 새로운 장소와 공간으로부터 출발하여 근본에서부
터 다시 작업을 해나갈 필요가 있다.[10]

8) 존 보하우스(Vorhaus 2005)는 인지장애인이 우리와 공동의 삶common life
을 형성하는 데 보다 실질적일 수 있는 다른 참여의 형태들을 희생해 가
면서 투표에 집착하는 것은 그들에게 나쁜 결과를 가져올 수 있다고 주
장한다. 우리는 전통적인 시민권의 실천에 참여하는 데 존재하는 장벽들
을 제거하는 것이 결정적으로 중요하다는 누스바움의 의견에 동의하지
만, 이런 실천들에 참여하지 않는 것이 평등이 부정됨을 의미한다는 주
장에는 동의하지 않는다. 누군가에게 의미 있거나 의미 있을 수 있는 실
천들에 참여하고 그것을 만들어 갈 기회를 그가 부정당했을 때 평등은
부정된다.

9) [옮긴이] 장애인 운동에서는 자폐성장애, 학습장애, 주의력결핍과잉행동장
애attention deficit hyperactivity disorder, ADHD, 조현스펙트럼장애schizo-
phrenia spectrum disorder 등 뇌신경의 차이로 인해 발생하는 인지장애
및 정신장애를 인간이 지닌 다양성의 하나로 보고, 이를 6장에서 언급되는
'신경다양성'neurodiversity이라는 개념을 통해 표현해 왔다. '신경전형성'
neurotypicality은 신경다양성과 대비해 전형적인 뇌신경을 지니고 있는
상태를 지칭할 때 사용하는 개념이다.

10) 누스바움의 기술은 아동의 시민권과 관련하여 브렌 닐에 의해서 확인
된 문제를 정확히 반복한다. 즉 인지장애인과 아주 어린 아이가 '장애'와
'아동'이라는 더 큰 범주에 포괄될 경우, 그들의 포함이라는 기본적 도전
과제와 이에 대한 급진적 잠재력이 상실된다는 문제 말이다. 닐은 〈유엔
아동권리협약〉에 관한 문헌들 대부분이 좀 더 연령이 높은 아동들에게
초점을 맞추고 있는데, 그들의 포함은 기존에 확립된 민주적 실천에 상
대적으로 매우 적은 변화만을 요구한다고, 왜냐하면 그들은 성인들의 행
동 및 의사소통 양식을 (거의) 따를 수 있는 것으로 상정되기 때문이라고
언급한다. 그러나 그 협약은 또한 매우 어린 아이들에게도 적용되며, 그
들의 시민권을 진지하게 받아들이는 것은 "아동들의 다양한 행위, 발언,

이와 같은 새로운 시민권의 비전을 정교화하는 데 중요한 작업들이 장애권 운동과 아동권 운동 내에서 이미 많이 이루어져 왔다. 이 장에서 우리는 이런 발전들이 또한 가축들에 대한 사고에도 영향을 미친다는 점을, 그리고 동물들을 담화의 장으로 데려오는 것은 비배제적 시민권을 구축하고자 할 때 우리가 직면하게 되는 도전 과제들을 명확히 하고 풍부히 하는 데 도움을 준다는 점을 논할 것이다.

이전의 작업에서, 우리는 시민권에 대한 수정된 개념화를 가축에게까지 확장하는 것에 대한 도덕적 논변을 분명히 제시했던 바있다(Donaldson and Kymlicka 2011, chs. 4, 5). 사실 시민권이 협력, 신뢰, 상호주관적 인정이 수반된 사회적으로 의미 있는 관계들 내에서 성원권, 목소리, 행위 주체성을 인정하는 것과 관련된 문제 — 언어적 행위 주체성에 대한 임계 능력과 관련된 문제가 아니라 — 라면, 그렇다면 가축들 역시 자격이 있다. 실제로 가축화domestication 과정은 정확히 동물들을 그와 같은 관계들 내부로 통합하는 것과 관련된다. 가축화는 신뢰, 협력, 의사소통에 대한 능력을 전제해 왔으며, 공동의 시민권co-citizenship이라는 관계에 대한 행동의 토대를 놓는 방식으로 이런 능력을 한층 더 발전시켜 왔다. 우리가 그 동물들을 우리 사회 내로 통합했고 그들을 사육해서 우리에게 의존하는 관계로 (혹은 우리와 상호 의존하는 관계로) 만들었기 때문에, 우

존재 양식들에 편의를 제공하기"위해 기존의 실천들을 재고할 것을 요구한다(Neale 2004, 15). 마찬가지로 누스바움이 시민권상의 기존 역할들에 포함되는 데 존재하는 장벽들에 초점을 맞추는 것은 신체적 장애인이나 경도 인지장애인과 관련해서는 타당하지만, 중대한 인지장애를 지닌 사람들의 경우를 다룰 때, 그녀는 그런 역할들의 보다 근본적인 재개념화가 요구될 수 있다는 점을 보지 못한다(Bérubé 2009, 357 참조).

리는 도덕적으로 가축들의 사회 성원권을 인정해야 할, 그리고 그들과 우리가 공유하고 있는 사회를 관리하는 규범의 형성에 그들이 참여할 수 있도록 해야 할 의무가 있다.[11]

이 장에서 우리의 목표는 도덕적 논변을 반복하는 것이 아니라, 인지장애, 아동, 가축의 사례들을 서로 간의 담화의 장으로 가져옴으로써 비배제적 시민권의 전망과 도전 과제에 관해 우리가 배울 수 있는 것을 논의하는 데 있다. 그 세 가지 맥락 모두에서 시민권이 어떤 상징이나 슬로건 이상의 것이 되게 하고자 한다면, 우리는 그것에 생명력을 부여하는 시민권의 실천에 대한 강력한 설명을 제시할 필요가 있다. 우리는 인지장애인을 위한 시민권 투쟁으로부터 얻은 통찰이 아동과 가축에 대한 시민권의 도전 과제와 가능성을 조명할 수 있음을, 그리고 그 반대의 경우도 마찬가지임을 보여 줄 수 있기를 희망한다. 다양한 시민들에 대한 성원권과 참여권을 인정하는 일과 관련하여 배우고 공유해야 할 많은 것들이 존재한다.

11) 우리의 이론은 가축화라는 실천(인간에게 이로운 특성을 촉진하기 위해 인간에 의해 통제되는 동물의 사육)의 지속을 옹호하지 않는다. 시민은 다른 시민의 목적에 봉사하기 위해 사육되지 않는다. 그런 식의 사육이 아니라, 우리는 우선은 기존의 가축들을 있는 그대로 (즉 그들이 가축화라는 역사적 과정에 의해 형성되어 온 방식대로) 받아들여야만 하고, 그들의 성원권상의 권리들을 인정해야만 하며, 동료 시민권(축산이 아니라, 선택적 사육이나 가축화)의 기반 위에서 앞으로 나아가야만 한다.

이런 공유된 영역을 탐색하는 데 있어, 우리는 장애와 동물권ani-mal rights을 연결하는 논의에서 나타났던 과거의 실책들을 피할 수 있기를 바란다. 장애학자들이 특별히 언급했던 것처럼, 일부 동물권 이론가들은 동물을 "옹호하기 위해" 잠시 지나가는 (그리고 대개 불충분한 정보에 근거한) 하나의 사고 실험으로 장애를 이용하면서, 장애에 대한 일종의 "개념적 착취"에 가담해 왔다(Carlson 2009, 552). 예컨대 다양한 동물권 이론가들은 동물의 도덕적 지위를 옹호하기 위해 소위 '가장자리 사례 논증'argument from marginal cases, AMC을 소환해 온다. 이런 논증은 언어적 행위 주체성에 대한 능력을 지닌 소위 정상적인 인간들은 의심의 여지 없는 도덕적 지위를 갖는다고 상정 — 그들은 도덕적 지위의 핵심 사례다 — 하고, 동물과 인지장애인 양자는 도덕적 지위를 뒷받침하는 관련 능력을 온전히 보유하지 못하고 있는 한에서 '가장자리' 사례들을 구성한다고 상정한다. 가장자리 사례 논증이 요구하는 것은 우리가 이런 '가장자리' 사례들을 대하는 방식에서 일관성을 지녀야 한다는 것이다. '결함이 있는' 혹은 '불운한' 인지장애인에게 부여하고 있는 도덕적 지위가 무엇이든 간에, 그에 필적할 만한 인지 능력을 지닌 동물들에게도 우리가 또한 마찬가지의 지위를 부여하도록 하기 위해서 말이다(그리고 만일 일부 동물들이 인지장애인은 결여하고 있는 인지 능력을 보여 준다면, 아마도 이런 동물들이 일부 인간들보다 신경전형적 규준에 더 가까운 것으로 간주될 것이고, 그에 따라 더 높은 도덕적 지위가 부여될 것이다).

가장자리 사례 논증 전략은 전반적으로 다양한 측면에서 — 지적인, 도덕적인, 정치적인 측면에서 — 문제가 있으며, 장애권 옹호자들은 이를 효과적으로 비판해 왔다(Carlson 2009; Kittay 2005b; 2009a). 그것은 신경전형적인 인간의 인지가 도덕적 지위의 핵심을 규정한다고 보는 매우 문제적인 관점을 영속화하며, 다른 형태의 주체성들은 도덕적 지위에 얼마간 결함을 지닌 것으로 치부한다. 그리고 그런 규준으로부터의 일탈을 오만하게도 불운, 손상, 혹은 일시적인 기능 장애로 간주한다. 비록 그러고 나서 인지장애인에게 도덕적 지위를 부여할 때, 신경전형적인 존재들은 그와 같은 결함을 눈감아 줄 임시변통적인 근거(잠재적 능력, 언어적 행위 주체성에 대한 능력을 이전에 보유했었다는 것, 어쨌든 그런 능력을 보유한 집단의 일원이라는 것, 신경전형적인 구성원들과의 애착 관계 등의 견지에서)를 찾기는 하지만 말이다. 신경전형적인 성년 인간에 대한 이 같은 부당한 특권화에 도전하는 대신, 가장자리 사례 논증은 그와 같은 특권을 재각인하면서 왜곡된 비교와 경쟁을 만들어 낸다. 누가 그런 특권적 규준에 가장 근접해 있는지에 대한 일종의 자리다툼을 말이다.

우리가 명확히 해두고자 하는 것은, 인지장애인의 시민권 투쟁과 가축의 시민권 투쟁을 비교할 때 우리의 관심은, 인지장애인의 도덕적 지위와 동물의 도덕적 지위를 비교하는 가장자리 사례 논증 전략과 아무런 연관성이 없다는 점이다.[12] 우선 기본적으로, 우

---

12) '개념적 착취'는 양방향으로 작동한다는 점 역시 언급되어야 할 것이다. 일부 동물권 이론가들이 동물권을 옹호하기 위해 장애를 도구적으로 활용한다면, 반대로 일부 장애 이론가들이 장애권 옹호를 위해 동물을 도구적으로 활용한다는 것 역시 마찬가지로 사실이다. 어떤 이들은 "수문을 닫기"[즉 요구가 봇물처럼 밀려드는 것을 막기] 위해 동물을 배제했는가가 장애인의 도덕적 지위에 대한 수용 가능한 옹호론의 시금석이라고 간명하게 지적한다(Wasserman et al. 2012, 14). 다른 이들은 취약한 인간들이 우리가 동물을 대하는 것과 동일한 방식으로 취급받지 않는 것을 보장

리는 도덕적 지위가 (언어적 행위 주체성과 같은) 인지 능력의 위계에, 혹은 신경전형성 대vs. 결함/일탈이라는 척도에 기반을 둔다는 전제를 전적으로 기각한다. 우리의 관점에서는 세계에 대한 주관적 경험을 지닌 존재들은 모두 그 자체로 도덕적 권리 주장에 대한 자기 발생적 원천이다. 그들이 소위 인간의 신경전형성이라는 규준과 얼마나 가까이 있거나 멀리 떨어져 있는지, 그리고 소위 인지적 복잡성이라는 척도상에서 어디에 위치해 있는지와 무관하게 말이다(Donaldson and Kymlicka 2011, ch. 2). 설령 모든 인간들이 그들의 인지 능력과 언어 능력에서 동일하고, 그 결과 일관성을 지키라고 호소할 수 있는 '가장자리' 사례들이나 인간과 동물이 서로 겹쳐지는 사례들이 전혀 존재하지 않는다고 하더라도, 동물권에 대한 우리의 논변은 조금도 흔들리지 않을 것이다. 우리의 논변은 '가장자리 사례들'을 동일하게 대해야만 한다는 것이 아니라, 그런 가장자리 사례들이 존재하는 않는다는 것인데, 왜냐하면 애초에 신경전형적인 성년 인간이 다른 존재들을 평가하는 규준으로 결코

하기 위해서는 [애초부터] 도덕적 공동체에서 동물이 배제되어야만 한다고 말한다. 템플 그랜딘에 따르자면, "사람들이 신경학적 장애인의 대규모 안락사를 도덕적으로 정당화하는 것을 예방하기 위해, 우리는 종차별주의자가 될 수밖에 없고 인간을 다른 동물들보다 더 가치 있게 여길 수밖에 없다"(Grandin 2011, 214). 이런 저자들에게 인간이 존엄한 도덕적 지위를 갖는 것을 상상할 수 있는 유일한 방법은 그것을 동물에게는 허락하지 않는 것을 통해서이다. 마치 인간의 도덕적 가치에 대한 표지가 비인간 동물들을 죽이고 착취할 권리라도 되는 것처럼 말이다. 동물권과 장애권으로 분할되어 있는 양편 모두에게 도덕적 지위를 둘러싼 문제는 도구화되어 왔던 것이다. 우리는 이전의 저작에서 서발턴화된 인간 집단들의 진보를 상정하는 사회정의 운동의 경향성이 지속되기 위해서는, 가파른 종적 위계와 이것이 대개 지닐 수밖에 없는 왜곡 효과의 재확인이 필요함을 논한 바 있다(Kymlicka and Donaldson 2014).

규정되지 말았어야 했기 때문이다.

　동물권 이론이 도덕적 지위의 부여라는 (혹은 시민권이라는) 목적을 위해 인지장애인이 (혹은 아동이) '가장자리 사례들'에 해당한다는 발상을 도입하지 않아야 함을 강조하는 것은 중요하다. 그런 해악적인 발상은 훨씬 일찍부터, 즉 휴머니즘[즉 일종의 인간중심주의] 철학자들이 인지 능력의 위계 혹은 정상성이라는 견지에서 도덕적 지위를 처음 규정했을 때 생겨났다. 그렇지만 동물권 이론가들은 동물을 착취할 수 있는 인간의 권리에 대한 종차별주의적 옹호자들과 맞서는 과정에서, 서구 철학의 이런 문제적인 흐름을 너무나 자주 무비판적으로 채택해 왔다. 전형적인 종차별주의적 주장은 언어적 행위 주체성이 완전한 도덕적 지위나 시민권에 대한 임계 능력이라는 것, 따라서 동물들은 낮은 지위를 지닌다는 것, 그리하여 우리 인간은 우리의 이득을 위해 그들을 사용할 수 있다는 것이다. 이런 논변에 대한 올바른 대응은 상당수 인간들 또한 언어적 행위 주체성이 결여되어 있음을 지적하는 것, 그리고 논리적 일관성이 유지되려면 같은 사례들은 (일부 동물들을 끌어올리든 일부 일간들을 끌어내리든) 동일하게 대해야 할 필요가 있음을 지적하는 것이 아니다. 오히려 올바른 대응은 언어적 행위 주체성이 도덕적 지위나 시민권에 대한 임계 능력이라는 발상, 또는 모든 존재들의 평가 기준이 됨과 동시에 어떤 존재들에게는 결여되어 있는 '정상적인' 인간의 인지 능력 같은 것이 존재한다는 발상에 직접적으로 도전하는 것이다. 더욱이 인지적 차이를 (그리고 우리 모두는 인지 능력에서 서로 다르다는 것을) 지적하는 것은 단지 그러하다는 것, 즉 차이에 대한 기술일 뿐이다. 그것은 불평등한 대우나, 더 낮은 혹은 '가장자리' 지위에 대한 어떤 논거가 아니다.[13]

　그러므로 이 장에서 우리가 인지장애인, 아동, 가축을 비교하는 이유는 '정상적인 성년' 남성이 정점에 있는 도덕적 지위의 어떤 척도상에서 그들 각각이 차지하고 있는 상대적 위치를 파악하기 위한 것이 아니다. 오히려 우리의 목적은 제한된 언어적 행위 주체성에 근거하여 전통적인 시민권 이론과 실천에서 배제되어 왔던 모든 사회 구성원들의 성원권과 참여권을 어떻게 인정할 수 있는가라는 도전 과제를 철저히 사유해 보는 것이다. 우리는 그런 모든 집단에 대한 권리 옹호가 시민권에 대한 전통적 관점과 신경전형주의적 편견에 도전하는 공동의 노력으로부터(Salomon 2010), 그리고 사회의 모든 다양한 구성원을 포함하는 성원권과 참여권에 대한 대안적 모델을 설득력 있게 분명히 제시하려는 공동의 노력으로부터 도움을 받을 수 있을 것이라고 믿는다.

이런 점에서 우리는 이 장이 수나우라 테일러가 그녀의 최근 작업(Taylor 2011; 2013; 2014)에서 진전시켜 온 장애권과 동물권 간의 새로운 '동료 의식' 프로젝트에 기여할 수 있을 것이라고 본다. 그녀가 언급한 것처럼, 양자의 투쟁은 비장애중심주의와 맞서 싸우는 데 공동의 이해관계를 지니고 있다. 왜냐하면 "우리는 장애인들을 이런 방식으로 — 그들은 무능력하고, 결핍되어 있으며, 다르다고

---

13) 로버트 가너(Garner 2013)는 우리가 동물에게까지 평등한 인정과 성원권을 확장하는 것은 종의 경계를 가로질러 서로 겹쳐지는 능력의 입증을 통해서만 이루어질 수 있기 때문에, (우리의 입장과 같은) 급진적인 평등주의 동물권 이론은 가장자리 사례 논증을 필요로 한다고 최근 주장한 바 있다. 이는 동물 개체들은 개인들처럼 '정당한 권리 주장에 대한 자기 발생적 원천'임을 그냥 인정하지 않는 것에 지나지 않는다. 설령 종차별주의자들이 어떤 고유한 인간의 능력 — 모든 인간이 공유하고 있고 그 어떠한 동물들도 보유하고 있지 않은 능력 — 을 확인했다 한들, 그래서 뭐 어쨌단 말인가? 차이가 존재한다는 사실은 불평등한 도덕적 지위나 시민권적 지위에 대한 어떤 논거가 아니다.

간주된다 — 바라보는 것과 많은 동일한 이유에서 동물들을 열등하며 가치가 없다고 여기기" 때문이다(Taylor 2013, 761). 그리고 이는 다시 "'자립', '자연', '정상성' 같은 숨겨진 저의가 있는 단어들을 재평가"해야 할 공동의 이해관계를 생성해 내는데(Taylor 2011, 219), 왜냐하면 "무엇이 자연적이며 정상적인가에 대한 제한된 해석들은 장애인과 동물 양자에 대한 지속적인 억압으로 이어지기" 때문이다(Taylor 2013, 761). 기실 그녀는 "장애학은 다양한 몸들과 정신들에서, 상이한 존재 방식에서 가치를 찾아야 한다고 주장하면서도, 비인간 동물들을 배제하는 모순적인 상태에서 벗어나지 못하고 있다"고 결론 내린다(Taylor 2011, 219). 우리는 비배제적 시민권의 새로운 모델을 분명히 제시하는 것이 이런 새로운 동료 관계의 진전에 특히 유익한 장을 제공할 것이라고 믿는다.

### 비배제적 시민권의 공통된 도전 과제들

인지장애인, 아동, 가축 세 집단 모두에게 핵심적인 도전 과제는 언어적 행위 주체성 없이도 정치적 목소리를 내고 시민권의 규범을 형성하는 데 참여하는 것을 가능하게 하는 일이다. 이 세 집단은 사회정치적 공동체의 참여적 구성원이 되는 데 있어 다양한 형태의 다른 능력들을 지니고 있을 수 있다. 주관적 선을 지니는 것, 다른 개체들을 인식하고 그들에게 반응하는 것, 의도적 행위와 실천 이성에 관여하는 것, 공감하고 관심을 기울이고 돌보는 것, 규범 민감성norm sensitivity을 갖고 자기 규제를 하는 것을 포함해서 말이다. 이는 공동의 사회생활을 가능하게 하는 능력들이며, 시민권의 과제는 우리가 공유하고 있는 사회적 규칙이 이 사회의 일원인 모든 구성원들의 주관적 선에 반응하도록 보장하는 것이다. 그렇지만 언어적 행위 주체성의 부재는 이런 다양한 능력을 인정하고, 해석하고, 가능하게 하는 데 심각한 장벽을 부과할 수 있다. 언어적 행위 주체들은 좀 더 손쉽게 그들의 내면세계를 분명히 표현할 수 있다. 언어적 행위 주체성이 결여된 개체들은 신경전형적인 성년 인간에게 적합하도록 설계된 정치의 무대에서 시민권과 관련된 다양한 능력들을 발전시키고, 보여 주고, 실행하는 데 불리한 입장에 있다.

기실 우리가 이런 도전 과제들을 다룰 수 있는 방법을 찾아내지 못한다면, 참여, [사회와 사회적 규범의] 공동 창조자, 시민권이라는 관념은 권능강화라는 허울 아래서 계속 이어지고 있는 지배 관계를 단지 은폐할 심각한 위험이 있다. 아동, 인지장애인, 가축은 모두 잘못된 해석, 조작, 부당한 후견주의paternalism에 취약하며, 실제로는 그들을 종속시키거나 지배하는 실천에 찬성을 표하는 것처럼 보이도록 상황을 설정하는 것도 너무나 쉽다. 이런 근본적인 권력의 비대칭은 불가피하다. 이 세 집단의 구성원들은 타자들이 그들의 시각이나 이해관계를 인정하도록 보장하는 퇴장의 권리right of exit를 실행하는 데, 혹은 조직화된 동원이나 저항을 하는 데 제한된 능력을 지니고 있다.[14] 따라서 현실적으로 그들은 그들의 참여 행위가 뒷받침되고 해석되기 위해 타자들 — 돌봄 제공자, 피신탁인, 후견인, 옹호자 — 에게 의존한다. 이는 불가피하게 언어적 행위 주체성이 결여된 이들의 주관적 선을 해석할 책임을 맡은 자

---

14) 설령 그들이 개별적인 이의 제기나 저항 행위를 할 수는 있다고 하더라도 말이다(Hribal 2010).

들에 의한 편견, 이기심, 투사projection, 선의의 오류를 향해 문을 열어 놓게 된다.

이와 같은 실로 커다란 도전 과제들을 생각한다면, 그들이 주관적 선을 형성하고 소통하는 과정이나 그들의 의사 결정을 지원하는 과정에서 행위 주체성을 가능하게 한다는 목표는 한쪽으로 제쳐 두고, 대신 좀 더 객관적인 복지 대책에 초점을 맞추고픈 유혹을 느낄지도 모르겠다. 예컨대 가축의 경우, 우리는 종전형적인species-typical 필요나 종 특유의 행동에 대한 설명을 발전시키고, 돌봄 제공자들이 이런 일반적인 필요들을 존중하면 된다고 주장할 수도 있을 것이다. 이 종전형적인 필요가 개별적인 동물들의 주관적 선을 따르는 것인지 그렇지 않은지 가리고자 시도하지도 않은 채 말이다. 그리고 그들에게 언어적 행위 주체성이 부재함을 고려한다면, 그들로부터 개별적인 주관성을 끌어내고자 노력하는 일은 아무리 잘해 봐야 신뢰할 수 없는 것이라고, 그리고 최악의 경우에는 단지 편향된 자기중심적 투사를 통한 지배를 정당화할 뿐이라고 생각할 수도 있다. 객관적인 종전형적 규준에 따라 가축들을 관리하는 것은 분명히 후견주의적인 것이지만, 이것이 주관적 선의 비언어적 표현들을 해석하려는 근거 없거나 자기중심적인 노력보다는 오히려 더 나은 것일 수도 있다고 말이다.[15]

유사한 이슈가 인지장애의 맥락에서도 등장한 바 있다. 몇몇 정치이론가들은 우리가 인지장애인의 주관적 선을 해석하는 데 심

---

15) Angus Nurse and Diane Ryland, "A Question of Citizenship: Examining Zoopolis' Political Theory of Animal Rights", *Journal of Animal Ethics* 3(2), 2013, pp. 201-207; Nussbaum, *Frontiers of Justice: Disability, Nationality, Species Membership* 참조.

각한 인식적 장벽과 직면하는 상황에서는, 인간적 선에 대한 객관적 조치와 종전형적 규준에 의지해야만 한다고 주장해 왔다(Nussbaum 2006). 만일 개인들이 스스로 정치적 명제의 타당함을 이성적으로 판단할 수 없다면, 사회는 개인들의 주관적 경험을 끌어내고 해석하는 과업을 부여받은 피신탁인을 활용해서 동의를 구하는 척 흉내 내려고 시도하지 말아야 한다. 이런 경우에 오히려 우리는 동의라는 관념이 현실적 의미가 없음을, 그리고 우리가 그들을 '위해' 행한 조치를 정당화할 수는 있지만 그들에 '대해' 우리 자신을 정당화할 수는 없음을 그대로 인정해야만 한다(Edenberg and Friedman 2013, 358). 다시 말하자면, 인지장애인을 위한 피신탁인은 인지장애인이 그 자신의 이익에 대해 어떤 생각을 품고 있는지 이해하기 위해 최선의 노력을 하는 것이 아니라, 자신에 의해서 대변되고 있는 사람의 객관적 이익에 대해 최선의 판단을 내려야만 하는 것이다.

대다수 장애 이론가들과 장애권 활동가들은 피신탁인의 지위에 대한 이와 같은 후견주의적 모델에 깊은 불신감을 보여 왔다. 후견주의의 여러 해악적 형태들에 맞서 오랫동안 투쟁을 벌여 왔던 운동에게 이는 당연한 것이라 할 수 있다. 하지만 베루베가 언급한 것처럼, 많은 장애 이론가들은 언어적 행위 주체성이 결여된 이들을 위해 덜 후견주의적인 후견 모델을 발전시키기보다는 그 이슈를 전적으로 회피해 왔다고 할 수 있다. 새로운 형태의 의존적 행위 주체성을 구성하는 것이 도전 과제로 요구되는 사례들보다는 자기 대표권self-representation에 대한 '장벽을 제거하는 것'이 근본적인 문제가 되는 사례들에 초점을 맞추면서 말이다.[16)]

미국에서 장애학은 대리 행위 및 후견과 관련해 철저하게 저이론화되어 있다. 장애인의 자기 대표권을 강조하고, 대표에 대한 실질적 가능성이 오직 다른 이에 의해서 그의 바람이 (우리가 그 바람을 알 수 있는 한에 있어서는) 대변되도록 하는 것에 놓여 있는 장애인의 처지를 간과하면서 말이다. 이 같은 저이론화의 이유는 다양하다. [첫째 -옮긴이] 장애학 이론가들은 인지장애, 특히 심각한 인지장애보다는 신체적 장애에 강조점을 두는 경향을 미묘하게 보여 왔는데, 부분적으로 이는 그들이 속한 학계에서 심각한 인지장애를 지닌 이들을 별로 접하지 못하기 때문이기도 하다. [둘째 -옮긴이] 자율성과 자기 대표권은 장애인에게도 (혹은 장애인에게 더 특별히) 매혹적인 이상으로 남아 있기 때문이다. [셋째 -옮긴이] 후견에 대한 과도한 강조가 인지장애인에 대한 한층 더 강화된 유아화를 수반해 왔던 것도 반작용을 일으킨 듯하다. [넷째 -옮긴이] 인문학자라는 나의 입장에서 보자면, 우리가 꽤나 포스트주의적인 어떤 시대에 진입해 있음에 반해, 자주 인용되곤 하는 미셸 푸코와의 대담에서 질 들뢰즈가 언급했던 것처럼, 우리는 여전히 "타인들을 대신해 말하는 것의 무례함"이라는 견지에서 사고하는 것이 몸이 배어 있다고 할 수 있다(Bérubé 2009, 357, 358).

요컨대 우리는 만족스럽지 못한 두 가지 모델 사이에 끼어 있는 것처럼 보인다. 자신의 주관적 경험에 대한 개인들의 자기 대표권에 전적으로 의지하는 반후견주의적 모델과, 객관적 복리에 대한 제삼자적 판단에 의지하는 후견주의적 모델 사이에 말이다. 그 어느 쪽 모델도 언어적 행위 주체성이 결여된 사회 구성원들의 참여를

16) 현저한 인지장애에 대해 이야기하는 것보다는 휠체어와 경사로에 대해 이야기할 때 "'무장애 환경'barrier-free environment에 대해 말하기"가 더 용이하다(Bérubé 2009, 357).

가능하게 할 수 있는 그럴듯한 그림을 제공하지 못한다. 그들은 그들의 주관적 선과 목소리를 통해 사회규범을 제정하는 데 참여할 (시민으로서의) 권리를 지니고 있지만, 단지 다른 개체들에 의해서 다양한 정도로 중재되고, 해석되고, 대표되는 방식으로 그렇게 할 수 있는 것이다.

이런 교착 상태를 극복하기 위해서, 우리는 '~를 위한 정당한 명분'justification for과 '~에게 있어서의 정당한 명분'justification to이라는 이분법을 재사유할 필요가 있다. 해당 개체들에게 있어서의 정당한 명분이 단지 그들이 합리성과 [명제의] 이론적 이해라는 무리한 임계 기준을 충족시킬 경우에만 적용될 수 있다는 가정으로부터 우리가 출발한다면, 상당수 개체들은 이 임계 기준 아래에 놓일 수밖에 없다(Edenberg and Friedman 2013, 356, 358). 이런 관점에서는 특정한 규칙이나 실천에 대한 주관적 경험은 단지 그것이 성찰적으로 그리고 언어적으로 분명히 표현되는 경우에만 유의미하게 된다. 그러나 해당 개체들에게 있어서의 정당한 명분은 '그렇다/아니다'나 '임계 기준 이상이다/임계 기준 이하다'로 간단히 나뉠 수 있는 문제가 아니며, 설령 충분한 정보에 근거한 '동의'consent라는 법률적 임계 기준이 충족되지 않는 경우라 하더라도, '찬성'assent, '묵인'acquiescence, '논쟁'이나 여타의 '~에게 있어서의 정당한 명분'의 형태들이 유의미하게 되는 많은 맥락들이 존재한다.[17)]

17) 동물의 경우에 있어 '찬성/묵인'이라는 문제와 관련해서는 Jeffrey Kahn, "Lessons Learned: Challenges in Applying Current Constraints on Research on Chimpanzees to Other Animals", *Theoretical Medicine and Bioethics* 35(2), 2014, p. 99 참조. 그리고 인지장애의 경우에 대해서는 Agnieszka Jaworska, "Caring, Minimal Autonomy, and the Limits of Liberalism", eds. Hilde Lindemann, Marian

이런 문제에 대해 장애 이론가들과 동물권 이론가들 양쪽은 아동의 발달에 대해 사고해 보는 것에서, 그리고 베루베가 "어떤 부모-아이 관계에도 수반되는 통상적인 당혹감"이라고 부른 것에서 도움을 받을 수 있다. 부모-아이의 관계라는 맥락에서 우리는 '~를 위한 정당한 명분'과 '~에게 있어서의 정당한 명분' 양자 모두가 유의미하다는 것은 명백하다고 받아들인다. 비록 맥락에 따라, 그리고 시간의 흐름에 따라 양자의 정확한 혼합 비율은 변하겠지만 말이다. 부모는 어린아이의 주관적 선에 대한 표현을 집중력 있게 끌어내고 반응하는 것과 더불어, 이런 표현들을 해당 아동의 이익에 관한 일관성 있는 이야기로 형성해 내는 데 있어서도 능동적인 역할을 한다.

몇몇 이론가들은 우리 모두와 마찬가지로 인지장애인들도 (그들의 이익이 '객관적' 모델에 의해 정확히 포착될 수 없는) 고유한 개성과 선호를 지닌 개인임을, 그리고 공동의 결정이 이루어지는 과정에서 그들의 주관적 선이 파악되고 또 포함될 수 있음을 강조하면서, 좀 더 섬세한 모델 쪽으로 이동해 갔다(Francis and Silvers 2007). 피신탁인이 인지장애인들을 위한 좋은 삶의 '개별적 각본'을 구성하는 데 도움을 줄 수 있는, 그리고 그들에게 책임지기 위한 정치적 권한들을 견지할 수 있는, 그 결과 인지장애를 지닌 개인들이 의미 있는 형태의 의존적 행위 주체성을 행사하도록 해줄 수 있는 여러 방법들이 존재한다. 이런 관점에서는 자율성이 단지 개체들의 능력이 아닌 관계론적인 성취로 이해된다. 피신탁인 쪽에서 나타날

Verkerk and Margaret Walker, *Naturalized Bioethics: Toward Responsible Knowing and Practice*, Cambridge: Cambridge University Press, 2009 참조.

수 있는 자기중심적 편견과 투사의 위험을 피하면서 의존적 행위 주체성의 메커니즘을 구성하는 것은 분명 벅찬 과업일 것이다. 그러나 그 위험들은 그만한 가치가 있는 반면, (언어적 행위 주체성의 경계 위쪽에 있다면 '~에게 있어서의 정당한 명분'이, 그런 경계 아래쪽에 있다면 '~를 위한 정당한 명분'이 채택되는) [임계 능력과] 임계 기준이라는 사고틀은 한층 더 나쁜 것이라 할 수 있다.[18)]

이 장의 나머지 부분에서 우리는 이런 유망한 시작점에 기반을 두고자 하며, 그것이 어떤 식으로 인지장애인, 아동, 가축을 위한 비배제적 시민권의 새로운 비전을 특징지을 수 있는지 알아보고자 한다. 비배제적 시민권이 해방적 목표들에 기여하려면, 우리는 도덕적으로 유의미한 참여와 행위 주체성이 어떤 종류의 것인지, 그리고 그것을 가능하게 하는 안전장치와 전제 조건은 무엇인지를 명확히 할 필요가 있다. 우리는 각각의 맥락에서 등장한 세 가지 이슈를 중심으로 논의를 조직할 것이다. 행위 주체성의 범위, 선택권의 구조화, 해석이라는 도전 과제가 그것이다. 아래의 세 절 모두에서 우리는 아동, 인지장애인, 가축의 시민권 사이에 존재하는 유사성과 차이에 대한 성찰이, 지금과는 다른 비배제적 시민권의

---

18) 키테이가 언급한 것처럼, 임계 능력 모델은 인지장애인이 [언어적 행위 주체성의] 경계 아래에 놓이고 그래서 그들에게 가장 큰 영향을 미치는 사안들에서도 결코 '발언할' 기회를 갖지 못하는 경우뿐만 아니라, 인지장애인이 경계 위에 놓이고 그래서 그들이 유의미한 행위 주체성을 행사할 수 있도록 해주는 고유한 구조와 관계가 부정되는 경우에도 또한 제대로 작동하지 않는다. 그녀가 말하는 것처럼, 임계 능력 모델들은 "그런 이상화로부터 한참 멀리 떨어져 있는 이들은 그 존재를 무시하는 것에 의해서, 그리고 그런 이상화에 미치지 못하는 이들은 문제적인 방식으로만 포함하는 것에 의해서, 양자 모두를 사실상 배제한다"(Kittay 2009a, 219).

새로운 모델에 대한 전망과 도전 과제를 명확히 해줄 수 있음을 논할 것이다.

## 행위 주체성의 범위: 거시적인 것과 미시적인 것

인간에게도 여타의 동물들에게도 행위 주체성의 범위는 상당히 제한적이다. 우리 삶의 핵심적 차원들은 체현된 종적 정체성, 살고 있는 시대, 생물학적 부모 등과 같은 다양한 소여所與들에 의해 정해져 있다. 이 같은 제한들에도 불구하고, 우리는 행위 주체성에 대한 광범위한 여지를 지닌다 ─ 우리가 어떻게 살아갈 것인가와 관련해 의미 있고 실질적인 선택을 하는 데 ─ 고 널리 상정된다. 우호적인 물질적·사회정치적 조건하에서 나이가 들고 경험이 늘어남에 따라 일반적으로 확장될 수 있는 어떤 여지를 말이다. 친밀한 파트너의 선택, 정치적·종교적 헌신, 노동과 활동, 사회적 네트워크 같은 사안들은 점진적으로 발달하는 행위 주체성의 통제 아래 있는 것으로 간주된다.[19] 우리는 우리 삶의 '거시적 틀'이라고

---

19) 우리가 '행위 주체성'이라는 단어를 사용할 때 그것은 어떤 효과에 대한 기대를 갖고 자기 의지에 따라 이루어지는 행위, 혹은 스스로 개시한 행위를 함의한다. 샤론 크라우제는 행위 주체성을 "세계 내에서의 구체적 행위를 통한 자신의 주체적 실존, 즉 정체성의 확인"이라고 정의하면서, "한 명의 행위 주체라는 것은 당신이 누구인가를 구체적으로 드러내 보이는 방식으로 세계에 영향을 미치는 것, 당신이 미치는 효과 속에서 당신 자신을 보고 타인들에 의해 보이게 되는 것, 당신의 행위가 어떤 의미에서는 바로 당신 자신임을 인식하는 것이다"라고 말한다(Krause 2012, 240). 행위 주체성을 지닌다는 것은 단지 당신이 행위를 개시할 수 있다는 것이 아니라, 당신의 행위가 당신이 의도한 결과를 가져올 수 있다

부를 수 있는 것의 많은 차원들을 형성할 수 있는 권리와 능력을 지니며, 가능하고 의미 있는 경우라면 언제나 이 능력을 행사하는 것이 우리의 복리well-bing에 결정적으로 중요하다.

최근의 시민권 투쟁의 일부로서, 아동과 인지장애인에 대한 권리 옹호는 거시적 행위 주체성의 잠재력을 확인하면서 자기 결정에 대한 범위의 확장을 추구해 왔다. 〈유엔 아동권리협약〉이 아동은 "그들에게 영향을 미치는 모든 사안들"에서 "발언할" 권리를 지닌다고 말했을 때, 이런 사안들은 단지 정해진 생활 계획의 범위 내에 있는 일상적 결정 — 음식, 여가 활동, 침실을 어떻게 꾸밀 것인가에 대한 선택권 같은 — 이 아니라, 그들 삶의 근본적인 차원들과 관련된다. 예컨대 그들이 받을 교육의 종류, 유급 일자리를 얻을 것인가의 여부, 누구와 함께 시간을 보낼 것인가, 그들의 가족이 어디에 살 것인가, 부모가 원거리 별거를 하게 된 경우 어느 쪽 부모와 함께 살 것인가, 고통스러운 연명 치료를 받을 것인가의 여부와 같은 사안들 말이다(Alderson 2008).[20] 아동은 이 사안들에서 상의의 주체가 될 권리를 지닌다. 그들의 생각과 선호가 의사 결정의 형성을 도울 수 있도록, 그들을 보호하고 복지를 제

---

는 것을 의미한다. 마이클 위마이어와 낸시 가너가 말한 것처럼, "자기 결정이라는 것은 당신이 스스로 얼마나 많은 것을 구체적인 행동으로 수행할 수 있는가와 관련된 기능이 아니라, 당신이 어떤 일들을 일어나게 만들거나 혹은 야기할 수 있는 있는가와 관련된 기능이다"(Wehmeyer and Garner 2003, 263). 많은 맥락들에서 이는 타인들이 당신을 한 명의 행위 주체로 받아들인 상태에서 반응하는 것을 필요로 한다.

20) 〈유엔 아동권리협약〉의 중대한 한계는 아동에게 "영향을 미치는 모든 사안들"이라는 구절이 공적인 정치적 영역은 포함하지 않는 것으로 해석된다는 점이다.

공하는 성인들의 관심사에 의해서 잠식되어 버리지 않도록 말이다. 행위 주체성의 범위는 항상 변화·발전하고 있으며, 따라서 개체들은 언제나 추정상의 행위 주체presumptive agent로 ─ 즉 그들이 '마치' 행위 주체'인 것처럼' ─ 간주될 수 있어야 한다. 왜냐하면 이것이 어떤 주어진 상황에서도 우리가 그들이 행위 주체인 정도를 깨닫는, 그리고 실제로 그들이 행위 주체가 되는 것을 한층 더 가능하게 하는 방식이기 때문이다.

앞서 언급된 것처럼, 〈유엔 아동권리협약〉은 3P ─ 보호, 복지 제공, 참여에 대한 권리 ─ 의 견지에서 아동권의 틀을 설정한다. 이런 비전을 실행하는 데 핵심적인 도전 과제는 아동들의 참여가 보호에 대한 관심에 의해 과도하게 제한되지 않도록 보장하는 것이다. 예컨대 이동이라는 문제와 관련해 프리실라 앨더슨은 (주로 교통사고로 아동이 사망하는 것에 대한 두려움 때문에) 아동의 이동권이 점점 더 제한되고 있는 현실에 관한 꽤나 놀라운 통계를 제시한다. 영국에서 1977년과 1990년 사이에 차량 교통사고로 사망한 아동의 수는 1000명에서 300명으로 줄어들었다. 즉 커다란 감소가 있었던 것이다. 그런데 같은 시기에 "7~11세 아동 가운데 도로를 혼자 건너도록 허용된 비율은 72퍼센트에서 50퍼센트로 떨어졌고, 공원에 산책하러 가도록 허용된 비율은 63퍼센트에서 37퍼센트로 낮아졌으며, 성인 보호자 없이 버스를 타도록 허용된 비율은 48퍼센트에서 15퍼센트로 하락했다"(Alderson 2008, 121). 다시 말해서 아동들의 안전이 그들의 자유를 상당히 제한하는 것을 대가로 추구되었던 것이다. 확인 가능한 모든 증거는 아동들 자신은 이런 트레이드오프에 분개하고 있음을 시사한다. 그들에게 '발언할' 기회가 주어진다면, 그들은 왜 아동들의 이동 대신 차량이 제한되지 않느냐고 물을 것이다. 실제로 덴마크는 이런 접근법을 취했고, 아동들을 제한하기보다는 오히려 차량들을 규제함으로써 (즉 자유롭게 걷고, 자전거를 타고, 뛰어놀 수 있는 자동차 통행금지 구역을 만듦으로써) 교통사고 사망 건수에서 비슷한 감소를 이루어 냈다(Alderson 2008, 104).

아동과 노동이라는 문제와 관련해서도 유사한 이슈들이 등장한다. 많은 나라들이 보호를 명분으로 모든 형태의 아동 노동을 금지하고 있기는 하지만, 여러 증거들은 아동들이 행위 주체성과 능력을 개발하고, 존중과 수입을 얻고, 집에 있는 것보다 더 긍정적인 관계를 발전시킬 수 있는 맥락을 노동이 제공해 준다는 것을 시사한다(Oswell 2013; Gasson and Linsell 2011; Bourdillon et al. 2009). 더욱이 아동들이 '발언하도록' 요청받는다면, [여러 연구의 증거들과 같이] 그들은 노동에 대한 전면적 제한은 원치 않는다는 입장을 표할 것이다. 그들은 비착취적인 노동조건과 노동권을 원하는 것이다(Gasson and Linsell 2011; Bourdillon et al. 2009). 보호와 참여 사이의 이 같은 균형은 〈유엔 아동권리협약〉에서도 인정된다. 그 협약은 아동 노동을 금지하는 것이 아니라, 노동이 착취적이고 위험하거나, 건강, 교육, 발달에 피해를 주어서는 안 된다고 규정한다(제32조).[21]

---

21) 아동 고용에 대한 〈유엔 아동권리협약〉의 접근법은 국제노동기구International Labour Organization, ILO가 〈취업 최저 연령에 관한 협약〉Convention 138-Minimum Age Convention(1973)에서 취하고 있는 접근법과는 다른데, 여기서는 아동이 "고용이나 어떤 직업에서의 노동도 허락되어서는" 안 되는 최저 연령을 모든 국가가 채택할 것을 요구하고 있다(제1조). 그 협약이 여전히 협약집 내에 포함되어 있기는 하지만, 국제노동기구 자신은 그 이후 초점을 이동해 왔다. 그리고 해로운 형태의 아동 노동 제거에 초점을 맞춘 새로운 〈최악의 아동 노동 금지 협약〉Convention 182-Worst Forms of Child Labour Convention을 1999년 채택하면서 〈유엔 아동권리협약〉과 같은 노선을 취하게 되었다. 이런 발전에 대해서는, 그

기존의 증거들이 보여 주는 중요한 점은 아동들이 노동에 대한 전면적 제한에 의해 피해를 입어 왔다는 것, 그리고 보호에 대한 지나친 강조가 아동들의 번영된 삶을 뒷받침하기보다는 훼손하는 방식으로 작용하면서 그들이 노동에 관한 의사 결정에 참여할 기회를 박탈했다는 것이다.

자유에 대한 후견주의적 제한은 자기 충족적 예언self-fulfilling prophecy[22] 으로 이어질 수 있는데, 이런 메커니즘에서 아동은 기술과 능력을 발전시킬 기회가 결여되고, 이로 인한 기술과 능력의 부재가 다시 자유의 제한을 정당화하게 된다.

4, 5세의 아동들에게 스스로 대처하는 것을 배울 수 있는 기회를 좀처럼 허용하지 않고 그들의 삶을 대부분 집이나, 유아원이나, 학교에서의 보호에 국한시키면서도, 제대로 대처할 수 없는 무능력의 책임은 그들에게 돌려지거나 그들의 속성이라고 말해지곤 한다. 그러고나면, 필연적으로 그 무능력은 사회적 경험의 부족이 아니라 그들의

리고 아동 노동 폐지론자들과 규제론자들 간의 보다 개괄적인 논쟁에 대해서는 Michael Bourdillon, Ben White and William Myers, "Reassessing Minimum-Age Standards for Children's Work", *International Journal of Sociology and Social Policy* 29(3), 2009, pp. 106-117 참조.

22) [옮긴이] 어떤 고정관념과 기대가 개인이나 집단의 행동과 대우에 영향을 미치고, 그에 따른 결과가 애초의 고정관념을 강화하는 것을 말한다. 예를 들어 우리 사회는 '발달장애인은 자립할 수 없다'는 고정관념 아래 발달장애인의 자립을 위한 교육이나 관련 지원 정책의 마련을 소홀히 해왔다. 그에 따라 자립해서 살아가는 발달장애인을 잘 볼 수 없게 되는데, 이런 결과는 다시 사람들 사이에서 애초의 고정관념을 정당화하고 강화하게 된다.

느린 생물학적 성숙의 일부분으로 상정되어 버린다(Alderson 2008, 73).

서구 사회에서 아동들은 유아화되어 왔고, 그들의 자유에 대한 점점 더 큰 제한은 다시 그들의 능력에 대한 철저히 축소된 이해로 귀결되었다(Alderson 2008; Oswell 2013).

유사한 논쟁이 인지장애인의 거시적 행위 주체성과 관련해서도 등장한다. 인지장애인들 또한 자신들의 삶의 근본적인 차원들에 대해 더 큰 통제권이 있음을 역설해 왔다. 어디서 누구와 함께 살 것인가의 문제, 고용 상태, 성생활, 결혼 및 가족 구성에 대한 결정 같은 사안들에 대해서 말이다. 이런 결정들 가운데 다수는 가족, 돌봄 제공자, 지원 인력들과의 긴밀한 상의를 통해서 이루어진다. 심각한 장애를 지닌 경우에는 해당 장애인의 참여 정도가 상당히 제한적일 수는 있겠지만 말이다. 그럼에도 이런 모든 결정이 시민이 아닌 피후견인으로 간주되는 개인들을 절대적으로 '대신해' 이루어지는 구래의 모델은 도전받아 왔고, 실제로 〈유엔 장애인 권리협약〉에서는 철저히 기각되었다.[23] 그리고 여기서도 또한 아동의 경우에서처럼 참여에 대해 더 큰 강조가 이루어지면서 전면적인 보호가 필요하다는 구래의 가정들은 의문시되었고, 그런 자유의 제한이 어떤 식으로 능력에 관한 자기 충족적 예언으로 이어지게 되는지를 드러내 주었다(Walker et al. 2011). 인지장애인들이 발

---

23) 우리는 '전권을 행사하는 후견'plenary guardianship이라는 구래의 모델이 '개개인에 맞춰진 후견'tailored guardianship으로 대체되고, 그러고 나서 개개인에 맞춰진 후견이라는 구래의 모델이 다시 의사 결정 지원assisted decision-making으로 대체되는 분명한 경향을 보게 된다(Boni-Saenz 2015).

언하도록 요청받는다면, 그들은 노동에서 배제되기를 원치 않을 것이다. 오히려 강력한 권리 보장을 통해 착취로부터의 적절한 보호, 적합한 지원, 사회적 통합이 이루어지는 것과 함께, 이런 맥락 속에서 그들의 행위 주체성을 탐색하고 발전시킬 수 있는 기회를 제공받기를 원할 것이다(Flores et al. 2011; Inclusion International 2009; Reinders 2002).[24)]

행위 주체성의 영역을 발견하고 그 범위를 확장하는 것에 대한 이런 가치 지향 및 신념은 언제나 개개인에게 맞춰져야 하고 또 조정될 수 있다. 의미 있는 행위 주체성의 한도는 때와 맥락에 따라 가변적이지만, 어떤 시점에 한 영역에서 후견주의적 감독이나 제한이 필요할 수 있다는 사실이 다른 영역 전반에서의 전면적이고 영속적인 제한을 허용해 주는 것은 아니다. 장애권 운동에서, '우리를 제외하고는 우리에 관해 어떤 것도 하지 말라'는 것에 대한 강조와 더불어 '최소 제한 환경'least restrictive environment의 추구라는 목표는 이런 이상을 담고 있다(Carey 2009).

아동과 인지장애인에 대한 비배제적 시민권이라는 가치 지향 및 신념은 이런 노력들이 거시적 행위 주체성을 확장할 수 있도록 뒷받침해 준다. 이와 대조적으로 가축에 대해서는 그들이 자기 결정에 대한 어떤 능력도 없고 필요도 지니고 있지 않다는 가정이 널리 만연해 있다. 그들 삶의 기본 형태는 그들이 진화해 온 역사 그리고/또는 종적 본성에 의해 정해져 있다고, 인간이 그들을 대신해 모든 핵심적 결정을 내리는 인간 사회와 인간들에게 엄격하게

24) 이것이 고용과 관련하여 〈유엔 장애인권리협약〉 제27조에서 지지되는 접근법이다.

의존하도록 미리 결정되어 있다고 상정된다. 가축은 (식용 동물, 실험용 동물, 역축役畜, working animal 등의) 종적으로 규정된 기능적 역할을 하도록 타고 났으며, 이런 한도 내에서 우리는 우리가 동물에게 지고 있는 의무가 무엇인지 종종 묻기는 하지만, 그 한도의 존재 여부나 본질을 질문하지는 않는다. 우리는 가축들이 어떤 종류의 삶을 살아가길 원하는지, (인간들 또는 다른 동물들과) 어떤 관계를 맺고 싶어 하는지, 어떤 (노동 또는 여가) 활동에서 만족감을 찾는지, 어디에서 살기를 바라는지와 관련해 개별적 동물들과 상의해야 할 필요성을, 혹은 그 가능성마저도 인정하지 않는다.

그렇지만 실제로는 가축들을 위한 여러 가능한 삶의 형태들이 존재하며, 비배제적 시민권에 대한 가치 지향과 신념은 특정한 개체들을 위한 의미 있고 가능한 삶의 형태들을 탐색하면서, 가축들을 추정상의 행위 주체로 참여시키게 될 것이다. 그리고 어떤 경우에는 이런 가능한 삶의 형태들은 인간과의 덜 집중적인 상호작용을 수반하게 될 것이다.[25] 무수히 많은 가축들이 사회의 언저리 혹은 좀 더 멀리 떨어진 '재야생화된' 지역에 살고 있는 야생 개체군에 결합하기 위해 인간의 관리로부터 탈출해 왔다. 그레이트플레인스Great Plains의 무스탕[북미의 작은 반야생마]이나 오스트레일리아 아웃백outback[건조한 내륙부에 사막을 중심으로 뻗어 있는 오지]의 낙타들처럼 말이다.[26] 또 어떤 가축들은 인간의 집중적인

---

25) 엘리자베스 마셜 토머스(Thomas 1993)는 그녀의 반려견들이 선택지를 갖게 되었을 때, 어떤 식으로 그녀와 점점 더 적은 시간을 보내는 쪽을 택하게 되었는지 기술한 바 있다.

26) 최근의 유전자 분석은 본래부터 야생이었다고 오랫동안 생각되어 왔던 어떤 동물 개체군들이 실은 그 이전에는 가축이었음을 드러내 주었다

(잘못된) 관리와 의존으로부터 좀 더 자기 결정이 이루어지는 상황
으로 탈출했다. 도살되러 가던 도중에 도망쳐서 결국 한 농장 동
물 생크추어리farm sanctuary에서 살게 된 운 좋은 돼지를 생각해 보
라. 그곳에서 그 돼지는 먹이를 먹거나, 거처와 활동과 교우 관계
를 결정하는 것과 같은 일상생활의 보다 많은 측면들을 스스로 통
제할 수 있었다.[27]

선택권이 주어진다면, 어떤 가축들은 부분적으로는 보호와 복
지 제공을 인간에게 의존하기 위해, 그러나 또한 사교와 반려 관계
를 목적으로 인간과 좀 더 많은 시간을 보내길 원할 것이다.[28] 실
제로 현재 우리가 가축들을 대하는 방식에 존재하는 괴팍함 가운
데 하나는 우리가 높은 사교성을 지닌 동물들을 택한 다음(가축화
는 이종異種 간 사교가 가능한 동물들에 대해서만 이루어질 수 있다), 그들
을 인간 및 다른 동물들과의 접촉 양자로부터 차단된 고립된 환경
에 가두어 버렸다는 것이다. 인간이 이종 간 사교로부터 이득을
보는 것처럼(동물과의 반려 관계가 인간에게 주는 이득은 현재 매우 잘 기
록되어 있다), 가축들의 삶 또한 종들 간의 경계를 가로지르는 상호
작용 — 일종의 무한한 놀라움이자 도전 과제 — 을 통해 그처럼

(Clutton-Brock 2012).

27) 1986년 최초의 농장 동물 생크추어리가 뉴욕주 왓킨스 글렌Watkins Glen
에 문을 연 이래로 생크추어리 운동은 북미 전역으로 확산되었으며, 이
제는 수십 곳의 생크추어리가 운영 중에 있다. 우리는 이런 새로운 공동
체들이 가축들의 가능한 삶의 형태와 관련하여 얼마나 가치 있는 정보의
원천인지를 한 논문에서 살펴본 바 있다(Donaldson and Kymlicka 2015).

28) 그러나 그 대상이 반드시 동일한 한 사람일 필요는 없을 것이다. 리타
메이 브라운(Brown 2009)은 그녀의 반려 고양이가 어떤 식으로 그녀의 이
웃 주민들과 살기를 택했는지 기술한 바 있다.

풍부해질 수 있다.

　여기서도 또한 행위 주체성의 잠재적 범위는 가능한 한 덜 제한적인 (그러나 주의 깊게 비계飛階가 설정된) 환경 아래에서 가축들을 추정상의 행위 주체로 참여시키는가에 달려 있다.[29] 유의미한 선택지들의 범위는 다양한 종들 및 품종들마다 다를 것이고, 그 최종적인 선택 또한 각자의 개성에 따라 다를 것이다. 가축들도 인간과 마찬가지로 개개의 기질, 재능, 충동, 욕망 등을 고유하게 타고난 개체들이며, 따라서 다양한 대안들을 탐색하는 데 있어 그들이 나타내는 성향 또한 뚜렷이 다를 것이다. 이 과정은 불가피하게 많은 오류와 조정이 따르는 시도들을 수반하지만, 가축들이 그들 삶의 근본적인 형태와 관련해 의미 있는 선택지를 탐색할 수 있는 한, 그들에게 그렇게 할 수 있는 기회를 부여하지 않는 것은 일종의 독재다.

　더욱이 이 과정은 다른 개체들이 정해 놓은 생활 방식의 세세하거나 개별적인 사항들에만 한정된, 미시 행위 주체성의 영역으로 제한될 수 없다. 많은 필자들은 이런 미시적 의미에서만 가축의 행위 주체성을 찬양해 왔다. 예컨대 말과 개 조련사들은 (예컨대 민첩성이나 점프하기 같은) 기술의 숙달이 어떻게 동물들이 수행할 수 있는 행위의 세계를 확장하는지를 논한다. 그들이 몇몇 판단과 결정을 내리고, 어떤 행위와 참여를 시작하고, 그들이 개시한 일의 성공적인 완수로부터 만족감을 느낄 수 있는 세계를 말이다. 이런 종

---

29) 이런 과정에 대한 대단히 흥미로운 설명으로는 Ted Kerasote, *Merle's Door: Lessons from a Free-thinking Dog*, New York: Harcourt, 2007 [테드 케라소티, 『떠돌이 개와 함께한 행복한 나의 인생』, 황소연 옮김, 민음사, 2011] 참조.

류의 행위 주체성도 중요하긴 하다. 그러나 그것은 너무나 흔히 인간의 필요, 이익, 욕망에 기여하기 위해 가축들이 존재한다고 상정되는 관계를 합리화하는 데 활용되어 왔다(그리고 실제로 가축들은 그와 같은 목적에서 탄생된다). 조련사들이 인정하는 것처럼, 해당 동물들의 미시 행위 주체성은 정해진 목표의 추구 내에 엄격히 한정되어 있다. 즉 명시적인 목적은 인간들이 가치 있게 여기는 쇼맨십이나 기술의 숙달을 추구하는 데 동물들이 협력하도록 하는 것이다.[30] 조련사들은 노골적인 폭력을 수반하는 오래된 조련의 형태 — 말을 '길들이고[의지를 꺾고]'break 개를 때려서 굴복시키는 — 를 부인할지 모르겠지만, 그들이 현재 사용하는 방법 역시 인간의 명령에 대해 절대적 복종을 이끌어 내기 위한 교묘한 조작을 수반하고 있다(Hearne 2007[1986], 43; Patton 2003, 90; Haraway 2008, 211). 우리는 여전히 가축들을 인간의 쓸모와 선호에 맞게 만들어 내는 것과 관련된 이야기를 할 뿐, 가축들이 인간과의 관계에서 갖는 목표를 재정립할 수 있도록 하는 것에 관해서는 이야기하지 않는다.

비배제적 시민권을 뒷받침하는 행위 주체성에 대한 이해는 개체의 역할이나 삶의 각본에 대한 정태적인 혹은 고착된 이해와 양립할 수 없다. 사회의 모든 구성원은 가능한 한 그들 삶의 근본적인 관계와 활동들을 스스로 형성할 수 있는 기회를 부여받아야만

---

30) 양방향 소통, 협상, 동반자 관계라는 수사에도 불구하고, "경기장에서 말과 기수 간의 대화는 전적으로 기수에 의해서 설정된 과업과 관련하여 이루어진다"(Patton 2003, 90). J. J. 클락이 언급한 것처럼, 미시 행위 주체성에 초점을 맞추는 것은 해당 개체가 마치 찬성을 표한 듯 허울을 부여하지만, 실제로 말들은 대안적 관계를 탐색할 수 있는 그 어떤 기회도 제공받지 못했다. 이런 상황 아래에서 행위 주체성과 동의라는 허울은 지배를 정당화하기 위한 하나의 방법이 된다(Clark 2009, 179).

한다. 가축과의 관계에서도, 아동과의 관계에서도, 인지장애인과의 관계에서도 이런 거시적 틀은 무시되고, 대신 복지 제공과 보호의 의무를 다하는 것에만, 그리고 복지와 법적 준수의 기본 수준을 보장하고자 미시 행위 주체성을 충분히 육성하는 것에만 초점을 맞추기 십상이다. 그러나 우리의 목표는, 그것이 비록 대단치 않은 형태로만 성취 가능한 것이라 할지라도, 진정한 거시 행위 주체성 — 우리가 공유하는 협력적 관계나 활동의 본질과 목적 그 자체를, 그리고 공동체에 대한 정의[한도]definition를 설정할 수 있는 능력 — 이어야 한다.

## 선택을 구조화하기

지금까지 우리는 인지장애인, 아동, 가축이 스스로 대안을 탐색할 수 있는 여지를 생성하는 문제와 관련해 확실히 좀 느슨한 방식으로 이야기를 진행해 왔다. 이런 대안들에 대한 그들의 반응이 그들이 선호하는 것이 무엇인지를 우리에게 알려 줄 수 있다는 가정 위에서 말이다. 그러나 이는 문제의 온상이 어디인지를 가린다. 어떤 개체가 언어적 행위 주체가 아닐 경우, 그들에게 다양한 대안을 설명하는 일은, 또는 이에 대한 그들의 반응이 의미 있는 깃인지 확인하는 일은 쉽지 않다. 어쩌면 여러 대안을 접하면서 촉발된 행동은 그 존재의 주관적 선을 실제로 나타내는 것이 아니라, 단지 임의적인 움직임이거나 해당 환경에서는 낯설고 새로운 것에 대한 본능적 반응일지도 모른다. 우리는 소위 어떤 '대안들'이 공허하게 제시될 경우, 그와 같은 대안 앞에서 오히려 무기력해지거나 고뇌만 겪게 되는 상황을 어렵지 않게 상상해 볼 수 있다.

선택이 의미가 있기 위해서는 사회적으로 구조화될 필요가 있다. 즉 개체들이 자신에게 친숙하고 믿을 수 있는 대상을 규정할 수 있도록 돕는 특정한 규범과 관계 속으로 사회화되는 것과 함께, 늘어나는 대안들이 의미 있는 것인지에 대한 기준이 제공될 필요가 있다. 이는 인간이든 동물이든, 동물 가운데 가축화된 것이든 야생 종이든 사회의 모든 종들에게 해당된다. 따라서 거시 행위 주체성이 발휘될 수 있도록 하려면, 우리는 의미 있는 선택의 구조화 혹은 '비계 설정'에 관해 사고해야만 한다.[31]

아동과 인지장애인의 시민권에 대한 문헌들은 선택에 비계가 설정될 수 있는 두 가지 핵심적 토대를 말하고 있다. 첫 번째는 기본적인 사회화다. 어떤 사회집단이건 그 모든 구성원들은 사회 구성원들의 공존을 가능케 하는 규칙들 속으로 사회화될 권리를 지니고 있다. 이런 규칙에는 적절한 신체적 접촉, 공간의 공유, 소음 규제, 자신과 다른 개체에 대한 위험을 피하기 등에 대한 규범들이 포함된다. 이 규칙들은 사람들이 다른 개체들에게 부당한 위험이나 부담을 부과하지 않고 함께 잘 지내는 것을 가능하게 한다.

물론 일정 시점에 존재하는 특정 사회규범들은 어떤 집단의 구성원에게는 특권을 부여하는 반면, 다른 집단의 구성원은 불리하게 만들 가능성이 있다. 이는 가축들의 경우에 특히 명백하다. 우

31) '비계 설정'scaffolding이라는 개념은 발달심리학자인 레프 비고츠키와 제롬 브루너에게서 가져온 것이지만, 그들의 설명은 언어적 행위 주체성과 아주 강하게 연결되어 있다. 이 절에서 우리의 목적은 언어적 행위 주체가 아닌 이들을 위하여 선택에 비계를 설정하는 방식을 사고하는 것이다['비계'는 건축 공사 시 높은 곳에서 일할 수 있도록 설치하는 받침대인데, 발달심리학이나 교육학에서 '비계 설정'이란 학습자가 자신의 잠재력을 발휘해 현재의 수준에서 다음 단계로 나아갈 수 있도록 적절한 뒷받침을 제공하는 것을 말한다].

리는 우리가 불편하거나 보기 안 좋다고 여기는 동물의 활동들은 엄격히 금지하고 규제하는 반면, 가축들을 불편하게 하거나 불쾌하게 만드는 많은 활동들은 그냥 무시해 버린다. 유사한 비대칭적 상황이 아동과 인지장애인을 비롯해 역사적으로 배제되거나 낙인화되어 왔던 다른 집단들과 관련해서도 발생한다. 현행의 규칙들은 결코 모든 사회 구성원들의 상호 번영에 평등하게 적용되는 것이 아니며, 따라서 사회화는 어떤 지배의 차원을 수반한다. 비배제적 시민권의 중심 과제는 궁극적으로 모든 사회 구성원들이 이런 사회규범에 도전하고 이를 재형성할 수 있도록 하는 것이다.

그렇기는 하지만 기본적 사회화는 비배제적 시민권의 전제 조건이며, 선택에 비계를 설정하는 데 토대가 된다. 실제로 우리는 이런 의미에서의 기본적 사회화가 해당 개체와 다른 개체들의 안전을 보장하기 위해 요구되는 일종의 성원권이라고 말할 수 있을 텐데, 왜냐하면 사회적 존재들에 대한 성공적인 사회적 통합은 번영된 삶의 필수적 전제 조건이기 때문이다. 일정한 형태의 기본적 사회화 없이 의미 있는 행위 주체성은 불가능하다.

아동과 인지장애인의 시민권에 관한 문헌들에서 다뤄지는, 비계가 설정된 선택의 두 번째 토대는 안정된 사회 정체성이다. 예컨대 아동과 관련해 〈유엔 아동권리협약〉 제8조는 정체성에 대한 기본적 권리를 언급하고 있다. 모든 아동은 출생신고가 이루어져야 하고, (오직 본인만이 바꿀 수 있는) 이름이 부여되어야 하며, (누군가의 형제/자매, 자식이나 손주, 조카 등으로) 가족의 지위가 주어져야 하고, 보호, 복지 제공, 참여와 관련하여 국가의 의무 이행을 가능하게 하는 지속적인 전기적 정체성을 지녀야 한다(Alderson 2008, 82). 이는 너무 뻔하고 당연한 것처럼 보일지 모르겠지만, 사회가 아동을 바라보는 방식에서의 결정적인 역사적 변화를 나타낸다. 한편으로 그것은 아동이 가족의 대체 가능한 소유물이나 재산이 아니라 하나의 고유한 개체라는 관점에 대한 가치 지향과 신념을 반영한다. 동시에 그것은 아동이 가족 및 공동체 성원권을 보장받을 권리 또한 지닌다는 관점에 대한 가치 지향과 신념을 반영한다. 그들이 정체감을 발달시킬 수 있도록 그들의 사회 세계에서 충분한 안정성을 지닐 권리(예컨대, 되도록 온전한 가족 단위를 유지하고, 일관성 있는 물리적·문화적 환경에 접근할 수 있는 것 등)를 말이다. 다시 말해서, 정체성에 대한 권리는 신원을 확인할 수 있는 고유한 개체일 권리, 그리고 가족이나 민족/문화 공동체 같은 유의미한 집단의 구성원일 권리라는 두 가지 핵심 요소를 포함한다(Alderson 2008, 81).

가축들에게 이와 같은 정체성에 대한 기본적 권리가 인정되지 않는 것은 우리 사회에서 그 존재들의 비하된 지위를 나타내 주는 표지다. 동물원 동물, 실험용 동물, 서비스 동물service animal,[32] 반려동물 등은 모두 "기존의 자아 정체성 및 관계들의 사회적 네트워크나 가족의 붕괴에 따른 심리적 효과"는 완전히 무시된 채 생활공간이 주기적으로 변경되곤 한다(Savage-Rumbaugh et al. 2007, 11; cf. Harvey 2008). 동물들은 일상적으로 그들의 삶 전체가 산산조각 나는 일들을 겪는다. 동물들은 그들의 인간 '가족'에 의해 보호소로 넘겨질 수도 있고 새로운 가족에게 입양될 수도 있다. 며칠 사이에 그들 삶의 모든 것 — 가정과 환경, 먹을 것, 정해진 일과, 놀이 등 — 이 완전히 뒤바뀌는 경험을 하는 것이다. 심지어 이름까지도 바뀐다. 안정된 정체성에 대한 기본적 권리의 보호는 가축의 사회 참여를

---

32) [옮긴이] 서비스 동물은 주로 장애인이나 환자의 활동을 보조하기 위해 훈련된 동물들(대표적으로 시각장애인 안내견)을 지칭하지만, 때로는 수색 및 구조 서비스를 위해 일하는 동물들까지 포함하는 용어로 쓰이기도 한다.

탐색할 때 그 기저에 놓여야만 한다. 그런 권리가 부재한 가운데 선택과 기회에 노출되는 것은 단지 무의미한 것만이 아니라 그들을 학대하는 것이다.

그러므로 선택에 비계를 설정하는 작업은 해당 개체가 개체 정체성 형성을 위해 상당 정도 안정된 맥락 속으로 사회화되는 것과 함께 시작될 수 있다. 이런 기반으로부터 우리는 해당 개체로 하여금 다양한 기회들, 환경들, 활동들, 동료들을 (끈기 있게, 또 사려 깊게) 접하도록 할 수 있다. 우리는 어떤 개체가 의미 있는 선택을 할 수 있도록 이런 기회들을 구조화할 필요가 있다. 그러고 나서 그 개체의 행위 주체성을 확인하는 방식으로 그의 선택에 반응하고, 더 많은 기회와 더 많은 선택의 장을 마련해 줄 필요가 있다. 비계가 설정된 선택이라는 구상은 인지장애에 대한 최근의 논의들을 보강해 주며, 우리는 그것이 가축들의 시민권에 대한 접근법을 풍부히 하는 데에도 도움을 줄 수 있음을 논할 것이다.

선택이 이루어지는 어떤 상황은 다른 상황보다 더 복잡할 것이다. 어떤 경우에 우리는 음식, 거처, 반려 관계, 사회구조에 대한 기본적 필요(예컨대, 누구와 함께 시간을 보낼 것인가, 무엇을 먹을 것인가)와 관련된 원초적 선호나 타고난 성향을 단지 이끌어 내고 있는 것일 수 있다. 좀 더 까다로운 경우는 학습과 훈련이 필요한 활동과 관련된다. 이는 저절로 이루어지는 활동이 아니다. 개들에 대한 민첩성 훈련이나 상급의 추적 훈련을 생각해 보라. 단순히 어떤 개를 민첩성 훈련 과정에 데려가거나 그에게 초심자 티셔츠를 주고 냄새를 맡게 했다고 해서, 그가 그 활동에 착수할 것인지 아닌지를 '선택'하리라 기대할 수는 없다. 그런 활동은 가르쳐지고 학습되어야만 한다.

동물 이용 폐지론자들은 그와 같은 모든 형태의 훈련이 부당하며, 인간의 목적에 봉사하는 비자연적인 행위에 가축이 참여하도록 강제하는 것은 정당화될 수 없는 시도라는 성급한 결론을 내린다. 그렇지만 이는 아동권과 장애권 운동 양자의 핵심적인 교훈을 경시하는 태도이다. 적절하게 구조화된 상호작용 — 즉 '단지 [보호에만] 충분할 뿐인' 우리의 기술에 이의를 제기하는 상호작용 — 에 참여할 기회는 자아와 행위 주체성의 범위를 확장한다는 교훈 말이다(Irvine 2004, 8). 이는 인간과 동물 양자 모두에게 해당된다(Hillsburg 2010, 34).

어째서 그런 활동들이 어떤 개체의 주관적 선 가운데 일부가 될 수 있는가? 어떤 개는 특정한 기술들을 발전시킬 수 있으며(바람 부는 날 원반이 날아가는 방향을 판단하는 법, 텔레비전을 켜거나 신선한 물이 나오는 스위치를 작동시키는 법, 냄새의 흔적이 끊겨서 리프레셔refresher가 필요할 때 신호를 보내는 법, 지하철 타는 법, 차량으로 혼잡한 도로를 잘 지나가는 법 등), 이 기술들을 사용하는 것은 즐거움, 만족, 자신감, 더 큰 자유에 대한 가능성으로 이어질 수도 있다. 그리고 어떤 개체는 자신의 정신적 영역을 의미 있고 만족스러운 방식으로 확장해 주는 일정한 종류의 지식(반려 인간의 사회적 네트워크나 일과의 구조, 고양이의 낯선 점들 등)을 발전시킬 수도 있을 것이다. 또한 어떤 개체는 종 특정적인 교우 관계보다 더 큰 만족을 제공하는 다양한 사회적 유대와 교우 관계를 발전시킬 수도 있다. 인간들이 종 횡단적cross-species 관계에서 오는 짜릿함 — 연결감과 신비감의 묘한 결합, 이종 간 의사소통이라는 정신적 도전 과제, 놀라움과 존중과 유머에 대한 기회들 — 을 즐기는 것처럼, 그 같은 만족감은 상당수 가축들에게도 의미 있는 것이 될 수 있다.[33]

이런 이종 간 활동의 잠재력은 우리가 동물의 복리를 어떻게 이해할 것인가에 관한 좀 더 광범위한 논점과 연결된다. 관련 문헌 대부분에서 그 초점은 압도적으로 통증과 고통의 제거에 맞춰져 있다. 동물들에 대한 적극적 복리의 원천을 이해하려는 그 어떤 진지한 시도도 없이 말이다.[34] 그 결과 우리는 동물들이 자기 결정을 하는 하나의 행위 주체로서 세계 내로 진입할 수 있는 전제 조건들을 인간-동물 혼합 사회가 어떻게 마련할 수 있는가를 진지하게 고려하지 않아 왔다.

자유의 영역을 추구하는 데에는 물론 위험이 따른다. 자유란 위험한 것일 수 있다. 예컨대 닭, 토끼, 양, 소 같은 동물들이 확장된 이동성과 자유를 갖는 것은 포식자에게 노출될 수 있는 취약성이 어느 정도 증가하는 것을 감수할 때에만 가능한 일이다(Smith 2003). 개와 고양이가 더 큰 이동성과 기회를 갖는 것 역시 자동차나 다른 위험 요소들에 대한 취약성의 증가를 수반할 수밖에 없다.[35] 하지만 조너선 밸컴Jonathan Balcombe이 언급한 것처럼, 더 안전한 삶이 더 좋은 삶은 아니다(Balcombe 2009). 인간의 맥락에서 우리는 위험/기회의 트레이드오프와 관련된 선택에서 자기 결정이 지닌 중요

33) 종 횡단적 상호작용은 "친밀한 타자성이라는 맥락 속에서 새로운 정보 — 부조화한 것, 예상의 어긋남, 도전 과제 등 — 를" 제공해 준다(Myers 1998, 78; Feuerstein and Terkel 2008 참조).
34) 이 지점에 대한 보다 확장된 논의, 그리고 그것이 동물권 이론의 비전을 어떻게 협소화시켜 왔는가에 대해서는 Sue Donaldson and Will Kymlicka, "Do We Need a Political Theory of Animal Rights?", Paper presented at Minding Animals International conference, Utrecht, Netherlands, July 2012, pp. 4-6 참조.
35) 엘리자베스 마셜 토머스(Thomas 1993)는 그녀의 반려견이 어떻게 자유와 결부된 위험의 이 같은 증가를 헤쳐 나가는 법을 배웠는지 기술한 바 있다. 자유롭게 돌아다니는 고양이들에게 부과되는 도전 과제들에 대한 논의로는 Donaldson and Kymlicka, *Zoopolis: A Political Theory of Animal Rights*, ch. 5 참조.

성을, 그리고 다양한 개인들이 매우 다양한 선택을 할 것이라는 점을 인정한다(Donaldson and Kymlicka 2011).

이는 가축들과 관련해서도 마찬가지임을 우리는 주장한다. 어떤 동물들은 소심하고 위험을 회피하려 하며 집에만 있기를 선호할 것이고, 또 다른 동물들은 몹시 호기심이 많고 모험을 즐길 것이다. 우리가 그들을 어떤 위험들에 직면하게 둘 것인지, 그리고 새로운 기회들에 비계를 설정하기 위해 (그들과 우리가) 얼마나 많은 노력을 기울일 것인지를 결정하는 데 있어 이런 차이들이 존재한다는 점을 지침으로 삼을 수 있다. 그런 다음 관찰에 근거해, 우리는 시간이 지남에 따라 새롭지만 관리될 수 있는 위험들을 도입하면서 그 비계를 조정하고 확대할 수 있다. 『멀의 문』Merle's Door에서 테드 케라소티는 멀만의 문을 통해 그가 자유롭게 오고 갈 수 있도록 하는 비계 설정의 과정을 상세히 기술하고 있는데, 이 과정은 높은 수준의 자기 결정이 수반된 삶을 영위하는 것으로 이어졌다. 우선 그는 그의 세계에 존재하는 위험들 — 총을 든 사냥꾼들이나 농부들, 돌진해 오는 들소, 코요테 무리 같은 — 을, 그리고 예의의 규칙 — 농장 동물들을 추격하거나 이웃들을 성가시게 하지 않기 등 — 을 배워야만 했다. 이와 같은 비계들이 갖춰지면서, 멀은 실질적인 행위 주체성이라는 견지에서 기하급수적인 도약을 경험하게 된다. 그것은 위험이 없는 삶은 아니었지만, 이런 위험은 주의 깊게 감행되고 관리되었다(Kerasote 2007).

요컨대 우리는 가축의 행위 주체성이란 기본적 사회화에 의해 구조화되는 것으로, 그리고 그 구조화가 '단지 [보호에만] 충분할 뿐인' 현 상태에 도전할 수 있는 선택지의 증가로 이어지는 것으로 여기며, 이는 장애권 관련 문헌에서의 테마와도 공명한다. 최근 수년 동안 인지장애인과 그들의 옹호자들은 (객관적으로 규정된 기준에

따라 보호 및 기본적 필요에 대한 복지 제공을 강조하는) 극도로 후견주의
적인 모델을 자기 결정과 행위 주체성에 기초한 모델로 대체하기
위한 투쟁을 벌여 왔다.[36] 그들은 우리가 이 글에서 제기해 왔던
것과 동일한 이슈들을 강조한다. 안정된 사회 정체성으로부터 출
발하는 것의 중요성, 인지장애인이 다양한 사회 현장과 활동을 탐
색할 수 있는 덜 제한적인 환경으로 이동하는 것, 이런 확장된 환
경 내에서 학습하고 선택할 수 있는 기회들에 비계를 설정하는 것,
이와 더불어 그들의 사회적 네트워크와 정신세계를 확대하는 것
등을 말이다(Ward and Stewart 2008). 장애권 옹호자들 또한 '계획 공
동체'intentional community가 안전과 안정성이라는 인지장애인의 필
요에 응답하면서도 동시에 교우 관계 및 노동과 관련해 의미 있는
선택권을 제공할 수 있는 방식들을 탐색해 왔다(예컨대, Randell and
Cumella 2009). 그들은 또한 보호와 자유 간의 트레이드오프와 관련
된 다수의 윤리적 딜레마들에 대해 논의해 왔다.[37]


36) 힐 M. 워커Hill M. Walker 등은 거주인들(인지장애를 지닌 성인들)에게 배
달 서비스를 통한 피자 주문을 허용하지 않는 발달장애센터라는, 작지만
인상적인 예를 논한 바 있다. 그처럼 배달 서비스 이용을 금한 이유는 안
전이었다. 피자가 너무 뜨겁거나(입을 델 수 있다는 위험성) 혹은 너무 차가
울 수 있다는(음식이 오염되어 있을 위험성) 우려 말이다. 그 결과 의미 있는
행위 주체성은 제한되었다. 그와 같은 일련의 사례들이 더해지면서 나타
난 결과는 자기 결정 범위의 심각한 제한이었다(Walker et al. 2011, 13, 14).
37) 예컨대 재생산의 자유에 대해 생각해 보자. 끔찍한 학대와 강제 불임수
술의 역사를 고려한다면, 인지장애인에 대한 재생산 통제의 한 형태로
(동의 없는) 불임수술이 이루어질 수 있다는 발상은 당연히 매우 의심스
러운 것이다. 그러나 어떤 경우에는 임신을 (혹은 양육을) 하게 되는 것이
특정한 개인들에게는 위험하거나 매우 충격적인 일일 수 있다. 그래서
결코 드물지 않게 (신체 보전을 침해하기보다는 교제를 제한하는 방식으로) 엄
격한 성적 분리를 통해 재생산이 방지된다[신체 보전에 대해서는 11장 각주

실제로 이론가들은 다양한 상황에서 인지장애인의 복리를 평가하기 위한 도구와 모델들을 만들어 왔다(Lohrmann-O'Rourke and Browder 1998; Liu et al. 2007; Flores et al. 2011). 그들은 또한 환경, 행위 주체성, 복리라는 세 요소의 함수관계를 분석하는 사회 생태학의 모델들을 발전시켰다. 그들은 이제 확장된 기회/접근성 및 증대된 행위 주체성과 인지장애인의 더 큰 복리 사이의 연관성을 밝혀 주는 광범위한 증거들에 의지할 수 있게 되었다(Reinders 2002; Ward and Stewart 2008; Wehmeyer et al. 2008; Callahan et al. 2011; Walker et al. 2011).

우리는 가축들의 행위 주체성과 복리 사이의 연관성에 대해서는 덜 체계적인 증거만을 지니고 있는데, 그 주된 이유는 사회가 가축의 행위 주체성과 복리 그 어느 쪽에 대해서도 제대로 관심을 기울여 오지 않았기 때문이다. 동물들이 덜 제한적인 환경 — 그들이 자유를 누릴 수 있는 — 에서 더 잘 지낸다는 증거들은 꽤나 풍부하게 존재한다. 그러나 이는 동물들이 사회 내에서 행위 주체성을 발달시킬 수 있는 기회를 구조화하거나, 그들이 이런 지평의 확장에 대해서 어떻게 반응하는지를 아는 것과는 다른 차원의 문제

22를 참조하라]. 이동성, 사회적 유대, 섹슈얼리티의 제한을 통해 이루어지는 이런 간접적인 재생산의 규제가 산아 제한이나 불임수술보다 관련 당사자들에게 더 나은 것인지는 사실 분명치 않다. 다른 문제들에서처럼 여기서도 우리는 해당 개인들 자신에게 무엇이 중요한지, 그리고 그들이 다양한 접근법들을 주관적으로 어떻게 경험하는지 더 잘 이해할 필요가 있다. 최근 영국 법원이 한 남성 인지장애인의 불임수술을 그의 관계적 이익이라는 견지에서 지지한 판결에 대해서는 www.bailii.org/ew/cases/EWHC/Fam/2013/2562.html를 참조. 이런 경우 설령 그 남성이 불임수술과 관련된 법적 동의의 자격을 충족시키는 것이 불가능하다 하더라도, 그의 이익에 대하여 해당 개인과 의미 있는 상의를 하는 것은 가능하다.

이다. 이종 간 교우 관계를 성사시킬 기회를 갖는 것, 인간이 구축해 놓은 상이한 차원의 환경에 안전하게 적응하는 법을 배우는 것, 그리고 인간에 의해 조장되는 노동과 여가 활동에 참여하는 것이 가축들에게 미치는 영향에 대한 연구는 거의 이루어져 있지 않다. 이는 부분적으로 이런 기회들 자체가 지금까지 거의 제공되지 않아 왔기 때문이다.[38]

그렇지만 사회가 언젠가 우리 사회의 가축 구성원들에게 그런 기회를 제공하게 될 것이라고 낙관적으로 한번 가정해 보자.[39] 그 다음의 도전 과제는 그 결과를 해석하는 일일 것이다. 그리고 이것은 불가피하게 어떤 탐험적 과정이 될 것이다. 즉 가축들이 우리에게 그들의 필요와 선호에 대해 말하는 것을 듣는 법을, 그들이 어떤 필요와 선호를 발전시키고 소통할 수 있는 상태를 조성하는 법을, 그리고 그들이 우리와 소통하고자 노력하는 것의 효과에 대해 상당한 자신감을 얻을 수 있도록 적절히 반응하는 법을 우리가 배워 나가는 과정 말이다. 그럼 이어서 해석이라는 중대한 역할과 도전 과제에 대해 다루어 보도록 하자.

---

38) (가축은 아니지만 포획된 유인원과 관련된) 대단히 흥미로운 하나의 예외적 사례에 대해서는 Sue Savage-Rumbaugh et al., "Welfare of Apes in Captive Environments: Coments On, and By, a Specific Group of Apes", *Journal of Applied Animal Welfare Science* 10(1), 2007, pp. 7-19 참조.

39) 앞서 언급된 것처럼, 우리는 농장동물 생크추어리들이 이런 기회가 실제로 어떤 것일 수 있는가를 앞서 보여 준다고 생각한다. 한 논문에서 우리는 이 절에서 논의되었던 생각들 ― 계획 공동체 내에서 안정된 사회 정체성의 보장과 '단지 [보호에만] 충분할 뿐인' 현 상태에 대한 도전을 통해 선택에 비계를 설정하는 것 ― 을 생크추어리에 적용시켜 본 바 있다(Donaldson and Kymlicka 2015).

# 해석

지금까지 우리는 시민권에 대한 이론과 실천이 언어적 행위 주체가 아닌 사회 구성원들 — 어린아이들, 인지장애인들, 가축들 같은 — 을 포함할 수 있도록 수정되어야만 함을, 그리고 이런 구성원들이 우리가 공유하는 사회 세계 — 비계가 설정된 선택을 통해 구성되는 거시적 행위 주체성을 포함한 — 의 조건과 관련하여 '발언할' 수 있고 또 '발언할' 권리가 있음을 주장해 왔다. 그러나 독자들은 우리가 매우 핵심적인 문제를 무시했다고 느낄 수도 있을 것이다. 즉 이와 같은 행위 주체성의 형태들은 궁극적으로 다른 개체들의 해석에 의존하며, 이것이 시민권 접근법의 실행 가능성이나 바람직함을 무효로 돌린다고 느낄지도 모른다.

누스바움에 의해 제기되었던 이의 제기가 언어적 행위 주체가 아닌 사람들의 주관적 선을 해석하는 데에는 심각한 인식적 장벽이 존재한다는 것, 그리고 이런 장벽이 존재할 경우 우리는 (개체들의 주관성을 이해하고자 하는, 추측에 근거하며 자기중심적이 될 가능성이 큰 일에 참여하는 대신) 좋은 삶에 대한 객관적 조치와 종전형적인 규준에 의지해야만 한다는 것이었음을 상기해 보도록 하자. 누스바움(Nussbaum 2006)은 이 논변을 인지장애인과 동물 양자에 적용한다.

이런 입장은 장애권 옹호자들에 의해 도전받아 왔지만, 가축들과 관련해서는 여전히 널리 만연해 있다. 가축들이 어떤 형태의 시민권을 실행하기 위해서는, 인간이 동물의 행위 주체성을, 특히 주관적 선의 표현으로서 그들의 행위 주체성을 '읽어 낼' 수 있어야만 한다. 이는 현실성 있는 이야기인가? 즉 제니퍼 월츠(Wolch 2002, 734)가 질문한 것처럼, "동물들이 무엇을 원하고 할 수 있는지 우리는 정말로 알 수 있는가?" 우리가 가축들의 주관적 선을 해석할 수 없다면, 그들의 행위 주체성을 가능하게 만든다는 목표는 앞뒤가 맞지 않는 것이다.

그렇다면 우리는 동물들이 우리에게 그들의 선호와 욕망 — 그들의 주관적 선 — 에 대해 이야기하는 것을 어떻게 해석해 낼 수 있는가?[40] 그들은 거의 대부분 좋아하는 먹이, 거처와 환경 같은 것들, 깊은 공포와 욕망, 가장 좋은 친구, 가장 좋아하는 활동, 일에 대한 만족을 경험하는지(예컨대 실종 아동의 추적, 바깥출입이 어려운 이들의 방문, 양 떼 지키기, 수레 끌기, 인지 검사 수행하기 등으로부터), 섹스를 즐기는지, 새끼를 갖기를 원하는지, 낳은 알 중 일부를 포기하는 것이 싫지는 않은지, 털이 깎이거나 착유가 이루어지거나 줄에 묶이거나 추적 장치가 부착되는 것에 의해 트라우마가 생기는지 등에 대해 우리에게 직접 이야기하기 위해서 인간의 언어를 사용할 수 없다.[41]

40) 여기서 우리의 초점은 가축의 행동을 그들의 주관적 선의 표현으로 읽어 내려는 선의를 인간이 지닌 경우라 하더라도 존재할 수밖에 없는, 성공적인 해석에 대한 인식적 장벽에 있다. 이는 다수의 인간들이 애초에 이런 선의가 결여되어 있다는 것과는 상당히 다른 종류의 문제다. 이 두 번째 문제를 다루기 위해서는 피신탁인이 진정으로 가축들의 복리, 이익, 바람에 의해 추동되도록 보장해 줄 수 있는 제도적 점검과 안전장치가 필요하다. 이런 양자의 이슈와 관련하여 아동권 및 장애권 관련 문헌으로부터 배울 수 있는 것들이 많이 존재하지만, 우리는 첫 번째 문제에 초점을 맞춘다.

41) 회색앵무 알렉스Alex와 같은 몇몇 동물들은 인간의 말 가운데 일부 단어를 사용하여 의사소통할 수 있다. 일부 유인원은 수어를 습득했(고 인간뿐만 아니라 그들 간에 의사소통하는 데에도 그것을 사용했)다. 그리고 태블릿 컴퓨터와 아이콘의 등장은 의사소통의 범위를 한층 더 확장했다. 그렇지만 대다수 가축들은 생리적으로 인간이 쓰는 것과 같은 말이나 손짓을 사용해 의사소통하는 것이 불가능하다. 따라서 우리는 그들이 이용할 수 있는 보디랭귀지나 발성된 소리를 읽어 내는 데 더 능숙해져야만 한다.

그렇다면 우리는 어떻게 그들의 목소리를 들을 수 있고, 그들의 주관적 선을 해석할 수 있는가? 누군가의 입장에서 보면 이런 일은 전혀 미스터리가 아닐 것이다. 가축들과 함께한 경험이 있는 이들은 누구나 가축들이 그들의 선호를 우리에게 전달하기 위해 끊임없이 노력하고 있다는 것을, 그리고 그들과 우리의 관계가 구조화되는 방식에 대한 견해를 지니고 있다는 것을 안다. 대중문화에서는 가축들의 주관적 선을 이해할 수 있는 모종의 불가사의한 능력을 지니고 있다고 여겨지는 '도그 위스퍼러'dog whisperer나 '호스 위스퍼러'horse whisperer가 인기 있는 이야깃거리다. 그러나 이는 불가사의한 능력이 아니다. 슬픈 진실은, 많은 인간들이 가축들과 관계를 맺는 데, 그리고 그들이 전달하는 내용을 이해하는 데 시간과 노력을 들이지 않는다는 것이다. 그 결과 어떤 시점에 이르러 동물들은 의사소통하려는 노력을 포기하게 된다.[42]

이는 인지장애 관련 문헌에서도 또한 낯설지 않은 사안이다. 몇몇 연구들은 인지장애인이 돌봄 제공자나 직원들과 의사소통을 개시하고자 시도하지만, 이런 시도들이 인정되지 않거나 무시된다는 것을 보여 준다. 그래서 그들 또한 결국 노력하기를 포기하게 되고, 이는 의사소통에서 '학습된 무력함'으로 이어진다.[43]

---

[42] 킴벌리 K. 스미스는 이것이 실제로는 학습된 무능력이라고 말한다. 인간은 성장하면서 동물에 대한 지배를 학습하며, 우리가 동물들의 얘기를 들을 필요가 없다고 배우면서 그렇게 할 수 있는 선천적 능력도 상실한다. 그것은 육성되어야만 하는 어려운 기술이 전혀 아니다. 동물들의 얘기를 듣는 능력은 인간 우월주의라는 관행으로의 사회화를 거치면서 억압된 선천적 기술인 것이다. 따라서 우리와 의사소통할 수 없는 '동물들'의 무능력은 자연적 사실이 아니라, 동물에 대한 인간의 지배가 만들어 낸 인위적 산물이다(Smith 2012, 124; cf. Pallotta 2008).

우리는 동물들의 주관적 경험을 이해하는 것이 불가사의한 능력이라는 생각에서 벗어나, 동물들이 인간과의 관계에서 그들의 주관적 선을 어떻게 표현하는지와 관련해 이용할 수 있는 지식의 형태에 대해 좀 더 체계적으로 사고해 볼 필요가 있다. 그리고 여기서 다시 한번, 우리는 아동과 인지장애인 관련 문헌들에, 특히 자신의 생각과 느낌을 말로 분명히 표현할 수 없는 언어 습득 이전의 유아나 심각한 인지장애를 지닌 사람들을 다룬 문헌에 의지함으로써 진전을 이룰 수 있다. 관련 연구들은 의사소통하려는 그들의 시도가 종종 무시됨을 보여 주기도 하지만, 친밀한 돌봄 제공자들, 의사들, 과학자들이 그들의 주관적 선을 이해하는 데 많은 노력을 기울이고 연구해 왔다는 것 또한 사실이다.

이런 문헌들은 언어적 행위 주체가 아닌 이들의 행동과 선호를 해석하는 데 우리가 활용할 수 있는 지식에는 사실 몇몇 상이한 종류가 존재함을 시사한다. 우선 우리는 대략 세 가지 유형의 지식을 구분할 수 있다. 전문 지식, 민간 지식, 개인적 지식이 바로 그것이다. 세 가지 유형의 지식 모두가 그 나름의 유의미성을 지니며, 각 유형의 지식은 다른 유형의 지식이 남겨 놓는 빈틈을 메우는 데 도움을 줄 수 있다(Grove et al. 1999).

전문 지식은 우리가 특정한 종의 개별 구성원에게 일반적으로 무엇을 기대할 수 있는지 알려 줄 수 있다. 예컨대 개는 한 마리의 개로서 사교, 놀이, 자극이라는 측면에서 일정하게 예측 가능한 심리적 욕구를 지닌다. 개들은 먹이의 요건, 건강상의 요구, 여러 외부 자극에 대한 민감성을 지니고 있다. 더욱이 전문가들은 동물들

---

43) 앤 브레이(Bray 2003)는 이런 현상에 대한 몇몇 연구들을 검토한 바 있다.

의 생리에 대해 충분히 이해하고 있어서, 상승된 스트레스의 객관적 지표(예컨대, 혈중 코르티솔cortisol이나 옥시토신oxytocin 농도,[44] 꼬리 물어뜯기, 몸짓 등), 공포, 통증, 흥분, 사랑, 만족, 그리고 주관적 복리와 관련된 여타의 상태들을 확인할 수 있다. 개의 사회 세계에 대한 전문가들은 개들의 사회적 발달이라는 측면에서 기대할 수 있는 것이 무엇인지뿐만 아니라, 꼬리의 위치, 플레이 바우play bow(놀이를 청하는 인사), 경고성 으르렁거림 같은 개의 특정 행동을 '읽어내는' 방법 또한 알고 있다. 그리고 개들이 인간이나 여타의 종들과 상호작용하는 일반적인 방식에는 어느 정도 예측 가능한 차원이 존재한다. 그러므로 전문 지식은 우리로 하여금 개체들의 기본적 필요를 예측할 수 있게 해주고, 다양한 한정 요인에 따라 그들의 복리를 평가할 수 있게 해준다.[45]

개들과 시간을 보내는 이들은 누구나 이런 지식 가운데 일부를 배우게 되며, 동시에 일종의 민간 지식을 생산해 낸다. 누군가가 개

---

44) [옮긴이] 코르티솔은 급성 스트레스에 반응해 분비되는 스테로이드호르몬의 일종이며, 옥시토신은 자궁 수축과 젖의 분비를 촉진하는 호르몬이다.

45) 아주 흥미로운 하나의 예는 '러너스 하이'runner's high[격렬한 운동 후 느끼게 되는 쾌감]에 대한 최근의 연구이다(Hutchinson 2012). 그 연구는 사람, 페럿ferret[식육목 족제비과의 포유류 중 유일하게 가축화된 종으로 흰족제비라고도 불린다], 개를 대상으로 운동 전과 후에, 통증과 불안을 감소시키고 행복감을 증진시키는 화학물질인 아난다미드anandamide 농도를 측정했다. 사람은 운동 전보다 운동 후에 아난다미드 농도가 2.6배 증가한 반면, 페럿은 아무런 유의미한 증가도 없었다. 그리고 개들은 가장 큰 러너스 하이를 얻는 것으로 나타났는데, 그들의 아난다미드 수치는 운동 전보다 3.3배나 증가했다. 이런 사례에서, 개들이 넓은 들에서 뛰어다닐 때 행복하다는 우리의 민간 지식은 아난다미드의 객관적 측정에 의해 충분히 확인된다.

들과 더 많은 시간을 보낼수록, 그는 개들의 일정한 행동들과 신호들을 인식하기 시작한다. 개와 조우하는 많은 사람들은 손을 내밀면 그 개가 반길지 손을 물려고 할지 판단할 수 있다. 이런 판단을 하는 데에는 전문가들처럼 꼬리 혹은 귀의 위치가 말해 주는 것을 이해하거나, 명제적 형태의 지식을 분명히 설명할 수 있거나, 자신이 무엇을 알고 있는지 아는 것조차 필요하지 않다. 어떤 이는 그저 그 개가 우호적인지 적대적인지에 대한 직감을 가지고 개에게서 느껴지는 어떤 낌새에 반응할 수도 있다. 이와 같은 지식은 한계가 있고, 불완전하며, 때로는 오도된 판단으로 이어질지도 모르지만, 그럼에도 유용한 참조의 틀을 제공한다. 누군가가 새로운 개에게 접근하는 각각의 순간에 그 개는 완전히 알려진 존재가 아니지만, 그 개가 어떤 유형에 속할지에 대해서 일정한 추정을 할 수 있는 것이다.[46]

부다페스트에 위치한 '패밀리 도그 프로젝트'Family Dog Project[47] 가 수행한 최근의 연구는 이런 형태의 민간 지식이 지닌 복합성을 잘 보여 준다. 개와 인간은 일정한 공진화의 역사를 거쳐 왔고, 그런 역사의 한 부분으로서 개들은 인간의 많은 행동을 해석하는 법을 배워 왔다(예컨대, 인간이 무언가를 가리킬 때 그것이 의미하는 바가 무

---

46) 언어 습득 이전의 유아에 대한 경험에 의존하여, 동물들의 주관적 선을 해석할 때 하나의 길잡이만이 아니라 일종의 전제 조건이 되어 주는 민간 지식의 역할을 다룬 연구로는 Kristin Andrews, "Beyond Anthropo-morphism: Attributing Psychological Properties to Animals", eds. Tom L. Beauchamp and R. G. Frey, *The Oxford Handbook of Animal Ethics*, Oxford: Oxford University Press, 2011, pp. 469-494.

47) 인간과 반려견의 관계에서 나타나는 개의 행동 및 인지를 연구하는 기관으로 1994년에 설립되었다.

엇인지, 인간의 얼굴 표정에서 감정이 어떤 식으로 나타나는지 등). 개들은 또한 인간과 의사소통하기 위해서 짖는 소리의 레퍼토리를 발전시켰다. 개와 함께 많은 시간을 보냈던 사람들은 (그들이 만난 적이 없는 개들의) 녹음된 개 짖는 소리를 듣고서 그 개가 짖고 있을 때의 상황을 정확히 식별할 수 있다(예컨대, '개가 놀기를 요청하고 있다', '개가 침입자나 위협이 있다는 신호를 보내고 있다', '개가 밖으로 나가자고, 혹은 먹이를 달라고 재촉하고 있다' 등). 이는 개인들이 대개 (어떤 학자가 그들에게 녹음된 개 짖는 소리를 식별해 달라고 요청할 때까지는) 그런 지식을 갖고 있는지 자각하지도 못한 채 지니고 있는 일종의 민간 지식에 대한 인상적인 사례이다(Pongrácz et al. 2005).

그다음으로 개인적 지식이 있다. 이는 구체적인 실제 개체에 대한 지식, 즉 그 개체의 개성과 기질, 개체 특유의 행동과 습관, 시간이 지남에 따라 드러나는 선호와 욕구, 개별적인 의사소통 레퍼토리, 상호작용의 공유된 이력, 상호 이해를 위한 사회적 코드와 시스템에 대한 지식이다. 에바 키테이는 심각한 인지장애를 지닌 인격체의 경우, 단지 눈빛이나 입술의 작은 움직임이 어떻게 친밀한 돌봄 제공자에게 해석 가능한 신호가 될 수 있는지를 기술한 바 있다(Kittay 2001, 568). 어린 유아의 부모는 자신의 아기들이 내는 울음소리나 여타 발성된 소리의 레퍼토리를 인식하는 법을, 그리고 이 소리들에 특정한 필요나 욕구를 연관 짓는 법을 배운다. 반려견과 함께 지내는 인간들은 산책, 배 문질러 주기, 혼자만의 시간이 필요함을 요청하는 개들의 레퍼토리를 인식하는 법을 배운다. 민간 지식과 마찬가지로 개인적 지식은 대개 명시적이지 않다. 부모는 자신의 아이가 속상할 때와 행복할 때를, 혹은 이가 나고 있는 때를 '그냥 안다'. 어떻게 알게 되었고 어째서 알게 되었는지를 반드시 분명히 설명할 수 없더라도 말이다.

우리는 이런 여러 수준의 지식과 기술 모두 — 개인적 지식에서부터 전문 지식까지, 직관적 이해에서부터 객관적 측정까지 — 를 주관적 복리를 해석하는 과제에 활용할 수 있다(Shapiro 1990). 그 지식들과 기술들은 서로를 기반으로 하거나, 혹은 상호 교정적으로 기능하면서 서로를 보완한다. 예컨대 어떤 동물들은 (한 진화론적 설명에 따르면 잠재적 포식자에게 약하게 보이지 않기 위해서) 통증을 숨기는 경향이 있다. 이런 지식이 결여되어 있는 비전문가는 자신의 개가 낑낑거리거나 위축되어 있지 않을 경우에는 그 개에게 아무런 통증도 없다고 생각할 수 있다.

이와 같은 까다로운 판단을 내릴 때, 언어적 행위 주체가 아닌 개체들이 우리에게 전달하고자 하는 내용이나 그들의 복리와 이익을 우리가 해석하는 과정에는 오류가 존재할 여지가 크다. 동물 이용 폐지론자들은 이런 해석의 과정이 인간의 이기심과 지배 및 착취 관계를 보존하려는 욕망에 의해 변질될 것이라고 우려한다.[48] 그러나 우리가 사랑하는 존재들의 삶을 개선하려는 강력한 충동에 의해서도 해석은 또한 왜곡될 수 있다. 이런 도전 과제에 대한 하나의 교훈적인 논의는 제니퍼 요하네슨이 그녀의 아들 오언 터니의 삶과 죽음에 대해 기록한 회고록에서 이루어진 바 있다(Johannesen 2011). 오언은 날 때부터 심각한 중복 장애가 있었다. 그는 말하거나 들을 수 없었고, 몸의 움직임을 통제하는 데에도 심각한 제약이 있었다. 그래서 그는 의사 표시를 할 수 없었다. 오언의 돌봄 제공자는 그가 기본적인 선택을 표현하거나 응답할 수 있도록 지시 및

---

48) 이런 이유로 다수의 폐지론자들은 가축들의 점진적 멸종을 통해서 인간과 가축의 관계를 끝내는 쪽을 선호한다.

자극 촉발 장치를 설치하려고 노력해 보았지만, 이 노력은 결코 성공적이지 못했다. 외부로의 의사 표현에 대한 기회가 그처럼 제한되어 있었기 때문에, 그의 정신세계에 대해 많은 것을 알기는 어려웠다. 오언의 가족과 돌봄 제공자들은 물론 그가 행복하거나 만족하거나 괴로워하거나 우울해하는 때를 분간할 수 있었고, 시행착오를 겪으면서 다양한 필요와 욕망을 알 수 있었다. 그러나 그의 내면 세계는 많은 부분 불가사의한 채로 남아 있다.

요하네슨의 책은 알려지지 않은 것에 자신의 입장을 투사하려는 — 단언할 수 있는 어떤 실질적 증거는 없지만 오언의 정신세계에 대해 확신을 갖고 주장하는 것 — 유혹이 존재함을 기록하고 있다. 이런 유혹은 오언이 다녔던 몇몇 학교들에서 특히 문제적이었다고 할 수 있는데, 그 학교들에서 전문적 돌봄 제공자들은 오언의 일상 경험 — 그가 가장 좋아하는 노래나 활동이 무엇인지, 그가 어떤 일에 도움을 주며 어떤 리더십 자질을 지니고 있는지, 그가 어떤 학습 기회를 경험하고 발달상의 과업에서 얼마나 진보가 이루어지고 있는지 등 — 에 대해 확언함으로써 그들의 역할을 정당화하지 않으면 안 된다고 느꼈던 것이다. 요하네슨은 이런 주장들 가운데 다수가 근거 없는 투사임을 깨닫게 되었다. 돌봄 제공자들로 하여금 그들의 노동에서 만족을 얻을 수 있게 해주고, 그들 자신과 타인들에 대한 노력을 정당화해 주고, 타인들이 오언에게 다가가려는 노력을 유지하도록 격려·고무해 주고, 오언이 자신의 세계를 확장하는 능력을 발전시키도록 도울 수 있게 해주는 그런 투사를 말이다.

이 모든 것에서 우리는 그릇된 투사로 공백을 채우기보다는 "우리가 알 수 없는 것을 받아들이"도록 하는 "무지를 소중히 여기기"(Tuana 2006, 15, 16)와의 올바른 균형을 찾아내야만 한다. 우리에게 '위스퍼러'가 지닌 기술이 부재하면 인간이든 동물이든 다른 비언어적 행위 주체의 마음이라는 미스터리를 풀 수 없다고 주장함으로써 책임을 회피하는 일 없이 말이다.

인지장애 관련 문헌 또한 타인의 삶을 개선하려는 강력한 충동이 학습, 정상화, 기능 발달에 대한 강박적인 집중 — 존재의 다른 차원들을 밀어 낼 위험이 있는 — 으로 이어질 수 있음을 말하고 있다. 그렇게 되면 우리는 해당 개체의 자유를 더 이상 보지 못하게 된다. 어떤 존재가 되어서 누릴 자유 말고, 이미 어떤 존재이기에 누릴 자유를 말이다. 그리고 규정될 수 없는 미래 — 올바른 치료, 학습 기회, 활동에 의해서 행위 주체성이 확장될지도 모를 미래 — 라는 미명하에 해당 시점에 누려야 할 복리를 희생시킬 위험이 존재한다. 이런 끊임없는 목표 지향적 사고방식은 '이제 그만!', '충분해!'라고 말할 권력을 거의 지니고 있지 않은 취약한 존재에 대한 맹렬한 공격이 될 수도 있다. 이런 사고방식이 가축들의 경우에도 또한 어떤 폭력으로 작동할 수 있음을 우리는 어렵지 않게 짐작할 수 있다. 그러므로 행위 주체성을 뒷받침하고 해석하는 과정 내에 논쟁이 이루어질 수 있는 기회 — 제3자들뿐만 아니라 관련 당사자의 입장에서 — 를 포함시키는 것이 결정적으로 중요하다.

확실히 우리는 여기서 해석이라는 이슈를 다소 피상적으로 다루있을 뿐이지만, 그래도 우리가 인식론적 진공상태에서 움직이고 있는 것은 아님을 보여 줄 정도로는 충분히 이야기가 되었기를 바란다. 우리가 듣고 배우고 응답하는 데 시간을 할애할 때 가축들은 우리와 소통하기 위해 노력한다. 그리고 이미 우리는 이런 소통을 이해하는 데 도움을 줄 수 있는 잘 발전된 일단의 지식을 지니고 있다.

# 결론

이 장에서 우리는 거시 행위 주체성, 선택에 비계를 설정하는 것, 주관적 선을 해석하는 도전 과제 등의 이슈를 포함하여, 동물권 옹호자들이 아동과 인지장애인의 시민권 투쟁으로부터 여러모로 배울 것이 있음을 논했다. 마지막 결론 부분에서는 한발 뒤로 물러나, 아동 및 인지장애인 관련 문헌들이 동물의 문제에 대해 갖는 가치를 보다 일반적인 수준에서 짚어 보고자 한다.

지난 40년 동안 동물 윤리는 대개 두 개의 극단 사이에서 동요해 왔다. 푸코주의의 영향이 강했던 비관주의적 국면에서는, 인간과 가축들의 관계가 본래부터 항상 이미 억압적이고 지배적인 — 즉 인간이 가축을 규율하고 통치하는 — 것으로, 그리고 그 어떤 근본적인 변화의 가능성도 존재하지 않는 것으로 간주되었다. 인간이 종들 간 전쟁의 영구적인 전리품으로 동물을 지배할 권리를 단언하기 때문에, 인간과 다른 종들 간의 관계는 근본적으로 폭력이라는 틀 속에 갇혀 있다는 것이다(Wadiwel 2013). 이런 인식과 판단을 배경으로, 가축들의 점진적 멸종(과 야생 동물의 방임에 대한 가치 지향 및 신념)이 대학살의 종식에 대한 유일한 희망으로 등장한다.

좀 더 나이브한 (혹은 인간중심적인) 입장이 강했던 국면들에서, 동물 윤리학자들은 동물들의 미시 행위 주체성에 대한 증거를 찾고 찬양한다. 그들은 방목 농장의 등장, 협력적 조련 방법, 동물원과 실험용 동물들의 '생활 여건 개선'에서 그와 같은 미시 행위 주체성을 찾는다. 그리고 이 모든 것이 '동반자 관계', '협력', 심지어 '사랑'인 것으로 받아들여진다(e.g. Rudy 2011; Haraway 2008). 그러나 그들은 인간의 이익에 도움이 되는 동물들에 대한 체계적인 착취는 손대지 않고 내버려두며, 사실 그런 착취에 연루되어 있기도 한데,

이는 대부분 그들이 인간-동물 관계의 목적이 항상 이미 인간에 의해 정해진다는 점을 기정사실로 받아들이기 때문이다.[49]

그러나 이런 동요 속에서 점진적 멸종과 미시 행위 주체성 사이의 광활한 영역을 탐구하려는 진지한 시도는 사실상 부재해 왔다. 가축들이 인간과의 관계에서 공동 창조자이자 공유된 사회의 공동 구성원으로 간주될 수 있는 영역, 협력적 활동이 우리 인간의 이익과 목적만큼이나 가축들의 이익과 목적에도 민감하게 반응해야 할 영역을 탐구하려는 시도는 없었던 것이다. 동물권 옹호가 아동과 인지장애인의 시민권 투쟁으로부터 가장 많이 배워야 할 지점은 무엇보다도 바로 여기이다. 우리가 주장하려는 것은 아동권과 장애권 관련 문헌에서 시민권으로의 전환이 바로 정확히 이 영역, 즉 미시 행위 주체성과 (푸코주의에서 이야기되는) 지배 사이의 영역을 탐구해야만 할 필요성에 의해 추동되었다는 사실이다. 그리고 이것을 가능하게 만들 핵심적인 혁신은 성원권과 참여라는 개념이 전제된 새로운 시민권 모델에 존재한다.

이런 영역을 이론화하는 데 있어 동물권 이론이 아동학이나 장애학보다 뒤처져 있는 것은 아마도 그리 놀라운 일은 아닐 것이다. 어쨌든 가축들의 경우에는, 그들이 우리가 공유하고 있는 사회의 구성원으로 간주되어야 한다는 점을 부정하는 일이 (타당해 보이지는 않지만) 여전히 가능하니 말이다. 아동이나 인지장애인과 관련해서는, 그들의 성원권을 부정할 수 있는 어떤 신빙성 있는 방식도,

---

49) 우리는 이를 푸코주의자들의 설명에 대한 대안적 입장이라는 측면에서 기술하고 있기는 하지만, 물론 또 다른 의미에서 보자면, 미시 행위 주체성의 제공은 지배가 어떻게 작동하는가에 대한 푸코주의자들의 설명에서 핵심적인 부분이기도 하다.

따라서 데모스와 시민권에 대한 우리의 고려 내에 아동과 인지장애인을 포함시키지 않을 수 있는 어떤 신빙성 있는 대안도 존재하지 않는다.

때가 되면, 가축들 또한 우리 사회의 구성원으로 인정될 것이라고 우리는 믿는다. 그리고 그런 때가 오면, 아동과 인지장애인의 시민권 투쟁은 가축들의 성원권과 참여권을 사유하는 데 있어 훨씬 더 풍부한 일련의 개념들과 실천들을 우리에게 물려주게 될 것이다.

# 8장

# 한나 아렌트와 장애
## 탄생성과 세계에 거주할 권리

로레인 크롤 맥크레이리

한나 아렌트의 사상은 장애를 통찰하기 위한 목적에서 탐구된 바가 거의 없다.[1] 이것이 충격적인 일은 아니다. 아렌트가 장애에 관해서, 그리고 장애가 정치에 대해 갖는 함의에 관해서 직접적으로 말한 것이 거의 아무것도 없으니 말이다. 그녀의 작업이 홀로코스트 기간 동안의 유대인 박해에 대한 대응이었고, 같은 시기 나치가 장애인들 역시 박해했다는 점을 생각한다면, 사실 장애 문제에 대한 그녀의 침묵은 얼마간 의아하며 주의를 끄는 부분이 존재한다. 아렌트는 유대인에 대한 나치의 대우를 이 지구the earth에 거주할 권리의 거부로 이해했다. 나치는 유사한 방식으로 장애인이 지구에 거주할 권리를 공격했으며, 그 권리는 오늘날에도 여전히 장애

---

1) 주목할 만한 예외로는 Ruth Hubbard, "Abortion and Disability: Who Should and Who Should Not Inhabit the World?", ed. Lennard J. Davis, *The Disability Studies Reader* (2nd edition), New York: Routledge, 2006, pp. 93-103; Siebers, *Disability Theory*; Tanya Titchkosky, "Disability Studies: The Old and the New", *The Canadian Journal of Sociology* 25(2), 2000, pp. 197-224가 있다. 이 모두에 대해서는 이 장에서 논의가 이루어질 것이다.

인들에게 충분히 보장되지 못하고 있다. 아렌트가 명시적으로 장애에 관해 쓴 바가 없기는 하지만, 그녀는 인류 내에 심대한 차이가 실존함을 인정하면서도 모든 인간은 세계와 정치적 공동체 내로 기꺼이 받아들여져야만 함을 논하면서, 인간이라는 것being human[to be human]이 무엇을 의미하는가에 대해 썼다.[2)]

아렌트의 사상은 장애 이론에 기여하는 방식으로 발전될 수 있는 몇 가지 지점이 존재한다. 장애를 지닌 이들의 인간 존엄성을 옹호하는 데 장애학이 어려움에 직면했던 바로 그 지점에서, 아렌트는 인간이라는 것이 무엇을 의미하는가를 이해하는 데 있어 고유하면서도 혁신적인 방식을 제공한다. 탄생성natality, 즉 태어난다는 행위action에 뿌리박고 있는 정치적 행위의 가능성은, 행위 그 자체가 언제나 사회적인 것임을 승인한다. 다시 말해서 행위는 언제나 그 행위가 일어나는 공동체에 의해 영향을 받는다. 사실 행위는 차이의 실존을, 아렌트가 '복수성'plurality이라고 불렀던 것을 필요로 한다. 탄생성은 인간이라는 것이 무엇을 의미하는가에 대한 여타의 이해들, 즉 종교적인 근거, 종차별주의적인 논변, 합리성에 기반을 둔 이해들(이는 그 자체로 최중도의 지적 손상을 지닌 이들을 정치로부터 배제하는 데 반복적으로 활용되어 왔다)로부터 그 자신을 의미심장한 방식으로 구별한다. 아렌트는 장애 이론에 있어 문제적일 수 있는 방식으로 몸을 폄하하기도 했지만, 그녀의 이론은 인격체

---

2) 나는 세인트루이스 워싱턴 대학교Washington University in St. Louis에서 열렸던 정치·윤리·사회 워크숍Workshop on Politics, Ethics, and Society의 멤버들뿐만 아니라, 이 글의 초고에 대해 유익한 논평을 해준 신시아 바로우니스에게 감사드린다. 또한 캐스린 크롤과 루이스 맥크레이리에게도 감사드린다.

와 몸이 본질적으로 연결되어 있다는 장애학의 통찰과의 통합을 통해 개조되고 또 발전될 수 있다. 그녀가 '권리들을 가질 권리'에 대해 쓴 것은 홀로코스트와 나치의 유대인 배제에 대한 대응의 일환이었지만, 그녀의 언급은 장애인을 비롯해 권리들을 가질 권리가 의문시되어 왔던 다른 사람들과도 유의미한 관련이 있다. 『예루살렘의 아이히만』*Eichmann in Jerusalem*에서 그녀는 나치가 자행한 집단 학살의 악명 높은 한 하수인에 대해 다루고 있다.

이 지구를 유대인 및 다수의 다른 민족 사람들과 공유하지 않으려는 정책을 당신이 지지하고 실행에 옮겼던 것 — 마치 당신과 당신의 상관들이 누가 세계에 거주해야 하고 누가 거주해서는 안 되는지를 결정할 수 있는 어떤 권리를 갖고 있기라도 했던 것처럼 — 과 마찬가지로, 우리는 어느 누구도, 즉 인류의 그 어떤 구성원도 피고와 세계를 공유할 것을 요구받을 수 없다고 생각합니다. 이것이 당신이 교수형에 처해져야 하는 이유, 유일한 이유입니다(Arendt 1968b, 130[국역본, 382쪽]).

인간의 탄생성에서 아렌트가 찾아내고 있는, 세계에 거주할 권리에 대한 그녀의 단언은 산전 검사prenatal testing의 윤리에 대한 오늘날의 논쟁에 깊숙이 개입한다. 산전 검사에 대한 아렌트주의적 접근법은 세계의 창조에 모두 — 장애를 지닌 이들을 포함한 — 가 기여할 수 있는 공적 영역을 생성해야 할 필요성에 주의를 기울이게 할 뿐만 아니라, 차이를 제한하려는 시도들에 대해서도 비판적인 입장을 견지한다.

# 인간 존엄성과 장애

장애인의 인간 존엄성은 여론과 학술적 저술 양쪽 모두에서 종종 폄하된다. 예컨대 엄청난 인기를 얻은 책 『여자 친구의 임신 가이드』*The Girlfriends' Guide to Pregnancy*는 40쇄 이상을 찍었고, 여러 나라 언어로 번역되었으며 150만 부가 팔려 나갔는데, 그 책은 장애아에 대해 전적으로 부정적인 관점을 분명하게 표명한다. 책의 저자는 임신 중에 여성들이 직면하는 우려에 대해 다음과 같이 쓰고 있다.

아기가 테이-삭스병Tay-Sachs disease [3]이나 다운증후군이라는 충격적인 경험은 겪지 않게 되었다는 생각에 안심하자마자, 임산부들은 스스로를 괴롭힐 또 다른 우려들을 창조적으로 만들어 낸다. 아기가 사시斜視나 찰스 황태자 같은 이상한 귀를 갖고 태어나는 건 아닐까와 같은 …… 결국 별일이 없는 한, 건강하고 튼튼한 상태로 아기가 태어난다. 하지만 임산부들 가운데 다 자란 아기를 뱃속에서 나오게 하는 엄청난 경험 속에서도 그 일에 완전히 집중하지 못한 채, 마지막으로 힘을 주는 순간에도, 혹은 의사가 제왕절개에 돌입하는 바로 그 순간까지도, 거버 베이비Gerber baby [4]가 아닌 침팬지 버블즈Bu-

---

[3] [옮긴이] 지질대사의 장애에 의해 신경계에 지질이 축적되는 질병으로 혹 내장성 가족성 백치amaurotic familial idiocy라고도 한다. 임상적으로는 진행성 정신장애, 실명, 뇌전증 발작이 나타나며, 대개 2세 미만에 쇠약 또는 감염으로 인해 사망한다.

[4] [옮긴이] 유아식과 유아용품을 생산하는 거버사Gerber Products Company 로고로 사용되어 온 캐릭터. 여기서는 그림같이 예쁜 아기를 가리킨다.

bbles[5)]와 비슷한 생김새의 아기가 눈앞에 아른거릴 가능성도 있다(Io-vine 2007, 63, 64[국역본, 89, 90쪽]).

이 책의 저자 비키 아이오빈은 어떤 면에서 옳다. 자신의 아이가 장애를 갖게 될 거라는 우려는, 자녀들의 삶을 모든 측면에서 제어하려는 부모의 욕망 — 그러나 이 같은 제어는 불가능하다 — 에서 발생하는 보다 광범위한 범주의 우려들 가운데 하나에 불과하다. 그렇지만 아이오빈은 여성들의 우려를 완화하는 데 도움이 될 장애 관련 정보를 제공하기보다는, 그녀들의 우려가 현실화될 가능성이 낮은 것이라고 일축해 버린다. 이는 장애가 어디에나 편재해 있음을, 우리가 충분히 오래 산다면 각자 그 나름의 장애를 경험하게 된다는 사실을 부인하는 것이다. 그것은 태아가 장애를 모면한다면, 즉 "아기가 건강하고 튼튼한 상태로 태어난다"면, 부모는 그저 [코가 오똑한지 그렇지 않은지 같은] 덜 중요한 신체적 특성만 걱정하면 된다는 것을 암시한다.

산전 유전자 검사를 할 것인가 말 것인가라는 난처한 문제를 검토할 때, 아이오빈은 충분히 생존할 수 있는 장애 태아라는 보다 복잡한 이슈를 거의 전적으로 회피하면서 가장 극단적인 경우 — 생존이 불가능한 태아의 경우 — 로 재빨리 건너뛰어 버린다. 그런 다음 그녀는 정상성을 끌어들이면서, 복잡한 상황을 다시 한번 일축해 버린다. "자, 여태껏 최악의 상황에 대비하도록 했으니, 이제 당신을 안심시킬 차례다. 당신이 완벽하게 정상적인 아기를 가질

---

5) [옮긴이] 미국의 전설적인 팝 가수 마이클 잭슨의 반려동물로 알려져 유명세를 탔던 침팬지 새끼로, 마이클 잭슨은 공연 시 이 침팬지를 대동하고 다니기도 했다.

가능성은 믿을 수 없을 만큼 크다"(Iovine 2007, 91[국역본, 119쪽]). 아이오빈이 '정상적'이라는 것을 바람직한 범주로 평가하고, 공포와 우려를 장애에 대한 적절하고도 흔히 있을 수 있는 반응으로 기술하는 것은 상당히 실망스러운 일이다. 유전자 진단보다 훨씬 더 풍부한 정보를 제공해야 할 필요성, 가정과 공동체가 장애인과 비장애인 구성원 양자를 모두 기꺼이 받아들이는 장소가 될 수 있는 가능성을 아이오빈은 수용하지 않는다.

　　장애인의 인간 존엄성에 대한 경시는 대중문화에서뿐만 아니라, 학술 문헌들에서도 명백히 나타난다. 장애 운동의 잘 알려져 있는 반대자인 피터 싱어는 「종차별주의와 도덕적 지위」Speciesism and Moral Status라는 논문 및 다른 글들에서, 모든 인간 생명의 평등한 가치에 대한 논변들을 철학적으로 비판하고 일축한 바 있다. 그에 따르면 첫째, 인간 존엄성의 종교적 근거에 대한 논변들이 존재하지만, 이런 논변들은 다원주의 체제에서 법률의 기초가 되어서는 안 된다(Singer 2010, 335). 둘째, [인간 존엄성의] 종차별주의적 근거에 대한 논변들이 다수 존재하는데, 예컨대 버나드 윌리엄스는 인간이 판단을 내리고 있는 당사자이기 때문에 인간이 그 자신의 종을 더 선호할 수 있다는 입장을 옹호한다(Singer 2010, 336). 이 같은 종차별주의는 스스로에게 도덕적 가치와 존엄성을 부여하는 인간이 어떤 존재인지 고찰하지 않는다. 이에 대해 싱어(Singer 2010, 336, 337)는 다음과 같이 묻는다. 우리를 하나로 묶어 주는 것은 무엇인가? 우리는 다른 어떤 종들과 유사한 것보다 정말로 모든 인간들과 더 유사한가? 게다가, 단지 우리가 판단을 내리고 있는 당사자이기 때문에 우리를 더 선호한다는 것이 [종차별주의적 근거 말고] 다른 어떤 점에서 도덕적으로 정당한가? 셋째, 인간이 지닌 인지 능력의 우월성이라는 근거에 대한 논변들이 존재한다(Singer 2010, 337). 그렇지만 평등한 도덕적 가치에 대한 이런 근거는 심각한 인지적 손상을 지 닌 이들을 배제한다. 도덕성에 대한 다수의 계약론적 견해들이 이 와 유사한 문제점을 지니고 있다. 그런 견해들은 정치적으로 사고 하고 계약에 동의할 능력이 없는 이들을 포함할 준비가 되어 있지 않다(Singer 2010, 337). 싱어는 우리가 "모든 인간의 평등한 가치라는 관념"을 버리고 "그런 관념을 도덕적 지위는 인지 능력의 어떤 측 면들에 의존한다는 좀 더 등급화된 견해로 대체"하는 것을 고려해 야만 한다고 주장한다(Singer 2010, 338). 장애학의 관점에서 이는 용 납될 수 없는 주장이다. 그렇지만 싱어의 글은 인간 존엄성의 근거 를 종교적 논변, 종차별주의, 합리성에 두는 것이 불충분함을 드러 내 준다.

[비장애중심주의적] 대중문화와 합리성에 대한 학문적 단언이 장 애인의 인간 존엄성을 위협한다는 것은 분명하다. 장애를 다루는 학 자들은 인간 존엄성이라는 것을, 유용하긴 하지만 제한적인 사회적 구성개념으로 간주하는 것에서부터, 심각한 인지장애를 지닌 일부 의 사람들을 계속해서 배제하는 방식으로 그것을 인간의 기능 수행 과 결부시키는 것에 이르기까지, 상당히 다양한 방식으로 다루어 왔 다. 또 다른 이론가들의 경우에는 지나치게 비배제적이어서, 인간 과 동물을 구분하는 데 불충분한 근거를 제공하고 있는 듯 보인다.

예컨대, 마이클 베루베는 해당 인격체 내에 인간 존엄성이 객관 적으로 실존하는지 여부보다, 인간 존엄성을 인정하고 보장하는 데 필수적 측면인, 인간 잠재력에 대한 사회의 개방성에 초점을 맞춘 다. 그는 다음과 같이 쓰고 있다.

다른 인간들을 대할 때, 마치 우리가 그들의 잠재력을 알지 못하는 것처럼, 실제로 그들이 우리를 대단히 놀라게 할 수도 있는 것처럼,

그들이 우리의 예상을 헛된 것으로 만들거나 능가할 수도 있는 것처럼 대하는 것이 우리 모두에게 있어 좋은 방안일 것이다. …… 그것이 우리가 인간 존엄성이라 부르고 싶어 하는 어떤 것을 인정하고 존중하는 한 가지 방식일 것이다(Bérubé 2003, 53).

사실 해당 인격체의 객관적인 인간 존엄성이란 정치사회에 의해 그에 상응하는 인정이 이루어지지 않는다면 거의 소용없는 것이다. 그렇지만 나는 아렌트와 더불어 인간성의 주관적 인정과 객관적 현존 사이에는 밀접한 연관성이 존재함을 논할 것이다.

인간 존엄성에 대한 명확한 의견 표명 가운데 장애학에서 가장 많은 논의가 이루어지는 것은 마사 누스바움의 이론일 듯하다. 그녀는 존 롤스가 원초 상태에서 장애인을 배제하는 것과 보다 광범위한 사회계약론적 전통에서 장애인이 배제되고 있는 것 양자 모두에 대한 교정을 추구하는 역량 이론capabilities theory을 주창한다. 누스바움은 인간의 핵심적인 능력으로서 합리성에 의지하기보다는, 모두가 지원을 받아야만 하는 열 가지 서로 다른 역량을 확인한다. 그렇게 하면서 그녀는 하나의 과정으로서의 분배적 정의에 대한 이해로부터, 하나의 결과로서의 분배적 정의에 대한 이해로 나아간다(Silvers and Stein 2007, 1642). 누스바움의 이론이 롤스의 사회계약론보다 훨씬 더 많은 장애인을 포함하기는 하지만, 그녀의 이론도 철학자 에바 키테이의 딸 세샤Sesha를 비롯해 심각한 인지장애를 지닌 일부의 사람들은 최소한의 인간의 기능도 수행할 수 없을 것으로 본다. 누스바움은 다음과 같이 쓰고 있다.

시도해 볼 수는 있겠지만, 사회는 그 어떤 실질적인 의미에서도 그녀[세샤]가 논의의 대상이 되고 있는 역량들을 지닐 수 있는 수준에까지 이르게 할 수는 없다. 그렇다면 종적 규준species norm을 강조하는 견해[누스바움 그녀 자신의 견해]가 채택되어야 하는 것처럼 보인다. 즉 우리는 세샤가 완전히 상이한 형태의 삶을 산다고 말하거나, 아니면 우리가 최선의 노력을 기울인다고 해도 그녀가 결코 번영된 인간의 삶을 살아갈 수는 없다고 말해야만 할 것이다(Nussbaum 2006, 187).

누스바움의 역량 접근법이 롤스의 이론보다 훨씬 더 비배제적이기는 하지만, 그녀도 여전히 심각한 인지장애를 지닌 일부의 인간들을 포함하지 않는 인간 존엄성에 대한 이해를 제시하고 있다. 키테이(Kittay 2005a, 110)는 자신의 딸의 삶이 누스바움에 의해 묘사되고 있는 것처럼 비극적이지 않음을 논하면서 누스바움에게 응답한다. 애니타 실버스와 마이클 스타인(Silvers and Stein 2007, 1646)도 누스바움의 역량 이론이 그녀가 제시한 열 가지 기본 역량에 따른 번영된 인간 삶의 최소 기준에 이르지 못하는 이들을 낙인화함으로써 "억압을 자초할 수 있다"고 우려하면서, 키테이와 유사한 형태의 비판을 제시한다.

　다른 글에서 마이클 스타인(Stein 2007, 101)은 그녀의 역량 접근법이 (아이히만에 대한 아렌트의 비판을 연상시키는 표현을 가져와) "'세계에 존재할 권리'right to be in the world를 지닌 장애인들의 권능을 강화하는 방향으로는 충분히 나아가지 않았다"고 주장하면서, 누스바움의 접근법에 대해 한층 더 나아간 비판을 가한다. 스타인은 자신이 이해하기에 누스바움의 이론에서 경시되고 있는 이들의 인간 존엄성을 확보하기 위해, 그녀가 제시한 역량들 — 인간 존엄성에 부합하는 삶을 영위하는 데 필요한 최소 수준이라고 가정된 — 을 표출할 수 있는 사람들만을 고려하기보다는, 개개인의 재능talent — 그 재능이 어떤 것이든 — 을 계발하는 것을 옹호한다(Stein

2007, 106, 107). 스타인의 장애인권 패러다임은 사회질서에 기여할 수 있는 수단으로서의 개인이 아닌 목적으로서의 개인에게 초점을 맞추고 있긴 하지만, 그의 접근법은 다음과 같은 질문들을 야기한다. 즉 재능을 계발하는 것이 어떻게 인간 고유의 행위라고 할 수 있는가? 상당수의 동물들 또한 재능을 가지고 있다고 말할 수 있을 텐데, 그렇다면 재능의 계발이라고 하는 것은 동물들에게도 적용될 수 있지 않은가? 더욱이 재능을 확인하기 어렵거나 혹은 심지어 불가능할 경우, 그런 인간은 어떻게 다루어져야 하는가? 재능과 역량이 다르다는 것은 분명하지만, 재능도 역량과 마찬가지로 성취와 관련된 것 아닌가? 그리고 재능 역시 역량과 마찬가지로 인간을 목적이라기보다는 수단으로 만들 수 있지 않은가? 재능의 계발이 사회가 자신의 시민들에게 보장해 주어야만 할 도덕적 책무라고 역설할 뿐, 스타인은 왜 인간 존엄성이 재능의 개발을 필요로 하는지, 그리고 이런 인간 존엄성이 어떤 토대에 기반을 두고 있는지 논하지 않는다.

바버라 아네일 또한 「장애, 자아 이미지, 근대 정치이론」Disability, Self Image, and Modern Political Theory에서 모든 인격체를 포함할 수 있는, 인간 존엄성에 대한 훨씬 더 폭넓은 관점을 옹호하면서 누스바움을 비판한다. 아네일(Arneil 2009, 234)은 이 논문에서 자립에 대한 권리와 근원적 의존 — 그녀는 이 양자가 장애인뿐만 아니라 모든 사람들에게 중요한 것이라고 주장한다 — 의 조화를 옹호하며 '상호 의존성'이론을 제안한다. 아네일의 상호 의존 개념에 존재하는 한 가지 난점은, 스테판 돌거트(Dolgert 2010)가 아네일에 대한 응답에서 개진했던 의견처럼, 그 개념이 모든 장애인을 포함하기는 하지만 비인간 동물들 또한 포함하는 듯 보인다는 것이다. 이에 대한 아네일의 재응답은, 인간의 상호 의존에 존재하는 자립에 대한 열망이라는 측면은 동물들에게 적용되지 않는다는 것이다. 그녀는 "거의 모든 아동들이 그들의 부모로부터 자립적이 되기를 원하지만(사회가 자립을 지원하는 편의를 제공한다면 장애 아동도 향후 자립할 수 있기 때문에, 이는 비장애 아동의 경우와 마찬가지로 장애 아동에게도 적용된다), 애완동물들은 자립을 추구하지 않는다"라고 말한다(Arneil 2010, 866, 867). 이런 입장은 그녀의 이론에서 아직 답변이 이루어지지 않은 추가적인 질문을 제기한다. 심각한 인지장애를 지닌 사람을 비롯해 모든 인간이 정말로 자립을 열망하는가? 실제로는 그렇지 않다면, 그녀의 이론도 누스바움이나 스타인의 이론처럼 모든 인간을 포함하지 못하는 동일한 문제점을 지니고 있는 것 아닌가? 이런 의문들에도 불구하고, 아네일의 이론은 인간이라는 것의 확고부동한 측면으로서 의존과 자립 양자를 강조하고 있다는 점에서 중요하다. 인간성에 대한 아렌트의 이해는 이처럼 인간성을 설명하며 의존과 자립 양자를 강조하는 아네일의 입장을 지지한다고 할 수 있다.

에바 키테이는 도덕적 의무와 평등한 인간 존엄성에 대한 대안적 기반을 제안한다. 그녀에게 그런 의무와 존엄성은 한 엄마의 아이라고 하는 공유된 인간 경험 내에 자리 잡고 있다. 그녀는 "나는 '나 역시 한 엄마의 아이다' 또는 '그 역시, 어떤 엄마의 아이다'라는 어구를 '우리는 모두 — 평등하게 — 어떤 엄마의 아이다'로 들을 수 있음을 인식하게 되었다"고 쓰고 있다(Kittay 1999, 25[국역본, 75쪽]). 이는 개인주의적인 요구 또는 권리에 대한 주장이 아니라, 인간의 유대감에 대한 인정이라고 할 수 있다. 즉 그녀 자신의 엄마도 "한 엄마의 아이이고, 이는 그녀의 엄마를 엄마로서 돌봐 준 또 다른 누군가가 있었다는 뜻이다"(Kittay 1999, 25[국역본, 76쪽]). 그녀는 이런 생각을 다음과 같이 한층 더 구체적으로 전개한다. "제안하고

자 하는 바는, 우리가 개인들의 속성에 기반을 둔 평등이 아니라, 평등의 가능성에 대한 조건이 인간 상호 의존의 불가피성인 그런 평등을 발전시켜야 한다는 것이다. 이런 상호 의존은 축어적으로도 은유적으로도 '우리는 모두 어떤 엄마의 아이다'라는 경구에 특징적으로 잘 표현되어 있다"(Kittay 1999, 50[국역본, 113쪽]). '우리는 모두 어떤 엄마의 아이다'라는 생각은 여성주의적 돌봄 윤리의 전통 내에 있는데, 그런 돌봄 윤리에서 도덕적 의무는 계약적 관계나 순전히 임의적인 관계가 아니라 애정과 관심으로부터 비롯된다(Kittay 1999, 53[국역본, 117, 118쪽]). 각각의 인격체가 어떤 엄마의 아이라는 키테이의 생각은 아마도 아렌트의 탄생성과 가장 근접해 있는 것일 텐데, 왜냐하면 탄생성이 누군가의 탄생 그 자체로부터 발생하기 때문이다. 더욱이 탄생성은 태어난 누군가가, 그가 태어난 엄마-가족과 더 광범위한 사회의 일원임에 대한 인정을 필요로 한다. 아렌트의 이론은 키테이와 마찬가지로 인간의 상호 의존이라는 개념과 조화를 이루지만, 동시에 아렌트는 좀 더 명시적으로 탄생성을 정치 참여와 결부시킨다. 즉 아렌트에 따르면, 인간은 신체적으로 태어나서 세계에 진입하는 행위 그 자체로 인해, 정치적 공동체에 진입할 수 있는 기회 또한 마찬가지로 부여받아야만 한다. 이는 키테이에 대한 아네일의 비판 지점 — 키테이가 인간의 의존을 적절히 파악해 내기는 하지만, 그것이 자립의 훼손을 내가로 하는 것일지도 모른다는 것(Arneil 2009, 233) — 과 부합한다고 볼 수 있다.


## 인간이라는 것에 대한 한나 아렌트의 견해

한나 아렌트는 탄생성이라는 자신의 개념을 통해, 인간이라는 것이 무엇을 의미하는가에 대해 창의적이면서도 고유한 이해를 제시한다. 그리고 이런 이해는 인간 존엄성에 대한 여타의 개념들이 맞닥뜨리게 되는 다수의 문제점들을 방지해 주면서 인간 존엄성과 세계에 거주할 권리에 대한 기반을 제공한다. 즉 탄생성은 종교적인 근거에 기반을 두지도 않고 종차별주의적인 근거에도 기반을 두지 않는다. 탄생성이 합리성과 교차하기는 하지만, 그렇다고 해서 합리성에 대한 호소인 것도 아니다. 탄생성은 인간과 동물의 구별을 유지하는 방식 속에서 의존과 자립 양자를 모두 강조한다. 탄생성이라는 개념은 물론 [나치에 의한 유대인 박해와 학살이라는 정치적 배경 속에서 만들어졌으므로] 유대인과 더 많은 관련성을 지니고 있겠지만, 그것은 또한 장애를 지닌 이들의 권리에 대한 근거를 제공하는 데에도 활용될 수 있다.

탄생성은 아렌트 연구자들과 독자들 사이에서도 서로 다른 해석의 여지가 있는, 그리고 아렌트의 다른 개념들로부터 파생됨과 동시에 그런 다른 개념들을 함축하기도 하는 복잡한 개념이다. 탄생성은 태어나는 사건이다. 그것은 생물학적이기도 하고 정치적이기도 하다. 인간들은 첫 번째로 아기로서 태어난다. 바로 그 물질적 세계로의 제1의 탄생이 있기 때문에, 이후에 그들은 행위를 통해 정치적 영역으로 들어갈 수 있다. 이것은 일종의 제2의 탄생이다.[6] 아렌트가 "말과 행동deed을 통해 우리는 인간 세계에 진입한

---

6) 퍼트리샤 보언-무어는 『한나 아렌트의 탄생성의 철학』*Hannah Arendt's Philosophy of Natality*에서 아렌트가 사용하는 탄생성이라는 용어의 두 가지 의미를 구별한다. 그녀는 첫 번째를 제1의 탄생성primary natality이라고 부르며, 두 번째를 정치적 탄생성political natality이라고 칭한다. '제1의 탄생성'은 인간의 탄생 및 그 결과 인간이 갖게 되는 창시력capacity to initiate을 가리킨다. 그리고 '정치적 탄생성'은 인간이 자신의 자유를

다. 이런 진입은 제2의 탄생과 같다. 우리는 제2의 탄생에서 우리의 신체적 본 모습을, 그 적나라한 사실을 확인하고 책임을 진다"(Arendt 1998, 176, 177[국역본, 265쪽])라고 썼을 때, 그녀가 말하고 있는 것은 정치적 탄생성이다. 정치 참여를 통해 확인되는 것은 바로 이 제2의 탄생이라는 사실이다. 탄생성은 "우리가 태어나는 순간 세계에 함께 출현하는, 그리고 우리 자신의 주도로 새로운 어떤 것을 시작함으로써 반응하게 되는 그런 시작이다"(Arendt 1998, 177[국역본, 265쪽]). 탄생성은 인간들이 소유하고 있는 어떤 것이 아니라, 그들이 누구인지를 나타내는 어떤 것이다. 퍼트리샤 보언-무어Patricia Bowen-Moore가 다음과 같이 썼을 때, 그녀는 이 지점을 분명히 표현하고 있다. 즉 "인간의 탄생성 덕분에, 그는 무언가를 시작할 수 있는 자신의 능력을 실행할 수 있다. 단지 그런 능력을 소유하고 있기 때문이 아니라, 정확히 인간이 그런 중대한 실재이기 때문에 말이다"(Bowen-Moore 1989, 25, 강조는 옮긴이). 인간들은 그들의 탄생으로 인해 이런 실재 — 무언가를 창시하는 존재 — 일 수 있다. 탄생이란 인간들의 이후 행위에 있어 그 근원이 되는, 그리고 그들에게 영감을 제공하는 행위인 것이다(Arendt 1965, 214[국역본, 337쪽]).

탄생성과 그것이 장애에 대해 갖는 함의를 제대로 이해하려면, 우리는 아렌트에게 있어 상호 연관되어 있는 몇 가지 개념들로 되돌아가야만 한다. 소여성所與性, givenness, 행위, 복수성, 파리아[사

행사하여 정치적 행위를 하고, 이런 정치적 행위를 통해 공적 영역으로 들어가는 것을 가리킨다(Bowen-Moore 1989, 22, 24). 보언-무어는 자신이 '제3의 탄생성'tertiary natality이라고 부르는 세 번째 종류의 탄생성을 도입하는데, 그것은 정신의 삶으로의 탄생birth into life of the mind을 가리키지만 여기서 우리가 진행하는 논의의 목적과는 별로 관계가 없다.

회에서 버림받은 자]pariah, 탄생성의 사회적 측면, 권리들을 가질 권리가 정치적으로 보장되어야 할 필요성 등으로 말이다. 탄생성이 인간 존엄성에 대한 유효한 토대가 되기 위해서는, 그런 탄생성 개념이 인간이라는 것이 무엇을 의미하는가와 관련해 안정적이고 불변하는 어떤 것을 말해 줄 수 있어야 한다. 즉 인간을 동물과 구별되는 존재로 만들어 주는 것이 무엇인지를 그 개념이 보여 줄 수 있어야 한다. 아렌트의 '소여성' 개념이 바로 이 역할을 수행한다. 소여성은 인간의 탄생성 또는 탄생이라고 하는 것의 내용을 설명해 준다. 인간은 기린이나 고양이나 돌고래로 태어나지 않는다. 탄생성은 단순히 모든 생명의 탄생에 적용되는(즉 인간의 아기에게 적용되는 것과 같이 귀뚜라미에게 적용될 수 있는) 것이 아니라, 인간의 탄생에만 특정해 적용되는 개념이다. 자, 그렇다면 무엇이 한 인간을 인간으로 만들어 주는가? 아렌트는 우리를 여타의 인간들과 구별되는 존재로 만들어 주는 것 — 즉 개인들과 관련된 특정한 사실들 — 뿐만 아니라 공통된 인간성이라고 하는 것 — 행위 능력에 의해 특징지어지는 — 양자가 주어진given 것임을 확인한다. 다양성뿐만 아니라 인간과 관련된 보편적 진리 양자는 인간의 조건의 핵심적인 부분이다. 아렌트가 들고 있는 소여성에 대한 예들에는 실존뿐만 아니라, 여성이라는 것이나 유대인이라는 것과 같은 사실들, 즉 세계의 복수성에 기여하면서 동시에 그녀와 타인들이 파리아로 남도록 하는 사실들 또한 포함된다. 장애는 소여성에 대한 또 다른 예라고 할 수 있다. 특히 그런 장애가 태어날 때부터 현존하는 경우가 그러하지만, 설령 그것이 삶의 과정에서 나타난다 하더라도 소여성의 범위에 포함된다.

아렌트는 주어진 것, 즉 소여 — 실존 그 자체뿐만 아니라 그런 실존의 개별적인 내용 — 는 존중과 감사라는 반응을 받을 만한 것이라고 주장한다. 우리가 우리 자신과 관련된 모든 걸 변화시킬 수 있고 변화시킬 것이라면, 소여성은 그다지 중요하지 않을 수도 있다. 근대인들은 주어진 모든 것을 원망하지만, 그 반대로 해야만 한다. 즉 우리는 "생명 그 자체, 인간의 실존, 세계와 같이 우리에게 진정 변함없이 주어지는 많지 않은 기본적인 것들에 대해 근본적인 감사의 마음을" 표해야만 한다(Arendt 1951, 438). 우리는 또한 우리 자신과 관련된 여타의 사실들을 받아들여야만 한다. 소여성에 대한 존중이 세계에서 여성으로서, 유대인으로서, 또는 장애인으로서 살아가는 한 가지 방식만이 존재함을 의미하는 것은 아니다. 오히려 아렌트는 사람들이 행위를 통해 다른 개인들 사이에서 그들의 개별적인 소여성을 표현할 기회를 갖게 될 것이라고 기대한다. 아렌트는 이것이 단테[의 『제정론』De Monarchia으]로부터 인용한 한 행, 그녀가 "그러므로 [행위를 함으로써] 자신의 잠재적 자아를 드러내 보이지 못한다면 아무런 행위도 이루어지지 않은 것이다"(Arendt 1998, 175[국역본, 263쪽])라고 번역한 한 행의 의미라고 주장한다. 소여란 이처럼 행위를 함으로써 현실화되는 잠재적 자아이다. 여기에는 해당 자아의 개별적 특성뿐만 아니라 행위 능력 양자가 포함된다. 이런 의미에서 소여성은 복수성의 실존 및 인간들 사이에서 차이의 실존을 허용하며, 그 결과 행위의 가능성을 허용하는 어떤 것이라고 할 수 있다.[7]

---

7) 페그 버밍햄은 『한나 아렌트와 인권』Hannah Arendt and Human Rights에서, 아렌트가 소여성을 정치로부터 분리하고 있으며 그것을 사적 영역으로 격하하고 있다는 (『인간의 조건』에 뿌리를 둔) 아렌트에 대한 해석과 상반되게, 탄생성과 소여성은 서로 연관되어 있는 것임을 논한다. 버밍햄은 다음과 같이 쓰고 있다. "아렌트는 행위 능력과 새로운 어떤 것을 시작할 수 있는 능력으로서 탄생성을 강조했다기보다, 오히려 탄생성이

그렇다면 소여성이란 인간의 조건의 보편적인 일부분이기도 하고, 타인들과 우리의 차이를 특정해 주는 개별적인 것이기도 하다. 우리의 탄생성과 소여성은 그것이 우리의 단순한 실존을 가리키는 것인 한에서는 보편적인 측면을 지니며, 우리에게 행위 능력을 부여해 준다. 이런 탄생성과 소여성은 인간에게 존재하는 최고의 역량이다. 즉 그것이 동물로부터 우리 인간을 구분해 준다. 각 인격체의 고유한 독특성distinctiveness을 드러내 주는 것은 예측할 수 없는 어떤 것을 시작하거나 창시할 수 있는 우리의 능력이다(Arendt 1998, 178). 아렌트에 따르면 행위는 명백히 정치적이다. 즉 행위는 공적 영역을 확립할 수 있으며, 혹은 공적 영역이 이미 확립되어 있다면, 그런 공적 영역 내에서 발생한다. 더욱이 행위는 언제나 사회적이다. 즉 행위는 타인들 사이에서 타인들과 더불어 이루어질 수밖에 없다. 이에 대해 아렌트는 다음과 같이 설명한다.

인간을 정치적 존재로 만들어 주는 것은 행위 능력이다. 그것이 인

라는 사건도 주어진 — 진정, 불가사의하게 주어진 — 그리고 변화될 수 없는 어떤 것에 관한 것이라는 아우구스티누스주의적 통찰을 긍정적으로 환기하고 있는 것이다"(Birmingham 2006, 72). 그녀는 또한 다음과 같이 말한다. "탄생성이라는 사건에서 우리 각자는 불가피하게 이질적이고 특이하며 체현된 현존으로서 아무런 근거 없이 기적처럼 주어지는데, 그런 현존은 결코 논리적으로 정당화되거나 재현될 수 없으며 단지 긍정되고 찬미될 수 있을 뿐이다"(Birmingham 2006, 93). 버밍햄은 탄생성이 특이하고 고유한 어떤 것일 뿐만 아니라 동시에 모든 인간들에 의해 공유되는 어떤 것임을 인정한다. 탄생성과 소여성의 관계에 대한 나 자신의 해석은 양자 간에 연관성이 존재한다는 버밍햄의 입장과 일치한다. 이에 대한 해석은 인간이라는 것과 관련하여 안정적인 어떤 것이 존재하는가 존재하지 않는가라는 문제에 영향을 주기 때문에 결정적으로 중요한데, 나는 안정적인 어떤 것이 존재한다고 주장한다.

간으로 하여금 동료들과 만날 수 있게 해주고, 그들과 협력하여 행위를 할 수 있게 해준다. 그리고 인간에게 이런 재능 — 새로운 어떤 일에 착수하는 것 — 이 주어지지 않았더라면 욕망을 품는 것은 고사하고 결코 마음속으로 생각해 내지도 못했을 목표와 기획을 추구할 수 있게 해준다(Arendt 1970, 82[국역본, 125쪽]).

그렇다면 행위 능력이란 인간의 조건에 있어 이미 주어져 있는, 그리고 안정적인 일부분이다. 이 장은 행위 능력으로서의 탄생성이 인간 존엄성의 토대임을 주장하며 이런 주장이 장애학에 유용한 것이기는 하지만, 장애에 주의를 기울이는 것은 또한 아렌트가 분명히 표명한 바 있는 행위와 정치 간의 밀접한 관련성에 이의를 제기한다. 우리가 앞으로 보게 될 것처럼, 장애인의 경험을 고려하는 것은 창조와 행위로 이어지는 정치보다는 다른 영역에 주의를 기울이도록 한다.

인간의 소여성이 우리를 상이하고 독특한 존재로 만들어 주는 것들을 가리키는 한에서, 소여성은 행위의 또 다른 요건 — 즉 복수성의 실존 — 에 기여한다. 차이 또는 복수성은 행위의 필요조건인데, 왜냐하면 타인에게 자기 자신을 드러내는 것은 그런 타인의 실존을 필요로 하기 때문이다(Arendt 1998, 7). 아렌트는 복수성을 "한 인간Man이 아니라 다수의 인간들men이 이 지구에서 살아가고 세계에 거주한다는 사실"이라고 말한다(Arendt 1998, 7[국역본, 73, 74쪽]). 무엇보다도 특히 민족성, 국적, 젠더, 장애에서의 차이는 인간의 고유성uniqueness에 기여하며, 인간의 고유성은 복수성의 기반이 된다. 즉 "어느 누구도 지금까지 살았고, 현재 살고 있으며, 앞으로 살아가게 될 다른 누구와 결코 동일하지 않다는 점에서만 모든 인간은 동일하다"(Arendt 1998, 8[국역본, 75쪽]). 이는 또한 우리의 탄생의 결과로서 우리가 경험하게 되는 소여성의 일부분이다. 아렌트가 장애를 복수성의 한 예로 직접 언급하지는 않았지만, 그것은 분명히 그녀의 개념틀에 잘 들어맞는다. 행위가 가능하려면 차이가 필요하다는 점을 인정하는 것은, 장애인이 정치적 공간에 기여하고 이를 재편하는 것을 기꺼이 받아들여야 할 강력한 논거가 된다.

소여성을 내포하고 복수성을 필요로 하는 탄생성은 또한 아렌트가 파리아라고 부른 이들, 즉 그들의 개별적인 차이가 정치에 대한 특권화된 관점을 제공할 수 있는 인격체의 실존을 함의한다. 어떤 존재는 자기 자신에 관한 (주어진) 사실들을 받아들임으로써 파리아가 된다. 그런 받아들임을 통해, 그 존재는 차이가 제공하는 추가적인 시각을 획득한다. 아렌트가 이야기하는 파리아는 파베뉴par-venu, 즉 그녀가 비판하는 차이에 대한 대응 방식인 동화된 존재와의 대조 속에서 설정된 존재이다. 아렌트는 19세로의 전환기에 베를린에서 살롱[작가들 및 예술가들이 함께하는 사교 모임]을 열었던 유대인 여성에 관한 저작 『라헬 파른하겐』*Rahel Varnhagen*에서 파리아와 파베뉴에 대해 다룬다. 라헬은 유대인이자 한 명의 여성이었다. 아렌트는 그녀에 관한 이런 사실들을 회피할 수 있는 어떤 것이 아닌, 라헬이 그녀의 역사적·사회적 맥락 내에서 자신이 가진 독특성의 일부분으로 이해해야만 했던 것들로 제시한다. 라헬과 마찬가지로 아렌트는 자신에 관한 사실들을 부인하려고 시도하는 것은 부조리한 일이라고 이해한다. 그녀는 자신이 유대인이라는 사실에 관해 다음과 같이 쓰고 있다. "진실은 내가 다른 뭐라도 되는 양 굴거나 어떤 식으로든 나 자신이 아닌 다른 사람인 척한 적이 결코 없다는 것, 그리고 그런 방향으로 유혹을 느껴 본 적조차 없다는 것이다. 그렇게 하는 건 내가 인간일 뿐 여성은 아니라고 말하는 것 ─ 즉 얼마간 정신 나간 소리 ─ 과 같을 것이다"(Arendt 2007, 466).

물론 아렌트는 유대인이라는 것 혹은 여성이라는 것이 그런 존재로서 살아가는 한 가지 방식만이 존재함을 의미한다고 주장하지 않았다. 그녀는 이와 같은 차이들을 하나의 시작점으로 이해했으며, 해당 인격체가 그런 시작점에서 많은 다양한 방식으로 발전해 나갈 수 있다고 이해했다.

아렌트는 사람은 자신이 지닌 차이를 비롯한 자기 자신에 대한 이해를 통해 정치에 가장 유효하게 기여할 수 있고, 또 타인들 사이에서도 자신을 가장 유효하게 드러낼 수 있다고 쓰면서 이런 생각을 한층 더 구체적으로 전개하고 있다.

인간의 역사는 누군가가 자신에게 적합한 방을 언제나 빌려 쓸 수 있는 호텔이 아니며, 임의적으로 타고 내릴 수 있는 차량도 아니다. 우리가 위치한 자리는 현재를 이해하고 더 나은 미래를 위해 싸우기를 거부하는 한, 그 아래에서 우리가 무너질 수밖에 없는 무거운 짐이 될 것이다. 오직 그런 이해와 싸움에 뛰어들 때에만 — 그러나 그 순간 이후로도 계속 — 그 무거운 짐은 하나의 축복이, 즉 자유를 위한 투쟁에서 하나의 무기가 될 것이다(Arendt 2007, 150).

이런 인식은 파리아에게 변화 — 예컨대 여성이라는 것, 유대인이라는 것, 상애인이라는 것이 무엇을 의미하는가에 대한 사회의 이해에서의 변화 — 를 위해 싸워 나갈 수 있는 위치뿐만 아니라, "전체에 대한 시야"를, 즉 정치사회에 대한 보다 광범위한 시각을 또한 제공한다(Arendt 1997, 249[국역본, 265쪽]). 그렇다면 파리아라는 것과 파리아라는 것에 수반되어 있는 홈리스 상태[고향 상실]homelessness는 홈리스가 아닌 이들은 놓칠 수 있는 비판적 이해를 가능하게 한다. 파리아는 두 가지 수준에서 비판가가 된다. 우선 그는 차이를 지닌

존재라는 자신의 위치에서 사회의 나머지 구성원들을 비판한다. 그
뿐만 아니라 그는 자신과 차이를 공유하고 있는 이들까지도 비판
한다. 장애는 그 자체 내에 존재하는 엄청난 다양성으로 말미암아
특히나 더 일괴암적 정체성에 이의를 제기한다. 여기서 우리는 탄
생이라는 사건을 통해 사람들에게 주어진 것은 그들의 사회 세계
및 정치 세계 참여에 영향을 주게 되리라는 것을 확인할 수 있다.[8]
아렌트가 파리아라는 개념을 장애인에게 직접 적용하지는 않았지
만, 그 관련성은 명백하다. 장애는 주어진 차이이다. 이런 차이는
그것이 인정되었을 때 손상을 지닌 사람들에게 더 폭넓은 시각을,
정치를 풍부하게 해주는 어떤 것을 제공할 수 있다. 어떤 사람의
장애가 인정되지 않는다면, 그는 그 장애의 의미를 구성하는 데 참
여할 수 없다. 수전 웬델은 파리아라는 아렌트의 개념을 장애에 적
용한다는 것이 어떤 것일 수 있는지를 『거부당한 몸』The Rejected
Body에서 보여 준다.

그렇다면 장애를 차이로서 가치 있게 여긴다는 것은 실제로 무엇을
의미하게 될까? 그것은 분명 모든 장애를 하나의 비극적 손실이라거
나 모든 장애인은 '치료되기를' 원한다고 가정하지 않음을 의미할 것
이다. 그것은 장애인이 지닌 앎과 관점을 찾아내고 존중한다는 것을
의미할 것이다. 그것은 익숙하지 않은 존재의 방식과 의식의 형태
에 관해 기꺼이 배우고 존중한다는 것을 의미할 것이다. 그리고 그

8) 이는 아렌트가 『인간의 조건』에서 옹호한 공적인 것과 사적인 것 간의
거친 구분과는 상반된다. 이런 절대적 구분에 대해 『라헬 파른하겐』에서
이루어지고 있는 비판이 장애학에 훨씬 더 많은 것을 제공해 주는 아렌
트에 대한 해석이라 할 수 있을 것이다.

것은 인간의 몸을 완벽하게 통제할 수 있다는 근거 없는 믿음과 완벽한 몸의 추구를 포기하는 것을 의미할 것이다(Wendell 1996, 84[국역본, 165쪽]).[9]

탄생성은 그것이 지닌 보편적이고 개별적인 의미에서, 단지 개별 인격체 내에 존재하는 능력인 것만은 아니다. 그것은 또한 생물학적이고 정치적인 의미에서, 근본적으로 사회적인 것이다. 개인의 행위가 사회적으로 이해되어야 할 필요성을 아렌트가 인정하고 있는 것은 특히 장애와 관련이 있다. 즉 그것은 장애란 단지 몸의 손상이 아니라는, 몸의 차이 그 자체가 아니라 오히려 몸의 차이를 둘러싼 사회적 맥락이 장애를 만들어 낸다는 사회적 장애 모델의 통찰과 일치한다. 탄생성의 사회적 측면은 공적인 것과 사적인 것 양자 모두에서 명백하다. 생물학적 영역에서, 탄생성으로 이어지는 것은 생식이다. "인간은 생식력을 지닌 채 창조되었으며, 그래서 단 한 명의 인간이 아니라 복수의 인간들이 이 지구에 거주한다"(Arendt 1951, 439). 생식은 그 자체로 사회적인 것이다. 즉 인간들 사이에서 복수성을 가능하게 하는 생식은 두 사람을 필요로 하며 세

---

9) 웬델은 "장애의 범주를 지나치게 확장하는 것에 의해 장애인의 '다름[다자성]'otherness"이 경시되는 것을 경계하지만, 그녀는 또한 "장애를 차이의 한 형태로서 얘기하는 것을" 선호하면서도 "동시에 낙인과 '타자'라는 것 모두 장애인에 대한 사회적 억압의 양상들이라는 것을 인식하고 있다"고 쓰고 있다(Wendell 1996, 66[국역본, 133, 134쪽]). 이는 아렌트의 파리아 개념에 대한 중요한 수정이라고 할 수 있다. 즉 장애인들이 '타자'로 만들어지거나 "별나고"exotic "신기한 존재"curiosities로 간주되어서는 안 된다(Wendell 1996, 66, 67[국역본, 134쪽]). 웬델은 장애인들이 경험하는 차이의 내재적 가치에 주의를 기울일 뿐만 아니라 동시에 장애인의 고통을 축소하지 않는 글쓰기에 찬사를 보낸다(Wendell 1996, 67).

번째 사람을 창조한다. 인간들은 그들 자신과 동일한 형태를 복제하는 것을 통해 번식하는 것이 아니라, 완전히 새로운 인간 인격체의 창조를 통해 번식한다. '번식'이라는 단어는 '탄생성'이라는 개념보다 훨씬 더, 탄생이 두 사람이 함께하는 창조적 행위임을 우리에게 상기시켜 준다. 번식은 인격체의 복수성을 중시한다. 즉 한 명의 아이를 창조하기 위해서는 한 남성과 한 여성의 차이가 필요하다. 그리고 이 장의 결론에서 논의될 것처럼, 산전 검사라는 관행의 존재는 장애인이 이 세계로 오는 것을 왜 기꺼이 받아들여야 하는지가 사회적으로 이해되어야 할 중요성을 보다 명백히 해준다. 생식이 사회적인 성격을 띠는 사적 영역의 유일한 측면인 것은 아니다. 아렌트는 우정에서부터 가족이라는 영역에 이르기까지, 특히 그들 자신의 고유한 정체성을 발전시키고 실행하는 데 있어 인간이 타인들에게 근본적으로 의존하고 있음을 인식했다. 이런 사회적 시작이 이후의 정치적 행위에 대한 토대이며, 정치적 행위 역시 마찬가지로 사회적이다. 즉 한 인격체는 언제나 타인들 사이에서만 행위를 한다.

생물학적 탄생성과 마찬가지로 정치적 탄생성 역시 사회적이다. 정치에 참여하려면 일단 정치적 영역으로 들어가는 것이 허용되어야 한다. 아렌트는 유대인의 배제에 대응하여 글을 썼다. 장애인 또한 그처럼 배제되어 왔다. 즉 정치이론에서 그 존재가 부정되었고, 정치 참여가 허용되지 않았으며, 그리고 때로는 단지 실행이 어렵다는 이유로 정당한 편의의 제공이 이루어지지 않았다. 정치 참여는 또한 아렌트가 인간관계의 '그물망'이라고 부른 것의 맥락 내에서 발생하는데, 이런 그물망 그 자체가 앞서 이루어진 행위들의 결과이다. 아렌트는 정치적 행위란 고립 속에서 발생하는 것이 아니라, 선재하는 일련의 관계와 행위 속으로 진입하는 것임을 분명히 하는데, 선재하는 관계와 행위는 누군가 행위에 이미 영향을 미치고 있다. 즉 "행위가 거의 대부분 그 목적을 달성하지 못하는 것은 이와 같이 이미 존재하는 인간관계의 그물망, 무수히 많은 서로 상충되는 의지들과 의도들을 지닌 그물망 때문이다"(Arendt 1998, 184[국역본, 273쪽]). 인간관계의 그물망은 행위가 어떻게 받아들여지는지, 그리고 의도한 목적을 성취할 수 있는지 없는지에 영향을 미친다(Arendt 1998, 183, 184). 물론 장애 운동의 참여자들은 이전에 이루어진 타인의 행위들이, 그들이 바라는 결과를 성취할 수 있는 능력을 훼손시키는 방식에 대해 알고 있다. 아렌트는 탄생성의 정치적 측면과 사적 측면 양자에서 인간의 행위가 지닌 사회적 측면을 인식하고 있었다. 그리고 이후 우리가 보게 될 것처럼, 아렌트는 인간성이 개별 인격체 내에 현존하는 어떤 것일 뿐만 아니라, 그것이 향유되기 위해서는 또한 정치사회에 의해 인정되어야만 하는 어떤 것임을 인식하고 있었다. 즉 그녀는 (행위 능력이라는 차원에서의) 자립과 (그런 행위에 언제나 필수 불가결한 사회적 맥락이라는 차원에서의) 의존 양자 모두에 주의를 기울였다.

아렌트는 이 세상에 존재하는 인간의 차이 — 복수성과 파리아들의 실존, 그리고 행위에 대한 사회적 맥락의 실존 — 를 유지하는 데 관심이 컸기 때문에, 인간 본성human nature에 대한 그 어떤 호소에도 회의적이었다. 그녀는 인간 본성이라고 하는 것이 인간 행위의 잠재력을 활성화하고 억제하는 한 가지 방식만이 존재함을 암시하게 되지 않을까 우려했다. 그녀가 탄생성을 탄생의 결과인 인간 내에 뿌리박았기에, 그것은 존재론적인 것이라 할 수 있다. 그러나 그녀는 탄생성이 인간 본성과는 다른 것임을 분명히 하면서 그것이 목적론적인 것이 아님을 또한 강조했다. 인간들은 단지 행위에 의해서만 세계에 스스로를 드러낼 수 있다. 즉 인간들은 그들 자신의 선택에 앞서 어떤 특정한 본성을 따르도록 강요될 수 없다(Arendt 1998, 10, 11).[10]

아렌트가 탄생성이란 인간 본성의 한 특징이 아님을 확고히 하기는 했지만, 그녀가 고심했던 (그리고 『전체주의의 기원』The Origins of Totalitarianism에 대한 개정판들에서 생각이 바뀌었던) 것은 탄생성이 인간의 조건의 안정적인 한 부분인가 아닌가의 문제였다. 즉 생물학적 탄생성이 본래적으로 정치적 탄생성을 내포하는지 그렇지 않은지, 혹은 인간이 지닌 행위에 대한 가능성이 무제한적이고, 심지어 정치적 탄생성으로부터 생물학적 탄생성을 분리시킬 수도 있는 것인지의 문제에 대해 고민했다. 한편으로 아렌트는 탄생성이 그 안정성과 창조력에 있어 인간 본성과 유사한 어떤 것일 수 있는 가능성을 빈틈없이 제거한다. 이런 입장은 『전체주의의 기원』 초판본에 반영되어 있다. 다른 한편으로 아렌트는 행위가 인간에게 영속적으로 되풀이되는 가능성이라고 말하기를 원한다. 이 입장은 『전체주의의 기원』 2판부터 그 이후의 판본들에 반영되어 있다. 그녀의 입장 변화는 중요한 함의를 갖는다. 첫 번째 입장은 인간 행위의 가능성이 완전히 열려 있으며 무제한적이라고, 그리고 인간들은

---

10) 그녀는 "우리로 하여금 다른 것들과 동일한 의미에서 인간이 어떤 본성 또는 본질을 지닌다고 가정할 수 있도록 해주는 건 아무것도 존재하지 않는다"고 쓰고 있다(Arendt 1998, 10[국역본, 77쪽]). 우리가 만일 어떤 본질을 지니고 있다면, 단지 신만이 그것이 무엇인지 알 수 있을 뿐이다. 즉 "인간 본성을 정의하고자 하는 시도들은 언제나 어떤 신성의 구성으로 귀결된다"(Arendt 1998, 10[국역본, 78쪽]). 아렌트는 "인간 본성과 관련된 문제는 신의 본성과 관련된 문제와 마찬가지로 신학적 문제이다. 즉 이 양자는 단지 신적으로 드러나는 답변의 틀 내에 자리 잡을 수 있을 뿐이다"라고 쓰고 있다(Arendt 1998, 11[국역본, 78쪽]).

미래 인간들의 행위에 대한 가능성을 닫아 버리는 방식으로까지 행위를 할 수 있다고 주장한다. 즉 인간들은 너무나 자유로운 나머지 미래의 자유의 가능성을 중단시켜 버릴 수도 있는 것이다. 두 번째 입장은 자유를 영구적으로 억압할 수 있는 타인들의 능력을 제한함으로써 미래의 자유가 안정적으로 실존하는 것을 가능하게 한다. 그렇지만 이런 입장은 또한 탄생성을 아렌트가 거부했던 인간 본성과 좀 더 유사한 어떤 것으로 만든다. 즉 행위가 인간 본성의 한 형태인가 아닌가와 상관없이, 이 두 번째 입장은 아렌트가 이전에는 피하고자 했던 방식으로 인간에게 열려 있는 가능성의 완전한 범위를 제한한다. 이 점에 대해 아렌트를 어떤 입장으로 해석할 것인가는 장애학이 그녀의 사상을 전유할 수 있는가에 있어 결정적으로 중요하다. 첫 번째 입장에서처럼 정치적 행위에 참여하지 않는다는 것이 누군가가 완전한 인간이 아님을 의미한다면, 아렌트는 (언제나 정치에 참여할 수는 없는) 심각한 인지적 손상을 지닌 이들의 인간성을 이해할 수 있는 방식을 제공하지 못할 것이다. 그렇지만 내가 채택하고 있는 그녀의 수정된 입장에서처럼, 탄생성이 (어떤 인격체가 행위를 실천할 수 있는 정치적 기회를 갖든 갖지 못하든) 누군가의 탄생 이래로 현존하는 인간 인격체의 안정적 일부분이라면, 아렌트주의적 접근법은 장애 이론에 유용한 것이 된다. 특히 우리가 행위에 대한 정치적 방해물뿐만 아니라 신체적 방해물에도 주의를 기울인다면 말이다.

1951년에 출간된 『전체주의의 기원』 초판본에서, 아렌트는 탄생성으로부터 비롯되는 인간의 자유가 정치적 행위뿐만 아니라 그런 행위의 가능성을 가로막고 억압하고자 시도하는 것 — 즉 전체주의 — 양자 모두의 기원이라고 주장한다. 그녀는 "전체주의의 승리는 아마도 인간성의 파괴와 동시에 일어날 것이다. 전체주의가 지배할 때면 언제나, 그것은 인간의 본질을 파괴하기 시작했다"고 쓰고 있다(Arendt 1951, viii). 인간의 본질이 행위에 뿌리박고 있기 때문에, 전체주의에 의해 정치의 장소 및 가능성이 파괴되어 행위가 불가능하게 된다면, 인간의 본질은 파괴될 수 있다(Arendt 1951, 293). 바로 이것, 즉 "인간 본성 그 자체의 변형"이 전체주의의 목표이며, "강제수용소는 인간 본성에서의 변화들이 검증되는 실험실이다" (Arendt 1951, 432).[11]

『전체주의의 기원』 2판(1958)에서 아렌트는 자신이 초판본에서 취했던 입장을 철회하고 탄생성의 지속성과 안정성에 대해 좀

---

11) 에릭 푀겔린은 『정치 평론』*The Review of Politics*에서 이루어진, 지금은 잘 알려져 있는 아렌트와의 지상 논쟁을 통해 그녀가 『전체주의의 기원』에서 본성이라는 개념을 사용한 방식을 신랄하게 비판한 바 있다. 푀겔린은 아렌트의 다음과 같은 글을 인용한다. "그처럼 인간 본성은 위태롭게 된다. 그리고 비록 이런 실험들이 인간을 바꾸지는 못하고 단지 인간을 파괴하는 데에만 성공한 것처럼 보일지라도, 확실한 결과를 입증하기 위해 지구적 차원의 통제를 필요로 하는 실험에 있어서는 불가피한 제약이 존재함을 염두에 두어야만 한다"(Arendt 1951, 433, Voegelin 1953, 74에서 재인용). 그리고 나서 그는 다음과 같이 응답한다. "'본성'은 하나의 철학적 개념이다. 그 개념은 어떤 것이 이런 종류의 어떤 것이고 다른 종류의 어떤 것은 아님을 식별해 주는 바로 그것을 의미한다. '본성'은 바뀌거나 변형될 수 없는 것이다. '본성의 변화'란 용어상의 모순이다. 즉 어떤 것의 '본성'을 변경했다는 것은 그 어떤 것을 파괴했다는 것을 의미한다"(Voegelin 1953, 74, 75). 그렇다면 인간 본성을 변경하는 것은 불가능하다. 인간임을 의미하는 무언가에 본질적인 어떤 것이 존재한다면, 그 어떤 것은 인간들로부터 영구적으로 제거될 수 없다. 다른 한편, 인간임을 의미하는 무언가가 유동적이고 끊임없이 발달 중에 있는 것이라면, 우리는 과연 무엇을 기반으로 해서 인간의 행위 능력을 파괴하고자 시도하는 전체주의를 비판할 수 있을 것인가? 탄생성과 행위에 대한 아렌트의 고민의 초점은 이런 양자의 입장 사이에 놓여 있었다. 『전체주의의 기원』의 이후 판본에서 아렌트의 수정된 입장은 푀겔린의 비판을 수용하는 쪽에 좀 더 가깝다고 할 수 있다.

더 강화된 논변을 제시하고 있다. 그녀는『전체주의의 기원』새 판
본 마지막 부분에서 다음과 같이 쓰고 있다.

그러나 역사에서 모든 끝은 반드시 새로운 시작을 포함한다는 진리
도 계속해서 존속한다. 이 시작은 끝이 변함없이 줄 수 있는 약속이
자 단 하나의 '메시지'이다. 시작은, 그것이 역사적 사건이 되기 이전
부터 인간이 지닌 최고의 능력이다. 정치적으로 시작은 인간의 자유
와 동일한 것이다. "시작이 있기 위해 인간이 창조되었다"*Initium ut es-
set homo creates est*고 아우구스티누스Augustine는 말했다. 이 시작은 개
개인의 새로운 탄생에 의해 보장된다. 진정 모든 인간이 시작이다[12]
(Arendt 1966, 478, 479[국역본, 284쪽]).

12)『전체주의의 기원』개정판에서 아렌트는 이전 판본의 마지막 절인 "맺
음말" 부분을 삭제하고 「이데올로기와 테러: 통치의 새로운 형태」라는
새로운 장을 추가했다. 퍼트리샤 보언-무어는 이 결론 장에 대해 자세
히 논하면서 다음과 같이 쓰고 있다. "전체주의는 인간의 탄생과 다시
시작할 수 있는 능력에 의해 공표되는 자유의 약속에 의해 원상태로 복
구된다. 따라서 정치적 탄생성은 완전한 지배에 대해 확고히 저항하는
위치를 점하고 있다. 그 불굴의 사실성은 자유라는 재능의 제거를 목표
로 한 전체주의적 술책이 불러올 수 있는 철저한 파탄의 상태에 맞선
다. 긍정적인 세계의 시작에 대한 잠재력이라는 조건으로부터 한 인간
존재가 정치적으로 행위를 하는 매 순간마다, 그는 정치적 경험의 장을
확장하고 자유의 실재를 창조한다. 이런 일이 일어날 때, 행위의 창시자
는 일종의 '제2의 탄생'을 경험하고 공적 세계의 무대 위에 오르게 된다"
(Bowen-Moore 1989, 47). 다시 한번 분명히 해두자면, 아렌트의 입장에 대한
이런 보언-무어의 독해는 그녀가『전체주의의 기원』개정판에서 서술
한 내용들을 최대로 절합節合해서 취했을 경우에만 정확하다. 어쨌든 행
위에 대한 이와 같은 관념은 본성에 대한 아렌트의 초기 비판을 약화시
킨다.

이는 초판본의 결론보다 훨씬 더 희망적인 것이다. 그녀는 행위를 인간이 지속되는 한 함께 지속되는 안정적인 어떤 것으로 간주한다. 이런 해석 속에서의 아렌트는 제1의 탄생성과 정치적 탄생성이 분리될 수 없음을, 즉 정치적 시작의 가능성이 개개인의 새로운 탄생에 의해 담보됨을 지적하고 있는 것처럼 보인다. 새로운 인간 존재들이 태어나는 한 행위는 존재한다. 탄생성은 "세계를 구원하는 기적"이다(Arendt 1998, 247[국역본, 344쪽]). 여기서 아렌트는 생물학적 탄생성이 정치적 탄생성과 실제로 연결되어 있다고 단언한다. 행위를 위한 정치적 공간의 결여는 이런 연결 능력을 일시적으로, 비록 완전히는 아니지만 억압할 수 있다. 전체주의는 심각하게 부당한 통치의 형태이며, 우리는 이에 맞서야만 한다. 그렇지만 우리는 인간 본성을 변경하거나 파괴하려는 전체주의의 시도가 성공할까 봐 두려워할 필요는 없는데, 왜냐하면 그런 시도는 결코 성공할 수 없기 때문이다. 아렌트에 따르면 행위가 할 수 없는 것 가운데 한 가지가 자유를 영구적으로 말살하는 것이다. 이 장은 이후 몸 자체 또한 전체주의 정치체제와 같이 행위에 대한 하나의 방해물이 될 수 있는지 — 비록 해당 인격체의 탄생성의 실행은 부정하지만 탄생성의 현존은 계속해서 인정하도록 허용하는 어떤 방식으로 — 를 검토하게 될 것이다.

탄생성이 비록 인간들에 관한 안정적 사실이기는 하지만, 아렌트는 탄생성의 생물학적 현존 자체가 탄생성의 정치적 실행을 위한 공간이 모든 개인들을 위해 창조될 것임을 충분히 보장하는 것은 아님을 분명히 한다. 결과적으로 탄생성과 행위에 대한 가능성이 정치적으로 보장되는 것이 결정적으로 중요하며, 만일 그렇지 않다면 사람들은 가장 기본적인 인권을 박탈당하게 될 것이다. 『과거와 미래 사이』*Between Past and Future*에서 아렌트는 다음과 같이 쓰고 있다.

> 인간이 만든 세계가 행위와 말을 위한 장場이 되지 못할 때 — 신민
> 들을 가정이라는 협소한 영역으로 추방하고 그리하여 공적 영역의
> 출현을 가로막아 버리는, 전제군주에 의해 통치되는 공동체들에서처
> 럼 — 는 언제나, 자유는 아무런 세계적 실재도 갖지 못한다. 정치적
> 으로 보장되는 공적 영역이 없다면, 자유는 그 모습을 드러낼 수 있
> 는 세계적 공간을 결여하게 된다. 분명 자유는 여전히 인간들의 마
> 음속에 욕망이나 의지나 희망이나 동경으로 존재할 것이다. 그러나
> 우리 모두가 알고 있듯 인간의 마음은 매우 은밀한 장소여서, 그 모
> 호함 속으로 들어간 모든 것은 입증 가능한 사실이라고 하기 어렵다
> (Arendt 1968a, 149[국역본, 203쪽]).

자유는 정치적으로 보장된 공적 영역을 필요로 한다. 공적 영역이
없다면, 자유의 실행이 허용되지 않은 사람들도 여전이 인간이라
는 의미에서는 [그들에게] 자유가 존재한다고 말할 수 있겠지만,
그것은 입증 가능한 사실이 아니다. 이런 자유는 취약한 것이다. 아
렌트에 따르면 "아무리 근본적인 것이라 할지라도, 인간의 자유를
장기적으로 확보해 줄 수 있는 제도나 혁명은 존재하지 않는다"
(Arendt 2007, 174). 인간의 자유나, 권리들을 가질 권리는 최종적으
로 완전히 확보될 수 있는 것이 아니라, 오히려 정치적 방법을 통해
계속해서 반복적으로 확보되어야만 하는 어떤 것이다.[13] 다시 한

---

13) 아렌트는 주로 권리들을 가질 권리 — 정치에 참여할 권리 — 에 초점
    을 맞추었다. 그녀는 우리가 "시민적 권리를 정치적 자유와 혼동해서는,
    즉 문명화된 정부의 이 예비적 권리를 자유 공화국의 본체 그 자체와 동

번, 우리는 정치적·사회적 관계들이 탄생성에 결정적으로 중요함을 확인해야 한다. 탄생성은 개별 인격체 내에 존재하는 것일 뿐만 아니라, 그것의 실존 자체가 다른 인간들 사이에서의 관계에 좌우되는 어떤 것이기도 하다.[14] 장애와 관련해서도 또한, 인간 존엄성을

일시해서는" 안 된다고 경고한다. "왜냐하면 정치적 자유란 일반적으로 말해서 '정부에 참여하는 자가 될' 권리를 의미하며, 그렇지 않다면 그것은 아무런 의미도 없기 때문이다"(Arendt 1965, 221[국역본, 342쪽]). 이런 정치적 자유는 "자기 자신의 생존에 필요한 것을 지배하는 주인이 되고, 그에 따라 잠재적으로 자유로운 인격체가 되며, 그 자신의 삶을 초월하여 모두가 공유하는 세계로 자유롭게 진입할 수 있는" 자유이다(Arendt 1998, 65[국역본, 140쪽]). 아렌트가 말하는 정치 참여란 미국에서 전형적으로 경험되는 것보다 훨씬 더 밀도가 높은 것이다. 사실 아렌트는 미국에서 유일하게 실질적인 정치적 행위는 타운 홀 미팅town hall meeting[정책결정권자 또는 선거 입후보자가 지역 주민들을 초대하여 정책이나 주요 이슈에 대하여 설명하고 의견을 듣는 비공식적 공개회의]과 배심원 활동에서 이루어진다고 말한다(Hill 1979, 317). 모든 사람들에게 투표보다 좀 더 직접적으로 관여하는 정치 참여의 가능성을 허용하기 위해서는, 지역적 수준에서 보다 많은 결정들이 이루어지고 보다 많은 자원들이 할당될 필요가 있다. 정치권력의 중앙 집중화는 모든 사람들에 대한 정치 행위의 기회를 감소시키는 것과 동시에, 그것은 아마도 장애인들 — 중앙 정치에 참여하는 데 추가적인 장벽에 직면해 있는 이들 — 에게 불균형적으로 불리함을 부과할 것이다.

14) 세리나 파레크는 『한나 아렌트와 근대성의 도전』Hannah Arendt and the Challenge of Modernity에서 인권 옹호자들을 '본질주의자'와 '반본질주의자'로 나눈다. 전자는 "인권이 인간 존재의 어떤 본질적 특징에 근거를 둔다고 여기는 모든 사람들"을 가리키며, 후자에게 있어 "인권은 인간 본성이나 인간의 도덕성에 근거를 둘 수 없고, 그래서 다른 종류의 정당화를 모색한다"(Parekh 2008, 122). 그녀는 인간과 관련하여 유일하게 안정적인 사실은 우리가 '조건 아래 놓여 있는 존재'conditioned being라는 것뿐임을, 즉 "우리가 만들어 낸 모든 것은 다시 우리를 조건 짓는다"는 점을 논하면서, 인권에 대한 아렌트의 논의가 본질주의와 반본질주의 사이에 위치해 있다고 본다(Parekh 2008, 146). 이런 입장은 페그 버밍햄(Birmingham 2006)과 대조되는데, 그녀는 소여성과 탄생성을 결부시키며,

역설하는 것만으로는 충분치 않다. 우리는 그런 존엄성에 부응할 수 있는 정치제도와 법률을 만들어 내는 데 관심을 기울여야만 한다.

타인들에게 정치에 참여할 권리를 보장해야 하는 것은 다름 아닌 인류이지만, 아렌트는 그처럼 나이브하게 낙관적이지는 않다.

> 이전에는 자연이나 역사에 주어졌던 역할을 사실상 '인류'가 떠맡게 된 이 새로운 상황은, 이런 환경 내에서 권리들을 가질 권리, 또는 인류에 속할 수 있는 모든 개인의 권리가 인류 그 자체에 의해 보장되어야만 한다는 것을 의미한다. 이것이 가능할지는 결코 확실하지 않다(Arendt 1966, 298[국역본, 535, 536쪽]).

장애학자 토빈 시버스는 모든 인간들을 그 안에 포함하려는 정치제도들의 유효성에 대한 아렌트의 망설임에 주의를 기울인다. 그는 정치제도들의 이런 취약성에 대한 인정에서 장애학과의 어떤 유사성을 본다. 그는 다음과 같이 쓰고 있다.

> 나는 아렌트의 [인간의 자유를 가능하게 하는 인간 제도의 취약성과 관련된] 우울증을 권리들을 가질 권리 — 장애가 인권의 보증자로서 보

아렌트가 주어진 것[소여]의 존중을 옹호했다고 주장한다. 나는 이런 논쟁에서 버밍햄의 편에 선다. 파레크의 분석에 존재하는 한 가지 문제는, 그녀가 본질주의는 인권을 보장해 줄 수 있는 제도들을 중요시하지 않는다고 여긴다는 점이다(Birmingham 2008, 146). 그러나 적어도 아렌트에게는 이런 갈등 내지 충돌이 존재하지 않는다. 그녀는 인간과 관련된 안정적인 어떤 것 — 탄생성 — 에 인권의 근거를 둠과 동시에, 인간의 탄생성을 인정하는 정치적 구조가 없다면 그것은 단지 인간들의 마음속에서만 존재하게 될 뿐이라고 말하기 때문이다.

편적 역할을 수행해 줄 필요가 있는 어떤 목표 — 에 대한 긍정적 토대로서 재검토하기를 원한다. 이런 보증이 필요한 것은, 우리에게 알려져 있는 모든 인권 이론들 — 인간성에 기반을 둔 것이든, 사회계약론에 기반을 둔 것이든, 공리주의 또는 시민권에 기반을 둔 것이든 — 은 개인들이 성원권에 요구되는 특정한 능력들을 소유하고 있지 않다면, 권리를 담지하고 있는 공동체에서 개인들을 배제하기 때문이다. 우울증을 인간의 유대와 제도들의 취약성에 대한 철학적 직관으로 인정한다는 것은, 인간 존재들의 취약성 — 장애학자들이 오랫동안 인식해 왔던 어떤 취약성 — 도 마찬가지로 인정한다는 것인데, 왜냐하면 인간 심신의 취약성이 인간 제도들의 취약성의 기저에 제1의 원인으로서 놓여 있기 때문이다. 그것은 또한 인권 담론이 장애를 인간 존재의 규정적 특성으로 포함하지 않는 한 결코 비장애[능력]이데올로기the ideology of ability로부터 벗어날 수 없음을 이해하는 것이기도 하다(Siebers 2008, 178[국역본, 313쪽]).

시버스는 권리들을 가질 권리에 대해 아렌트가 기술하고 있는 내용을 그녀가 유대인에게 적용한 것 너머로까지 확장하고자 한다. 그는 장애를 인간 존재의 규정적 특성으로 이해하는 것이 그녀의 논변에 대한 타당하고 논리적인 확장임을, 그리고 인간의 정치제도가 지닌 결점에 대한 겸손한 태도뿐만 아니라 권리들을 가질 권리의 중심적 위상이 장애 이론을 앞으로 전진시킬 수 있음을 인식하고 있다. 더욱이 나치즘하에서의 전체주의에 대한 경험과 마찬가지로 장애인의 인권이 폄하되어 왔던 경험은, 우리에게 인권을 재사유해야 할 필요성을 환기해 줄 수 있다.[15]

아렌트의 탄생성은 시민권과 인간성에 관한 사유를 함께 촉진하는 데 도움이 되는 방식으로 신체적 탄생과 정치적 탄생 양자를 연결하고 있다. 그렇지만 그녀의 탄생성 이론이 장애 이론에 기여하는 데 그다지 잘 들어맞지 않는 한 가지 측면은 몸을 저평가한다는 점이다(사실 아렌트의 탄생성 개념을 여성주의 및 장애 이론과의 대화 안으로 가져오면 그녀의 사상은 더 강화될 수 있다). 몸에 대한 아렌트의 저평가는 아마도 『인간의 조건』The Human Condition에서 이루어진 노동labor, 작업[제작]work, 행위action의 삼분법에 가장 잘 표현되어 있을 것이다. 여기서 노동은 "인간 몸의 생물학적 과정에 대응"하고, 작업은 "'인공적인' 사물 세계를 제공"하며, 행위는 "탁월한 정치적 활동이다"(Arendt 1998, 7, 9[국역본, 73, 75쪽]). 아렌트는 노동을 생물학적 필연성과 연결하면서 그것은 공적인 세계가 아니라 사적인 세계의 일부분이 되어야 한다고 주장한다. 노동은 인간이 작업과 행위에 참여하기 위해서 수행되어야만 하는 어떤 것이다. 여성주의 및 장애 이론은 몸을 사적인 영역으로 격하하기보다는 오히려 몸 그 자체가 문화적 구성개념들에 의해 영향을 받고 그 구성개념들을 통해 의미를 부여받는 방식에 주의를 기울이며, 이

---

15) 패첸 마르켈도 마찬가지로 아렌트의 철학이 특정한 정치적 상황으로부터 나오게 된 방식에 주의를 기울인다. 그의 입장은 좀 더 강력하다. 마르켈에 따르면, 아렌트의 이론에서 인권과 관련된 작업이 수행되도록 한 것은 아렌트의 철학적 토대가 아니라 그녀의 정치관이다. 마르켈은 다음과 같이 쓰고 있다. "아렌트는 1951년에, 인간의 실존을 향한 좀 더 광범위한 어떤 입장을 전후의 구체적인 정치적 가능성 내에 정박시키기 위해 노력하고 있었던 것 같다. 그러니까 어떤 정치관에 철학의 '근거를 두려고' 노력했던 게 아닐까? 그 반대가 아니라 말이다"(Markell 2008). 나 자신은 아렌트에게서 인권의 정치적 정초보다는 철학적 정초를 보는 쪽이기는 하지만, 어떤 정치적 위기가 인권에 대한 필요성을 낳는다는 것도, 그리고 정치제도가 그 해결책의 결정적인 일부분이라는 것도 명백하다.

런 구성개념들을 상호적인 방식으로 문제 삼고 또 비판한다. 로즈메리 갈런드 톰슨은 이를 푸코주의적인 '훈육[규율]'discipline 개념으로 설명한다. "그런 훈육 행위는 의료와 외모에 대한 두 가지 상호 연관된 담론들을 통해 일어난다"(Thomson 2006, 262). 그러나 몸은 단지 훈육이 이루어지기만 하는 어떤 것은 아니다. 시버스는 "그것은 사회적 재현에 의해 손쉽게 조작당하기만 하는 비활성의 물질이 아니다. 몸은 살아 있다. 이는 사회적 언어가 몸에 영향을 주고 몸을 변형시킬 수 있는 것처럼, 몸도 사회적 언어에 영향을 주고 그런 언어를 변형시킬 수 있다는 것을 의미한다"(Siebers 2006, 180)라고 말한다. 더욱이 장애 이론은 장애에 대한 경험을 비롯한 몸의 경험이 누군가의 정체성에 영향을 주게 되는 방식들을 받아들인다. 웬델은 다음과 같이 쓰고 있다.

> 누군가가 [근육통성 뇌척수염myalgic encephalomyelitis, ME으로] 진단받았다는 얘기를 들으면 나는 마음이 아프다. 어떻게 내가 그 질병을 앓는 다른 모든 사람들을 위한 치료법을 원하지 않을 수 있겠는가? 하지만 나는 내가 그 질병에 결코 걸리지 않았기를 바랄 수는 없다. 왜냐하면 그 질환으로 인해 나는 다른 인격체, 즉 내가 기쁘게 여기고 또 놓치고 싶지 않은 인격체가 되었기 때문이다. 그리고 설령 내가 '치료된다'고 하더라도, 이런 변화를 포기하는 것을 상상할 수 없기 때문이다(Wendell 1996, 83[국역본, 164쪽]).

웬델이 몸으로 경험한 것은 분명히 사적 영역으로 격하되는 어떤 것이 아니며, 단지 생물학적 필연성의 영역인 것도 아니다. 그것은 그녀의 정치관과 그녀의 작업에 영향을 미치는 어떤 것이다.

장애 이론은 몸이 어떻게 인지되는가에 영향을 미치는, 현재에도 진행 중인 몸과 문화적 힘들 사이의 상호적인 대화에 연결되어 있다. 장애 이론은 (필연적으로 사적 영역을 초과하는 방식으로) 해당 인격체의 발달에 관여하는 몸의 중심적 위상을 이해하고 있다. 탄생성 개념은 몸과 그것이 지닌 영향력에 대한 풍부한 이해를 통해 한층 더 발전할 수 있다. 모든 시민들의 참여를 허용하지 않는 정치체제가 (아렌트가 전체주의에 의해 시도된 것으로 여겼던 바와 같이) 탄생성의 표현을 제한할 수도 있지만, 몸 그 자체가 탄생성의 표현을 방해하거나 심지어 완전히 불가능하게 할 수도 있다. 즉 탄생의 결과로 해당 인격체 내에 존재하게 된 시작할 수 있는 능력이 정치적 영역에서 실행되지 않을 수도 있는 것이다. 이는 탄생성이 현존하지 않는다는 것이 아니라, 행위자에게 아무런 잘못이 없음에도 탄생성이 일시적으로 혹은 영구적으로 발휘될 수 없다는 것을 의미한다.[16] 시작할 수 있는 능력의 교통communication에 대한 몸의 이런 간섭은, 에바 키테이가 알아본 그녀의 딸 세샤의 인간성을 [왜 대다수 사회 구성원들은 인식하지 못하는지] 해명해 줄 수도 있을 것이다. 비록 세샤 그 자신은 탄생과 더불어 이미 그런 능력의 교통을

---

16) 아렌트의 사상을 이런 식으로 확장하는 것은 분명히 아렌트의 독자들 가운데 일부에게는 받아들이기 쉽지 않은 일일 것이다. 나는 그리스인들에 대한 그녀의 관심으로부터 생겨나는 보다 위계적인 테마들에 대해서 아렌트 사상의 민주주의적 측면들을 강조한다. 그렇기는 하지만, 평등뿐만 아니라 구별[탁월함]distinction을 위한 장소로서의 정치적 공간에 대한 그녀의 강조는 그리스인들의 "대결적 정신, 타인들과 비교하면서 자기 자신을 드러내 보이려는 열정적 충동"(Arendt 1998, 194[국역본, 285쪽])으로 되돌아가지 않고도 보존될 수 있다. 아렌트에게 있어 모든 사람들은 똑같이 정치적으로 탁월하지 않고 복수성 그 자체는 구별을 전제로 하지만, 그리스인들의 불멸의 명성에 대한 추구라는 한 가지 요소만으로 아렌트 정치관의 조건인 평등을 정확히 담아낼 수 있는 것도 아니다.

시작했겠지만 말이다.

　그 이후로 나는 그녀가 매우 좋은 삶을, 기쁨과 사랑과 웃음이 넘치
는 삶을 살 수 있음을 ― 그녀를 통해, 장애인 공동체를 통해, 그리
고 나 자신의 관찰을 통해 ― 깨달아 왔다. 최상의 인류 문화와 위대
한 음악과 좋은 음식 가운데 일부를 음미하고, 자연과 물과 꽃의 향
기와 새의 지저귐에 기뻐하는 그런 삶을 말이다. 그래, 물론 그녀는
정치 생활에 참여할 수 없고, 결혼해서 아이를 가질 수 없으며, 책을
읽거나 도덕적 추론을 할 수 없다. 그러나 그녀의 삶은 대단히 인간
적이며 존엄성으로 충만하다(Kittay 2005a, 110).

　장애에 관한 이론화 작업들은 몸에 대한 아렌트의 관점에 유용한
교정책을 제공할 뿐만 아니라, 그녀가 탄생성이 드러날 수 있는 여
타의 장소들 ― 사적 영역에서 이루어지는 것, 그리고 공적 영역
에서 작업과 창조성을 통해 이루어지는 것과 같은 ― 에 비해 행위
에만 두드러지게 경의를 표하는 것에 문제를 제기할 수 있다. 사
실 아렌트는 자신의 저작에서, 탄생성이 드러날 수 있는 여러 다양
한 장소들에 대한 좀 더 실질적인 인정을 기대할 수 있게 하는 근
거를 제공한다. "창시성initiative이 지닌 이 같은 의미에서 보자면,
행위의 어떤 요소, 즉 탄생성의 어떤 요소는 인간의 모든 활동들
에 내재해 있다"(Arendt 1998, 9[국역본, 75쪽]). 탄생성은 사적 영역과 공
적 영역뿐만 아니라 노동과 작업과 행위를 연결하기 때문에, 그런
탄생성은 아렌트에게 행위보다 더 근본적인 개념이다. 따라서 해
당 행위자의 인간성을 드러내 주는 활동으로, 정치적 행위만이 아
닌 다른 형태의 탄생성의 표현에도 주목할 필요가 있다.[17] 이는 행
위 능력과 새로운 것을 시작할 수 있는 능력을 정치 내부에서보다

그 외부에서 더 잘 교통할 수 있는 장애인들에게 있어 인간성의 다양한 표현에 대한 인정을 가능하게 한다. 세인트루이스에 위치한 라르슈 공동체L'Arche Community의 거주인인 나의 친구 폴린Pauleen 은, 비정치적이기는 하지만 그녀의 인간성을 담아내는 여러 방식들로 탄생성을 보여 준다. 나와 함께하는 요리하기 노동 — 그것은 어떤 종류의 시작을 수반하고 있다 — 에서부터 그녀가 나와 내 남편에게 결혼 선물로 만들어 준 다채로운 색상의 핫 패드에 이르기까지, 그리고 세계를 창조하고 인간적인 고안을 구성하는 데 도

17) [옮긴이] 이와 관련해 사회학 및 정치이론 연구자인 장진범의 다음과 같은 중요한 논평과 통찰을 참조할 수 있을 것이다. "아렌트 이론 하면 주지하듯 삼분법이 떠오른다. 대개 이 삼분법은 노동/작업/행위를 배타적으로 구분하기 위한 것으로 여겨지는데. 사실 숫자 3은 숫자 2를 특징짓는 팽팽한 대립을 해체하는 식으로 작동하는 경향이 있다. 아렌트에게 있어서도 마찬가지 아닐까? …… 가령 아렌트는 경작agriculture을 노동으로 보는데, 조원gardening은 농경의 일종이라 볼 수 있으므로 노동이라 할 수 있다. 하지만 조원의 결과인 정원은 작품work, 특히 예술 작품의 성격을 띠므로 작업이라 할 수 있다. 나아가 정원은 사람들의 회합gathering을 매개하거나 심지어 야기하므로(도심 정원을 조성하기 전에는 모이지 않던 사람들이 정원이 만들어진 후 그곳 중심으로 모여 상호작용하는 사례는 차고 넘친다), 정원은 행위와도 깊은 관계를 맺는다 할 수 있다. 하지만 조원/정원은 전형적인 노동도, 전형적인 작업/작품도(작업/작품의 가장 중요한 특징 중 하나는 영속성인데, 정원은 자연물로 구성되어 있기 때문에 잠시만 가꾸지 않으면 작품의 성격을 잃는다), 전형적인 행위도 아니다. 여기서 요점은 아렌트의 삼분법을 배타적 구획의 시도로 이해해서는 안 된다는 것이다. 오히려 이 삼분법의 목표는 [자연nature과 인위artifact라는] 기성 이분법의 배타성 자체[를 해체하는 것]인바, 이 배타성을 재생산한다면 삼분법 자체도 해체의 대상이 된다. …… 불교적 은유를 들자면, 아렌트에게 있어 삼분법은 이분법의 강을 건너기 위한 뗏목인바, 이분법의 배타성을 해체한 후에도 삼분법을 고집하는 것은, 강을 건넌 후 뗏목을 이고 가는 것처럼 어리석은 일이기 때문이다"(장진범, https://www.facebook.com/aporia96/posts/4525861767464604, 2021/08/19).

움을 주는 그녀의 수공예 작업 — 이는 그림에서부터 카드와 배너에까지 걸쳐 있다 — 에 이르기까지, 아주 다양한 방식들로 말이다. 마이클 베루베가 다운증후군을 지니고 있는 그의 어린 아들 제이미Jamie에게서 알아본 어떤 것 또한 시작할 수 있는 능력으로 간주될 수 있다. 비록 그것이 정치적 세계가 아닌 상상력을 통해 표현되고 있기는 하지만 말이다. 베루베는 제이미가 식당 웨이터인 것처럼 행동하는 것에 대해, 그 행동의 의미가 무엇인지를 전하면서 다음과 같이 언급하고 있다.

> 그날 저녁 내가 그 레스토랑에 간 것은 이 독특한 어린 인격체와 함께였다. 세 살 난 이 아이의 모방력은 그의 주목할 만한 상상력과 밀접하게 연결되어 있고, 그의 상상력은 다시 다른 사람들에 대해 상상할 수 있는 그의 능력 …… 다른 사람들의 삶이 어떤 것일 수 있고, 또 다른 사람들이 필요로 하는 것이 무엇일지를 상상할 수 있는 능력 — 나에게는 인간 존재들이 계발해야 할 보다 더 중대하고, 보다 더 본질적인 것으로 보이는 능력 — 에 거의 전적으로 의존하고 있다 (Bérubé 1996, xviii, 강조는 원저자).

상당수 장애인들이 사적 영역과 공적 영역 — 언제나 정치적 영역은 아닐지라도 — 에서의 행위들을 통해 세계를 창조하거나 세계의 창조를 돕는다. 이런 탄생성의 표현들 또한 그들의 인간성을 교통시키고 있는 것이다.

장애학자인 타니아 티치코스키는 단지 정치적이지만은 않은 탄생성에 대한 또 다른 사례를 제시한다. 티치코스키도 아렌트를 직접 인용하고 있는데, 그녀에 따르면 장애학에 참여하는 것 자체가 세계로의 진입, 즉 탄생성에 대한 어떤 종류의 표현이다. 그녀는 우선 탄생성의 피할 수 없는 사회적 측면에 대해 다음과 같이 쓰고 있다.

장애를 지닌 우리 같은 이들을 비롯해, 각각의 모든 인격체의 제1의 탄생에는 공통된 특성이 존재한다. 우리는 다른 사람들의 말과 행동의 결과로서 세계에 오게 되며, 그런 세계에서 우리의 시작은 다른 무엇보다도 타인들이 이미 시작하고, 이미 사유하고, 이미 이해한 것들에 의해 특징지어진다. 우리는 우리의 벌거벗은 신체적 실존에 대한 타인들의 해석의 대상으로서 세계에 온다. 우리의 인종, 계급, 젠더, 비/장애의 의미와 중요성은 우리가 탄생하는 순간부터 그 이후로도 계속, 타인들에 의해 새겨지고 다시금 새겨지게 된다. …… 이런 모든 방식들에서, 우리의 신체적 실존은 사회적인 어떤 것이다. 우리의 제1의 탄생과 함께, 우리의 신체적 자아의 의미가 우리에게 주어진다(Titchkosky 2000, 218).

그런 다음 그녀는 제1의 탄생성을 확인해 주는 제2의 탄생성에 관해 다음과 같이 쓰고 있다.

장애학은 탄생 시 장애인에게 주어지는 것의 정확한 특성을 확인하는 과업을 자청해 왔다. 그와 같은 확인은 주어신 의미들의 세계 — 장애인의 탄생과 죽음 이전부터 시작되었고 그 이후에도 계속될 — 로 자아를 진입시키는 말과 행동을 필요로 한다는 점에서, 그것은 아렌트가 말한 제2의 탄생과 같다. 말과 행동으로써 우리는 이미 우리에게 제공되어 있는 의미들의 영역으로 진입한다. 우리는 장애의 역사에 대한 관계 속으로 진입한다. 이런 방식으로, 우리는 새로운 어떤 것을 시작할 수 있는 가능성을 세계에 삽입한다(Titchkosky 2000,

218, 219).

제2의 탄생성은 제1의 탄생성을 확인해 준다. 이미 주어진 의미가 아니라, 신체적 자아를 확인해 준다는 뜻에서 말이다. 티치코스키에 따르면, 장애를 지닌 자아가 세계로 진입하는 것은 오히려 정상성의 문화를 비판한다. 티치코스키는 아렌트를 미묘하게 수정한다. 아렌트에게 있어 제2의 탄생성은 정치적 행위를 통해 오는 것이다. 반면 티치코스키에게 있어 이런 제2의 탄생성은 학술적·문화적 담론에 대한 참여를 수반하는 훨씬 더 광범위한 프로젝트이다. 이 지점에서 그녀는 탄생성이 확장될 수 있는 방식에 대한 하나의 모델을 제공한다.

탄생성과 권리들을 가질 권리는 싱어의 비판을 막아 준다. 그것은 종교적인 것도, 합리주의적인 것도, 종차별주의적인 것도 아니다. 비록 이런 요소들 모두가 아렌트의 이론에 영향을 미치고 있기는 하지만 말이다. 아렌트는 "인간이 창조되면서, 하나의 시작이 존재하게 된다"Initium ergo ut esset, creates est homo는 아우구스티누스의 말을 종종 인용하면서, 그로부터 탄생성에 대한 자신의 이해를 이끌어 낸다(예컨대 Arendt 1994, 167; 1998, 177). 아렌트는 창조의 외부에 있는 신에 의한 창조라는 논쟁적 맥락으로부터 창조에 대한 아우구스티누스의 해석을 꺼내 와서, 그것을 인간이 만들어지고 행위하는 세계의 이미지 내로 가져옴으로써 그의 해석을 세속화한다. 오히려 그녀는 누구도 부인할 수 없는 것, 즉 탄생이라는 사실에 초점을 맞춘다. 이제 인간 존재의 창조는 인간의 첫 번째 행위가 된다. 이런 시작은 그 자체 내에 자신의 원리를 담지한다. "원리는 뒤따라야 할 행동들에 영감을 불어넣고, 행위가 지속되는 한 계속해서 명백함을 유지한다"(Arendt 1965, 214[국역본, 337쪽]). 아렌트의 탄생성은 아우구스티누스와 같이 '최초로 시작한 존재'first beginner, 즉 신에 관한 것이 아니다. 오히려 아렌트는 하나의 시작이자 동시에 하나의 원리인, 혹은 이후의 행위에 대한 영감인 인간의 탄생에 초점을 맞춘다. 그렇기 때문에 인간성에 대한 아렌트의 논변은 어떤 종교적 전통에 제한되어 있지 않은 논변이라 할 수 있다.

인간이라는 것이 무엇을 의미하는가에 대한 아렌트의 이해는 이성적 사고 능력에 의해 제한되지 않는다. 우월한 인지 능력을 근거로, 특히 인간의 사고 능력에 기반을 두고, 동물과는 다른 인간의 독특성을 주장하는 논변들은 정치사상의 역사에서 흔한 것이라 할 수 있다. 플라톤과 아리스토텔레스에서부터, 토머스 홉스와 존 로크에 이르기까지 말이다. 플라톤과 아리스토텔레스는 이성을 찬양하고, 이성이 감지되지 않는 미성년자를 시민으로부터 자연법에 따라 배제했다. 그리고 홉스와 로크의 사회계약에서 이성이 감지되지 않은 이들은, 그런 이성의 결여 때문에 계약에 동의할 수도 없고 법에 의해 통치될 수 없다는 것을 근거로 계약의 참여에서 배제된다. 이성과 인지 능력에 대한 통상적인 성격 규정과는 달리, 탄생성은 모든 인격체에 현존한다. 심각한 인지장애를 지닌 이들에게 이성이 현존한다는 것을 반박하는 논변이 제시될 수는 있지만, 그 사람들이 태어나지 않았다고 주장하는 것은 훨씬 더 곤란하고 어려운 일이다. 아렌트의 설명에서는 그런 탄생 자체가 해당 인격체에게 정치에 참여할 기회가 허용되어야 함을 요구한다. 이런 입장은 정치에 기여할 수 있는 능력 — 즉 행위 능력 — 의 현존이 언제나 명확한 것은 아니라는 사실을 민감하게 받아들인다. 장애는 방대하고 다양한 상태들을 포함하는 범주다. 즉 손상을 지니고 있는 인격체들은 시간이 지남에 따라 정치에 참여할 수 있는 능력을 발달시킬 수 있지만, 그 발달의 속도나 발달의 결과는 예측 불가능하다. 정치에 건설적으로 기여할 수 있는 능력은 아마도 한 사람의 삶의 과정에서 점점 증대되었다가 다시 점차 줄어들 것이다. 잠재적 기여자들을 조기에 배제하는 것보다는, 오히려 그들을 기꺼이 받아들이다가 문제가 생기는 것이 정치적 영역에서는 더 바람직하다.

탄생성은 또한 종차별주의적인 것이 아니다. 적어도 싱어가 이야기하는 종차별주의라는 개념 내에서는 말이다. 싱어는 "그들에게 도덕적 가치와 존엄성을 부여하고 있는 것이 인간 존재라는 점에 대해서는 어떻게 생각하는가? 준비된 타당한 답변이 존재하지 않는다면, 고유한 가치와 존엄성에 대한 이런 이야기는 좋게 말해봐야 그저 종차별주의일 뿐이다"라고 말한다(Singer 2010, 337). 탄생성은 이성으로 환원되는 것이 아님과 동시에, 인간의 행위 능력은 탄생성 내에 틀림없이 현존한다. 비록 누군가의 인간성을 입증하기 위해서 그런 행위 능력이 반드시 교통되거나 외부로 드러나야 하는 것은 아닐지라도 말이다. 우리의 탄생이라는 행위 속에서 주어진 이 타고난 행위 능력은, 그것이 실행될 수 있든 없는 간에 현존하는 것이라고 상정된다. 그러나 행위 능력은 민주적이지 않은 정치체제나 물질적인 몸에 의해 저지당할 수도 있다.


## 탄생성과 산전 검사

권리들을 가질 권리뿐만 아니라 탄생성 및 탄생성에 내재하는 행위 능력 양자에 초점을 맞추는 것, 그리고 누가 세계에 거주할 수 있고 거주할 수 없는지를 결정할 권리를 자신들이 가지고 있다고 믿는 이들에 대해 이 개념들이 갖는 비판적 함의에 주의를 기울이는 것은, 자연스럽게 장애학 내의 난제인 산전 검사의 윤리성이라는 문제에 대한 숙고로 이어지게 된다. 여기서 취할 수 있는 한 가지 태도는 아렌트의 탄생성, 즉 탄생 그 자체를 권리의 토대로 상정함으로써 이런 문제를 피하는 것이다. 아렌트에 대한 또 다른 해석은 루스 허버드의 논문 「낙태와 장애: 누가 세계에 거주해야 하고 누가 거주해서는 안 되는가?」Abortion and Disability: Who Should and Who Should not Inhabit the World?에서 제시되고 있는 것인데, 이런 해석은 유대인을 제거하려는 나치의 시도와 산전 검사 양자의 기저에 상당히 유사한 우생학 이데올로기가 놓여 있음을 본다(Hubbard 2006, 99).[18]

나는 산전 검사의 윤리를 둘러싼 논쟁에 대한 아렌트 이론의 중요한 기여는 탄생성의 [실현을 위한] 사회적 요건에 관한 것임을 말하고자 한다. 즉 사회적·정치적 제도들은 새로운 성원들을 기꺼이 받아들이는 데 있어 본질적인 일부분이다. 신체적 탄생성조차도 사회적인 것이다. 그것은 새 생명을 창조할 부모와 새로운 성원들 — 장애를 지닌 새로운 성원들을 포함하여 — 을 인정하고 기꺼이 받아들일 공동체를 필요로 한다. 그렇지만 새로운 성원들이 아렌트가 기술하고 있는 탄생의 탄생성 자체를 경험하지 못한다면, 어떤 기반 위에서 그들이 세계 내로 기꺼이 받아들여질 수 있겠는가? 아마도 탄생성은 산고의 시간보다는 너 장기적인 무엇일 것이다. 아동은 취약한 존재이고 부모의 돌봄 없이는 살 수 없다는 점을 생각한다면, 탄생성은 출산 전에 이미 시작되고 몇 개월 혹은

18) 그녀는 아렌트를 다루고 있는 장의 제목과 본문 대부분에서 아이히만에 대한 아렌트의 반응을 명시적으로 참조한다.

몇 년 이후에도 계속되는, 어떤 시작의 과정으로서 좀 더 적절히 기술될 수 있을 것 같다. 그리고 부모는 그 어떤 지원도 없이 홀로 아동을 돌보는 것은 아닐 터이다. 즉 우리는 스스로 살아갈 수 없는 이들을 돌보는 어떤 정치체를 필요로 한다. 더욱이 산전 검사가 거부하는 소여성 — 장애 — 은 실제 탄생에 선행하지만, 모종의 출현함coming into being과 탄생성의 결과로서 현존한다. 이런 '출현함'은 비록 탄생에 바로 수반되는 것은 아닐지라도, 탄생과 그 이후의 정치사회 양자에서, 그 자체의 행위 능력을 함의한다. 그렇다면 설령 탄생이 일어나지 않았다 할지라도, 소여성은 이미 거기에 존재하는 것이다.

게다가 아렌트가 복수성과 파리아 그 자체의 필요성에 초점을 맞추고 있는 것은, 장애인이 지닌 차이를 근거로 그들을 배제하는 것이 아니라 그들을 세계 내로 기꺼이 받아들여야 할 하나의 이유가 된다. 로즈메리 갈런드 톰슨은 몸들을 사회적으로 받아들일 수 있는 적합한 형태로 만들어 내기 위해 사회가 몸들을 규율하려 하는 유해한 경향성에 대해 말한 바 있는데, 이의 가장 극단적인 형식은 그들이 존재하지 못하도록 규율하는 것이다(Thomson 2006, 262). 스탠리 하우어워스(Hauerwas 2004, 87-106)가 썼던 것처럼, 지적장애(그가 '정신지체'라고 부른 것)의 예방을 추구하는 것은 실제로 대개 지적장애인의 실존 자체를 예방하려는 것을 의미한다.

우리는 장애를 지닌 몸을 존재하지 못하도록 규율하는 것이 아니라, 장애인들을 기꺼이 받아들이는 지원적인 공동체를, 그들의 고유성을 배제하지 않고 그들의 필요에 가능한 한 호응하는 세계를 창조하기 위해 노력해야 한다. 그러나 현재의 세계에는 무엇보다 여성들과 가족들이 활용할 수 있는 충분한 정보가 존재하지 않는다. 장애학자 마사 색스턴은 이것을 '장애에 관한 정보의 공백'

이라고 부른다(Saxton 2006, 106). 사람들은 "장애인이 누리는 삶은 불가피하게 열등하다"는 생각을, 다수의 장애인들은 반박하는 어떤 생각을 지니고 있다(Saxton 2006, 106). 사람들은 "장애 아동을 키우는 것은 누구도 원치 않을 완전히 부정적인 경험"이라고, "우리 사회는 누가 태어나지 않는 것이 더 나은지를 결정할 수 있는 수단과 권리를 지니고 있다"고 여긴다(Saxton 2006, 106). 이런 정보의 공백은 장애에 관한 수많은 오해들로, 장애를 지닌 이들을 위한 물리적·사회적 공간들을 기꺼이 받아들이지 않는 것으로 이어진다. 실제로 장애학자 에이드리엔 애쉬와 게일 겔러는 이것이 "궁극적으로 우리 사회의 차이에 대한 관용을 서서히 무너뜨릴" 수 있음을 우려한다(Asch and Geller 1996, 339).

산전 검사는 차이에 대한 관용을 축소하는 것과 연관되어 있다. 이에 반해 탄생성에 대한 아렌트주의적 접근법은 우리가 차이의 제거를 추구하는 것이 아니라, 사적 영역과 공적 영역 양자 모두에서 차이를 기꺼이 받아들이는 것을 추구해야 한다고 주장한다. 이는 우리가 충분히 할 수 있다고 내가 주장하는 두 번째 사항으로 이어진다. 즉 우리는 어떤 아이가 태어나든 여성들과 그 가족들에게 그 아이를 키울 수 있는 역량을 부여하고 지원할 수 있도록 더 열심히 작업을 해나가야만 한다. 여성들과 가족들이 새로운 도전을 홀로 헤쳐 나가는 것이 아니라, 그들이 속한 공동체에 의해 그리고 정부의 서비스들을 통해 지원을 받을 수 있어야 하는 것이다. 이를 위해서는 건조 환경에서 배제가 일어나는 물리적 장소뿐만 아니라, 노골적인 혹은 미묘한 형태의 사회적 차별 양자 모두에 반드시 주의를 기울이는 것이 수반되어야만 한다. 그리고 또한 보건 의료, 교육, 직업 훈련 및 배치의 영역에서, 해당 아동의 삶의 과정 전반에 걸쳐 유연하고도 개별화된 서비스들의 제공이 수반되어야 한다. 이런 목록은 결코 철저하고 완벽하게 작성될 수 없다. 장애 아동을 낳은 여성들과 가족들을 지원하는 것은 다면적인 노력을 필요로 하며, 이루어져야 할 훨씬 더 많은 작업이 존재한다. 여성들에게 편견 없고 폭넓은 선택권을 제공하는 것에 있어 본질적인 측면은, 그녀들이 충분한 정보와 지원을 활용할 수 있게 만들어 주는 것이라 할 수 있다.

우리는 세계를 차이가 기꺼이 받아들여지는 장소로 만드는 데 초점을 맞추어야 하며, 문화적 영역과 정치적 영역에서 장애인들이 스스로 행위하고 시작하면서 탄생성을 실행할 수 있는 공간을 창조하는 데 초점을 맞추어야 한다. 그동안은 장애에 관한 정보의 공백 속에서 장애에 관한 결정이 이루어져 왔다. 세계를 창조하는 과정에 장애인들과 함께 참여하는 것은 그 자체로 이런 공백을 줄이는 데 도움을 줄 것이다. 나 자신의 경험 속에서도, 한 맹인 참여자가 함께하는 일주일간의 컨퍼런스를 조직하는 일을 도왔던 것, 그 과정에서 그녀를 알게 된 것, 내가 상상할 수 있는 것보다 훨씬 더 능숙하게 그녀가 새로운 공간들을 돌아다니는 것을 본 일은 나의 부족한 정보를 보충하는 데 도움이 되었다. 마찬가지로, 라르슈 공동체에서 시간을 보내면서 그곳의 거주자 가운데 한 명인 짐Jim을 알게 된 것, 그리고 짐이 내가 상상할 수 있는 것보다 훨씬 더 위트 있는 농담과 행동으로 그 공동체에 기쁨을 가져다주는 것을 본 일 또한 나의 부족한 정보를 보충하는 데 도움이 되었다. 이웃이 되고 친구가 되는 것은 정보의 결함을 바로잡는 것과 동시에 장애인을 세계 내로 기꺼이 받아들이는 한 가지 명백한 방법이 될 것이다. 아렌트는 소여성을 세계 내로 기꺼이 받아들이는 우정의 능력에 관해 다음과 같이 쓰고 있다.

이렇게 그냥 실존하는 것, 즉 탄생에 의해 우리에게 불가사의하게 주어진 모든 것과 우리 몸들의 형상 및 우리 정신의 재능들을 포함한 모든 것은, 그런 지고지상의 긍정에 대해 어떤 특정한 이유도 댈 수 없는 것이라면, 단지 우정과 공감이라는 예측할 수 없는 모험에 의해서만, 또는 위대하고 헤아릴 수 없는 사랑 — 아우구스티누스라면 "나는 당신이 당신이길 원한다"Volo ut sis라고 말했을 어떤 것 — 의 은총에 의해서만 적절히 다루어질 수 있다(Arendt 1951, 301).

9장

# 단절된 존재들과 접속하기
### 정신장애와 정치 혼란


테리사 맨 링 리


## 문제틀의 설정

세계보건기구와 세계은행이 2011년 공동으로 작성한 『세계장애
보고서』에 따르면, 전 세계 장애의 "상위 20가지 원인" 가운데 여
섯 가지는 정신장애가 차지하고 있다(WHO 2011, 296). 그 목록의 맨
꼭대기에는 우울증(9870만 명)이 있고, 이어서 '알코올 남용'(4050
만 명), 조울증(2220만 명), 조현병(1670만 명), 공황장애(1380만 명),
'약물 의존 및 남용'(1180만 명)이 그 뒤를 따르고 있다(WHO 2011,
296, 297). 이런 수치들을 모두 합하면 총 2억 370만 명에 이르고, 이
는 그 보고서의 정의에 따라[1] '중등도' 및 '중도' 장애를 지닌 것으
로 간주되는 이들의 약 26퍼센트를 차지하며, 전 세계 인구의 3.17
퍼센트에 해당한다. 게다가 그 보고서는 소위 선진국과 개발도상
국 사이의 장애 인구수에 막대한 격차가 있음을 보여 주고 있다. 우

---

[1] 전 세계에 걸쳐 수행되는 실태 조사에서 장애의 정도가 어떻게 측정되는
지에 대한 상세한 설명으로는 WHO, *World Report on Disability*, Ge-
neva: World Health Organization Press, 2011, pp, 290-292 참조.

울증을 예로 들자면, 전 세계 우울증 인구 9870만 명 가운데 8240만 명은 저소득 국가와 중간 소득 국가들에 걸쳐 존재한다(60세 미만이 7760만 명인데, 이 수는 고소득 국가에서 해당 연령대의 우울증 인구가 1580만 명인 것과 크게 비교된다)(WHO 2011, 297). 『세계장애보고서』가 빈곤이 장애의 주요 원인임을 확인해 주고 있기는 하지만, 개발도상국에 속하는 많은 나라들이 전생의 참화로부터 재건 중에 있거나 전쟁 중에 있다는 사실 또한 주목되어야만 한다. 덧붙이자면, 제2차 세계대전 이후로 고소득 국가들의 영토에서는 그 어떤 전쟁도 발생한 적이 없었다. 비록 그런 국가들이 다른 지역의 전쟁에는 계속해서 관여해 왔지만 말이다. 다시 말해서, 더 가난한 나라들이 전쟁으로 인한 인적 피해를 불균형적으로 떠안고 있는 것이다. 이란과 아프가니스탄이 '장애로 인한 건강손실연수'Years of health Lost due to Disability, YLD의 수치가 가장 높은 국가들에 속한다는 것은 조금도 놀라운 일이 아니다. '2004년 인구 100명당 YLDs'가 선진국에 속하는 국가들은 평균 7임에 비해, 이란은 19.4를(WHO 2011, 273), 아프가니스탄은 15.3을(WHO 2011, 271) 나타냈다.

이데올로기적 스펙트럼과 무관하게 일반적으로 번영과 평화가 좋은 통치의 핵심 지표로 받아들여지고 있기 때문에, 『세계장애보고서』가 제공하는 통계 데이터는 장애/비장애와 정치 혼란/질서 간의 상관관계를 구체적인 견지에서 보여 준다고 할 수 있다. 그러나 설령 이와 같은 통계적 증거가 없다 하더라도, 빈곤이 모멸감을 주고 전쟁이 트라우마를 초래한다는 것을 부정하는 이는 없을 것이다. 요컨대 인간은 이런 상태 아래에서는 단지 고통을 감내할 수밖에 없다. 정치학 분야에서 정치적 주제로서의 고통은 통상 사회정의라는 틀에서 다루어진다. 구체적 삶 속에서 경험되는 인간의 고통에 대한 의료적·인도주의적 전문 지식들은 이제 쉽게 찾아볼 수 있게 된 것과는 달리, 정치학 연구자들 사이에서 이에 비견될 만한 광범위한 지식 체계는 존재하지 않는다.

이 장은 정치 혼란과 인간의 고통이 어떤 관계에 있는지 다루어 보려는 하나의 시도이다. 막스 베버는 전 세계 종교들에 대한 자신의 연구에서, 모든 종교는 인간의 고통을 이해하고자 하는 우리의 원초적인 필요로부터 생겨났다고 말한 바 있다(Weber 1946, 270-277).[2] 이런 맥락에서 보자면, 인간의 고통 — 종교적인 것이든 그 외의 것이든 — 을 이해하는 것은 우리 인간 존재에게 근본적인 것이라 할 수 있다. 그런 이해가 어려워지면 다름 아닌 우리의 정신 건강이 위태로워진다. 빈곤과 전쟁으로 고통받는 사람들 사이에서 정신장애의 비율이 불균형적으로 높은 것은, 정치 질서의 와해가 인간의 고통에 대한 이해를 어렵게 만든다는 것을 보여 주는 강력한 지표이다. 이런 현실을 배경으로, 이 장은 특정한 개인에 의해 경험되는 것으로서의 정신장애가 정치적 견지에서 어떻게 이해될 수 있는가를 질문함으로써, 정신장애와 정치 혼란 사이의 연관성을 탐색하는 작업에 착수한다. 이 작업의 결과가 정신장애에

2) 베버가 종교의 기원에 대해 사회정치적 설명을 제시한 최초의 인물은 결코 아니었다. 베버의 견해는 의심할 바 없이 카를 마르크스Karl Marx와 프리드리히 니체Friedrich Nietzsche의 종교에 대한 비판으로부터 각각 영향을 받았다. 그렇지만 마르크스가 종교를 "인민의 아편"이라고 배격한 것, 그리고 니체가 종교를 "노예의 도덕"이라고 비난한 것은, 신자를 조종하기도 하고 억압하기도 하는 이데올로기적 도구의 자리에 종교를 할당한다. 반면 베버 자신은 조직화된 종교의 형태로 그 모습을 드러낸 사회적 계서제가 전근대 사회에 그 뿌리를 두고 시작되었다고 언급한다. 여기서 베버는 마르크스나 니체와는 대조적으로 종교를 우리 모두에게 영향을 미치는 실존적 불안의 체현으로 간주했다는 점에 주목할 필요가 있다(Weber 1946, 282-288).

대한 어떤 포괄적인 이론의 구축임을 주장하지는 않을 것이다. 그
것은 다만 프란츠 파농, 카를 야스퍼스, 한나 아렌트의 저작들을
적극적으로 참조하여, 정신장애와 정치 혼란 사이의 연관성 및 그
정치적 함의를 밝혀 줄 수 있는 분석틀을 만들어 보려는 하나의 시
도이다. 이런 사상가들이 선택된 것은 "주관적 관점 혹은 일인칭 시
점에서 경험되는 것으로서의 의식적인 경험을 연구하는" 현상학적
접근이 이루어질 것임을 시사한다(Smith 2013, 1.2). 좀 더 구체적으
로 말하자면, 이 세 명의 사상가들은 모두 각자 다른 형태로, 에드
문트 후설과 함께 시작된 20세기 특유의 철학 사조인 현상학과 연
관되어 있다. 후설주의 현상학에서 근본적인 것은 "주체를, 그리고
객관적 세계에 대한 관념 그 자체를 구성하는 요소인, 인간 경험의
가장 기본적인 특질"로서 상호주관성이 상정된다는 점이다(Duranti
2010, 1). 미국의 인류학자인 알레산드로 듀란티는 상호주관성에 대
해 다음과 같은 해석을 제시한 바 있다.

진정으로 후설적인 방식에서의 상호주관성이란, 그것을 다른 무엇
보다도 인간 상호작용 및 인간 이해의 가능성으로 여긴다는 것을 의
미한다. 그 가능성은 때로는 (우리가 주변의 자연 세계를 다른 인간 존재
에 의해 사용되고, 수정되고, 개발되고, 향유되어 온 문화 세계로 지각하는 때
라면) 단순히 타인의 현존을 소환하는 것에 의해 실현되기도 하고, 또
다른 때에는 그런 가능성이 인간이 제작한 도구와 인공물의 현존에
의해 전제된다. 이는 상호주관성이, 설령 아무도 보이지 않고 아무것
도 들리지 않을 때조차, 우리가 공동으로 거주하는 세계에 대한 시
초적 혹은 원초적 수준의 참여를 포함하는 것으로서 개념화되어야만
함을 의미한다.

듀란티에게 있어 관건이 되는 것은 "우리가 함께 존재함의 상이한 방식들 또는 수준들을 구별해야만should 하는지 아닌지"라는 "이론적 이슈"뿐만이 아니라, 그런 방식들 또는 수준들을 "우리가 구별할 수can 있는지 아닌지, 다시 말해 함께 현존하는 상태 내에서 그리고 함께 현존하는 상태의 단정적[범주적] 차이에 대한 증거를 찾을 수 있는지 아닌지"라는 "경험적 이슈"를 다룰 수 있을 만큼 충분히 포괄적인 상호주관성을 개념화하는 것이다(Duranti 2010, 13, 강조는 원저자). 그러므로 하나의 개념적 도구로서 상호주관성은 "인간의 사회성에 대한 진정한 학제적 연구의 출발점이며 …… 아마도 문화라는 관념처럼 모호하지는 않으면서도 문화라는 관념만큼 중요한 개념이 될 수 있을 것이다"(Duranti 2010, 11). 상호주관성에 대한 듀란티의 해석이 후설 본인의 글에 의해 뒷받침될 수 있는가의 문제는 일단 차치해 두고, 나는 듀란티의 정의가 정치학 연구와 관련해서는 적절하다고 여긴다. 이와 같이 개념화된 상호주관성은 우리가 타인들과의 상호작용 및 교통을 통해 우리 자신을 경험한다는 것을 의미한다. 이런 실존적 조건이 반드시 정치와 같은 시기에 나타난 것은 아니겠지만, 나는 정치가 그런 조건의 실현에 필수적인 것임을 논한다. 달리 말하자면, 정치적 혼란은 다른 무엇보다도 상호주관성의 와해를 의미한다. 이와 같은 도전 과제에 직면한 개인들은 더 이상 타인들과 상호작용하고 교통할 수 없으며, 그에 따라 그들 자신의 자아와도 상호작용하고 교통할 수 없게 된다. 타인들의 현존이 더 이상 상정될 수 없는 비인간적 조건하에서의 삶이라는 냉혹한 현실과 직면하게 됨에 따라, 단절이 개인들의 (비)실존을 규정하게 된다.

# 반정신의학과 그 한계

나는 이런 연구를 반정신의학anti-psychiatry으로 알려진 것과 연관된 다양한 입장들로부터 구별하면서 논의를 시작하고자 한다. 이 글에서 반정신의학은 과학적 방법을 통해 객관적으로 확립될 수 있는 의료적 이상으로서의 정신장애에 이의를 제기하는 저작들을 지칭하기 위해 사용된다. 반정신의학에서는 대신 정신장애가 윤리 및 정치 양자와 관련을 맺고 있는 하나의 사회적 구성개념으로 간주된다. 반정신의학으로 규정된 담론 영역에서 가장 널리 알려진 견해이자 또한 매우 상이한 두 입장을 대표하는 것은 아마도 토머스 사스(1920~2012)와 미셸 푸코(1926~84)의 저작들일 것이다(Bracken and Thomas 2010).[3]

미국 정신의학자 토머스 사스는 1961년 초판이 출간된 매우 논쟁적인 책 『정신질환이라는 신화』*The Myth of Mental Illness*에서 정신질환에는 생리학적 기반도 생물학적 원인도 존재하지 않는다고 주장했다(Szasz 2010, xvii-xxiiii, 285-300). 그러므로 그것은 약물이나 외과적 중재를 통해 손쉽게 치료가 이루어질 수 있는 질병이 아니

---

3) 이 절에서 사스와 푸코 간의 비교는 Pat Bracken and Philip Thomas, "From Szasz to Foucault: On the Role of Critical Psychiatry", *Philosophy, Psychiatry, & Psychology* 17(3), 2010, pp. 219-228에서 힌트를 얻었다. 그러나 이어지는 분석은 사스와 푸코 각각의 저작에 대한 나 자신의 독해 — 반정신의학이 무엇에 관한 것이며, 나의 관심이 그런 반정신의학과는 어떻게 다른지를 설명하기 위한 목적으로 수행된 — 에 기반을 두고 있다. 이와 대조적으로, 사스와 푸코 사이의 차이에 대한 팻 브래컨과 필립 토머스의 분석은 내가 여기서 제시하고 있는 것보다 상당히 더 포괄적이며, 미묘한 차이까지도 다루고 있다.

다. 사스는 다음과 같은 이유로 정신의학을 비판했다.

정신의학에 대한 나의 비판은 두 갈래로 나뉘는데, 한 부분은 개념적인 것이고, 다른 한 부분은 도덕적·정치적인 것이다. 나의 개념적 비판의 핵심에는 언어의 축어적 사용과 은유적 사용 간의 구별이 놓여 있다. 정신질환이라는 용어는 하나의 은유에 불과하다. 나의 도덕적·정치적 비판의 핵심에는 책임 있는 어른(도덕적 행위 주체)과 무책임한 정신이상자(유사-아기 혹은 백치) 간의 구별이 놓여 있다. 전자는 자유의지를 지니는 반면, 후자는 '정신질환' 때문에 이런 도덕적 속성이 결여되어 있다고 상정되는 것이다(Szasz 2010, 278).

사스에게 있어 정신질환은 전적으로 개인적 사안이어야 했을 문제에 대한 통치적 개입을 정당화하기 위해 사용되는 신화에 지나지 않는다(Szasz 2010, xxx). 소위 '정신이상'자가 가장 필요로 하는 것은 자신의 삶을 책임지는 것을 배우는 일이다(Szasz 2010, 262; Bracken and Thomas 2010, 220-223). 그렇기 때문에 오직 해당 개인만이 언제 중재가 필요한지, 그리고 (사스가 사이비 과학일 뿐인 의료적 중재로 묘사하는 정신의학보다는 심리 치료psychotherapy를 통해) 언제 그런 중재가 가장 잘 이루어질 수 있는지 결정할 수 있다(Szasz 2010, 260, 261). 한 명의 정신분석학자로서 이야기할 때 사스는 (비록 그 학문의 창시자인 지그문트 프로이트를 비판하기는 하지만) "정신분석학적 치료의 목적은 …… 그 자신, 타인, 그[와 관련된] 세계에 대한 환자의 지식을, 그리고 인격체 및 사물을 다루는 환자의 기술을 향상시킴으로써 …… 그의 삶에서 취해질 행동에 대한 환자의 선택권을 극대화하는 것이고, 그래야만 한다"고 천명한다(Szasz 2010, 259). 요컨대 사스의 반정신의학은 누군가의 행동에 대한 어떤 비자발적 중재에도 반대하고 개인의 자유를 극대화하는 것을 목표로 한다는 점에서 본질적으로 자유지상주의적이다. 심리 치료사로서의 정신의학자는 정신질환을 치료하는 것이 아니다. 오히려 "그들은 삶에서 발생하는 개인적·사회적·윤리적 문제들을 다룬다"고 보아야 한다(Szasz 2010, 262).

푸코의 경우, 정신병원의 출현 및 이와 함께 이루어진 정신이 상의 의료화에 대한 그의 비판은, 계몽주의와 근대성에 대한 좀 더 광범위한 비판의 일부를 이룬다. '이성과 비이성' 사이의 이원론적 구별은 인간의 이성적 사고 능력을 진리 그 자체로 가치화하는 것에 입각해 있다(Foucault 1988, ix, x). 오직 그러고 나서야, 정신이상자가 관찰, 감시, 판정의 대상으로 존재할 수 있게 된다(Foucault 1988, 241-278). '광인들의 배'Narrenshiff[La Nef des fous]에서부터 정신병원이 출현한 18세기에 이르는 시기, 광기는 정신질환으로 단정적[범주적] 변환이 이루어진다. 그러나 『광기의 역사』라는 책은 그런 광기의 역사에 대한 단순한 연대기가 아니다. 푸코는 다음과 같이 말한다.

18세기 말에 광기가 정신질환으로 구성된 것은 대화의 붕괴에 대한 증거이고, 이미 초래되고 있던 분리를 기정사실화했으며, 모든 말더듬이들과 정해진 구문 없이 이루어지는 불완전한 말들 — 광기와 이성 간의 상호 소통이 이루어지던 — 을 망각 속으로 밀어 넣있다. 광기에 관한 이성의 독백인 정신의학의 언어는 오직 그런 침묵의 기반 위에서 확립되어 갈 수 있었다.

나는 그런 언어의 역사를 쓰고자 했던 것이 아니라, 오히려 그와 같은 침묵의 고고학을 쓰고자 했다(Foucault 1988, x, xi, 강조는 원저자).[4]

이런 변환은 푸코가 이후 규율 권력으로 식별했던 새로운 권력 형태를 구체화했다(Foucault 1980a, 104-108). 그 권력은 정상화 담론을 통해 자기 자신과 타인을 향한 우리의 품행conduct을 수정함으로써 작동한다. 그 이후 권력의 새로운 주제로서, 정신질환자나 성도착자 같은, 개인들에 대한 새로운 범주들이 생성되었다(Foucault 1983, 208, 212). 푸코는 역사적으로 보았을 때 규율 권력이 근대국가의 탄생을 특징짓는 생명정치biopolitics의 등장을 촉진했다고 주장했다. 근대국가는 생명[삶] 그 자체를 통치의 대상으로 삼는다는 점에서 그 이전의 국가들과 구별된다(Foucault 1978, 138, 142, 143).

사스와 푸코가 견지하고 있는 각각의 입장에 대한 이와 같은 간략한 개관은, 둘 다 근대 정신의학에 비판적이기는 하지만 그들의 견해가 근본적으로 다르다는 것을 말해 준다.[5] 사스는 국가권력에 맞서 개인주의를 지지하는 것이 가능할 뿐만 아니라 바람직하다고 확신한다. 어떤 개인의 소위 정신질환을 치료할 수 있는 의료과학으로서 정신의학에 대한 그의 비판은 이런 확신에 기반을 두고 있다. 푸코가 정신의학을 비판한 것은 개인이 권력으로부터 자유로워질 수 있다고 생각했기 때문은 아니다. 주지하다시피 푸코는 "권력은 어디에나 존재"하며(Foucault 1978, 93[국역본, 113쪽]) 개인은

---

4) 독자들은 이것이 초기 푸코의 글쓰기 방식 — 그가 자신의 작업을 묘사하기 위해 '계보학'이라는 용어를 채택하기 이전의 — 이었음을 기억할 것이다. 푸코가 정의하고 있는 고고학에서는 진리를 "진술의 생산, 규제, 분배, 유통, 작동을 위한 정돈된 절차의 체계"라고 상정한다(Foucault 1980b, 133).

5) 팻 브래컨과 필립 토머스(Bracken and Thomas 2010, 224)는 "계몽주의에 대한 태도", "개인주의", "심리 치료", "생의학", "진리와 권력", "비판적 사고의 역할"이라는 항목하에 사스와 푸코 간의 핵심적인 차이를 요약해서 보여 주는 유익한 표를 제시하고 있다.

"권력의 효과"에 지나지 않는다(Foucault 1980a, 98)는 논쟁적인 주장을 분명히 제시한 것으로 잘 알려져 있다. 따라서 푸코의 반정신의학적 입장은 개인을 권력으로부터 자유롭게 하는 것과는 무관하다. 대신 그의 입장은 정신의학에 체현되어 있는 이성의 권력에 대항하는 것과 명확히 관련되는데, 그런 이성의 권력은 정신이상자가 이해 불가능해 보인다는 이유로 그를 배제하기 위해 정신이 온전한 자와 정신이상자를 나눈다. 이해 불가능한 자는 이성에 접근할 수 없으며, 따라서 진리 담론 내에서 아무런 자리를 갖지 못한다.

이런 차이들을 일단 차치해 둔다면, 반정신의학적 접근법이 정신장애를 이해하기 위해서 사실상 사회적 장애 모델이라 할 수 있는 것을 사용하고 있다는 점은 인정받아야만 한다. 그런 모델이 공식적으로 채택되어 의료적 장애 모델을 대체하기 오래전부터 말이다. 여기서 내가 말하는 사회적 장애 모델이란, 장애가 모두에게 적용 가능한 어떤 일반적 기준에 의해 손쉽게 식별될 수 있는 확실한 이상이라기보다는 오히려 맥락적인 것이라는 관점을 의미한다. 이와 같은 장애는 손상을 지닌 개인과 환경 사이의 상호작용 상태inter-active condition라 할 수 있는 것에서의 와해를 표상하는데, 이는 사회적인 것일 수도 있고, 신체적인 것일 수도 있으며, 사회적인 동시에 신체적인 것일 수도 있다. 정신장애의 경우, 구체적으로 말하자면 우울증, 조현병, 조울증, 공황장애의 경우, 그런 와해는 다른 무엇보다도 교통[의사소통]적인 것이다. 이런 이상들 가운데 어느 하나를 지니고 있는 이는 일반적으로 더 이상 자신을 둘러싼 환경을 이해할 수 없는 사람으로 여겨진다. 마찬가지로, 타인들 또한 그 사람의 정신 상태를 이해할 수 없다. 반정신의학은 그런 와해가 발생하는 맥락이 전혀 자연적인 것이 아님을 우리가 인식해야 한다고 강조하기는 했지만, 반정신의학이 관심을 두고 있는 것은 일차적으로 단절의 경험 그 자체가 아니다. 사스의 경우를 보자. 앞서 언급했던 것처럼, 사스는 심리 치료사에게 일정한 치료의 역할이 계속해서 존재한다고 주장하며, 치료사와 (환자가 아닌) 클라이언트 간에 비위계적인 관계를 확립하는 것이 중요하다고 말하기는 한다. 그렇지만 그 관계는 클라이언트의 경험을 사실상 무효화하는 것과 관련된다. 다시 말해서, 클라이언트의 경험은 문제가 되는 개인의 도덕적 실패를 보여 주는 한에서만 유효하다. 광기는 그런 실패가 상연된 것일 뿐이며, 따라서 심각하게 받아들여지지 않는다. 푸코의 경우, 에르퀼린 바르뱅의 회고록에 붙인 서문을 예외로 한다면 (Barbin 1980; Foucault 1980c, xi-xvii), 그의 작업은 배제된 자들이 스스로 말할 수 있게 하는 것보다는, 배제의 범주들이 어떻게 구성되며 그에 따라 그들이 어떻게 이 사회에 드러나는지와 관련된다.

요컨대, 반정신의학이 제공하는 모종의 비판적 입장에는 광기가 (『세계장애보고서』에 기록되어 있는 것처럼) 단지 소수의 고립된 개인들 이상의 삶을 구성하는 주관적[주체적] 경험으로 이해될 여지가 사실상 존재하지 않는다. 이 장은 정치적 견지에서의 정신질환에 대한 연구를 제안하면서, 반정신의학을 넘어서는 것을 목표로 한다. 이 장에서 탐색하고자 하는 문제틀은 권력과 개인들에 대한 통제의 장소로서가 아니라 오히려 인간 경험의 한 형태로서의 광기에 관한 것이다. 그런 인간 경험은 경험적 차원과 규범적 차원 양자를 수반한다. 미국의 정신의학자이자 의료 인류학자인 아서 클라인만의 말을 인용하자면, "내가 정의하는 것처럼 경험은 도덕적인데, 왜냐하면 그것이 일상생활에서 사람들의 참여를 매개하기 때문이다. 상황들의 성패가 달려 있을 뿐만 아니라, 보통 사람들이 잃고 얻고 보존해야 할 중요한 것들을 지닌 깊은 이해관계자로 존재하는 일상생활에서 말이다"(Kleinman 1999, 362, 강조는 원저자). 서두에서 나는 정치학 분야에서 삶으로서의 고통에 연구가 눈에 띄게 결여되어 있음을 언급한 바 있다. 그렇지만 하나의 주목할 만한 예외가 존재하는데, 그것은 바로 프란츠 파농의 작업이다.


## 프란츠 파농: 정신의학과 피식민자


파농은 그의 유명한 최후 저작인 『대지의 저주받은 사람들』*Les Damnés de la Terre*에서 알제리 독립 전쟁(1954~62) 기간 동안 개인들이 겪은 정신장애라는 인간의 고통에 대해 가차 없는 해석을 제시했다. 식민지 전쟁이 알제리를 "정신장애의 온상"으로 만들었다는 점은 파농의 생각에 의심의 여지가 없었다(Fanon 1963, 251[국역본, 282쪽]). 하지만 그런 전쟁 없이도, 식민지화는 이미 피식민자들에게 사실상 존재론적 위기라 할 만한 것을 생성해 냈다. 파농의 말을 인용하자면,

> 식민주의는 타인에 대한 체계적 부정이며 타인의 모든 인간적 속성을 부정하는 폭력적인 결정과 다름없기 때문에, 피지배 민중들로 하여금 끊임없이 스스로에게 "실제로 나는 누구인가?"라는 질문을 할 수밖에 없도록 만든다(Fanon 1963, 250[국역본, 281쪽]).

그 책의 마지막 장인 '식민지 전쟁과 정신장애'에서 파농은 자신이 직접 치료했던 환자들 가운데, "반응성 정신증"reactionary psychoses으로 분류되는 임상 사례들에 대한 해석을 바탕으로 식민지화의 인적 피해를 확인하는 작업에 착수한다(Fanon 1963, 251[국역본, 283쪽]). 그에 따라 "유혈적이고 무자비한 분위기, 비인간적 관행의 일반화, 사람들이 진정한 묵시록Apocalypse에 사로잡혀 있다는 확

고한 인상"을 포함해 "그런 장애를 유발한 사건들에 중요성이 부과된다"(Fanon 1963, 251[국역본, 283쪽]). 그 임상 사례들은 네 그룹으로 나뉜다. "A 계열"은 "반응성 유형의 정신질환 증상을 매우 뚜렷하게 보였던 알제리인 혹은 유럽인" 다섯 사례로 이루어져 있다. 두 명은 민족해방군National Liberation Army의 일원이었는데, 그처럼 민족해방군에 참여했다는 이유로 그들의 가족 구성원은 프랑스인들에게 시달려야 했다. 또 다른 두 명은 알제리인 포로들의 심문과 고문에 관여했던 유럽인 장교였다. 나머지 한 명은 자신의 고향 마을에서 벌어진 대량 학살에서 살아남은 알제리 민간인이었다(Fanon 1963, 254-270[국역본, 286-304쪽]). "B 계열"은 "해당 질환을 유발한 사건이 …… 알제리를 지배한 전면전의 분위기였던 일정한 사례나 사례군"으로 이루어져 있다(Fanon 1963, 270[국역본, 305쪽]). 두 번째 그룹을 첫 번째 그룹과 구별해 주는 것은, B 계열에 포함된 환자들은 그 누구도 전쟁에 직접 참여하지는 않았다는 점이다. 자신들의 유럽인 급우를 냉혹하게 살해했던 두 명의 알제리 십대 소년, 자국민을 배신했다는 생각을 떨치지 못해 20대에 자살 충동에 사로잡혀 있었던 한 알제리 민간인 남성, 불안장애에 시달리고 있는, 프랑스 고위 공무원의 딸인 20대의 젊은 여성, 프랑스 군인 혹은 민간인에 의해 부모가 살해당한 난민 아동들 가운데 '행동장애'behavior disturbance를 나타내는 이들, 산욕기 혹은 산후 정신증psychosis에 시달리고 있는 모로코와 튀니지 국경 지대의 난민 여성들 등(Fanon 1963, 270-279[국역본, 305-315쪽]). "C 계열"로 분류된 사례들은 "그들의 장애가 고문을 당한 직후나 고문을 당하는 도중에 나타난, 상당히 심각한 상태에 있는 환자들"로 이루어져 있다(Fanon 1963, 280[국역본, 316쪽]). 파농은 "각 집단 특유의 병적 상태는 고문에서 사용된 상이한 방법에 대응한다"고 말한다(Fanon 1963, 280[국역본, 316쪽]). 예를 들어, 전기 고문을 당했던 이들 가운데에는 "국부적이거나 전반적인 체감증cenesthopathy[6]"을 나타내는 세 명의 사례가 있었는데, 그 환자들은 "그들의 몸 곳곳에서 '찌릿찌릿한 느낌'을 받았다. 그들은 손이 떨어져 나가는 것처럼, 머리가 부풀어 터지는 것처럼, 혹은 마치 혀가 목구멍 안으로 삼켜지는 것처럼 느끼기도 했다"(Fanon 1963, 283[국역본, 320쪽]). 마지막 네 번째 그룹인 "D 계열"은 심신증[정신신체증]psychosomatic disorder을 수반하는 사례들로 이루어져 있었다(Fanon 1963, 289-293[국역본, 327-330쪽]). 이는 (18세에서 25세의) 청년들 사이에서의 위궤양이나 여성들 사이에서의 생리불순과 같이 "그 근원이 정신에" 있다고 간주되는 신체적 증상을 보이는 환자들이다(Fanon 1963, 290[국역본, 327쪽]).

이런 사례들의 축적은 파농으로 하여금 다음과 같이 말할 수 있도록 고무했다. "지금까지 강조되지 않았던, 여기에서 제시되고 있는 일정한 정신의학적 기술記述들의 특성을 보면 …… 이 식민지 전쟁은 그것이 유발하는 병리 상태에서도 두드러진다는 점을 확인할 수 있다"(Fanon 1963, 252[국역본, 284쪽]). 더욱이 파농은 "이런 반응성 장애가 상대적으로 피해가 없다는 관념"을 문제시했다(Fanon 1963, 252[국역본, 284쪽]). 여기서 그는 "일정한 이차 정신증들, 즉 해당 환자의 인성 전체를 뚜렷하게 붕괴시키고", 그 환자를 눈에 띄게 허약하게 만들면서 오랜 기간 동안 지속될 수 있는 "사례들"을 참고하고 있다(Fanon 1963, 252[국역본, 284쪽]). 파농은 "입수할 수 있는 모

---

6) [옮긴이] 체감體感, 곧 신체 감각의 이상을 주징후로 하는 정신질환을 말한다. 실제로는 몸에 아무런 문제가 없는데도 예컨대 '심장에 구멍이 뚫렸다', '장이 꼬인다', '혈관이 부풀어 오른다' 등과 같은 감각을 느끼고 호소하기도 한다.

든 증거들"에 기반하여 "그 환자들의 미래가 저당잡혀 있다"고 단언한다(Fanon 1963, 252, 253[국역본, 284쪽]).

파농은 식민지화가 발생시킨 인적 피해를 기록했을 뿐만 아니라, 식민지화를 정당화하기 위해 가장 일반적으로 사용되었던 교의 가운데 하나 — 피식민자들의 타고난 도덕적 열등함 — 에도 도전했다. 그 교의는 특히 "알제리인은 타고난 범죄자"라는 견해를 통해 표현되는데(Fanon 1963, 298[국역본, 336쪽], 강조는 인용자), 이런 견해는 1930년대에 [알제리의 수도] 알제Algiers에 기반을 둔 프랑스 정신의학자들이 수행한 연구에 의해 입증된 것인 양 여겨졌다. 그러나 파농은 알제리인들이 왜 서로를 침해하는지에 대해 사회정치적 설명을 제시했다. 그들은 극단적으로 박탈된 환경에서 살아남기 위해 자기들끼리 싸울 수밖에 없도록 내몰렸던 것이다. 파농의 말을 직접 들어보자.

열여섯 시간 노동의 고된 하루를 마친 후 원주민은 자신의 매트 위에 쓰러져 눕지만, 천으로 칸막이가 된 방 맞은편의 아이가 울기 시작하고 그의 잠을 방해한다. 마침 그 아이도 꼬마 알제리인이다. 원주민은 약간의 밀가루와 몇 방울의 기름이라도 얻으려고 상점에 가지만, 이미 상점 주인에게 수백 프랑의 빚이 있는 터라 보기 좋게 거절당한다. 그의 마음속에는 증오심이 솟구쳐 오르고 당장이라도 상점 주인을 죽일 듯한 살의가 번뜩인다. 상점 주인 역시 알제리인이다. 몇 주일 동안 일거리를 구하지 못한 원주민은 어느 날 '세금'을 내라며 닦달하는 관리를 만난다. 유럽인 행정관을 증오할 만한 호사도 누릴 수 없는 그에게 증오의 대상이 되는 것은 눈앞의 관리인데, 관리 역시 알제리인이다.

알제리인들은 굶주림, 집세를 내지 못해 집에서 쫓겨날 걱정, 아이 엄마의 말라붙은 젖가슴, 해골처럼 비쩍 마른 아이들, 작업이 중단된 건축 현장, 까마귀들처럼 십장에게 매달린 실업자들 등으로 인해 매일 살인을 저지르고 싶은 유혹에 노출되어 있다. 그런 알제리 원주민은 이웃을 잔인한 적으로 보기에 이른다. 만약 길을 가다가 커다란 돌멩이에 맨발이 부딪혔다면, 그건 원주민이 가져다 놓은 돌이다. 올리브 몇 개를 따려고 마음먹었는데 없어졌다면, 원주민 아이들 중 누군가가 밤중에 따먹어 버린 것이다. 알제리든 다른 곳이든 식민지 시대에는 밀가루 몇 파운드로 할 수 있는 일이 굉장히 많다. 그 밀가루 때문에 사람 몇 명이 죽을 수도 있다. 그런 상황을 이해하려면 얼마간 상상력을 활용할 필요가 있다(Fanon 1963, 307[국역본, 345, 346쪽]).

이런 억압적 상황 아래서 "산다는 것은 안정적이고 풍요롭게 발달하는 세계 속에서 도덕적 가치를 구현하거나 자신의 존재를 인정받는 것을 의미하지 않는다"(Fanon 1963, 308[국역본, 347쪽]). 피민식자들에게 "산다는 것"은 단지 "생존하는 것"에 지나지 않는다(Fanon 1963, 308[국역본, 347쪽]). 파농은 "매일매일이 승리의 날들이다. 노력의 결과가 아니라, 삶의 개가로 느껴지는 승리 말이다. 그래서 대추야자를 훔치거나 자신의 양에게 이웃의 풀을 먹이는 것은 타인의 재산을 부정하는 차원의 문제도 아니고, 법의 위반이라는 차원의 문제도 아니며, 존중의 결여라는 차원의 문제도 아니다. 이것은 살인의 시도다"라고 말했다(Fanon 1963, 308, 309[국역본, 347쪽]). 피식민자들이 겪는 일상의 가혹한 현실은 파농으로 하여금 소위 "알제리인들의 범죄성, 충동성, 살인의 폭력성"이 "신경계 조직이나 독특한 성격의 결과가 아니라, 식민지 상황의 직접적인 산물"이라고 확언할 수 있도록 해주었다(Fanon 1963, 309[국역본, 348쪽]).

파농의 저술로부터 도출할 수 있는 하나의 명백한 결론은, 식민지 알제리에서의 정신질환자에 대한 그의 분석과 일상생활에 대한 기술에서 명백히 나타나는 것처럼, 식민 권력의 실행으로 인한 정치 혼란과 정신장애 사이에 직접적인 인과관계가 존재한다는 것이다. 그러나 파농이 자신의 주장을 입증하는 방식은, 그리고 그 주장이 이 장에서 탐색에 착수하고자 하는 문제 — 정신질환자에 의해 경험되는 고통이 정치적 견지에서 어떻게 이해될 수 있는가 — 와 갖는 관련성은 아마도 조금 덜 명백한 것 같다. 이런 점과 관련해 우리는 파농이 해당 장의 초반부에서 했던 이야기를 진지하게 고려할 필요가 있다. 그는 "우리는 어떤 과학적 저작을 생산하는 데에는 관심이 없다. 우리는 기호학, 질병 분류학, 치료학에 대한 논변은 모두 피할 것이다. 여기서 사용되는 몇몇 전문용어들은 단지 참고용일 뿐이다"라고 말한다(Fanon 1963, 251[국역본, 283쪽]). 그러나 책을 계속 읽어 가다 보면, 파농이 한 명의 정신의학자로서 말하고 있다는 것은 분명하다. 자신의 임상 사례들을 독자들에게 이야기하면서, 파농은 환자들과 피해자들의 경험을 설명하는 데 상당한 공을 들인다. 그렇지 않았다면 비전문가인 독자들은 그들의 경험을 제대로 이해할 수 없었을 것이다.[7] 더욱이 파농은 정신의학 그 자체에 대해 어떤 의구심을 지니고 있었던 것처럼 보이지는 않는다.[8] 그것은 결국 현대 의학이며, 서구에 의해 발명된 것이다. 당

---

7) 미라지 데사이에 따르면, "파농이 정신의학자로서 훈련받았고" 그의 정치적 분석에서 "심리학적 개념들이 일관되게 사용되고 있음에도", 정치와 심리학 간의 관계에 대한 파농의 임상적 통찰에 대해 심리학자들 사이에서 관심이 증대한 것은 단지 최근의 일이다(Desai 2014, 59). 마찬가지로 정치이론가들이나 정치철학자들도 정신의학자로서의 파농과 정치사상가로서의 파농이 지닌 연관성에 대해서는 아직까지 탐구한 적이 없다.

연히 서구 과학 그 자체가 식민화를 추진한 것은 아니겠지만, 식민화를 위한 도구로 활용된 것은 분명하다. 앞서 언급된 것처럼, 파농은 알제리에서 프랑스 정신의학자들이 수행한 의학 연구에 매우 비판적이었다. 좀 더 일반적으로 말하자면, 아프리카 전역에서 서구 정신의학자들이 수행한 연구들에 대해 말이다. 이런 정신의학자들은 의학 전문가 집단으로서 함께 협력하면서, 아프리카인들은 유럽인들과 상이한 신경적 기질을 지녔으며 공격적이고 폭력적인 성향을 타고났다는 견해들을 전파하는 것을 도왔다(Fanon 1963, 298-304[국역본, 336-343쪽]).

식민주의와 그것이 정신 건강에 미치는 영향에 대한 파농의 연구는 우리 가운데 단절된 존재와 접속하는 방식 — 권력과 통제의 장소인 정신의학의 비타협적인 재구성이 이루어져야 한다고만 말함으로써 반정신의학은 회피해 버렸던 문제틀 — 에 진정 많은 것들의 성패가 달려 있다는 점을 입증해 준다. 그렇지만『대지의 저주받은 사람들』에서 파농은 한 명의 정신의학자로서 어떻게 그의 환

---

8) 『검은 피부, 하얀 가면』*Black Skin, White Masks*의 마지막 두 장(「검둥이와 정신병리학」, 「검둥이와 인정」)에서, 파농은 "프로이트 또는 아들러의 결론들이 유색인들의 세계관을 이해하려는 노력에 적용될 수" 있는지 여부를 검토하는 작업에 착수한다(Fanon 1967, 141[국역본, 141쪽]). 파농은 흑인들과 백인들이 자신들을 둘러싼 세계를 다룰 때 실제로 매우 상이한 심리적 경험을 지닌다는 것을 보여 주었지만, 이런 차이들은 심리분석의 틀 내에서 설명되고 있다. 데이비드 메이시는 권위 있는 파농의 전기를 썼는데, 그의 경력이 시작되는 지점과 관련해 다음과 같은 견해를 제시한다. "그는 정신병원을 인도적으로 만들고 새로운 치료 기법을 도입하기 위해 노력했지만, 정신의학의 한도 내에 머물러 있었으며 시설의 존재 그 자체에 대해서는 도전하지 않았다. 그 급진적인 — 그리고 이내 혁명적이 되었던 — 정신의학자는 어떤 면에서는 여전히 매우 전통적인 존재로 남아 있었던 것이다"(Macey 2012, 208).

자들과 접속하는지, 그리고 그런 연결에 수반되는 것은 무엇인지를 설명하지 않는다. 그의 초기 저작인 『검은 피부, 하얀 가면』(1952)에서는 탐구자의 관점에서 환자가 경험하는 '현실'을 분석하는 데 존재하는 도전 과제에 관한 간략한 논의가 이루어진다. 이런 중요한 논의의 지점에서, 파농은 자신과 마찬가지로 처음에는 정신의학자로서 훈련받았던 카를 야스퍼스에게 의지한다. 파농은 야스퍼스를 인용하면서 "우리에게 중요한 것은 사실이나 어떤 행동이 있었는지를 수집하는 것이 아니라, 그것들의 의미를 찾는 것이다"라고 말한다(Fanon 1967, 168[국역본, 161쪽], 강조는 인용자; Desai 2014, 63에서도 인용됨). 그렇기 때문에 "현상학에서 중요한 것은 수많은 사례에 대한 연구가 아니라, 몇몇 개별 사례들에 대한 직관적이고 깊은 이해이다"(Fanon 1967, 168[국역본, 161쪽]). 파농을 따라 우리는 이제 카를 야스퍼스를 참조하고자 하며, 정신의학에 대한 그의 독특한 접근법을 살펴볼 것이다.

## 카를 야스퍼스: 현상학자로서의 정신의학자

정치이론가들 사이에서 카를 야스퍼스는 한때 한나 아렌트의 스승이었으며, 아렌트가 나치를 피해 1933년 독일을 떠난 후에도 그녀의 가까운 친구로 남아 있었던 독일 철학자로 더 잘 알려져 있다. 이런 맥락 내에서 얼마간 덜 알려져 있는 것은 위에서 언급했듯 야스퍼스가 원래 정신의학자로서 훈련받았으며, 그의 첫 번째 주요 저작이 1913년 출간된 광범위한 분량의 『정신병리학 총론』*General Psychopathology*이었다는 사실이다. 800쪽이 넘는 이 저술에서 야스퍼스는 정신의학, 심리학, 철학을 아우르며 정신병리학에 대한 포괄적인 연구를 펼쳐 놓는다. 이 저작의 폭넓음은 야스퍼스가 결코 의학 지식에만 갇혀 있지 않았음을 보여 준다. 특히 세 명의 사상가 — 철학에서는 에드문트 후설, 역사학에서는 빌헬름 딜타이Wilhelm Dilthey, 정치학에서는 막스 베버 — 가 야스퍼스에게 상당한 영향을 미쳤던 것으로 보인다(McHugh 1997, vii; 또한 Leoni 2013 참조). 따라서 그 책은 정신의학에 대한 학제적 접근법을 대표하며, 야스퍼스는 인간의 정신을 이해하기 위해서는 과학과 인문학 양자가 모두 필요하다고 확신했다(Jaspers 1997, vol. 1, 37, 45, 46). 1997년 판의 새로운 서문을 썼던 정신의학자 폴 맥휴는 야스퍼스가 정신의학을 "자연 법칙이 발견되는 과학과, 인간의 선택과 행위로부터 운명적인 사건들이 생겨나는 역사학의 중간 위치에" 존재하는 것으로 간주했다고 말한다(McHugh 1997, vii).

야스퍼스는 정신병리학의 "대상"이 "실제로 의식된 정신적 사건" 그 자체라고 확신했다(Jaspers 1997, vol. 1, 2[국역본 2014a, 30쪽]).[9] 이

---

9) 『옥스퍼드 영어사전』Oxford English Dictionary에 정의되어 있는 것처럼, 정신병리학이라는 용어는 "병리적인 정신적·행동적 과정에 대한 연구"를 가리키며, 독일어 단어의 번역어로서 1847년에 영어에도 처음 등장했다. 조반니 스탱헬리니와 토머스 푹스는 "정신병리학은 정신 건강 분야의 어떤 전공 영역이 아니라 정신의학과 임상심리학에서의 기초과학"이라고 언급한다(Stanghellini and Fuchs 2013, xviii). 야스퍼스의 시대뿐만 아니라 현재에도 정신의학에 대한 정신병리학의 관련성은 "삼중적"이다. 1) 그것은 "서로 다른 학파"에 속한 "전문가들"이 "서로를 이해"할 수 있게 해주는 "공통 언어"의 역할을 한다. 2) "그것은 모든 주요 이상들이 병인학적으로 정의된 질병 단위disease entity가 아니라 전적으로 임상적으로만 정의된 증후군인 영역에서 진단과 분류의 기반이 된다." 3) 그것은 "개인적 경험의 의미들"을 이해 가능하게 만들어 주기에, 정신의학에서 그런 경험에 대한 "이해"를 성취하는 데 필요 불가결하다(Stanghellini and Fuchs 2013, xviii). 야스퍼스의 책에는 내용과 목적 양자의 측면에서 그 세

는 우리가 고려할 필요가 있는 것이 "모든 범위의 정신적 실재"이며, 그런 실재란 "병리 현상"을 넘어 "사람들의 경험 일반과 그들이 그것을 경험하는 방식"까지를 포괄함을 의미한다(Jaspers 1997, vol. 1, 2[국역본 2014a, 30쪽]). 따라서 "병적인 것에 대한 단일한 개념도 없으며", "정신질환의 어떤 정확한 정의에 대한" 주장도 존재할 수 없다(Jaspers 1997, vol. 1, 2[국역본 2014a, 31쪽]). 즉 야스퍼스는 저술 초반부에서 이미 독자들에게 정신 현상에 대한 맥락적 접근법을 따르도록 준비를 시켜 놓고 있는 것이다. 그렇기는 하지만, 정신병리학은 정신적 경험의 연구에 대한 포괄적인 분석틀의 정식화라는 야심 찬 의제를 상정한다. "그런 경험이 표현되는 관계와 방식뿐만 아니라", "실제" 경험에서 작동하는 "원인과 조건"에 대한 탐구를 포함해서 말이다(Jaspers 1997, vol. 1, 2[국역본 2014a, 30]). 이런 목적을 달성하기 위해서는 "정신 현상을 표상하고, 정의하고, 분류하는 예비 작업"이 먼저 수행되어야만 한다(Jaspers 1968, 1314). 그러나 그 과업은 결코 쉽사리 완수될 수 없다. 야스퍼스는 "이 예비 작업의 까다롭고도 포괄적인 성격으로 말미암아 불가피하게도 당분간은 그 같은 예비 작업 자체가 하나의 목적이 될 수밖에 없다"고 말했다(Jaspers 1968, 1314). 그 결과 그런 작업은 "하나의 독립된 활동으로서 추구되"며 엄밀한 의미에서 "하나의 현상학이 된다"(Jaspers 1968, 1314). 정신병리학적 탐구에 대한 이런 묘사는 야스퍼스의 관점에서 정신의학자란 그 자체로 한 명의 현상학자임을 시사한다.[10]

---

가지 차원 모두가 존재함을 확인할 수 있다.

10) 『정신병리학 총론』의 마지막 부분에 가면 야스퍼스는 좀 더 일반적인 견지에서 다음과 같이 말한다. "현대의 심리 치료사는 …… 의식적으로든 그렇지 않든, 체계적으로든 막연하게든, 신실하든 그렇지 않든, 자

현상학을 실천하는 현상학자들에게는 그들의 주의를 "오직 우리가[그들이] 실재한다고 여길 수 있는 것에만, 그리고 우리가[그들이] 식별하고 기술할 수 있는 것에만" 기울이기 위해서 어떠한 종류의 선입견으로부터도 자유로울 것이 요구된다(Jaspers 1968, 1316). 그 요구 조건을 충족시키는 것은 사실 처음 생각했던 것보다도 훨씬 더 어려운 도전 과제이다. 이는 모든 심리학자들과 정신병리학자들이 "정신적 사건들에 대한 …… 우리[그들] 자신의 관념을 형성하는 단계를 거치고, 단지 그 이후에 이런 사건들이 실제로 어떠한지에 대한 편견 없는 직접적인 이해를 얻게 되는" 경향이 있기 때문이다(Jaspers 1968, 1316). 그런 이유로, "현상학에서 요구되는, 선입견으로부터 자유로운 이런 각별한 상태는 누군가가 처음부터 지니고 있는 것이 아니라, 오랫동안의 비판적 작업과 많은 노력 이후에 힘겹게 획득되는 것이다"(Jaspers 1968, 1316). 다시 말해서 "현상학적 태도"는 "부단히 반복되는 노력과 끊임없이 갱신되는 편견의 극복에 의해서"만 성취될 수 있다(Jaspers 1968, 1316).

"실제 경험"에 초점을 맞추는 것에 의해 현상학자로서의 정신의학자는 "정신적 사건들의 기저에 놓여 있는 것으로 생각될 수 있거나 이론적 구상의 주제가 되는" 요인들보다는 "지각할 수 있고 구체적인" 요인들에 관심을 갖게 된다(Jaspers 1968, 1322). 따라서 현상학자들을 인도하게 될 연구 질문은 "이는 실제로 경험된 것인가? 이는 정말로 해당 주체의 의식에 나타나는가?"와 같은 것이다(Jaspers 1968, 1322). 이런 질문에 답하려면, 현상학자로서의 정신

발적으로든 당대의 유행을 따라서든 한 명의 철학자여야만 한다"(Jaspers 1997, vol. 2, 806[국역본 2014d, 364쪽], 강조는 원저자).

의학자는 "환자가 실제로 경험한 것을 밝히기" 위해서, 즉 "주관적인 정신적 경험"을 알아내기 위해서 "현상학적 분석의 방법들"을 활용할 필요가 있다(Jaspers 1968, 1317, 1318). 이런 방법들에는 환자의 "제스처, 행동, 표현적 동작"에 몰두하기, "환자에 대한 직접적인 질문"과 일정한 안내에 따라 "그들 스스로가 그들 자신의 경험에 부여한 해석"을 통해 탐색하기, 마지막으로 "글로 표현된 자기 기술"로부터 정보를 이끌어 내기 등이 포함된다. 야스퍼스는 이와 같은 자기 기술이 "정말로 잘 작성된 경우가 좀처럼 없기는" 하지만, "그럼에도 큰 가치가" 있으며, 설령 필자를 개인적으로 알지 못하는 경우라 하더라도 유용하게 활용될 수 있다고 말했다(Jaspers 1968, 1317). 그러므로 "잘 작성된 자기 기술"에는 환자의 "실제 경험"을 확인하는 데 있어 "매우 높은 가치"가 부여된다.

> 현상학적 발견은 정신적 실재의 다양한 요소들이 반복적으로 출현할 수 있다는 사실로부터 그 타당성을 이끌어 낸다. 따라서 그것은 어떤 사례에 대한 사실이 이전에 잘못 표상되었거나 혹은 정확하게 표상되지 않았음이 확인될 때에만 반박될 수 있다. 그것은 어떤 이론적 명제에 기반을 두고 그 불가능성이나 오류를 입증하는 것에 의해서는 결코 반박될 수 없다. 현상학이 이론으로부터 얻을 수 있는 것은 아무것도 없다. 단지 잃는 게 있을 수 있을 뿐이다. 특정한 표상의 정확성은 어떤 일반적인 기준에 그것이 부합하는가에 의해서 점검될 수 없다. 현상학은 언제나 그 기준을 그 자신 내에서 찾아낸다
> (Jaspers 1968, 1322, 강조는 인용자).

이와 같은 통찰에 따라 야스퍼스는 성공적인 정신병리학적 발견은 "외부로부터"의 "설명"Erklären[explanation]과는 대조적으로 "내부로부

터"의 "이해"Verstehen[understanding]를 제공하는 발견이라고 말한다 (Jaspers 1997, vol. 1, 28[국역본 2014a, 78쪽]).[11] 좀 더 구체적으로 말하자면, 그런 발견을 통해 우리가 성취하는 것은 "합리적 지식"이라기보다는 "공감적 이해"이다(Jaspers 1997, vol. 1, 304[국역본 2014b, 189쪽]). 전자는 정신의학자로 하여금 "정신적 콘텐츠"와의 "합리적 접속"을 가능하게 해주지만, 그것은 "정신적 접속 그 자체"는 아니다(Jaspers 1997, vol. 1, 304[국역본 2014b, 189쪽]). "정신적 접속 그 자체로 직접 이어지는" 것은 바로 후자인 것이다(Jaspers 1997, vol. 1, 304[국역본 2014b, 189쪽]). 공감적 이해의 세 가지 상이한 차원들에 의해 촉진된 탐구 하에서 알려지게 되는 것은 정신적 사건의 의미이다. 그런 탐구는 우선 "세계에 대한 어떤 개인의 관계"를 드러내 주는 "의미 있는 콘텐츠"를 확립하며, 그러고 나서 "의미 있는 것의 기본적 형태들"을 찾아낸다(Jaspers 1997, vol. 1, 316[국역본 2014b, 209쪽]). 이는 이해에 이르기 위해 필요 불가결한 단계인데, 왜냐하면 야스퍼스가 보기에

개인은 그가 살고 있는 공동체에서 자기 성취를 이루고, 자신의 위치, 의미, 활동의 장을 발견한다. 자기 자신과 공동체 사이의 긴장은 그가 겪는 정신혼란의 이해할 만한 원천 가운데 하나이다. 공동체는 사실상 모든 개인들에게 매 순간 현존하는 것이다. 공동체가 의식적으로 합리화되고, 조직되고, 특정한 형태를 띠게 되는 경우, 우리는

11) 이는 '자연' 과학과 '인문' 과학 사이의 차이에 대한 딜타이의 생각에서 비롯된 구별이다. 전자는 설명을 목표로 하는 반면, 후자는 이해를 목표로 한다(Phillips 1996, 61). 또한 Christoph Hoerl, "Jaspers on Explaining and Understanding in Psychiatry", ed. Giovanni Stanghellini and Thomas Fuchs, *One Century of Karl Jaspers' General Psychopathology*, Oxford: Oxford University Press, 2013, pp. 107-120 참조.

'사회'에 대해 말할 수 있게 된다(Jaspers 1997, vol. 2, 710[국역본 2014d, 200쪽]).[12]

결국, 이해는 "자기 성찰"을 "모든 유의미한 것들의 기본적 현상"으로 확립한다(Jaspers 1997, vol. 1, 316[국역본 2014b, 209쪽]). 자기 성찰의 일차적 위상을 긍정하는 것에 많은 것들의 성패가 달려 있다. 야스퍼스는 다음과 같이 말한다.

어떤 개인이 행하고, 알고, 욕망하고, 생산하는 것 모두는 그가 세계 내에서 자기 자신을 어떻게 이해하고 있는지를 나타낸다. 그렇다면 우리가 "유의미한 유대감의 심리학"psychology of meaningful connectedness이라고 이름 붙인 것은 개인의 이해에 대한 이해라고 할 수 있다. 그러나 인간이 한 인간으로서 자기 자신의 이해를 이해하고 자신에 대한 지식을 획득하는 것은 기본적인 인간의 특성이다. 자기 성찰은 이해 가능한 인간 정신에서 불가분의 요소이다. …… 유의미한 접속의 심리학은 자기 성찰을 이해해야만 하며, 그것은 자기 성찰 그 자체를 실천한다. 이런 심리학을 실천하는 사람으로서, 우리는 개인이 자기 자신의 성찰에 의해 아직 성취하지 못한 다른 어떤 것을 성취하거나, 아니면 개인의 자기 성찰을 이해하고 이를 공유하며 확장한다(Jaspers 1997, vol. 1, 347[국역본 2014b, 263, 264쪽], 두 번째 강조는 원저자, 첫 번째와 세 번째 강조는 인용자).

12) 제바스티안 루프트와 얀 슐림므는 "야스퍼스의 실존주의적이고 철학적인 저작에서, 그는 공동체를 '우리 인간 실존의 근원적 현상'으로 칭한다. …… 이런 의미에서, 인간 존재는 공동체에서만 그 용어의 온전한 의미에서 인간일 수 있다"고 언급한다(Luft and Schlimme 2013, 346).

이런 이유로, "심리학적 이해는 일종의 일반화된 지식으로서 기계적으로 활용될 수 없다"(Jaspers 1997, vol. 1, 313[국역본 2014b, 204쪽]). 대신 "모든 경우마다 새롭고, 개인적인 직관이 필요하다"(Jaspers 1997, vol. 1, 313[국역본 2014b, 204쪽]). 그 같은 상황 속에서, 공감적 이해는 해석을 제공하는데, 여기서의 해석은 "원칙상으로만 과학일 뿐, 그것의 적용에 있어서는 언제나 하나의 예술이다"(Jaspers 1997, vol. 1, 313[국역본 2014b, 204쪽]).

야스퍼스의 『정신병리학 총론』에 대한 이런 검토가 그 저서 자체의 포괄성을 보여 주기에는 한계가 있지만, 그것은 우리로 하여금 현상학자로서의 정신의학자가 정신질환자와 대면했을 때 주의를 기울여야 하는 것을 어떻게 확인하게 되는지 파악할 수 있도록 해준다. 야스퍼스에게 있어 과학만으로는 정신질환에 대한 치료는 고사하고 그것을 이해하는 데에도 불충분하다는 것은 명백하다. 맥휴가 언급한 것처럼, 정신의학에 대한 야스퍼스의 접근법에서 핵심에 놓여 있는 것은 환자가 자기표현을 할 수 있는, 따라서 자기 자신에 대해 말할 수 있는 주체로서 대해져야만 한다는 점이다(McHugh 1997, vii). 하지만 야스퍼스가 정의한 자기 성찰이 부재할 때, 담화는 자기 자신이나 타자들에게 쉽사리 이해되기 어려운 것일 수도 있다. 그러나 이와 같은 외견상의 난해함은 결코 환자에 의해 말해진 것이 경청할 가치가 없음을 의미하지는 않는다. 축어적이고 은유적인 양자의 측면 모두에서 말이다. "개별적·구체적 사례에서 나타나는 통상적이지 않은 의미와의 드문 접속을 면밀히 살펴서 제시할" 것을 정신병리학에 요청하는 것에 의해, 교통된 것을 이해할 책임은 청자[즉 정신의학자]에게 주어진다(Jaspers 1997, vol. 1, 315[국역본 2014b, 208쪽], 강조는 원저자]). 오직 그럴 때에만 자기 성찰의 맥락이 드러날 수 있으며, 이는 다시 자기표현의 기반을 형성한다.

그러므로 나는 야스퍼스가 제시하는 정신의학적 돌봄의 핵심
은 바로 상호주관성이라고 주장한다. 비록 야스퍼스 자신이 『정신
병리학 총론』에서 그 용어를 사용하지도 않았고, 그가 본격적인
철학자의 길로 들어선 이후 상호주관성에 대한 일반 이론을 발전
시키지도 않았지만 말이다(Luft and Schlimme 2013, 346). 정신의학적
돌봄에 대한 상호주관적 접근법이 핵심적으로 의미하는 바는, 정
신의학자가 환자를 단지 진찰하고 치료해야 할 대상으로 여길 수
없다는 것이다. 그런 대상화된 접근은 단지 환자의 경험에 대한 외
부로부터의 설명으로만 이어질 수 있을 뿐이며, 이는 야스퍼스가
경계하고 반대했던 것이다. 오히려 정신의학자에게 있어 도전 과
제는, 자기 성찰이 이루어지리라 더 이상 상정될 수 없고 그에 따
라 세계에 대한 개인의 관계에서 실존적 단절의 신호가 나타날 때,
환자의 경험을 이해하는 것이다. 반복해서 말하자면, 정신의학자
의 과업은 환자로부터 표현된 주관성이 환자 자신과 타자 양쪽 모
두에게 유의미하게 이해될 수 있는 적절한 맥락을 찾아내는 것이
다. 환자의 주관성에 의미가 주어지고 그럼으로써 해석적 행위를
통해 이해가 가능하게 될 때, 정신의학자 자신의 주관성도 확립된
다. 그제야 정신의학자는 정신의학자로서 최소한 양자의 공동체에
몰두할 수 있으며, 그런 공동체 내에서 "실존적 교통"의 실현이 가
능해진다(Jaspers 1997, vol. 2, 798[국역본 2014d, 352쪽], 강조는 원저자). 야스
퍼스는 "한 환자를 어떤 일반적인 정신장애의 특정한 사례로 묘사
하는 것과 그만의 고유한 자아를 지닌 존재로 기술하는 것 간의 의
미에 존재하는 근본적인 차이점"을 이끌어 내는 것을 강조했다(Jas-
pers 1997, vol. 2, 675[국역본 2014d, 137쪽]). 야스퍼스에 따르면, "잘 작성
된 모든 병력[사례사]case history은 하나의 전기로 발전하게 되"며 다
른 전기와 동일한 전기는 단 하나도 존재하지 않는다(Jaspers 1997,

vol. 2, 671[국역본 2014d, 129쪽], 강조는 원저자).

　야스퍼스가 주관적 경험의 고유성을 강하게 주장하지는 않았지만, 그는 『정신병리학 총론』의 (총 6부 가운데 가장 짧기는 하지만) 한 부 전체를 자신이 "정신증과 인격장애의 사회적이고 역사적인 측면"이라고 부른 것에 할애했으며, 정신장애를 작동시키는 다양한 공통적 요인들에 대해 평가했다(Jaspers 1997, vol. 2, 709-743[국역본 2014d, 195-261쪽]). 여기서의 논의와 특히 관련성이 높은 것은 "안전, 혁명, 전쟁의 전형적인" 사회적 상황들과 "시대들"에 대해 다룬 부분이다(Jaspers 1997, vol. 2, 718-720[국역본 2014d, 212-215쪽]). 야스퍼스는 "사람들의 삶의 터전 박탈이 우리의 현대 세계에서는 점점 더 흔한 운명이 되어 가고 있다"고 말하면서, "절망적인 사회적 상태가 주는 커다란 압력, 만성적인 신체적 고통, 끝없는 걱정으로 인해 지속되는 정신의 부담, 먹고살아야 한다는 요구에 짓눌려 삶의 투지, 도약, 목표나 계획에 대한 어떠한 요소도 결여되어 있는 것" 등이 "무감정, 무관심, 극단적인 정신적 피폐함의 상태로 흔히 이어지게 되는" "전형적인" 상황들임을 확인한다(Jaspers 1997, vol. 2, 718[국역본 2014d, 212쪽], 강조는 원저자). 현대 세계의 사람들이 마주하고 있는 이런 문제들의 목록에 바로 뒤이어 나오는 것은 "안전의 시기"([제1차 세계대전이 발발한] 1914년 이전의 삶), "혁명의 시기"(구체적으로 말하자면 프랑스혁명과 러시아혁명), 전쟁의 시기(후속 판에서 제1차 세계대전에 대한 한 문단이 추가되기는 했지만, 특정되어 있지는 않음)에 확인되는 정신적 삶에 대한 간략한 논의이다(Jaspers 1997, vol. 2, 718-720[국역본 2014d, 213-215쪽]). 하지만 그 논의는 실망스럽게도 다소 불충분하다. "면밀한 사회적 병력"은 환자로부터 얻어져야만 한다고, 그렇게 하지 않는다면 사회적·역사적 맥락이란 불완전할 수밖에 없다(Jaspers 1997, vol. 2, 711[국역본 2014d, 201쪽], 강조는 원저자)고 말할 정도

로 환자의 삶 전체를 고려해야 할 필요성을 반복적으로 강조했던
정신의학자로부터 나온 것이라고 보기에는 말이다.


## 한나 아렌트: 전체주의와 단절감

야스퍼스의 정신의학적 작업에 존재하는 이런 공백을 메우기 위해,
나는 한나 아렌트에게 의지하고자 한다. 비록 그들은 정신의학이
아닌 철학의 영역에서 교수와 학생으로서 서로를 알게 되었고, 이
후 그들 사이에 이루어진 서신 교환에서도 정신의학을 다룬 야스
퍼스의 초기 작업에 대한 명시적 언급은 없었지만 말이다(Arendt and
Jaspers 1992). 지난 20년 동안 영미의 아렌트 연구에서는 아렌트와
야스퍼스 사이의 관계가 아니라, 아렌트와 하이데거 사이의 관계에
대해서만 다수의 저술 작업이 이루어져 왔다. 그러나 루이스 힌치만
과 샌드라 힌치만의 초기 저작은 야스퍼스의 철학적 범주들이 "아
렌트 자신의 사상에서 재등장함과 동시에 정치화됨"을 보여 주고
있으며, 이런 방식의 아렌트에 대한 "실존주의적 독해"를 옹호함으
로써 야스퍼스의 영향력에 대한 설득력 있는 주장을 펼친다(Hinch-
man and Hinchman 1991, 435). 이런 해석을 지지하면서, 나는 1946년
『파르티잔 리뷰』*Partisan Review*에 처음 발표된 에세이 「실존철학이
란 무엇인가?」What is Existenz Philosophy?에서 아렌트 자신이 한 말에
의지하고자 한다. 독일 실존주의의 다른 주요 이론가들(칸트, 셸링,
키르케고르, 하이데거) 사이에서 야스퍼스가 차지하는 위치와 관련해,
아렌트는 다음과 같이 말했다.

실존 자체가, 그 본성상, 결코 고립적으로 존재할 수 없다. 그것은 오

직 교통 속에서만, 그리고 다른 실존의 의식 속에서만 존재한다. (하이데거의 논의에서처럼) 우리 동료 인간들은 실존에 구조적으로 필요 불가결한 한 요소이기만 한 것이 아니라, 정반대로, 동시에 자아의 존재에 대한 방해물이 되기도 한다. 그들 모두에게 공통적으로 주어진 세계에 거주하는, 인간 존재들의 공유된 삶 속에서만 실존은 현상할 수 있다. 교통의 개념 속에는, 비록 아직 충분히 발전되지는 않았지만, 그 접근법 자체에 교통을 인간 실존에 대한 전제로 상정하는 인간성에 대한 새로운 개념이 내재해 있다. …… 인간 존재들은 상호적 관계 속에서 살아가며 행위한다. 그리고 그렇게 하는 가운데, 그들은 자아라는 유령을 추구하지도 않고, 그들 자체가 존재를 구성한다는 오만한 환상 속에서 살아가지도 않게 된다.

사고에서의 초월 운동 …… 및 그런 운동에 내재해 있는 사고의 실패는 적어도 우리로 하여금 다음과 같은 점을 인식하게 했다. 소위 '자기 사고의 주인'으로서의 인간은 그 자신이 사고하는 것을 넘어서 있는 존재일 뿐만 아니라 — 이런 인식만으로도 아마 인간 존엄성의 새로운 정의에 대한 충분한 기반을 제공할 것이다 — , 또한 구성적으로 자아, 의지, 그 자신 등을 넘어서 있는 존재이기도 하다는 점을 말이다. 이와 같은 이해와 더불어, 실존철학은 자아성에 사로잡힌 시대로부터 벗어나게 되었다(Arendt 1994, 186, 187).

이런 말들을 고려한다면, 아렌트가 (아마도 그녀의 저작 가운데 가장 널리 읽히는 작품일) 『인간의 조건』을 집필하게 된 것은 지극히 당연한 일이다. 실제로 힌치만과 힌치만은 아렌트의 성숙기 정치사상을 야스퍼스의 실존주의와 아리스토텔레스주의 이론의 "눈부시지만 불안정한 종합"이라고 기술한다(Hinchman and Hinchman 1991, 436). 야스퍼스와 아렌트가 공유했던 테마들 가운데 하나는 실존주의적 위기의 징후인 '대중사회' 출현에 대한 우려였다. 아렌트에게 대중사회의 출현은, 그녀의 아리스토텔레스주의적 담론틀 내에서, 행위로서의 정치에 대한 궁극적인 파괴로 이해되었다(Hinchman and Hinchman 1991, 450-455).

힌치만과 힌치만의 해석에 기반을 두면서, 나는 야스퍼스와 아렌트의 병치를 통한 고찰이라는 이 장의 문제틀을 좀 더 진전시키기 위해 아렌트의 초기 저작인 『전체주의의 기원』에 의지하고자 한다. 여기서 그 초점은 '대중 인간'에 대한 아렌트의 분석인데, 그녀가 보기에 대중 인간의 "주된 특징"은 "고립과 정상적인 사회적 관계의 결여"이다(Arendt 1973, 317[국역본 2006b, 33쪽]). 그런 목적에서 이 저작을 고찰해 보면, 나는 '대중 인간'이 야스퍼스에게는 환자에 해당하는 존재일 수도 있음을 말하고 싶다. 야스퍼스가 『정신병리학 총론』에서 교통 불가능한 것으로 여겨지는 고립된 개인을 이해하는 작업에 착수했던 것처럼, 아렌트는 『전체주의의 기원』이라는 방대한 분량의 책에서 이에 필적할 만한 과업을 정치적 견지에서 수행했다. 그리고 야스퍼스가 자신이 탐구하고 있는 것이 무엇인지를 정의하는 것에서 시작을 해야만 한다고 역설했던 것처럼, 아렌트도 전체주의가 20세기 정치 질서의 전례 없는 와해를 표상하며, 그렇기 때문에 자신이 해명하고자 하는 것이 무엇인지를 먼저 정리해 둘 필요가 있다고 언급하는 것에서 그녀의 연구를 시작했다 (Arendt 1973, xiv, xv[국역본 2006a, 42-44쪽]).

아렌트는 나치즘과 스탈린주의 양자 모두가 전체주의 체제이며, 따라서 서로 유사하다는 논쟁적인 주장을 개진하는 것으로 자신의 책을 시작했다. 더욱이 양자는 단지 인종주의 정치나 계급투쟁을 극단적인 방식으로 수행하는 것 이상의 체제였다. 아렌트는 다음과 같이 언급하고 있다.

전체주의 정치 — 단순히 반유대주의나 인종주의나 제국주의나 공산주의를 표방하는 정치와는 거리가 먼 — 는 이데올로기들이 애초에 그 힘과 프로파간다의 가치를 이끌어 냈던 실제적 현실factual reality의 토대 — 예컨대 계급투쟁의 현실 또는 유대인과 그 이웃들 간의 이해 갈등 — 가 거의 사라질 때까지 자신의 이데올로기적·정치적 요소들을 이용하고 남용한다(Arendt 1973, xv[국역본 2006a, 43, 44쪽]).

그러므로 전체주의에 전체주의로서의 특성을 갖추게 해주는 것은, 아렌트가 '실제적 현실'로 확인했던 것과 철저히 분리된 인간의 사유를 조직화할 수 있는 능력이다. "전제정치, 참주정치, 독재정치 같은" 이전의 "정치적 억압의 형태들"과 전체주의를 구별해 주는 것은 바로 이런 능력이라 할 수 있다(Arendt 1973, 460[국역본 2006b, 255쪽]).

한발 더 나아가 아렌트는 이 새로운 형태의 정치적 억압은 반드시 '이데올로기' — 정치적 억압에 '이데올로기적 사유'를 제공하는 '이념의 논리' — 에 의해 지탱된다고 주장했다. 이데올로기적 사유는 몇 가지 특징에 의해 정의되는 독특한 정치적 추론의 양식이다. 그 첫 번째 고유한 특징은 역사의 전 범위, 즉 과거와 현재와 미래에 걸쳐 있는 모든 사건들에 대한 '총체적 설명'을 제시한다는 데 있다(Arendt 1973, 470[국역본 2006b, 270, 271쪽]). 하지만 이데올로기적 사유가 자신의 총체성 내에서 '실제적 현실'에 대한 설명을 제공한다는 주장에도 불구하고, 그것은 현실 및 경험과 분리되어 있다는 특징을 지닌다(Arendt 1973, 470, 471[국역본 2006b, 270, 272쪽]). 이는 경험이라고 하는 것은 당연히 특수성에 뿌리박고 있으며, 모든 현실에 대한 설명을 제공하는 것은 가능하지 않기 때문이다. 이에 뒤따르게 되는 이데올로기적 사유의 또 다른 독특한 측면은 경험이 부과할 수밖에 없는 한계로부터 "일정한 논증의 방법"을 통해 "사고를 해방"시키는 능력이다(Arendt 1973, 471[국역본 2006b, 272쪽]). 이런 사유틀 내에서, 사실들은 "공리처럼 자명한 것으로 수용된 전 제"로부터 출발하는 어떤 "절대적으로 논리적인 절차"에 의해 재배 열된다(Arendt 1973, 471[국역본 2006b, 272쪽]). 달리 진술하자면, 이데올 로기적 사유란 사실상 정치가 원하는 대로 이용할 수 있는 논리적 사유인 것이다. 그것은 하나의 전제로부터 비롯되어 연역적 추론 을 거쳐 어떤 필연적인 결론에 도달하기 때문에, 이데올로기적 사 유의 "내재적 논리성"은 '총체적 설명'에 대한 기반을 제공하며, 그런 총체적 설명은 다시 전체주의 운동을 위한 "행위의 원칙"으 로 기능한다(Arendt 1973, 472[국역본 2006b, 274쪽]).

아렌트는 형식 논리에 의해서만 뒷받침되는 폐쇄적 사고 체계 로서의 전체주의에 대한 이와 같은 통찰에 기반을 두고 또 다른 논 쟁적 주장을 개진했는데, 그것은 추종자들에 대한 전체주의의 호 소력에서 핵심적인 것은 그 내용이 아니라 정확히 이런 형식이라 는 주장이다. 특히 전체주의적 사유가 제공하는 모종의 일관성은 실제 세계(즉 우리가 거주하고 있는 세계)에서의 관계감關係感을 상실한 이들에게 호소력을 발휘한다(Arendt 1973, 353[국역본 2006b, 90쪽]). 아 렌트는 다음과 같이 언급한다.

전체주의적 지배의 이상적 신민은 투철한 나치나 확신에 찬 공산주 의자가 아니라, 사실과 허구 간의 구별이(즉 경험의 현실이), 그리고 참 과 거짓 간의 구별이(즉 사고의 기준이) 더 이상 존재하지 않는 사람들 이다(Arendt 1973, 474[국역본 2006b, 276쪽]).

아렌트가 "전체주의적 지배의 이상적 신민"을 기술하기 위해 사용 했던 용어가 바로 '대중 인간'이며, 그런 대중 인간은 극도로 "원자화되고, 고립된 개인들"이다(Arendt 1973, 323[국역본 2006b, 43쪽]). '대중 인간'은 사람들이 "남아돌거나 인구 감소의 재앙적인 결과들이 나타나지 않는 한 여분의 존재가 될 수 있는" 곳에서 발견된다(Arendt 1973, 311[국역본 2006b, 25쪽]). 더욱이 이런 사람들은 달리 어떤 식으로 "공통의 이해관계를 기반으로 한 어느 조직에도 통합될" 수 없다(Arendt 1973, 311[국역본 2006b, 25쪽]). 다시 말해서 '대중 인간'은 그/그녀의 고유성과 사회성을 상실한 상태에 있는데, 이 양자는 상호주관적 실존에 필수적인 것들이다. 정신병리학의 언어로 표현하자면, '대중 인간'은 그/그녀를 교통 불가능하게 만들고 그에 따라 실존적 불능 상태에 놓이게 하는 병리적 정신이상을 경험한다. 실제로 아렌트는 '대중 인간'을 "'평범한 사람들'이 믿으려 하지 않는" 것을 믿는 인간들로, ('대중 인간'의 하위 집단을 구성한다고 볼 수 있는) '나치친위대 대원들'ss-men을 "죽은 것이나 다름없는 인간들, 즉 더 이상 심리학적으로 이해될 수 없는 인간들"로 기술했다(Arendt 1973, 441 [국역본 2006b, 223쪽]).

비록 정신의학자는 아니었지만, 아렌트라는 정치사상가에게 무엇이 다루어지는 사례의 '사회적 병력'을 구성하는지는 명백했으며, 앞서 언급된 것처럼 그런 사회적 병력은 야스퍼스의 관점에서 생애사를 작성하는 데 필수적인 구성 요소였다. 제1차 세계대전이 끝나 갈 무렵, 아렌트는 대량 실업 및 인구의 이동과 결합된 "계급 사회의 와해"로 말미암아 "유럽에서 대중 인간의 심리 상태"가 조성되었다고 주장했다(Arendt 1973, 311-315[국역본 2006b, 25-31쪽]). 이는 전간기가 양차 세계대전에서 전형적으로 나타났던 보기 드문 정치 혼란의 스펙트럼 가운데 일부임을 시사한다. '대중 인간'은 제1차 세계대전의 결과로 출현했으며, 그런 대중 인간의 출현은 다시 제2차 세계대전을 촉진했다. 절대적 혼돈에 직면한 상황에서, 대중 인간이란 "현실 도피의 욕망에 사로잡힌" 누군가일 수 있다(Arendt 1973, 352[국역본 2006b, 88쪽]). "근본적인 홈리스 상태"에 있기 때문에, 대중 인간은 더 이상 현실의 "우연적이고 이해할 수 없는 양상들"을 견딜 수 없다(Arendt 1973, 352[국역본 2006b, 88쪽]). 이 같은 현실 도피에 대한 열망은 "살 수밖에 없지"만 "실존이 불가능한" "세계에 대해 내린 평결"이다(Arendt 1973, 352[국역본 2006b, 88, 89쪽]). 그와 같은 도피가 집단적으로 실행된 경우, 아렌트는 이를 "상식[공통 감각]"에 대한 "대중들의 반란"이라고 불렀는데, 이는 전간기 유럽에서 "그들의 원자화와 사회적 지위의 상실로 인한 결과"였다(Arendt 1973, 352[국역본 2006b, 89쪽]). 이런 종류의 반역은 "상식이 통하는 틀을 제공하는 공동체적 관계의 전 영역"이 상실되었음을 의미한다(Arendt 1973, 352[국역본 2006b, 89쪽]).

상식의 붕괴는 전체주의적 프로파간다의 유효성과 직접적인 관계가 있다. 그것은 대중 인간에게 경험된 것으로서의 현실이 아닌 '이념의 논리'에 의해 정당화된 대체 현실을 제공한다. 이것이 바로 전체주의가 복수성의 조건이 사라져 버린 세계에서 완전히 고립된 개인이 살아가는 것을 가능하게 만드는 방법이다. 이데올로기적 사고방식의 정수인 논리적 추론은 단수성singularity이라는 조건 속에서의 인간 정신을, 즉 자아, 타인, 세계가 결여된 인간 정신을 특징짓는다(Arendt 1973, 477[국역본 2006b, 281, 282쪽]). 아렌트에 따르면, "부패의 무질서한 성장과 총체적인 임의성"에 직면했을 때 대중 인간은 "어떤 이데올로기의 가장 완고하고도 놀라울 만큼 허구적인 일관성"에 굴복할 가능성이 농후하다(Arendt 1973, 352[국역본 2006b, 89쪽]). 이데올로기에 의해 창조된 세계는 '대중 인간'이 "어리석거나 사악한" 존재여서 그에게 가장 매력적으로 다가오는 것이 아니다(Arendt 1973, 352[국역본 2006b, 89쪽]). 그런 것이 아니라, 그런 세계가 "현실 그 자체보다도 인간 정신의 필요를 더 적절히 충족 시켜 주는, 거짓된 일관성의 세계"를 불러내는 것을 통해 "최소한 의 자존감"을 제공해 주기 때문이다(Arendt 1973, 352, 353[국역본 2006b, 89, 90쪽]). 끊임없는 혼돈 상태의 현실이 지닌 예측 불가능성과는 대 조적으로 확실한 일관성을 보증해 주는 이데올로기적 사유의 고 유한 능력은, 전체주의 운동이 그 추종자들에게 "총체적이고, 무제 한적이며, 무조건적이고, 변치 않는 충성"을 요구할 수 있게 만드 는 힘이다(Arendt 1973, 323[국역본 2006b, 43쪽]).

아렌트가 보기에, 논리적 일관성을 지닌 날조된 세계는 정치를 가장 심각하게 파괴하는데, 왜냐하면 그것이 '행위'로서의 정치에 있어 핵심이라 할 수 있는 의견opinion을 대체하기 때문이다. 그러 므로 이 지점에서 『인간의 조건』으로 다시 돌아가는 것은, 우리로 하여금 상호주관성의 시각에서 『전체주의의 기원』과 그 저작이 어 떤 연관성을 갖는지를 이해할 수 있도록 해준다. 『인간의 조건』에 서 아렌트는 잘 알려진 것처럼 말speech이 인간 행위의 원형이라 는 입장을 표명했다. '말'로서의 '행위'는 "사물이나 물질의 매개 없이 인간들 사이에서 직접적으로" 발생하는, 따라서 "복수성이라 는 인간의 조건, 즉 한 인간Man이 아니라 다수의 인간들men이 이 지구에서 살아가고 세계에 거주한다는 사실에" 대응하는 인간 활 동의 유일한 형식이다(Arendt 1998, 7[국역본, 73, 74쪽]). 아리스토텔레 스를 따라 아렌트는 말이 "사람을 정치적 존재로 만들어 주는 것" 이라고 확신했다(Arendt 1998, 3[국역본, 70쪽]). 데이나 빌라는 아렌트 에게 있어 말이란 언제나 "타인들과의 말"이며 "진정한 정치적 행 위"는 "어떤 종류의 대화"라고 언급한다(Villa 1996, 31). 특히 서로 대 화를 나누는 정치적 존재로서 인간은 토론에 참여하는데, 아렌트 는 바로 이 토론을 "정치적 삶의 정수"라고 여겼다(Arendt 1977b, 241).

토론은 그 정의상 '의견'의 교환이기 때문에, 의견은 사실상 정치적 행위의 실체가 된다.

아렌트에 따르면 의견은 "표상적" 사유를 필요로 하는데, 이는 결국 "주어진 이슈를 상이한 관점에서" 고려할 수 있는 능력을, 그리고 "부재한 이들의 입장을" 마음속에 그려 볼 수 있는 능력을 의미한다(Arendt 1977b, 241). 그렇지만 표상적 사유는 "마치 내가 다른 누군가처럼 되거나 그처럼 느끼기 위해 노력하는 것과 같은, 공감의 문제"나 "머릿수를 세고 다수자에 결합하는" 문제가 "아니다"(Arendt 1977b, 242). 오히려 그런 사유는 "실제로 내가 거기에 있지는 않은, 나 자신의 정체성[동일성] 내에서 존재하고 사유하는 것"에 의해서 성취된다(Arendt 1977b, 242). 그러므로 표상적 사유는 "확장된 사고방식"을 필요로 하는데, 여기에는 "나 자신의 사적 이익"을 유보하는 동시에 "보편적 상호 의존"의 세계 내에 자기 자신을 위치시키는 것이 수반된다(Arendt 1977b, 242). 달리 진술하자면, 확장된 사고방식 속에서의 사유는 고립된 개인들에 의해 수행될 수 있는 추상적 사유의 실행이 아니다. 그것은 오직 "상상력, 성찰, 스토리텔링"을 통해서만 실현될 수 있으며(Borren 2013, 248), 이 모두는 자기 자신을 넘어선 참여로 이어지는 환경에 스스로를 관여시키는 능력을 필요로 한다.

아렌트는 칸트에 대한 그녀의 마지막 강의에서 "확장된 사고방식"이 우리로 하여금 판단을 내릴 수 있게 해준다는 견해를 확인한 바 있다(Arendt 1982). 이는 판단 행위로서의 의견이 단지 개인적이고 주관적인 것일 수 없음을 의미한다. 왜냐하면 판단한다는 것은 자기 자신을 타인에게 드러내는 것이고, 이는 "타인들과의 세계 공유"를 필요로 하기 때문이다(Arendt 1977a, 221[국역본, 296쪽]). 따라서 "누군가 판단할 때, 그는 한 공동체의 구성원으로서 판단을 내리는"것이고, 그렇기 때문에 판단이란 "상식"을 전제로 하며, 그런 상식이란 사실상 "공동체의 감각community sense, 즉 공통 감각sen-sus communis"이다(Arendt 1982, 72[국역본, 139, 140쪽]). 마리크 보렌이 언급한 것처럼, "상식은 한편에서의 주관주의 내지 상대주의와, 다른 한편에서의 보편주의라는 덫 양자를 피하게 해준다. 대신, 상식적 판단이 성취하는 모종의 타당성은 상호주관적인 것, 혹은 상황적 불편부당성situated impartiality이라고 불릴 수 있는 것, 혹은 표상적인 것이다"(Borren 2013, 244; Disch 1994, 162). 그러므로 아렌트에게 판단이란 필연적으로 상호주관적인 것일 수밖에 없다(Lee 1997, 126).

이에 덧붙여, 보렌은 아렌트에게 상식이란 선험적 능력도 아니고 후험적a posteriori 능력도 아니라고 말한다. 나는 상호주관성을 선험적이지도 않고 후험적이지도 않은 실존적 조건으로서 구체화하기 위해 보렌의 견해를 확장할 것을 제안한다. 상호주관성은 어떤 "보편적이고 불변하는 인간 본성"의 실현에 관한 것이 아니라는 의미에서 선험적이지 않다(Borren 2013, 246). 그것은 오직 "특정한 역사적-정치적 맥락과 당면 상황"에서만 발생하며, "동시에 인간 존재가 행위하고, 말하고, 판단하고, 세계를 이해하는 맥락을 구성한다"(Borren 2013, 246). 그렇지만 상호주관성이 상황성[위치 구속성] situatedness을 지닌다고 해서, 이런 점이 상호주관성을 후험적인 것으로 만들지는 않는다. 보렌은 다음과 같이 말한다.

상식은 또한 타당한 이해와 판단에 이르기 위해 언제나 비판적 전유 — 표상과 성찰의 작동, 타인의 견해에 대한 상상적 예측, 그리고 스스로 사유하는 것Selbstdenken — 를 필요로 한다. 그렇지 않을 경우 관점의 교환은 단지 임의적인 공통 의견[통설]communis opinio에 대한 순응, 자기 자신이나 타인의 주관적 관점이 그런 공통 의견으로 대체되는 결과를 가져올 것이다(Borren 2013, 246).

여기서 제시되고 있는 요점은 상식이 상호주관성 내에 착근되어 있는 것인 한, 그런 상식이 타인들의 현존 내에서 자아의 독특성이 긍정되는 것을 가능하게 해준다는 점이다.

전체주의에 대한 아렌트의 연구는 정치의 와해가 사람들의 공동체 사이에서 상식의 상실을 나타냄을, 즉 사람들을 다수의 '대중 인간'에 불과한 존재, 또는 아렌트가 '대중들'masses로 지칭했던 존재로 만든다는 것을 잘 보여 준다. 실존적으로 그것은 곧 상호주관성 — 야스퍼스가 보여 주었듯, 심리적 건강과 치유에 너무나 필수적인 — 이 더 이상 발생하지 않음을 의미한다. 개인들은 자신들을 타인과 연결할 수 있는 수단을 상실한 채 홀로 남겨지게 된다. 바로 이때, 개인들은 전체주의가 자신의 추종자를 모집하기 위해 전략적으로 사용하는 모종의 이데올로기적 사유를 선뜻 받아들이게 된다.

전체주의와 그 신민들 — 대중들 — 에 대한 아렌트의 통찰은 정치가 왜 중요한지를 보여 주는 강력한 사례다. 정치의 와해는 모든 이들에게 다름 아닌 실존적 위협을 가한다. 전체주의는 개인들로 하여금 그들을 둘러싼 세계에 대한 가짜 유대감을 발전시킬 수 있도록 해주는 대체 현실을 날조해 냄으로써, 그것이 없었더라면 세계와 단절감을 느꼈을 이들에게 탈출구를 제공해 준다. 비록 아렌트가 전체주의의 추종자들이 자행했던 모종의 집단적 행위를 기술하기 위해 '집단 광기'라는 용어를 사용하는 데까지 나아가지는 않았지만, 그녀의 책에서는 '정신이상'insanity(Arendt 1973, 411[국역본 2006b, 178쪽])이나 '터무니없는 비현실성'mad unreality(Arendt 1973, 445 [국역본 2006b, 178쪽]) 같은 단어들이[13] 사용되고 있다. 전체주의 운동의 추종자들에게는 충분히 말이 되는 것이 그 외부에 있는 이들에게는 말도 안 되는 일이었다. 전체주의를 분석하기 위해 아렌트가 사용했던 이데올로기적 사유의 자족적 시스템은 사실 야스퍼스가 망상에 대해 말했던 내용과 비견될 수 있다. 그는 망상을 "그 외에는 통상적인 기준에서 환자라고 간주되지 않을 …… 어떤 인격에게서 분명히 나타나는, 전체적으로 보자면 적절한 행동의 일관성 있는 세계"라고 기술했다(Jaspers 1997, vol. 1, 411[국역본 2014b, 376쪽]). 그렇기 때문에 "망상이 교정되기 어려운 것에는 건강한 사람의 착각이 교정되기 어려운 것과는 차원이 다른 지점이 존재한다"(Jaspers 1997, vol. 1, 411[국역본 2014b, 375쪽], 강조는 원저자]). 야스퍼스는 다음과 같이 말한다.

> 원론적으로 …… 엄청난 양의 착각, 곡해, 모호함, 궤변, 나쁜 의도 가운데에서도 진실을 추구하는 인간 이성의 심대한 과정에 의해 허위는 언제나 극복될 수 있다. 그렇지만 망상의 경우에 있어, 우리는 누군가가 돌이킬 수 없이 허위 속으로 빠져드는 것을 보게 될지도 모른다. 우리가 이해하고자 할 수는 있으나 바로잡을 수 없는 극단적 상황으로 말이다(Jaspers 1997, vol. 1, 411[국역본 2014b, 376쪽]).

야스퍼스의 견해와 나란히 놓고 보면, 아렌트가 말하는 이데올로기적 사유란 집단적 망상이라고 할 수 있다. 더욱이 힌치만과 힌치만이 말했듯 아렌트는 야스퍼스의 논의를 '정치화'하면서, 망상적

---

13) [옮긴이] 국역본에서는 'insanity'가 '광기'로, 'an air of mad unreality'가 '무모하고 비현실적인 분위기'로 번역되어 있다.

사고에 가장 취약한 이들, 그리하여 정치 혼란을 자양분 삼아 추구
되는 정치적 목적에 봉사하도록 조종될 수 있는 이들은 바로 단절
된 존재라고 주장했다. 의미 있는 인간적 유대감이 실현 가능하고
또 지속되는 세계를 유지하는 데 걸린 이해관계가 그토록 절박했
던 적은 결코 없었다. 이는 전체주의의 승리가 "인간의 본질"의 파
괴를, 곧 "인간성의 파멸"을 의미할 것이기 때문이다(Arendt 1973, viii
[국역본 2006a, 35쪽]). 요컨대 전체주의는 어떤 인간도 번영할 수 없는,
장애를 만들어 내는 환경disabling environment을 표상한다.

## 결론: 정신적 안녕과 정치적 책임

파농과 야스퍼스와 아렌트의 사상은 상호주관성이 인간의 유대감
에 필수적인 하나의 실존적 조건임을 가리키고 있다. 계속해서 진
행 중인 하나의 관계 양식relational mode으로서, 타인들과만이 아니
라 자아 내부에서도 말이다. 상호주관성이 발생할 수 있는 사회적
공간과 정치적 공간 양자를 생성하고 유지하는 데 있어 정치 질서
의 중심적 역할을 인정한다는 것은 곧 개인들의 신체적·정신적 안
녕이 가장 우선시되는 정치의 비전에 헌신한다는 것을 의미한다.
이 장은 개인들에 의해 경험되는 인간의 고통을 정치적 견지에서
연구할 필요가 있다는 견해를 피력하며 시작했다. 이 장 전반에 걸
쳐 나의 초점은 정신장애라는 형태를 띠는 인간의 고통, 그리고 그
것이 정치 혼란과 어떤 관계가 있는가였다. 이 점과 관련해서는, 일
단 파농이 양자를 가장 분명하게 연결하고 있다. 장기간 지속된 알
제리 식민지 전쟁으로 고통을 겪고 있던 환자들의 경험을 정신의학
자라는 자신의 위치에서 입증함으로써 말이다. 그의 임상 작업 전반

에 걸쳐, 파농은 정신 건강과 정치 질서 사이에 직접적인 상관관계가 있음을 주장했다. 정신의학자가 의료적인 것과 사회정치적인 것 간의 경계를 어떻게 설정하는가는 많은 것을 좌우하게 되는 중요한 도전 과제다. 그렇지만 파농은 자신이 그 도전 과제를 어떻게 다루었는지 설명하지 않았다. 부분적으로는 파농에게 자극을 받아 나는 야스퍼스를 참조하게 되었는데, 그를 통해 우리는 정신질환자들이란 그들의 주관성에 쉽사리 접근할 수 없는 개인들임을 알게 되었다. 따라서 정신의학자의 과제는 다른 무엇보다도 단절된 존재와의 재접속이 이루어질 수 있도록, 정신의학자와 환자 사이의 접촉이 가능해지는 지점을 재설정하는 일이다. 여기가 바로 경험 주체expe-riencing subject로서의 환자에게 주의가 기울여져야 하는 지점이자, 상호작용을 촉진할 수 있는 기성의 진단 도구가 존재하지 않는 지점이기도 하다. 정신의학자의 고유한 역할에 대한 야스퍼스의 통찰은 개인들 사이에서의 유대감을 밝혀내는 데 있어 상호주관성이 지닌 중심성을 보여 준다. 한편 아렌트로부터 우리는 상호주관성이 와해될 때 개인들은 날조된 세계와의 허구적 접속에 취약해진다는 점을 확인할 수 있다. (그녀의 표현을 따르자면) "타인들과의 세계 공유"를 통해 누군가의 주관성을 구체적으로 확인할 수 있는 여지가 존재하지 않는 세계, 관념적 추론의 폐쇄적 체계에 의해 뒷받침되는 세계와 말이다. 파농과 대조적으로 아렌트는 주로 하나의 사회적 힘social force으로서의 개인들에게 초점을 맞추기는 했지만, 그녀의 작업은 우리가 왜 날조된 세계로 미끄러져 들어가는 이들에게 그냥 무관심한 채로 남아 있을 수 없는지를 잘 보여 준다. 이런 고찰을 배경으로 하여 나는 동시대 정신 의료의 한 임상 사례에 의존하고자 하는데, 이 사례는 정신장애를 우리 모두에게 중요한 하나의 정치적 사안으로 만들고자 하는 도전 과제에 실마리를 제공해 준다.

그 사례는 과거 40대에 베트남 난민이었던 한 환자(논문에서는 'BN'으로 표기됨)에 관한 것인데, 그는 20년 동안 미국에서 살았고 그 기간에 임상적 진단 연구가 이루어졌다.[14] 그는 뉴멕시코주에서 가정 폭력 혐의로 체포되었다.[15] 법정에서 심리가 이루어지는 동안 그는 입을 닫았고 무례하게 행동했다. 그는 정신의학적 사정을 위해 병원에 입원 조치가 이루어졌지만 비협조적인 것으로 드러났다. 그 환자를 진단하기 위한 시도가 몇 차례 실패한 후, 담당 의사는 그와의 의사소통을 촉진하기 위해서 "베트남 지역사회의 신뢰받는 성원"을 데려오기로 결정했다(Hollifield et al. 2003, 332). 인터뷰가 이루어질 때 이 인물이 사용한 내러티브 접근법은 환자의 침묵을 깨는 데 엄청나게 결정적이었음이 판명되었다. BN은 이야

---

14) 논문에서 그 사례와 관련된 구체적인 날짜는 제시되어 있지 않다. 논문의 출판 연도가 2003년이고 그 논문에서 인용된 가장 최근 문헌이 2000년 출간된 것임을 고려하면, 해당 사례는 2000년대 초에 있었던 것이라 합리적으로 추정될 수 있다.

15) BN의 입원 기간 동안, 그의 아내와 아내의 가족에 대한 인터뷰가 이루어졌다. BN과 아내의 관계가 "법률적 결합"이라기보다는 "관습에 따른" 결혼[관습혼]이었다는 점은 분명해 보였다(Hollifield et al. 2003, 333). 일단 그의 아내와 아내의 가족 양쪽 다 "환자가 신체적 학대를 가해 왔다는 점은 부인했다"(Hollifield et al. 2003, 333). 그러나 아내는 "BN이 두려웠고 그에게 통제당하길 원치 않았기" 때문에 자신의 아이를 데리고 가출했다고 정확히 말했다(Hollifield et al. 2003, 333). 아내와 아내의 남자 친구가 병원 측에 "BN의 돈과 재산을 그들에게 줄 것"을 요구하고 "BN이 병원이나 교도소에 계속 있어야 한다고 주장한" 이후 그들은 병동 출입이 금지되었다(Hollifield et al. 2003, 333, 334). 그러나 가장 중요한 점은 "BN이 자의 입원에 동의함에 따라 치료 감호와 수감에 대한 청원이 취소되었다"는 것이다(Hollifield et al. 2003, 333). 그는 결국 퇴원 조치되었고, 돈을 포함한 그의 모든 "압류 재산"은 그에게 반환되었다(Hollifield et al. 2003, 334).

기하기 시작했다. [1975년 4월 30일] 사이공(현 호치민시) 함락 직후, BN의 고향은 베트남 공산주의자들에 의해 습격을 받았던 것으로 밝혀졌다. 그들은 그의 재산을 몰수했으며, 그를 심문하고 "난폭하게 체포했다"(Hollifield et al. 2003, 332). BN에 따르면, 한 달 전 "경찰이 그의 아내와 아내의 남자 친구를 대동하고 집에 들이닥쳐 그에게 접근 금지 명령을 집행했을 때" 정확히 오래전 그때와 같은 일이 벌어졌다(Hollifield et al. 2003, 333). 이런 사실이 드러나면서, 의사들은 최종적으로 BN을 외상 후 스트레스 장애post-traumatic stress disorder, PTSD로 진단 내렸다. 아래 소견은 이 사례에 관여했던 임상의들에 의해 제시된 것이다.

이 사례에서는 BN의 민족성보다 BN이 경험했던 특정한 전쟁과 사건들에 의해 생성된 믿음 및 사회적 행동 양태가 더 깊은 관련성을 지닌다. 민족성은 많은 관습적 믿음, 사회적 행동 양태, 주목할 만한 특성, 요컨대 '문화'와 연관이 있을 수 있지만, 대부분의 경우 임상의학에서 가장 중요하게 취급되어야 할 문화적 영역은 아니다. …… 그가 베트남인이라는 사실이 아니라 전쟁으로 인한 트라우마와 그 이후의 트라우마 재발이 BN의 질환에 원인으로 작용한 일차적 요소다. 그가 베트남인이라는 사실과 연동되어 있는 다른 측면들 — 전통적 인간관계와 돈에 대한 관념, 가족적 위계 및 소유권 같은 — 이분명히 있을 것이다. 그렇지만 그가 경험했던 베트남과 미국 간의 전쟁, 다양한 형태의 배신과 금전 관계 속에서 입은 트라우마로부터 비롯된 BN의 질환이, 그의 임상 상태를 가늠하는 데 있어 출신 민족보다 훨씬 더 강력한 예측 변수다(Hollifield et al. 2003, 334, 335).

전쟁 트라우마라는 맥락 속에 놓이게 되자, BN의 행동은 전쟁 피해자의 한 전형인 것으로 판명되었다. "전쟁과 정치적 억압에 의해 트라우마를 갖게 된 사람들이 익명성, 부조화, 불균등, 불신, 시간과 장소에 대한 불안감에 깊게 빠져들면서 몸과 정신이 무너지기도 한다"는 점은 이미 잘 알려진 사실이다(Hollifield et al. 2003, 337). 그들은 "트라우마의 경험 일반에 의해 생성된 불신, 그리고 당국에 대한 합리적이고 학습된 불신으로 말미암아 그들이 모르는 사람들에게 스스로를 드러내지" 않는 경향이 있다(Hollifield et al. 2003, 337). 더욱이 "전쟁 트라우마와 정치적 억압은 역사 전반에 걸쳐 시간을 가로지르는 공통점을 지니기는" 하지만, "각 전쟁의 맥락에서 작동하는 상이한 사회정치적 영향력 또한 존재한다"는 점은 주목되어야 할 사항이다(Hollifield et al. 2003, 337, 338). 특히 베트남전쟁 기간 동안, 여성들과 대조적으로 남성들은 "투옥될 …… 가능성이 더 컸다"(Hollifield et al. 2003, 338). 그러므로 "이 베트남 남성은 자율성과 존중의 상실, 물질적인 부의 상실, 배신, 분리와 고립, 추방, 물리적 구금과 학대를 비롯해 특정한 전쟁에 의해 맥락화된 심각한 트라우마의 이력을 지니게 된 것으로" 결론 내리는 것이 타당하다. 그런 이력은 BN이 체포될 당시, 그리고 그 이후의 감금과 법원 명령에 의한 입원에서 마주한 "급성의 사회적 스트레스 요인"에 그가 대단히 취약함을 의미했다(Hollifield et al. 2003, 338).[16)]

---

16) 논문의 저자들은 "트라우마의 유형, 증상, 대처 방식"을 논의하면서 젠더적 요인들을 간략히 다루었다(Hollifield et al. 2003, 338). BN의 아내가 나중에 그로부터 어떤 신체적 학대가 있었다는 점을 부인했다는 언급과 더불어(위의 각주 15를 참조), 이는 임상의들이 BN의 아내가 그와 유사한 형태의 트라우마에 시달렸다고 생각할 이유가 없었음을 시사하는 것처럼 보인다. 무엇보다도 BN의 아내는 그와 같은 난민이었다고 알려진 바가 없다.

이 임상의들은 또한 그들이 왜 BN으로부터 좀 더 일찍 정보를 얻을 수 없었는지에 대해 성찰했다. 미국 의사들은 소위 과학적 패러다임 아래에서 훈련받아 왔는데, 임상의들이 보기에 이는 곧 의사들이 "비맥락화된 징후와 증상에 관한 데이터 수집만으로도 해당 환자에게 무엇이 잘못되었는지를 이해하는 데 충분하다고 생각하면서, 질환을 지닌 사람에 관한 데이터보다는 질환 자체에 관한 데이터를 얻는 데" 초점을 맞추는 경향을 있음을 의미한다(Hollifield et al. 2003, 335). 그 결과 비인격적이고 심문하는 듯한 인터뷰 방식이 일반적인데, 이는 BN의 사례에서 입증된 것처럼 역효과를 낳을 수 있다. 임상의들은 다음과 같이 언급했다.

> 이 환자에게 있어, 그에게 심문처럼 느껴지는 방식으로 사건과 증상에 관해 질문하는 것은 트라우마를 재발시키는 사건으로 기능했다. 그러므로 이런 질문들은 아예 들으려 하지 않고 이야기도 하지 않는, 논리적일 뿐만 아니라 조건반사적인 방어적 대응과 마주하게 되었다. "나는 듣지 않을 것이고, 그러므로 말하지도 않을 것입니다." ······ 임상의가 최근의 사건들과 증상들에 관한 비인격적인 의료적·사회적 관념들보다는 인격체로서의 환자에게 좀 더 초점을 맞춘 내러티브 접근법을 채택하자 새로운 데이터들이 드러났다. 임상의 쪽에서 '심문' 방식으로 되돌아가려는 모든 시도는 BN 쪽에서 역시 심문당하는 트라우마를 입은 환자로 되돌아가는 결과를 초래했다(Hollifield et al. 2003, 335, 336).

따라서 임상 평가가 "진정성 있는 관계"에 기반을 두는 것이 무엇보다 중요하며, 그런 관계 속에서 "임상의는 한 인격체로서의 환자에게 주의를 기울이고, 그 결과 신뢰와 이해가 그 임상의로 하여금 질환을 지닌 인격체를 치료할 수 있게 해준다"(Hollifield et al. 2003, 338). 비록 이 임상들이 야스퍼스를 (혹은 파농이나 아렌트를) 전혀 언급하지는 않았지만, 그 사례로부터 우리는 상호주관성이 정신의학자-환자 관계의 열쇠를 쥐고 있음을 합리적으로 추론할 수 있다. 오직 둘 사이에 실질적인 관여가 있을 때에만, 해당 사례에 대한 통찰이 존재할 수 있다. 즉 그 환자가 사이공 함락 후 베트남에서 체포되었을 때뿐만 아니라, 그가 귀화한 나라인 미국에서 가정폭력 혐의로 기소되었을 때에도 극심한 혼란을 겪었다는 점을 파악할 수 있다. 이후 외상 후 스트레스 장애 진단은 BN이 그를 둘러싼 세계와 단절되어 있음을, 그리고 정치 혼란과 정신장애 간에 일정한 관계가 있음을 확인해 주었다.

미국의 정신의학자인 리처드 A. 프리드먼은 연구 자금 제공의 우선순위에서 확인되는, 심리 치료를 냉대하는 불편한 추세에 대해 논평하면서, 향정신약 치료와는 대조되는 심리 치료가 외상 후 스트레스 장애를 비롯한 다양한 정신이상의 임상적 성과에서 훨씬 더 효과적임이 입증되었다고 주장했다(Friedman 2015, SR5). 그렇지만 최근 시기로 범위를 좁혀 보더라도, 프리드먼은 순수하게 과학적인 의료적 영역으로서의 정신의학이라는 문제를 재논의할 필요가 있다고 요구했던 최초의 정신의학자는 아니었다. 이런 다수의 정신의학자들은 반정신의학의 영향 아래 있었던 이들과 달리, 정신의학이 다른 모든 의료 영역과 그 목표 — 환자의 건강을 회복시키는 것 — 가 다르지 않은 진정한 의료 행위라는 견해를 지니고 있었다. 그러나 정신 건강 문제는 의학의 기술적 검사와 절차를 통해 쉽사리 다룰 수 없기 때문에, 이 문제는 과학기술 외적인 입각점을 통해 접근될 필요가 있다고 생각했다.[17] 이는 무엇보다도 정신의학자들이 환자의 정신 건강을 불안정하게 하는 문제들의 진짜 원인을 찾아낼 필요가 있음을 의미한다. BN의 임상적 사례는 환자의 "실제 경험" — 야스퍼스의 용어를 따르자면 — 이(466, 467쪽 참조) 정신의학자와 공유되는 과정을 통해 주의가 기울여질 때에만, 그런 조사가 생산적으로 수행될 수 있음을 보여 준다.

그러나 그 사례는 또한 BN의 회복이 궁극적으로 공동체로의 재통합에 의존한다는 중요한 점을 보여 준다(Hollifield et al. 2003, 339). 파농, 야스퍼스, 아렌트의 작업은 우리에게 어떤 개인은 타인들의 공동체에서 [사라지는 것이 아니라] 그저 단절될 수 있을 뿐이라는 점을 상기시킨다. 장애를 "건강 상태와 개인 및 환경의 맥락적 요인 간의 역동적 상호작용"이라고 상정하는(WHO 2011, 4), 현재 지구적으로 통용되고 있는 '생물심리사회적'biopsychosocial 장애 모델이라는 맥락에서 보자면, 타인들의 공동체에 속한 한 구성원으로서 우리 각자는 사실 서로의 정신 건강을 지탱해 주는 직접적인 역할을 맡고 있다. 달리 말하자면, 정신장애를 어떤 정적인 상태가

---

17) 프리드먼은 "치료를 수반하는 자기 이해에 대한 대체물은 대개 존재하지 않는다. 물론 한 명의 정신의학자로서 나는 적절한 약물을 가지고 환자의 불안을 누그러뜨릴 수 있고, 기분을 나아지게 할 수 있으며, 정신증을 일시적으로 몰아낼 수도 있다. 그러나 우리에게 이어져 온, 고통스럽고 혼란스러운 수많은 정서적 문제들 — 두 가지만 꼽자면 자기애적 분노나 반대 감정 병존 같은 — 을 치료할 수 있는 알약 같은 건 존재하지 않으며, 아마 앞으로도 결코 존재하지 않을 것이다"(Friedman 2015, SR5). 팻 브래컨을 비롯한 일단의 영국 정신의학자들은 '탈과학기술적인'post-technological 정신의학을 옹호했다. 그들의 말에 따르자면, "탈과학기술적인 정신의학은 경험 과학의 도구들을 버리거나 의료 및 심리 치료 기술들을 거부하지 않겠지만, 우리의 저작에서 나타난 윤리적이고 해석학적인 측면들을 기본으로 삼기 시작할 것이며, 그에 따라 가치들, 관계들, 정치, 치료와 돌봄의 윤리적 기반을 검토하는 것의 중요성을 강조하게 될 것이다"(Bracken et al. 2012, 432).

아닌 상호작용적인 것으로 이해할 경우 우리 모두는 서로에게 더 나은 청자가 될 의무를 갖게 된다.[18] 이는 경청의 의무가 단지 해당 환자를 치료하는 정신의학자에게만 한정되지 않으며, 야스퍼스가 '이해'understanding라고 불렀던 것 없이 그저 귀만 열어 놓는 행위에 한정될 수도 없음을 의미한다. 실로 우리는 우리가 정신의학자와는 달리 훈련되지 않은 청자라고 말하면서 그저 어깨를 으쓱할 수만은 없는 것이다. 우리는 복수성이라는 조건 속에서 살아간다. 파농이 보여 주었던 것처럼 노골적인 억압에 의해서든, 아렌트가 논했던 것처럼 교묘히 조작된 현실 그 자체에 의해서든 그런 복수성이 붕괴될 때 정치 질서는 존재할 수 없다. 우리는 시민으로서 정치 질서를 유지할 의무가 있다. 그런 의무에는 우리 각자의 진정한 노력이 수반됨을 이 장은 보여 주었다. 이질적인 체험을 지닌 주체로서의 타인들에게, 설령 그 타인이 다른 사람들과 유리되어 있는 듯 보이는 이들일지라도 주의를 기울이려는 노력 말이다. 오직 그럴 때에만 우리는 우리 시대의 가장 큰 도전 과제 가운데 하나를, 즉 정신질환자의 예외적인 주변화와 차별을 극복하기 시작할 수 있다. 그런 노력만이 단절된 존재와 재접속하는 불안정한 과업에 참여하기 위해 우리가 취할 수 있는 하나의 구체적인 조치일 것이다.

---

18) 470쪽에서 언급된 것처럼, '경청한다'listen라는 단어는 축어적으로도 은유적으로도 이해한다는 것을 의미한다.

# 10장

# 장애와 폭력

### 민주주의적 포함과 다원주의에 대한 또 다른 요구

조앤 트론토

## 장애인들에게 심각한 문제로서의 폭력

다음 사례를 고찰해 보자. 2013년에 미네소타주Minnesota 벨트라미 카운티Beltrami County에서 경관들이 유치장에 구금되어 있던 한 정신질환자 남성을 구타했다. 시 당국은 판사를 설득해 그 남성이 즉각 석방될 수 있게 했는데, 이는 그의 병원비를 책임지지 않기 위해서였다. 그러고 나서 직원들이 그를 차에 태운 후 320킬로미터의 거리를 세 시간 반 동안 달려, 미니애폴리스Minneapolis의 한 병원 응급실 문 밖에 그를 내려 두고 사라졌다(McEnroe 2014).

장애인에 대한 폭력은 빈번히 발생하며,[1] 종종 몹시 잔인한 형

---

1) 장애인들은 빈번하게 물리적 폭력을 겪는다. 2013년 한 해 동안 미국에서는 130만 명의 장애인들이 폭력 피해를 경험했다. 연령 요소를 감안할 경우, 장애인들이 겪는 폭력 피해의 비율(1000명당 36명)은 전체 평균의 두 배를 넘는다. 이들 중 24퍼센트는 자신이 장애 때문에 피해를 입었다고 생각하고 있었다(US Bureau of Justice Statistics 2015). 상대적으로 고르지 못한 데이터에 기반을 두고 있기는 하지만, 전 세계적으로 학자들은 장애를 지닌 아동과 성인 양쪽 모두에서 높은 폭력 피해율이 나타난다고

태를 띤다. (2008년 발효된)〈유엔 장애인권리협약〉은 제14조에서 "당사국은 다른 사람들과 동등한 기반 위에서 장애인에게 다음의 사항을 보장한다. ⒜ 인신의 자유와 안전에 대한 권리를 향유하며, ⒝ 그들의 자유를 불법적 또는 임의적으로 박탈당하지 아니한다" 고 규정하고 있다. 이 고귀한 문장은 천부적이고 시효가 존재하지 않는 권리들 가운데 하나로 '안전'을 포함한다는 점에서 유서 깊은 프랑스의〈인간과 시민의 권리 선언〉Declaration of the Rights of Man and of the Citizen과 공명하는데,[2] 이는 자유가 '신체의 안전'과 결부되어 잘 논의되지 않는 영미적 전통과는 다르다. 안전은 현대 정치이론에서 그렇게 중요한 개념은 아니다.[3] 그리고 보호라는 이름으로 수많은 침범 행위가 이루어질 때, '신체의 안전'은 진보적 정치의 지향 속에서 생산적으로 사유를 전개하는 데 적절한 개념이 되기는 어려운 듯 보인다. 이 장에서 나는 장애인에 대한 폭력이 다원주의 사회의 민주적 시민이라는 관점에서 폭력과 안전의 의미를 재사유할 것을 우리에게 요구하고 있음을 말할 것이다.

정치이론과 장애의 관계를 다룬 최근의 많은 논문들은 현대 사

---

언급한다(Hughes et al. 2012; Jones et al. 2012).

2) 1789년〈인간과 시민의 권리 선언〉제2조는 "모든 정치적 결사의 목적은 천부적이고 시효가 존재하지 않는 인간의 권리를 보전하는 것이다. 이런 권리들에는 자유, 소유, 안전, 억압에 대한 저항이 있다"이다. 더욱이〈유엔 장애인권리협약〉제16조는 당사국에게 "젠더에 기초한 것을 포함하여 모든 형태의 착취, 폭력, 학대로부터 가정 내외에서 장애인을 보호하기 위해, 모든 적절한 입법적·행정적·사회적·교육적 조치 및 여타의 조치를 취할" 것을 요구하면서 "착취, 폭력, 학대로부터의 자유"를 명시적으로 다룬다.

3) 비록 이제는 '공포'가 비교적 빈번히 다루어지기는 하지만 말이다(Robin 2004).

상의 중요한 개념이나 이론적 논변에서 시작한다. 그런 개념이나 논변을 장애의 관점에서 고찰하지 않는 것에 의해 그 개념과 논변 자체가 어떻게 제한되는지를 보여 주기 위해서 말이다.[4] 이 장의 접근법은 조금 다르다. 장애인에 대한 폭력은 실제적이다. 사실, 폭력 그 자체가 (국가에 의해 조직된 것이든, 시민 간 충돌에 의한 것이든, '범죄' 행위의 결과이든, 삶의 우여곡절에 의한 것이든) 종종 그 피해자들에게 장애를 발생시킨다. 그럼에도 대다수 현대 자유주의 정치이론들 내에서, 그런 폭력은 그다지 이론적 관심을 받지 못하고 있는 듯 보인다. 그것은 민주주의와 시민권이라는 정치이론의 질서정연한 구성물의 경계 너머에 존재하는 세계의 불운들 가운데 일부일 뿐이다.[5] 폭력은 그냥 잘못된 것이다. 이야기는 그것으로 끝난다. 그러

4) 특히 도움이 되는 분석들로는 Nancy J. Hirschmann, "Disability as a New Frontier for Feminist Intersectionality Research", *Politics & Gender* 8(3), 2012, pp. 396-405; Arneil, "Disability, Self Image, and Modern Political Theory"; Stacey Clifford, "Making Disability Public in Deliberative Democracy", *Contemporary Political Theory* 11(2), 2012, pp. 211-228 참조.

5) 이 점에 관해서는 아마도 우리는 여전히 존 스튜어트 밀(Mill 1998)을 따르는 것 같다. 정치이론이란 '미성숙기'를 통과한 후 분쟁을 진정시키는 수단으로 폭력의 사용을 삼가는 사회들을 위한 것이라고 상정하면서 말이다. 분명히 탈식민주의 이론가들은 식민주의에 내재된 폭력에 훨씬 더 초점을 맞춰 왔다. 예컨대 Frantz Fanon, *The Wretched of the Earth*, Trans. C. Farrington, New York: Grove Press, 1963 참조. 탈식민주의와 장애 이론의 교차 지점에 대한 작업들 중에서는 특히 Pushpa Parekh, "Gender, Disability and the Postcolonial Nexus", *wagadu* 4, 2007; Clare Barker and Stuart Murray, "Disabling Postcolonialism: Global Disability Cultures and Democratic Criticism", *Journal of Literary & Cultural Disability Studies* 4(3), 2010, pp. 219-236; Helen Meekosha, "Decolonising Disability: Thinking and Acting Globally", *Disability & Society* 26(6), 2011, pp. 667-682 참조. 아이리스 매리언 영

나 다른 차원에서 보면, 폭력은 많은 심각한 정치적 질문들을 제기
한다. '왜 어떤 사람들이 다른 이들보다 더 많은 폭력을 겪는가?'와
같은 질문을 말이다. 하지만 폭력과 장애에 대한 당혹스러운 질문
들은 우리로 하여금 모든 사람들이 편안함을 누릴 수 있는 다원적
민주주의의 필요성을 좀 더 명확히 이해할 수 있도록 돕는다.

## 폭력과 장애 모델들

장애학은 지난 세대에 몇 차례의 변환을 겪어 왔다.[6] 장애 담론은
장애를 개인의 불운한 이상으로 바라보는 장애에 대한 '의료적 모
델'에서 시작했다. 그러나 장애인권을 위한 사회운동은 어떤 사람
을 장애인으로 만드는 건 그들의 몸이나 뇌가 아니라, 그들에게 편
의를 제공하지 않는 사회질서라고 주장하며 새로운 접근법을 취했
다. 이런 사회적 장애 모델은 장애권 운동에 중요한 출발점을 제공
했다. 사회적 모델의 제안자들은 장애인을 감춰 버리는 제도들이
그들을 덜 가시적이고 학대에 더 취약하게 만든다고 주장했으며,
전문가와 의료인이 장애인의 삶과 치료에 대해 가장 잘 안다고 상정
하는 모델을 거부했다. 그러면서 그들은 "우리를 제외하고는 우리

---

의 작업(Young 1990)은 이런 폭력의 경시라는 문제와 관련하여 하나의 주
목할 만한 예외라 할 수 있으며, 이 장의 후반부에서 논의될 것이다.
6) 보다 광범위한 논의에 대해서는 특히 Arneil, "Disability, Self Image,
and Modern Political Theory" 참조. 한 가지 추가적으로 언급할 점은,
전 세계 장애인의 80퍼센트가 고소득 국가들 바깥에서 살아가고 있지만,
이 장은 학자로서 내 자신이 지닌 한계로 인해 주로 그런 고소득 국가들의
학문에 의지하고 있다.

에 관해 어떤 것도 하지 말라"Nothing about Us without Us(Charlton 2000)
는 슬로건을 통해, 장애인들 스스로가 그들의 필요, 권리, 욕망을
이해하고 있다는 사실에 공명하지 않는 그 어떤 돌봄도 해악적이
라고 선언했다. 사회적 모델은 정치 운동이 성장할 수 있도록 했다.

그렇지만 2000년대 중반이 되자, 장애인이 맞닥뜨리는 모든
문제가 사회제도의 차원에서 다뤄져야 한다는 경직된 주장만으로
는 더 이상 충분하지 않다는 점이 분명해졌다(Shakespeare 2006; Schur
et al. 2013). 그런 접근법은 육체적 통증과 고통의 실재를 경시할 수
밖에 없으며, '손상'과 '사회적' 피해 사이의 엄격한 구분을 고수
해야만 한다. 그러다 보니 사회적 모델을 신봉한다고 말하는 저자
들까지도 때때로, 엄격히 말하자면 그 모델의 시각과 완전히 부합
한다고 볼 수 없는 주장을 한다. 예컨대 라비 티아라 등은 자신들
이 '사회적 모델'을 적용하고 있다고 주장하지만, 동시에 이런 패
러다임과 잘 어울리지 않는 사안을 제기한다. 그들은 학대당하는
관계를 정리하기로 결정한 배우자의 문제를 논하는 도중, 어느 지
점에서 이를 "내가 당신을 떠날 수 있도록 내 스쿠터를 내게 가져
다주는" 문제로 기술한다(Thiara et al. 2012, 28). 사회의 [환경적] 구조
가 '떠남'exit의 문제를 악화시킬 수도 있겠지만, 여기서 이동성의
손상은 배우자가 떠나는 것을 진정 더 어렵게 만든다. 의료적 모
델과 사회적 모델 외에도, "장애에 대한 일군의 사회 맥락적 접근
법들"이 등장했는데(Shakespeare 2006, 9[국역본, 26쪽]), 이런 접근법들
에서는 장애와 관련하여 탈근대적이고, 관계론적이며, 보편주의적
인 요구를 강조한다(Corker and Shakespeare 2002). 리사 슈어 등은 이
새로운 접근법들을 다음과 같이 나누어 생각해 볼 수 있다고 말한
다. (1) 장애인도 마땅히 인권을 누리고 권리를 보호받을 자격이 있
는 집단임을 강조하는 '보편주의적' 대안, (2) 모든 인간이 잠재적

장애인임을 (그리고 충분히 오래 산다면 틀림없이 그렇게 장애인이 될 것임을) 강조하는 또 다른 보편주의적 접근법, (3) 장애인은 인간의 정상성이라는 스펙트럼상에서 단지 좀 더 큰 변이를 지니고 있을 뿐이라고 이야기하는 '인간 변이' 접근법, (4) 다양한 '관계론적'·탈근대주의적 접근법(Schur et al. 2013).

장애에 대한 접근법의 이 같은 재평가는 환영할 만한 일이며, 특히 폭력과 같은 문제를 고찰하는 데 있어 그러하다. 사회적 장애 모델 내에서의 많은 글들은 이 문제를 무시하거나 경시했다. 그렇지만 장애학자들은 최근까지도 폭력에 대해 숙고하고 있지 않다.[7] 페이 긴스버그와 레이나 랩(Ginsburg and Rapp 2013)은 「장애 세계」Disability Worlds라는 제목의 비평 에세이에서 인류학이 장애 이슈에 더 많은 관심을 기울여야 한다고 주장하기는 했지만, 인류학 분야에 대한 그들의 개관에서 폭력의 문제는 전혀 언급되지 않는다. 수전 웬델은 그녀의 중요한 저서 『거부당한 몸』(1996)에서 상당수의 장애가 폭력에 의해 생산됨을 언급하면서, 페미니즘 이론들의 일부로서 남성에 의해 저질러진 여성에 대한 역사적 폭력을 참조한 바 있다. 로버트 맥루어의 『크립 이론』Crip Theory은[8] 갱단의 폭력과 게이들의 삶에 일상화되어 있는 폭력을 부가적으로 언

---

7) 니르말라 에레벨스(Erevelles 2011)는 전쟁 그 자체가 장애인을 만들어 내는 방식에 대해 상세히 기술하면서, 국가가 다양한 방식으로 장애의 생성에 연루되어 있음을 보여 준다.

8) [옮긴이] 'crip'은 'cripple'의 약어형 속어로 우리말의 '불구자'와 유사하게 장애인을 비하하는 뉘앙스를 지닌 단어다. 그러나 동성애자를 비하하는 데 쓰였던 'queer'(괴상한)라는 용어가 성소수자 운동에서 급진적으로 재전유된 것과 마찬가지로 장애인 운동 내에서는 저항적 호명으로 사용되고 있다.

급하기는 하지만, 그 주제를 체계적으로 다루지는 않는다(McRuer 2006). 아마르티아 센의 『정체성과 폭력』*Identity and Violence*은 정체성[동일성]을 폭력의 한 원인으로 논하지만, 장애인에 대한 폭력의 문제는 무시한다(Sen 2006). 킴 홀Kim Q. Hall은 2011년에 엮은 책에서 니르말라 에레벨스의 국가 폭력에 관한 에세이(Erevelles 2011)를 포함시키기는 했지만, 보다 흔한 형태의 폭력에 관한 글들은 담지 않았다. 로즈메리 갈런드 톰슨의 매우 중요한 저서 『보통이 아닌 몸』*Extraordinary Bodies*은 '정상인'正常人, normate 개념을 도입하지만,[9] 그런 존재들이 구성되는 데 있어 폭력의 역할을 고찰하지는 않는다. 비록 정상인 개념이 그 자체로 일종의 폭력일 수는 있겠지만 말이다(Thomson 1997). 이 같은 공백은 장애학자들이 장애인을 피해자로 보는 접근법에서 벗어나려 했다는 점을 생각하면 이해할 만한 것이다. 그러나 의료적 모델(그 모델에 폭력은 일종의 위험이[고, 장애는 폭력의 피해자가 되도록 하는 위험 요인이]다)이라는 철학적 출발점의 현실적 한계들이 장애인에 대한 심각한 폭력의 실재를 모호하게 해서는 안 된다.

장애인에 대한 폭력은 현실적 사안이다. 장애인이 다른 이들보다 폭력을 겪을 가능성이 더 크다는 것은 수많은 연구들과 이 연구들의 메타 분석을 통해 이미 잘 입증된 사실이다(Fuller-Thomson and Brennenstuhl 2012; Jones et al. 2012). 『정치이론』*Political Theory*(2009)에 실린 바버라 아네일의 글은 이런 연구 문헌에서 매우 익숙한 사례, 즉 아버지에 의한 장애 여성의 살해를 논한다. 장애인에 대한 끔

---

9) [옮긴이] 'normate'는 'normal'에 어떤 지위나 기능을 지닌 집단을 나타내는 접미사 '-ate'를 결합해 만든 신조어다. 일반적으로는 '정상인'으로 옮겨지는데, '정상인이라는 지위를 차지한 자'로 그 의미를 새길 수 있다.

찍한 폭력의 사례들은 어디에나 존재하며 오랫동안 연구가 이루어져 왔다(Sobsey et al. 1995).[10] 그러나 장애인이라는 범주에 포함되는 사람들의 다양성, 우리가 폭력을 정의하는 다양한 방식,[11] 폭력과 조우하게 되는 환경의 다양성을 생각한다면, 장애인에 대한 폭력을 연구하는 것은 상당히 복잡한 일일 수밖에 없다. 장애인에 대한 폭력이 발생하는 주요 현상으로는 일반 대중들 사이, 시설, 친숙한 사적 관계 등 적어도 세 가지를 꼽을 수 있다.[12]

폭력을 다루기 위한 한 가지 중요한 노력은 증오 범죄 입법을 통해 이루어져 왔다. 장애인에 대한 폭력은 미국의 32개 주에서 증오 범죄의 하나로 포함되어 있으며, 2009년부터는 연방 차원의 증오 범죄 입법 또한 이루어졌다. 영국에서 장애인에 대한 폭력은 2003년에 법적으로 증오 범죄로 규정되었다. 복잡한 사회에서 이루어지는 사회생활의 일상적 상호작용은 조금 더 사적인 형태의

10) "국제적 연구에 따르면 정신 건강 서비스를 이용하고 있는 환자들의 경우 최근 폭력을 경험했을 가능성이 일반 인구의 11배에 이른다"(Khalifeh and Dean 2010, 536).

11) 이 장에서 나는 대부분의 경우 폭력이라는 용어를 물리적 폭력에 한정하여 사용한다. 즉 '구조적' 혹은 경제적 폭력은 포함하지 않는다. 이와 같은 보다 제한된 용법의 개념적 정당화에 대해서는 Vittorio Bufacchi, *Violence and Social Justice*, New York: Palgrave Press, 2007 참조.

12) 친숙한 사적 관계에서의 폭력, 시설에서의 폭력, 일반 대중들 사이에서의 폭력이 대단히 문제적이게 되는 방식에 대한 기술로는 특히 Mark Sherry, *Disability Hate Crimes: Does Anyone Really Hate Disabled People?*, Burlington, VT: Ashgate Publishing, 2010; Ravi Thiara et al., *Disabled Women and Domestic Violence: Responding to the Experiences of Survivors*, London: Jessica Kingsley, 2012; Alan Roulstone and Hannah Mason-Bish eds., *Disability, Hate Crime and Violence*, London: Routledge, 2013 참조.

증오 범죄가 일어날 수 있는 기회를 제공하는데, 영국에서는 이를 '메이트 범죄'라고 이름 붙였다.[13] 이런 범죄에서, '비장애'인은 장애인을 이용하기 위해 그의 친구가 되어 준다. 흔히 그 장애인을 범죄 활동에 연루시키고, 때때로 그에게 폭력을 가하면서 말이다. 영국에서 잘 알려진 하나의 사례는 브렌트 마틴 살해 사건인데, 그를 살해한 이들 가운데 한 명은 나중에 희생자에 대한 경멸을 표출하며, "그 멍청이 따위로 인해 내가 몰락하진 않을 테다"라고 말했다(Thomas 2013, 140). 그렇지만 마크 셰리가 지적한 것처럼, 마틴 살해 사건은 증오 범죄로 간주되지 않았고, 항소심에서 세 명의 살인자들에 대한 형량은 줄어들었다(Sherry 2010, 2, 3).

많은 신체적·정신적 장애인이 타인들로부터 개인적이고 '직접적인' 돌봄을 필요로 하며, 그렇지 않은 장애인도 타인들과 사적인 관계를 맺고 있다. 사람들이 그들 자신의 개인적인 돌봄 제공자를 고용하도록 허용하는 영국 법률은[14] 학대의 정도를 얼마간 감소

---

13) 그런 범죄의 본질에 대한 중요한 성찰로는 Pam Thomas, "Hate Crime or Mate Crime? Disablist Hostility, Contempt and Ridicule", eds. Alan Roulstone and Hannah Mason-Bish, *Disability, Hate Crime and Violence* 참조.

14) [옮긴이] 공공 자금을 통해 장애인 등에게 제공되는 돌봄[사회] 서비스에서 돌봄 노동자의 계약서상 고용주는 제도 설계에 따라 정부·지자체일 수도, 민간 제공 기관일 수도, 서비스 이용자 자신일 수도 있다. 영국에서는 정부·지자체가 고용주로서 돌봄 노동자를 파견하는 시스템을 갖고 있었지만, 1996년 제정된 〈지역사회돌봄(직접지불제도)법〉Community Care (Direct Payments) Act에 의해 1997년부터 직접 지불 제도 — 일종의 서비스 현금 지급 제도cash for care — 가 시행되면서, 장애인이 직접 돌봄 노동자를 고용하는 방식을 선택하는 것이 가능해졌다. 한국의 경우 장애인에 대한 대표적 돌봄[사회] 서비스인 활동 지원 서비스의 형식상 고용주는 장애인자립생활센터나 장애인복지관 등의 민간 제공 기관이다.

시키는 데 기여하고는 있지만, 그럼에도 불구하고 학대 사례 가운데 높은 비율이 여전히 이런 관계에서 발생한다(Hague et al. 2011).

세 가지 서로 다른 장애 '모델들'은 장애인에 대한 폭력에 대해서도 상이한 종류의 대응을 요청한다. 의료적 모델에서, 장애는 범죄 피해자가 되도록 하는 하나의 '위험 요인'으로 기술될 수 있다. 이 모델에 기반한 연구자들은 특정 장애인이 범죄 피해자가 될 가능성을 더 높이는 몇몇 추가적인 '위험 요인들'을 다루어 왔다. 당연히 비의료적인 많은 사회적 조건들 역시 이런 위험 요인들에서 중요한 부분이다(Hughes et al. 2012; Jones et al. 2012).

사회적 모델의 관점에서, 장애인들에 대한 폭력 범죄는 그들이 일상적으로 경험하는 침해 및 강압과 연속선상에 놓여 있다. 장애인은 타인의 행동에 대해 선을 긋거나 어떤 형태의 상호작용이 폭력적이라고 말하기가 쉽지 않기 때문에, 그런 간섭과 괴롭힘이 쉽사리 정상화된다. 한 장애인을 말을 들어보자.

나 또한 다른 장애인들과 마찬가지로, 내 몸이 나 자신에게 속해 있으며 개인적인 것이라는 느낌이, 내가 원하지 않는다면 간섭받지 않을 거라는 느낌이 없다. …… 나는 거의 아무것도 입지 않은 채 의사들 앞에 전시되었던 일을, 내가 독립적인 인격체라기보다는 논의를 위한 하나의 물건처럼 느껴졌던 일을 기억한다. …… 자신의 몸이 자신에게 속한다는 느낌의 결여는 장애가 없는 아이들은 겪지 않는 문제이다. 게다가 이런 문제 때문에 더 많은 장애인들이 범죄의 대상이 된다고 말할 수는 없겠지만, 우리가 반대하거나 뭐라고 말할 수 있는 가능성이 더 적다는 것, 그것은 분명히 우리를 더 손쉬운 피해자로 만든다. — 메이May(French and Swain 2012, 49).

좀 더 공식적인 시설에서도, 폭력은 일상화되어 있는 듯하며 멈춰질 가능성이 거의 없어 보인다. 2011년에 『뉴욕 타임스』는 발달장애인이나 정신질환자를 지원하는 주립 시설들에서 입소자들이 겪어 온 학대를 폭로하는 일련의 기사를 실었다. 그리고 2013년 8월 9일에 그들의 이야기에 대한 후속 기사를 내보냈는데, 그사이에 별로 변한 것이 없음을 확인했다(Hakim 2013). 입소자들은 여전히 학대당하고 있었고, 범죄자들은 처벌받지 않은 채 활개치고 있는 듯했다. 시설 종사자들의 23퍼센트만이 사직 권고를 받았을 뿐이었다. 뭔가 일이 일어난 것처럼 보이기는 했다. 뉴욕주는 '조너선 법'Jonathan's Law을 통과시켰는데, 그것은 "주가 부모에게 학대 보고서를 공개하도록 강제한" 법률이었으며, 앤드루 쿠오모 주지사는 "새로운 주 기구인 '특별한 필요를 지닌 사람들을 위한 정의 센터'Justice Center for the Protection of People With Special Needs에 많은 신뢰를 보냈다." 그렇지만 정작 이 정의센터의 소장으로 그가 임명한 이는 민간 장애인 시설을 위해 활동했던 로비스트로 조너선법에 반대하는 로비 활동을 벌여 왔던 인물이었다. 뉴욕주에서만 수십만 명의 장애인들이 주의 관리하에 있었다. 많은 기대를 받았던 정의센터는 이 시설의 종사자들 모두를 감독하고, 학대를 가한 직원을 조사하기 위해 40명 이상의 조사관을 고용했다. 그리고 쿠오모 주지사는 "우리는 우리의 가장 취약한 시민들의 권리를 보호하기 위해 밤낮으로 일할 것입니다"라고 역설했다(Hakim 2013, A14).

사회적 모델의 시각에서 보면, 장애인에 대한 폭력은 시설의 돌봄에 내맡겨진 이들을 시설들이 경시함으로써 어떻게 그런 폭력을 가능하게 했는가에 대한 문제로 나타난다. 그러므로 위에서 제시된, 주립 시설 직원들이 저지른 장애인에 대한 폭력을 뉴욕주가 태만하게 대응했던 사례에서, 누군가는 탈시설에 대한 찬성론을 보게 될 것이다.

그렇지만 관계론적 혹은 맥락적 모델의 관점에서 보면, 그런 폭력은 또 다른 유의성誘意性, valence을 띠게 된다. 그 접근법은 피해자를 '문제'로 다루는 대신,[15] 피해자와 더불어 폭력의 가해자 또한 더 면밀한 검토가 이루어질 가치가 있다고 제안한다. 실제로 우리가 관계론적 모델의 관점에서 장애인에 대한 폭력을 생각하게 되면, 그런 폭력은 장애인뿐만 아니라 폭력을 저지른 이들과도 관련된 문제가 된다. 요컨대 그 접근법은 탐구될 필요가 있는 일련의 새로운 질문들을 열어 놓는다. 관계론적 모델의 관점에서 우리가 폭력의 기회나 조건을 생성하는 관계에 대해 사고하고자 한다면, 우리는 폭력의 심리적·대인관계적 특성뿐만 아니라, 지배와 배제를 만들어 내는 좀 더 광범위한 사회적 형태들 또한 탐구해야만 한다.

누군가가 장애인이 겪는 폭력에 관한 이런 부정될 수 없는 '사실'을 정치이론에서 장애의 위상에 관한 연구의 출발점으로 삼는다면, 그런 사실들은 어떤 질문으로 이어지게 되는가? 마크 셰리의 저서 『장애 증오범죄』*Disability Hate Crimes: Does Anyone Really Hate Disabled People?*의 부제처럼, '누군가 정말로 장애인을 증오하는가?'라는 질문으로 이어지게 된다. 그리고 다양한 인터넷 사이트에 대한 꼼꼼한 검토를 통해 그가 제시하는 답변은, 장애인을 향한 증오가 있음을 증명할 수 있는 수많은 일탈적 표현이 존재한다는 것이다(Sherry 2010).

---

15) 윌리엄 E. B. 두보이스가 『흑인의 영혼』*The Souls of Black Folk*(1999)의 도입부에서 제기했던 문제를 상기해 보자. "하나의 문제로 취급되는 느낌이 어떻습니까?"

# 억압과 취약성으로서의 폭력

장애인이 겪는 폭력의 문제에 대한 관계론적 접근법은 두 가지 상이한 형태를 띤다. 누군가는 장애인이 직면하는 그 문제를 억압의 문제로 생각할 수도 있고, 또 누군가는 취약성의 문제로 생각할 수도 있다. 양자의 시각 모두 유용한 측면이 존재하며, 양쪽의 개념화가 어떤 면에서는 또한 문제적이기도 하다. 각각에 대해 차례로 고찰해 보도록 하자.

우선 우리는 그런 폭력을 일종의 억압으로 간주할 수 있다. 아이리스 영은 억압받는 많은 집단들에게 발생하는 폭력의 범위와 정도를 정리한 후, 폭력이 어째서 단지 도덕적인 잘못에 그치는 것이 아니라 사회적 부정의의 문제인지를 고찰했다. 그녀는 다음과 같이 주장한다.

> 폭력을 억압의 한 측면으로 만드는 것은 특정한 행위들 그 자체는 아니다. 비록 이 행위들이 종종 너무나 끔찍한 경우도 있지만, 그 폭력 행위들을 가능하게 하고 심지어 받아들일 수 있는 것으로 만들어 주는 사회적 맥락이 그런 역할을 수행한다. 그것이 지닌 체계화된 특성으로 인해 …… 폭력은 사회적 부정의에 속하는 하나의 현상이 된다.
>
> 폭력이 체계화된 것이라 말할 수 있는 건, 어떤 이들이 그저 특정 집단의 구성원이라는 이유만으로 그 집단의 구성원들을 향해 폭력이 행사되기 때문이다. …… 폭력이라는 억압은 직접적인 피해를 입는 것에만 존재하지는 않는다. 단지 그들이 지닌 집단 정체성 때문에 침해당하기 쉽다는 사실을 억압받는 집단의 모든 구성원들이 매일매일 공통적으로 인식하게 되는 것에도 폭력이라는 억압은 존재한다(Young 1990, 61, 62[국역본, 148, 149쪽], 강조는 인용자).

영이 위에 인용된 구절에서 폭력에 의해 억압받는 집단의 사례들 가운데 하나로 장애인을 포함시키지는 않았지만, 그녀의 분석은 장애인에게도 적용된다. 장애인들은 자주 자신의 안위를 돌봄 제공자의 손에 맡겨야 하고, 그런 상황은 그들을 한층 더 "침해당하기 쉽게" 만든다. 그러나 영의 설명에서 폭력이 체계적이라는 특성을 갖기는 하지만, 반드시 조직화되어 있는 것은 아니다. 그녀는 "폭력 행위나 저열한 괴롭힘은 특정한 개인들에 의해, 흔히 극단주의자들, 비상식적인 이들, 정신적으로 부패한 이들에 의해 저질러진다. 그렇다면 어떻게 그 행위들이 내가 말했던 정의의 주제에 부합하는 유형의 제도적 이슈에 해당한다고 이야기될 수 있을까?" (Young 1990, 61[국역본, 148쪽])라고 묻는다[이에 대한 답이 위의 인용문이라 할 수 있다].

영의 분석이 정확하다면, 폭력은 모종의 억압을 의미하게 될 것이다. 폭력은 지배와 배제를 목적으로 한 다른 형태의 억압에 의해 이미 어떤 집단이 다른 집단과 구별될 때에만 발생한다. 그녀의 논변은 장애인에 대한 다른 형태의 차별들이 종식된다면, 우리가 포함inclusion을 기대할 수 있음을, 즉 '장애인'이라는 집단의 배제를 종식시키는 것이 그들에 대한 폭력을 종식시키는 충분조건이 됨을 의미한다.

억압에 대한 그런 논변은 또한 장애인이 증오의 대상이 되면서 직면하는 문제들에 대한 이해에서 비롯된다. 바버라 페이 왁스먼은 다음과 같이 말한다.

취약성이 장애와 관련된 폭력을 주되게 설명할 수 있다는 주장은 너무 피상적이다. 증오가 주된 원인이고, 취약성은 단지 범죄자들이 그들의 증오를 표출할 수 있는 기회를 제공할 뿐이다. 실제로 존중을 받고 평등하다고 간주되는 사람들은 일반적으로 학대당하지 않는다(Waxman 1991, 191).

증오와 억압이 장애인에 대한 폭력의 원인이라는 왁스먼의 주장은 사회적 모델과 잘 들어맞는다. 장애인이 폭력을 경험할 가능성을 높이는 것은, 그들을 폭력의 대상으로 만드는 기존의 사회제도들이다. 이는 또한 장애인에 대한 폭력 문제의 해결책이 차별을 종식시키는 법률적 조치로부터 나올 것임을 시사한다. 장애인이 존중받고 평등하다고 여겨질 때, 폭력 문제를 해결할 수 있는 평등에 대한 법적 관념들이 환기되면서, 학대는 종식될 것이다. 따라서 폭력 문제를 다루기 위한 중요한 노력 가운데 하나는 위에서 논의된 것처럼 증오 범죄 입법을 통해 이루어져 왔다.

바버라 페리Barbara Perry도 이런 식으로 문제의 요점을 제시한다.

[증오 범죄는] 자신과 타자의 '적절한' 상대적 위치를 재정립하는 방식으로 양자를 구분하는 수단이며, 이는 보다 광범위한 이데올로기와 사회적·정치적 불평등의 패턴에 의해 주어지고 재생산된다(Perry 2001, 10, Chakraborti and Garland 2012에서 재인용).

그럼에도 불구하고, 장애인에 대한 폭력을 억압의 한 형태로 사고하는 것에는 우리로 하여금 억압의 원뜻을 되돌아보게 하는 어떤 문제가 존재한다. '억압하다'라는 뜻의 영어 'oppress'는 '누르다'라는 뜻의 동사 'press'에서 유래했는데, "눌려 있는 무언가는, 서로 관련을 맺고 있는 힘들이나 장벽 사이에서 그 동작 내지 움직임이 억제되거나, 제한되거나, 가로막힌 채 붙들려 있는 어떤 것이다"(Frye 1983). 따라서 억압이라는 단어는 당연히 억압자를 내포한다.

그런데 여기서[즉 체계와 사회제도에 의해 발생하는 폭력이라는 맥락에서] 모종의 억압자를 이야기하는 것이 타당하고 이해가 되는가? 더욱이 장애인에 대한 폭력을 증오 범죄라는 틀에서 다루는 것은 린다 피고트Linda Piggott의 설명처럼 장애인들의 권능을 박탈하는 방식일 수도 있는데, 왜냐하면 이것이 그들에게 너무 많은 것[장애인은 무능력하고 약한 존재라는 편견이 강화되는 역효과의 감수]을 요구하기 때문이다. "장애인 개인들에게 법률의 시선에서 그들 자신을 증오의 대상으로 규정토록 요청하는 것은, 대개 별 생각 없이 장애차별주의적인 행위가 일어나는 문화에서 많은 것을 요구하게 된다" (Piggott 2011, 32).

다른 한편, 취약성이라는 개념틀은 최근의 정치이론에서 점점 더 중요해지고 있다. 특히 페미니즘 정치이론에서 그러한데, 이는 부분적으로 주디스 버틀러의 작업이 끼친 영향 때문이다. 9·11 테러 이후 미국이 벌인 전쟁에 대한 반응으로, 버틀러는 폭력과 취약성에 대한 성찰적 견해를 개진하는 글을 썼다.[16] 상실과 취약성이 서로 연결되어 있음을 성찰한 후, 그녀는 "우리 각자가 부분적으로는 몸의 사회적 취약성에 의해 정치적으로 구성된다"고 말한다(Butler 2006, 20[국역본, 47쪽]). 일반적으로 폭력은 더 큰 폭력을 야기한다는 이해에 대해 버틀러는 아래와 같은 질문과 가능성을 제기한다.

---

16) 이 부분은 2013년 서부정치학회Western Political Science Association, WPSA 모임에서 읽은, 폭력과 돌봄에 관한 스테이시 클리퍼드의 사려 깊은 논문에 빚지고 있다(Clifford 2013b). 나는 클리퍼드를 따라 이 주제에 대한 버틀러의 작업을 인용하고 있다.

그러나 어쩌면 누군가가 정서적으로 무감각해지지도 않고 폭력을 모방하지도 않으면서 살아갈 수 있는 어떤 다른 길, 폭력의 악순환에서 완전히 벗어날 수 있는 길이 있을 것이다. 이 가능성은 몸의 취약성이 보호되는 세계를 요구하는 것과 관련된다(Butler 2006, 42[국역본, 76, 77쪽]).

버틀러가 이런 문제 설정 속에서 장애를 논의하지는 않았지만, 이어지는 취약성에 관한 생각은 그녀가 제시한 논점을 더 큰 딜레마로 만들어 낸다. 재키 리치 스컬리(Scully 2014)가 명확히 한 것처럼, 최근의 취약성에 대한 논의들은 취약성을 보편적인 어떤 것으로 여기는 이들(예컨대 Butler 2006; Fineman 2008; Tronto 2013)과 일부 사람들에게 특정한 것으로 여기는 이들 사이에서 크게 두 갈래로 나뉘어져 있다. 후자의 경우로는 "취약한 이들의 보호"에 관한 로버트 구딘의 주장이 잘 알려져 있다(Goodin 1985). 스컬리는 어떤 사람들은 전반적으로 취약한 반면(예컨대 유아), 특별한 취약성을 지닌 다른 사람들은 대개 자신이 처한 상황 때문에 취약해진다고 말한다. 스컬리는 대학생들이 통상적으로는 취약하다고 여겨지지 않지만, [교수로부터] 연구 대상으로 참여해 줄 것을 요청받을 때에는 [이를 거부했을 경우] 학점[에서 불이익을 받지 않을까 하는 우려] 때문에 취약한 존재가 된다고 언급한다. 따라서 스컬리는 취약성에 대한 모든 이해는 "취약성의 어떤 특징들을 전면에 부각시키는 반면 필연적으로 다른 특징들은 가리게 된다"고 결론 내린다(Scully 2014, 206).

　스컬리가 보기에, 장애인을 취약한 존재로 사고하는 것은 그들에게 어떤 문제를 만들어 낸다. 그녀는 이런 문제를 "속성화된 전반적 취약성"ascribed global vulnerability이라고 부른다. 즉 "비장애인들이 장애인의 삶의 한 영역에서 나타나는 진정한 취약성(예컨대,

신체적 취약성, 경제적 불안정성)을 그 사람의 삶 전체로 확대하면서 전반적으로 증대된 취약성을 추정하게 되는 경향"이 존재하는 것이다(Scully 2014, 209, 각주는 생략함). 그리하여 장애의 경험을 보편화하는 하나의 경로처럼 보였던 것이 장애인의 권한을 특히 더 약화시키는 또 다른 경로가 된다(Chakraborti and Garland 2012). 그렇다면 취약성이라는 렌즈를 통해 장애인에 대한 폭력을 분석하는 작업이 말해 주는 것은, 취약성을 더욱 보편적이면서도 다원주의적인 견지에서 표현할 필요가 있다는 점이다. 우리는 모든 사람들의 잠재적 취약성을 인정하는 것과 동시에, 그들 각각의 특수성 속에서 나타나는 특정한 취약성을 볼 수 있어야 한다.

그러므로 억압과 취약성은 장애인이 그처럼 많은 폭력을 겪는 이유들 가운데 어떤 요소들을 포착해 내기는 하지만, 어느 한쪽의 분석만으로는 충분하지 않은 것처럼 보인다. 그런 폭력의 가해자들에 대해 검토해 보면, 우리는 다음 절에서 다루어질 내용에 주의를 기울일 필요가 있음을 알게 된다.

## 폭력과 취약성

사라 러딕은 『모성적 사유』Maternal Thinking에서 "아동들은 취약한 생명체이며, 그 취약성이 공격 혹은 돌봄을 이끌어 낸다. 반항과 분노는 공격을 유발하는 경향이 있다"고 썼다(Ruddick 1995, 166[국역본, 267쪽]). 표면적으로 [취약성이 공격 혹은 돌봄을 이끌어 낸다] 이런 주장은 그럴듯해 보인다. [사실 아동들의 경우에도] 어떤 아동들은 그들이 발견한 [취약하고] 작은 동물을 [공격해] 잔인하게 해치는 반면, 또 다른 아동들을 그 동물을 돌보기 위해 집으로 데려가는 반응을 보인다. 러딕의 관심사는 엄마들의 폭력 사용[공격]을 자제하게 만들기 위한 것이기 때문에, 다음과 같이 덧붙인다. [아이들의] "반항과 분노는 공격을 유발하는 경향이 있으며, 아동들은 이에 분노하여 반항할 수 있다"(Ruddick 1995, 166[국역본, 267쪽]). 반항과 분노라는 러딕의 짧은 목록은 아마도 폭력을 유발하는 다른 많은 행위들과 감정들을 포괄하기 위해 확장될 수도 있을 것이다. 실제로 남성이나 여성이 취약성을 드러내는 존재에게 공격적으로 반응하는 성급함에는 젠더화된 차원이 있는 것으로 보인다. 캐럴 길리건은 『다른 목소리로』*In a Different Voice*의 출간으로 이어지게 된 한 독창적인 실험 작업에서 주제 통각 검사Thematic Apperception Test, TAT를 시행했는데, 젊은 남성들이 친밀한 사적 관계가 묘사된 그림 카드에 대해 그것을 폭력적인 이야기와 연결해 반응하는 빈도(약 20퍼센트)를 보고 매우 놀라게 된다(Gilligan 1982, 39).[17] 제임스 길리건은 사회에서 가장 폭력적인 구성원들은 대개 수치심과 명예라는 도덕률 내에서 자신의 역할을 수행하며, 그런 도덕률에서는 [자신이 차지하고 있는] 지위가 대단히 중요하다고 상정한다. 이 같은 지위에 대한 위협이 폭력을 유발한다는 것이다(Gilligan 2011).

그러나 이것은 취약성과 공격성 사이에서 나타나는 하나의 심리적 반응이기도 하지만, 사회 내에서 좀 더 광범위하게 확립되어 있는 수사이기도 하다. 그것은 신시아 인로라면 '군사화된'militarized 이라고 불렀을 모종의 태도이며(Enloe 2002; 2007), 또한 많은 '위험' 이 상존하는 한 사회에서 나타내는 우려들과도 부합한다.[18] 취약

---

17) [옮긴이] 반면 젊은 여성들은 상대적으로 경쟁적인 공적 관계가 묘사된 그림 카드에 대해 그것을 폭력적인 이야기와 연결해 반응하는 경향을 나타냈다.

성에 대한 그와 같은 추정은 쉽사리 지나치게 과장될 수 있다. 실제로 '안보학'은 취약성이 공격을 유발한다는 생각을 사실로 받아들이는 듯하며, 이것이 방어가 완벽해야만 할 하나의 이유가 된다.[19]

러딕도 (그 외의 다른 학자들도) 왜 취약성이 돌봄이라는 반응을 야기하는가에 대해서는 충분히 논의하지 않았다. 분명히 취약한 존재는 돌봄을 필요로 한다. 베레니스 피셔와 조앤 트론토(Fisher and Tronto 1990)는 [돌봄의] 동기라는 문제는 요점을 벗어난 것이라고, 사람들은 언제나 이미 돌봄의 관계 속에 있다고 여긴다. 확인 가능한 많은 사실들이 말해 주듯, 인생의 매우 이른 시기부터 우리는 돌봄의 관계에 놓이게 되며(Bråten 2003; Mullin 2005), 돌봄은 또한 인간이 지닌 필요에 대한 거의 '자연적인' 반응인 것처럼 보인다. 그러나 이런 자연주의적 설명이 받아들여진다 해도, 그것이 크게 설득력을 갖는 것 같지는 않다. 만일 돌봄이 자연적인 것이라면, 그렇다면 왜 취약성이 어떤 경우에는 돌봄을 이끌어 내고, 왜 어떤 경우에는 공격을 이끌어 내는가? [현재의 인간관계가 과거에 형성된 인간관계에 의해 영향을 받는다는] 대상 관계 이론을 받아들인 초기 페미니

---

18) [옮긴이] 신시아 인로는 *Globalization and Militarism: Feminists Make the Link*(2007)(『군사주의는 어떻게 패션이 되었을까』, 김엘리·오미영 옮김, 바다출판사, 2015)에서 군사주의가 운동화와 옷, 관광 상품 같은 물질적인 것에는 물론, 사람들의 생각과 태도, 조직의 분위기 등 우리의 일상 곳곳에 스며들어 있다고 지적하면서, 이에 대한 비판적 분석을 시도하고 있다. 그녀에 따르면 '군사화된다'는 것은 군사적인 해결 방식을 각별히 효율적인 것이라 생각하고, 세상을 위험이 상존하는 곳으로 보면서 군사적 태도로 접근하는 것을 최선이라 여기는 것이기도 하다.

19) 내가 이와 같은 논점을 발견할 수 있었던 것은 캐럴 콘 덕분인데, 그녀는 2012년 '국제학회'International Studies Association, ISA 학술 모임에서 러딕의 저작에 대한 패널 토론자로 참여해 그 논점을 구두로 제시했다.

스트 이론가들은 '엄마 역할 수행mothering의 재생산'이 여성들을 보다 '돌봄적'이게 만든다고 주장했다(Chodorow 1978).

이 지점에서 몇몇 다른 페미니스트 학자들의 통찰이 도움이 될 수 있다. 버틀러는 돌봄이 그처럼 자동적인 것이라고 생각하지 않는다. 그녀는 "취약성이 윤리적 만남 속에서 작동하기 시작하려면 우선 지각되고 그리고 인정되어야만 한다"고(Butler 2006, 43[국역본, 77쪽], 강조는 인용자), 취약성의 인정이 그것을 하나의 취약성으로 각인시킨다고 여긴다. 디에무트 부벡(Bubeck 1995)은 ([돌봄 상대를 향한] 주의 집중과 수용적 태도, 그리고 그와 같은 성격의 노동에 대한 요구를 포함하는) 돌봄의 본질을 생각해 볼 때, 돌봄 노동자들 자체가 불균형적으로 취약하다는 점을 논한다. 그러나 이것은 왜 취약성이 돌봄을 이끌어 내는가에 대한 설명은 아니다. 따라서 우리는 여전히 다음과 같은 질문에 머물러 있다. 왜 취약성은 공격을 이끌어 내는가? 또 왜 취약성은 돌봄을 이끌어 내는가?

그러나 설령 우리가 그 질문에 대한 어떤 답변이 존재한다고 가정하더라도, 사태는 여전히 좀 더 복잡하다. 어쨌든 장애인에 대한 돌봄이 요구되는 많은 상황들에서 나타나는 반응은, 돌봄 혹은 공격 어느 하나가 아니라, 돌봄 그리고 공격이기 때문이다. 돌봄 제공자들은 때때로, 어쩌면 많은 경우에, 장애인을 학대하기도 하는 이들인 것이다. 시설의 직원들, 개인적 돌봄 제공자들, 가족 구성원들 모두 때때로 장애를 지닌 돌봄 대상자들을 폭력적으로 대한다. '자연화된' 것으로서의 돌봄과 직업적 의무로서의 돌봄 사이에서 이 두 가지 가치의 병존을 이야기하는 것은 너무 지나친 기대인 것일까? 열악한 돌봄 시설의 하급 직원들은 자신들이 수행하는 돌봄의 본질을 망각할 수밖에 없는가? 그들은 친절함을 상실해 버린 것일까? 아니면 그들은 의지할 것이 폭력밖에 없는 어쩔 수 없는 상황에 있는 것일까?

　마지막에 제시된 이런 일련의 소견들은 우리로 하여금 폭력 피해자로서의 장애인에게 맞추어졌던 초점을 거둬들이고, 대신 장애인에게 폭력을 저지르는 사람들이 놓여 있는 조건에 대해 질문할 것을 요청한다. 그리고 나서야 우리는 장애인에 대한 폭력을 감축하기 위해 무엇을 해야 하는지 질문할 수 있을 것이다.


## 폭력과 비장애 이데올로기


지금까지 우리는 장애인이 왜 더 심각한 수준의 폭력을 겪는지에 대해 몇 가지 가능한 설명들을 개관했다. 어떤 이들에게 있어, 의료적 모델은 적절한 분석의 형태로 위험 평가를 제안한다. 다른 이들에게 있어, 사회적 모델은 사회제도들의 고발로 이어진다. 장애인이 처한 상황은 어떤 형태의 억압으로 간주될 수도 있고, 아니면 공격을 초래하는 취약성의 차원에서 이해될 수도 있다. 그러나 우리가 장애인에 대한 폭력을 사고하는 보다 실제적인 방식을 검토하기 위해, 이런 접근법들 가운데 어느 것이 최선인가와 관련된 쟁점들을 모두 해결할 필요는 없다. '억압'에 대한 권리 기반 대응과 '취약성'에 대한 (온정주의적인) 돌봄 기반 대응 사이의 차이를 사고하기보다는, 오히려 가해자와 피해자 모두가 또 다른 체계적 지배 형태들에 포획되어 있는 것으로 사고하면서 그런 지배 형태들을 다루고자 노력하는 것이 보다 유용하다.

　아래에서 고찰될 그와 같은 접근법에 대한 하나의 좋은 유비는 백인 우월주의의 본질에 대한 찰스 W. 밀스의 논변이다(Mills 1997). 밀스는 단지 흑인들이 억압당하고 있다고 주장하는 것이 아니라,

그런 억압이 작동하도록 하는 어떤 체계, 즉 백인 우월주의 시스템이 존재한다고 주장한다. 마찬가지로 장애학자들도 장애인의 특성이 규정되는 데에는 더 광범위한 형태의 지배가 실제로 작동하고 있다는, 얼마간 유사한 논변을 개진한다. 토빈 시버스는 "비장애[능력] 이데올로기"에 대해 기술하는데, 그것은 "가장 간단히 말하자면 비장애 신체[능력 있는 몸]able-bodiedness에 대한 선호"이다. 그는 계속해서 다음과 같이 말한다. "장애는 인간의 능력에 관한 우리의 모순적인 이데올로기가 공전하고 있는 보이지 않는 중심점을 규정한다. 왜냐하면 비장애[능력] 이데올로기가 우리로 하여금 장애를 두려워하도록 만들기 때문이다"(Siebers 2008, 8, 9[국역본, 23쪽]).

유사하지만 좀 더 냉정한 방식으로, 샤론 스나이더와 데이비드 미첼은 미국에서 우생학 운동의 힘이 온전히 인식되지 않아 왔다고 말한다.

> 우생학이 기준 미달의 노동 능력이라는 개념의 윤곽을 점점 더 잡아나가면서 — 그에 따라 백치, 정신박약, 정상 미달과 같은 분류를 통해 대규모의 식별이 이루어지면서 — , 그것은 장애라는 범주에 일관성을 부여하기 시작했다. …… 영향력과 헤게모니를 지닌 명확한 설명으로서의 우생학이 점점 더 우리에게는 '끝나지' 않은 실체로 다가왔다(Snyder and Mitchell 2006, x).

그 최종 결과는 "장애의 문화적 위치 설정"이었는데, "장애인의 최선의 이익에 관한 자애로운 수사가 동원될 때조차, 이런 장애의 위치 설정은 의료적이고 문화적인 양자의 의미에서 치료로 귀결되었으며, 그것은 문화의 창안 그 자체에 장애인들이 의미 있게 참여하는 데 해로운 것으로 드러났다"(Snyder and Mitchell 2006, 3). 스나이더와 미첼은 서구 문화 전반에 걸쳐 나타난 우생학의 참상을, 그리고 그것이 19세기 및 20세기 인종주의 이데올로기와 지닌 밀접한 연관성을 추적하는 과정에서, 그들이 확인한 결과들을 반박하기 어려웠다. 그들은 우리가 현재 "새로운 미디어 환경에 의해 활기를 띠게 된 새로운 형태의 문화적 공격들"을 경험하고 있으며 "박탈당한 주체들을 장애인으로 — 실은 우생학적인 돌봄, 통제, 재활, 평가, 소탕, 배제, 사회적 삭제의 대상으로 — 구성해 내는 데 모두가 공모하고 있다"고 말하는 것으로 끝을 맺는다(Snyder and Mitchell 2006, x).

어떤 정치이론가들은 체계화된 형태의 억압을 다루기 위해서 폭력의 범위를 확대하는 것에 반대한다. 그들은 구조적 폭력에 대한 그런 설명은 폭력이 부정의가 되는 조건을 논하는 것을 어렵게 만든다고 주장한다(Bufacchi 2007). 그러나 폭력이 어떤 형태의 지배라면, 확실히 우리는 "박탈당한 주체들을 장애인으로" 만들어 내는 어떤 시스템을 폭력의 체계적 활용으로서 기술해야 하는 것 아닐까?

우리는 앞서 제기되었던 논점으로 다시 돌아가게 되지만, 이제는 좀 더 중요한 요점을 취할 수 있다. 여기서 현실적 의미를 갖는 보편주의는 인권의 보편적 주체 — 우리가 알고 있듯 현재 그런 주체에는 장애인이 포함된다 — 를 말할 때의 그것과 같은 것이 아니다. 대신 우리를 보편적이게 하는 것은 '비장애[능력] 이데올로기'가 거의 모든 이들을 이 세계에서 제대로 기능할 수 없게 만드는 힘으로 작동하는 방식이다. 로버트 맥루어에게 논의의 출발점이 되는 다음의 가정을 고찰해 보자.

『크립 이론』의 전반에서 나는 신자유주의적 자본주의를 지배적인 경제적·문화적 체계로 간주했는데, 지난 사반세기 동안 그런 체계 내에서, 그리고 그 체계에 기대어, 체현된 정체성들과 성 정체성들이 상상되고 구성되어 왔다. …… 무엇보다도 신사회운동에 의해 풀려난 발상, 자유, 에너지의 제한 없는 흐름들을 전유하고 억제하는 것을 통해, 신자유주의는 법인 자본의 제한 없는 흐름을 지원하고 실행시켰다(McRuer 2006, 2, 3).

반면에, 이런 새로운 에너지의 흐름들을 따라갈 수 없는 이들은 박탈당한 주체로 남겨질 가능성이 높다. 그에 따라 [비장애인으로 구분되었던] 우리 자신이 박탈당한 주체로서 일종의 '장애인'으로 간주되고, 앞으로 다가올 새로운 형태의 우생학의 희생자가 될지 모른다. "그 멍청이 따위로 인해 내가 몰락하진 않을 테다"는 [신자유주의하에서 더욱 강해진 능력주의 혹은 비장애 이데올로기에 포섭된] 박탈당한 주체의 말이기도 한 것이다.

다른 한편 우리는 장애인에 대한 증오와 공포와 회피와 무시와 폭력을 멈출 수 있을지도, 그리고 장애가 비장애[능력] 이데올로기에 도전할 가능성을 엿볼 수 있을지도 모른다. 시버스는 새로운 종류의 '정체성 정치'를 옹호하면서 장애의 핵심적인 특징에 대해 다음과 같이 주장한다.

장애는 비장애[능력] 이데올로기가 허용하는 것보다 훨씬 더 복잡한 체현 이론들을 창조해 내며, 이런 많은 체현들 각각은 인간성과 그 차이들을 이해하는 데 결정적으로 중요하다. 그 변이가 신체적인 것이든, 정신적인 것이든, 사회적인 것이든, 역사적인 것이든 말이다(Siebers 2008, 9[국역본, 24쪽]).

『차이의 정치와 정의』Justice and the Politics of Difference에서 이미 아이리스 영은 줄리아 크리스테바의 '비체'abject에 대한 설명에 의지해[20] '추한 몸들'에 대한 증오의 심리가 폭력으로 변환되는 비합리적인 방식에 대해 논의한 바 있다. 그녀는 다음과 같이 썼다. "비체는 공포와 혐오를 불러일으키는데, 왜냐하면 그것이 자신과 타자 사이의 문화적으로 구성된 허약한 경계를 드러내며, 그 경계를 허물어뜨림으로써 해당 주체를 허물어뜨릴 위험이 있기 때문이다"(Young 1990, 144[국역본, 316쪽]). (크리스테바의 용어를 따르자면) 모호성ambiguity을 다루는 데 있어서의 이런 무능력이 우리가 앞서 논의했던 취약성에 대한 공격적인 반응을 강화한다. 그렇지만 이런 심리학적 설명과 관련해 중요한 것은 그것이 우리로 하여금 누군가는 '특권을 지닌' 존재로 간주하고 다른 이들은 억압받는 존재로 설정하는 틀을 벗어나게 해준다는 것이다. [예컨대 흑인 남성이나 하층계급 노동자들처럼] 공격에 취약하지만 그 이유가 신체적 약점 때문은 아닌 이들은, 여러모로 사회에서 특권을 지닌 위치에 있다고 느끼지 않을 가능성이 당연히 크다. 그들에게 스스로를 힘 있는 억압자로 여기라고 요구하는 것은 성공하지 못할 것이다. 그들에게 폭력적이기를 멈추라고 호소하는 방식이든 타인들을 돌볼 것을 설득하는 방식이든 말이다.

비장애[능력] 이데올로기의 존재에 주목하면서 장애인에 대한 폭력을 이해하는 도전 과제는 우리를 원래의 자리로 되돌려 놓는

---

20) [옮긴이] 불가리아 출신의 페미니스트 비평가인 크리스테바가 처음 개념화한 비체란 '비천한 존재'卑體이자 일정한 질서의 장 내에서 '주체도 객체도 되지 못하고'非體 그 바깥으로 분리되어(ab-) 내던져진(ject) 존재를 가리킨다.

다. 그렇게 된 것은 아마도 안전에 초점이 맞추어져 있던 논의의 출발점과 관련이 있을 것이다. '비장애'인이 아닌 이들은 불공정한 사회에 존재하는 [예컨대 생산성이나 효율성 같은] 어떤 이점들 때문에 그냥 무시될 가능성이 크다(Dorling 2011).

오랫동안 장애학을 연구해 왔고 현재 WHO에서 일하는 톰 셰익스피어는 폭력이 하나의 "예방할 수 있는 질병"이라고 말한 바 있다(Quarmby 2011에서 재인용). 폭력을 예방하는 방법은 무엇인가라는 질문에 대해 WHO는 "아동과 부모와 돌봄 제공자 사이에 신뢰할 만하고 안정적이며 서로를 육성하는 관계를 발전시키기, 아동과 청소년의 삶의 기술 개발하기, 알코올의 입수 가능성 및 남용 줄이기, 여성에 대한 폭력을 예방할 수 있도록 젠더 평등 촉진하기, 폭력을 뒷받침하는 문화와 사회규범 바꾸기" 등의 기준을 제시한다(Mikton et al. 2014, 3222). 그러나 이런 조치들은 일련의 심대한 문화적·심리적·정치적 변화를 완수할 수 있는 엄청난 정치적 의지를 필요로 한다. 어떻게 이와 같은 변화가 발생할 수 있는가?

장애인에 대한 폭력 문제를 해결할 수 있는 열쇠는, 만일 문제가 억압이라면, 보다 비배제적인 사회를 만드는 것이다. 만일 문제가 취약성이라면, 그 열쇠는 보다 다원주의적인 사회를 만드는 것이다. 이 두 가지 해답은 상호 배타적인 것이 아니며 함께 추구되어야 한다. 사회질서가 불안정해질수록 사람들이 배제된 이들에게 개방성과 관대함을 갖고 행동하기가 더 어려우며, 타인들을 고려하는 것 자체가 힘들어질 수도 있다. 그렇다면 결국 모두에게 '인신의 자유와 안전'을 제공하는 비배제적이고 다원주의적인 민주적 질서에서만, 이런 문제가 실질적으로 다루어질 수 있을 것이다.

## 11장
# '치료'와 '편의제공'을 다시 생각한다

낸시 J. 허시먼·로저스 M. 스미스

'치료'[1]를 통해 장애에 대응하는 것과 인격체들의 상이한 능력과
상황에 맞는 '편의제공'을 통해 장애에 대응하는 것 사이에는 팽팽
한 긴장이 존재한다. 여기에는 장애학 내의 핵심적 논쟁이 반영되
어 있으며, 대다수 장애학자들과 활동가들은 편의제공 접근법에
찬성한다(Oliver and Barnes 2012; Schillmeier 2007).[2] 이런 긴장은 어디

1) [옮긴이] 이 장에서는 'cure'와 'treatment/treat'가 개념적으로 구분되
   어 사용된다. 이에 따라 전자는 '치료(하다)'로, 후자는 다소 어색함이 있
   더라도 '처치(하다)'로 옮겼음을 밝혀 둔다.
2) 우리는 [차별적인 사회에 의해 무언가를 할 수 없게 된 사람을 의미하는] 'dis-
   abled person'이라는 표현과 [장애보다 사람을 강조하려는 의도를 지닌] 'per-
   son with disabilities'라는 표현에 대한 선호가 시간이 지남에 따라 변
   화하고 있음을 인지하고 있으며, 양쪽 표현이 갖는 이점과 약점도 알고
   있다('disabled person'을 지지하는 논변으로는 Michael Oliver and Colin Barn-
   es, *New Politics of Disablement*, New York: Palgrave Macmillan, 2012 참
   조; '피플 퍼스트'라는 가치 속에서 'person with disabilities'를 지지하는 논변으
   로는 Timothy Epp, "Disability: Discourse, Experience and Identity", *Dis-
   ability Studies Quarterly*, 2001, pp. 134-144 참조; 시간이 지남에 따라 변화하
   는 언어의 용법에 대해서는 Simi Linton, *My Body Politic: A Memoir*, Ann Ar-
   bor: University of Michigan Press, 2006, pp. 161-165 참조). 우리는 이 글

에 자원과 돈을 써야 하는가를 두고 벌어지는, 다양한 장애 단체들과 정치적 행위자들 사이의, 그리고 그들 내부의 투쟁을 반영하고 있다. 우리는 손상된 상태를 있는 그대로 받아들이고 몸의 차이가 부과하는 필요에 더 잘 대응할 수 있는 방식으로 현실 세계를 만들기 위해 노력할 것인가, 아니면 손상을 완화하거나 심지어 완전히 원상태로 되돌리기를 추구할 것인가?

자원을 어디에 사용할지를 둘러싼 경쟁에 더해 이런 긴장은 또한 (아마도 보다 근본적으로는) 장애에 대한 서로 다른 경험, 그리고 장애인에 대한 태도로부터 생겨난다. 장애인 자신, 그들의 가족 구성원, 장애인도 아니고 가족 가운데 장애인도 없는 사람들의 경험과 태도로부터 말이다. 하나의 예는 '오티즘 스피크'Autism Speaks라

전반에서 양자의 용어를 함께 사용할 것이며, 구문법, 문장의 구조, 글의 흐름에 따라 용어의 선택을 결정할 것이다. 우리는 또한 사회적 모델의 관점에서는 '장애'disability가 사회적 태도, 건조 환경, 여타의 맥락적 요인들이 손상을 지닌 사람들에게 만들어 내는 불리함과 방해물을 배타적으로 지칭해야만 하는 용어임을 알고 있다. 그러나 우리는 그 맥락과는 무관하게 어떤 사람에게 불리함을 만들어 내는 신체적 손상들도 존재함을 인정하기에 'disability'와 'disabled'라는 용어를 보다 포괄적인 의미로 사용한다. 우리는 "장애는 개인의 신체적 손상 혹은 사회 탓으로 돌려질 수 있는 방해물 어느 한쪽으로만 배타적으로 이해될 수는 없다"고 보는 마이클 실마이어에게 동의한다(Schillmeier 2007, 195). 예컨대 양팔이 없는 사람도 할 수 있는 일들이 상당수 존재한다. 비록 어떤 편의제공과 지원이 있을 때 할 수 있는 일의 수가 (장애가 전혀 없는 사람들이 흔히 생각하는 것보다도) 훨씬 더 많기는 하겠지만 말이다. 그러므로 우리는 '장애'라는 용어를 어떤 손상을 지닌 사람들이 경험하는, 사회가 만들어 내는 불리함과 몸에 내재한 불리함 양자를 포괄하는 넓은 의미로 사용할 것이다. 이는 우리가 양자의 불리함을 함께 종식시키는 것까지는 아니더라도, 가능한 한 그런 불리함들을 줄여 나가야 한다는 가치 지향 및 신념을 공유하고 있기 때문이기도 하다.

는 단체가 제작한 영상물을 둘러싸고 벌어진 논란일 것이다. 그 영상물은 자폐증을 삶을 일방적으로 망치는 끔찍한 이상으로 느끼게 끔 묘사했다. 이는 다시 '패러디'를 촉발했는데, '오티즘 스피크 스피크'Autism Speaks Speaks라고 불린 단체는 오티즘 스피크가 자폐증이 나을 수 있다는 헛된 희망을 만들어 내고 자폐증에 대한 낙인을 과장함으로써 그들의 삶을 망친 것에 대해 책임져야 한다는 내용의 영상물을 올렸다(Diament 2009; Wallis 2009; Willingham 2013).[3] 우리는 이와 같은 긴장이 실질적이고 정당한, 그러나 서로 상충되는 관심사로부터 발생한다고 본다. 생산적인 편의제공이 보다 현실적이고 도움이 됨에도, 현대 미국에서 이런 긴장에 대한 지배적인 반응은 '치료'를 추구하는 쪽에 일방적으로 초점이 맞춰져 있었다고 많은 장애권 옹호자들과 장애학자들은 주장한다. 우리도 그들의 주장에 동의한다. 장애학에 귀를 기울이는 사람들이 점점 더 늘어남에 따라, 상황도 점차 변화하고 있다. 그러나 이 장에서 우리는 '편의제공'과 '치료'를 서로 대립하는 대안 — 개인이나 가족이나 사회가 명확하게 택일해야만 하는 — 으로 제시하는 경향은, 사

---

3) 이 패러디 영상물은 오티즘 스피크가 자신의 영상물을 삭제하고 "다수의 장애 단체들에게 개별적으로 사과한" 이후로는 더 이상 유튜브에서 찾아볼 수 없다(Diament 2009). 그러나 Claudia Wallis, "'I Am Autism': An Advocacy Video Sparks Protest", *Time Magazine*, November 6, 2009; Emily Willingham, "Why Autism Speaks Doesn't Speak for Me", Forbes Magazine online, November 12, 2013(www.forbes.com/sites/emilywillingham/2013/11/13/why-autism-speaks-doesnt-speak-for-me)을 참조할 수 있다. 우리는 또한 우리 자신이 치료에 반대하지 않는 유형의 장애에 대한 개인적 경험의 시각에서 이 주제에 접근하고 있다는 점을 인정하고 싶다. 이후 언급되겠지만, 우리 가운데 한 명에게는 자폐증을 지닌 자녀가, 다른 한 명에게는 당뇨병을 지닌 자녀가 있다.

람들이 충족된 삶을 살아갈 수 있도록 최대한 폭넓은 기회와 자원을 제공하는 방법을 찾아 나가는 데 장벽이 될 수 있다고 주장할 것이다.

에릭 반스와 헬렌 매케이브(Barnes and McCabe 2012)가 말했던 것처럼, 자폐증은 이런 논란에서 가장 의견이 분분한 문제들 가운데 하나였다. 또 다른 두드러진 사례로는 낙마 사고로 사지가 마비되는 장애를 갖게 된 영화배우 크리스토퍼 리브가 척수 손상에 대한 치료를 옹호한 것, 마이클 J. 폭스가 파킨슨병Parkinson's disease에 대한 치료를 옹호한 것, 인공와우cochlear implant 시술 운동 등이 있다. 비장애인 독자들에게 이런 사례들 가운데 어떤 것은 덜 논쟁적인 것처럼 보일 수 있다. 예컨대 인공와우를 둘러싼 논란은 때때로 청인들에게는 전혀 논쟁적이지 않은 것처럼 여겨질 수 있는데, 왜냐하면 그들은 농문화deaf culture에 대한 열렬한 옹호를 '급진적'이거나 '비주류적'인 것으로 일축할 수도 있기 때문이다. 그러나 〈미국장애인법〉이 가져온 장애 인식의 개선에도 불구하고, 장애를 비극, 상실, 고통으로 여기고 경험하는 이들과, 그것을 우리의 사회생활을 풍요롭게 해주는 가치 있는 차이로 여기고 경험하는 이들 사이의 분할은 지속되고 있다.[4] 물론 많은 장애들은 이 두 입장 사이의 어딘가에 복잡한 방식으로 놓여 있다고 간주하는 편이 타당하다. 치료와 편의제공 사이의 관계에 대해 사고할 때에도 마찬가지로 그런 복잡성을 고려하면 많은 도움을 받을 수 있을 것이다.

이런 논쟁을 가로지르는 분할선은 복합적이다. 우선 장애를 지

---

[4] 로즈메리 갈런드 톰슨(Thomson 1996; 2009) 등이 언급한 것처럼, 어떤 이들은 장애를 도착倒錯, perversion이나 기형적인 것freakery으로 여기기까지 한다.

니고 있는 사람과 질환을 지니고 있는 사람 사이에 흔히 이루어지는 대조가 가장 분명해 보이는 것 같다. '장애'와 관련된 여러 개념들보다 훨씬 더 명확하게, '질환'이라는 관념 자체는 이미 그 내부에 치료가 바람직하다는 의미를 함축하고 있다. 질환은 흔히 몸에 이상이 있는 상태, 즉 몸 그 자체에 문제가 있는 것으로 여겨진다. 장애가 하나의 질환이라면 — 장애가 종종 장애학자들이 '의료적 모델'이라고 부르는 것에 기반을 두고 이해되는 경향이 있는 것처럼 — , 가장 적합한 접근법은 치료를 추구하거나 혹은 유전학적 선별 검사genetic screening와 선별적 낙태를 통해 아예 그것을 예방하는 것이다(Drake 1999). 그에 반해서 장애학자들이 '사회적 모델'이라고 부르는 것에 기반을 둔다면, 장애는 건조 환경이 다른 몸들보다 어떤 일정한 몸들에게 유리하도록 구조화되는 방식에 의해서 생산되는 것이다. 장애는 전적으로 그와 같은 환경 내에 존재한다. 그리고/또는 장애란 이 세계가 다른 사람들의 몸보다 어떤 일정한 몸에 적합하도록 설계되어 있음으로 인해 그런 세계를 다루는 것이 보다 도전적인 일이 될 수밖에 없도록 만드는 특정한 몸의 차이다. 현재 상당수 장애학자들은 어떤 장애 모델도 단독으로는 장애의 모든 측면을 밝힐 수 없다고 여기며, 우리는 그들의 견해에 동의한다(예컨대 Wolff 2009). 그러나 치료에 대해 이야기할 때, 우리는 사회적 모델의 등장 이전 장애가 의료화되어 왔던 오랜 역사를 떠올리지 않기란 매우 어려우며(예컨대 Burch and Joyner 2015), 이 때문에 그런 역사가 아니었다면 보다 유연했을지도 모를 장애에 대한 입장이 경직되기 쉽다. 조너선 울프(Wolff 2009, 52)가 말한 것처럼, "원활한 기능의 수행을 위해 개인들에게 신체적 변화를 요구하는 사회정책은 그런 사람들에게 이상이 있다는, 그리고 그들이 치료되어야 한다는 생각을 촉진한다."

더욱이 장애학자들과 활동가들은 '장애'가 질환 — 훨씬 더 '자연스럽게' '치료'로 이어지는 개념 — 으로 사고되어서는 안 된다고 강력히 주장해 왔다. 비록 어떤 질환은 사람들로 하여금 무언가 할 수 없게 만들고, 또 (일반적으로 소아마비 환자들이 그런 것처럼) 어떤 장애는 질병의 결과일 수 있지만, 상당수의 장애는 사고와 돌연변이를 비롯해, 명백히 질병에 그 기원을 갖지 않는 다양한 원인들에 의해 야기된다. 장애가 있는 몸은 그로 인해 어떤 것을 할 수 있는 반면 다른 것을 할 수 없지만, 그렇다고 해서 '아픈' 몸인 것은 전혀 아니다. 이런 관점은 다시 장애가 본질적으로 부정적인 상태로 간주되어서는 안 되며, 오히려 적대적인 사회에 의해 부정적인 상태로 만들어진 것이라는 관점과 연결된다. 그에 반해서 질환은 거의 예외 없이 본질적으로 부정적인 상태로 여겨진다. 예컨대 미래 세대의 아동이 소아마비에 걸리기를 바라는 사람은 거의 없다. 소아마비가 야기한 신체적 손상을 현재 가치 있게 여기고 높이 평가하거나, 최소한 그런 손상을 변화시키는 데 관심을 두지 않는 이들 가운데에서도 말이다. 백신 반대 운동에 참여했던 부모들도 자신의 아이가 그 백신이 예방할 수 있다고 여겨진 질병에 걸리기를 원했던 것은 당연히 아니며, 다만 그 백신 자체가 다른 의학적 문제를 야기할 것이라고 생각했을 뿐이다(Kirkland 2012). 다발성경화증multiple sclerosis[5]을 지니고 있는 사람들 대부분은 그 병이 치료되기를 희망하며, 운동성 손상mobility impairment이 증가하기를 결

---

[5) [옮긴이] 뇌와 척수의 전역에 걸쳐 신경세포의 축삭axon을 둘러싸고 있는 절연 물질이 되풀이하여 산발적으로 파괴되는 병이다. 운동 실조, 운동 마비, 언어 장애, 지각 장애, 눈의 이상, 현기증, 배설 곤란 따위의 증상이 나타나는데, 정확한 원인은 아직 밝혀지지 않고 있다.

코 바라지 않는다. 당뇨병에 걸린 사람들 — 이 논문의 공저자 가운데 한 명도 여기에 포함된다 — 중 자신이 그 질병을 지니고 있다는 것에 기뻐할 사람은 거의 없다. 설령 그들이 그 질병에 적응했고, 그 병에 걸리지 않았다면 가질 수 없었을 교우 관계를 발전시켜 왔으며, 혈당을 재고 약을 복용하고 간식을 먹을 수 있는 휴식 시간과 더불어 충분한 편의를 직장에서 제공해 주고, 그 병이 아니었다면 가질 가능성이 없었을 건강한 식습관 및 운동 습관을 발전시켜 왔으며, 이런 여러 조치를 통해 훌륭한 건강 상태에 있다고 하더라도 말이다.[6]

이와 대조적으로 휠체어 이용자들의 다수는 걸을 수 있게 되기를 바라지 않는다. 그들은 단지 접근성이 보다 향상된 사회를 원한다(Linton 2006). 많은 농인들은 단지 듣게 되기를 바라지 않는 것만이 아니라, 농아동을 갖기를, 그리고 농문화가 공유되고 축복받는 농인 공동체에서 살아가기를 원한다. 그들은 농을 전혀 장애로 간주하지 않는다. 그리고 스스로를 장애인이라고 생각하는 많은 이들조차도 그들의 건강 상태에서 어떤 가치를 찾아낸다. 해리엇 맥브라이드 존슨이 논한 것처럼, (그녀의 [선천적] 장애에 의해 형성된 한 명의 인격체로서 그녀가 성장해 온 방식은 말할 것도 없고) 장애가 그녀에게 가져다준 인간의 조건에 대한 통찰은 그녀의 장애를 유감스럽게 여기거나 슬퍼해야 할 것이 아니라, (더구나 그녀가 바라는 무언가

---

6) 이는 당뇨병 환자의 대다수가 평범한 혹은 '통상[정상]적인'normal 삶을 살다가 아동기 혹은 성인기에 질병 진단을 받기 때문일 수 있다. Jessica Bernstein, *The Diabetes World: The Development of Sense of Self and Identity in Adults with Early Onset, Type 1 Diabetes*, Saarbrucken: VDM Verlag, 2009 참조. 제시카 번스타인은 유아기에 이루어진 질병 진단은 그 이상에 대해 상이한 정체성과 관계를 형성해 낸다고 말한다.

가 결코 존재한 적이 없었던 것도 아니지만) 오히려 가치 있게 여기고 높이 평가해야 할 어떤 것으로 만들었다.

확실히 질환과 장애 사이의 관계는 단지 포지티브/네거티브 유의성으로 단순화할 수 없으며, 이보다 훨씬 더 복잡하다. 수전 웬델(Wendell 2001) 같은 학자들이 논했던 것처럼 말이다. 우선 우리가 언급했던 세 가지 질환(소아마비, 당뇨병, 다발성경화증)은 모두 〈미국 장애인법〉과 여타 연방 법률에서 장애로 분류하는 신체적 손상을 수반하며, 따라서 장애와 질환 사이의 경계가 어디서 그어질 수 있는가라는 중요한 질문을 제기한다. 섬유근육통fibromyalgia이나 만성피로증후군chronic fatigue syndrome 같은 질환을 지니고 있는 이들도 이런 모호한 경계 지대에 놓여 있는데, 이 질병을 정의해 주는 특징들 가운데에는 그것이 해당 환자로 하여금 이전에는 참여할 수 있었던 일상적인 중요한 활동들에 참여할 수 없게 만든다는 점이 포함된다. 그러므로 무엇이 '장애'인가라는 질문을 다룰 때 우리는, 논란의 여지 없이 질환인 어떤 이상들도 현재의 지배적인 법적 정의하에서 장애에 포함된다는 점을 인식해야만 한다.

둘째, 그와 같은 많은 질환들은 다수의 장애 상태와 마찬가지로 평생 동안 '치료'가 이루어질 가망이 거의 없다. 따라서 치료에 강조점을 두는 것은 오티즘 스피크 스피크가 말한 것처럼 상황을 오도할 가능성이 있다. 예컨대 소아당뇨병연구재단Juvenile Diabetes Research Foundation, JDRF은 당뇨병에 대한 치료법의 발견을 목적으로 한다는 점을 명시적으로 밝히며 만들어졌고, 그 재단은 가까운 장래에 치료법을 개발하겠다는 약속을 수십 년 동안 홍보물에 사용해 왔다. 그러나 21세기로의 전환기에, 면역 억제제를 투여하지 않고도 인슐린을 분비하는 베타 세포를 대체할 수 있다는 희망을 제시했던 줄기 세포 치료법을 둘러싼 흥분과 소동에도 불구하고,

당뇨병 치료는 여전히 가시권 밖에 있으며 이 책을 읽는 대다수 독자들의 생애 내에 치료법이 개발될 가능성은 거의 없는 것 같다.[7]

다른 한편, 놀랄 만한 기술적 진보가 이루어지면서 [일정량의 인슐린을 주기적으로 체내에 주입하는] 인슐린 펌프 및 연속혈당측정기 continuous glucose monitor, CGM의 개발과 더불어 펌프와 측정기 간에 서로 신호를 주고받을 수 있게 되었는데, 이는 어떤 이들이 '인공췌장'이라고 부르는 것을 만들어 냈다. 그리고 이 모두는 당뇨병을 지닌 사람들이 완벽히 '통상[정상]적인'normal 삶을 살아갈 수 있을 정도로 그 질병을 관리할 수 있게 했다('통상적인'이라는 단어가 올림픽이나 프로 스포츠 선수들, 마라토너, 배우, 유력 정치인, 그리고 여타 유명 인사들[의 특별한 삶]을 묘사하는 데에도 적합한 단어라면 말이다).[8] 그러나 이런 기술적 보조 기구에서의 진보가 당뇨병을 사라지게 만들지는 않기 때문에, 그것을 치료로 볼 수는 없다. 어쨌든 당뇨병이 있는

7) 조지 W. 부시 대통령이 (그의 아버지와 공화당의 많은 유력 인사들의 반대 속에서) 추진한 배아줄기세포 연구에 대해서는 상당한 법적 규제가 존재했고, 이는 21세기의 첫 10년 동안 많은 젊은 과학자들로 하여금 해당 연구 분야를 완전히 떠나도록 만들었다. 이것이 그 연구 분야에 회복 불가능한 타격을 주었는지 그렇지 않은지에 대해 우리가 확인할 방법은 없다. 비록 많은 이들이 그 분야의 발전이 지체되었다는 점에 동의하기는 하지만 말이다.

8) 특히 프로 스포츠 선수들 사이에서 당뇨병 발병률이 의외로 상당히 높게 나타나는데, 이로 인해 당뇨병을 하나의 장애로 범주화하는 것에 문제가 제기되기도 했다. http://integrateddiabetes.com/athletes-with-type-1-diabetes를 참조. 그러나 당뇨병은 장애 상태 — 맹이나 절단과 같은 — 와 연결되기 쉬운 질병이다. 혈당을 모니터링하고 인슐린을 주입하는 기술이 향상됨에 따라 그런 장애의 발생 빈도는 점점 더 줄어들 것이며, 그 대부분은 여러 해 동안 발견되지도 않고 처치받지도 않은 제2형 당뇨병을 지닌 성인들에게서만 나타나게 될 것이다.

몸의 필요에 대처할 수 있는 건조 환경을 개발하는 것, 즉 '편의제 공'이 '치료'보다 훨씬 더 빠르게 진보했다. 이런 상황은 만일 소아 당뇨병연구재단이 애초부터 '편의제공'으로 방향을 잡았더라면, 그 와 관련된 기술이 당연히 현재 한층 더 진전되었을 것임을 시사한 다. 비록 오늘날 민간 회사들이 그와 같은 보조 기구들을 생산하고 있지만, 이 같은 개발로 이어진 기초 연구는 소아당뇨병연구재단의 지원 없이 자금을 조달해야 했다. 그리고 지금도 여전히, (소아당뇨병 연구재단의 설립자들과 같은) 다수의 당뇨병 환자들과 환아의 부모들 은 사이보그 기술을 통해 편의를 제공받길 원하는 것이 아니라 당 뇨병이 '사라지기를' 원한다. 소아당뇨병연구재단의 웹사이트에는 "당뇨병이 매우 수월하게 관리될 수 있어 장애를 발생시키는 증상 이나 합병증이 과거의 것이 되는 세상"이 아니라 "당뇨병이 없는 세 상을 우리 함께 만들어 나갑시다"라는 내용이 적혀 있다.[9)]

좀 더 까다로운 두 번째 분할선은 장애인 당사자와 장애인의 가족 구성원, 특히 장애인이 의존하고 (혹은 의존하는 것으로 간주되 고) 있는 부모 및 여타의 돌봄 담당자 사이에 존재한다. 가장 주목 할 만한 사례는 인공와우를 둘러싼 논란일 것이다. 인공와우는 '통

---

9) 이런 점은 장애의 '사회적 모델'에 다른 시각을 제공해 준다. 즉 특정한 몸들이 겪는 장벽barrier을 제거하기 위해 언제나 사회가 재구성되어야만 하는 것은 아니라는 사실을 말이다. 대개 질병의 사회적 측면들 — 더 나은 기술에 대한 향상된 의료 접근성에서부터 재정적 접근성(당뇨병의 성 공적인 관리에는 일반적으로 돈이 많이 든다)에 이르기까지 — 은 해당 질병 을 지닌 몸이 보다 많은 능력을 유지할 수 있도록 해주면서 그 몸에 직 접적인 영향을 미친다. 전동 휠체어를 제공하는 것이 나의 다리가 나를 지탱해 줄 수 없다는 사실을 변화시키지는 못한다[그렇지만 나의 이동성을 향상시켜 줄 수 있다]. 또한 인슐린 펌프와 연속혈당측정기를 제공하는 것은 나의 발이 절단되는 것을 예방해 줄 수 있다. https://jdrf.org 참조.

상적인' 청력의 근사치를 제공해 줄 수 있을 뿐이다. 그러나 자신의 자녀가 '듣기'를 원하는 청인 부모들은 아이가 스스로 선택할 수 있기 오래전에 아이의 머리에 그 장치가 외과적으로 이식되기를 더 선호한다. 왜냐하면 아이가 인공와우를 이식받는 시기가 빠르면 더 빠를수록, 그 장치에 적응하는 데 더 용이하기 때문이다. 자녀가 자신들처럼 농인이기를, 농인 공동체에서 살아가기를, 수어로 의사소통할 수 있기를 원하는 농인 부모들은 때때로 다른 가족 구성원들에 의해 이기적이고 관념적이라고 간주된다.[10]

마찬가지로 많은 자폐 아동의 부모들 — 이 논문의 공저자 가운데 한 명도 여기에 포함된다 — 은 자녀의 자폐증이 '사라지기를' 원한다. 이 관점은 장애인 공동체 내의 다른 이들에 의해 비판받는다. 때때로 비판자들은 이런 욕망을 장애를 지닌 모든 사람들이 (따라서 논리적으로 자폐증을 지닌 아동들을 포함해) '그냥 사라져 버려야' 한다는 명백히 혐오적인 관점에 비견되기도 하는데, 이는 부정확한 것이다(Johnson 2003). 자폐성장애의 범주상에 있는 어떤 사람의 정체성에 자폐증이 얼마나 중심적인가라는 질문이 이루어진다면, 그 장애를 지니고 있는 다양한 개인들은 다 다르게 답변할 것이다. 어떤 이들은 그것이 자신에게 별로 중요하지 않다고 여길 것이고, 또 다른 이들은 자신이 누구이고 무엇이 되길 원하는가에 있어 그것이 핵심적이라고 평가할 것이다(예컨대 Grandin 2006). 그리고 이상적으로는 개인들 각자가 스스로 그와 관련된 문제를 결정

---

10) 조시 애런슨 감독의 2000년도 다큐멘터리 영화 〈소리와 분노〉Sound and Fury는 몇몇 가족들 내에서 나타난 정확히 그 같은 분할을 상세히 담고 있다. 비록 아래에서 논의하게 될 것처럼 청인의 시각에 편향되어 있다고 볼 수는 있겠지만 말이다.

할 수 있어야 할 것이다. 그러나 생애 초창기에 있는 자폐 아동 —
아니 다른 어떤 아동이라도 — 이 이에 대해 스스로 적절하게 결
정할 수 있거나 결정해야만 한다고 생각하는 사람은 거의 없다.
그 시기에는 부모가 아동의 발달에 대한 책임을 져야 한다. 또한
부모는 대개 장애 아동을 돌보기 위해서 상당한 희생 — 모든 부
모들이 자신의 아동을 위해서 치르는 '통상적인' 희생을 넘어서는
— 을 감수해야 한다. 이런 책임과 희생은 관련 논쟁에서 장애 아
동의 부모에게 특별한 지위를 부여한다. 많은 부모들이 자녀와 그
들 자신의 미래의 삶 및 정체성에 커다란 영향을 주게 될 모든 선
택을 장애권 옹호 단체나 의료 전문가들 — 그들의 경험과 기술이
부모들로 하여금 일정한 정책들을 바람직한 것으로 여기고 심지
어 거의 의무적으로 지지하도록 이끄는 — 의 판단에 맡길 수 있
거나 맡겨야 한다고 생각하지 않는다.

이는 부모가 그들의 자녀에 대한 주권자로 간주되어야 한다고
말하려는 것이 아니다. 국제적으로도 잘 알려져 있는 '애슐리Ashley
X' 사례에서[11] 사춘기를 예방하고 신체적 성장을 제한하는 의료
적 수술을 승인했던 부모들은 장애학자들과 활동가들로부터 크게

---

11) [옮긴이] 1997년 미국 시애틀에서 태어난 여아 애슐리 X는 정확한 원
인을 알 수 없는 선천성 뇌 질환으로 중증의 신체적 장애와 함께 지적장
애가 나타났다. 항상 누워서 베개를 벤 채 지내야 했고 음식도 관을 통해
섭취해야 했지만, 주변의 자극에는 일정한 반응을 보였고 특히 안드레
아 보첼리의 음악을 틀어 주면 즐거운 표정을 지었다고 한다. 뇌 손상 탓
에 애슐리에게서 만 6세 반에 2차 성징이 나타나자, 그녀의 부모는 성장
후의 돌봄에 대한 우려 속에서 2004년 7월 자궁 절제 및 젖멍울 제거 수
술과 더불어 발육을 제한하는 수술을 시술했고, 이 사례가 한 의학 저널
을 통해 세상에 알려지면서 많은 논쟁을 불러일으켰다.

비판받았다(Kittay 2011). 그렇지만 다양한 종류의 다른 장애를 지닌 아동들은 물론이고, 발달장애 아동에 대한 돌봄의 부담 역시 매우 클 수밖에 없다는 것은 부인하기 힘든 사실이다. 발달장애 아동의 부모는, 여성이 대개 돌봄의 대부분을 책임지기 때문에 특히 엄마의 경우에는, 직업 경력과 개인으로서의 삶을 추구하는 것 — 페미니즘 운동이 오랫동안 치열하게 투쟁해 왔던 것 — 이 불가능해질 수도 있다. 그리고 지역사회나 공적 형태의 지원을 이용할 수 있는 정도에 따라 이런 문제는 더욱 심각해질 수 있다. 앨리슨 케리의 작업이 보여 주듯 부모들은 자녀의 권리를 위해 힘겨운 투쟁을 벌여 왔지만, 또한 국가 및 민간 돌봄 기관의 [부당한] 요구에 맞서 그들의 자녀에 대한 그들 자신의 권리를 위한 투쟁도 벌여 왔다. 장애인이 일단 학교를 졸업하고 성인이라 칭해지면 부모가 대개 장애인의 일차적인 돌봄 담당자가 된다는 사실을 고려할 경우 이런 점은 특히 중요하다(Carey 2015). 우리의 요점은 부모와 아동 양자의 권리 옹호를 분리하기가 대체로 어렵다는 것이다.

우리는 '치료' 혹은 '편의제공'에 대해, 또는 '질환/장애'의 구분에 대해, 또는 어떤 그리고 모든 상황에서 부모의 권리를 지키는 것에 대해, 찬성과 반대 어느 한쪽으로 입장을 정하기 위해 이런 사례들을 제시한 것이 아니다. 오히려 우리는 찬성과 반대 양쪽의 주장이 모두가 주의를 기울여야 할 정당한 논거를 지니고 있음을 인정해야 할 필요성을 강조하고 싶다.


## 치료란 무엇인가?

그렇지만 이런 분할들은 하나의 개념이자 실천으로서 '치료'의 역사적·정치적 발전에 주목하는 것과 더불어, '치료'가 의미하는 것이 무엇이며 또 무엇을 수반하는지에 대한 이론적 고찰을 요청한다. 치료가 지닌 긍정적 가능성과 부정적 가능성에 대한 좀 더 나은 평가를 하기 위해서 말이다. 근대 장애의 역사에서 지배적이지만 최소한의 옹호가 가능한 치료에 대한 이해에는 병든 몸 또는 기형의 몸을 이전의 '본래' 상태로 회복시킨다는 관념이 수반되어 있는 듯 보인다. 로즈메리 갈런드 톰슨의 '정상인' 개념 ─ '정상적인' 이성적 정신을 가진, 완벽한 신체적 형상 내에 있는 강하고 건강한 몸에 대한 플라톤적 이상형 ─ 을 따르자면, '치료'라는 개념은 마찬가지로 어떤 장애 상태에 있으면서 단지 '치료'만을 필요로 하는 관념적 개인을 전제로 작동하는 것처럼 보인다(Thomson 1997). 장애가 해당 개인의 텔로스, 최고의 목적, 참된 본질의 왜곡이라면, 치료는 바로 그 텔로스, 목적, 본질을 회복시켜 주는 것이다. 이 관점에서 장애란 치료를 통해서만 회복될 수 있는 전적으로 부정적인 왜곡으로 간주된다.

20세기에 제1차 세계대전이 수많은 장애인을 만들어 냈다는 사실이 인정된 후, '재활'이라는 용어가 '치료'라는 용어를 어느 정도 대신하거나 혹은 완전히 대체하게 되었다(Stiker 2000; Linker 2011).[12] 그러나 치료와 마찬가지로 "재활의 목표는 망가진 몸의 '성능'을 교정하거나 향상시키는 것이며, 그리하여 그런 몸을 사회적 역할과 책임을 실행할 수 있도록 다시 '적합하게' 만드는 것이었다"(Hughes 2002, 62, 63). 아마도 동시에 일어난 일은 아니겠지만, 이런 관점

---

12) 앙리-자크 스티케는 실제로 재활 담론이 제1차 세계대전이 생성해 낸 장애의 직접적인 결과라고 주장했으며, 베스 링커 또한 이런 생각을 지지했다(Linker 2011).

의 등장은 장애인이 광범위하게 배제되었던 산업자본주의적인 임노동 경제로의 전환에 부합했다(Hughes 2002, 61). 기계화된 생산 형태에서는 각 노동자가 수행하는 과업의 속도와 특수성을 기계가 결정했는데, 이와 같은 생산 형태가 작동하기 위해 필요했던 '노동의 획일성'은 수많은 장애인들이 그들의 몸의 차이로 인해 배제됨을 의미했다(Marks 1999, 80).[13] 그런 경제에서는 더 많은 사람들을 생산적인 노동자로 만들어 주는 '치료'나 '재활'을 추구할 강력한 경제적 유인誘因이 존재한다. 캐서린 커들릭이 말한 것처럼, "'치료'는 정상성의 정의에 의문을 제기하지 않고 장애를 없애는 것을 의미했다"(Kudlick 2014).

아이러니한 것은 '치료'가 어떤 경우에는 득보다 실이 더 크면서, 커다란 해를 끼친 것으로 판명될 수도 있다는 점이다. 가장 극단적인 경우, 시력이 회복된 일부 맹인들은 이후 우울증에 빠지고 심지어 자살한 경우까지 있었다(Lester 1971; 1972). 마찬가지로 우리는 근력 강화를 목적으로 한 집중 치료를 경험했던 소아마비 환자들이 실제로는 근육이 훼손되면서, 운동성 손상이 앞당겨지거나 오히려 증가된 경우가 있음을 이제 알고 있다(Marks 1999, 64). 그러나 치료의 결과가 보다 긍정적인 경우에조차 거기에는 언제나 득과 실이 혼합되어 있다. 캐런 보챔프-프라이어가 그녀의 시력 회복에 대해 언급한 것처럼, 그녀는 "별과 달에 매혹되었던" 것만큼이나 또한 자신의 얼굴의 결함에 "충격을 받았다." 그녀가 비맹인 세계sighted world의 일원이 되었지만, 이는 많은 비장애인들이 상상

---

13) 비록 상이한 지향을 갖기는 하지만, 이는 또한 프리드리히 엥겔스가 말했던 요점이기도 했다(Engels 2009).

하는 것처럼 그녀에게 전적으로 기쁨만을 가져다준 것은 아니었다. 그녀는 눈에 렌즈를 이식함과 동시에 안경도 써야 했는데, "내가 주변 환경에 제대로 대처할 수 없을 때, 나는 안경을 벗고 다시 안전하고 안심할 수 있는 익숙한 상태로 되돌아갈 수는 있었다"(Beauchamp-Pryor 2011, 12).

이와 같은 경험에 비추어 보면, 장애학자들과 활동가들 사이에 존재하는 '치료'에 대한 적대감과 의구심은 충분히 이해할 만한 것이다. 더구나 장애를 '열등'하고 '도착'되어 있으며 '왜곡'된 상태로 간주하고, 그런 몸은 '교정되어야' 한다는 사고방식을 압도적으로 전달했던 20세기의 의료적 관행과 우생학이라는 맥락을 고려한다면 말이다(Borsay 2005). 치료라는 개념은 의학이 "사람들을 돕기 위한 가치중립적 기술이라기보다는 사회적 통제의 한 형태"로 전환되었음을 나타내는 표식表式이자 그 같은 전환과 함수관계에 있었으며, 오늘날 그런 것처럼 사람들은 장기적인 돌봄의 필요에 대비하는 것보다 치료에 더 높은 위상을 부여하게 되었다(Marks 1999, 63, 64). 따라서 "장애인의 치료와 변화를 추구하는 가운데, 급진적인 외과적 중재와 치료 프로그램이 실행되었으며 …… 그것은 대개 극심한 고통을 주는 수술과 처치로 귀착되었다(Beauchamp-Pryor 2011, 6). 의료 전문가들은 오늘날의 고문에 비견될 수 있는 수술들을 장애를 치료할 수 있는 '최첨단'의 선구적인 방법으로 간주했다. 많은 이들이 장애를 지닌 몸은 살 가치가 없는 것으로 여겼던 듯하고, 따라서 어떤 고통이 뒤따르더라도 몸의 손상이 제거되는 것은 가치 있는 일이었다. 대개 그런 처치는, 마이클 올리버의 표현을 빌리자면 '천년왕국설'의 어조를 띠었다. '기적 같은 치료', 완벽하고 절대적인 회복, 가까운 미래의 정해진 시기에 완수될 것이라는 신념을 장황하게 늘어놓으면서 말이다(Oliver 1993, 21; 또한 Oliver 1996 참조). 올리버는 이를 다음과 같이 신랄하게 비판한다.

> 만일 비장애 아동들을 그들이 다니던 학교에서 데려와 외국으로 보
> 내 버린다면, 그리고 깨어 있는 시간 내내 체육 활동만을 수행하도
> 록 강요함으로써 그들의 학과 교육과 사회적 발달이 무시된다면, 우
> 리는 그것을 받아들일 수 없는 일로 여길 것이고 해당 아동은 빠르
> 게 아동 보호 단체의 관심을 받게 될 것이다. 그러나 장애 아동의 (그
> 리고 또한 장애 성인의) 삶에서는, 사람들이 그것을 치료라고 부르는 한
> 무슨 일이든 허용된다(Oliver 1996, 107).

그가 보기에 이런 천년왕국설적인 '치료'의 추구는, 적어도 암시적
으로는 손상을 지닌 사람들의 삶에 대한 극단적인 평가절하를 수
반한다. 그 같은 삶은 너무나 끔찍한 것이어서 해당 개인은 손상을
제거하기 위해 극단적인 치료도 기꺼이 참고 견딜 것이라고 상정
되는 것이다.

'마치 오브 다임즈'March of Dimes[14)의 텔레톤telethon[15)에서부
터 앞서 언급된 오티즘 스피크의 광고 영상과 구개열口蓋裂 관련 캠
페인에 이르기까지 — 그것이 연구와 처치를 위한 자금을 조달하

---

14) [옮긴이] 미국 국립소아마비재단에 의해 만들어진 비영리단체로 소아
마비 구제 모금 운동을 진행해 왔으며, 현재는 건강한 아기 출산 운동을
전개하고 있다.

15) [옮긴이] '텔레비전'television과 '마라톤'marathon의 합성어로, 미국에서
처음 그 용어가 만들어질 때는 주로 동정을 불러일으키는 특정 인물을
내세워 장시간에 걸쳐 진행하는 자선기금 모금 방송을 지칭했다. 최근에
는 주제나 내용보다는 형식에 초점을 맞추어, 철야로 진행하는 선거 개
표 방송이나 재해 관련 모금 방송도 텔레톤이라 불리고 있다.

거나 정보와 자원을 제공하는 데 어떤 도움이 되었는가와 무관하게 — 치료가 전달하는 메시지는 대부분 손상을 지닌 삶은 비극적이고, 끔찍하며, 어쩌면 살 가치가 없다는 것이었다. 접근할 수 없는 건조 환경, 편견에 물든 차별적인 태도, 여타의 적대적인 측면들 — 도움이 되기보다는 오히려 해가 더 큰, 몹시 고통스러운 수술을 포함해 — 을 통해 일정한 특성이 장애가 되는 방식을 이해하려는, 그리고 사회적 장애 모델을 발전시키려는 움직임 속에서, 장애권 활동가들과 장애학자들이 모든 '장애'에 대한 해결책은 '치료'라는 관념에 저항했던 것은 당연한 일이었을 뿐만 아니라 대부분 존경받아 마땅한 일이었다(Wendell 1996, 83; Shakespeare 1992, 40-42).[16]

그러나 사회적 장애 모델이 비판한 치료라는 관념은, 의료적 모델의 등장과 연관된 비교적 최근의 것이라고 할 수 있다. '치료'를

16) 어쩌면 아이러니하게도, (비록 많은 이들이 여전히 장애인을 불편한 '타자'로 여기기는 하지만) 사회적 모델이 좀 더 수용됨과 동시에 비장애인들도 장애인이 직면하는 사회적으로 구성된 장벽들을 좀 더 인식하고 장애를 점점 덜 '일탈'의 견지에서 바라보게 됨에 따라, 장애학자들과 활동가들은 통증과 같은 손상의 실제적인 신체적 제약에 관해 좀 더 자유롭게 논의하게 되었다. 톰 셰익스피어(Shakespeare 1992)는 장애를 전적으로 부정적인 제약으로 보는 관점이 그 같은 논의에 의해 재강화될 위험성을 지적한 바 있는데, 이런 위험성 때문에 이 이슈에 대해 글을 써온 장애학자들의 수는 상대적으로 적다고 할 수 있다. 하지만 그런 글 작업을 해온 학자들조차 '치료'라는 개념은 거의 사용하지 않는다. 이런 문제가 나타나는 원인의 일부는 장애인이 손상의 제거나 치료를 원한다고 말할 경우, 그 같은 욕망이 비장애인들에게는 손상이 단순히 싫은 것이 아니라 그 손상을 지닌 사람의 삶을 살 가치 없게 만들 정도로 나쁜 것임을 의미하는 것처럼 해석되기 때문이다. 수전 웬델(Wendell 1996, 83[국역본, 163쪽])이 언급했듯 이런 과도한 해석은 "장애인의 자존감을 '치료'에 대한 어떠한 욕망과도 충돌하게 만든다."

뜻하는 영어 단어 'cure'는 라틴어 'cūra'(쿠라)에서 왔는데, 'cū-ra'는 ['돌봄', '관리'를 뜻하는] 'care'의 어원이기도 하며 '도움'help이라는 좀 더 넓은 관념을 포함하고 있었다. 『옥스퍼드 영어사전』Oxford English Dictionary에서 'cure'에 대한 앞 쪽의 몇 가지 정의들은 이런 관념을 반영하면서, '영적인 관리'를 비롯해 여러 종류의 불편의 경감을 의미하는 개념들과 관련된다. 이와 같은 정의에 뒤이어, 이전의 더 나은 자신으로 회복되거나 되돌아간다는, 최근에 형성된 보다 의료적인 이해가 나온다. 실제로 앙리-자크 스티케가 기술한 장애의 역사는 수 세기에 걸쳐 많은 종류의 장애가 상당히 다양하게 다루어져 왔음을 보여 준다. 고대사회들에서는 '기형'아의 유기가 이루어졌고, 플라톤은 『법률』The Law에서 "정신이상자는 도시에 나타나서는 안 된다"고 명시적으로 말했다. 한편 키케로Cicero는 맹과 농의 긍정적 영향을 발견했으며, 고대 이집트에서는 난쟁이들을 예우하기도 했다. 중세에 광기는 일종의 특별한 지혜로 간주되었다. 반면 근대 초기에 정신적·신체적 장애인들은 흔히 신이 내린 고통affliction을 겪고 있는 것으로 여겨졌는데, 그 같은 고통은 '치료'의 대상이 아니었다. 해당 개인은 그 고통을 충실히 견뎌내야만 했고, 그의 가족과 지역사회는 그리스도의 자비로 이를 잘 돌봐야만 했다. 장애에 대한 이런 사고방식으로 말미암아, 17세기에는 유럽 전역에서 장애인 또한 '통상적인' 지역사회 내에 상당히 잘 통합되어 있었다고 스티케는 지적한다(Stiker 2000, 167; 또한 Arneil 2009, 219 참조).

공식적인 법원 기록에 대한 피터 러시턴의 고찰도 유사한 지점을 말해 준다. 비록 근대 초기 영국에서 어떤 사람들은 감옥이나 교정 시설에 수용되기도 했지만, 인지장애를 지닌 개인들 가운데 상당히 높은 비율은 친척들의 보호custody 속에서 살아갔고, 동시에 다른 많은 장애인들은 "타인들로부터의 그 어떤 보호나 돌봄 없이 …… 사실상 자립 상태에 놓여 있었다"(Rushton 1988, 43). 덧붙여, 이 시기에는 단층 건물이 일반적이었고, 인도를 구분하는 높은 경계석, 좁은 문이 달린 자동차, 산업사회의 여타 건조 환경들이 부재했으며, '의족', 안대, 목발 등을 이용하는 사람들에 대한 낙인이 없었는데, 이 모두는 장애인들에게 중세나 근대 초기의 세계가 오늘날의 세계만큼 살아가기 어렵지 않았음을 의미했다. 따라서 많은 이들이 장애를 오늘날 우리가 바라보는 것과는 다르게 바라보았다. 많은 이들이 장애를 치료가 필요한 것으로 여기지 않았고, 특별히 비정상적이지는 않은 것으로 혹은 신의 의지로 받아들였으며, 일반적으로 해당 가족과 지역사회 내에 그에 상응하는 돌봄의 의무가 존재한다고 생각했다(Hirschmann 2013a 참조).

18세기 들어 많은 것이 바뀌었다. 인지적·신체적 장애는 일정한 처치가, 가능하다면 치료가 이루어질 필요가 있는 이상이나 질환의 한 형태로 여겨지게 되었으며, 이는 흔히 장애인을 '통상적인' 사회로부터 격리할 것을 요구했다. 미셸 푸코(Foucault 1988)가 17세기와 18세기로 그 연대를 추정했던 정신이상자의 '대감금'에는 종종 신체적 손상만을 지닌 개인들도 포함되었다.[17] 동시에 발생한 것은 아니었지만 이때는 대략 의학이 장애에 개입하기 시작한 시기였고, 이런 개입은 인간의 행위가 지닌 힘이 건강 문제를 변화시키고 중재할 수 있다는 계몽주의에 의해 고취된 관념의 결과였다고 할 수 있다.

---

17) 그렇지만 로이 포터(Porter 1990)는 영국에서 최소한 18세기 후반, 좀 더 늦추어 잡는다면 19세기까지만 해도 시설에 감금된 정신적 장애인의 수는 그렇게 많지 않았다고 주장한다.

르네상스와 계몽주의 시기의 지적 혁명은 인간, 사회, 신 사이의 관계에서 근본적인 변화가 이루어지는 데 기여했다. 처음으로 인간이 불변의 자연적 질서라고 여겨져 왔던 것에 개입할 수 있다고 간주되었다. 사회와 인간은 완벽해질 수 있다는 신념이 자라났다. 이런 사고 혁명은 농인, 맹인, 정신적 장애인을 비롯한 장애인에 대한 처치와 중재를 발전시키기 위한 광범위한 노력을 자극했고, 이는 다시 의사, 교육자, 돌봄 담당자 직업 계층의 지배력 상승으로 이어졌다. 장애의 의료화와 전문화는 유럽 전역에 걸쳐, 그리고 뒤이어 북미 지역에서 시설과 학교의 발전 및 확산을 강화했다(Albrecht et al. 2001, 29).

스티케가 [푸코의 계보학에 기반해] 기술한 역사는 장애가 언제나 생물학적인 것과 사회적인 것의 혼재를 수반한다는 점 — 예컨대, 장애가 어떤 사회에 대한 신의 징벌이나 부정적 평가로 여겨질 때 — 을 보여 주기는 하지만, 푸코는 의료적 모델과 사회적 모델의 이분법에서 한발 더 나아가, 의학이 하나의 과학 분야로 등장한 것은 의학이 사회적 분야로 등장한 것과 동시에 발생했다는 점에 주목한다. 계몽주의 사상과 프랑스혁명은 특히 질병에 대해 인간이 맺는 관계의 재사유를 초래했다. 그 결과 인간은 신이 정한 운명을 단지 받아들이는 존재가 아니라, 건강에 개입해서 그것을 형성해 낼 수 있는 존재로 여겨졌다. 실제로 푸코는 18세기 프랑스에 존재했던 비전 — 결코 실현된 적 없는 — 은 의학이 그 자신을 필요 없는 것으로 만들어 폐기해 버리는 것이었음을 밝혀내고 있다. "마침내 자유로워질 사회, 불평등이 줄어들고 화합이 지배하는 사회에서, 의사는 단지 일시적인 역할만을 지니게 될 것이다. 정신과 몸의 규제와 관련하여 입법자와 시민에게 조언하는 역할 말이다. 학술 기관이나 병원은 더 이상 필요 없게 될 것이다"(Foucault 1994, 33,

34[국역본, 74, 75쪽]). 그러나 동시에 사회적 모델에 대한 이런 상이한 이해는 오늘날과 같은 형태의 의료적 모델에 문제적 토대를 제공한 이데올로기적·정치적 비전들을 생산했다. 즉 "건강, 행복, 장점[덕]"이라는 연결 고리를 통해 "본보기 인간"the model man을 "건강한 인간"과 연결하는 비전들을 말이다(Foucault 1994, 34[국역본, 75, 76쪽]).

푸코가 보기에 임상의학의 탄생은 환자로부터 질환을 추출ab-straction하는 것과 동시에 일어났기 때문에, "해당 환자는 단지 외재적인 사실에 불과하다. 즉 의학적 해석은 환자를 고려할 때 그를 질환과 분리해 괄호 안에 넣어 두어야만 한다"(Foucault 1994, 8[국역본, 38쪽]). 이런 관점으로 인해, 푸코가 인용한 18세기 프랑스 의사들에게 "치료의 성공은" 해당 환자가 아니라 오직 "그 질병에 대한 정확한 지식에 달려 있다"(Foucault 199, 8[국역본, 38쪽]). 푸코의 분석에 따르면, 이는 기존보다 환자를 한층 더 대상화하는 어떤 전환을 반영하는 것이었다. "병원에서 환자는 그가 지닌 질병의 주체이다. 즉 그는 하나의 개별적인 사례case이다. 반면 임상의학 진료소에서 환자는 단지 견본들examples로서 다루어지며, 그가 지닌 질병의 부수적 존재, 해당 질병에 우연히 붙들린 일시적인 대상이다"(Foucault 1994, 59[국역본, 112쪽]).

한편으로 이는 '통상적인' 사회 내에서 받아들일 의무가 있는 환자/장애인의 돌봄에 초점을 맞추었던 그 이전 시기와의 단절을 나타낸다. 그렇지만 푸코는 또한 그 이전에도 치료가 지닌 '돌봄'의 차원은 종교가 지닌 '회복'의 차원을 반영하고 있었으며, 언제나 적어도 암시적으로는 이상적인 몸의 회복이라는 목표를 상정하고 있었다고 지적한다. '큐러트'curate[18)]의 직무가 사람들이 내세에서 이상적인 완성을 실현할 수 있도록 그들의 순수한 영혼을 회복시키는 것이었다는 사실을 환기하면서 말이다. 그렇다면 언제 어디서나 치료라는 관념은 의료적 담론틀 내에서 이런 이상들과 공명하는 것처럼 보일 수 있다. 실제로 푸코는 '사목 권력'이 근대에 지배적인 권력의 한 형태이며, "진리 — 해당 개인 그 자신에 대한 진리 — 의 생산"이라는 목적을 추구하는 교회, 국가, 병원 같은 제도들의 상호작용의 일부분이라고 말한다(Foucault 1983, 214). 마틴 설리번이 언급한 것처럼, 푸코주의의 견지에서 보면 장애의 치료에 초점이 맞추어진 것은 장애인을 생명 권력의 '격자' 내에 놓이게 했다. 즉 "다양한 기관들 — 교육, 산업, 군사, 의료, 정신의학, 치안 영역의 갖가지 국가 장치들 — 의 …… 훈육적·규율적 실천의 네트워크" 내에 말이다(Sullivan 2005, 28). 푸코가 보기에 이런 생명 권력의 격자는 '정상성'normalité이라는 공통의 기준을 전략적으로 사용했다. 그는 이를 '정상화'normalisation 내지 '정상화하는 제재'la sanction normalisatrice[qui normalise]라고 불렀는데,[19] 그런 기준

---

18) [옮긴이] 'cure/care'와 같은 어원을 지닌 'curate'는 고어에서 목사나 성직자를 의미했으며, 오늘날에도 영국에서는 보좌 신부 내지 부목사를 지칭한다.

19) [옮긴이] 국역본[미셸 푸코, 『감시와 처벌』, 오생근 옮김, 나남, 2020(번역 개정 2판)]에서 'normalité'는 '규범성'(56, 341쪽)과 '정상상태'(534, 547쪽)로 번역되어 있으며, 'normalisation'에 대해서는 대부분 '규범화'(56, 341, 444, 534, 535쪽)라는 번역어를 사용했고 한 군데만 '정상화'(410쪽)로 옮겨져 있다. 그러나 'normalité'는 '정상성'으로 통일하는 편이, 그리고 'normalisation'는 '정상화'를 기본으로 하되 맥락에 따라 부분적으로 '표준화'라는 번역어를 사용하는 편이 타당하다고 생각한다. 예컨대 국역본 288쪽 "산업계의 제품과 생산방식의 규범화 속에서"라는 문장에서는 '규범화'보다 '표준화'로 옮기는 쪽이 더 자연스럽다. 한편 'la sanction normalisatrice[qui normalise]'는 '규범화된 상벌제도'(316쪽), '규범화 제재'(331쪽), '규범화한 제재'(340쪽), '규범화를 만드는 상벌 제

이 적절한 재활 방법이 처방되어야 할 '비정상적인 것'을 식별해 준다(Foucault 1977, 184[국역본, 341, 342쪽]; 2003). 푸코가 확인한 이와 같은 순환성 — 차이가 '일탈'이 되도록 하는 규범을 생성하고, 그러면 그 규범에 의해 차이가 일탈이 되며[일탈로 여겨지며], 이에 따라 일탈이 '교정되어'야만 하는 — 이 '규율 권력'의 정수다. 푸코는 이런 현상을 기술하기 위해 '감옥[수용소] 군도'라는 용어를 사용하는데(Foucault 1977, 297[국역본, 535쪽]), 왜냐하면 그것을 통해 감옥의 논리가 다른 모든 사회 기관들로 확장되기 때문이다. 그의 유명한 언급처럼, "공장, 학교, 병영, 병원 모두가 감옥을 닮았는데, 감옥이 그 기관들과 닮아 보이는 게 놀라운 일인가?"(Foucault 1977, 228[국역본, 411쪽]).

19세기와 20세기에 범죄행위는 푸코의 언급처럼 질환에 비견되었는데, 이는 양자의 영역에서 유사하게 '정상화 기술'이 발전했기 때문이다. 그런 기술은 "위험한 개인들을 선정하는 것 내에 존재했고, 형사적 제재를 받게 될 이들을 치료하거나 교정하기 위해 그들을 책임지는 내용으로 구성되었다"(Foucault 2003, 25[국역본, 43쪽]).

---

도'(342쪽), '규범화에 따른 처벌'(354쪽)로 다양하게 옮겨져 있다. 이의 번역은 유사한 맥락을 지닌 'le pouvoir normalisateur'를 참조해 볼 수 있는데, 이 표현이 국역본에서는 '규범화 권력'으로 옮겨져 있다(547쪽). 그러나 후자는 '정상화 권력'으로, 전자는 본문에서와 같이 '정상화하는 제재'로 옮기는 쪽이 적절할 것이다. 왜냐하면 양자의 표현에서 (영어 'normalizing'으로 옮겨질 수 있는) 'normalisatrice/normalisateur'는 비정상이라고 간주되는 대상을 사회적 규준을 척도로 정상화한다는 의미를 갖기 때문이다. 참고로 『도시인문학용어 사전』(서울시립대학교 도시인문학연구소 아카이브)의 '헤테로토피아' 해설에서는 'le pouvoir normalisateur'를 '정상화 권력'으로 옮기고 있음을 확인할 수 있다(허경 작성, https://bit.ly/3k172Ch).

푸코가 이후 「주체와 권력」The Subject and Power에서 언급한 것처럼, 병원 — 그리고 보다 광범위한 의학 전반 — 은 사람들을 구분해 "광인과 제정신인 사람, 환자와 건강한 자, 범죄자와 '선량한 시민'"이라는 상호 배타적인 이원적 존재로 구성하는 과정과 연루된, 핵심적인 수용소적 실천이었다(Foucault 1983, 208). 치료는 "개인들을 주체로 만드는 권력의 한 형태"가 되었다(Sullivan 2005, 30).[20] 푸코가 언급했듯 치료라는 용어의 다양한 의미들은 서로 밀접하게 연관되어 있다. 그리고 연구의 의학적 초점 — 질환 또는 장애 — 은 그런 질환이나 장애의 영향을 받는 사람들을 관찰의 대상으로 바꾸어 놓으며, 그에 따라 "통제와 의존"이라는 의미에서 그 사람들을 종속시킨다. 그리고 이는 다시 그 사람의 주체성, 즉 "자의식 또는 자기 인식에 따른 그 자신의 정체성"의 생산을 돕는다(Foucault 1983, 212).

비록 모든 학자가 '생명 권력'을 이루는 기관들이 푸코가 말한 것처럼 그렇게 통일된 방식으로 작동한다고, 그리고 치료와 관련된 모든 개념이 범죄행위에 대한 수용소적 대응과 가까이에 있다고 확신하는 것은 아니지만, 후기 근대에 '질환'과 '범죄성'이라는 개념, '치료'와 '재활'이라는 개념, 그리고 병원과 감옥이라는 기관이 대체로 밀접하게 연관되어 있다는 사실에는 거의 의심의 여지가 없다. '치료'라는 관념은 그 개념이 또한 예방 혹은 '제거'라는 혼란스러운 관념과 대개 뒤섞여 왔다는 점에 의해 한층 더 복잡해진다. 예컨대 베르드니히-호프만병[21]에 대응하려는 노력은 그 병

---

20) 푸코는 이런 주제를 「주체와 권력」 전반에 걸쳐(특히 pp. 208-214에서) 논의하고 있다.

21) [옮긴이] 척수성근위축증spinal muscular atrophy, SMA의 유형 중 하나로, 유전에 의해 발생하는 유아형 SMA의 다른 이름이다. 전체 SMA의 80퍼

을 유발하는 유전자를 확인하는 작업 내에 존재하는데, 이는 해당
유전자를 지닌 채 태어난 사람의 질병을 실제로 치료하는 것보다
는 그 유전자의 존재가 드러난 태아의 낙태로 이어졌다(Basen 1992).
마찬가지로 다운증후군에 대한 일차적인 초점 또한 태아의 치료가
아니라, 부모가 임신중절 여부를 결정할 수 있도록 태아에 대한 검
사를 실시하는 것이었다. 우리는 여기서 여성이 신체 보전bodily
integrity[22)]에 대한 절대적 권리 — 타인들이 도덕적으로 받아들일
수 없다고 여기는 사유를 근거로 한 낙태권을 포함해 — 를 갖는
것과 장애인이 그들의 생명[삶]을 평가절하당하지 않고 본질적으
로 제거 가능한 것으로 간주되지 않을 권리를 갖는 것 사이에 존
재하는 난처한 도덕적 딜레마에 주목할 뿐, 낙태에 대한 논쟁을
직접 다루지는 않을 것이다. 그렇지만 중요한 것은 장애학자들이
'치료' 혹은 예방이라는 관념을 종종 우생학과 결부시켜 왔다는 점
이다(Thomson 2015). 이는 유전공학에 새로운 유의성을 부여하는데,
한 세포생학물자가 말한 것처럼 유전공학에서는 "아직 존재하지
않는 사람의 생물학적 변경이 실제 환자의 의료적 처지와 [융합된다]"
(Scolding 2013; 또한 Comfort 2015 참조). 그리고 제시 겔싱어 — 결함 있
는 유전자를 바로잡을 목적으로, 유전적으로 조작된 바이러스를

센트를 자치하며 증상이 비교적 심각하게 나타난다.
22) [옮긴이] '신체 보전'은 물질적 신체의 불가침성inviolability을 나타내는
개념으로, 주권국가의 '영토 보전'territorial integrity이라는 개념을 떠올
리면 쉽게 이해될 수 있다. 신체 보전에는 자유롭게 이동할 수 있는 것에
서부터 시작하여, 성폭행을 비롯한 물리적 폭력에 대해 안전할 수 있는
것, 성적 만족에 대한 기회와 재생산의 문제에서 선택권을 지니는 것 등
이 포함된다. 이런 신체 보전은 역량 접근법의 대표적 이론가 중 한 사람
인 마사 누스바움이 이야기하는 10대 핵심 역량 가운데 하나이기도 하다.

체내에 투입해 희귀성 간 질환을 치료하려다 장기부전으로 사망한 십대 소년 — 가 1999년 사망한 사건은, 관련 논쟁에서 종종 언급되는 것처럼, 유전공학이 여전히 치료에 대한 시도와 대단히 밀접하게 결부되어 있다는 점을 보여 주었다.

치료와 우생학 간의 이런 연결 고리가 지닌 복합적 중요성은, 그에 대한 저항을 추구하는 이들의 사고에서조차 그런 연결 고리를 볼 수 있다는 점에 의해 입증된다. 예컨대 스콧 우드콕은 우리가 "도덕적 행위 주체의 다양성을 유지해야 할, 따라서 인간종(들) human kind(s)[23]을 제거하려 하지 말아야 할 명백한 의무"가 있다고 천명한다(Woodcock 2009, 252). 그러나 이렇게 말하고 나서 몇 문장 뒤에, 그는 다소간 즉흥적으로 다음과 같이 언급한다. "그 어떤 인간종의 제거도 결코 허용될 수 없다는 주장은 애당초 실현 가능성이 없는 것이기는 하다. 헌팅턴병Huntington's disease[24]의 성공적인

---

23) [옮긴이] '인간종'은 과학철학자 이언 해킹Ian Hacking에 의해 공식화된 용어로, 자연과학에서의 '자연종'natural kinds과는 달리 인간 과학이 발전시킨 지식들 덕분에 구성된 사회집단을 지칭한다. 그의 논의에 따르면 심리학, 정신의학, 사회학 같은 인간 과학에 의해 구성된 인간종들은 자연종과는 전혀 다르다. 왜냐하면 인간 과학에 의해 특정한 인간종으로 분류된 사람들은 그런 종에 대한 지식을 갖게 되며, 그것은 그들의 자기인식과 행동거지에 변화를 가져오고, 자신의 집단 정체성을 형성하도록 유도하고, 때로는 그들에 대한 분류와 지식을 바꾸도록 강제하기 때문이다. 단, 이 용어는 '인간이라는 종種'을 지칭하는 '인간 종'human species과 혼동될 여지가 있는데, 이를 피하기 위한 얼마간의 교육지책으로 '인간종'과 같이 붙여쓰기를 했다.

24) [옮긴이] 얼굴, 손, 발, 혀 등의 근육에서 불수의적不隨意的 운동장애가 나타나는 증후군을 무도병舞蹈病이라고 한다. 헌팅턴병은 4번 염색체의 짧은 팔(4p16.3)에 위치한 '헌팅턴'으로 알려진 유전자의 돌연변이에 의해 발생하는 무도병의 일종이며, 상염색체 우성으로 유전된다. 치매를 동반하는 경우가 많으며, 대부분 발병 후 15~20년 이내에 사망한다.

근절은 아마도 좋은 일일 것이다. 비록 이를 목표로 하는 연구는 특정한 인간종의 존재에 대한 예방을 추구하는 것 내에 존재하겠지만 말이다"(Woodcock 2009, 252). 그는 그의 논문 어디에서도 자신이 헌팅턴병과 베르드니히-호프만병 간의 유의미한 차이라고 여기는 것이 무엇인지, 낙태를 통해 그런 병을 근절하는 것이 잘못된 것이라고 생각하는지 아닌지에 대해 상술하지 않는다. 헌팅턴병은 성인기에 이르러서야 그 증상이 분명히 나타나는 경향이 있는 반면, 베르드니히-호프만병은 "2세에 사망률이 60퍼센트를 넘고, 이런 사망률은 5세에 거의 80퍼센트까지 올라가기" 때문에(Woodcock 2009, 251), 그가 양자의 질병을 구별해서 다루는 것은 특히 이해하기 곤란한 것이기도 하다. 베르드니히-호프만병을 지닌 개인들 가운데 소수만이 성인기까지 생산적인 삶을 살아간다는 사실이, 왜 성인기가 되어서야 비로소 증상이 분명히 나타나는 헌팅턴병보다 그 병을 더 근절하지 않을 가치가 있는 것으로 만들어 주는지는 전혀 분명하지 않다.

우리의 요점은 우드콕의 비일관성을 주장하는 것이 아니다. 장애를 발생시키는 다양한 이상과 질환을 제거하고자 하는 욕망이 치료의 관점을 옹호하는 많은 이들에게 불가피한 것처럼 보인다는 점, 그리고 '제거'elimination를 둘러싼 논쟁에서 양측의 논변들이 종종 부정확한 추론과 선택적인 증거에 의해 그 타당성이 훼손된다는 점을 말하려는 것이다.[25] 예를 들어, 납중독으로 인한 인

---

25) 우리는 '우생학'보다 '제거'라는 용어를 선호하는데, 왜냐하면 전자에 대해서는 이미 일정한 판단을 내린 후 의견 출동을 미연에 방지하는 방식으로 도덕적 고발이 이루어졌기 때문이다. 우리는 여기서 특정한 신체적 이상을 지닌 사람에 대해 그 존재 가능성을 부정하는 것이 더 나은지

지적 손상은 언제나 나쁜 것이고 납 성분 페인트는 사라져야 한다는 데 모두가 동의한다는 점을 고려해 보자. 그러나 도대체 무엇이 정확히 우리로 하여금 이런 종류의 인지적 손상에 대해서는 일방적으로 부정적인 평가를 할 수 있게 해주고, 동시에 다른 종류의 인지적 손상은 가치 있는 차이로서 존중할 수 있게 해주는가에 대한 비판적인 질문은 누락되어 있는 것 같다. 우리 모두는 다음과 같이 추정하기 쉽다. 즉 우리 모두는 암이 치료되어야 한다고 생각하는데, 그 이유는 암이 고통과, 그리고 대개 죽음과 연관되기 때문이다. 그러나 장애를 발생시키는 다른 이상들도 마찬가지로 고통이나 이른 죽음으로 귀결된다는 점을 고려하면, 우리는 보다 비판적인 질문이 이루어지는 게 적절하다고 생각한다. 무엇이 어떤 '차이'를 다른 것보다 더 가치 있게 만들어 주고, 그리하여 '덜 가치 있는' 차이를 논란 없이 제거할 수 있도록 해주는가? 우리는 이런 종류의 질문과 구별에 더 많은 이론적 주의가 기울여져야 함을 강조하고 싶다.

자폐증 치료의 윤리적 위상에 대한 에릭 반스와 헬렌 매케이브의 고찰은 '치료' 옹호자들 측에 존재하는 편견 가운데 일부를, 그리고 어떤 차이가 다른 것보다 왜 더 가치 있게 평가되는지에 관한 심층적인 이론적 질문을 비판적으로 채택하지 못해 왔음을 잘 보여 준다. 반스와 매케이브는 "다양성 그 자체는 해당 논의에 아무런 유용한 내용도 더하지 못한다"고 주장하면서, 신경다양성을 옹호하는 견해들을 논박한다(Barnes and McCabe 2012, 264). 그들

아닌지 확실한 입장을 취하지는 않는다. 비록 우리가 생물다양성biodiversity을 지지하는 쪽으로 기울어 있기는 하지만, 그런 논변들이 종종 양쪽 방향 모두에서 고통의 영향을 왜곡한다고 생각한다.

은 "자폐증이 생성해 내는 모종의 다양성이 좋은 이유는 그냥 해당 다양성 자체에 근거해 고찰될 수 있을 뿐이다"라고 주장한다 (Barnes and McCabe 2012, 264). 즉 어떤 특정한 자폐성장애인이 지닌 특정한 '차이'의 가치는 서로 비교될 수 없고 사례별 고찰만 가능하다는 것이다. 그러나 우리가 모든 상이한 유형의 정신들이 지닌 가치에 대한 우리의 판단을 확신할 수 없다는 바로 그 이유 때문에, (사례별 고찰에서 우리가 간과했을지 모를 사유들로 인해서) 신경다양성은 시간이 지나면 가치 있는 것으로 입증될 것이라는 강력한 논변이 존재하게 된다. 그리고 실제로, 현재 가치가 없는 듯 보이는 차이들이 장래에는 높이 평가될 수도 있다.

마찬가지로 반스와 매케이브는 "자폐성장애인 가운데 (10퍼센트 미만의) 낮은 비율만이 산술 계산이나 음악적 기량 등과 같은 특별한 능력을 보유하고 있다"고 단언하면서(Barnes and McCabe 2012, 258), 자폐증이 특정한 '재능과 시각'의 생성에 도움이 될 수 있다는 주장을 거부하는 것처럼 보인다. 그렇지만 비장애인이든 장애인이든, 가치 있는 기여를 할 수 있는 어떤 사람의 잠재력이 단지 그 사람의 '특별한' 기술적 능력에 의해 정확히 측정될 수 있는지 의문이다. 그들은 또한 다음과 같이 말하면서, 자폐성장애인이 그들 특유의 가치 있는 '문화'를 생성해 낼 수도 있다는 주장을 거부한다. 즉 "자폐증과 관련된 결핍은 아주 분명하기 때문에, (개별적인 자폐성장애인의 기여가 아닌) 자폐 문화 그 자체의 가치가 자폐증의 치료가 지닌 가치보다 크다는 것을 증명할 책임은 치료를 회피하는 사람들에게 있다"(Barnes and McCabe 2012, 263).

로런 영(Young 2012)은 자폐성장애인들의 자서전이 자폐증에 대한 선입견을 매우 긍정적인 방식으로 동요시킬 수 있다고 주장하는데, 이와 대조적으로 반스와 매케이브는 이런 주장을 옹호하고 뒷받침하는 다양한 글, 책, 회고록 등을 고려하지 않는다. 실제로 그들은 그와 같은 가능성을 노골적으로 일축한다. "우리에게는 이 것이 납득하기 어려운 논변처럼 들리며, 그 같은 문화적 논변이 치료를 회피하는 것을 정당화해 줄 수 있을 것 같지는 않다"(Barnes and McCabe 2012, 263). 유사한 주장이 피어 야스마와 스텔란 벨린에 의해 제시된 바 있는데, 그들은 누군가가 "저기능 자폐증에서부터 고기능 자폐증에까지 걸쳐 있는 광범위한 형태의 신경다양성 주장"을 옹호할 경우, '차이'에 기반한 논변은 실효성이 없다고 주장한다(Jaarsma and Welin 2012, 20). 대신 그들은 단지 "고기능 자폐인에게만 배타적으로 적용되는, 신경다양성에 대한 협소한 개념화만이 타당하다"고 여기며, 그에 따라 자폐성장애인 가운데 상대적으로 낮은 비율만을 그 개념에 포함시킨다(Jaarsma and Welin 2012, 20).

많은 장애권 활동가들과 장애학자들 — 정치이론가들은 물론이고 — 은 이와 같은 일축에 내장되어 있는 편향을 확인할 수 있다. 선험적으로, 단지 협소한 범위의 차이들만이 가치가 있는 것으로 사고될 수 있다고 선언되며, 그 가치는 산술 능력 같은 특정한 기술적 능력에 의해 측정된다. 자폐인들은 그들 특유의 지속 가능한 공동체를 형성할 수 없으며, 기껏해야 제한된 능력을 지닌 개인들의 집단을 구성할 수 있을 뿐이라고 상정된다. 일반적으로 그들의 이런 평가는 선택할 수 있는 역량을 무엇보다 소중히 여기는 윤리에 뿌리박고 있으며, 치료를 회피하는 것은 해당 질환이나 장애의 영향을 받는 개인들로 하여금 그들이 추구하는 것을 선택할 수 있는 역량을 발달시킬 수 없게 만든다고 주장한다. 이런 저자들은 (농인 유아에 대한 인공와우 이식이 청인 부모에 의해 선택되는 것과 마찬가지로) 많은 경우 자폐 아동의 발달과 관련된 가장 중요한 선택들이 그들의 비자폐인 부모에 의해 이루어지고, 또 종종 이루어질 수밖에 없다는 점을 고려하지 않는다. 비록 자녀의 어린 시절에는 특히나 부모에 의한 선택이 불가피하겠지만, 부모가 결정한 것이 무엇이든 그것은 아동의 선택이 아니라 그들의 선택이며, 그것이 해당 아동의 정체성과 미래를 형성한다는 점은 부정될 수 없다. 그러므로 오직 '치료'만이 성년기의 해당 인격체에게 '선택'할 수 있는 역량을 제공한다는 주장은, 불가피하게 부모가 했던 결정이 무엇이든 그것이 미래에 아동의 선택지 가운데 일부를 배제한다는 현실을 생각하면 논리적으로 지지될 수 없다.

이와 같은 비성찰적인 추정과 편향된 판단에서 표출되는 문제적인 '치료'의 관점으로 말미암아, 어떤 장애학자들은 치료라는 개념을 전적으로 피하려고 한다. 철학자 에바 키테이는 수많은 형태의 인지장애를 포함한 신경다양성이, 페미니스트들과 여타 비판이론가들이 오랫동안 거부해 왔던 이성적 자아라는 자유주의적 이상에 궁극적인 도전을 제기한다고 주장하다. 요컨대 신경다양성의 실존은 '인간으로서 우리는 누구인가?'라는 물음과 '윤리적 시스템이 우리에게 요구하는 것은 무엇인가?'라는 물음의 이해라는 측면에서 우리에게 일종의 절대선positive good을 제공한다(Kittay 1999). 그녀는 더 많은 인간 생명을 소중히 여길 수 있는 가능성을 더 많이 제공해 주는 '돌봄'의 도덕을 지지하면서 '치료'라는 관념을 비판한다. 로즈메리 갈런드 톰슨은 한발 더 나아가 장애인을 '치료'해야 한다는 주장을 나치즘에 견주면서, 유대인이 아닌 장애인을 강제수용소 — 이내 죽음의 수용소가 되었던 — 에 보내는 것과 함께 나치가 시작되었다는 점을 지적한다(Thomson 2010; Miller and Levine 2013).[26] 마찬가지로 스콧 우드록(Woodcock 2009)도 일정한 이상들에 대한 치료의 시도는 그런 이상을 지닌 아이들이 태어나는 것을 예방토록 함으로써, 그 이상들을 유전자풀gene pool[27]에서 제

한한다고 말한다. 〈유엔 장애인권리협약〉에서는 '치료'라는 단어가
단 한 번도 언급되지 않는다.

많은 장애학자들이 '치료'에 대한 모든 관념과 모든 형태의 '치
료'를 유전자 검사 및 낙태와 동질화하는 것은 비생산적이라는 데
동의할 것이다. 우리 자신의 두 가지 경험을 예로 들자면, 자신의
자녀가 자폐증이나 당뇨병을 지니고 있다고 해서 그들이 결코 태
어나지 않았기를 바라는 부모는 거의 없다. 대다수의 부모들은 자
신의 아이를 지극히 사랑한다. 그러나 부모들은 또한 아이의 잠재
적 능력이 꽃피는 것을 가로막을 수 있는 이상으로부터 자신의 아
이들이 자유롭기를 원한다. 그들도 당연히 활성화된 그리고 잠재
적인 형태의 재능과 능력을 지니고 있기 때문이다. 그런 부모들은
자신의 아이가 지닌 특정한 장애가 그 아이의 정체성에 있어 본질
적이고 변경할 수 없는 특징이라고, 더군다나 그 아이의 규정적
특징이라고는 여기지 않는다. 어떤 장애 분석가들은 아동의 발달
에 대한 장벽의 감축이라는 이 같은 목표가 그 아동이 이미 드러
내고 있는 재능을 경시하거나 폄하할 수 있는, 문제가 많은 환상이
라고 생각할지도 모른다. 그러나 우리는 그 같은 목표가 옹호될 수
있다고 생각하며, 사실상 이것이 '치료' 개념에 대한 재고가 이루

26) 폴 스티븐 밀러와 리베카 레아 러빈은 치료에 대한 강조가 한층 더 심
한 낙인과 함께 뒤에 남겨질 '치료되지 않는' 이들에 대한 폄하와 함께
간다고 보며, 이 때문에 '치료'를 우생학과 연결하는 것이 비합리적인 것
은 아니라고 말한다. 이때 그들 또한 치료와 관련하여 집단 학살genocide
의 이미지를 환기한다고 할 수 있다.

27) [옮긴이] 1951년에 테오도시우스 도브잔스키Theodosius Dobzansky가 처
음 제창한 것으로, 어떤 생물 집단에서 집단 내의 모든 구성 개체들에 존
재하는 유전 정보의 총합을 의미한다.

어질 수 있게 하는 유일하게 옹호 가능한 입장에 해당할지도 모른다. 우리는 조울증이나 자폐증 같은 일정한 이상의 치료에서 "그 같은 증상을 나타내는 이들의 고유한 기여를 제거함 없이 관련 장애만을 제거하는 것은 불가능할 것이다"라는 곤란한 역설을 인지하고 있다(Woodcock 2009, 269).[28] 그러나 그것이 언제나 사실은 아닐 것이다.

따라서 톰 셰익스피어(Shakespeare 2004)가 주장한 것처럼, "의학의 과대 선전에 대한 회의적인 평가는 균형을 잡는 데 필수적이지만, 치료 개념의 전면적인 거부는 자멸적인 것처럼 보인다. …… 장애인이 공민권 캠페인이나 장벽의 제거를 위한 캠페인뿐만 아니라, 의학 연구 또한 지지하지 못할 이유는 없다. 우리는 장애를 예방하는 것뿐만 아니라 손상 또한 예방해야 한다." 셰익스피어는 장애를 발생시키는 어떤 이상들의 부정적 효과를, 부적절하게 설계되거나 접근 불가능한 사회적 공간이 야기하는 고통과 구분할 뿐만 아니라, 장애 정체성과도 구분하고자 시도한다. "손상 효과impairment effects를 예방하거나 최소화하려는 것은 흑인을 하얗게 바꾸거나 동성애자를 이성애자로 바꾸기 위해 노력하는 것과는 다르다. 그것은 장애 정체성에 대한 공격이 아니라, 대개 고통스럽거나 제약을 야기하는 체현의 형태들에 대한 합리적 대응이다"(Shakespeare 2004).

---

28) [옮긴이] 예컨대 조울증이나 자폐증을 지닌 화가가 그린 작품은 장애를 지닌 자신의 삶의 경험을 기반으로 창조될 것이고, 이 세계를 이해하고 해석하는 데 고유한 예술적 기여를 할 것이다. 따라서 그 화가의 고유한 기여를 유지하면서(제거하지 않으면서) 그의 장애만을 제거하는 것을 불가능하다고 이야기할 수 있다.

# '치료'를 재사유하기

우리는 셰익스피어의 입장에 동의한다. 그렇지만 재구성된 — 혹은 최소한도의 배려라도 이루어지는 — 사회적 환경이 많은 제약을 제거할 것이라 기대되는 시대라 해도, 장애에 대한 환원주의적인 의료화뿐만 아니라 '치료'와 우생학 사이에 존재해 왔던 역사적 연관성을 망각해서는 안 된다. 그러므로 셰익스피어와 같은 입장을 취하려면 '치료'가 무엇을 의미하고 그것이 장애라는 개념틀 내에서 어떻게 작동하는지에 대해 좀 더 깊게 사유할 필요가 있다. 이런 맥락에서, 우리는 치료가 제거라는 관념을 수반하지 않아야만 한다고 주장한다. 제거라는 관념이, 문제가 되는 장애가 사라지고 아무런 흔적을 남기지 않는 세계를 추구하는 것으로 이해된다면 말이다. 질병과 장애는 어떤 의식과 개성을 수반한 몸 내에서 발생하며, 그 의식과 개성은 질병과 장애를 지닌 몸의 경험에 의해 주조되고, 형성되며, 영향을 받는다. 그런 경험들은 사람들의 삶을 규정하는 중심적인 특징일 수도 있고 아닐 수도 있지만, 그 경험들은 언제나 그들이 누구인가를 말해 주는 일부일 것이고, 지속되는 통찰과 이로움의 원천일 수 있다. 즉 그 경험들은 어떤 경우에도 제거될 수 없다.

따라서 '치료'는 "이상condition을 사라지게 해주는 마법의 알약 복용"과 같은 단순한 모델의 견지에서 사유될 수 없다(Hahn and Belt 2004, 455). 이 같은 가설적 상황은 대다수 비장애인은 장애인이 되느니 죽기를 선택할 것이라고 주장하는 연구들과 마찬가지로 이데올로기적으로 편향되어 있다(Silvers 1995; Stone 1984). 자폐증이나 척수 손상이나 당뇨병 같은 이상들이 '사라질' 것이라는 관념은 과거 지향적인 상상이다. 즉 되돌아갈 수 없는 과거에 대한 열망, 장

애나 질환이 결코 발생한 적 없는 가상의 세계alternate universe에서
는 현재가 어떻게 다르게 보일지를 꿈꾸는 몽상에 불과하다. 그런
관념은 해당 손상이나 이상이 중단되는 것을 넘어 그것이 우리의
역사에서 완전히 제거되는 세계를 제안한다. 그러나 어떤 자폐인,
당뇨병 환자, 뇌성마비 장애인이 치료된다 하더라도, '통상[정상]
적'이라는 말이 그 같은 이상을 결코 겪지 않았음을 의미한다면,
그/그녀는 [치료된 이후] 진정 '통상[정상]적'이게 되는 것인가? 그
들의 뇌가 작동했던 방식, 심각한 저혈당, 여타의 몸의 경험에 대
한 기억이 사라지게 되는가? 아니면 몸의 경험이 가져온 통찰이
마치 전혀 중요하지 않은 것처럼 그 몸이 세계에서 작동하는 것은
가능한가? 우리는 그것이 가능하지 않다고 생각한다.

그러므로 치료는 보다 미래 지향적인 방식으로 사고되어야만
한다. 치료는 어떤 새로운 존재태存在態, state of being로의 변환을 수
반하는데, 이 새로운 존재태는 그 안에 해당 이상과 치료 양쪽 모
두로부터 유래한 변화를 담지하고 있다. 확실히 치료는 대체로 순
탄한 과정이 아니며, 우리가 언급한 것처럼 트라우마를 발생시킬
수 있다. 암에 대한 '화전식'slash-and-burn 접근법에서처럼, 어떤 경
우에는 질병 자체보다 질병에 대한 처치가 더 해악적일 수도 있다.
비록 그 처치가 생과 사라는 차이를 만들어 내기도 하지만 말이다
(Frank 1991). 이런 지적은 그 처치를 받기로 결정한 개인에게 살아남
는 일이 가치 있는 목표가 아님을 말하려는 것은 결코 아니다. 단
지 암에 대한 처치에 수반되는 장기간의 고투가 그 질병의 말기에
겪는 고통보다 더 큰 고통을 야기할 수도 있음을, 또한 그런 처치
는 당연히 실패할 수 있으며, 이에 따라 남아 있는 삶의 질을 떨어
뜨리거나 심지어 격감시킬 수도 있음을 말하려는 것일 뿐이다.

암은 부정할 수 없는 질환이다. 그러므로 그것은 장애와는 다

른 것처럼 보일 수 있다. 특히나 암은 치명적인 질환이기에 더 그러하다(비록 암에 대한 처치가 과거보다 덜 끔찍하게 된 것만큼이나 암도 점점 덜 치명적이 되고는 있지만 말이다). 그러나 〈미국장애인법〉하에서 장애로 분류되는 당뇨병을 다시 한번 고려해 보자. 어떤 이는 당뇨병이 인슐린 펌프와 '폐쇄 루프' 시스템을 통해 편의를 제공받는 것과는 대조적으로 췌장 이식을 통해 '치료될' 수 있다고 주장한다. 하지만 이 이식 수술은 평생에 걸친 항거부 반응제 — 해당 개인을 다른 광범위한 감염들에 취약하게 만드는 — 의 투약을 필요로 하며, 체중 증가와 (아이러니하게도) 혈당 상승에서부터 신장 독성 증가, 위장 통증, 우울증과 감정 기복, 탈모, 신체 일부의 떨림, 두통에 이르는 다른 부작용 또한 수반하게 된다. 그런 '치료'는 확실히 순탄한 것이 아니다. 그렇기 때문에 그 수술은 췌장을 이식받지 않으면 사망하게 될 이들에게만 이루어진다. 이처럼 대단히 힘든 수술과 부작용 없이 치료가 성공적으로 이루어진 경우라 하더라도, 치료의 과정은 많은 경우 치료받는 사람을 영구히 변화시킬 정도로 심대한 영향을 미친다.

그러므로 장애학에서 치료에 대해 이야기하는 방식은 어떤 손상 상태가 '사라지기를' 바라는 욕망과 분리될 필요가 있다. 당뇨병, 자폐증, 뇌성마비, 소아마비 후 증후군post-polio syndrome 같은 몸의 이상은 우리가 누구인가를, 우리가 세계를 바라보고 이해하는 방식을 형성한다. 해당 질병을 '치료'한다고 해서 그것이 완전히 제거될 가능성은 없으며, 실제로 제거되는 것도 아니다. 오히려 '치료'는 어떤 새로운 존재태, 그 안에 해당 이상과 치료 양쪽 모두로부터 유래한 요소들을 담지하게 될 존재태로의 변환으로 이해되어야 한다. 치료를 받고 나서 장애인은 자신의 몸에 대한 그 자신의 관계에서 새로운 단계로 진입하지만, 그 몸은 해당 장애 상태에 대한 기억을 포함하고 있는 몸인 것이다. 치료 후 암이 5년간 재발하지 않아 완치 판정을 받은 암 생존자들은 대부분 삶에 대한 태도, 관계, 그들을 둘러싼 물리적 세계뿐만 아니라, 그들의 몸 자체에도 근본적인 변화가 있다는 데 동의한다. 설령 표면적으로는 그들 삶의 세부 사항이 동일한 것처럼 보인다 하더라도 말이다.

수술로 시력을 회복한 경험을 지니고 있는 캐런 보챔프-프라이어의 사례를 상기해 보자. 그녀는 '치료'가 자신을 단순히 이전 상태의 자아로 '회복시킨' 것도 아니고, 자신의 맹이 '사라져 버린' 것도 아님을 알게 된다. 오히려 그녀는 완전한 시력을 지닌 이들에게 맞춰져 있는 사회 속에서 시력이 손상된 사람으로서의 경험에 대한 기억을 유지한다. 그녀는 또한 "공유된 억압의 경험"에 대한 공감을 유지하는데, 그런 공감은 그녀를 계속해서 시력이 손상된 사람과, 그리고 보다 폭넓게 정의된 장애인과 동일시하도록 이끈다(Beauchamp-Pryor 2011, 15). 할런 한과 토드 벨트(Hahn and Belt 2004)는 많은 장애인들이 그들의 이상에 대한 '치료'를 받아들이길 꺼리는 것은, 그것이 긍정적인 자아 구성, 즉 장애인이라는 정체성 위에 구축되어 온 자아 구성에 위협이 될 것이라는 인식에 기반하고 있음을 발견했다. 많은 이들에게 이 같은 자아의 상실은 '치료'가 제공해 줄지 모를 어떠한 이득보다도 훨씬 더 나쁜 것이다. 그러므로 '치료'가 그 사람의 '치료' 전 정체성의 가치 있는 특징들에 대한 거부가 아닌 순응을 의미하는 것으로 이해되는 것이 극히 중요하다.

이와 관련해 낸시 와인버그는 장애인들을 대상으로 한 소규모 연구에서 다음과 같은 사실을 확인했다. 태어날 때 혹은 아주 어릴 때부터 장애인이었던 연구 대상자들에게 "당신의 장애를 (아무런 위험 없이) 완전히 치료해" 주는 수술이 있다면 기꺼이 받을 의향이 있는지를 질문하자 절반은 '아니오'라고 답했는데, 그 이유는 그들이 "그 수술 없이도 만족스러운 목표를 달성할 수 있다고 느끼기" 때문이었다. 반면 나머지 절반은 "그들의 장애가 자신이 성취하고자 하는 목표를 상당히 방해한다고 느끼기 때문에" 그 수술을 원했다. 와인버그는 이런 답변의 차이가 "그들의 장애나 그들 각자가 실제로 성취할 수 있는 것과는 아무런 관련이 없었다. 양자의 차이를 만들어 낸 것은 그들이 자신의 상황을 해석하는 방식, 즉 그들이 무엇을 목표로 설정하며, 자신이 이런 목표를 달성할 수 있다고 여기는지 여부였다"고 결론 내린다(Weinberg 1988, 45).

자유, 선택, 욕망에 대한 이론을 잘 아는 정치이론가들은 즉각적으로 스토아학파의 입장 — 제한된 조건 내에서 자유를 누리려면 욕망을 줄이고 제한하거나, 혹은 자유로워지기 위해 욕망 자체를 바꿔야 한다는 사상 — 이 이런 차이를 설명하는 데 도움이 될 수 있음을 지적할 것 같다. 즉 어떤 사람들은 다른 이들보다 그들이 지닌 제약을 합리화하고 받아들이는 데 더 능하다는 것이다(Berlin 1971). 그렇지만 이와 같은 답변은 애초부터 장애인이 의미 있는 삶을 영위할 가능성을 일축하며, 따라서 우리는 이를 기각한다. 다른 정치이론가들은 서로 다른 사람들 — 예컨대 남성 대 여성 같은 — 간에 상이하게 이루어지는 욕망의 사회적 구성은, 장애인의 욕망 자체가 그들이 지닌 손상이나 장애가 부과하는 제한 조건 — 생물학적인 것이든 사회적인 것이든 — 에 의해 구성될 수 있음을 시사한다는 점에 주목할지도 모른다(Hirschmann 2003). 우리는 이 논변이 좀 더 매력을 지닌다고 생각하지만, 와인버그는 자신의 연구에서 나타난 두 집단 간의 차이가 "상층계급이 될 수 없어서 불만스러운 한 중산계급 가족과 경제적으로 안정되어 있다는 데 만족하는 또 다른 중산계급 가족의 차이와 다르지 않다"고 주장한다(Weinberg 1998, 146). 즉 우리 모두는 사회적으로 구성되며, 우리가 그런 구성들을 상이하게 평가하는 방식은 정치적·사회적 문제라는 것이다. 더욱이 수술을 선택하려는 집단에 의해 표현된 불만이 차별적이고 부당하게 활동을 제한하는 환경 — 그들과 같은 몸의 차이를 지닌 채 살아가는 것을 더욱 어렵게 만드는 — 의 산물인 한, 우리가 이 사람들의 몸이나 그들의 손상에 고유한 어떤 것을 탓하기란 거의 불가능하다. 오히려 사회적 환경을 그들의 자유와 만족에 대한 제약의 원인으로 고려해야만 한다. '치료될' 필요가 있는 것은 개인들의 몸 못지않게 — 설령 그 이상은 아니라 할지라도 — 인간들에 의해 만들어진 사회적 환경인 것이다. 그러나 어떤 사람들은 그들 몸의 이상이 변화되길, 혹은 손상이 '정정되길' 원한다는 점을 부정하는 것은 개인의 선택과 자유라는 목표보다 이데올로기와 정치를 우선시하는 것이다. 사실 이 같은 우선시는 대다수 장애학자들과 장애권 옹호자들이 오랫동안 맞서 싸워 왔던 것이기도 하다.

이는 '치료'가 많은 경우 정도의 문제로 간주되어야 함을, 그리고 우리가 또한 '치료'란 양가적인 선택을 표상할 수 있다는 점을 인정해야 한다는 걸 의미한다. 치료가 양가적인 선택인 것은 이전 상태로의 '회복'이 결코 완벽하지 않고 대개 상흔, 잔여 효과, 처치가 필요한 추가적인 합병증을 남길 뿐만 아니라, 동시에 '치료된' 자아의 정체성이 그런 치료가 아니었다면 가능하지 않았을 방식으로 개념화되고 경험되기 때문이다. 치료는 그 어원으로 되돌아가 돌봄에 의해 추동되는 어떤 것으로 간주되어야 하며, 돌봄은 단지 특정한 의료적 이상만이 아니라, 어떤 사람의 전체 실존과 정체성에 영향을 미친다. 그리고 정체성은 주지하다시피 변화하기 매우 어려운 것이며, 치료를 받는다 하더라도 통상 단지 부분적으로만 변형될 수 있고 변형될 것이다. 사람들은 다른 이들이 더 좋다고 간주하는 무언가가 되기 위해, 자신의 정체성에서 스스로 가장 가치 있다고 간주하는 것을 포기하리라 예상될 수 없다. 이런 의미에서는 어떤 종류의 치료도 궁극적으로 자기 돌봄에 관한 것이다.

## 치료의 정치학

보챔프-프라이어는 "어떤 기적적인 치료를 추구하는 것은 선택에 관한 문제다"라고 말한다(Beauchamp-Pryor 2011, 11). 우리는 이에 동의하지만, 편의제공에 대해서도 정확히 동일하게 말할 수 있다. 비록 '편의제공'이 돌봄의 좀 더 직접적인 의미를 지금 있는 그대로의 사람들에게 전달하는 반면, '치료'는 결코 이루어지지 않을지도 모를 미래의 가능성을 시사하기는 하지만, 이는 하나의 사회로서 우리가 내려야 할 선택에 관한 문제, 특히 공적 자금을 어떻게 할당할 것인가에 관한 문제이다. 그리고 편의제공과 치료 사이의 관계가 때때로 제로섬게임처럼 보이게 되는 것은 아마도 양자 모두에게 자금이 핵심적 문제이기 때문일 것이다. 특히나 기초과학에 대한 공적 자금의 제공이 감소하고 있고, 시장성 있는 상품에 대한 사적 투자가 어떤 연구가 이루어질지에 지배적인 영향을 미치는 시대에는 말이다. 이런 재정적 고려가 정치이론이나 정치철학 저작에서도 특별히 강조될 수 있다. 왜냐하면 그런 저작들에서 지배적 테마 가운데 하나가 '자원 할당'의 정의이며, 여기서 자원은 거의 언제나 공적 자원을 지칭하기 때문이다(Wolff 2009). 만일 누군가가 충분히 부유하다면, 그것은 곧 그 사람이 자신이 원하는 편의를 무엇이든 구매할 수 있음을 함의하는 것처럼 보인다. 물론 이는 편의를 제공해 주는 많은 자원들 — 경계석 부분의 경사진 통로, 횡단보도의 '음성' 신호기, 공공건물의 엘리베이터와 같은 —
이 단지 공공 정책의 선택이 있을 때에만 제공될 수 있다는 점을
무시하고 있다. 그리고 정책 입안자들 쪽에서는 대개 그런 선택을
제로섬게임의 관점에서 사고할 것이다. 그러나 최선의 경우를 상
정한다면, 치료와 편의제공의 추구는 부분적으로 겹칠 수 있다. 그
러므로 양자를 성취하는 가장 유망한 노선을 추구하는 것이 민간
자선 부문의 예산뿐만 아니라 공적 예산에서도 높은 우선순위를
지닐 수 있을 것이다. 편의를 제공하는 장치들을 향상시키는 데 있
어 민간 기업이 지닌 역할에도 불구하고 이런 장치들 대부분이 고
가이기 때문에, 건강보험에서의 보조금 — 이는 높은 보험료의 부
과를 통해 비장애인들에게 재정적 영향을 미친다 — 이나 흔히 공
적 자금 및 자선 부문의 자금 제공이 필요하다. 이와 같은 사실은
때때로 '치료 대 편의제공'과 관련된 논의에 제로섬게임의 성격을
부여한다.

  그러나 보다 광범위한 맥락에 대한 좀 더 비판적인 질문은 우
리로 하여금 치료와 편의제공 양자에 쓰이는 (공적) 자금을 여타
의 우선적 영역에 대한 공공 지출과 비교하는 담화를 다시 따져 볼
수 있도록 해준다. 사람들로 하여금 자신이 벌어들인 돈을 어떻게
써야 하는가에 관해 간접적으로 정책적 판단을 내리게 해주는 조
세정책은 말할 것도 없고, 공공 스포츠 경기장에서부터 우주 탐사,
군사 무기의 영역에 이르기까지 말이다.[29] 이런 전환 속에서, 우

---

29) 사치세는 이에 대한 하나의 좋은 예이지만, 일정한 종류의 산업에 대
  한 세제상 특전과 지원 또한 사회적 선택을 반영하다. 이에 대한 예로는
  Martha Albertson Fineman, *The Autonomy Myth: A Theory of De-
  pendency*, New York: The New Press, 2005 참조.

리는 또한 정치적 담론틀을 전환할 수 있다. 자원 할당에 대한 질문들은 대개 자원이 이미 할당되어 있는 방식에 대해 암묵적이고 보수적인 추정을 내린다. 예컨대, 미국은 많은 손상을 생산해 내는 전쟁을 위해 수천억 달러를 고정적으로 쓰고 있지만, 이는 많은 이들이 이제 안전하게 감축할 수 있다고 여기는 자금이다. 따라서 그 상당 부분은 장애 발생률을 줄이는 방식으로 재할당되어야 하고, 보다 많은 자원이 의학 연구와 접근권 향상 양자에 유입될 수 있도록 해야 한다. 이런 제안이 '비현실적'으로 보일지 모르지만, 현재 다른 많은 영역에서 이루어지고 있는 공공 지출의 쓰임보다 결코 더 비현실적이지는 않다.

결론적으로, 우리는 올바르게 이해된 '치료'는 장애나 장애 정체성의 제거, 거부, 삭제를 수반하지 않는다는 점을 말하고 싶다. 치료가 이전의 어떤 '통상[정상]적인' 상태로 '되돌아가는' 것이 아니라 오히려 해당 개인의 최선의 이익에 기여하는 어떤 형태의 돌봄으로 이해된다면, 장애는 물론이고 치료와 편의제공에 대해서도 다른 방식의 사유와 이론화의 길이 열리게 된다. 많은 형태의 치료와 편의제공이 공존할 수 있다. 양자가 함께 추구될 수 있고, 또 추구되어야 한다. 왜냐하면 더 나은 미래에 대한 욕망이 더 나은 현재를 희생하면서 형성되어서는 결코 안 되기 때문이다.

# 옮긴이 후기

## 1.

『장애의 정치학의 위하여』 초역을 마무리한 후 꽤 오랜 시간에 걸쳐 교정 작업이 진행되는 동안, 저는 '돌봄' 및 '의존'과 관련된 책을 여러 권 읽게 되었습니다. 어떤 책은 원고를 쓰면서 참조하기 위한 것이었고, 어떤 책은 세미나를 위해 읽어야 했던 것이었으며, 또 어떤 책은 인연이 있는 출판사의 편집자께서 보내 주신 것이었지요. 그 같은 독서의 과정에서 저는 데버라 스톤이 쓴 이 책 서문의 마지막 부분을 자주 떠올렸고, 여러 번 다시 읽어 보게 되었습니다. 어찌 보면 아주 새로운 내용은 아닐 수도 있는데요, 찬찬히 읽다 보니 살짝 눈물이 나기도 하더군요. 좀 길지만, 옮겨 와 보면 아래와 같습니다.

페미니스트들이 오랫동안 주장해 왔고 이 책의 저자들 또한 논하고 있는 것처럼, '돌봄을 좀 더 필요로 하는 사람들'이 별도의 범주로 다루어지지 않을 때, 그 밖의 모든 이들과 다르지 않은 것으로 여겨질 때, 실질적인 승리가 다가올 것이다. 우리는 어릴 때, 나이 들었을 때, 또는 상해나 질환에 의해 장애를 갖게 되었을 때만이 아니라, 모두가 그리고 언제나 도움을 필요로 한다. …… 당신이 한 켤레의 신발을 신은 채 걷고, 책을 읽고, 컴퓨터를 사용하고, 친구에게 조언을 구하고, 차를 운전하고, 어떤 도구를 빌리고, 아침 식사로 따뜻한 오트밀을 만들고, 문자를 보내고, 은행 계좌를 사용하고, 선거에서 투표를 하는 모든 순간, 당신은 당신에게 그런 활동이 가능하도록 만들어 준 수천 명의 사람들 덕분에 그렇게 할 수 있는 것이다. 그들 가운데 일부는 더 이상 생존해 있지 않고, 그들 가운데 일부는 이 행성의 반대편에서 살아가고 있으며, 또 그들 가운데 일부는 아마 당신의 집에 초대하는 것을 상상조차 할 수 없는 이들일 것이다. ⋯⋯

이런 진실은 정치이론, 정치학, 공공 정책에 지속적인 도전 과제를 제기한다. 우리는 단순히 '의존의 보편성'을 이해하는 것을 넘어, 이 책이 강력하게 요청하고 있는 것처럼, 상호 돌봄과 도움이 우리 인간 존재에게 공기나 물과 같음을 인정하는 데까지 나아가야만 한다(본문 19, 20쪽).

'다른몸들'이라는 단체가 기획하고 엮은 책 『돌봄이 돌보는 세계』(동아시아, 2022)는 11개의 키워드를 통해 '돌봄'이라는 시대적 의제를 입체적으로 다루고 있는데요, 아홉 번째 글의 키워드가 '혁명'입니다. 위의 인용문에서 스톤이 목표로 하는 세계는 자본주의 문명하에서 전례가 없었다는 점에서, 진정 혁명적 변환transformation을 수반해야만 가능한 일일지도 모르겠습니다. 기후 위기의 극복이 또한 '체제 전환', 즉 혁명 없이는 불가능하다는 것을 점점 더 많은 이들이 이야기하고 있는 것처럼 말이지요. 그리고 그런 혁명은 당연히 어떤 새로운 정치학을 필요로 하겠지요.

2.

　『돌봄이 돌보는 세계』에 이어 인상 깊게 읽은 책 중 한 권은 매들린 번팅이 쓴 『사랑의 노동』(반비, 2022)입니다. 책 제목을 보자마자 떠올렸던 또 다른 책은, 본서에서도 자주 인용되는 페미니스트 철학자 에바 키테이의 『돌봄: 사랑의 노동』(박영사, 2016)이었습니다. 두 책은 원서의 제목도 유사합니다. 전자는 *Labours of Love*(2020)이고, 후자는 *Love's Labor*(1999)이지요.

　사실 장애인 운동 내에서 '돌봄'과 '사랑'은 얼마간 긴장이 유발되는 단어입니다. 이 책의 마지막 장에서 언급되는 것처럼, 돌봄에 대한 영어 단어 'care'는 치료를 뜻하는 'cure'와 동일하게 라틴어 '쿠라'cūra에서 유래했기에, 의료적 관념 — 예컨대 'health care' — 과 연동되는 측면이 존재합니다. 물론 'cūra'가 지닌 의미망 자체가 매우 광범위하고, 고대의 치료 개념과 현대의 생의학적 치료 개념이 동일하지 않다는 점은 고려되어야 하겠지만 말이죠. 또한 영어에서 돌보는 사람이 'care-*giver*'로 표기되고, 우리말에서도 '돌봐 주다'라는 표현이 자연스럽게 사용되는 것에서 드러나듯, 돌봄이라는 말에서는 상호적 행위 주체성보다는 주는 사람의 능동성이 도드라지지요. 마치 가르침이, 즉 '가르쳐 주고/가르침을 받는' 행위가 흔히 그런 것처럼 말입니다. 다른 한편 '사랑'은 장애인을 종교적·도덕적으로 도구화했던 '자선'의 다른 이름이기도 합니다. 주지하다시피 그리스어 '아가페'agapē의 라틴어 역어가 '카리타스(까리따스)'cárĭtas이고, 이는 영어로 'charity'로 옮겨집니다. "믿음과 소망과 사랑 중에 그중에 제일은 사랑"이라고 할 때, 그 사랑이 다름 아닌 'charity'인 것이지요.

　'가치'가 마르크스주의의 단어라면, '돌봄'은 페미니즘의 단어라고 할 수도 있을 듯합니다. 아마도 많은 장애인들은 마르크스주의의 정치경제학적 '가치' 분석에서 자신의 자리를 찾기 어려웠던 것처럼, 이를 비판했던 페미니즘의 '돌봄' 경제(재생산 경제) 분석에서도 마찬가지로 자신의 자리를 찾기 어려웠을 것입니다. 물론 전자보다는 후자가 덜 표준화/규격화/정상화normalization되어 있기에 포함의 정도가 크고, 실제로 마리아 미즈Maria Mies가 얘기한 '가시적 경제'(자본과 임노동의 영역)에서 배제된 장애인들 중 일부는 가사노동을 포함한 '비가시적 경제'에서 노동을 수행하지만, 적어도 (돌봄 노동이라 명명되곤 하는) 활동지원서비스 이용자의 입장에 있는 중증장애인들의 경우에는 말입니다.

결국 이 돌봄과 사랑이라는 단어가 장애인 당사자들에게도 자연스럽고 평안하게 다가올 수 있는 세계란 지금과는 다른 세계이자 다른 방식의 비판이 가능한 세계, 정치·경제·문화적 영역에서 일련의 근본적 변환이 수반된 세계, 장애해방에 일정하게 근접한 세계일 수밖에 없을 것입니다. 우리는 그런 세계를 함께 만들어 낼 수 있을까요? 그럴 수 있기를 바랍니다.


3.


인류의 역사에서, 특히 근대사회로의 이행과 더불어 장애인은 환자 취급을 받고, 유아화되고, 동물화되고, 의존적인 존재로 낙인찍히는 역사를 겪어 왔습니다. 여기에는 분명히 저항해야 할 부당함과 부정의와 억압이 존재합니다. 그러나 인간 자체가 질병 없이 살 수 없고, 아동이 아니었던 인간은 없으며, 동물의 일부이고, 항상 이미 (상호)의존적인 존재라면, 이 모든 것이 인간 보편성의 일부라면, 우리의 저항은 일방향이 아닌 양방향에서 이루어져야 할 것입니다. 즉 환자임이, 아동임이, 동물성animality이, 의존적 존재라는 실존성이 권리의 박탈에 대한 조건이 되지 않는 세계를 향한 저항과 함께 말이지요. 이 양방향의 저항을 교차적이면서도 종합적으로 그려낼 수 있을 때, 온전한 의미에서의 장애의 정치학도 쓰일 수 있지 않을까 생각합니다. 그리고 홉스와 칸트에서부터 아렌트와 롤스에 이르기까지, 장애학의 시좌視座에서 근현대 정치이론에 대한 비판적 분석과 발전적 전유를 감행하고 있는 이 책『장애의 정치학을 위하여』가 그런 정치학이 구성되는 데 의미 있는 기여를 할 수 있기를 바라봅니다.

2023년 봄 동숭동 사무실에서
옮긴이 김도현

# 참고문헌

Aaltola, Elisa. 2012. *Animal Suffering: Philosophy and Culture*. Basingstoke, UK: Palgrave.

Abrams, Lindsay. 2012. "Is Anxiety Overdiagnosed?" *The Atlantic*, August 1. Available online at www.theatlantic.com/health/archive/2012/08/is-anxiety-overdiagnosed/260549.

Acampora, Ralph. 2004. "*Oikos* and *Domus*: On Constructive Co-Habitation with Other Creatures." *Philosophy & Geography* 7, no. 2: 219-235.

Ackerly, Brooke A. 2008. *Universal Human Rights in a World of Difference*. Cambridge: Cambridge University Press.

Ahmed, Sara. 2008. "Some Preliminary Remarks on the Founding Gestures of the 'New Materialism'." *European Journal of Women's Studies* 15, no. 1: 23-39.

Albrecht, Gary L., Katherine D. Seelman, and Michael Bury. 2001. *Handbook of Disability Studies*. Thousand Oaks, CA: Sage Publications.

Alderson, Priscilla. 2008. *Young Children's Rights: Exploring Beliefs, Principles and Practice*, 2nd edition. London: Jessica Kingsley Publishers.

Alger, Janet and Steven Alger. 2005. "The Dynamics of Friendship Between Dogs and Cats In the Same Household." Paper presented at the Annual Meeting of the American Sociological Association, Philadelphia, PA, August 13-16.

Allison, Henry. 1990. *Kant's Theory of Freedom*. Cambridge: Cambridge University Press.

Andrews, Jonathan. 1996. "Identifying and Providing for the Mentally Disabled in Early Modern London" in *From Idiocy to Mental Deficiency: Historical Perspectives on People with Learning Disabilities*, edited by David Wright and Anne Digby, 65-92. London: Routledge.

———. 1998. "Begging the Question of Idiocy: The Definition and

Socio-Cultural Meaning of Idiocy in Early Modern Britain: Part 2." *History of Psychiatry* 9, no. 34: 179-200.

Andrews, Kristin. 2011. "Beyond Anthropomorphism: Attributing Psychological Properties to Animals" in *The Oxford Handbook of Animal Ethics*, edited by Tom L. Beauchamp and R. G. Frey, 469-494. Oxford: Oxford University Press.

Angell, Marcia. 2011. "The Epidemic of Mental Illness: Why?" *The New York Review of Books* 58, no. 11: 2-4.

Anthony, Lawrence. 2009. *The Elephant Whisperer: My Life with the Herd in the African Wild*. New York: Thomas Dunne Books.

APA. 2000. *Diagnostic and Statistical Manual of Mental Disorders: DSM-IV-TR*. Washington, DC: American Psychiatric Association.

_____. 2013. *Diagnostic and Statistical Manual of Mental Disorders (DSM-5)*, 5th edition. Arlington, VA: American Psychiatric Association [APA. 2015.『정신질환의 진단 및 통계 편람 제5판』. 권준수 외 옮김. 학지사].

Arendt, Hannah. 1951. *The Burden of Our Times*. New York: Schocken Books.

_____. 1959. *The Human Condition*. Chicago: University of Chicago Press.

_____. 1965. *On Revolution*. New York: Penguin [아렌트, 한나. 2004.『혁명론』. 홍원표 옮김. 한길사].

_____. 1966. *The Origins of Totalitarianism*, new edition. New York: Harcourt, Brace & World, Inc [아렌트, 한나. 2006a.『전체주의의 기원 1』. 박미애·이진우 옮김. 한길사 / 아렌트, 한나. 2006b.『전체주의의 기원 2』. 박미애·이진우 옮김. 한길사].

_____. 1968a. *Between Past and Future: Eight Exercises in Political Thought*. New York: Penguin [아렌트, 한나. 2005.『과거와 미래 사이』. 서유경 옮김. 푸른숲].

_____. 1968b. *Eichmann in Jerusalem: A Report on the Banality of Evil*. New York: Viking Press [아렌트, 한나. 2006.『예루살렘의 아이히만』. 김선욱 옮김. 한길사].

_____. 1970. *On Violence*. New York: Harcourt, Brace & World [아렌트, 한나. 1999.『폭력의 세기』. 김정한 옮김. 이후].

_____. 1973. *The Origins of Totalitarianism*, revised edn. New York: Harcourt Brace Jovanovich [아렌트, 한나. 2006a.『전체주의의 기원 1』. 박미애·이진우 옮김. 한길사 / 아렌트, 한나. 2006b.『전체주의의 기원 2』. 박미애·이진우 옮김. 한길사].

_____. 1977a. "The Crisis in Culture: Its Social and Its Political Significance" in *Between Past and Future: Eight Exercises in Political Thought*, 194-222. New York: Penguin [아렌트, 한나. 2005. 『과거와 미래 사이』. 서유경 옮김. 푸른숲].

_____. 1977b. "Truth and Politics" in *Between Past and Future: Eight Exercises in Political Thought*, 223-259. New York: Penguin.

_____. 1982. *Lectures on Kant's Political Philosophy*. Edited by Ronald Beiner. Chicago: University of Chicago Press [아렌트, 한나. 2002. 『칸트 정치철학 강의』. 김선욱 옮김. 푸른숲].

_____. 1994. "What is Existential Philosophy?" in *Essays in Understanding: 1930-1954*, edited by Jerome Kohn, 163-187. New York: Harcourt Brace and Company.

_____. 1997. *Rahel Varnhagen: The Life of a Jewess*. Edited by Liliane Weissberg. Translated by Richard and Clara Winston. Baltimore: Johns Hopkins University Press [아렌트, 한나. 2013. 『라헬 파른하겐: 어느 유대인 여성의 삶』. 김희정 옮김. 텍스트].

_____. 1998. *The Human Condition*, 2nd edition. Chicago: The University of Chicago Press [아렌트, 한나. 2017. 『인간의 조건』. 이진우 옮김. 한길사].

_____. 2007. *The Jewish Writings*. Edited by Jerome Kohn and Ron H. Feldman. New York: Schocken Books.

Arendt, Hannah and Karl Jaspers. 1992. *Hannah Arendt/Karl Jaspers Correspondence, 1926-1969*. Edited by Lotte Kohler and Hans Saner. Translated by Robert and Rita Kimbe. New York: Harcourt Brace Jovanovich.

Arneil, Barbara. 2009. "Disability, Self Image, and Modern Political Theory." *Political Theory* 37, no. 2: 218-242.

_____. 2010. "Animals and Interdependence: A Reply to Dolgert." *Political Theory* 38, no. 6: 866-869.

_____. 2011. "The Meanings of Disability/Illness in Political Theory." Paper presented at the Annual American Political Science Association Meeting, September 1-4.

Asch, Adrienne and Gail Geller. 1996. "Feminism, Bioethics, and Genetics" in *Feminism & Bioethics: Beyond Reproduction*, edited by Susan M. Wolf. New York: Oxford University Press.

August, Rick. 2009. *Paved With Good Intentions: The Failure of Passive Disability Policy in Canada*. Available online at www.caledoninst.org/Publications/PDF/763ENG.pdf.

Augustine. 1964. *On Free Choice of the Will.* Translated by Anna Benjamin and L. H. Hackstaff. New York: Bobbs-Merrill.

Avrich, Paul 2006. *The Modern School Movement: Anarchism and Education in the United States.* Oakland, CA: A. K. Press.

Ayers, John. 1981. "Locke Versus Aristotle on Natural Kinds." *The Journal of Philosophy* 78, no. 5: 247-272.

Bagenstos, Samuel. 2003. "The Americans with Disabilities Act as Welfare Reform." *William and Mary Law Review* 44, no. 3: 921-1027.

Bailey, Christiane. 2013. "Zoopolis: A Political Renewal of Animal Rights Theories." *Dialogue* 52, no. 4: 725-737.

Balcombe, Jonathan. 2009. "Animal Pleasure and Its Moral Significance." *Applied Animal Behaviour Science* 188, no. 3-4: 208-216.

Barbin, Herculine. 1980. *Herculine Barbin: Being the Recently Discovered Memoirs of a Nineteenth-Century French Hermaphrodite.* Intro. Michel Foucault. Translated by Richard McDougall. New York: Pantheon Books.

Barclay, Linda. 2010. "Disability, Respect and Justice." *Journal of Applied Philosophy* 27: 154-171.

Barker, Clare and Stuart Murray. 2010. "Disabling Postcolonialism: Global Disability Cultures and Democratic Criticism." *Journal of Literary & Cultural Disability Studies* 4, no. 3: 219-236.

Barnes, C. 1991. *Disabled People in Britain and Discrimination.* London: Hurst and Co.

———. 2003. "Disability, the Organization of Work and the Need for Change" in *Transforming Disability Welfare Policies,* edited by Bernd Marin, Christopher Prinz, and Monika Queisser, 133-138. Surrey: Ashgate.

Barnes, R. Eric and Helen McCabe. 2012. "Should We Welcome a Cure for Autism? A Survey of the Arguments." *Medicine, Health Care and Philosophy* 15, no. 3: 255-269.

Basen, Gwynne. 1992. *On the Eighth Day: Perfecting Mother Nature.* Montreal: National Film Board of Canada.

Baumgold, Deborah. 2010. *Contract Theory in Historical Context: Essays on Grotius, Hobbes, and Locke.* Leiden: Brill Press.

Beauchamp-Pryor, Karen. 2011. "Impairment, Cure and Identity: 'Where

Do I Fit In?'" *Disability & Society* 26, no. 1: 5-17.

Becker, Lawrence. 2005. "Reciprocity, Justice and Disability." *Ethics* 116, no. 1: 9-39.

Beitz, Charles. 2005. "Cosmopolitanism and Global Justice." *The Journal of Ethics* 9, no. 1-2: 11-27.

Benn, Stanley. 1988. *A Theory of Freedom*. New York: Cambridge University Press.

Bergson, Henri 1911. *Matter and Memory*. Translated by Nancy Margaret Paul and W. Scott Palmer. London: Allen and Unwin [베르그손, 앙리. 2005. 『물질과 기억』. 박종원 옮김. 아카넷].

Berlin, Isaiah. 1971. "Two Concepts of Liberty" in *Four Essays on Liberty*, 118-172. New York: Oxford University Press [벌린, 이사야. 2014. 「자유의 두 개념」. 『이사야 벌린의 자유론』. 박동천 옮김. 아카넷].

_____. 1979. "From Hope and Fear Set Free" in *Concepts and Categories: Philosophical Essays*. New York: Viking Press [벌린, 이사야. 2014. 「희망과 공포에서 해방」. 『이사야 벌린의 자유론』. 박동천 옮김. 아카넷].

Bernstein, Jessica. 2009. *The Diabetes World: The Development of Sense of Self and Identity in Adults with Early Onset, Type 1 Diabetes*. Saarbrucken: VDM Verlag.

Bérubé, Michael. 1996. *Life as We Know It: A Father, a Family, and an Exceptional Child.* New York: Pantheon Books.

_____. 2003. "Citizenship and Disability." *Dissent* 50, no. 2: 52-57.

_____. 2009. "Equality, Freedom, and/or Justice for All: A Response to Martha Nussbaum." *Metaphilosophy* 40, no. 3-4: 353-365.

Bigby, Christine. 2008. "Known Well By No-one: Trends in the Informal Social Networks of Middle-Aged and Older People with Intellectual Disability Five Years After Moving to the Community." *Journal of Intellectual and Developmental Disability* 33, no 2: 148-157.

Birke, Linda, Arnold Arluke, and Mike Michael. 2007. *The Sacrifice: How Scientific Experiments Transform Animals and People*. West Lafayette, IN: Purdue University Press.

Birmingham, Peg. 2006. *Hannah Arendt and Human Rights: The Predicament of Common Responsibility*. Indianapolis: Indiana University Press.

Block, Laurie, Jay Allison, and John Crowley. 1998. "Beyond Affliction." *The Disability History Project, The Overdue Revolution*. National Public

Radio. Available online at www.npr.org/programs/disability/ba_
shows.dir/revoluti.dir/prg_3_tr.html.

Bohme, Hartmut and Gernot Bohme. 1996. "The Battle of Reason with the
Imagination" in *What is Enlightenment: Eighteenth- Century
Answers and Twentieth-Century Questions*, edited by James
Schmidt, 426-452. Berkeley, CA: University of California Press.

Boni-Saenz, Alexander. 2015. "Sexuality and Incapacity." *Ohio State Law
Journal* 76: 1206-1216.

Bordo, Susan. 1993. *Unbearable Weight: Feminism, Western Culture and
the Body*. Berkeley, CA: University of California Press.

Borren, Marieke. 2013. "'A Sense of the World': Hannah Arendt's
Hermeneutic Phenomenology of Common Sense." *International
Journal of Philosophical Studies* 21: 225-255.

Borsay, Anne. 2005. *Disability and Social Policy in Britain Since 1750.*
Basingstoke: Palgrave Macmillan.

Botting, Eileen Hunt. 2016. *Wollstonecraft, Mill, and Women's Human
Rights.* New Haven: Yale University Press.

Boucher, David and Paul Kelly. 1994. "The Social Contract and Its Critics:
An Overview" in *The Social Contract From Hobbes to Rawls*, edited
by David Boucher and Paul Kelly, 1-34. New York: Routledge.

Boucher, Joanne. 2005. "Male Power and Contract Theory: Hobbes and
Locke in Carole Pateman's *The Sexual Contract.*" *Canadian Journal
of Political Science* 36, no. 1: 23-38.

Bourdillon, Michael, Ben White, and William Myers. 2009. "Re-assessing
Minimum-Age Standards for Children's Work." *International Journal
of Sociology and Social Policy* 29, no. 3: 106-117.

Bowen-Moore, Patricia. 1989. *Hannah Arendt's Philosophy of Natality.* New
York: St. Martin's Press.

Bracken, P. and P. Thomas. 2010. "From Szasz to Foucault: On the Role of
Critical Psychiatry." *Philosophy, Psychiatry, & Psychology* 17:
219-228.

Bracken, Pat, Philip Thomas, Sami Timimi, Eia Asen, Graham Behr, Carl
Beuster, Seth Bhunnoo, Ivor Browne, Navjyoat Chhina, Duncan
Double, Simon Downer, Chris Evans, Suman Fernando, Malcolm R.
Garland, William Hopkins, Rhodri Huws, Bob Johnson, Brian
Martindale, Hugh Middleton, Daniel Moldavsky, Joanna Moncrieff,

Simon Mullins, Julia Nelki, Matteo Pizzo, James Rodger, Marcellino Smyth, Derek Summerfield, Jeremy Wallace, and David Yeomans. 2012. "Psychiatry Beyond the Current Paradigm." *The British Journal of Psychiatry* 201: 430-434.

Bråten, Stein. 2003. "Participant Perception of Others' Acts: Virtual Otherness in Infants and Adults." *Culture & Psychology* 9, no. 3: 261-276.

Bray, Anne. 2003. *Effective Communication for Adults with an Intellectual Disability*. Wellington, New Zealand: National Advisory Committee on Health and Disability.

Brekhaus, Wayne H. 2003. *Peacocks, Chameleons, Centaurs: Gay Suburbia and the Grammar of Social Identity*. Chicago, IL: University of Chicago.

Brett, Annabel S. 2011. *Changes of State: Nature and the Limits of the City in Early Modern Law*. Princeton, NJ: Princeton University Press.

Brown, Brene. 2012. *Daring Greatly: How the Courage to Be Vulnerable Transforms the Way We Live, Love, Parent, and Lead*. New York: Gotham Books.

Brown, Jenny. 2012. *The Lucky Ones: My Passionate Fight for Farm Animals*. New York: Avery.

Brown, Lerita Coleman. 2013. "Stigma: an Enigma Demystified" in *The Disability Studies Reader*, edited by Lennard J. Davis, 147-160. New York: Routledge.

Brown, Rita Mae. 2009. *Animal Magnetism: My Life with Creatures Great and Small*. New York: Ballantine.

Bubeck, Diemut. 1995. *Care, Justice and Gender*. Oxford: Oxford University Press.

Buchanan, Allen. 1990. "Justice as Reciprocity versus Subject-Centered Justice." *Philosophy & Public Affairs* 19, no. 3: 227-252.

Budiansky, Stephen. 1999. *The Covenant of the Wild: Why Animals Chose Domestication*. New Haven, CT: Yale University Press.

Bufacchi, Vittorio. 2007. *Violence and Social Justice*. New York: Palgrave Press.

Burch, Susan and Hannah Joyner. 2007. *Unspeakable: The Story of Junius Wilson*. Chapel Hill, NC: University of North Carolina Press.

_____. 2015. "The Disremembered Past" in *Civil Disabilities: Theory,*

*Membership, and Belonging*. Philadelphia: University of Pennsylvania Press.

Burns, Matthew K. 2010. "Response-to-Intervention Research: Is the Sum of the Parts as Great as the Whole?" *Perspectives* 36, no. 2: 13-17.

Busfield, Joan. 1989. "Sexism and Psychiatry." *Sociology* 23, no. 3: 343-365.

Butler, Judith. 1993. *Bodies that Matter: On the Discursive Limits of 'Sex'.* New York: Routledge [버틀러, 주디스. 2003. 『의미를 체현하는 육체』. 김윤상 옮김. 인간사랑].

_____. 2006. *Precarious Life: The Politics of Mourning and Violence*. New York: Verso [버틀러, 주디스. 2018. 『위태로운 삶』. 윤조원 옮김. 필로소픽].

Butler, Melissa. 1978. "Early Liberal Roots of Feminism: John Locke and the Attack on Patriarchy." *The American Political Science Review* 72, no. 1: 135-150.

Callahan, Michael, Cary Griffin, and Dave Hammis. 2011. "Twenty Years of Employment of Persons with Significant Disabilities: A Retrospective." *Journal of Vocational Rehabilitation* 35, no. 3: 163-172.

Callicott, J. Baird. 1992. "Animal Liberation and Environmental Ethics: Back Together Again" in *The Animal Rights/Environmental Ethics Debate*, edited by Eugene C. Hargrove, 249-262. Albany: SUNY Press.

Camp, Joe. 2008. *The Soul of a Horse: Life Lessons From the Herd*. New York: Three Rivers Press.

Campbell, Tom. 2011. "From Aphasia to Dyslexia, a Fragment of a Genealogy: An Analysis of the Formation of a 'Medical Diagnosis'." *Health Sociology Review* 20, no. 4: 450-461.

Carey, Allison. 2009. *On the Margins of Citizenship: Intellectual Disability and Civil Rights in Twentieth-Century America*. Philadelphia, PA: Temple University Press.

_____. 2015. "Citizenship and the Family: Parents of Children with Disabilities, the Pursuit of Rights, and Paternalism" in *Civil Disabilities: Citizenship, Membership and Belonging*, edited by Nancy J. Hirschmann and Beth Linker. Philadelphia: University of Pennsylvania Press.

Carlson, Licia. 2009. "Philosophers of Intellectual Disability: A Taxonomy." *Metaphilosophy* 40, no. 3-4: 552-566.

_____. 2010. *The Faces of Intellectual Disability: Philosophical Reflections*.

Indianapolis, IN: Indiana University Press.

Carlson, Licia and Eva Feder Kittay. 2009. "Introduction: Rethinking Philosophical Presumptions in Light of Cognitive Disability." *Metaphilosophy* 40, no. 3-4: 307-330.

Chakraborti, Neil and Jon Garland. 2012. "Reconceptualizing Hate Crime Victimization Through the Lens of Vulnerability and 'Difference'." *Theoretical Criminology* 16, no. 4: 499-514.

Chambers, Clare. 2008. *Sex, Culture, and Justice: The Limits of Choice.* Pittsburg, PA: Penn State University Press.

Charlton, J. I. 2000. *Nothing About Us Without Us: Disability Oppression and Empowerment.* Berkeley, CA: University of California Press.

Chodorow, Nancy. 1978. *The Reproduction of Mothering: Psychoanalysis and the Sociology of Gender.* Berkeley, CA: University of California Press.

Clark, J. J. 2009. "The Slave Whisperer Rides the Frontier" in *Animals and Agency: An Interdisciplinary Exploration,* edited by Sarah E. McFarland and Ryan Hediger, 157-180. Leiden, Netherlands: Brill.

Clifford, Stacey. 2012. "Making Disability Public in Deliberative Democracy." *Contemporary Political Theory* 11, no. 2: 211-228.

_____. 2013a. "A Narrative Inquiry of Self Advocacy: Rethinking Empowerment from Liberal Sovereignty to Arendtian Spontaneity." *Disability Studies Quarterly* 33, no. 3: 12.

_____. 2013b. "When Care and Violence Converge: Dependency, Opacity and Disability in Judith Butler and Joan Tronto's Moral Ethics" in *Annual Conference of the Western Political Science Association.* Hollywood, CA.

_____. 2014. "The Capacity Contract: Locke, Disability, and the Political Exclusion of 'Idiots'." *Politics, Groups, and Identities* 2, no. 1: 90-103.

Clutton-Brock, Juliet. 2012. *Animals as Domesticates: A World View Through History.* East Lansing, MI: Michigan State University Press.

Cohen, Gerald A. 1979. "Capitalism, Freedom, and the Proletariat" in *The Idea of Freedom: Essays in Honor of Isaiah Berlin,* edited by Alan Ryan. Oxford: Oxford University Press.

Comfort, Nathaniel. 2015. "Can We Cure Genetic Diseases Without Slipping Into Eugenics?" *The Nation,* July 16. Accessed online at

www.thenation.com/article/can-we-cure-genetic-diseases-without
-slipping-into-eugenics.

Connolly, William E. 2002. *Neuropolitics: Thinking, Culture, Speed*.
Minneapolis, MN: University of Minnesota Press.

_____. 2008. *William E. Connolly: Democracy, Pluralism and Political
Theory*. Edited by Samuel Chambers and Terrell Carver. New York:
Routledge.

Coole, Diana. 1994. "Women, Gender and Contract: Feminist
Interpretations" in *The Social Contract From Hobbes to Rawls*,
edited by David Boucher and Paul Kelly, 193-212. New York:
Routledge.

Corker, Mairian. 1999. "Differences, Conflations and Foundations: The
Limits to 'Accurate' Theoretical Representations of Disabled
People's Experience?" *Disability & Society* 14: 627-642.

Corker, Mairian and Tom Shakespeare, eds. 2002. *Disability/Postmodernity:
Embodying Disability Theory*. New York: Continuum.

Cornell, Drucilla. 1998. *At the Heart of Freedom*. Princeton: Princeton
University Press.

Crow, L. 1996. "Including All Our Lives" in *Encounters with Strangers:
Feminism and Disability*, edited by J. Morris. London: Women's
Press.

Daniels, Norman. 1987. "Justice and Health Care" in *Health Care Ethics*,
edited by Donald Van DeVeer and Tom Regan. Philadelphia: Temple
University Press.

_____. 1990. "Equality of What: Welfare, Resources, or Capabilities."
*Philosophical and Phenomenological Research* 50: 273-296.

David-Menard, Monique. 2000. "Kant's 'An Essay on the Maladies of the
Mind' and *Observations on the Feeling of the Sublime*." Translated
by Alison Ross. *Hypatia* 15, no. 4: 82-98.

Davidson, Michael. 2007. "Introduction" in "Disability and the Dialectic of
Dependency." *Journal of Literary Disability* 1, no. 2: i-vi.

Davis, Lennard J. 1995. *Enforcing Normalcy: Disability, Deafness, and the
Body*. London: Verso.

_____. 1997. "Constructing Normalcy: The Bell Curve, the Novel, and the
Invention of the Disabled Body in the Nineteenth Century" in *The
Disability Studies Reader*, edited by Lennard J. Davis, 9-28. New

York: Routledge.

_____. 2002. *Bending Over Backwards: Disability Dismodernism and Other Difficult Positions*. New York: New York University Press.

Desai, Miraj U. 2014. "Psychology, the Psychological, and Critical Praxis: A Phenomenologist Reads Franz Fanon." *Theory & Psychology* 24: 58-75.

De Vos, Jan. 2013. "Interpassivity and the Political Invention of the Brain: Connolly's Neuropolitics versus Libet's Veto-right." *Theory & Event* 16, no. 2.

Diament, Michelle. 2009. "Autism Speaks Pulls Video as Critics Turn Up Heat." *Disability Scoop*, 2 October. Accessed online at www. disabilityscoop.com/2009/10/02/autism-speaks-apology/5624.

Dionne, Emilie. 2011. "Dangerous Discourses of Disability, Subjectivity, and Sexuality [Review]." *Hypatia* 26, no. 3: 658-662.

Disch, Lisa. 1994. *Hannah Arendt and the Limits of Philosophy*. Ithaca: Cornell University Press.

Dolgert, Stefan. 2010. "Species of Disability: Response to Arneil." *Political Theory* 38, no. 6: 859-864.

Donaldson, Sue and Will Kymlicka. 2011. *Zoopolis: A Political Theory of Animal Rights*. Oxford: Oxford University Press.

_____. 2012. "Do We Need a Political Theory of Animal Rights?" Paper presented at Minding Animals International conference, Utrecht, Netherlands, July 4-6.

_____. 2015. "Farmed Animal Sanctuaries: The Heart of the Movement?" *Politics and Animals* 1: 50-74.

Donovan, Josephine and Carol J. Adams, eds. 2007. *The Feminist Care Tradition in Animal Ethics*. New York: Columbia University Press.

Dorling, Daniel. 2011. *Injustice: Why Social Inequality Persists*. Bristol, UK: Policy Press.

Drake, R. F. 1999. *Understanding Disability Policies*. Basingstoke: Macmillan.

DuBois, W. E. B. 1999. *The Souls of Black Folk*. New York: W. W. Norton.

Dunayer, Joan. 2004. *Speciesism*. Derwood, MD: Ryce Publishing.

Duncan, Grant. 2000. "Mind-Body Dualism and the Biopsychosocial Model of Pain: What Did Descartes Really Say?" *Journal of Medicine and Philosophy* 25, no. 4: 485-513.

Duranti, Alessandro. 2010. "Husserl, Intersubjectivity and Anthropology." *Anthropological Theory* 10: 1-10.

Dworkin, Ronald. 2005. "Equality, Luck, Hierarchy." *Philosophy and Public Affairs* 31, no. 2: 190-198.

Edenberg, Elizabeth and Marilyn Friedman. 2013. "Debate: Unequal Consenters and Political Illegitimacy." *The Journal of Political Philosophy* 12, no. 3: 347-360.

Emens, Elizabeth F. 2012. "Disabling Attitudes: US Disability Law and the ADA Amendments Act." *The American Journal of Comparative Law* 60: 205-234.

Engels, Frederick. 2009. *The Conditions of the Working Class in England*, edited by David McLellan. Oxford: Oxford University Press.

Enloe, Cynthia. 2002. "Demilitarization — Or More of the Same? Feminist Questions to Ask in the Postwar Moment" in *The Postwar Moment: Militaries, Masculinities and International Peacekeeping Bosnia and the Netherlands*, edited by C. Cockburn and D. Zarkov. London: Lawrence & Wishart.

_____. 2007. *Globalization and Militarism: Feminists Make the Link*. Lanham, MD: Rowman & Littlefield.

Epp, Timothy. 2001. "Disability: Discourse, Experience and Identity." *Disability Studies Quarterly* 20, no. 2: 134-144.

Erevelles, Nirmala. 2011. "The Color of Violence: Reflecting on Gender, Race and Disability in Wartime" in *Feminist Disability Studies*, edited by K. Q. Hall. Bloomington: Indiana University Press.

Ettore, Elizabeth. 1998. "Re-shaping the Space Between Bodies and Culture: Embodying the Biomedicalized Body." *Sociology of Health and Illness* 20, no. 4: 548-555.

Eze, Emmanuel Chukwudi. 1995. "The Color of Reason: The Idea of 'Race' in Kant's Anthropology" in *Anthropology and the German Enlightenment*, edited by Katherine Faull, 200-241. Lewisburg, PA: Bucknell University Press.

Fanon, Frantz. 1963. *The Wretched of the Earth*. Translated by C. Farrington. New York: Grove Press [파농, 프란츠. 2004. 『대지의 저주받은 사람들』. 남경태 옮김. 그린비].

_____. 1967. *Black Skin, White Masks*. Translated by Charles Lam Markmann. New York: Grove Press [파농, 프란츠. 2014. 『검은 피부,

하얀 가면』. 노서경 옮김. 문학동네].

Feinberg, Joel. 1986. *Harm to Self*. New York: Oxford University Press.

Ferguson, Kathy E. 2008a. *A Resource Guide about Dyslexia for People in Hawai'i*. Honolulu: HIDA.

_____. 2008b. "Thinking Dyslexia with Connolly and Haraway" in *The New Pluralism: William Connolly and the Contemporary Global Condition*, edited by David Campbell and Morton Schoolman, 221-249. Chapel Hill, NC: Duke University Press.

Feuerstein, N. and J. Terkel. 2008. "Interrelationship of Dogs (*canis familiaris*) and Cats (*felis catus L.*) Living Under the Same Roof." *Applied Animal Behaviour Science* 113, no. 1: 150-165.

Fine, Michelle and Adrienne Asch, eds. 1988. *Women with Disabilities: Essays in Psychology, Culture and Politics*. Philadelphia, PA: Temple University Press.

Fineman, Martha Albertson. 2005. *The Autonomy Myth: A Theory of Dependency*. New York: The New Press.

_____. 2008. "The Vulnerable Subject: Anchoring Equality in the Human Condition." *Yale Journal of Law and Feminism* 20, no. 1: 1-24.

Finkelstein, Victor. 1980. *Attitudes and Disabled People*. New York: World Rehabilitation Fund.

Fisher, Berenice and Joan C. Tronto. 1990. "Toward a Feminist Theory of Caring" in *Circles of Care*, edited by E. K. Abel and M. Nelson. Albany, NY: SUNY Press.

Flathman, Richard E. 1984. *The Philosophy and Politics of Freedom*. Chicago: University of Chicago Press.

Flores, Noelia, Cristina Jenaro, M. Begona Orgaz, and M. Victoria Martin. 2011. "Understanding Quality of Working Life of Workers with Intellectual Disabilities." *Journal of Applied Research in Intellectual Disabilities* 24, no. 2: 133-141.

Foot, Philippa. 1995. "Does Moral Subjectivism Rest on a Mistake?" *Oxford Journal of Legal Studies* 15, no. 1: 1-14.

Forrester-Jones, Rachel, John Carpenter, Pauline Coolen-Schrijner, Paul Cambridge, Alison Tate, Jennifer Beecham, Angela Hallam, Martin Knapp, and David Wooff. 2006. "The Social Networks of People with Intellectual Disability Living in the Community 12 Years after Resettlement from Long- Stay Hospitals." *Journal of Applied*

*Research in Intellectual Disabilities* 19: 285-295.

Foucault, Michel. 1977. *Discipline and Punish: The Birth of the Prison*, translated by Alan Sheridan. London: Allen Lane [푸코, 미셸. 2020. 『감시와 처벌』. 오생근 옮김. 나남출판].

_____. 1978. *The History of Sexuality, Vol. 1: An Introduction*. Translated by Robert Hurley. New York: Vintage Books [푸코, 미셸. 2004. 『성의 역사 1: 지식의 의지』. 이규현 옮김. 나남출판].

_____. 1980a. "Two Lectures" in *Power/Knowledge: Selected Interviews and Other Writings 1972-1977,* edited and translated by Colin Gordon, 78-108. New York: Pantheon Books.

_____. 1980b. *Power/Knowledge: Selected Interviews and Other Writings 1972-1977*. Edited and translated by Colin Gordon. New York: Pantheon Books.

_____. 1980c. "Introduction" in Herculin Barbin: Being the Recently Discovered Memoirs of a Nineteenth-Century French Hermaphrodite, translated by Richard McDougall. New York: Pantheon Books.

_____. 1983. "The Subject and Power" in Herbert Dreyfus and Paul Rabinow, *Michel Foucault: Beyond Structuralism and Hermeneutics*, 2nd edn, 208-228. Chicago: University of Chicago Press.

_____. 1988. *Madness and Civilization: A History of Insanity in the Age of Reason*. Translated by Richard Howard. New York: Vintage Books [푸코, 미셸. 2003. 『광기의 역사』. 이규현 옮김. 나남출판].

_____. 1994. *Birth of the Clinic*, translated by A. M. Sheridan Smith. New York: Vintage Books [푸코, 미셸. 2006. 『임상의학의 탄생』. 홍성민 옮김. 이매진].

_____. 2003. *Abnormal: Lectures at the College de France*, 1974-75. Ed. Valerio Marchetti and Antonella Salomoni, trans. Graham Burchell. New York: Picador [푸코, 미셸. 2001. 『비정상인들』. 박정자 옮김. 동문선].

_____. 2008. *Psychiatric Power: Lectures at the College de France, 1973-1974.* Translated by Graham Burchell. London: Picador.

Francione, Gary L. 2007. *Animal Rights and Domesticated Nonhumans*. Blog. Available online at www.abolitionistapproach.com/animal-rights-and-domesticated-nonhumans.

Francis, L. P. and Anita Silvers. 2007. "Liberalism and Individually Scripted Ideas of the Good: Meeting the Challenge of Dependent Agency."

*Social Theory and Practice* 33, no. 2: 311-334.

Frank, Arthur W. 1991. *At the Will of the Body: Reflections on Illness*. New York: Houghton Mifflin Company [프랭크, 아서. 2017. 『아픈 몸을 살다』. 메이 옮김. 봄날의책].

Fraser, Nancy. 1981. "Foucault on Modern Power: Empirical Insights and Normative Confusions." *Praxis International* 1: 272-287.

Frazee, Catherine, Joan Gilmour, and Roxanne Mikitiuk. 2006. "Now You See Her, Now You Don't: How Law Shapes Disabled Women's Experience of Exposure, Surveillance, and Assessment in the Clinical Encounter" in *Critical Disability Theory: Essays in Philosophy, Politics, Policy, and Law*, edited by Dianne Pothier and Richard Devlin, 223-247. Vancouver, BC: University of British Columbia Press.

Freeman, Samuel, ed. 1999. *Collected Papers*. Cambridge, MA: Harvard University Press.

French, Sally. 1993. "Disability, Impairment or Something In-Between?" in *Disabling Barriers, Enabling Environments*, edited by John Swain, Vic Finkelstein, Sally French, and Mike Olive, 17-25. London: Sage.

French, Sally and John Swain. 2012. *Working With Disabled People in Policy and Practice*. New York: Palgrave Macmillan.

Friedman, Milton. 1962. *Capitalism and Freedom*. Chicago: University of Chicago Press.

Friedman, Richard A. 2015. "Psychiatry's Identity Crisis." *The New York Times*, July 19, SR5. Available online at www.nytimes.com/2015/07/ 19/opinion/ psychiatrys identity crisis.html.

Frye, Marilyn. 1983. *The Politics of Reality: Essays in Feminist Theory*. Trumansburg, NY: Crossing Press.

Fuller-Thomson, Esme and Sarah Brennenstuhl. 2012. "People with Disabilities: The Forgotten Victims of Violence." *The Lancet* 379, no. 9826: 1573-1574.

Garner, Robert. 2013. *A Theory of Justice for Animals: Animal Rights in a Nonideal World*. Oxford: Oxford University Press.

Gasson, Ruth and Chris Linsell. 2011. "Young Workers: A New Zealand Perspective." *International Journal of Children's Rights* 19, no. 4: 641-659.

Gauthier, David. 1986. *Morals by Agreement*. Oxford: Oxford University

Press.

Gert, Bernard. 2001. "Hobbes on Reason." *Pacific Philosophical Quarterly* 82, no. 3-4: 243-257.

Gilligan, Carol. 1982. *In a Different Voice: Psychological Theory and Women's Development.* Cambridge, MA: Harvard University Press.

Gilligan, James. 2011. *Why Some Politicians Are More Dangerous Than Others.* Malden, MA: Polity Press.

Ginsburg, Faye and Rayna Rapp. 2013. "Disability Worlds." *Annual Review of Anthropology 42,* no. 1: 53-68.

Gladstone, David. 1996. "The Changing Dynamic of Institutional Care: The Western Counties Idiot Asylum, 1864-1914" in *From Idiocy to Mental Deficiency: Historical Perspectives on People with Learning Disabilities,* edited by David Wright and Anne Digby, 134-160. London: Routledge.

Goodey, C. F. 1994. "John Locke's Idiots in the Natural History of Mind." *History of Psychiatry 5,* no. 18: 215-250.

_____. 1996. "The Psychopolitics of Learning and Disability in Seventeenth Century Thought" in *From Idiocy to Mental Deficiency: Historical Perspectives on People with Learning Disabilities,* edited by David Wright and Anne Digby, 93-117. London: Routledge.

_____. 2011. *A History of Intelligence and 'Intellectual Disability': The Shaping of Psychology in Early Modern Europe.* Surrey, UK: Ashgate.

Goodey, C. F. and Tim Stainton. 2001. "Intellectual Disability and the Myth of the Changeling Myth." *Journal of the History of the Behavioral Sciences 37,* no. 3: 223-240.

Goodin, Robert E. 1985. *Protecting the Vulnerable: A Reanalysis of Our Social Responsibilities.* Chicago: University of Chicago Press.

Goodyear-Ka'ōpua, Noelani. 2013. *The Seeds We Planted: Portraits of a Native Hawaiian Charter School.* Minneapolis, MN: University of Minnesota Press.

Gorman, Christine 2003. "The New Science of Dyslexia." *Time* 162, no. 4: 52-59.

Grandin, Temple. 2006. *Thinking in Pictures: My Life with Autism.* New York: Vintage Press.

_____. 2011. "Avoid Being Abstract When Making Policies on the Welfare of Animals" in *Species Matters: Humane Advocacy and Cultural*

*Theory*, edited by Marianne DeKoven and Michael Lundblad. New York: Columbia University Press.

Gray, John. 1980. "On Positive and Negative Liberty." *Political Studies* 28, no. 4: 510-513.

Grove, Nicola, Karen Bunning, Jill Porter, and Cecilia Olsson. 1999. "See What I Mean: Interpreting the Meaning of Communication by People with Severe and Profound Intellectual Disabilities." *Journal of Applied Research in Intellectual Disabilities* 12, no. 3: 190-203.

Guyer, Paul. 2000. *Kant on Freedom, Law, and Happiness*. Cambridge: Cambridge University Press.

Hague, Gill, Ravi Thiara, and Audrey Mullender. 2011. "Disabled Women, Domestic Violence and Social Care: The Risk of Isolation, Vulnerability and Neglect." *British Journal of Social Work* 41, no. 1: 148-165.

Hahn, Harlan. 1985. "Towards a Politics of Disability: Definitions, Disciplines and Policies." *Social Science Journal* 22, no. 4: 87-105.

_____. 1988. "The Politics of Physical Differences: Disability and Discrimination." *Journal of Social Issues* 44, no. 1: 39-47.

Hahn, Harlan D. and Todd L. Belt. 2004. "Disability Identity and Attitudes Toward Cure in a Sample of Disabled Activists." *Journal of Health and Social Behavior* 45: 453-464.

Hakim, Danny. 2011. "At State-Run Homes, Abuse and Impunity." *New York Times*, March 12.

_____. 2013. "State Lagging on Dismissals In Abuse Cases." *New York Times*, August 9.

Hall, Kim. 1997. "*Sensus Communis* and Violence: A Feminist Reading of Kant's *Critique of Judgment*" in *Feminist Interpretations of Immanuel Kant*, edited by Robin May Schott, 257-274. University Park, PA: The Pennsylvania State University Press.

Hall, Kim Q., ed. 2011. *Feminist Disability Studies*. Bloomington: Indiana University Press.

Hampton, Jean. 1999. "The Failure of Hobbes's Social Contract Argument" in *The Social Contract Theorists: Critical Essays on Hobbes, Locke, and Rousseau*, edited by Christopher W. Morris, 41-57. Oxford: Rowman & Littlefield.

Handley, Peter. 2001. "Theorising Disability: Beyond 'Common Sense'."

*Politics* 23, no. 2: 109-118.

Haraway, Donna J. 2008. *When Species Meet.* Minneapolis, MN: University of Minnesota Press.

Hartley, Christie. 2009. "Justice for the Disabled: A Contractualist Approach." *Journal of Social Philosophy* 40, no. 1: 17-36.

———. 2011. "Disability and Justice." *Philosophy Compass* 6, no. 2: 120-132.

Hartsock, Nancy. 1990. "Foucault on Power: A Theory for Women?" in *Feminism/Postmodernism*, edited by Monique Leyanaar et al. Leiden, Netherlands: Vakgroep Vrouwenstudies.

Harvey, Jean. 2008. "Companion and Assistance Animals: Benefits, Welfare and Relationships." *International Journal of Applied Philosophy* 22, no. 2: 161-176.

Hauerwas, Stanley. 2004. "Suffering the Retarded: Should We Prevent Retardation?" in *Critical Reflections on Stanley Hauerwas' Theology of Disability: Disabling Society, Enabling Theology*, edited by John Swinton. Binghamton, NY: Haworth.

Hayek, H. A. 1978. *The Constitution of Liberty.* Chicago: University of Chicago Press.

Hearne, Vicki. 2007[1986]. *Adam's Task: Calling Animals by Name.* New York: Skyhorse Publishing.

Held, Virginia. 2006. *The Ethics of Care: Personal, Political, Global.* Oxford: Oxford University Press.

Hill, Melvyn A., ed. 1979. *Hannah Arendt: The Recovery of the Public World.* New York: St. Martin's Press.

Hillsburg, Heather. 2010. "My Pet Needs Philosophy: Ambiguity, Capabilities, and the Welfare of Domestic Dogs." *Journal for Critical Animal Studies* 8, no. 1: 33-46.

Hinchman, Lewis P. and Sandra K. Hinchman. 1991. "Existentialism Politicized: Arendt's Debt to Jaspers." *Review of Politics* 53: 435-468.

Hirschmann, Nancy J. 2003. *The Subject of Liberty: Toward a Feminist Theory of Freedom.* Princeton, NJ: Princeton University Press.

———. 2008. *Gender, Class, and Freedom in Modern Political Theory.* Princeton, NJ: Princeton University Press.

———. 2009. "Stem Cells, Disability, and Abortion: A Feminist Approach to Equal Citizenship" in *Gender Equality: Dimensions of Women's*

*Equal Citizenship*, edited by Linda McClain and Joanna L. Grossman, 154-173. Cambridge: Cambridge University Press.

_____. 2011. "A Question of Justice? A Question of Rights? Or a Question of Freedom?" Paper presented at the Annual Meeting of the American Political Science Association, Seattle, WA, September 1-4.

_____. 2012."Disability as a New Frontier for Feminist Intersectionality Research." *Politics & Gender* 8, no. 3: 396-405.

_____. 2013a. "Freedom and (Dis)Ability in Early Modern Political Thought" in *Recovering Disability in Early Modern England*, edited by Allison P. Hobgood and David Houston Wood, 167-186. Columbus, OH: Ohio State University Press.

_____. 2013b. "Rawls, Freedom, and Disability: A Feminist Rereading" in *Feminist Interpretations of John Rawls*, edited by Ruth Abbey. University Park, PA: The Pennsylvania State University Press.

_____. 2013c. "Queer/Fear: Disability, Sexuality, and the Other." *Journal of Medical Humanities* 34, no. 2: 139-147.

_____. 2015. "Invisible Disability: Seeing, Being, Power" in *Civil Disabilitites: Citizenship, Membership, and Belonging*, edited by Nancy J. Hirschmann and Beth Linker. Philadelphia: University of Pennsylvania Press.

_____. 2016. "Disability Rights, Social Rights, and Freedom." *Journal of International Political Theory* 12, no. 1: 42-57.

Hirschmann, Nancy J. and Beth Linker, eds. 2015. *Disabilitites: Citizenship, Membership, and Belonging*. Philadelphia: University of Pennsylvania Press.

Hirschmann, Nancy J. and Kirstie M. McClure, eds. 2007. *Feminist Interpretations of John Locke*. University Park, PA: The Pennsylvania State University Press.

Hirschmann, Nancy J. and Joanne H. Wright. 2013. "Hobbes, History, Politics, and Gender: A Conversation with Carole Pateman and Quentin Skinner" in *Feminist Interpretations of Thomas Hobbes*, edited by Nancy J. Hirschmann and Joanne H. Wright, 18-43. University Park, PA: The Pennsylvania State University Press.

Hobbes, Thomas. 1985. *Leviathan*. Edited by C. B. Macpherson. New York: Penguin [홉스, 토머스. 2008. 『리바이어던 1』. 진석용 옮김. 나남출판].

_____. 1991. "De Cive" In *Man and Citizen: De Homine and De Cive*, edited by Bernard Gert. Indianapolis, IN: Hacket.

_____. 1999. "The Questions Concerning Liberty, Necessity, and Chance" in *Hobbes and Bramhall on Liberty and Necessity*, edited by Vere Chappel. New York: Cambridge University Press.

_____. 2010a. *Leviathan, or the Matter, Forme & Power of a Common-Wealth Ecclesiasticall and Civill*. Edited by Ian Shapiro. New Haven, CT: Yale University Press [홉스, 토머스. 2008. 『리바이어던 1』. 진석용 옮김. 나남출판].

_____. 2010b. *On the Citizen*. Edited by Richard Tuck and Michael Silverthorn. Translated by Michael Silverthorn. Cambridge: Cambridge University Press.

Hoerl, Christoph. 2013. "Jaspers on Explaining and Understanding in Psychiatry" in *One Century of Karl Jaspers' General Psychopathology*, edited by Giovanni Stanghellini and Thomas Fuchs, 107-120. Oxford: Oxford University Press.

Hollander, Eric and Daphne Simeon. 2008. "Anxiety Disorders: Introduction." *American Journal of Psychiatry* 165, no. 9: 1210.

Hollifield, Michael, Cynthia Geppert, Yuam Johnson, and Caol Fryer. 2003. "A Vietnamese Man with Selective Mutism: The Relevance of Multiple Interacting 'Cultures' in Clinical Psychiatry." *Transcultural Psychiatry* 40: 329-341.

Hooran, R. H., V. A. Widdershoven, H. W. Borne, and L. M. Curfs. 2002. "Autonomy and Intellectual Disability: The Case of Prevention of Obesity in Prader-Willi Syndrome." *Journal of Intellectual Disability Research* 46, no. 7: 560-568.

Höpfl, Harro and Martyn Thompson. 1979. "The History of Contract as a Motif in Political Thought." *The American Historical Review* 84, no. 4: 919-944.

Hribal, Jason. 2007. "Animals, Agency, and Class: Writing the History of Animals from Below." *Human Ecology Review* 14, no. 1: 101-112.

_____. 2010. *Fear of the Animal Planet: The Hidden History of Animals Resistance*. Oakland, CA: Counter Punch Press.

Hruby, George G. and George W. Hind. 2006. "Decoding Shaywitz: The Modular Brain and Its Discontents." *Reading Research Quarterly* 41, no. 4: 544-556.

Hubbard, Ruth. 2006. "Abortion and Disability: Who Should and Who

Should Not Inhabit the World?" in *The Disability Studies Reader*, 2nd edition, edited by Lennard J. Davis, 93-103. New York: Routledge.

Hughes, Bill. 2002. "Disability and the Body" in *Disability Studies Today*, edited by Colin Barnes, Mike Oliver, and Len Barton. Cambridge: Polity Press.

Hughes, Karen, Mark A. Bellis, Lisa Jones, Sara Wood, Geoff Bates, Lindsay Eckley, Ellie McCoy, Christopher Mikton, Tom Shakespeare, and Alana Officer. 2012. "Prevalence and Risk of Violence Against Adults with Disabilities: A Systematic Review and Meta-Analysis of Observational Studies." *The Lancet* 379, no 9826: 1621-1629.

Hume, David. 1983. *An Enquiry Concerning the Principles of Morals.* edited by J. B. Schneewind. Indianapolis: Hackett Publishing Company [흄, 데이비드. 2022. 『도덕 원리에 관한 탐구』. 강준호 옮김. 아카넷].

Hurst, Rachel. 1995. "Choice and Empowerment: Lessons from Europe." *Disability & Society* 10, no. 4: 529-534.

Hutchinson, Alex. 2012. "Why Humans are Wired to Run — and Ferrets are Not." *Globe and Mail*, April 16: L4.

Inclusion International. 2009. *Priorities for People with Intellectual Disabilities in Implementing the United Nations Convention on the Rights of People with Disabilities.* London: Inclusion International. Available online at http://inclusion-international.org/priorites-for-people-with-intellectual-disabilities-in-implementing-the-un-crpd.

International Dyslexia Association. 2002. http://eida.org/definition-of-dyslexia.

Iovine, Vicki. 2007. *The Girlfriends' Guide to Pregnancy*, 2nd edition. New York: Pocket Books [아이오빈, 비키. 2009. 『임신 출산 가이드』. 김이숙 옮김. 문예출판사].

Irvine, Leslie. 2004. "A Model of Animal Selfhood: Expanding Interactionist Possibilities." *Symbolic Interaction* 27, no. 1: 3-21.

Jaarsma, Pier and Stellan Welin. 2012. "Autism as a Natural Human Variation: Reflections on the Claims of the Neurodiversity Movement." *Health Care Analysis* 20, no. 1: 20-30.

Jamison, Beth. 2003. *Real Choices: Feminism, Freedom, and the Limits of Law.* Pittsburg, PA: Penn State University Press.

Janara, Laura. 2012. "Nonhuman Animals, Political Theory, Power."

Presentation at the Annual Meeting of the Canadian Political Science Association, Edmonton, Alberta, June 13-15.

Jans, Marc. 2004. "Children as Citizens: Towards a Contemporary Notion of Child Participation." *Childhood* 11, no. 1: 27-44.

Jaspers, Karl. 1968. "The Phenomenological Approach in Psychopathology." *The British Journal of Psychiatry* 114: 1313-1323.

———. 1997. *General Psychopathology*, 2 vols. Translated by J. Hoenig and Marian W. Hamilton. Baltimore: John Hopkins University Press [야스퍼스, 카를. 2014a.『정신병리학 총론 1』. 송지영 외 옮김. 아카넷 / 야스퍼스, 카를. 2014b.『정신병리학 총론 2』. 송지영 외 옮김. 아카넷 / 야스퍼스, 카를. 2014c.『정신병리학 총론 3』. 송지영 외 옮김. 아카넷 / 야스퍼스, 카를. 2014d.『정신병리학 총론 4』. 송지영 외 옮김. 아카넷].

Jaworska, Agnieszka. 2009. "Caring, Minimal Autonomy, and the Limits of Liberalism" in *Naturalized Bioethics: Toward Responsible Knowing and Practice*, edited by Hilde Lindemann, Marian Verkerk, and Margaret Walker. Cambridge: Cambridge University Press.

Johannesen, Jennifer. 2011. *No Ordinary Boy: The Life and Death of Owen Turney*. Toronto, ON: Low to the Ground Publishing.

Johnson, Harriet McBryde. 2006. *Too Late to Die Young: Nearly True Tales from a Life*. New York: Picador.

Johnson, Mary. 2003. *Make Them Go Away: Clint Eastwood, Christopher Reeve and the Case Against Disability Rights*. Louisville, KY: Avocado Press.

Jones, Lisa, Mark A. Bellis, Sara Wood, Karen Hughes, Ellie McCoy, Lindsay Eckley, Geoff Bates, Christopher Mikton, Tom Shakespeare, and Alana Officer. 2012. "Prevalence and Risk of Violence Against Children with Disabilities: A Systematic Review and Meta-Analysis of Observational Studies." *The Lancet* 380, no. 9845: 899-907.

Jones, Pattrice. 2008. *Strategic Analysis of Animal Welfare Legislation: A Guide for the Perplexed*. Springfield, VT: Eastern Shore Sanctuary & Education Center, Strategic Analysis Report. Available online at http://pattricejones.info/blog/wp-content/uploads/perplexed.pdf.

Kafer, Alison. 2013. *Feminist, Queer, Crip*. Bloomington: Indiana University Press.

Kahn, Jeffrey. 2014. "Lessons Learned: Challenges in Applying Current Constraints on Research on Chimpanzees to Other Animals."

*Theoretical Medicine and Bioethics* 35, no. 2: 97-104.

Kant, Immanuel. 1960. *Education*. Ann Arbor: University of Michigan Press.

_____. 1996[1784]. "An Answer to the Question: What is Enlightenment?" in *Practical Philosophy*, edited and translated by Mary J. Gregor. Cambridge: Cambridge University Press.

_____. 1996[1793]. "Religion within the Boundaries of Mere Reason." Translated by George di Giovanni. In *Religion and Rational Theology*, edited by Allen W. Wood and George di Giovanni. Cambridge: Cambridge University Press.

_____. 1996[1797]. *The Metaphysics of Morals* in *Practical Philosophy*. Edited and translated by Mary J. Gregor. Cambridge: Cambridge University Press [칸트, 임마누엘. 2012. 『윤리형이상학』. 백종현 옮김. 아카넷].

_____. 1997. *Lectures on Ethics*. Translated by Peter Heath. Edited by Peter Heath and J. B. Schneewind. Cambridge: Cambridge University Press.

_____. 2000[1790]. *Critique of the Power of Judgment*. Translated by Paul Guyer and Eric Matthews. Edited by Paul Guyer. Cambridge: Cambridge University Press [칸트, 임마누엘. 2009. 『판단력비판』. 백종현 옮김. 아카넷].

_____. 2005. "Notes on Metaphysics." Translated by Paul Guyer and Curtis Bowman. In *Notes and Fragments*. Edited by Paul Guyer. Cambridge: Cambridge University Press.

_____. 2006a. *Fundamental Principles of the Metaphysic of Morals*. Lenox, Massachusetts: Lenox Hard Press.

_____. 2006b. *Toward Perpetual Peace and Other Writings on Politics, Peace, and History*. Translated by David L. Colclasure, edited by Pauline Kleingeld. New Haven, CT: Yale University Press.

_____. 2007[1764a]. "Essay on the Maladies of the Head." Translated by Holly Wilson. In *Anthropology, History, and Education*, edited by Gunter Zoller and Robert B. Louden, 63-77. Cambridge: Cambridge University Press.

_____. 2007[1764b]. "Observations on the Feeling of the Beautiful and Sublime." Translated by Paul Guyer. In *Anthropology, History, and Education*, edited by Gunter Zoller and Robert B. Louden, 18-62. Cambridge: Cambridge University Press.

＿＿＿. 2007[1784]. "Idea for a Universal History with a Cosmopolitan Aim." Translated by Allen W. Wood. In *Anthropology, History, and Education*, edited by Gunter Zoller and Robert B. Louden, 107-120. Cambridge: Cambridge University Press [칸트, 임마누엘. 2009. 「세계시민적 관점에서 본 보편사의 이념」. 『칸트의 역사 철학』. 이한구 옮김. 서광사].

＿＿＿. 2007[1786]. "Conjectural Beginnings of Human History." Translated by Allen W. Wood. In *Anthropology, History, and Education*, edited by Gunter Zoller and Robert B. Louden, 160-175. Cambridge: Cambridge University Press.

＿＿＿. 2007[1798]. "Anthropology from a Pragmatic Point of View." Translated by Robert B. Louden. In *Anthropology, History, and Education*, edited by Gunter Zoller and Robert B. Louden, 227-429. Cambridge: Cambridge University Press [칸트, 임마누엘. 2014. 『실용적 관점에서의 인간학』. 백종현 옮김. 아카넷].

＿＿＿. 2007[1803]. "Lectures on Pedagogy." Translated by Robert B. Louden. In *Anthropology, History, and Education*, edited by Gunter Zoller and Robert B. Louden, 434-485. Cambridge: Cambridge University Press.

＿＿＿. 2012. *Lectures on Anthropology*. Translated by Robert R. Clewis, Robert B. Louden, G. Felicitas Munzel, and Allen W. Wood. Edited by Allen W. Wood and Robert B. Louden. Cambridge: Cambridge University Press.

Kavka, Gregory. 1999. "Hobbes's War of All Against All" in *The Social Contract Theorists: Critical Essays on Hobbes, Locke, and Rousseau*, edited by Christopher W. Morris, 1-22. Oxford: Rowman & Littefield.

Kelly, Duncan. 2010. *The Propriety of Liberty: Persons, Passions and Judgement in Modern Political Thought*. Princeton, NJ: Princeton University Press.

Kerasote, Ted. 2007. *Merle's Door: Lessons from a Free-thinking Dog*. New York: Harcourt [케라소티, 테드. 2011. 『떠돌이개와 함께한 행복한 나의 인생』. 황소연 옮김. 민음사].

Khalifeh, Hind and Kimberlie Dean. 2010. "Gender and Violence Against People With Severe Mental Illness." *International Review of Psychiatry* 22, no. 5: 535-546.

Kirby, Jeffrey. 2004. "Disability and Justice: A Pluralistic Account." *Social Theory and Practise* 30, no. 2: 229-246.

Kirkland, Anna. 2012. "Credibility Battles in the Autism Litigation." *Social Studies of Science* 42, no. 2: 237-261.

Kittay, Eva. 1999. *Love's Labor: Essays on Women, Equality, and Dependency*. New York: Routledge [커테이, 에바 페더. 2016. 『돌봄, 사랑의 노동』. 나상원·김희강 옮김, 박영사].

_____. 2001. "When Care Is Just and Justice is Caring: The Case of the Care for the Mentally Retarded." *Public Culture* 13, no. 3: 557-579.

_____. 2002. "When Caring is Just and Justice is Caring: Justice and Mental Retardation" in *The Subject of Care: Feminist Perspectives on Dependency*, edited by Eva Feder Kittay and Ellen K. Feder, 257-276. New York: Rowman & Littlefield.

_____. 2005a. "Equality, Dignity and Disability" in *Perspectives on Equality: The Second Seamus Heaney Lectures*, edited by Mary Ann Lyons and Fionnuala Waldron, 95-122. Dublin: Liffey Press.

_____. 2005b. "At the Margins of Moral Personhood." *Ethics* 116, no. 1: 100-131.

_____. 2009a. "Ideal Theory Bioethics and the Exclusion of People with Severe Cognitive Disabilities" in *Naturalized and Narrative Bioethics*, edited by Hilde Lindemann, Marian Verkerk, and Margaret Walker, 218-237. Cambridge: Cambridge University Press.

_____. 2009b. "The Personal is Political is Philosophical: A Philosopher and Mother of a Cognitively Disabled Person Sends Notes From the Battlefield." *Metaphilosophy* 40, no. 3-4: 607-627.

_____. 2011. "Forever Small: The Strange Case of Ashley X." *Hypatia: Journal of Feminist Philosophy* 26, no. 3: 610-631.

Kleege, Georgina. 1999. *Sight Unseen*. New Haven: Yale University Press.

Kleingeld, Pauline. 1993. "The Problematic Status of Gender-Neutral Language in the History of Philosophy: The Case of Kant." *The Philosophical Forum* 25, no. 2: 134-150.

Kleinman, Arthur. 1999. "Experience and Its Moral Modes: Culture, Human Conditions, and Disorder" in *The Tanner Lectures on Human Values*, Vol. 20. Salt Lake City: University of Utah Press.

Klonsky, Ed. 2007. "The Functions of Deliberate Self-injury: A Review of the Evidence." *Clinical Psychology Review* 27, no. 2: 226-239.

Knight, Amber. 2014. "Disability as Vulnerability: Redistributing Precariousness in Democratic Ways." *The Journal of Politics* 76:

15-26.

Krause, Sharon. 2011. "Bodies in Action: Corporeal Agency and Democratic Politics." *Political Theory* 39, no. 3: 299-324.

_____. 2012. "Plural Freedom." *Politics & Gender* 3: 238-245.

Kristin. 2015. *The Adventures of Anxiety Girl: Striving for Super Hero Courage in the Face of Fear*. Blog. Available online at www.theanxietygirl.blogspot.com.

Kristjansson, Kristjan. 1992. "What Is Wrong With Positive Liberty?" *Social Theory and Practice* 18, no. 3: 289-310.

Kudlick, Catherine J. 2003. "Disability History: Why We Need Another 'Other'." *The American Historical Review* 108, no. 3.

_____. 2014. "Disability and Survival: the Hidden Lives of Epidemics" in *Disability Histories*, edited by Susan Burch and Michael Rembis. Urbana, IL: University of Illinois.

Kuhn, Thomas S. 1996. *The Structure of Scientific Revolutions*, 3rd edition. Chicago: University of Chicago Press [쿤, 토머스. 1999[2005]. 『과학혁명의 구조』. 김명자 옮김. 까치].

Kymlicka, Will. 1993. "The Social Contract Tradition" in *A Companion to Ethics*, edited by Peter Singer, 186-196. Cambridge: Blackwell.

Kymlicka, Will and Sue Donaldson. 2014. "Animal Rights, Multiculturalism and the Left." *Journal of Social Philosophy* 45, no. 1: 116-135.

Lange, Lynda, ed. 2002. *Feminist Interpretations of Jean Jacques Rousseau*. Pittsburgh, PA: Penn State University Press.

Lavoi, Rick. 2003. "On the Waterbed: The Impact of Learning Disabilities." Kapiolani Community College.

Lee, Theresa Man Ling. 1997. *Politics and Truth: Political Theory and the Postmodernist Challenge*. Albany: State University of New York Press.

Leoni, Federico. 2013. "Jaspers in His Time" in *One Century of Karl Jaspers' General Psychopathology*, edited by Giovanni Stanghellini and Thomas Fuchs, 3-15. Oxford: Oxford University Press.

Lerner, Richard. 2007. "Another Nine-Inch Nail for Behavioral Genetics!" *Human Development* 49, no. 6: 336-342.

Lester, David. 1971. "Suicide After Restoration of Sight: Part I." *Journal of the American Medical Association* 216: 678-697.

_____. 1972. "Suicide After Restoration of Sight: Part II." *Journal of the*

American Medical Association 219: 757-776.

Levack, Brian. 2013. *The Devil Within: Possession and Exorcism in the Christian West.* New Haven: Yale University Press.

Lewis, Bradley. 2013. "A Mad Fight: Psychiatry and Disability Activism" in *The Disability Studies Reader*, edited by Lennard J. Davis, 115-131. New York: Routledge.

Leys, Ruth. 1993. "Mead's Voices: Imitation as Foundation, or the Struggle Against Mimesis." *Critical Inquiry* 19, no. 2: 277-307.

Libel, Peter, George Loewenstein, and Christopher Jepson. 2003. "Whose Quality of Life? A Commentary Exploring Discrepancies between Health State Evaluations of Patients and the General Public." *Quality of Life Research* 12, no. 6: 599-607.

Linker, Beth. 2011. *War's Waste: Rehabilitation in WWI America.* Chicago, IL: University of Chicago Press.

Linton, Simi. 2006. *My Body Politic: A Memoir.* Ann Arbor: University of Michigan Press.

Lippold, T. and J. Burns. 2009. "Social Support and Intellectual Disabilities: A Comparison between Social Networks of Adults with Intellectual Disability and Those with Physical Disability." *Journal of Intellectual Disability Research* 53, no. 5: 463-473.

Lister, Ruth. 2007. "Why Citizenship? Where, When and How Children?" *Theoretical Inquiries in Law* 8, no. 2: 693-718.

Liu, K. P. Y., T. Lee, A. Yan, C. W. Siu, F. W. Choy, K. L. Leung, T. Y. Siu, and A. C. Kwan. 2007. "Use of the *Interact Short Form* as a Tool to Evaluate Emotion of People with Profound Intellectual Disabilities." *Journal of Intellectual Disability Research* 51, no. 11: 884-891.

Lloyd, Margaret. 1992. "Does She Boil Eggs? Towards a Feminist Model of Disability." *Disability, Handicap and Society* 7: 207-221.

Lloyd, Sharon A. 2009. *Morality in the Philosophy of Thomas Hobbes: Cases in the State of Nature.* Cambridge: Cambridge University Press.

Locke, John. 1960[1689]. *Two Treatises of Government.* Edited by Peter Laslett. Cambridge: Cambridge University Press [로크, 존. 1996. 『통치론』. 강정인·문지영 옮김. 까치].

_____. 1975[1690]. *An Essay Concerning Human Understanding.* Edited by Peter H. Nidditch. Oxford: Clarendon Press [로크, 존. 2014a.

『인간지성론 1』. 정병훈·이재영·양선숙 옮김. 한길사 / 로크, 존. 2014b.
『인간지성론 2』. 정병훈·이재영·양선숙 옮김. 한길사].

_____. 1996. "Some Thoughts Concerning Education" in *Some Thoughts Concerning Education and of the Conduct of the Understanding*, edited by Ruth Grant and Nathan Tarcov. Indianapolis: Hackett Publishers [로크, 존. 2011. 『교육론』. 박혜원 옮김. 비봉출판사].

Lohrmann-O'Rourke, Sharon and Diane M. Browder. 1998. "Empirically Based Methods to Assess the Preferences of Individuals with Severe Disabilities." *American Journal on Mental Retardation* 103, no. 2: 146-161.

Lonmore, Paul K. and Lauri Umansky, eds. 2001. *The New Disability History: American Perspectives*. New York: New York University Press.

Louden, Robert. 2000. *Kant's Impure Ethics: From Rational Beings to Human Beings*. Oxford: Oxford University Press.

_____. 2011. *Kant's Human Being: Essays on His Theory of Human Nature*. Oxford: Oxford University Press.

Luft, Sebastian and Jann E. Schlimme. 2013. "The Phenomenology of Intersubjectivity in Jaspers and Husserl: On the Capacities and Limits of Empathy and Communication in Psychiatric Praxis." *Psychopathology* 46: 345-354.

Luke, Allan 1994. *The Social Construction of Literacy in the Primary School*. South Melbourne: Palgrave Macmillan Australia.

Lyon, G. Reid. 2003. "Reading Disabilities: Why Do Some Children Have Difficulty Learning to Read? What Can Be Done About It?" *Perspectives* 29, no. 2: 17, 18.

_____. 2004. "Why Scientific Evidence Must Guide Reading Assessment and Reading Instruction." Paper presented at the Pacific Basin Learning Disabilities, ADHD & Teen Conference, Waikiki, HI, February 13-14.

Macey, David. 2012. *Franz Fanon: A Biography*, 2nd edition. London: Verso Books.

MacIntyre, Alasdair. 1984. *After Virtue*. Notre Dame, IN: Notre Dame Press.

_____. 2001. *Dependent Rational Animals: Why Human Beings Need the Virtue*. Chicago: Open Court Publishing.

MacIntyre, Fergus Gwynplaine. 2004. "Happy in Her Work: Florence Foster Jenkins." *The Daily News*, June 23.

Malhotra, Ravi A. 2006. "Justice as Fairness in Accommodating Workers with Disabilities and Critical Theory: The Limitations of a Rawlsian Framework for Empowering People with Disabilities in Canada" in *Critical Disability Theory: Essays in Philosophy, Politics, Policy, and Law*, edited by Dianne Pothier and Richard Devlin, 70-86. Vancouver, BC: University of British Columbia Press.

Mansfield, C., S. Hopfer, and T. M. Marteau. 1999. "Termination Rates After Prenatal Diagnosis of Down Syndrome, Spina Bifida, Anencephaly, and Turner and Klinefelter Syndromes: A Systematic Literature Review." *Prenatal Diagnosis* 19, no. 9: 808-812.

Markell, Patchen. 2008. "Review Essay: Peg Birmingham." *Hannah Arendt and Human Rights: The Predicament of Common Responsibility*, and Serena Parekh, *Hannah Arendt and the Challenge of Modernity: A Phenomenology of Human Rights*." *Notre Dame Philosophical Reviews*. Available online at http://ndpr.nd.edu/news/23855/?id=14788.

Marks, Deborah. 1999. *Disability: Controversial Debates and Psycho-Social Perspectives*. London: Routledge.

McCarthy, Thomas. 2010. *Race, Empire, and The Idea of Human Development*. Cambridge: Cambridge University Press.

McEnroe, Paul. 2014. "Bipolar Man's Suit Claims Negligence." *Star Tribune*, October 8.

McHugh, Paul R. 1997. "Foreword to the 1997 Edition." *General Psychopathology*: v-xii.

McMahan, Jeff. 1995. "The Metaphysics of Brain Death." *Bioethics* 9, no. 2: 91-126.

_____. 1996. "Cognitive Disability, Misfortune, and Justice." *Philosophy & Public Affairs* 25, no. 1: 3-35.

_____. 2002. *The Ethics of Killing: Problems at the Margins of Life*. Oxford: Oxford University Press.

_____. 2009. "Cognitive Disability and Cognitive Enhancement." *Metaphilosophy* 40, no. 3-4: 582-605.

McRuer, Robert. 2006. *Crip Theory: Cultural Signs of Queerness and Disability*. New York: New York University Press.

McWhorter, Ladelle. 2009. *Racism and Sexual Oppression in Anglo-America: A Genealogy*. Bloomington, IN: Indiana University Press.

Mead, George Herbert. 1907. "Concerning Animal Perception."
　　*Psychological Review* 14, no. 6: 383-390.

Meekosha, Helen. 2011. "Decolonising Disability: Thinking and Acting
　　Globally." *Disability & Society* 26, no. 6: 667-682.

Mehta, Uday. 1990. "Liberal Strategies of Exclusion." *Politics & Society* 18:
　　431-436.

_____. 1992. *The Anxiety of Freedom: Imagination and Individuality in
　　Locke's Political Thought*. Ithaca, NY: Cornell University Press.

_____. 1999. *Liberalism and Empire: A Study in Nineteenth- Century
　　British Liberal Thought*. Chicago, IL: The University of Chicago
　　Press.

Meynell, Letitia. 2008. "The Power and Promise of Developmental Systems
　　Theory." *Les Ateliers de L'Ethique* 3, no. 3: 88-103.

Mikton, Christopher, Holly Maguire, and Tom Shakespeare. 2014. "A
　　Systematic Review of the Effectiveness of Interventions to Prevent
　　and Respond to Violence Against Persons With Disabilities." *Journal
　　of Interpersonal Violence* 29, no. 17: 3207-3226.

Mill, John Stuart. 1974[1859]. *On Liberty*. Harmondsworth, UK: Penguin
　　Books [밀, 존 스튜어트. 2018. 『자유론』. 서병훈 옮김. 책세상].

_____. 1998. *On Liberty and Other Essays*, new edition. New York: Oxford.

Miller, David. 1983. "Constraints on Freedom." *Ethics* 94: 66-86.

Miller, Paul Steven and Rebecca Leah Levine. 2013. "Avoiding Genetic
　　Genocide: Understanding Good Intentions and Eugenics in the
　　Complex Dialogue Between the Medical and Disability
　　Communities." *Genetics in Medicine* 15, no. 2: 95-102.

Mills, Charles W. 1997. *The Racial Contract*. Ithaca, NY: Cornell University
　　Press [밀스, 찰스 W. 2006. 『인종계약』. 정범진 옮김. 아침이슬].

_____. 2005a. "'Ideal Theory' as Ideology." *Hypatia* 20, no. 3: 165-184.

_____. 2005b. "Kant's *Untermenschen*" in *Race and Racism in Modern
　　Philosophy*, edited by Andrew Walls, 169-193. Ithaca, NY: Cornell
　　University Press.

_____. 2007. "The Domination Contract" in *Contract and Domination*, by
　　Charles Mills and Carole Pateman, 79-105. Cambridge: Polity Press.

_____. 2009. "Rawls on Race/Race in Rawls." *The Southern Journal of
　　Philosophy* 47, no. S1: 161-184.

_____. 2012. "Liberalizing Illiberal Liberalism." Keynote address delivered

at Political Theory and the "LiberaL" Tradition, University of Oxford
Political Theory Graduate Conference, April 19-20.

Mitchell, David and Sharon Snyder. 2000. *Narrative Prosthesis: Disability
and the Dependencies of Discourse.* Ann Arbor, MI: University of
Michigan Press.

_____. 2003. "The Eugenic Atlantic: Race, Disability, and the Making of an
International Eugenic Science, 1800-1945." *Disability & Society* 18,
no. 7: 843-864.

Moats, Louisa Cook. 2010. *Speech to Print: Language Essentials for
Teachers*, 2nd edition. Baltimore: Paul H. Brookes Publishing Co.

Moore, David. 2007. "A Very Little Bit of Knowledge: Re-Evaluating the
Meaning of the Heritability of IQ." *Human Development* 49, no. 6:
347-353.

Morris, Jenny. 1991. *Pride Against Prejudice.* London: Women's Press.

_____. 1996. *Encounters with Strangers: Feminism and Disability.* London:
Women's Press.

_____. 2001. "Impairment and Disability: Constructing an Ethics of Care
That Promotes Human Rights." *Hypatia* 16, no. 4: 1-16.

Mullin, Amy. 2005. "Trust, Social Norms, and Motherhood." *Journal of
Social Philosophy* 36, no. 3: 316-330.

*Murderball.* 2005. Henry Alex Rubin and Dana Adam Shapiro, Dir.
Thinkfilm.

Myers, Gene. 1998. *Children and Animals: Social Development and Our
Connections to Other Species.* Boulder, CO: Westview Press.

National Council on Disability. 2003. *Addressing the Needs of Youth with
Disabilities in the Juvenile Justice System: The Current Status of
EvidenceBased Research.* Washington, DC: National Council on
Disability.

Neale, Bren. 2004. "Introduction: Young Children's Citizenship" in *Young
Children's Citizenship: Ideas into Practice*, edited by Bren Neale.
York: Joseph Rowntree Foundation.

Nozick, Robert. 1974. *Anarchy, State, and Utopia.* New York: Basic Books.

Nurse, Angus and Diane Ryland. 2013. "A Question of Citizenship:
Examining Zoopolis' Political Theory of Animal Rights." *Journal of
Animal Ethics* 3, no. 2: 201-207.

Nussbaum, Martha C. 2000. *Women and Human Development: The*

*Capabilities Approach*. Cambridge: Cambridge University Press.

_____. 2001. *Upheavals of Thought: The Intelligence of Emotions*. Cambridge: Cambridge University Press.

_____. 2004. "Beyond the Social Contract: Capabilities and Global Justice." *Oxford Development Studies* 32, no. 1: 331-351.

_____. 2006. *Frontiers of Justice: Disability, Nationality, Species Membership*. Cambridge, MA: Harvard University Press.

_____. 2009. "The Capabilities of People with Cognitive Disabilities." *Metaphilosophy* 40, no. 3-4: 331-351.

O'Brien, Ruth. 2001. *Crippled Justice: The History of Modern Disability in the Workplace*. Chicago, IL: University of Chicago Press.

_____. 2005. "Other Voices at the Workplace: Gender, Disability and an Alternative Ethic of Care." *Signs: Journal of Women in Culture and Society* 30, no. 2: 1529-1555.

OECD. 2003. *Policy Brief: Disability Programmes in Need of Reform*. Paris: Organisation for Economic Co-operation and Development.

Okin, Susan Moller. 1979. *Women in Western Political Thought*. Princeton, NJ: Princeton University Press.

Oliver, Michael. 1990. *The Politics of Disablement*. Basingstoke: Macmillan.

_____. 1993. "What's So Wonderful About Walking?" Inaugural Professorial Lecture, University of Greenwich, London. Accessed online at http://disability-stud-ies.leeds.ac.uk/files/library/Oliver-PROFLEC.pdf.

_____. 1996. *Understanding Disability: From Theory to Practice*. Basingstoke: Macmillan.

Oliver, Michael and Colin Barnes. 2012. *New Politics of Disablement*. New York: Palgrave Macmillan.

Ong, Walter J. 1982. *Orality and Literacy: The Technologizing of the World*. New York: Routledge [옹, 월터 J. 2018. 『구술문화와 문자문화』. 임명진 옮김. 문예출판사].

Ostapczuk, Martin and Jochen Musch. 2011. "Estimating the Prevalence of Negative Attitudes Towards People with Disability: A Comparison of Direct Questioning, Projective Questioning and Randomised Response." *Disability and Rehabilitation* 33, no. 5: 399-411.

Oswell, David. 2013. *The Agency of Children: From Family to Global Human Rights*. Cambridge: Cambridge University Press.

Pallotta, Nicole R. 2008. "Origin of Adult Animal Rights Lifestyle in Childhood Responsiveness to Animal Suffering." *Society and Animals* 16, no. 2: 149-170.

Palmer, Clare. 2003. "Colonization, Urbanization, and Animals." *Philosophy & Geography* 6, no. 1: 47-58.

Panagia, Davide. 2009. *The Political Life of Sensation.* Chapel Hill, NC: Duke University Press.

Parekh, Pushpa. 2007. "Gender, Disability and the Postcolonial Nexus." *wagadu* 4.

Parekh, Serena. 2008. *Hannah Arendt and the Challenge of Modernity: A Phenomenology of Human Rights.* New York: Routledge.

Pateman, Carole. 1979. *The Problem of Political Obligation: A Critical Analysis of Liberal Theory.* Cambridge: Polity.

_____. 1988. *The Sexual Contract.* Cambridge: Polity [페이트먼, 캐럴. 2001. 『남과 여, 은폐된 성적 계약』. 이충훈·유영근 옮김. 이후].

_____. 2007. "On Critics and Contract" in *Contract and Domination*, by Charles Mills and Carole Pateman, 200-229. Cambridge: Polity Press.

Pateman, Carole and Teresa Brennan. 1979. "Mere Auxiliaries to the Commonwealth: Women and the Origins of Liberalism." *Political Studies* 27, no. 2: 183-200.

Patton, Paul. 2003. "Language, Power and the Training of Horses" in *Zootologies: The Question of the Animal*, edited by Cary Wolfe, 83-99. Minneapolis, MN: University of Minnesota Press.

Perry, Barbara. 2001. *In the Name of Hate: Understanding Hate Crimes.* London: Routledge.

Pettit, Philip. 2001. *A Theory of Freedom: From the Psychology to the Politics of Agency.* New York: Oxford University Press.

_____. 2009. *Made with Words: Hobbes on Language, Mind, and Politics.* Princeton: Princeton University Press.

Phillips, James. 1996. "Key Concepts: Hermeneutics." *Philosophy, Psychiatry, & Philosophy* 3: 61-69.

Philpott, Michael J. 1998. "A Phenomenology of Dyslexia: The Lived-Body, Ambiguity, and the Breakdown of Expression." *Philosophy, Psychiatry, & Psychology* 5, no. 1: 1-19.

Piggott, Linda. 2011. "Prosecuting Disability Hate Crime: A Disabling Solution?" *People, Place & Policy Online* 5, no. 1: 25-34.

Pinheiro, Lucas G. 2012a. "At the Margins of Contract: Intellectual Disability and the Limits of Justice in Locke and Kant." MPhil Dissertation. Cambridge: Faculty of History, University of Cambridge.

_____. 2012b. "Locke, Liberalism, and Disability: Towards an Ableist Contract." Paper presented at Political Theory and the "Liberal" Tradition, University of Oxford Political Theory Graduate Conference, April 19-20.

_____. 2012c. "Physical Disability and Materialism in Rousseau." Paper presented at The Rude Body, International History Conference for Postgraduates and Early Career Historians, University of Essex Postgraduate History Conference, September 14-15.

_____. 2014. "Colonizing Cognitive Disability: Progress, Development, and Confinement in Nineteenth-Century America." Paper presented at Subjectivity and the System, the Brown University History Graduate Student Association Interdisciplinary Conference, April 4-5.

_____. 2015a. "Disability in Nietzsche: A Critique of Brown's Deontological Identity Politics." Paper presented at the Annual American Political Science Association Meeting, September 3-6.

_____. 2015b. "The 'Idiot' Within the 'Cripple': Physical Disability and Materialism in Locke and Rousseau." Paper presented at the Annual Midwest Political Science Association Meeting, April 16-19.

Pitts, Jennifer. 2005. *A Turn to Empire: The Rise of Imperial Liberalism in Britain and France*. Princeton, NJ: Princeton University Press.

Planinc, Emma. 2012. "Animals as Citizens: A Democratic or Tyrannical *Zoopolis*?" Available online at http://utoronto.academia.edu/EmmaPlaninc.

Plato. 1991. *The Republic*, 2nd edition. Translated by Allan Bloom. New York: Basic Books [플라톤. 2013. 『국가』. 천병희 옮김. 도서출판 숲].

Pogge, Thomas W. 2002a. "Can the Capability Approach Be Justified?" *Philosophical Topics* 30: 167-228.

_____. 2002b. "Moral Universalism and Global Economic Justice." *Politics, Philosophy and Economics* 1, no. 1: 29-58.

Pongrácz, Peter, Adam Miklosi, and Vilmos Csanyi. 2005. "Human Listeners Are Able To Classify Dog Barks Recorded in Different Situations." *Journal of Comparative Psychology* 119, no. 2: 136-144.

Porcher, Jocelyne and Tiphaine Schmitt. 2011. "Dairy Cows: Workers in the Shadows?" *Society and Animals* 20, no. 1: 39-60.

Porter, Roy. 1990. "Foucault's Great Confinement." *History of the Human Sciences* 3, no. 1: 47-60.

Prince, Michael. 2009. *Absent Citizens: Disability Politics and Policy in Canada.* Toronto, ON: University of Toronto Press.

Quarmby, K. 2011. *Scapegoat: Why We Are Failing Disabled People.* London: Portobello Books.

Radoilska, L. and E. Fistein. 2010. *Intellectual Disabilities and Personal Autonomy.* Available online at www.phil.cam.ac.uk/news_events/intellectual_disabilities_ autonomy.pdf.

Rancière, Jacques. 2004. *The Flesh of Words: The Politics of Writing.* Translated by Charlotte Mandell. Stanford, CA: Stanford University Press.

Randell, M. and S. Cumella. 2009. "People with an Intellectual Disability Living in an Intentional Community." *Journal of Intellectual Disability Research* 53, no. 8: 716-726.

Raphael, D. D. 1950. "Justice and Liberty." *Proceedings of the Aristotelian Society* 51: 167-196.

Raskind, Marshall. 2005. *Research Trends: Is There a Link between LD and Juvenile Delinquency?* Available online at www.schwablearning.org.

Rawls, John. 1985. "Justice as Fairness: Political not Metaphysical." *Philosophy and Public Affairs* 14 no 3: 223-251 [롤스, 존. 1988. 「공정으로서의 정의: 형이상학적 입장이냐 정치적 입장이냐」. 『공정으로서의 정의』. 황경식 외 옮김. 서광사].

_____. 1999[1951]. "Outline of a Decision Procedure for Ethics" in *Collected Papers*, edited by Samuel Freeman, 1-19. Cambridge, MA: Harvard University Press.

_____. 1999[1963]. "Constitutional Liberty and the Concept of Justice" in *Collected Papers*, edited by Samuel Freeman, 73-95. Cambridge, MA: Harvard University Press.

_____. 1999[1967]. "Distributive Justice" in *Collected Papers*, edited by Samuel Freeman, 130-153. Cambridge, MA: Harvard University Press.

_____. 1999[1968]. "Distributive Justice: Some Addenda" in *Collected Papers*, edited by Samuel Freeman, 154-175. Cambridge, MA:

Harvard University Press.

_____. 1999[1971]. "Justice as Reciprocity" in *Collected Papers*, edited by Samuel Freeman, 190-224. Cambridge, MA: Harvard University Press.

_____. 2001. *Justice as Fairness: A Restatement*. Cambridge, MA: Belknap Press.

_____. 2003[1971]. *A Theory of Justice*. Cambridge, MA: Belknap Press [롤스, 존. 2003. 『정의론』. 황경식 옮김. 이학사].

_____. 2005. *Political Liberalism*. New York: Columbia University Press [롤스, 존. 2013. 『정치적 자유주의』. 장동진 옮김. 동명사].

Raz, Joseph. 1986. *The Morality of Freedom*. Oxford: Clarendon Press.

Reinders, J. S. 2002. "The Good Life for Citizens with Intellectual Disability." *Journal of Intellectual Disability Research* 46, no. 1: 1-5.

Richards, Todd L. and Virginia W. Berninger. 2008. "Abnormal fMRI Connectivity in Children with Dyslexia During a Phoneme Task: Before But Not After Treatment." *Journal of Neurolinguistics* 21, no. 4: 294-304.

Rioux, Marcia and Michael Bach, eds. 1994. *Disability Is Not Measles: New Research Paradigms in Disability*. North York: L'Institut Roeher Institute.

Roberts, Monty. 2000. *Horse Sense for People*. New York: Penguin Books.

Robertson, Janet, Eric Emerson, Nicky Gregory, Chris Hatton, Sophia Kessissoglou, Angela Hallam, and Christine Linehan. 2001. "Social Networks of People with Mental Retardation in Residential Settings." *Mental Retardation* 39, no. 3: 201-214.

Robertson, Janet, Eric Emerson, Lisa Pinkney, Emma Caesar, David Felce, Andrea Meek, Deborah Carr, Kathy Lowe, Martin Knapp, and Angela Hallam. 2005. "Community-based Residential Supports for People with Intellectual Disabilities and Challenging Behavior: The Views of Neighbors." *Journal of Applied Research in Intellectual Disabilities* 18, no. 1: 85-92.

Robin, Corey. 2004. *Fear: The History of a Political Idea*. New York: Oxford University Press.

Rome, Paula D. and Jean S. Osman. 2000. *Advanced Language Toolkit: Teaching the Structure of the English Language*. Cambridge, MA: Educators Publishing Service.

Roulstone, Alan and Hannah Mason-Bish, eds. 2013. *Disability, Hate Crime and Violence*. London: Routledge.

Rousseau, Jean-Jacques. 1953. *The Confessions*. London: Penguin Books.

_____. 1979. *Emile, or, On Education*. Translated by Allan Bloom. New York: Basic.

_____. 1991. "The Social Contract" in *The Social Contract and Discourses*, translated by G. D. H. Cole, revised and augmented by J. H. Brumfitt and John C. Hall. London: J. M. Dent [루소, 장-자크. 2018. 『사회계약론』. 김영욱 옮김. 후마니타스].

_____. 1997a. *Julie, Or the New Heloise: Letters of Two Lovers Who Live in a Small Town at the Foot of the Alps*. Translated by Philip Stewart and Jean Vache. Hannover, NH: Dartmouth Press.

_____. 1997b. *On the Social Contract and Other Later Political Writings*. Edited by Victor Gourevitch. Cambridge: Cambridge University Press.

Rowley, Dane. 2013. "Stigma and Sexism, Behind Psychiatry's Labels." *Bad Housekeeping*, 7 October. Accessed online at http://bad-house keeping.com/2013/10/07/how-psychiatry-oppresses-women.

Ruddick, Sara. 1995. *Maternal Thinking: Toward a Politics of Peace*, revised edition. Boston: Beacon [러딕, 사라. 2002. 『모성적 사유』. 이혜정 옮김. 철학과현실사].

Rudy, Kathy. 2011. *Loving Animals: Toward a New Animal Advocacy*. Minneapolis, MN: University of Minnesota Press.

Rushton, Peter. 1988. "Lunatics and Idiots." *Medical History* 32, no. 1: 34-50.

_____. 1996. "Idiocy, the Family, and the Community in Early Modern North-East England" in *From Idiocy to Mental Deficiency: Historical Perspectives on People with Learning Disabilities*, edited by David Wright and Anne Digby, 44-64. London: Routledge.

Russell, Nerissa. 2002. "The Wild Side of Animal Domestication." *Society & Animals* 10, no. 3: 285-302.

Ryan, Michael. 1994. *The Other Sixteen Hours: The Social and Emotional Problems of Dyslexia*. Baltimore, MD: The Orton Dyslexia Society.

Salomon, Daniel. 2010. "From Marginal Cases to Linked Oppressions: Reframing the Conflict between the Autistic Pride and Animal Rights Movements." *Journal for Critical Animal Studies* 8, no. 1:

47-72.

Samuels, Ellen Jean. 2002. "Critical Divides: Judith Butler's Body Theory and the Question of Disability." *NWSA Journal* 14, no. 3: 58-76.

Sankar, Muthu. 2003. *Enlightenment Against Empire*. Princeton, NJ: Princeton University Press.

Sartre, Jean-Paul. 1981. *The Family Idiot: Gustave Flaubert 1821-1857*, Vol. I. Translated by Carol Cosman. Chicago: University of Chicago Press.

Satel, Sally and Scott O. Lilienfield. 2013. *Brainwashed: The Seductive Appeal of Mindless Neuroscience*. New York: Basic Books.

Savage-Rumbaugh, Sue, Kanzi Wamba, Panbanisha Wamba, and Nyota Wamba. 2007. "Welfare of Apes in Captive Environments: Coments On, and By, a Specific Group of Apes." *Journal of Applied Animal Welfare Science* 10, no. 1: 7-19.

Saxton, Martha. 2006. "Disability Rights and Selective Abortion" in *The Disability Studies Reader*, 2nd edition, edited by Lennard J. Davis. New York: Routledge.

Schillmeier, Michael. 2007. "Dis/Abling Practices: Rethinking Disability." *Human Affairs* 17.

Scholz, Sally and Shannon M. Mussett, eds. 2005. *The Contradictions of Freedom: Philosophical Essays on Simone de Beauvoir's Les Mandarins*. Albany, NY: SUNY Press.

Schott, Robin, ed. 1997. *Feminist Interpretations of Immanuel Kant*. Pittsburgh, PA: Penn State University Press.

Schriempf, Alexa. 2001. "(Re)fusing the Amputated Body: An Interactionist Bridge for Feminism and Disability" *Hypatia* 16, no. 4: 53-79.

Schroder, Hannelore. 1997. "Kant's Patriarchal Order" in *Feminist Interpretations of Immanuel Kant*, edited by Robin May Schott, 275-296. University Park, PA: Penn State University Press.

Schur, Lisa, Douglas Kruse, and Peter Blanck. 2013. *People With Disabilities: Sidelined or Mainstreamed?* New York: Cambridge University Press.

Schweik, Suan M. 2009. *The Ugly Laws: Disability in Public*. New York: New York University Press.

*Scientific American Mind*. 2013. "The Anxious Sex." *Scientific American Mind* 24, no. 3: 15.

Scolding, Neil. 2013. "Three-Parent Babies: Miracle Cure of Eugenics?" *Standpoint Magazine*. Accessed online at http://standpointmag.co. uk/node/5304/full.

Scott, James C. 2009. *The Art of Not Being Governed: An Anarchist History of Upland Southeast Asia*. New Haven, CN: Yale University Press [스콧, 제임스 C. 2015. 『조미아, 지배받지 않는 사람들』. 박종원 옮김. 삼천리].

Scott, Shelly R. 2009. "The Racehorse as Protagonist: Agency, Independence, and Improvisation" in *Animals and Agency: An Interdisciplinary Exploration*, edited by Sarah E. McFarland and Ryan Hediger, 45-65. Leiden, Netherlands: Brill.

Scully, Jackie Leach. 2014. "Disability and Vulnerability: On Bodies, Dependence, and Power" in *Vulnerability: New Essays in Ethics and Feminist Philosophy*, edited by C. Mackenzie, W. Roger, and S. Dodds. New York: Oxford.

Sedgwick, Sally. 1997. "Can Kant's Ethics Survive the Feminist Critique?" in *Feminist Interpretations of Immanuel Kant*, edited by Robin May Schott, 77-100. University Park, PA: The Pennsylvania State University Press.

Seguin, Edouard. 1866. *Idiocy and Its Treatments by the Physiological Method*. New York: William Wood & Co.

Seliger, Martin. 1968. *The Liberal Politics of John Locke*. London: Allen and Unwin.

Sen, Amartya. 1983. "Poor, Relatively Speaking." *Oxford Economic Papers* 35, no. 2: 153-169.

_____. 1990. "Justice: Means versus Freedoms." *Philosophy & Public Affairs* 19, no. 2: 111-121.

_____. 1999. *Development as Freedom*. New York: Alfred A. Knopf.

_____. 2006. *Identity and Violence: The Illusion of Destiny*. London: Penguin.

Shakespeare, Tom. 1992. "A Response to Liz Crow." *Coalition*: 40-42.

_____. 1994. "Cultural Representations of Disabled People: Dustbins for Disavowal?" *Disability and Society* 9, no. 3: 283-299.

_____. 2002. "The Social Model of Disability: An Outdated Ideology?" *Journal of Research in Social Science and Disability* 2: 9-28.

_____. 2004. "Christopher Reeve: You'll Believe a Man Can Walk." *BBC Ouch!* Accessed online at www.bbc.co.uk/ouch/features/christo

pher-reeve-you-ll-believe-a-man-can-walk.shtml.

_____. 2006. *Disability Rights and Wrongs*. New York: Taylor & Francis [세익스피어, 톰. 2013. 『장애학의 쟁점』. 이지수 옮김. 학지사].

_____. 2013. "The Social Model of Disability" in *The Disability Studies Reader*, 4th edition, edited by Lennard Davis, 214-221. New York: Routledge.

Shakespeare, Tom and Nicholas Watson. 1997. "Defending the Social Model." *Disability and Society* 12, no. 2: 293-300.

Shapiro, Kenneth. 1990. "Understanding Dogs through Kinesthetic Empathy, Social Construction, and History." *Anthrozoos* 3, no. 3: 184-195.

Shapiro, Michael J. 1988. *The Politics of Representation: Writing Practices in Biography, Photography, and Political Analysis*. Madison, WI: University of Wisconsin Press.

_____. 2012. *Michael J. Shapiro: Discourse, Culture, Violence*. Edited by Terrell Carver and Samuel Chambers. New York: Routledge.

Shaywitz, Sally. 2003. *Overcoming Dyslexia: A New and Complete Science-Based Program for Reading Problems at Any Level*. New York: Knopf.

Sheldon, L., S. Swanson, A. Dolce, K. Marsh, and J. Summers. 2008. "Putting Evidence into Practice: Evidence-Based Interventions for Anxiety." *Clinical Journal of Oncology Nursing* 12, no. 5: 789-797.

Shelton, Jo-Ann. 2004. "Killing Animals that Don't Fit In: Moral Dimensions of Habitat Restoration." *Between the Species* IV, August. Available online at http://digitalcommons.calpoly.edu/bts.

Sherry, Mark. 2010. *Disability Hate Crimes: Does Anyone Really Hate Disabled People?* Burlington, VT: Ashgate Publishing.

Showalter, Elaine. 1987. *The Female Malady: Women, Madness, and English Culture, 1830-1980*. New York: Penguin.

Siebers, Tobin. 2001. "In Theory: From Social Constructionism to Realism of the Body." *American Literary History* 13, no. 4: 737-754.

_____. 2006. "Disability in Theory: From Social Constructionism to the New Realism of the Body" in *The Disability Studies Reader*, 2nd edition, edited by Lennard J. Davis. New York: Routledge.

_____. 2008. *Disability Theory*. Ann Arbor MI: The University of Michigan Press [시버스, 토빈. 2019. 『장애 이론』. 조한진 외 옮김. 학지사].

Silvers, Anita. 1993. "Formal Justice" in *Disability, Difference, Discrimination: Perspectives on Justice in Bioethics and Public Policy*, edited by Anita Silvers, David Wasserman, Mary B. Mahowald, and Lawrence C. Becker. New York: Rowman & Littlefield.

_____. 1995. "Reconciling Equality to Difference: Caring (F)or Justice For People With Disabilities." *Hypatia* 10, no. 1: 30-55.

_____. 1996. "(In)Equality, (Ab)normality, and the 'Americans With Disabilities' Act." *The Journal of Medicine and Philosophy* 21, no. 2: 209-224.

_____. 1998. "A Fatal Attraction to Normalizing: Treating Disabilities as Deviations from 'Species-Typical' Functioning" in *Enhancing Human Traits: Ethical and Social Implications,* edited by Erik Parens, 95-123. Washington, DC: Georgetown University Press.

_____. 2005. "Justice through Trust: Disability and the 'Outlier Problem' in Social Contract Theory." *Ethics* 116, no. 1: 40-77.

_____. 2009. "No Talent? Beyond the Worst Off: A Diverse Theory of Justice for Disability." In *Disability and Disadvantage*, edited by Kimberley Brownlee and Adam Cureton. Oxford: Oxford University Press.

_____. 2011. "Moral Status: What a Bad Idea! Why Discard It? What Replaces It?" Paper presented at the workshop, "In From the Margins: New Foundations for Personhood and Legal Capacity in the 21st Century", University of British Columbia, Vancouver, British Columbia, April 29-May 1.

Silvers, Anita and Leslie P. Francis. 2005. "Justice Through Trust: Disability and the 'Outlier Problem' in Social Contract Theory." *Ethics* 116, no. 1: 40-76.

_____. 2007. "Liberalism and Individually Scripted Ideas of the Good: Meeting the Challenge of Dependent Agency." *Social Theory and Practice* 33, no. 2: 311-334.

_____. 2009. "Thinking About the Good: Reconfiguring Liberal Metaphysics (or Not) for People with Cognitive Disabilities." *Metaphilosophy* 40, no. 3-4: 475-498.

Silvers, Anita and Michael Ashley Stein. 2007. "Disability and the Social Contract." *The University of Chicago Law Review* 74: 1635-1661.

Singer, Peter. 1990. *Animal Liberation*, 2nd edition. New York: HarperCollins.

_____. 1994. *Rethinking Life and Death: The Collapse of Our Traditional Ethics*. New York: St. Martin's Griffin.

_____. 2009. "Speciesism and Moral Status." *Metaphilosophy* 40, no. 3-4: 567-568.

_____. 2010. "Speciesism and Moral Status" in *Cognitive Disability and Its Challenge to Moral Philosophy*, 331-344. Oxford: Wiley-Blackwell.

Skinner, Quentin. 1996. *Reason and Rhetoric in the Philosophy of Hobbes*. New York: Cambridge University Press.

Skocpol, Theda. 1992. *Protecting Soldiers and Mothers: The Political Origins of Social Policy in the United States*. Cambridge, MA: Harvard University Press.

Smith, David W. 2013. "Phenomenology" in *The Stanford Encyclopedia of Philosophy*, edited by Edward N. Zalta. Available online at http://plato.stan-ford.edu/archives/win2013/entries/phenomenology.

Smith, Julie Ann. 2003. "Beyond Dominance and Affection: Living with Rabbits in Post-Humanist Households." *Society & Animals* 11, no. 2: 81-97.

Smith, Kerri. 2011. "Neuroscience vs. Philosophy: Taking Aim at Free Will." *Nature* 477: 23-25.

Smith, Kimberly K. 2012. *Governing Animals: Animal Welfare and the Liberal State*. Oxford: Oxford University Press.

Smuts, Barbara. 2001. "Encounters with Animal Minds." *Journal of Consciousness Studies* 8, no. 5-7: 293-309.

Snyder, Sharon L. and David T Mitchell. 2006. *Cultural Locations of Disability*. Chicago, IL: University of Chicago Press.

Sobsey, Dick, Don Wells, Richard Lucardie, and Sheila Mansell. 1995. *Violence and Disability: An Annotated Bibliography*. Baltimore: Paul H. Brookes Publishing.

Spiegelberg, Herbert. 1944. "A Defense of Human Equality." *The Philosophical Review* 53, no. 2: 101-124.

Stanghellini, Giovanni and Thomas Fuchs. 2013. "Editors' Introduction" in *One Century of Karl Jaspers' General Psychopathology*, edited by Giovanni Stanghellini and Thomas Fuchs, xiii-xxiii. Oxford: Oxford University Press.

Stark, Cynthia. 2009. "Respecting Human Dignity: Contract Versus Capabilities." *Metaphilosophy* 40, no. 3-4: 366-381.

Stein, Michael Ashley. 2007. "Disability Human Rights." *California Law Review* 95, no. 1: 75-121.

Steiner, Gary. 2013. *Animals and the Limits of Postmodernism*. New York: Columbia University Press.

Steinmetz, Erika. 2002. *Americans with Disabilities: 2002*. Current Population Reports, US Census Bureau.

Stiker, Henri-Jacques. 2000. *A History of Disability*. Translated by William Sayers. Ann Arbor, MI: University of Michigan Press [스티케, 앙리-자크. 2021.『장애: 약체들과 사회들』. 오영민 옮김. 그린비].

Stone, Deborah. 1984. *The Disabled State*. Philadelphia: Temple University Press.

Sullivan, Martin. 2005. "Subjected Bodies: Paraplegia, Rehabilitation, and the Politics of Movement" in *Foucault and the Government of Disability*, edited by Shelly Tremain. Ann Arbor, MI: University of Michigan Press.

Swanton, Christine. 1992. *Freedom: A Coherence Theory*. Indianapolis, IN: Hackett.

Szasz, Thomas S. 2010. *The Myth of Mental Illness: Foundations of a Theory of Personal Conduct*, Harper Perennial edition. New York: HarperCollins

Taylor, Charles. 1984. "Foucault on Freedom and Truth." *Political Theory* 12: 152-183.

_____. 1994. "The Politics of Recognition" in *Multiculturalism: Examining the Politics of Recognition*, edited by A. Gutmann, 25-73. Princeton: Princeton University Press.

Taylor, Sunaura. 2011. "Disability Studies and Animal Rights." *Qui Parle: Critical Humanities and Social Sciences* 19, no. 2: 191-222.

_____. 2013. "Vegans, Freaks, and Animals: Toward a New Table Fellowship." *American Quarterly* 65, no. 3: 757-764.

_____. 2014. "Interdependent Animals: A Feminist Disability Ethic-of-Care" in *Ecofeminism: Feminist Intersections with Other Animals and the Earth*, edited by Carol Adams and Lori Gruen. London: Bloomsbury.

Temple, Elise, Russell A. Poldrack, Joanna Salidis, Gayle K. Deutsch, Paula Tallai, Michael M. Merzenich, and John D. E. Gabrieli. 2001. "Disrupted Neural Responses to Phonological and Orthographic Responses in Dyslexic Children: An fMRI Study." *Neuroreport* 12, no.

2: 299-307.

tenBroek, Jacobus. 1966a. "The Disabled in the Law of Welfare." *California Law Review* 54, no. 2: 809-840.

_____. 1966b. "The Right to Live in the World: The Disabled in the Law of Torts." *California Law Review* 54, no. 2: 841-919.

Thiara, Ravi, Gill Hague, Ruth Bashall, Brenda Ellis, and Audrey Mullender. 2012. *Disabled Women and Domestic Violence: Responding to the Experiences of Survivors.* London: Jessica Kingsley.

Thierman, Stephen. 2011. "The Vulnerability of Other Animals." *Journal for Critical Animals Studies* 9, no. 1-2: 182-208.

Thomas, Elizabeth Marshall. 1993. *The Hidden Life of Dogs.* Boston: Houghton Mifflin.

Thomas, Pam. 2013. "Hate Crime or Mate Crime? Disablist Hostility, Contempt and Ridicule" in *Disability, Hate Crime and Violence*, edited by A. Roulstone and H. Mason-Bish. London: Routledge.

Titchkosky, Tanya. 2000. "Disability Studies: The Old and the New." *The Canadian Journal of Sociology* 25, no. 2: 197-224.

Thomson, Rosemarie Garland. 1996. *Freakery: Cultural Spectacles of the Extraordinary Body.* New York: New York University Press.

_____. 1997. *Extraordinary Bodies: Figuring Physical Disability and American Culture and Literature.* New York: Columbia University Press [톰슨, 로즈메리 갈런드. 2015. 『보통이 아닌 몸: 미국 문화에서 장애는 어떻게 재현되는가』. 손홍일 옮김. 그린비].

_____. 2006. "Integrating Disability, Transforming Feminist Theory" in *The Disability Studies Reader*, 2nd edition, edited by Lennard J. Davis. New York: Routledge.

_____. 2009. *Staring: How We Look.* New York: Oxford University Press.

_____. 2010. "Senior Scholar Address." At the Society for Disability Studies Annual Meeting, Philadelphia, PA.

_____. 2015. "Eugenic World-Building and Disability: The Strange World of Kazuo Ishiguro's Never Let Me Go." *Journal of Medical Humanities*, online first edition, December 2, doi:10.1007/s10912-015-9368-y.

Torgeson, Joseph K. 1995. "Phonological Awareness: A Critical Factor in Dyslexia." Baltimore, MD: The Orton Dyslexia Society.

Tremain, Shelly, ed. 2002. *Foucault and the Government of Disability.* Ann Arbor: University of Michigan Press.

Trent, James. 1994. *Inventing the Feeble Mind: A History of Mental Retardation in the United States.* Berkeley, CA: University of California Press.

Tridas, Eric Q., ed. 2007. *From ABC to ADHD: What Parents Should Know about Dyslexia and Attention Problems.* Baltimore, MD: IDA.

Tronto, Joan C. 1993. *Moral Boundaries: A Political Argument for an Ethic of Care.* New York: Routledge.

_____. 2013. *Caring Democracy: Markets, Equality and Justice.* New York: NYU Press.

Tuana, Nancy. 2006. "The Speculum of Ignorance." *Hypatia* 21, no. 3: 1-19.

Ure, Michael. 2008. *Nietzsche's Therapy: Self-Cultivation in the Middle Works.* Lanham, MD: Lexington Books.

Valentini, Laura. 2011. "Canine Justice: An Associative Account." Unpublished.

Vehmas, Simos. 1999. "Discriminative Assumptions of Utilitarian Bioethics Regarding Individuals with Intellectual Disabilities." *Disability and Society* 14, no. 1: 37-52.

Villa, Dana. 1996. *Arendt and Heidegger: The Fate of the Political.* Princeton: Princeton University Press.

Voegelin, Eric. 1953. "The Origins of Totalitarianism." *The Review of Politics* 15, no. 1: 74-75.

Vorhaus, J. 2005. "Citizenship, Competence and Profound Disability." *Journal of Philosophy of Education* 39, no. 3: 461-475.

Wadiwel, Dinesh. 2013. "Whipping to Win: Measured Violence, Delegated Sovereignty and the Privatised Domination of Non-Human Life" in *Law and the Question of the Animal: A Critical Jurisprudence*, edited by Yoriko Otomo and Edward Mussawir, 116-132. New York: Routledge.

Waldron, Jeremy. 1998. *The Right to Private Property.* Oxford: Clarendon Press.

_____. 2002. *God, Locke, and Equality: Christian Foundations in Locke's Political Thought.* Cambridge: Cambridge University Press.

Walker, Hill M., Carl Calkins, Michael L. Wehmeyer, Laura Walker, Ansley Bacon, Susan B. Palmer, George S. Jesien, Margarent A. Nygren, Tamar Heller, George S. Gotto, Brian H. Abery, and David R. Johnson. 2011. "A Social-Ecological Approach to Promote

Self-Determination." *Exceptionality* 19, no. 1: 6-18.

Wall, John. 2011. "Can Democracy Represent Children: Toward a Politics of Difference." *Childhood* 19, no. 1: 86-100.

Wallis, Claudia. 2009. "'I Am Autism': An Advocacy Video Sparks Protest." *Time Magazine*, November 6.

Ward, Tony and Claire Stewart. 2008. "Putting Human Rights into Practice with People with and Intellectual Disability." *Journal of Developmental and Physical Disabilities* 20, no. 3: 297-311.

Warkentin, Traci. 2009. "Whale Agency: Affordances and Acts of Resistance in Captive Environments" in *Animals and Agency: An Interdisciplinary Exploration*, edited by Sarah E. McFarland, and Ryan Hediger, 23-43. Leiden, Netherlands: Brill.

Wasserman, David, Adrienne Asch, Jeffrey Blustein, and Daniel Putnam. 2012. "Cognitive Disability and Moral Status." *The Stanford Encyclopedia of Philosophy*. Available online at http://plato. stanford.edu/archives/fall2012/entries/cognitive-disability.

Waxman, Barbara Faye. 1991. "Hatred: The Unacknowledged Dimension in Violence Against Disabled People." *Sexuality and Disability* 9, no. 3: 185-199.

Weber, M. 1946. "The Social Psychology of World Religions" in *From Max Weber: Essays in Sociology*. Edited and translated by H. H. Gerth and C. Wright Mills, 267-301. New York: Oxford University Press.

Wehmeyer, Michael and Nancy Garner. 2003. "The Impact of Personal Characteristics of People with Intellectual and Developmental Disability on Self-Determination and Autonomous Functioning." *Journal of Applied Research in Intellectual Disabilities* 16, no. 4: 255-265.

Wehmeyer, Michael L., Wil H. E. Buntinx, Yves Lachapelle, Ruth A. Luckasson, Robert L. Schalock, Miguel A. Verdugo, Sharon Borthwick-Duffy, Valerie Bradley, Ellis M. Craig, David L. Coulter, Sharon C. Gomez, Alya Reeve, Karrie A. Shogren, Martha E. Snell, Scott Spreat, Marc J. Tasse, James R. Thompson, and Mark H. Yeager. 2008. "The Intellectual Disability Construct and Its Relation to Human Functioning." *Intellectual and Developmental Disabilities* 46, no. 4: 311-318.

Weinberg, Nancy. 1988. "Another Perspective: Attitudes of People with

Disabilities" in *Attitudes Towards Persons with Disabilities*, edited by
Harold E. Yuker. New York: Springer Publishing Co.

Weisberg, Zipporah. 2009. "The Broken Promises of Monsters: Haraway,
Animals and the Humanist Legacy." *Journal for Critical Animal
Studies* 7, no. 2: 22-62.

Wendell, Susan. 1996. *The Rejected Body: Feminist Philosophical
Reflections on Disability*. New York: Routledge [웬델, 수전. 2013.
『거부당한 몸』. 강진영·김은정·황지성 옮김. 그린비].

_____. 2001. "Unhealthy Disabled: Treating Chronic Illnesses as
Disabilities." *Hypatia* 16, no. 4: 17-33.

White, Hayden. 1972. "The Forms of Wilderness: Archeology of an Idea" in
*Wild Man: An Image in Western Thought From the Renaissance to
Romanticism,* edited by Edward Dudley and Maximillian E. Novak,
3-38. Pittsburgh, PA: Pittsburgh University Press.

White, Hillary. 2008. *Half of Americans would Choose Death over
Disability: Survey*. Available online at www.lifesitenews.com/
news/archive/ldn/2008/jul/08071505.

Willett, Cynthia. 2012. "Affect Attunement in the Caregiver-Infant
Relationship and Across Species." *PhiloSOPHIA* 2, no. 2: 111-130.

Williams, Bernard. 1995. "Evolution, Ethics and the Representation
Problem" in *Making Sense of Humanity*. Cambridge: Cambridge
University Press.

Willingham, Emily. 2013. "Why Autism Speaks Doesn't Speak for Me."
*Forbes Magazine* online, November 12. Accessed online at
www.forbes.com/sites/emilywillingham/2013/11/13/why-autism-sp
eaks-doesnt-speak-for-me.

Wingrove, Elizabeth. 2000. *Rousseau's Republican Romance*. Princeton, NJ:
Princeton University Press.

Wolch, Jennifer. 2002. "Anima Urbis." *Progress in Human Geography* 26,
no. 6: 721-742.

Wolf, Maryanne. 2007. *Proust and the Squid: The Story and Science of the
Reading Brain*. New York: HarperCollins [울프, 매리언. 2009. 『책 읽는
뇌』. 이희수 옮김. 살림].

Wolff, Jonathan. 2009. "Disability, Status Enhancement, Personal
Enhancement and Resources Allocation." *Economics and Philosophy*
25: 49-68.

Wollstonecraft, Mary. 1989. *The Works of Mary Wollstonecraft*. Marilyn
 Butler and Janet Todd. New York: New York University Press
 [울스턴크래프트, 메리. 2014. 『여권의 옹호』. 손영미 옮김. 연암서가 /
 울스턴크래프트, 메리·메리 셸리. 2018. 『메리, 마리아, 마틸다』. 이나경 옮김.
 한국문화사].

Wong, Sophia Isako. 2002. "At Home with Down Syndrome and Gender."
 *Hypatia* 17, no. 3: 89-117.

_____. 2009. "Duties of Justice to Citizens with Cognitive Disabilities."
 *Metaphilosophy* 40, no. 3-4: 382-401.

Wood, Allen. 1999. *Kant's Ethical Thought*. Cambridge: Cambridge
 University Press.

Woodcock, Scott. 2009. "Disability, Diversity, and the Elimination of
 Human Kinds." *Social Theory and Practice* 35, no. 2: 251-278.

WHO. 2011. *World Report on Disability*. Geneva: World Health
 Organization Press. Available online at www.who.int/disabilities/
 world_report/2011/report.

Yates, Roger. 2004. *The Social Construction of Human Beings and Other
 Animals in Human-Nonhuman Relations: Welfarism and Rights: A
 Contemporary Sociological Analysis*. PhD dissertation, University of
 Bangor, Wales. Available online at http://roger.rbgi.net.

Young, Iris Marion. 1990. *Justice and the Politics of Difference*. Princeton
 NJ: Princeton University Press [영, 아이리스 매리언. 2017. 『차이의
 정치와 정의』. 김도균·조국 옮김. 모티브북].

_____. 2006. "Taking the Basic Structure Seriously." *Perspectives on
 Politics* 4, no. 1: 91-97.

Young, Lauren L. 2012. "Validating Difference and Counting the Cost of
 Exclusion in the Lives of People Who Identify as on the Autistic
 Spectrum." *Disability & Society* 27, no. 2: 291-294.

Young, Rosamund. 2003. *The Secret Life of Cows: Animal Sentience at
 Work*. Preston, UK: Farming Books.

Zaw, Susan Khin. 1998. "The Reasonable Heart: Mary Wollstonecraft's View
 of the Relation between Reason and Feeling in Morality, Moral
 Psychology, and Moral Development." *Hypatia* 13, no. 1: 78-117.

Zerilli, Linda. 1994. *Signifying Woman: Culture and Chaos in Rousseau,
 Burke, and Mill*. Ithaca, NY: Cornell University Press.

# 찾아보기